Gleiches Entgelt für gleiche und gleichwertige Arbeit

Schriften zum deutschen und europäischen Recht der Arbeit und der Sozialen Sicherheit

Herausgegeben von
Stefan Greiner, Gregor Thüsing und Raimund Waltermann

Band 23

Sabine Marion Vianden

Gleiches Entgelt für gleiche und gleichwertige Arbeit

Ein Prinzip und seine rechtliche Durchsetzung auf Grundlage des Entgelttransparenzgesetzes

PETER LANG

Bibliografische Information der Deutschen Nationalbibliothek
Die Deutsche Nationalbibliothek verzeichnet diese Publikation in der Deutschen Nationalbibliografie; detaillierte bibliografische Daten sind im Internet über http://dnb.d-nb.de abrufbar.

Zugl.: Bonn, Univ., Diss., 2019

Gedruckt auf alterungsbeständigem, säurefreiem Papier.
Druck und Bindung: CPI books GmbH, Leck

D 5
ISSN 1861-678X
ISBN 978-3-631-80328-8 (Print)
E-ISBN 978-3-631-81383-6 (E-PDF)
E-ISBN 978-3-631-81384-3 (EPUB)
E-ISBN 978-3-631-81385-0 (MOBI)
DOI 10.3726/b16611

Peter Lang – Berlin · Bern · Bruxelles · New York · Oxford · Warszawa · Wien

Diese Publikation wurde begutachtet.

www.peterlang.com

Vorwort

Gegenstand dieser Arbeit sind das Gebot der gleichen Entlohnung gleicher und gleichwertiger Arbeit und seine rechtliche Durchsetzung auf Grundlage des Entgelttransparenzgesetzes. Die ersten Arbeitsschritte wurden bereits im Oktober 2016 vorgenommen, zu einer Zeit in der in Anbetracht der damit verbundenen politischen Diskussion noch nicht klar war, ob das Entgelttransparenzgesetz jemals tatsächlich verabschiedet werden würde. Im Juli 2017 ist das Gesetz schließlich in Kraft getreten. Nunmehr liegen – nach zwei Jahren und kontroverser Behandlung in Literatur und Öffentlichkeit – mit dem Bericht der Bundesregierung zur Wirksamkeit des Gesetzes zur Förderung der Entgelttransparenz zwischen Frauen und Männern erste Erkenntnisse zu Wirksamkeit und Nutzen des Gesetzes vor. Diese Entwicklung wurde durch die vorliegende Arbeit wissenschaftlich begleitet, welche einen Beitrag zur Fortentwicklung des Entgeltgleichheitsgebotes sowie dessen Behandlung in Gesetzgebung und Rechtsprechung leisten soll. Im Nachgang zu der mündlichen Disputation am 12. Juli 2019 wurden Rechtsprechung und Literatur bis Mitte August 2019 berücksichtigt.

Die vorliegende Arbeit wurde durch die Rechts- und Staatswissenschaftliche Fakultät der Rheinischen Friedrich-Wilhelms-Universität Bonn als Dissertation angenommen. Für die Betreuung der Dissertation, deren sehr zügige Begutachtung und für seine stete Bereitschaft zur Diskussion möchte ich meinem Doktorvater, Herrn Prof. Dr. Gregor Thüsing LL.M. (Harvard) danken. Ein weiterer Dank gebührt Herrn Prof. Dr. Thomas Kania für die ebenfalls sehr zügige Erstellung des Zweitgutachtens und den Herren Prof. Dr. Raimund Waltermann und Prof. Dr. Stefan Greiner für die Aufnahme in diese Schriftenreihe. Für die Gewährung einer Anschubfinanzierung durch das Maria-von-Linden-Förderprogramm danke ich Frau Prof. Dr. Nina Dethloff, LL.M. (Georgetown). Ebenso danke ich meinen ehemaligen Kollegen am Institut für Arbeitsrecht und Recht der Sozialen Sicherheit der Universität Bonn für den wissenschaftlichen Austausch und den Bekannten und Freunden, die mich durch das Korrekturlesen der Arbeit und die Hilfe bei der Übersetzung der ausländischen Gesetzestexte unterstützt haben. Ein besonderer Dank gilt schließlich Frau Dr. Regina Mathy, Herrn Martin Tietze und meinen Eltern, die mir während des gesamten Dissertationsvorhabens eine nicht hinwegzudenkende seelische Stütze waren.

Sabine Vianden
Toronto, im August 2019

Inhaltsverzeichnis

Abkürzungsverzeichnis

a.A.	andere Ansicht
ABAKABA	Analytische Arbeitsbewertung nach Katz und Baitsch
ABl.	Amtsblatt der europäischen Union
Abs.	Absatz
ADS	Antidiskriminierungsstelle des Bundes
AEntG	Arbeitnehmer-Entsendegesetz
AEUV	Vertrag über die Arbeitsweise der Europäischen Union
aF	alte Fassung
AGG	Allgemeines Gleichbehandlungsgesetz
AiB	Arbeit im Betrieb
AktG	Aktiengesetz
a.M.	am Main
AöR	Archiv des öffentlichen Rechts
AP	Arbeitsrechtliche Praxis
ArbG	Arbeitsgericht
ArbGG	Arbeitsgerichtsgesetz
ArbnErfG	Arbeitnehmererfindungsgesetz
ArbR	Arbeitsrecht Aktuell
ArbRB	Arbeitsrechtsberater
Art.	Artikel
AuA	Arbeit und Arbeitsrecht
Aufl.	Auflage
AÜG	Arbeitnehmerüberlassungsgesetz
AuR	Arbeit und Recht
AZO	Arbeitszeitordnung
BAG	Bundesarbeitsgericht
BAnz	Bundesanzeiger
BAT	Bundes-Angestelltentarifvertrag
BB	Betriebs-Berater
BDA	Bundesvereinigung der Deutschen Arbeitgeberverbände
BDSG	Bundesdatenschutzgesetz
Begr.	Begründer
BeschSchG	Beschäftigtenschutzgesetz
BetrAVG	Betriebsrentengesetz
BetrVG	Betriebsverfassungsgesetz
BGB	Bürgerliches Gesetzbuch
BGBl.	Bundesgesetzblatt
BGG	Behindertengleichstellungsgesetz
BGH	Bundesgerichtshof
BHO	Bundeshaushaltsordnung

BMFSFJ	Bundesministerium für Familie, Senioren, Frauen und Jugend
BNatSchG	Bundesnaturschutzgesetz
BöB	Bundesgesetzes über das öffentliche Beschaffungswesen (Schweiz)
BPersVG	Bundespersonalvertretungsgesetz
BR-Drucks.	Bundesratsdrucksache
BT-Drucks.	Bundestagsdrucksache
BT-Plenarprotokoll	Bundestags-Plenarprotokoll
BUG	Büro zur Umsetzung von Gleichbehandlung e. V.
BV	Schweizer Bundesverfassung
BVerfG	Bundesverfassungsgericht
BVerwG	Bundesverwaltungsgericht
bzw.	beziehungsweise
CB	Compliance-Berater
CDU	Christlich Demokratische Union Deutschlands
CFR	Code of Federal Regulations
CSU	Christlich-Soziale Union in Bayern
d.h.	das heißt
DAV	Deutscher Anwaltverein
DB	Der Betrieb
DCGK	Deutscher Corporate Governance Kodex
ders.	derselbe
DGB	Deutscher Gewerkschaftsbund
dies.	dieselbe
djb	Deutscher Juristinnenbund
DS-GVO	Datenschutz-Grundverordnung
DStR	Deutsches Steuerrecht
DVBl.	Deutsches Verwaltungsblatt
ebd.	ebenda
Ed.	Edition
EEOC	Equal Employment Opportunity Commission
EGV	Vertrag zur Gründung der Europäischen Gemeinschaft
EL	Ergänzungslieferung
EntgGG-E	Entwurf eines Gesetzes zur Durchsetzung des Entgeltgleichheitsgebotes für Frauen und Männer, 2012
EntgGleiG-E	Entwurf eines Gesetzes für mehr Lohngerechtigkeit zwischen Frauen und Männern in der Fassung vom 9.12.2015
EntgTransG-E	Referentenentwurf eines Gesetzes für mehr Lohngerechtigkeit zwischen Frauen und Männern in der Fassung vom 27.10.2016

EntgTranspG	Gesetz zur Förderung der Entgelttransparenz zwischen Frauen und Männern vom 30.6.2017
EPA	Equal Pay Act 1963
etc.	et cetera
EU	Europäische Union
EuGH	Europäischer Gerichtshof
EUV	Vertrag über die Europäische Union
EuZA	Europäische Zeitschrift für Arbeitsrecht
EWGV	Vertrag zur Gründung der Europäischen Gemeinschaft
EWiR	Entscheidungen zum Wirtschaftsrecht
EWR	Europäischer Wirtschaftsraum
f.	folgend
ff.	fortfolgende
Fn.	Fußnote
FPA	Fair Pay Act
FS	Festschrift
GBK/GAW-G	Gesetz über die Gleichbehandlungskommission und die Gleichbehandlungsanwaltschaft (Österreich)
gem.	gemäß
GewArch	Gewerbearchiv
GewO	Gewerbeordnung
GG	Grundgesetz
GGO	Gemeinsame Geschäftsordnung der Bundesministerien
GiP	Gleichstellung in der Praxis
GlBG	Österreichisches Gleichbehandlungsgesetz
GlG	Gleichstellungsgesetz (Schweiz)
GlG-E	Entwurf eines Gesetzes zur Gleichstellung der Geschlechter in der Privatwirtschaft, 2001
GmbH	Gesellschaft mit beschränkter Haftung
GRCh	Charta der Grundrechte der Europäischen Union
GS	Gedenkschrif
GWB	Gesetz gegen Wettbewerbsbeschränkungen
HAG	Heimarbeitsgesetz
HGB	Handelsgesetzbuch
Hrsg.	Herausgeber
i.E.	im Ergebnis
i.R.d.	im Rahmen der/des
i.R.v.	im Rahmen von
i.S.d.	im Sinne der/des
i.S.v.	im Sinne von
i.V.m.	in Verbindung mit
ILO	International Labour Organization
IW Köln	Institut der deutschen Wirtschaft Köln

KapMuG	Kapitalanleger-Musterverfahrensgesetz
KDFB	Katholischer Deutscher Frauenbund
KJ	Kritische Justiz
KSzW	Kölner Schrift zum Wirtschaftsrecht
LAG	Landesarbeitsgericht
m.w.N.	mit weiteren Nachweisen
MAVO	Mitarbeitervertretungsordnung
MiLoG	Mindestlohngesetz
Mio.	Millionen
NachwG	Nachweisgesetz
NJW	Neue juristische Wochenschrift
Nr.	Nummer
NVwZ	Neue Zeitschrift für Verwaltungsrecht
NWB	Neue Wirtschafts-Briefe Steuer- und Wirtschaftsrecht
NZA	Neue Zeitschrift für Arbeitsrecht
NZA-RR	NZA-Rechtsprechungsreport
öAT	Zeitschrift für das öffentliche Arbeits- und Tarifrecht
PFA	Paycheck Fairness Act
RdA	Recht der Arbeit
RIW	Recht der internationalen Wirtschaft
RL	Richtlinie
Rn.	Randnummer
Rom I-VO	Rom-I-Verordnung
S.	Siehe/Seite
s.o.	siehe oben
s.u.	siehe unten
SAE	Sammlung arbeitsrechtlicher Entscheidungen
Sec.	Section
SGB IX	Neuntes Buch Sozialgesetzbuch
sog.	sogenannte(r)
SPD	Sozialdemokratische Partei Deutschlands
SR	Soziales Recht
TVG	Tarifvertragsgesetz
TVöD	Tarifvertrag für den öffentlichen Dienst
TzBfG	Teilzeit- und Befristungsgesetz
u.	unter
u.a.	unter anderem
UklaG	Unterlassungsklagegesetz
UnterAbs.	Unterabsatz
u.U.	unter Umständen
UWG	Bundesgesetz gegen den unlauteren Wettbewerb
v.	vom
vgl.	vergleiche

vs.	versus
VuR	Verbraucher und Recht
VwGO	Verwaltungsgerichtsordnung
WISO	Wirtschafts- und sozialpolitische Zeitschrift des Instituts für Sozial- und Wirtschaftswissenschaften
WRV	Weimarer Reichsverfassung
WSI	Wirtschafts- und Sozialwissenschaftliches Institut der Hans-Böckler-Stiftung
z.B.	zum Beispiel
ZESAR	Zeitschrift für europäisches Sozial- und Arbeitsrecht

A) Die Durchsetzung des Prinzips „Gleiches Entgelt für gleiche und gleichwertige Arbeit“

I. Problemstellung und Anlass der Untersuchung

Die rechtliche Gleichstellung der Geschlechter[1] – insbesondere in der Arbeitswelt – konnte im vergangenen Jahrhundert bedeutsame Erfolge vorweisen: Während eine verheiratete Frau noch bis zum 1.7.1958 nach § 1358 BGB aF unter Umständen die fristlose Kündigung ihres Ehemannes gegenüber ihrem Arbeitgeber hinzunehmen hatte,[2] gingen im Jahr 2017 75,2 % der Frauen im Alter zwischen 20 und 64 Jahren einer Erwerbstätigkeit nach[3]. Die rechtliche Gleichstellung der Geschlechter ist nicht nur im Grundgesetz in Art. 3 Abs. 2 und 3 GG verankert, sondern spiegelt sich ebenso in den Gleichstellungsgesetzen der Länder und auch auf einfachgesetzlicher Ebene – beispielsweise im AGG – wider. Und dennoch: Diese formal-rechtliche Gleichheit scheint nicht auszureichen, um in tatsächlicher Hinsicht einen Zustand der Gleichstellung zu erzeugen. Der Gesetzgeber sah sich in letzter Zeit immer wieder dazu veranlasst, gesetzlich nachzurüsten. Eines der prominentesten Beispiele ist dabei sicherlich die gesetzliche Einführung von Quotenregelungen.[4] Ebenfalls zu nennen ist die Diskussion bezüglich der weiterhin bestehenden Konflikte im Hinblick auf die Vereinbarkeit von Familie und Beruf.

Das Thema dieser Arbeit nimmt im Kontext der Gleichstellung der Geschlechter eine besonders prominente Rolle ein, denn es geht um die Höhe der Entlohnung, also um Geld. Eine tatsächliche Gleichstellung von Männern und Frauen in der Arbeitswelt kann nicht bestehen, solange Frauen aufgrund ihres Geschlechts eine geringere Entlohnung als Männer erhalten. Konsequenzen solcher Ungleichbehandlungen sind Unterschiede im Einkommen und daraus resultierend auch in der Altersversorgung. Die Einführung des gesetzlichen Mindestlohns im Jahr 2015 sollte die Einkommensschere verringern und es auch Geringverdienern

---

1 Soweit im Folgenden das generische Maskulinum verwendet wird, dient dies ausschließlich der besseren Lesbarkeit. Arbeitnehmerinnen, Arbeitgeberinnen etc. sind stets mitgemeint.

2 Aufgehoben durch Gesetz über die Gleichberechtigung von Mann und Frau auf dem Gebiet des bürgerlichen Rechts (Gleichberechtigungsgesetz (GleichberG) vom 18.6.1957 (BGBl. I S. 609, 610); vgl. auch *Schmidt*, AuR 2018, 320, 323.

3 https://www.destatis.de/Europa/DE/Thema/BevoelkerungSoziales/Arbeitsmarkt/ArbeitsmarktFrauen.html (Abruf 2.12.2018).

4 Gesetz für die gleichberechtigte Teilhabe von Frauen und Männern an Führungspositionen in der Privatwirtschaft und im öffentlichen Dienst vom 24.4.2015 (BGBl. I S. 642).

ermöglichen, wirtschaftlich mit einer Vollzeitarbeitsstelle auszukommen. Gerade Frauen, die den überwiegenden Teil der vom Mindestlohn betroffenen Arbeitnehmergruppe ausmachen, sind von dieser Regelung berührt.[5] Klar ist aber auch: Es kann nicht das Ziel sein, dass Frauen einfach nur „gerade genug" verdienen. Abseits von Fragen des Mindestlohns und Frauenquote muss Gleichstellung in der Arbeitswelt auch bedeuten, dass eine Frau, die die gleiche oder eine gleichwertige Arbeit wie ein Mann verrichtet, dafür auch die gleiche Gegenleistung, also das gleiche Entgelt erhält. Der Koalitionsvertrag der 18. Legislaturperiode sah vor, das Prinzip „Gleicher Lohn für gleiche oder gleichwertige Arbeit" zu fördern und bezieht sich dabei gerade auf Lohnunterschiede zwischen Männern und Frauen.[6] Diese Vorgabe liegt dem am 6.7.2017 in Kraft getretenen Entgelttransparenzgesetz (EntgTranspG)[7] zugrunde. Das neue Gesetz „schließt nun eine weitere Lücke" – zumindest nach der Vorstellung des Gesetzgebers – und soll „den bestehenden Rechtsrahmen für eine umfassende Durchsetzung von Entgeltgleichheit im Sinne,gleicher Lohn für gleiche oder gleichwertige Arbeit' zwischen Frauen und Männern in der Praxis" verbessern.[8] Zu den wesentlichen Inhalten des Gesetzes gehören – jedenfalls in Betrieben ab jeweils einer bestimmten Größe – die Einführung eines individuellen Auskunftsanspruchs für Beschäftigte, eine Aufforderung an private Arbeitgeber betriebliche Verfahren zur Überprüfung und Herstellung von Entgeltgleichheit durchzuführen sowie die Einführung einer Berichtspflicht zur Gleichstellung und Entgeltgleichheit von Frauen und Männern.[9]

Dass der Gesetzgeber im Hinblick auf die Durchsetzung des Prinzips der gleichen Entlohnung gleicher und gleichwertiger Arbeit Lücken sieht, die es durch das neue Gesetz zu schließen gilt, weist auf Probleme in der praktischen Umsetzung hin. *Winter* bedauerte bereits 1998 im Titel ihrer Dissertationsschrift, bei der Entgeltgleichheit handele es sich noch immer um ein „Prinzip ohne Praxis" und wiederholte diese Feststellung 2010 ernüchtert erneut.[10] Auch aktuellere Daten des statistischen Bundesamtes deuten an, dass es sich nach wie vor um kein Prinzip handelt, das tatsächliche Durchsetzung findet. Vergleicht man den durchschnittlichen Verdienst von Männern und Frauen in Deutschland miteinander, so lag die

5 Knapp zwei Drittel von 4,1 Mio. Beschäftigungsverhältnissen, die 2014 mit einem Lohn unterhalb von 8,50 Euro bezahlt wurden, betrafen Frauen, vgl. Erster Bericht zu den Auswirkungen des gesetzlichen Mindestlohns, S. 39 ff., abrufbar unter: https://www.mindestlohn-kommission.de/DE/Bericht/pdf/Bericht2016.pdf?__blob=publicationFile&v=6 (Abruf 2.12.2018).

6 Koalitionsvertrag zwischen CDU, CSU und SPD, 18. Legislaturperiode, Deutschlands Zukunft gestalten S. 72, abrufbar unter: https://www.cdu.de/sites/default/files/media/dokumente/koalitionsvertrag.pdf (Abruf 2.12.2018).

7 BGBl. I S. 2152 ff.

8 BT-Drucks. 18/11133, S. 2.

9 BT-Drucks. 18/11133, S. 2.

10 *Winter*, Gleiches Entgelt für gleiche und gleichwertige Arbeit; *Winter*, in: FS Pfarr, S. 320.

unbereinigte Lohnzahlungslücke in Deutschland im Jahr 2018 bei 21 %.[11] Ein im Durchschnitt geringerer Verdienst bedeutet aber noch nicht zwangsläufig auch eine ungleiche Bezahlung bei gleicher oder gleichwertiger Arbeit. Bezieht man Ausstattungsmerkmale, wie z.B. die Ausbildung oder die Berufserfahrung mit in die Berechnung ein, so erhält man die insofern aussagekräftigere „bereinigte" Lohnzahlungslücke, welche dann immerhin noch bei 6[12] bzw. 7[13]% liegt. Nach Angaben des Instituts der deutschen Wirtschaft Köln (IW Köln) liegt sie sogar bei nur 3,8%.[14] In der öffentlichen Diskussion werden darüber hinaus oftmals die geschlechtsbedingte Lohnzahlungslücke und das Vorliegen von Entgeltdiskriminierung gleichgesetzt. Das ist deshalb problematisch, weil die unbereinigte Lücke nicht einmal zwischen verschiedenen Tätigkeiten differenziert.[15] Zudem gibt sie keinerlei Auskunft über die Gründe für die unterschiedliche Bezahlung, welche bei der bereinigten Lücke zumindest teilweise herausgerechnet werden – der verbleibende Rest kann dennoch nicht mit einer Diskriminierung gleichgesetzt werden.[16]

Das IW Köln identifiziert als wesentliche, die Entgeltlücke beeinflussende Faktoren die unterschiedliche Branchenzugehörigkeit und Repräsentanz von Männern und Frauen in großen bzw. kleinen Betrieben, Teilzeitbeschäftigung, die Dauer der Betriebszugehörigkeit sowie die angesammelte Arbeitsmarkterfahrung in Vollzeit und den geringen Anteil von Frauen in Führungspositionen. Die Studie führt diese Faktoren auf freiwillige Entscheidungen zurück. Das gelte jedenfalls soweit nicht etwa unzureichende Kinderbetreuungsmöglichkeiten bestünden.[17] Eine Untersuchung des Wirtschafts- und Sozialwissenschaftlichen Instituts der Hans-Böckler-Stiftung (WSI) bestätigt diese Faktoren im Wesentlichen, stellt die Freiwilligkeit der dahinterstehenden Entscheidungen jedoch in Frage: Das WSI bezieht zusätzlich die durch gesellschaftliche Rollenbilder bedingten Erwerbsunterbrechungen mit ein.[18] Entlohnungsunterschiede von Männern und Frauen haben also

11 Pressemitteilung Statistisches Bundesamt Nr. 98 v. 14.3.2018, abrufbar unter: https://www.destatis.de/DE/Presse/Pressemitteilungen/2019/03/PD19_098_621.html (Abruf 16.4.2019).

12 Ebd.

13 Vgl. *Franzen*, BB 2016, Heft 12/13, I.

14 *Hüther*, IW Köln Pressestatement v. 13.6.2016, Die volkswirtschaftliche Lohnlücke zwischen Frauen und Männern, S. 7, verfügbar unter https://www.iwkoeln.de/presse/presseveranstaltungen/beitrag/pressekonferenz-die-lohnluecke-zwischen-frauen-und-maennern-287281.html (Abruf 2.12.2018).

15 Dazu kritisch *Wank*, RdA 2018, 34, 35.

16 *Jochmann-Döll*, RdA 2017, 169, 171; vgl. auch *Bauer/Krieger/Günther*, Einl. EntgTranspG Rn. 20.

17 *Hüther*, IW Köln Pressestatement v. 13.6.2016, Die volkswirtschaftliche Lohnlücke zwischen Frauen und Männern, S. 7 f., verfügbar unter: https://www.iwkoeln.de/presse/presseveranstaltungen/beitrag/pressekonferenz-die-lohnluecke-zwischen-frauen-und-maennern-287281.html (Abruf 2.12.2018).

18 *Klenner*, Policy Brief WSI Nr. 7 07/2016, S. 7 f., verfügbar unter https://www.boeckler.de/pdf/p_wsi_pb_7_2016.pdf (Abruf 2.12.2018).

vielfältige Gründe und sind nicht zwangsläufig auf diskriminierende Arbeitgeberentscheidungen zurückzuführen. Es stellt sich mithin die Frage, ob die durch den Gesetzgeber im EntgTranspG gewählten Mittel zielführend sind.[19]

Denn ist es überhaupt möglich, eine zumindest in einem gewissen Umfang vorhandene Lohnzahlungslücke durch gesetzliche Mechanismen zu verringern? Notwendige Vorfrage dabei ist, ob und inwieweit das Recht und insbesondere das Arbeitsrecht Fragen der Entgelthöhe überhaupt steuern darf. Das Entgelt ist der synallagmatische, arbeitgeberseitige Gegenpart zu der Arbeitsleistung des Arbeitnehmers und unterliegt damit grundsätzlich der privatautonomen Entscheidung der Arbeitsvertragsparteien bzw. bei Tarifbindung derjenigen der Tarifvertragsparteien. Sollen sich gesetzliche Maßnahmen an dem Prinzip „Gleiches Entgelt für gleiche und gleichwertige Arbeit" orientieren, setzt dies voraus, dass es gleiche und gleichwertige Arbeit gibt und ihr Vorliegen auch festgestellt werden kann. Über die Antwort auf die Frage, was gleiche bzw. gleichwertige Arbeit ist, existiert in Rechtsprechung und Literatur jedoch große Uneinigkeit. Insofern sind nicht nur die tatsächliche Größe der Lücke und ihre eigentliche Aussagekraft, sondern auch die rechtlichen Möglichkeiten zu ihrer Bekämpfung ungeklärt.

Obwohl der Grundsatz der Entgeltgleichheit bereits 1957 in Art. 119 des Vertrags zur Gründung der Europäischen Gemeinschaft (EWGV)[20] enthalten war, handelt es sich weiterhin, um ein aktuelles Thema mit vielen offenen Fragestellungen. Dies wird auch an der gegenwärtigen, mit dem Inkrafttreten des EntgTranspG verbundenen, politischen und gesellschaftlichen Diskussion deutlich. Mit der Untersuchung der rechtlichen Durchsetzung des Prinzips „Gleiches Entgelt für gleiche und gleichwertige Arbeit" soll diese Arbeit einen förderlichen Beitrag zu der Debatte leisten.

II. Gang der Darstellung

Die Untersuchung der rechtlichen Durchsetzung des Prinzips „Gleicher Lohn für gleiche und gleichwertige Arbeit" erfolgt in fünf Schritten. Notwendig ist dabei im ersten Schritt die Bestimmung der Tatbestandsvoraussetzungen. Deshalb soll zunächst erörtert werden, was unter den Begriffen „gleiche Arbeit" und „gleichwertige Arbeit" zu verstehen ist bzw., wie eine Annäherung an die Begriffsbestimmung erfolgen kann. Im zweiten Schritt ist auf die verfassungsrechtlichen Rahmenbedingungen für ein gesetzgeberisches Handeln einzugehen. Dazu wird untersucht, welche Gewährleistungen die Verfassung für das Entgeltgleichheitsgebot bietet, und inwiefern entsprechende gesetzliche Regelungen im Konflikt zu Privat- und Tarifautonomie stehen. Im nächsten Schritt erfolgt eine Analyse der bereits vor Inkrafttreten des EntgTranspG vorhandenen rechtlichen Instrumente zur Herstellung von Entgeltgleichheit. Diese betrifft neben gezielten Maßnahmen

19 *Thüsing*, DB 2016, 2234, 2240.
20 Vgl. heute Art. 157 AEUV.

auch solche Regelwerke, die lediglich mittelbar zur Durchsetzung des Entgeltgleichheitsgebots beitragen. Einzugehen ist dabei insbesondere darauf, welche Handlungsfelder das bisherige Recht aufzeigt. Um die vorhandenen Instrumente besser einordnen zu können, wird im vierten Schritt ein Vergleich mit bereits existierenden gesetzlichen Maßnahmen aus dem europäischen und nordamerikanischen Ausland vorgenommen. Im letzten Schritt erfolgt dann eine umfassende Untersuchung der einzelnen Bestandteile des EntgTranspG. Diese sollen anhand der zuvor gewonnenen Erkenntnisse auf ihre Eignung, die Durchsetzung des Entgeltgleichheitsgebots zu fördern, geprüft werden, wobei es auch gilt, mögliche Gestaltungsalternativen aufzuzeigen. Schließlich erfolgt im Anschluss an diese Untersuchung eine Zusammenfassung der Ergebnisse in Thesen.

B) Gleiche und gleichwertige Arbeit – eine Bestandsaufnahme hinsichtlich des Begriffsverständnisses vor Inkrafttreten des EntgTranspG

Die rechtliche Durchsetzung des Prinzips der gleichen Entlohnung gleicher und gleichwertiger Arbeit setzt die Bestimmbarkeit der inhaltlichen Bedeutung seiner Tatbestandsmerkmale voraus. Aus diesem Grund ist der Fokus zunächst auf die Untersuchung der Herkunft und der Auslegung der Begriffe „gleiche Arbeit" und „gleichwertige Arbeit" in Rechtsprechung und Literatur zu legen.

I. Ursprung der Begriffe

Wie bei so vielen Regelungen und Grundsätzen, die die Verbesserung der Bedingungen für Arbeitnehmer betreffen, hat die Forderung nach gleicher Bezahlung von Männern und Frauen ihren Ursprung im Zeitalter der Industrialisierung und wurde zunächst von Gewerkschaften verfolgt – allerdings auch entgegen erheblicher Widerstände innerhalb dieser Vereinigungen.[21] Erstaunlicherweise enthielt bereits der Versailler Vertrag in seinem Art. 427 Nr. 7 den Auftrag an beteiligten Staaten, den „Grundsatz gleichen Lohnes ohne Unterschied des Geschlechts für eine Arbeit von gleichem Werte" aufzunehmen, wobei es sich aber angesichts fehlender Realisierung um einen bloßen Programmsatz handelte[22]. Weitere internationale Abkommen griffen ebenfalls den Grundsatz der Entgeltgleichheit auf, darunter die Verfassung der Internationalen Arbeitsorganisation (International Labour Organization – ILO)[23] und die Erklärung der Menschenrechte[24]. Nach dem Zweiten Weltkrieg implementierte der alliierte Kontrollrat zumindest indirekt durch die Erlaubnis zur Anhebung der Frauenlöhne auf Höhe der Männerlöhne bei gleicher Produktivität eine Regelung zur Lohnangleichung.[25] Vor Inkrafttreten des Grundgesetzes war das Prinzip der gleichen Entlohnung – zumindest bei gleicher

---

21 *Pfarr/Bertelsmann*, Lohngleichheit, S. 24.

22 Ebd. S. 25.

23 Präambel der ILO-Verfassung von 1946: „recognition of the principle of equal remuneration for work of equal value".

24 Art. 23 Nr. 2: „Everyone, without any discrimination, has the right to equal pay for equal work."

25 Vgl. *Pfarr/Bertelsmann*, Lohngleichheit, S. 26.

Arbeit, bzw. gleicher Leistung – immerhin bereits in den drei Landesverfassungen von Baden, Württemberg-Hohenzollern und Württemberg-Baden enthalten.[26]

1. Art. 119 EWGV und Art. 141 EGV

Den Begriffen der gleichen und der gleichwertigen Arbeit, wie sie Gegenstand der heutigen Diskussion sind, liegen europarechtliche Vorgaben zugrunde. Bereits in Art. 119 des Vertrages zur Gründung der europäischen Wirtschaftsgemeinschaft (EWGV) aus dem Jahr 1957 war der Grundsatz des gleichen Entgelts bei gleicher Arbeit enthalten.[27] Die Norm basierte auf dem Übereinkommen Nr. 100 der ILO, ünernahm aber nicht dessen Erstreckung auf gleichwertige Arbeit.[28] Hinter der Aufnahme des Grundsatzes in den Gründungsvertrag stand aber zunächst eine wettbewerbspolitische Motivation zur Ermöglichung des gemeinsamen Marktes: Frankreich war bereits durch nationales Recht an den Grundsatz gebunden und sollte dadurch nicht gegenüber den anderen Mitgliedstaaten benachteiligt werden.[29] Gleichzeitig ließ sich aber auch aus der systematischen Stellung der Vorschrift im Kapitel über die Sozialpolitik neben der wirtschaftlichen auch eine soziale Zielsetzung herleiten, aufgrund derer der EuGH, nach Ablauf der sog. ersten Stufe 1964, in der Entscheidung Defrenne II die unmittelbare Wirkung des Art. 119 EWGV in den Mitgliedstaaten als Grundlage der Gemeinschaft feststellte.[30] Daran wird deutlich, dass die Bezeichnung als „Grundsatz" keinesfalls nur einen abänderlichen Orientierungsmaßstab bezeichnet, sondern vielmehr gerade eine grundlegende Bestimmung.[31]

Zuvor war bereits 1975 die Richtlinie 75/117/EWG[32] zu Art. 119 EWGV hinzugetreten und hatte den Anwendungsbereich des Grundsatzes auf „gleichwertige" Arbeit ausgedehnt.[33] Eine dahingehende Klarstellung des Anwendungsbereichs von Art. 119 EWGV hatte der Wirtschafts- und Sozialausschuss – ausdrücklich bezugnehmend auf das ILO-Abkommen und die Praxis der Einrichtung von Leichtlohngruppen für Tätigkeiten, die überwiegend von Frauen verrichtet werden – angeregt.[34] Diese Erweiterung auf gleichwertige Arbeit wandte der EuGH aufgrund

26 Baden Verfassung vom 22.5.1947 Art. 37 V, Württemberg-Hohenzollern Verfassung vom 28.11.1946 Art. 90 Abs. 2, Württemberg-Baden Verfassung vom 20.5.1947 Art. 20 Abs. 2; vgl. auch *Pfarr/Bertelsmann*, Lohngleichheit, S. 26.

27 EuArbR/*Franzen*, Art. 157 AEUV Rn. 2; Calliess/Ruffert/*Krebber*, Art. 157 AEUV Rn. 2.

28 Calliess/Ruffert/*Krebber*, Art. 157 AEUV Rn. 2.

29 Grabitz/Hilf/Nettesheim/*Langenfeld*, Art. 157 AEUV Rn. 3; *Kyriazis*, Die Sozialpolitik der Europäischen Wirtschaftsgemeinschaft, S. 27.

30 EuGH v. 8.4.1976 – 43/75, NJW 1976, 2068, 2069 (Defrenne II).

31 *Winter*, Gleiches Entgelt für gleichwertige Arbeit, S. 88.

32 Richtlinie 75/117/EWG des Rates v. 10.2.1975 zur Angleichung der Rechtsvorschriften der Mitgliedstaaten über die Anwendung des Grundsatzes des gleichen Entgelts für Männer und Frauen (ABl. L 45 v. 19.2.1975, S. 19).

33 EuArbR/*Franzen*, Art. 157 AEUV Rn. 5.

34 ABl. C 88 v. 26.7.1974, S. 7 f.

der lediglich konkretisierenden Funktion der Richtlinie in den folgenden Jahren bereits in seiner Rechtsprechung an.[35] Durch den Vertrag von Amsterdam im Jahr 1997 (Der Vertrag zur Gründung der Europäischen Gemeinschaft, EGV) wurde diese Ausdehnung schließlich in der Nachfolgevorschrift des Art. 119 EWGV, dem Art. 141 EGV auch gesetzlich nachvollzogen.[36] Zudem stellte der EuGH in seiner Entscheidung in der Rechtssache Murphy durch einen Erst-recht-Schluss klar, dass auch die niedrigere Entlohnung einer höherwertigen Tätigkeit untersagt ist.[37]

2. Weiterentwicklung durch Art. 157 AEUV

Seit dem Inkrafttreten des Vertrags von Lissabon am 1.12.2009 ist der Entgeltgleichheitsgrundsatz nunmehr in Art. 157 des Vertrages über die Arbeitsweise der Europäischen Union (AEUV)[38] enthalten. Diese Vorschrift dient der Konkretisierung des Gebots der Gleichbehandlung von Männern und Frauen gem. Art. 21 und 23 der europäischen Grundrechtecharta (GRCh).[39] Zuvor war bereits die zu Art. 119 EWGV erlassene Entgeltgleichheitsrichtline 75/117/EWG am 5.7.2006, gemeinsam mit weiteren, zu der neuen Richtlinie 2006/54/EG[40] zusammengefasst worden.

a) Persönlicher Anwendungsbereich

In persönlicher Hinsicht setzt die Anwendung des Art. 157 AEUV voraus, dass ein Arbeitsverhältnis besteht. Zwar sind in Art. 157 Abs. 1 AEUV die Mitgliedstaaten als Adressaten benannt, aus der Formulierung in Abs. 2 bezüglich des Entgelts, welches der „Arbeitgeber aufgrund des Dienstverhältnisses dem Arbeitnehmer" zuwendet und der systematischen Stellung der Vorschrift innerhalb des Abschnitts über die Sozialpolitik, ergibt sich jedoch, dass die unmittelbare Wirkung des Grundsatzes der Entgeltgleichheit jedenfalls auch zwischen Arbeitgeber und Arbeitnehmer besteht.[41] Insofern handelt es sich bei der Bestimmung des Arbeitnehmerbegriffs um den entscheidenden Anknüpfungspunkt für die Anwendbarkeit von Art. 157 AEUV.[42]

---

35 So etwa in EuGH v. 15.12.1994 – C-399/92, NZA 1995, 218, 220 f., Rn. 19 (Helmig); s.a Grabitz/Hilf/Nettesheim/*Langenfeld*, Art. 157 AEUV Rn. 66.

36 EuArbR/*Franzen*, Art. 157 AEUV Rn. 30.

37 EuGH v 4.2.1988 – C-157/86, Slg. 1988, 686, 687 f. Rn. 9 (Murphy).

38 ABl. C 326 v. 26.10.2012, S. 47.

39 EuArbR/*Franzen*, Art. 157 AEUV Rn. 8.

40 Richtlinie 2006/54/EG des Europäischen Parlaments und des Rates v. 5.7.2006 zur Verwirklichung des Grundsatzes der Chancengleichheit und Gleichbehandlung von Männern und Frauen in Arbeits- und Beschäftigungsfragen, ABl. L 204 v. 26.7.2006, S. 23 ff.

41 EuArbR/*Franzen*, Art. 157 AEUV Rn. 16; für eine unmittelbare Wirkung ausschließlich zwischen den Arbeitsvertragsparteien: Calliess/Ruffert/*Krebber*, Art. 157 AEUV Rn. 12.

42 EuArbR/*Franzen*, Art. 157 AEUV Rn. 12.

Ein unionsrechtlich einheitlicher Arbeitnehmerbegriff existiert nicht. Vielmehr hängt die Bedeutung dieses Begriffes vom jeweiligen Anwendungsbereich ab.[43] In der Rechtssache Allonby wiederholte der EuGH in diesem Zusammenhang die Feststellung, dass der Grundsatz des gleichen Entgelts für Männer und Frauen zu den Grundlagen der Gemeinschaft gehöre.[44] Aus diesem Grund wohne dem Arbeitnehmerbegriff in Bezug auf den Entgeltgleichheitsgrundsatz eine gemeinschaftsrechtliche Bedeutung inne, aufgrund derer eine Verweisung auf das Recht der Mitgliedstaaten ausscheide.[45] Als Arbeitnehmer anzusehen sei, „wer während einer bestimmten Zeit für einen anderen nach dessen Weisung Leistungen erbringt, für die er als Gegenleistung eine Vergütung erhält".[46] Diese Definition stimmt mit derjenigen überein, die der EuGH sonst auch i.R.d. Arbeitnehmerfreizügigkeit nach Art. 45 AEUV verwendet.[47] Daraus kann geschlossen werden, dass auch Beschäftigte der öffentlichen Verwaltung – also etwa Beamte – in den Anwendungsbereich miteinbezogen werden sollen.[48] Problematisch an dieser Übernahme ist jedoch, dass die Rechtsprechung zu Art. 45 AEUV keine hinreichende Abgrenzung zum Selbstständigen hin vornimmt.[49] Bei selbstständiger Erwerbstätigkeit ist jedoch die Richtlinie 2010/41/EU[50] spezieller.[51] Auch der EuGH sieht tatsächlich selbständig Tätige nicht als vom Anwendungsbereich erfasst an und stellt deshalb bei der Bestimmung des Arbeitnehmerbegriffs zusätzlich darauf ab, ob zwischen Erbringer und Empfänger der Dienstleistung ein Unterordnungsverhältnis besteht, wobei insbesondere zu prüfen sei, inwieweit ihre Freiheit bei der Wahl von Zeit, Ort und Inhalt der Arbeit eingeschränkt ist.[52]

Auf der anderen Seite werden vom Arbeitgeberbegriff alle privaten und öffentlichen Dienstgeber eines Arbeitnehmers erfasst, sodass dieser mittelbar durch die Feststellung der Arbeitnehmereigenschaft definiert wird.[53] Davon wird auch der nur faktische Arbeitgeber erfasst, was sich zum einen aus dem Schutzzweck der Norm und zum anderen daraus ableiten lässt, dass Art. 157 Abs. 2 AEUV auf

---

43 EuGH v. 12.5.1998 – C-85/96, BB 1998, 1901, 1902, Rn. 31 (Martínez Sala).

44 EuGH v. 8.4.1976 – 43/75, NJW 1976, 2068, 2069 (Defrenne II); EuGH v. 13.1.2004 – C-256/01, NZA 2004, 201, 204, Rn. 65 (Allonby).

45 EuGH v. 13.1.2004 – C-256/01, NZA 2004, 201, 204, Rn. 66 (Allonby).

46 EuGH v. 13.1.2004 – C-256/01, NZA 2004, 201, 204, Rn. 67 (Allonby).

47 EuArbR/*Franzen*, Art. 157 AEUV Rn. 13.

48 Ebd.; Calliess/Ruffert/*Krebber*, Art. 157 AEUV Rn. 14.

49 EuArbR/*Franzen*, Art. 157 AEUV Rn. 13; Calliess/Ruffert/*Krebber*, Art. 157 AEUV Rn. 14.

50 Richtlinie 2010/41/EU des europäischen Parlamentes und des Rates v. 7.7.2010 zur Verwirklichung des Grundsatzes der Gleichbehandlung von Männern und Frauen, die eine selbstständige Erwerbstätigkeit ausüben und zur Aufhebung der Richtlinie 86/613/EWG des Rates, ABl. L 180 v. 15.7.2010, S. 1 ff.

51 EuArbR/*Franzen*, Art. 157 AEUV Rn. 14.

52 EuGH v. 13.1.2004 – C-256/01, NZA 2004, 201, 204, Rn. 69, 72 (Allonby).

53 EuArbR/*Franzen*, Art. 157 AEUV Rn. 15; Schwarze/*Rebhahn*, Art. 157 AEUV Rn. 10.

die tatsächliche Zahlung des Arbeitsentgelts abstellt.[54] Regelmäßig werden zwar der Arbeitnehmer der Berechtigte und der Arbeitgeber der Verpflichtete des Anspruchs sein, dies ist aber nicht zwingend. Solange die Zahlung aufgrund eines Arbeitsverhältnisses erfolgt, kann der Anspruch auch einem Dritten zustehen bzw. gegenüber einem Dritten bestehen.[55] Dies ist beispielsweise bei der Hinterbliebenenversorgung[56] und dem Betrieb eines Pensionsfonds durch einen Dritten[57] der Fall.

b) Räumlicher Anwendungsbereich

Gemäß Art. 52 EUV gelten die Verträge – also auch das in Art. 157 AEUV enthaltende Entgeltgleichheitsgebot – auf dem Hoheitsgebiet der Mitgliedstaaten. Darüber hinaus können nach der Rechtsprechung des EuGH Gemeinschaftsvorschriften auch auf eine außerhalb des Gemeinschaftsgebiets ausgeübte Berufstätigkeit anwendbar sein, wenn das Arbeitsverhältnis einen hinreichend engen Bezug zum Gemeinschaftsgebiet besitzt.[58] Diese Ausdehnung wurde für die Anwendbarkeit des Art. 45 Abs. 2 AEUV entwickelt, ist aber auch auf Art. 157 AEUV übertragbar, denn entscheidend ist, wann dem Arbeitnehmer in einem grenzüberschreitenden Sachverhalt ein Anspruch auf gleiches Entgelt nach Art. 157 AEUV zusteht.[59] Außerdem spricht auch der EuGH allgemein von der Anwendbarkeit von „Gemeinschaftsvorschriften".[60] Durch die unmittelbare Wirkung von Art. 157 AEUV gehört der Anspruch zum jeweiligen Recht der Mitgliedstaaten. Solange das jeweilige mitgliedstaatliche Recht Vertragsstatut i.S.v. Art. 8 Rom I-VO ist, besteht folglich insoweit der Anspruch.[61]

c) Begriff und Anknüpfungspunkt des Entgelts

Durch Art. 157 Abs. 1 AEUV wird eine Gleichbehandlung nur hinsichtlich des Entgelts, nicht aber hinsichtlich anderer Arbeitsbedingungen gewährt.[62] Um aber eine

---

54 Calliess/Ruffert/*Krebber*, Art. 157 AEUV Rn. 13.

55 EuArbR/*Franzen*, Art. 157 AEUV Rn. 15; Calliess/Ruffert/*Krebber*, Art. 157 AEUV Rn. 15.

56 EuGH v. 28.9.1994 – C-200/91, NZA 1994, 1073, 1074, Rn. 18 (Coloroll Pension Trustees).

57 EuArbR/*Franzen*, Art. 157 AEUV Rn. 15.

58 EuGH v. 12.12.1974 – 36/74, NJW 1975, 1093, 1094 (Walrave, Koch); EuGH v. 27.9.1989 – C-9/88, NJW 1990, 3069, 3070, Rn. 15 (Lopes da Veiga); EuGH v. 30.4.1996 – C-214/94, NZA 1996, 971, Rn. 15 (Boukhalfa).

59 Calliess/Ruffert/*Krebber*, Art. 157 AEUV Rn. 17.

60 EuGH v. 30.4.1996 – C-214/94, NZA 1996, 971, Rn. 15 (Boukhalfa).

61 Calliess/Ruffert/*Krebber*, Art. 157 AEUV Rn. 18; Schwarze/*Rebhahn*, Art. 157 AEUV, Rn. 6; ErfK/*Schlachter*, 17. Aufl. 2017, Art. 157 AEUV Rn. 6.

62 EuGH v. 15.5.1978 – C-149/77, NJW 1978, 2445, 2446 (Defrenne III).

Umgehung des Verbots der Entgeltdiskriminierung über andere Arbeitsbedingungen, wie Einstellung und Aufstieg, zu verhindern, wurde der Grundsatz der Gleichbehandlung diesbezüglich in die Richtlinie 76/207/EWG, welche durch Richtlinie 2002/73/EG[63] abgelöst wurde, aufgenommen.[64] Das Entgelt wird in Art. 157 Abs. 2 AEUV als „die üblichen Grund- oder Mindestlöhne und -gehälter sowie alle sonstigen Vergütungen (...), die der Arbeitgeber aufgrund des Dienstverhältnisses dem Arbeitnehmer unmittelbar oder mittelbar in bar oder in Sachleistungen zahlt" definiert. Sicher erfasst wird davon das eigentliche Arbeitsentgelt, welches als Gegenleistung für die erbrachte Arbeit gezahlt wird.[65] Grundsätzlich kommt es aber weder darauf an, ob es sich um eine Leistung im Gegenseitigkeitsverhältnis handelt, vergangene oder künftige Betriebstreue entlohnt[66] oder Aufwendungen ersetzt werden sollen, noch darauf, auf welcher Rechtsgrundlage die Zahlungspflicht beruht, solange die Zahlung aufgrund eines Arbeitsverhältnisses geleistet wird.[67]

In Bezug auf die unterschiedliche Vergütung von Männern und Frauen sind aber regelmäßig gerade die sonstigen Vergütungsbestandteile relevant, deren genaue Reichweite in der Rechtsprechung des EuGH ebenso wenig wie in der Literatur auf europäischer Ebene allgemein geklärt ist.[68] Aufgrund der Bedeutung für die Anwendbarkeit des Entgeltgleichheitsgebots, ist aber eine exakte Abgrenzung dieser übrigen Vergütungsbestandteile von den sonstigen Arbeitsbedingungen erforderlich. Dies bereitet insbesondere dann Schwierigkeiten, wenn die sonstigen Arbeitsbedingungen sich finanziell auswirken, wobei darauf abgestellt werden kann, ob diese Auswirkungen unmittelbarer oder nur mittelbarer Natur sind.[69]

Weiterhin ist das Entgelt i.S.v. Art. 157 AEUV von Zahlungen, die auf gesetzlichen Systemen der sozialen Sicherung beruhen, abzugrenzen. Grundsätzlich steht es der Beurteilung als Entgelt nicht entgegen, wenn der Arbeitgeber mit der Zahlung auch sozialpolitische Ziele verfolgt.[70] Sofern es sich jedoch um unmittelbar

---

63 Richtlinie 2002/73/EG des Europäischen Parlaments und des Rates v. 23.9.2002 zur Änderung der Richtlinie 76/207/EWG des Rates zur Verwirklichung des Grundsatzes der Gleichbehandlung von Männern und Frauen hinsichtlich des Zugangs zur Beschäftigung, zur Berufsbildung und zum beruflichen Aufstieg sowie in Bezug auf die Arbeitsbedingungen, ABl. L 269 v. 5.10.2002, S. 15 ff.

64 Schwarze/*Rebhahn*, Art. 157 AEUV, Rn. 2.

65 Calliess/Ruffert/*Krebber*, Art. 157 AEUV Rn. 21.

66 EuGH v. 21.10.1999 – C-333/97, NZA 1999, 1325, 1327, Rn. 21 (Lewen).

67 EuGH v. 25.5.1971 – 80/70, Slg. 17, 445, 451 Rn. 5/6 (Defrenne I); EuGH v. 9.2.1982 – 12/81, NJW 1982, 1204 (Garland); EuGH v. 17.5.1990 – C-262/88, NZA 1990, 775 (Barber); vgl. auch EuArbR/*Franzen*, Art. 157 AEUV Rn. 18.

68 Calliess/Ruffert/*Krebber*, Art. 157 AEUV Rn. 22

69 Schwarze/*Rebhahn*, Art. 157 AEUV Rn. 13; vgl. zu vom EuGH anerkannten Vergütungsbestandteilen auch die Übersicht bei Calliess/Ruffert/*Krebber*, Art. 157 AEUV Rn. 23 ff.

70 EuGH v. 25.5.1971 – 80/70, Slg. 17, 445, 451 f. Rn. 7/12 (Defrenne I); EuGH v. 13.5.1986 – 170/84, ZIP 1986, 726, 728 (Bilka).

gesetzlich geregelte Systeme oder Leistungen handelt, die zwingend für allgemein umschriebene Gruppen von Arbeitnehmern gelten, und bei denen die sozialpolitischen Erwägungen erheblich überwiegen, ist der Anwendungsbereich des Art. 157 AEUV nicht eröffnet.[71] Demgegenüber werden Leistungen aus betrieblichen Sozialversicherungssystemen vom Entgeltbegriff erfasst: Auch wenn sich die Ausgestaltung von Betriebsrenten nach den gesetzlichen Regeln des BetrAVG richtet, handelt es sich um Leistungen, die auf dem konkreten Arbeitsverhältnis beruhen, wobei es nicht darauf ankommt, ob dadurch mögliche staatliche Leistungen ergänzt[72] oder ersetzt[73] werden.

In Bezug auf das Entgelt ist zudem relevant, dass ein bloßer Vergleich des Gesamtentgelts nicht zulässig ist, sondern der Vergleich für die verschiedenen Entgeltbestandteile jeweils einzeln vorgenommen werden muss.[74] Für Akkordlöhne ist gem. Art. 157 Abs. 2 a) AEUV erforderlich, dass das Entgelt für eine gleiche Arbeit aufgrund der gleichen Maßeinheit festgesetzt wird. Für Stücklohnvereinbarungen muss demnach auch ein fester Entgeltbestandteil bei gleicher oder gleichwertiger Arbeit die gleiche Höhe haben.[75] In Art. 157 Abs. 2 b) AEUV ist für nach Zeit vergütete Arbeit vorgesehen, dass hierbei das Entgelt bei gleichem Arbeitsplatz gleich sein muss, für die jeweilige Arbeitszeit muss also derselbe Betrag entrichtet werden.[76] Dennoch kann der Arbeitgeber auch bei der Zeitlohnvergütung die individuelle Leistung der Arbeitnehmer berücksichtigen und danach bei der Lohngestaltung differenzieren, allerdings nicht bereits von Beginn der Beschäftigung an, weil der Arbeitgeber solche Unterschiede in der Leistung zu diesem Zeitpunkt noch nicht beurteilen kann.[77]

II. Auslegung der Begriffe

Die Bestimmung von Gleichheit und Gleichwertigkeit setzt einen Vergleich voraus, für den es geeignete Parameter zu finden gilt. Im Hinblick auf die Gleichheit existieren sowohl enge als auch weite Auslegungsmöglichkeiten. Der Gleichwertigkeit wohnt zudem mit der Frage nach der „Bewertung“ ein subjektives Element inne. Unsicherheiten im Hinblick auf Begrifflichkeiten begegnet die juristische

---

71 EuGH v. 13.5.1986 – 170/84, ZIP 1986, 726, 728 (Bilka); EuGH v. 17.5.1990 – C-262/88, NZA 1990, 775, 776 (Barber).

72 EuGH v. 13.5.1986 – 170/84, ZIP 1986, 726, 728 (Bilka); Grabitz/Hilf/Nettesheim/*Langenfeld*, Art. 157 AEUV Rn. 52.

73 EuGH v. 17.5.1990 – C-262/88, NZA 1990, 775, 776 (Barber); Grabitz/Hilf/Nettesheim/*Langenfeld*, Art. 157 AEUV Rn. 52.

74 EuGH v. 26.6.2001 – C-381/99, NZA 2001, 883, 885, Rn. 35 (Brunnhofer); EuGH v. 17.5.1990 – C-262/88, NZA 1990, 775, 776 (Barber).

75 EuGH v. 31.3.1995 – C-400/93, DB 1995, 1615, 1616 (Royal Kopenhagen).

76 EuArbR/*Franzen*, Art. 157 AEUV Rn. 28.

77 EuGH v. 26.6.2001 – C-381/99, NZA 2001, 883, 887, Rn. 79 (Brunnhofer).

Methodik mit dem Instrument der Gesetzesauslegung. Die Auslegung der Begriffe gleiche und gleichwertige Arbeit wird im Wesentlichen durch ihre europarechtliche Prägung bestimmt. Die Anspruchsgrundlage für eine diskriminierungsfreie Bezahlung hat das BAG im deutschen Recht vor Inkrafttreten des EntgTranspG in ständiger Rechtsprechung– trotz der unmittelbaren Wirkung des Art. 157 AEUV – in § 8 Abs. 2 AGG i.V.m. den Wertungen des § 2 Abs. 1 Nr. 2 AGG verortet.[78] Dennoch hat sich die Auslegung der nationalen Anspruchsgrundlage i.S.d. Gebots der europarechtskonformen Auslegung an den Vorgaben des Unionsrechts zu orientieren.[79] Zum einen handelt es sich um die nationale Umsetzung der Richtlinie 75/117/EWG bzw. 2006/54/EG, sodass eine richtlinienkonforme Auslegung vorzunehmen ist.[80] Zum anderen kommt dem Entgeltgleichheitsgrundsatz als Bestandteil des primären Unionsrechts Vorrang gegenüber dem nationalen Recht zu.[81] Inwiefern daneben ein eigenständiger Anwendungsbereich für die unmittelbare Wirkung des unionsrechtlichen Entgeltgleichheitsgrundsatzes besteht, wurde vom BAG offen gelassen.[82] Im Ergebnis müssen aber für die nationale Anspruchsgrundlage die gleichen Maßstäbe wie i.R.d. Art. 157 AEUV gelten,[83] sodass das unionsrechtliche Begriffsverständnis zugrunde zu legen ist. Zuständig für die Auslegung und Anwendung der Verträge ist gem. Art. 19 Abs. 1 S. 2 EUV der EuGH.

III. Rechtsprechung des EuGH

Das Entgeltgleichheitsgebot des Art. 157 AEUV verbietet sowohl unmittelbar als auch mittelbar auf dem Geschlecht beruhende Benachteiligungen bei der Vergütung in Bezug auf gleiche und gleichwertige Arbeit.[84] Obwohl der EuGH über

---

78 BT-Drucks. 16/1780, S. 35; BAG v. 23.8.1995 – 5 AZR 942/93, NZA 1996, 579, 580 (noch zu § 612 Abs. 3 BGB); BAG v. 11.12.2007 – 3 AZR 249/06, NZA 2008, 532, 536, Rn. 45; vgl. zur vorrangigen Entnahme der Rechtsgrundlage aus dem nationalen Recht: *Kocher*, ZESAR 2014, 135, 143; a.A. *Feldhoff*, Der Anspruch auf gleichen Lohn für gleichwertige Arbeit, S. 131 f., die davon ausgeht, dass die Anspruchsgrundlagen des Unionsrechts und des nationalen Rechts nebeneinander bestehen; ausführlich zu § 8 Abs. 2 i.V.m. § 2 Abs. 1 Nr. 2 AGG als Anspruchsgrundlage unter Gliederungspunkt D)II.2.a).

79 BAG v. 23.8.1995 – 5 AZR 942/93, NZA 1996, 579, 580.

80 Vgl. zur Pflicht zur richtlinienkonformen Auslegung zur Durchführung einer Richtlinie erlassener Gesetze: EuGH v. 10.4.1984 – 14/83, NZA 1984, 157, 158 (von Colson); ebenso auch zu vor einer Richtlinie erlassenem Recht: EuGH v. 13.11.1990 – C-106/89, DB 1991, 157, Rn. 8 (Marleasing); EuGH v. 4.7.2006 – C-212/04, NZA 2006, 909, 911, Rn. 108 (Adeneler); kritisch: *Di Fabio*, NJW 1990, 947.

81 ErfK/*Schlachter*, Art. 157 AEUV, 17. Aufl. 2017, Rn. 3.

82 BAG v. 2.8.2006 – 10 AZR 425/05, NZA 2006, 1411, 1413, Rn. 14.

83 So schon zu § 612 Abs. 3 BGB aF: *Feldhoff*, Der Anspruch auf gleichen Lohn für gleichwertige Arbeit, S. 137.

84 EuArbR/*Franzen*, Art. 157 AEUV Rn. 38, 43; ErfK/*Schlachter*, 17. Aufl. 2017, Art. 157 AEUV Rn. 14.

die Auslegung sowohl primären als auch sekundären Unionsrechts entscheidet,[85] überlässt er die Entscheidung, ob es sich in einem konkreten Fall um gleiche oder gleichwertige Arbeit handelt den nationalen Gerichten, welche für die Feststellung und Würdigung des zugrunde liegenden Sachverhalts zuständig sind.[86] Gleichwohl hat das Gericht in ständiger Rechtsprechung Kriterien vorgegeben, anhand derer die nationalen Gerichte über das Vorliegen dieser Voraussetzungen entscheiden sollen. Tatsächlich trifft der EuGH dabei aber keine deutliche Unterscheidung zwischen den Begriffen der „gleichen" und der „gleichwertigen" Arbeit, sondern verwendet insofern zumindest in einigen Entscheidungen dieselben Kriterien.[87] Für die Annahme gleicher oder zumindest als gleichwertig anerkannter Arbeit komme es darauf an, „ob die Arbeitnehmer unter Zugrundelegung einer Gesamtheit von Faktoren, wie Art der Arbeit, Ausbildungsanforderungen und Arbeitsbedingungen, als in einer vergleichbaren Situation bzw. Lage befindlich angesehen werden können".[88] Dieser Maßstab zur Feststellung einer gleichen oder gleichwertigen Arbeit, findet sich ebenso in Erwägungsgrund 9 der Richtlinie 2006/54/EG.

1. Vergleichbarkeit der Lage

Die Zugrundelegung der Faktoren Art der Arbeit, Ausbildungsanforderungen und Arbeitsbedingungen legt einen reinen Tätigkeitsvergleich nahe. Darüber hinausgehend hat der EuGH die Frage nach der Vergleichbarkeit zweier Tätigkeiten auch in räumlicher und zeitlicher Hinsicht präzisiert.

a) Vergleichbarkeit in räumlicher Hinsicht

Die Vergleichbarkeit in räumlicher Hinsicht betrifft die Frage, welche Tätigkeiten überhaupt in den Vergleich einbezogen werden können. Vor dem Hintergrund, dass das Entgeltgleichheitsgebot mit der gleichen Entlohnung gleicher und gleichwertiger Arbeit unabhängig vom Geschlecht ein gesamtgesellschaftliches Problem betrifft, käme grundsätzlich ein betriebs- und auch branchenübergreifender Vergleich in Betracht. Dass dies aber gerade nicht intendiert ist und Art. 157 AEUV einen wesentlich engeren Anwendungsbereich abdeckt, hat der EuGH bereits mehrfach bestätigt:

85 EuArbR/*Höpfner*, Art. 267 AEUV Rn. 8.
86 EuGH v. 26.6.2001 – C-381/99, NZA 2001, 883, 885, Rn. 49 (Brunnhofer).
87 EuGH v. 26.6.2001 – C-381/99 NZA 2001, 883, 885, Rn. 43 (Brunnhofer); EuGH v. 28.2.2013 – C-427/11, NZA 2013, 315, 317, Rn. 26; darauf ebenfalls hinweisend: EuArbR/*Franzen*, Art. 157 AEUV Rn. 32.
88 EuGH v. 26.6.2001 – C-381/99, NZA 2001, 883, 885, Rn. 43 (Brunnhofer); EuGH v. 31.5.1995 – C-400/93, DB 1995, 1615, 1616 (Royal Copenhagen); EuGH v. 11.5.1999 – C-309/97, NZA 1999, 699, 700, Rn. 17 (Angestelltenbetriebsrat der Wiener Gebietskrankenkasse).

aa) Einheitliche Quelle

Weder Art. 157 AEUV noch eine seiner Vorgängernormen enthalten eine ausdrückliche Einschränkung des Vergleiches in räumlicher Hinsicht. Dem Erwägungsgrund 10 der Richtlinie 2006/54/EG ist jedoch zu entnehmen, dass der Grundsatz des gleichen Entgelts unter bestimmten Umständen nicht nur für Situationen gilt, in denen Männer und Frauen für denselben Arbeitgeber arbeiten. Hierbei bezieht sich der europäische Gesetzgeber auf die Rechtsprechung des EuGH in der Rechtssache Lawrence: Dort stellte der EuGH fest, dass der Wortlaut von Art. 141 Abs. 1 EGV in keiner Weise darauf hindeute, dass der Entgeltgleichheitssatz nur auf Beschäftigte bei demselben Arbeitgeber anwendbar sei.[89] Allerdings sei erforderlich, dass die unterschiedliche Behandlung bezüglich des Entgelts auf dieselbe Quelle zurückzuführen sei.[90] Dies sei dann der Fall, wenn die Ungleichbehandlung solchen Regelwerken entspringt, die für beide Arbeitnehmergruppen gleichermaßen gelten, wie es bei Gesetzen oder Kollektivverträgen sowie bei der Verrichtung der Tätigkeit in demselben Betrieb oder Dienst der Fall sein kann.[91] Im Falle eines Tarifvertrages etwa müssen die zu vergleichenden Personen also nicht zusätzlich bei demselben Arbeitgeber oder in demselben Betrieb beschäftigt sein. Entscheidend ist, dass die Quelle der Vergütungsregel einheitlich ist.[92]

Langenfeld ist der Ansicht, dass sich die unmittelbare Wirkung des Art. 157 AEUV, auch in Fällen, bei denen die Vergütung weder auf Gesetz noch auf einem Tarifvertrag beruht, auf Beschäftigte in verschiedenen Betrieben eines einzigen Arbeitgebers in derselben Region bezieht, wohingegen sonstige betriebs- oder branchenübergreifende Vergleiche den Rahmen der Vorschrift sprengen würden.[93] In praktischer Hinsicht erweist sich allerdings die räumliche Abgrenzbarkeit „derselben Region" als schwierig. Eine solche rein geographische Erweiterung erscheint auch deshalb nicht zwingend, weil beispielsweise auch dem Gesetz oder der Allgemeinverbindlicherklärung (im Arbeitnehmerentsendegesetz) als einheitlichen Quellen betriebs- und branchenübergreifende Wirkungen immanent sind, sodass der auf denselben Betrieb beschränkte Vergleich zumindest keine allgemeingültige Grundregel darstellen kann.[94] Handelt es sich tatsächlich um denselben Arbeitgeber, so ist die Anwendung von Art. 157 AEUV grundsätzlich naheliegend, denn dann besteht auch im Hinblick auf verschiedene Betriebe eine einheitliche Quelle im Sinne einer für die unterschiedliche Behandlung verantwortlichen, einheitlichen Stelle. Schwieriger wird es jedoch, wenn besagter Arbeitgeber in derselben

---

89 EuGH v. 7.9.2002 – C-320/00, NZA 2002, 1144, 1145, Rn. 17 (Lawrence).

90 EuGH v. 7.9.2002 – C-320/00, NZA 2002, 1144, 1145, Rn. 18 (Lawrence).

91 Vgl. u. a. EuGH v. 8.4.1976 – C-43/75, NJW 1976, 2068, 2069 (Defrenne II), EuGH v. 27.3.1980 – C-129/79, NJW 1980, 2014 (Macarthys); EuGH v. 31.3.1981 – C-96/80, NJW 1981, 2639 (Jenkins).

92 EuArbR/*Franzen*, Art. 157 AEUV Rn. 16.

93 Grabitz/Hilf/Nettesheim/*Langenfeld*, Art. 157 AEUV Rn. 72.

94 Calliess/Ruffert/*Krebber*, Art. 157 AEUV Rn. 53.

Region völlig unterschiedliche Betriebe, z.B. einen Produktionsbetrieb und ein Callcenter, unterhält. Letztlich liegt hier der entscheidende Anknüpfungspunkt jedoch nicht bei der Frage nach einer einheitlichen Quelle, sondern bei den Anforderungen, die an den Tätigkeitsinhalt gestellt werden.[95]

Eine gleiche Quelle ist auch dann anzunehmen, wenn der Lohnzahlung zwar unterschiedliche Tarifverträge zugrunde liegen, diese aber von denselben Tarifparteien abgeschlossen wurden.[96] *Rebhahn* sieht insofern auch eine Möglichkeit dies auf den noch nicht entschiedenen Fall, des an zwei Tarifverträge verschiedener Arbeitnehmerorganisationen gebundenen Arbeitgebers, zu erstrecken, sofern der Arbeitgeber selbst über die Tarifbindung entscheiden kann, räumt aber gleichzeitig ein, dass im Hinblick auf Art. 28 GRCh, der die Rechte der Koalitionen anerkennt, auch der Abschlussdruck des Arbeitgebers durch etwaige Arbeitskampfmaßnahmen berücksichtigt werden müsse.[97] Soweit die Vergleichbarkeit etwa von Beschäftigten in demselben Betrieb betroffen ist, ergeben sich aufgrund der schon insoweit vorliegenden einheitlichen Quelle keine Schwierigkeiten. In anderen Fällen wird die Einflussnahmemöglichkeit desselben Arbeitgebers wohl nicht ausreichen, denn insofern fehlt es an einem einheitlichen Regelgeber.

Eine andere Frage ist jedoch, ob etwaige Statusunterschiede zwischen den Beschäftigten der Annahme einer einheitlichen Quelle und damit der Vergleichbarkeit entgegenstehen. Das BAG hat im Hinblick auf beamtete und angestellte Lehrer entschieden, dass der europarechtliche Grundsatz der Entgeltgleichheit hier nicht anwendbar ist und dies damit begründet, dass es aufgrund der Festlegung der Besoldung für die Beamten durch den Bundestag und für die Angestellten durch Tarifvertrag keinen einheitlichen Regelgeber und damit keine Möglichkeit der einheitlichen Festlegung gebe.[98] Dieser Argumentation tritt *von Roetteken* entgegen, indem er die Rechtsprechung des EuGH in der Rechtssache Regojo Dans anführt.[99] Dort hatte der EuGH entschieden, dass für Aushilfspersonal nach dem Grundsatz der Nichtdiskriminierung gem. § 4 Nr. 4 der Rahmenvereinbarung über befristete Arbeitsverträge zur RL 1999/70/EG die gleichen Bezüge gezahlt werden müssen, die u.a. Berufsbeamten als Dienstalterszulage gezahlt werden.[100] Nach § 3 Nr. 2 der Rahmenvereinbarung kommt es zwar zunächst vorrangig auf eine Vergleichsperson in demselben Betrieb und erst, wenn eine solche nicht vorhanden ist, auf den anwendbaren Tarifvertrag oder in Ermangelung eines solchen auf einzelstaatliche gesetzliche oder tarifvertragliche Bestimmungen oder Gepflogenheiten an. Es bestehen insofern jedenfalls tatsächlich weitgehende Übereinstimmungen. Jedoch ist nicht erkennbar, dass der EuGH im Hinblick auf das Diskriminierungsverbot

---

95 S. dazu ausführlich Gliederungspunkt B)III.2.
96 EuGH v. 27.10.1993 – C-127/92, NZA 1994, 797, 799, Rn. 22 (Enderby).
97 Schwarze/*Rebhahn*, Art. 157 AEUV, Rn. 17.
98 BAG v. 3.4.2003 – 6 AZR 633/01, NZA 2003, 1286, 1287, Rn. 18.
99 *von Roetteken*, GiP Sonderausgabe 1/2017, 2, 4.
100 EuGH v. 9.7.2015 – C-177/14, NZA 2016, 95 (Regojo Dans).

gegenüber befristet Beschäftigten in gleicher Weise auf eine einheitliche Quelle abstellt. Außerdem war eine etwaige Festlegung der Vergütung durch unterschiedliche Stellen nicht Gegenstand des Urteils in der Rechtssache Regojo Dans. Für diesen speziellen Fall wurde mithin keine Aussage getroffen. Insofern spricht vieles dafür, dass Statusunterschiede zwar an sich der Vergleichbarkeit nicht entgegenstehen – dies aber dann nicht gilt, wenn der Status eine unterschiedliche Quelle der Vergütungsfestlegung bedingt.

bb) Sonderfälle: Outsourcing und Betriebsübergang

Wie weit aber reicht das Entgeltgleichheitsgebot, wenn der Arbeitgeber einen überwiegend weiblichen Teil der Belegschaft auf ein externes Unternehmen auslagert, gerade um diesem nicht die gleichen Leistungen wie dem überwiegend männlichen Teil zukommen lassen zu müssen? In der Rechtssache Allonby[101] hatte die Klägerin zunächst in Teilzeit als Dozentin an einem englischen College gearbeitet. Das College entschied sich allerdings aus Kostengründen dafür, alle Teilzeit-Dozenten zu entlassen und sie anschließend wieder über eine Agentur als externe Dienstleister zu beschäftigen. Von dieser Maßnahme waren zu zwei Dritteln Frauen betroffen, wobei die Agentur aber insgesamt etwa gleich viele Männer und Frauen in ihrer Kartei führte. Frau Allonby berief sich gegenüber der Agentur auf den Grundsatz des gleichen Entgeltes bei gleicher und gleichwertiger Arbeit. Zum Vergleich zog sie das Entgelt, welches ein bei dem College beschäftigter Mann erhielt, heran. Der EuGH stellte fest, dass hier gerade keine einheitliche Quelle der Ungleichbehandlung vorliege und sich auch nichts anderes daraus ergebe, dass der durch das College an die Agentur bezahlte Betrag Einfluss auf das durch dieses an die Klägerin entrichtete Entgelt habe.[102]

Krebber hält dem entgegen, dass, wenn ein Inhaberwechsel des Betriebsteils des geringer bezahlten Arbeitnehmers stattgefunden hat und dieser anschließend sofort wieder bei seinem früheren Arbeitgeber eingesetzt wird (Outsourcing), ein früherer Kollege aufgrund von Art. 3 Abs. 1 der Betriebsübergangsrichtlinie 2001/23/EG[103] mögliche Vergleichsperson sei.[104] Demnach gehen die Rechte und Pflichten des Veräußerers aus einem zum Zeitpunkt des Übergangs bestehenden Arbeitsvertrag oder Arbeitsverhältnis aufgrund des Übergangs auf den Erwerber über. Mit der Frage des Betriebsübergangs hatte der EuGH sich in der Rechtssache Allonby nicht beschäftigt. Auf den konkreten Sachverhalt ist die Betriebsübergangsrichtlinie wohl mangels Arbeitgebereigenschaft der Agentur auch nicht

101 EuGH v. 13.1.2004 – C-256/01, NZA 2004, 201 (Allonby).

102 EuGH v. 13.1.2004 – C-256/01, NZA 2004, 201, 203, Rn. 46 ff. (Allonby).

103 Richtlinie 2001/23/EG des Rates v. 12.3.2001 zur Angleichung der Rechtsvorschriften der Mitgliedstaaten über die Wahrung von Ansprüchen der Arbeitnehmer beim Übergang von Unternehmen, Betrieben oder Unternehmens- oder Betriebsteilen, ABl. L 82 v. 22.3.2001, S. 16 ff.

104 Calliess/Ruffert/*Krebber*, AEUV Art. 157 Rn. 53.

anwendbar. Zumindest angesprochen wurde dieser Problemkreis jedoch zuvor in der Rechtssache Lawrence. Da das vorlegende Gericht aber nur die Frage nach der Anwendbarkeit des damaligen Art. 141 EGV gestellt hatte, ließ der EuGH die Anwendbarkeit der Betriebsübergangsrichtlinie offen.[105] Daran lässt sich erkennen, dass für den EuGH das Vorliegen eines Betriebsüberganges keine Auswirkungen auf die Anwendbarkeit von Art. 141 EGV bzw. Art. 157 AEUV hat: Selbst dann, wenn ein Betriebsübergang bejaht werden könnte, kommt es für Art. 157 AEUV entscheidend nur auf die einheitliche Quelle der Ungleichbehandlung an.[106]

Auch ein etwaig anzustellender Gedanke der Rechtsmissbräuchlichkeit kann den Anwendungsbereich von Art. 157 AEUV nicht erweitern: Die Kommission hatte diese Überlegung zwar in der Rechtssache Allonby zunächst im Hinblick auf die Gefahr einer Aushöhlung des Gleichheitssatzes angestellt, dann jedoch diesen Umstand als eine durch den Gesetzgeber zu schließende Lücke erkannt und weiterhin auf die Möglichkeit verwiesen, die mit der Auslagerung verbundenen Kündigungen selbst anzugreifen.[107] Generalanwalt *Geelhoed* fügte dem hinzu, dass zu bedenken sei, dass der Anspruch auf gleiche Entlohnung gegen den neuen Arbeitgeber gerichtet sei und dieser nicht für die Ungleichbehandlung verantwortlich gemacht werden könne, die letztlich der vorherige Arbeitgeber verursacht hat.[108] Diese Argumentation überzeugt vor dem Hintergrund, dass das Kriterium der einheitlichen Quelle den Anwendungsbereich des Entgeltgleichheitsgebots interessengerecht nach dem Verantwortungsprinzip beschränkt.

b) Vergleichbarkeit in zeitlicher Hinsicht

Noch früher allerdings hat der EuGH den Kreis der tauglichen Vergleichspersonen in zeitlicher Hinsicht wiederum weit gezogen. In der zentralen Rechtssache Macarthys forderte eine Arbeitnehmerin, die gleiche Bezahlung zu erhalten wie ihr männlicher Arbeitsplatz-Vorgänger. Das Gericht führte dazu aus, bei dem Grundsatz des gleichen Entgelts für gleiche Arbeit komme es nur darauf an, dass es sich um qualitativ gleiche Arbeit handelt, sodass unerheblich sei, ob die Arbeit gleichzeitig oder nacheinander verrichtet wird, solange mit einem zeitlichen Abstand keine wesentliche Veränderung der Bedingungen einhergeht.[109] Einen aktuellen Kollegen muss der Arbeitnehmer, der gleiche Bezahlung für gleiche oder gleichwertige Arbeit einfordert also grundsätzlich nicht vorweisen können.

---

105 EuGH v. 7.9.2002 – C-320/00, NZA 2002, 1144, 1145, Rn. 16 (Lawrence).

106 Vgl. dazu: EuGH, Schlussanträge des Generalanwalts Geelhoed v. 14.3.2002 – C-320/00, juris, Rn. 59 (Lawrence); *Nicolai*, SAE 2004, 325, 327.

107 Vgl. EuGH, Schlussanträge des Generalanwalts Geelhoeed v. 2.4.2002 – C-256/01, juris, Rn. 51 f. (Allonby).

108 EuGH, Schlussanträge des Generalanwalts Geelhoeed v. 2.4.2002 – C-256/01, juris, Rn. 50 (Allonby).

109 EuGH v. 27.3,1980 – C-129/79, NJW 1980, 2014 (Macarthys).

Allerdings ist der EuGH dabei bisher noch nicht so weit gegangen, als dass er es genügen lassen würde, wenn die Vergleichsperson nicht einmal tatsächlich früher oder gleichzeitig die gleiche Arbeit verrichtet hat. Es reiche nicht aus, wenn ein hypothetischer Mann bei gleicher Arbeit mehr Entgelt hätte verlangen können.[110] *Langenfeld* sieht diese Judikatur jedoch als mittlerweile überholt an und begründet dies damit, dass der Gerichtshof seine Zurückhaltung in Bezug auf eine Direktwirkung von Art. 157 AEUV bei versteckter Diskriminierung inzwischen aufgegeben hat und verweist insofern auch auf eine Einschätzung der Kommission.[111] Tatsächlich hatte der EuGH in der Rechtssache Macarthys die Heranziehung einer hypothetischen Vergleichsperson mit der Begründung abgelehnt, dass es sich um eine mittelbare Diskriminierung handele, deren Feststellung nach den Ausführungen zum Urteil in der Rechtssache Defrenne II „den Vergleich ganzer Industriezweige und somit die vorherige Festlegung von Beurteilungskriterien durch die gemeinschaftlichen oder nationalen Gesetzgebungsorgane" erfordere.[112] Nunmehr hat jedoch nicht nur der EuGH die Geltung von Art. 157 AEUV ausdrücklich auch für Fälle der mittelbaren Diskriminierung anerkannt,[113] die mittelbare Diskriminierung hat auch in Art. 4 Abs. 1 RL 2006/54/EG Einzug gefunden. *Schlachter* wiederum verweist für die Zulässigkeit einer hypothetischen Vergleichsperson auf die Entscheidung in der Rechtssache Allonby.[114] Allerdings erschöpft sich dieses Urteil darin, festzustellen, dass auch ein Gesetz die einheitliche Quelle bilden kann, und es dann nicht darauf ankommt, dass bei dem konkreten Arbeitgeber früher oder aktuell ein vergleichbarer Arbeitnehmer des anderen Geschlechts gearbeitet hat.[115] Diesbezüglich ist es auch nur konsequent, eine hypothetische Vergleichsperson zuzulassen, da der Entgeltgleichheitsgrundsatz ansonsten in Bezug auf gesetzliche und tarifliche Entgeltregelungen sogar innerhalb ihres Geltungsbereiches unterschiedlich angewendet werden müsste. Der einheitlichen Anwendung würde es dann auch entsprechen, i.R.d. gleichen Arbeitgebers die hypothetische Vergleichsperson genügen zu lassen. Im Anwendungsbereich der Antidiskriminierungsrichtlinie 2006/54/EG ist sie bereits anerkannt.[116]

---

110 EuGH v. 27.3,1980 – C-129/79, NJW 1980, 2014 (Macarthys); EuGH v. 28.9.1994 – C-200/91, NZA 1994, 1073, 1074, Rn. 18 (Coloroll Pension Trustees).

111 Grabitz/Hilf/Nettesheim/*Langenfeld*, Art. 157 AEUV Rn. 69; bezugnehmend auf: Memorandum über gleiches Entgelt für gleichwertige Arbeit, K0M (94) 6 endg. v. 23.6.1994, S. 10.

112 EuGH v. 27.3.1980 – C-129/79, NJW 1980, 2014 (Macarthys).

113 EuGH v. 31.3.1981 – 96/80, NJW 1981, 2639 (Jenkins); EuGH v. 27.5.2004 – C-285/02, NZA 2004, 783, Rn. 12 (Elsner-Lakeberg); EuGH v. 3.10.2006 – C-17/05, NZA 2006, 1205, 1206, Rn. 30(Cadman).

114 ErfK/*Schlachter*, 17. Aufl. 2017, Art .157 AEUV Rn. 15.

115 EuGH v. 13.1.2004 – C-256/01, NZA 2004, 201, 205, Rn. 83 (Allonby).

116 EuArbR/*Franzen*, Art. 157 AEUV, Rn. 37; Schwarze/*Rebhahn*, Art. 157 AEUV Rn. 18.

2. Anforderungen an den Tätigkeitsinhalt – Vergleichbarkeit gänzlich unterschiedlicher Tätigkeiten?

Die räumlichen und zeitlichen Grenzen der Vergleichbarkeit i.R.v. Art. 157 AEUV stecken den Kreis der potenziellen vergleichbaren Tätigkeiten ab. Entscheidend ist aber letztlich, ob die Tätigkeiten im Hinblick auf Art der Arbeit, Ausbildungsanforderungen und Arbeitsbedingungen vergleichbar sind. Insbesondere im Nachgang der Entscheidungen in den Rechtssachen Danfoss und Enderby war und ist es nach wie vor strittig, wie unterschiedlich Tätigkeiten sein dürfen, um noch vergleichbar zu sein.[117]

In der Rechtssache Enderby[118] verlangte eine Logopädin, ebenfalls die höhere Bezahlung zu erhalten, die auch Angehörige vermeintlich vergleichbarer Berufe innerhalb des National Health Service, dem staatlichen britischen Gesundheitssystem, wie leitende klinische Psychologen oder Apotheker, erhielten. In diesen Tätigkeitsfeldern waren überwiegend Männer beschäftigt. Die deutsche Regierung hatte vertreten, dass schon von vorne herein kein zu rechtfertigender Verstoß gegen den Entgeltgleichheitsgrundsatz vorliegen könne: Die verschiedenen Tätigkeiten seien schon nicht vergleichbar, was der EuGH mit der Feststellung ablehnte, dass er, solange das vorlegende Gericht die Frage nach der Rechtfertigung vorziehe und die nach der Gleichwertigkeit nicht stelle, darüber auch nicht entscheiden müsse.[119] Wie üblich überließ der EuGH die Gleichwertigkeitsprüfung dem nationalen Gericht. Durch die Annahme zur Entscheidung billigte er aber den Vergleich gänzlich unterschiedlicher Tätigkeiten indirekt und prüfte die Anforderungen an die Rechtfertigung „im luftleeren Raum“.[120] *Wank* kritisiert den EuGH insofern bereits dafür, dass er sich „trotz unvergleichbarer Tätigkeiten“ auf die Prüfung eingelassen hat.[121] Auch *Langenfeld* sieht die Vergleichbarkeit von Tätigkeiten, die keine oder kaum gemeinsame inhaltliche Bezüge aufweisen, kritisch: Würden Gerichte darüber zu entscheiden haben, ob solche Tätigkeiten gleichwertig und daher grundsätzlich gleich zu entlohnen sind, würde in den Kernbereich der Tarifautonomie eingegriffen.[122] Man mag für die in der Rechtssache Enderby fraglichen Tätigkeiten zumindest die Aspekte Gesundheit und Therapie als Gemeinsamkeit benennen können. Bei anderen Vergleichspaaren tritt noch die Schwierigkeit hinzu, überhaupt geeignete abstrakte Vergleichsparameter zu bestimmen. Mit der zunehmenden Abstrahierung geht jedoch auch ein Anstieg der Anzahl der in

---

117 Für einen umfassenden Vergleich: *Colneric*, in: FS Dieterich, S. 45, 50; *Feldhoff*, ZTR 1999, 207; *Winter*, ZTR 2001, 7, 9; kritisch: *Wank*, in: GS Zachert. S. 453, 464; *Wißmann*, in: FS Schaub, S. 793, 799 ff.

118 EuGH v. 27.10.1993 – C-127/92, NZA 1994, 797 (Enderby).

119 EuGH v. 27.10.1993 – C-127/92, NZA 1994, 797, 798, Rn. 8 ff. (Enderby).

120 *Kappes/Korte*, SAE 1995, 48, 50.

121 *Wank*, in: GS Zachert, S. 453, 464.

122 Grabitz/Hilf/Nettesheim/*Langenfeld*, Art. 157 AEUV Rn. 70; zu dem grundsätzlichen Konflikt mit der Tarifautonomie s.u. Gliederungspunkt C)III.

Betracht kommenden Gründe für eine unterschiedliche Bezahlung, die nichts mit einer Geschlechtsdiskriminierung zu tun haben, einher.[123] Zudem wird man auch umso eher die Gleichwertigkeit bejahen können, je abstrakter die Vergleichsparameter gewählt werden.[124]

In dem Memorandum der Kommission von 1994 hat diese die Geltung des Konzepts gleicher Entlohnung von gleicher und gleichwertiger Arbeit auch bei grundverschiedenen Tätigkeiten jedoch ausdrücklich bejaht.[125] *Colneric* hält die entsprechende Ansicht durch die Entscheidung des EuGH in der Rechtssache Enderby für bestätigt.[126] Auch *Winter* sieht keinen Anlass zu fordern, dass irgendein Zusammenhang zwischen den zu vergleichenden Tätigkeiten besteht, weil dies den europarechtlichen Vorgaben nicht zu entnehmen sei und mit Hilfe der Arbeitsbewertung ein Wertvergleich noch so verschiedener Tätigkeiten möglich sei.[127] Tatsächlich wird man den vorgetragenen Bedenken nur dann entgegentreten und der Vergleichbarkeit gänzlich unterschiedlicher Tätigkeiten nur dann zustimmen können, wenn eine Methode zur objektiven Arbeitsbewertung existiert. Deren Kriterien müssten einerseits so abstrahiert sein, dass sie auf jede denkbare Tätigkeit angewendet werden können und sich andererseits entsprechend der europarechtlichen Vorgaben an den tatsächlichen Anforderungen der Tätigkeit orientiert.[128]

3. Ausbildungsanforderungen als Kriterium

In Bezug auf das Kriterium der Ausbildungsanforderungen hatte der EuGH dieses zunächst in der Rechtssache Danfoss als Rechtfertigungsgrund für eine ungleiche Vergütung bei gleicher Arbeit anerkannt. In der Rechtssache Angestelltenbetriebsrat der Wiener Gebietskrankenkasse zog er dasselbe Merkmal heran, um zu bestimmen, ob überhaupt eine gleiche Arbeit vorliegt.[129] In diesem Vorabentscheidungsverfahren stand die unterschiedliche Entlohnung von Psychologen und Ärzten zur Debatte. Beide Berufsgruppen übten augenscheinlich identische, psychotherapeutische Tätigkeiten aus. In der schlechter entlohnten Gruppe der Psychologen waren deutlich mehr Frauen vertreten als unter den besser bezahlten Ärzten. Trotz der äußerlichen Übereinstimmung der verrichteten Arbeiten beider

---

123 Calliess/Ruffert/*Krebber*, Art. 157 AEUV Rn. 56; zustimmend *Bauer/Krieger/Günther*, § 4 EntgTranspG Rn. 27; *Bauer/Heup/Mayr*, DB 2018, 1213, 1214, die deshalb fordern, dass die Tätigkeiten zumindest „im Kern artverwandt" sind.

124 Calliess/Ruffert/*Krebber*, Art. 157 AEUV Rn. 55; Schwarze/*Rebhahn*, Art. 157 AEUV Rn. 16.

125 Memorandum über gleiches Entgelt für gleichwertige Arbeit, K0M (94) 6 endg. v. 23.6.1994, S. 10.

126 *Colneric*, in: FS Dieterich, S. 45, 50.

127 *Winter*, ZTR 2001, 7, 9.

128 Dazu ausführlich unten Gliederungspunkt B)VII.1.

129 EuGH v. 11.5.1999 – C-309/97, NZA 1999, 699, 700, Rn. 19 (Angestelltenbetriebsrat der Wiener Gebietskrankenkasse).

Berufsgruppen entschied der EuGH, dass sie sich dennoch nicht in einer vergleichbaren Situation befänden, weil sie in den unterschiedlichen Ausbildungen auch unterschiedliche Kenntnissen und Fähigkeiten erworben hätten, welche sie bei der Behandlung der Patienten zugrunde legen würden. Zudem seien die Ärzte in einem weiteren Maße beruflich berechtigt, weil sie – im Gegensatz zu den Psychologen – nicht nur psychotherapeutische Tätigkeiten, sondern auch medizinische ausüben dürften.[130]

Diese Rechtsprechung hat der EuGH zudem inzwischen bestätigt: In der Rechtssache Kenny[131] verlangten Verwaltungssekretärinnen, die die äußerlich selbe Tätigkeit wie ebenfalls in der Verwaltung tätige Polizisten verrichteten, den höheren Lohn der Polizisten zu erhalten. Der zuständige Minister rechtfertigte die höhere Bezahlung der überwiegend männlichen Polizisten damit, dass diese zu einem großen Teil auch mit operativen Tätigkeiten in der Kommunikation nach außen betraut seien. Die Entscheidung, ob dies in tatsächlicher Hinsicht einer gleichen Arbeit entgegensteht, hat der EuGH wiederum dem nationalen Gericht überlassen.[132] Zum einen trägt diese Rechtsprechung nicht zu einer Klarstellung der Voraussetzungen, die von den nationalen Gerichten zu prüfen sind, bei und zum anderen lässt sie relevante Gesichtspunkte außer Acht: Es mag zwar richtig sein, dass es sich nicht um gleiche Arbeit handelt, wenn eine Gruppe nur Verwaltungsaufgaben wahrnimmt, während die andere Gruppe auch in nicht unerheblichem Maße operative Aufgaben verrichtet. Eine Gleichwertigkeit käme durchaus in Betracht, jedoch differenziert der EuGH eben nicht deutlich zwischen diesen beiden Begriffen. Verneint man hier im konkreten Fall das Vorliegen gleicher oder gleichwertiger Arbeit, so spielt dabei letztlich die unterschiedliche Ausbildung nur eine zweitrangige Rolle. Die Arbeitnehmer sind zwar aufgrund ihrer unterschiedlichen Ausbildung zu unterschiedlichen Tätigkeiten fähig, der relevante Anknüpfungspunkt für die Vergleichbarkeit ist aber die erbrachte Arbeitsleistung[133]. Sind mit einer der Tätigkeiten in erheblichem Umfang andere oder sogar mehr Aufgaben verbunden, so handelt es sich schon um eine unterschiedliche Arbeitsleistung.

Im Hinblick auf die Rechtsprechung des EuGH ist zudem zu kritisieren, dass dieser das Merkmal Ausbildungsanforderungen in verschiedenen Rechtssachen auf verschiedenen Prüfungsstufen heranzieht: Mal bei der Frage nach der Anwendbarkeit des Entgeltgleichhetsgrundsatzes zur Bestimmung der Gleichheit (Angestelltenbetriebsrat der Wiener Betriebskrankenkasse), mal bei der Frage nach der Rechtfertigung einer Ungleichbehandlung (Danfoss; Kenny). Übersichtlicher und klarer wäre es jedenfalls, die unterschiedliche Ausbildung erst und nur auf der zweiten Stufe, der Rechtfertigung, heranzuziehen.[134] Bei der Berücksichtigung der

---

130 Ebd.

131 EuGH v. 28.2.2013 – C-427/11, NZA 2013, 315, 317, Rn. 29 (Kenny).

132 Ebd. Rn. 31 ff.

133 EuGH v. 15.6.1978 – 149/77, NJW 1978, 2445, 2446 (Defrenne III); EuGH v. 13.1.2004 – C-256/01, NZA 2004, 201, 204, Rn. 62 (Allonby).

134 A.A. Calliess/Ruffert/*Krebber*, Art. 157 AEUV Rn. 54.

Ausbildung schon auf der ersten Stufe besteht die Gefahr, dass einzelne Arbeitnehmer aufgrund ihrer Ausbildung zwar auch zur Erfüllung weitergehender Aufgaben befähigt wären und deshalb höher entlohnt werden müssten, auch wenn sie diese faktisch nie ausführen würden.[135] Zu Recht weist *Rebhahn* daher darauf hin, dass unterschiedliche Fähigkeiten nur dann der Gleichheit oder Gleichwertigkeit entgegenstehen könnten, wenn sie sich auch tatsächlich bei der Arbeit auswirken.[136]

Auch der EuGH verlangt, dass der Arbeitgeber darlegt, dass die Ausbildung für die Ausführung der spezifischen Aufgaben von Bedeutung ist. Gleichzeitig sieht er in diesem Kriterium aber auch Diskriminierungspotential, soweit Frauen weniger Möglichkeiten hatten, eine vergleichbare Berufsausbildung zu erwerben oder diese Möglichkeiten in geringerem Maße genutzt haben.[137] *Lorenz* stellt dazu fest, dass dadurch dem Arbeitgeber das Risiko auferlegt werde, finanziell ausgleichen zu müssen, dass eine Frau schlichtweg nicht alle sich ihr bietenden Ausbildungsmöglichkeiten genutzt hat und dies einer Qualifikationsanreize setzenden Unternehmenspolitik entgegenstünde.[138] Unabhängig davon, aus welchen Gründen Ausbildungsmöglichkeiten nicht genutzt wurden, ist doch schwer begründbar, warum dies in den Verantwortungsbereich des Arbeitgebers gestellt werden sollte.[139]

4. Beweislast

Die Begriffe der gleichen und der gleichwertigen Arbeit sind, wie gezeigt wurde, auch nach der Rechtsprechung des EuGH mit zahlreichen Unsicherheiten belegt. Umso entscheidender ist es daher für den Ausgang einer möglichen Klage, wer diesbezüglich die Beweislast trägt. Nach der ständigen Rechtsprechung des EuGH hat grundsätzlich derjenige, der sich zur Stützung eines Anspruchs auf Tatsachen beruft, diese zu beweisen. Die Beweislast für das Vorliegen einer Diskriminierung beim Entgelt aufgrund des Geschlechts träfe dann regelmäßig den sich diskriminiert glaubenden Arbeitnehmer.[140] Gleichzeitig hat der EuGH bereits mehrfach entschieden, dass der Arbeitgeber, sobald ein erster Anschein für das Vorliegen einer diskriminierenden Entlohnung vorliegt, die Beweislast dafür trägt, dass es sachliche Gründe, die nichts mit einer Diskriminierung aufgrund des Geschlechts zu tun haben, für den festgestellten Unterschied beim Entgelt gibt, wenn der Arbeitnehmer ansonsten nicht in der Lage wäre die Einhaltung des Gleichbehandlungsgrundsatzes vor den nationalen Gerichten durchzusetzen.[141]

---

135 So auch *Henssler*, SAE 1997, 186.

136 Schwarze/*Rebhahn*, Art. 157 AEUV Rn. 15.

137 EuGH v. 17.10.1989 – 109/88, NZA 1990, 772, 774, Rn. 23 (Danfoss).

138 *Lorenz*, in: FS Wlotzke, S. 45, 63.

139 Vgl. auch *Jordan*, Entgeltdiskriminierung in Frauenberufen, S. 71.

140 EuGH v. 27.10.1993 – C-127/92, NZA 1994, 797, 798, Rn. 13 (Enderby); EuGH v. 26.6.2001 – C-381/99, NZA 2001, 883, 886, Rn. 57 (Brunnhofer).

141 Zuletzt EuGH v. 28.2.2013 – C-427/11, NZA 2013, 315, 316, Rn. 20 (Kenny); zuvor bereits EuGH v. 17.10.1989 – 109/88, NZA 1990, 772, 773, Rn. 11 ff. (Danfoss);

Damit jedoch diese Beweiserleichterung eintritt, müsste der klagende Arbeitnehmer zunächst selbst beweisen, dass sein Arbeitgeber ihm ein niedrigeres Entgelt zahlt als seinen zum Vergleich herangezogenen Kollegen und dass er tatsächlich die gleiche oder eine gleichwertige Arbeit verrichten. Insofern bleibt es bei den allgemeinen Regeln der Beweislast.[142] Eine Einstufung in dieselbe Tätigkeitsgruppe nach einem für das Beschäftigungsverhältnis geltenden Kollektivvertrag reicht dabei alleine nicht aus.[143] Eine solche gemeinsame Einstufung wird durch den Gerichtshof nur als eines von vielen möglichen Indizien für das Vorliegen von Gleichwertigkeit gewertet, sodass der Verweis auf das Zustandekommen der Entgeltregelung durch Tarifverhandlungen nicht genügt.[144] Auch die Tatsache, dass das Durchschnittsgehalt für eine überwiegend von Frauen verrichtete Tätigkeit niedriger ist als dasjenige für eine überwiegend von Männern verrichtete Tätigkeit soll für sich alleine noch nicht auf eine unzulässige Diskriminierung schließen lassen.[145]

5. Zwischenergebnis

Ähnlich wie schon der Wortlaut des europäischen Primärrechts, bietet die Rechtsprechung des EuGH keine eindeutig subsumierbare Definition dafür, was gleiche bzw. gleichwertige Arbeit ist. Indem das Gericht jedoch in ständiger Rechtsprechung auf eine nach einer Gesamtheit von Faktoren, wie Art der Arbeit, Ausbildungsanforderungen und Arbeitsbedingungen zur Bestimmung einer vergleichbaren Lage abstellt, umreißt es die Begriffe jedenfalls grob. In Einzelfällen – etwa im Hinblick auf das Vorliegen einer einheitlichen Quelle – stellen sich jedoch weiterhin ungelöste Fragen. Die Bestimmung im Einzelfall und damit auch die Klärung begrifflicher Feinheiten, ist den nationalen Gerichten überlassen.

EuGH v. 27.10.1993 – C-127/92, NZA 1994, 797, 798, Rn. 13 ff. (Enderby); EuGH v. 31.3.1995 – C-400/93, DB 1995, 1615, 1616 (Royal Kopenhagen); EuGH v. 26.6.2001 – C-381/99, NZA 2001, 883, 886, Rn. 60 (Brunnhofer); EuGH v. 3.10.2006 – C-17/05, NZA 2006, 1205, 1206, Rn. 31 (Cadman).

142 EuGH v. 26.6.2001 – C-381/99, NZA 2001, 883, 886, Rn. 58 (Brunnhofer); EuGH v. 28.2.2013 – C-427/11, NZA 2013, 315, 316, Rn. 19 (Kenny); nach a.A. genügt es das Vorliegen einer Diskriminierung glaubhaft bzw. überwiegend wahrscheinlich zu machen, vgl. Calliess/Ruffert/*Krebber*, AEUV Art. 157 Rn. 64; Grabitz/Hilf/Nettesheim/*Langenfeld*, Art. 157 AEUV Rn. 47.

143 EuGH v. 26.6.2001 – C-381/99, NZA 2001, 883, 885, Rn. 44 (Brunnhofer); EuGH v. 28.2.2013 – C-427/11, NZA 2013, 315, 318, Rn. 49 (Kenny); vgl. ausführlich zum Verhältnis zur Tarifautonomie Gliederungspunkt C)III.

144 EuGH v. 26.6.2001 – C-381/99, NZA 2001, 883, 885, Rn. 43 ff. (Brunnhofer).

145 EuGH v. 17.10.1989 – 109/88, NZA 1990, 772, 773, Rn. 13 (Danfoss); EuGH v. 31.3.1995 – C-400/93, DB 1995, 1615, 1616 (Royal Kopenhagen).

IV. Verständnis in der deutschen Rechtsprechung und Literatur

Ist es also Sache der nationalen Gerichte zu entscheiden, wann eine gleiche oder gleichwertige Arbeit vorliegt, so obliegt es dem BAG als Bundesgericht, diesbezüglich Maßstäbe zu setzen. Ebenso wenig wie der EuGH konnte das BAG jedoch vor Inkrafttreten des EntgTranspG auf eine gesetzliche Begriffsdefinition zurückgreifen. Dennoch haben sich in der Rechtsprechung und in der Literatur entsprechende Ansätze herausgebildet.

1. Vor Inkrafttreten von § 612 Abs. 3 BGB aF

Noch vor der Unterzeichnung des Vertrages zur Gründung der europäischen Wirtschaftsgemeinschaft, hatte das BAG bereits 1955 nicht nur den bis dahin weitverbreiteten pauschalen Lohnabschlägen für Frauen eine Absage erteilt, sondern auch entschieden, dass es einen Grundsatz der Lohngleichheit von Mann und Frau bei gleicher Arbeit gibt, welcher Bestandteil des Gleichberechtigungsgrundsatzes und des Benachteiligungsverbots aus Art. 3 Abs. 2, 3 GG sei.[146] In demselben Urteil erklärte das BAG, dass bei Arbeit, für welche sowohl Frauen als auch Männer nach tariflich vorgesehenem Zeitlohn entlohnt würden, immer eine gleiche Arbeitsleistung von Mann und Frau vorliege, wenn sie die gleichen Zeiteinheiten gearbeitet hätten. Beim Zeitlohn komme es für die Vergütung nur auf die geleisteten Zeiteinheiten, nicht aber auf das konkrete Arbeitsergebnis an.[147] Sei das zeitbezogene Tarifgehalt für alle Angestellten im Verkauf davon unabhängig festgelegt, was an wen verkauft wird, und welche Geschicklichkeit dabei erforderlich ist, so leiste eine Verkäuferin die gleiche Arbeit wie ein Verkäufer.[148] Das BAG stellte folglich bei der Bestimmung gleicher Arbeit wesentlich auf die Lohngruppenbildung der Tarifvertragsparteien ab. In einer weiteren Entscheidung aus demselben Jahr präzisierte es dies dahingehend, dass davon auch lediglich gleichartige Tätigkeiten (im konkreten Fall einfache Tätigkeiten ohne besondere Anlernung) erfasst seien, denn solange sie i.S.d. Lohngruppe gleich eingestuft würden, sei die konkrete Tätigkeit unerheblich.[149] Eine Lohndifferenzierung nach Art und Dauer der Berufsausbildung, Dauer der Berufszugehörigkeit, Alter und Fähigkeiten wurde aber als zulässig anerkannt.[150] Ob die letztgenannten Kriterien allerdings die Eigenschaft

146 BAG v. 15.1.1955 – 1 AZR 305/54, NJW 1955, 684, 685 m.w.N.; vgl. auch *Nipperdey*, Gleicher Lohn der Frau für gleiche Leistung, S. 3 ff.; Näheres zu Art. 3 GG unter Gliederungspunkt C)I.

147 BAG v. 15.1.1955 – 1 AZR 305/54, NJW 1955, 684, 687; BAG v. 2.3.1955 – 1 AZR 246/54, NJW 1955, 688.

148 BAG v. 2.3.1955 – 1 AZR 246/54, NJW 1955, 688.

149 BAG v. 6.4.1955 – 1 AZR 365/54, BAGE 1, 348, 352.

150 BAG v. 15.1.1955 – 1 AZR 305/54, NJW 1955, 684, 687.

als gleiche Arbeit oder aber die Möglichkeiten der Rechtfertigung einer unterschiedlichen Entlohnung beschreiben sollen, wurde nicht deutlich.

In der Literatur wurde aber betont, dass ein Verstoß gegen den Lohngleichheitsgrundsatz bei unterschiedlicher Bezahlung trotz gleicher Arbeit nicht völlig unabhängig von gleicher Leistung bestehen könne.[151] Das BAG hielt dies für irreführend, da entweder die Leistung die Arbeitsleistung als solche beschreibe und dann mit dem Begriff der Arbeit identisch wäre oder aber den wirtschaftlichen Wert des Arbeitsergebnisses für den Arbeitgeber meine.[152] Ein unterschiedlicher wirtschaftlicher Wert der Arbeitsleistung für den Arbeitgeber dürfe jedoch keine Rolle spielen, weil zum einen auch männliche Arbeitnehmer mit schlechteren Arbeitsergebnissen denselben Zeitlohn erhielten und zum anderen die den Arbeitgeber wirtschaftlich belastenden Schutzvorschriften – wie beispielsweise der Mutterschutz – zugunsten von Frauen ansonsten zu deren Nachteil wirken würden.[153] Es fehle auch ein überzeugender Maßstab, der eindeutig und klar erkennen lasse, wie eine solche wirtschaftliche Wertigkeit der Arbeit der Frau für den Arbeitgeber im Vergleich zu der des Mannes ermittelt werden könnte.[154] *Gaul* hielt dem jedoch entgegen, dass nur beim Zeitlohn Arbeit und Leistung identisch seien und deshalb das BAG diesbezüglich nicht differenziere.[155] Nach seiner Definition liegt gleiche Arbeit vor, „wenn zwei oder mehrere Arbeitnehmer die gleiche Tätigkeit bei gleichen Anforderungen an das Arbeitsvermögen und gleicher körperlicher, nervlicher und geistiger Beanspruchung verrichten", weshalb durch die damit verbundene Mehrbelastung, beispielsweise bei regelmäßiger Nachtschicht, keine gleiche Arbeit vorläge.[156] Dass die fehlende Differenzierung des BAG zwischen Arbeit und Leistung tatsächlich nur auf den Zeitlohn bezogen war, wurde anhand einer nur wenig später ergangenen Entscheidung bestätigt: Hier verneinte das Gericht einen Verstoß gegen den Lohngleichheitsgrundsatz bei erfolgsbedingter, also leistungsabhängiger Entlohnung (z.B. bei Akkordarbeit), wenn für alle Arbeitnehmer ohne Rücksicht auf ihr Geschlecht die gleichen Entlohnungsgrundsätze (z.B. gleiche Stücklöhne) gelten.[157]

Auch mit dem Begriff der gleichwertigen Arbeit setzte sich das BAG bezugnehmend auf das Übereinkommen Nr. 100 der ILO auseinander. In Übereinstimmung mit diesem könnten die „objektiven Maßstäbe arbeitswissenschaftlicher Bewertung" herangezogen werden, was aber erst dann notwendig sei, wenn es sich nicht um gleichartige Arbeit handele, denn diese sei auch immer gleichwertig. Für den

151 *Gaul*, RdA 1955, 361, 363; *Herschel*, BB 1955, 290, 291.
152 BAG v. 6.4.1955 – 1 AZR 365/54, BAGE 1, 348, 354 f.
153 BAG v. 15.1.1955 – 1 AZR 305/54, NJW 1955, 684, 687; BAG v. 2.3.1955 – 1 AZR 246/54, NJW 1955, 688.
154 BAG v. 6.4.1955 – 1 AZR 365/54, BAGE 1, 348, 354.
155 *Gaul*, RdA 1955, 361, 363.
156 Ebd.
157 BAG v. 23.3.1957 – 1 AZR 326/56, BAGE 4, 240, 246.

Regelfall sollte es daher weiterhin „Aufgabe der Sozialpartner sein und bleiben müssen, im Tarifvertrag die für diese Bewertung anzuwendenden Methoden zu bestimmen und dabei dem Lohngleichheitssatz für Mann und Frau verfassungstreu Rechnung zu tragen"[158] Hier wird auch deutlich, dass nach dem damaligen Verständnis des BAG zwar die gemeinsame Eingruppierung nach dem Grad der notwendigen fachlichen Ausbildung grundsätzlich eine Behandlung als gleichwertig rechtfertigt, dies aber nur für den Fall gelten kann, dass auch die tatsächlichen Anforderungen und Belastungen der Arbeit gleichwertig sind.[159]

Das BAG wollte die Tarifvertragsparteien dabei nicht daran hindern, „Lohnkategorien zu bilden, insbesondere auch für leichtere und schwerere Arbeiten, die näher bezeichnet werden", es müsste sich dabei aber um für Mann und Frau gleiche Lohnkategorien handeln.[160] Diese Rechtsprechung führte jedoch mittelbar dazu, dass statt expliziter Frauenlohngruppen sog. Leichtlohngruppen eingeführt wurden, die faktisch die Funktion und Wirkung der Frauenlohngruppen übernahmen.[161] Im Rahmen der gerichtlichen Kontrolle der darauf aufbauenden Eingruppierungsentscheidungen wurden Merkmale wie die körperliche Schwere der Tätigkeit zuungunsten von Frauen eng ausgelegt.[162] Lohnunterschiede wurden auch deshalb perpetuiert, weil die Verneinung von gleicher bzw. gleichwertiger Arbeit Frauen von der Gewährung bestimmter Zulagen ausschloss. Differenziert wurde hier etwa aufgrund der tatsächlich durch Männer abgeleisteten Nachtarbeit – von der Frauen jedoch nach § 19 AZO ausgeschlossen waren.[163] Zudem wurden auch unter bestimmten Voraussetzungen sog. Arbeitsmarktzulagen für Männer als zulässig anerkannt.[164]

2. Nach Inkrafttreten von § 612 Abs. 3 BGB aF

Nach Art. 8 Abs. 1 RL 75/117/EG wäre Deutschland bereits bis Februar 1976 zur Umsetzung des Entgeltgleichheitsgebots in nationales Recht verpflichtet gewesen. Dieser Pflicht kam die Bundesrepublik allerdings erst später – angesichts eines Vertragsverletzungsverfahrens – nach.[165] Durch das Gesetz über die Gleichbehandlung

---

158 BAG v. 6.4.1955 – 1 AZR 365/54, BAGE 1, 348, 357.

159 Zustimmend *Gaul*, RdA 1955, 361, 364.

160 BAG v. 15.1.1955 – 1 AZR 305/54, NJW 1955, 684, 687.

161 Vgl. dazu ausführlicher *Feldhoff*, Der Anspruch auf gleichen Lohn für gleichwertige Arbeit, S. 90 ff.; *Pfarr/Bertelsmann*, Lohngleichheit, S. 381; *Schmidt*, in FS Pfarr, S. 250, 253.

162 *Pfarr/Bertelsmann*, Lohngleichheit, S. 173, *Feldhoff*, Der Anspruch auf gleichen Lohn für gleichwertige Arbeit, S. 93.

163 BAG v. 11.9.1974 – 5 AZR 667/73, AP BGB § 242 Gleichbehandlung Nr. 39; BAG v. 9.9.1981 – 5 AZR 1182/79, AP GG Art. 3 Nr. 117.

164 BAG v. 25.8.1982 – 5 AZR 107/80, NJW 1983, 190; s. zur Marktlage als Kriterium der Gleichwertigkeit auch unten Gliederungspunkt B)VI.4.

165 Vgl. *Feldhoff*, Der Anspruch auf gleichen Lohn für gleichwertige Arbeit, S. 129.

von Männern und Frauen am Arbeitsplatz und über die Erhaltung von Ansprüchen bei Betriebsübergang (Arbeitsrechtliches EG-Anpassungsgesetz)[166] wurde 1980 § 612 Abs. 3 BGB eingeführt. Dieser verbat ausdrücklich die unterschiedliche Bezahlung von gleicher und gleichwertiger Arbeit (S. 1) und schloss die Rechtfertigung einer geringeren Vergütung durch die Geltung besonderer geschlechtsbedingter Schutzvorschriften aus (S. 2).[167] Eine Änderung des Begriffsverständnisses insbesondere in der Rechtsprechung ging damit nicht einher.[168] Die Nachfolgevorschrift § 8 Abs. 2 AGG knüpft direkt an § 612 Abs. 3 BGB aF an.[169]

a) Gleiche Arbeit

Gleiche Arbeit liegt jedenfalls dann vor, wenn es sich um identische Tätigkeiten an verschiedenen oder nacheinander an denselben technischen Arbeitsplätzen handelt, jedoch genügt es auch, dass die Tätigkeiten nur „gleichartig" sind, was nach dem BAG, „durch einen Gesamtvergleich der Tätigkeiten zu ermitteln" ist.[170] Es kommt also darauf an, dass das Gesamtbild der beiden Tätigkeiten deren überwiegende Gleichartigkeit ergibt. Die Tätigkeiten, aus deren Vergleich sich die Gleichartigkeit ergibt, müssen allerdings für den Arbeitsplatz typisch sein und dürfen nicht nur kurzfristig ausgeübt werden.[171]

In der Literatur lassen sich auch Formulierungen finden, wonach die Tätigkeiten als gleich anzusehen sind, wenn die zu vergleichenden Arbeitnehmer jeweils wechselseitig austauschbar sind, der eine den Arbeitsplatz des jeweils anderen also nahtlos übernehmen könnte, weil ihre Tätigkeiten unter Berücksichtigung von Belastungen, Verantwortung, Arbeitsbedingung und Qualifikation gleichartig sind.[172] Darüber hinaus wird zuweilen einschränkend angenommen, der Nachweis einer gleichen Tätigkeit könne regelmäßig nur bei einfachen, also auf wenige und standardisierte Handlungsabläufe beschränkten Arbeiten gelingen.[173] Die schlichte Beschreibung als „gleich" statt der Verwendung erläuternder Zusätze, wie „überwiegend gleich" oder „nahezu gleich" wird von *Langemann* und *Wilking* so verstanden, dass damit wohl eine völlige Übereinstimmung gemeint sei.[174] Sie kritisieren weiterhin das Abstellen auf die Verrichtung an demselben Arbeitsplatz: Das

---

166 BGBl. 1980 I, S. 1308.

167 Mehr zu § 612 Abs. 3 BGB aF unter Gliederungspunkt D)II.1.

168 Hey/Forst/*Lindemann*, § 8 AGG Rn. 70.

169 Ebd. Rn. 65.

170 BAG v. 23.8.1995 – 5 AZR 942/93, NZA 1996, 579, 580; BAG v. 26.1.2005 – 4 AZR 171/03, NZA 2005, 1059, 1061.

171 BAG v. 23.8.1995 – 5 AZR 942/93, NZA 1996, 579, 580; BAG v. 26.1.2005 – 4 AZR 171/03, NZA 2005, 1059, 1061.

172 *Bauer/Krieger*, 4. Aufl. 2015, § 8 AGG Rn. 46; MüKo-BGB/*Thüsing*, § 8 AGG, Rn. 50.

173 *Bauer/Heup/Mayr*, DB 2018, 1213, 1214; *Bauer/Romero*, NZA 2017, 409, 410; *Langemann/Wilking*, BB 2017, 501, 502; *Müller*, BB 2017, 2101.

174 *Langemann/Wilking*, BB 2017, 501, 502.

Beispiel Computerarbeitsplätze zeige, dass auch bei gleicher Ausstattung der Arbeitsplätze sehr unterschiedliche Tätigkeiten vorliegen können.[175] Die Rechtsprechung stellt hingegen, wie dargelegt, auf die überwiegende Tätigkeit ab und lässt damit bei Nebentätigkeiten Spielräume zu. Eine abweichungslose Übereinstimmung wird folglich nicht verlangt. Auch die Gleichheit des Arbeitsplatzes kann damit für sich alleine nicht ausreichen, denn entscheidend ist gerade das Gesamtbild der Tätigkeiten.

Auch i.R.d. Diskriminierungsverbots des § 4 TzBfG ist die Vergleichbarkeit ebenso wie bei § 8 Abs. 1 S. 1 AÜG zentrales Anknüpfungskriterium, sodass eine begriffliche Übertragung naheliegt. Im Gegensatz zum Entgeltgleichheitsgebot bedarf es insofern aber nicht notwendig einer einheitlichen Quelle, denn nach § 2 Abs. 1 S. 4, § 3 Abs. 2 S. 2 TzBfG kann bei fehlendem Vergleichsarbeitnehmer innerhalb des Betriebs eine Bestimmung „auf Grund des anwendbaren Tarifvertrages" oder sonst anhand des im jeweiligen Wirtschaftszweig Üblichen erfolgen.[176] Ein begrifflicher Gleichlauf im Hinblick auf die „gleiche Arbeit" i.S.d. Entgeltgleichheitsgebots kann somit nur einschränkend bejaht werden – im Hinblick auf die Bestimmung von „gleichwertiger Arbeit" scheidet er gänzlich aus.[177]

b) Gleichwertige Arbeit

Die Kriterien zur Bestimmung gleicher Arbeit sind mithin verhältnismäßig klar. Umso unsicherer ist gerade die Definition gleichwertiger Arbeit. Der Gesetzestext von § 8 Abs. 2 AGG selbst macht diesbezüglich keine konkreten Vorgaben. Der Begriff „Gleichwertigkeit" macht allerdings deutlich, dass es um solche Arbeiten geht, die unter Zugrundelegung bestimmter Wertmaßstäbe als gleichwertig eingestuft werden können und somit grundsätzlich auch andersartig sein können. Fraglich ist aber, welche Kriterien und Maßstäbe bei der Beurteilung eine Rolle spielen dürfen. Schon § 612 Abs. 3 BGB aF machte hinsichtlich einer näheren inhaltlichen Bestimmung dieses Begriffs keine näheren Angaben. Der Gesetzesbegründung ließ sich jedoch entnehmen, dass die Gleichwertigkeit „nach objektiven Maßstäben der Arbeitsbewertung" zu bestimmen sei, wobei „Anhaltspunkte für die Beurteilung auch die Praxis der Tarifvertragsparteien oder die allgemeine Verkehrsanschauung" geben könnten.[178] Bezüglich der genannten Kriterien kritisiert *Winter*, dass so Gegenstand und Maßstab der Untersuchung von Gleichwertigkeit vermischt würden.[179]

---

175 Ebd.

176 Dieses Verständnis gilt auch i.R.v. § 8 Abs. 1 S. 1 AÜG, Thüsing/*Kock*/*Greiner*, § 8 AÜG Rn. 26 m.w.N.; BeckOK-ArbR/*Motz*, § 8 AÜG Rn. 28

177 Vgl. auch Annuß/Thüsing/*Thüsing*, § 4 TzBfG Rn. 25, allerdings für ein einheitliches Verständnis bezüglich gleicher Arbeit.

178 BT-Drucks. 8/3317, S. 10.

179 *Winter*, Gleiches Entgelt für gleichwertige Arbeit, S. 228.

Das BAG hingegen hat sich ausführlicher mit dem Begriff der Gleichwertigkeit auseinandergesetzt: Ebenso wie im Fall der Gleichheit bedürfe es eine Gesamtvergleiches der Tätigkeiten, wobei für die qualitative Wertigkeit „unter anderem das Maß der erforderlichen Vorkenntnisse und Fähigkeiten nach Art, Vielfalt und Qualität bedeutsam“ sei.[180] Der Wert der Arbeit sei proportional zu den Anforderungen an die Tätigkeit.[181] Dies führt das BAG auch dahingehend aus, dass die Tätigkeit eines Arbeitnehmers, der nach seinem Arbeitsvertrag für eine Vielzahl verschiedener Arbeiten zur Verfügung steht, unter Umständen schon deshalb höher als die Summe der Einzeltätigkeiten bewertet werden könne.[182] Gleichzeitig widerspricht das Gericht auch in Teilen der Gesetzesbegründung, indem es aufzeigt, dass die Feststellung gleichwertiger Arbeit durch das Fehlen objektiver Bewertungsmaßstäbe erheblich erschwert werde.[183]. In einer anderen Entscheidung stellte das BAG fest, dass jedenfalls dann keine Gleichwertigkeit vorläge, wenn nur für eine der beiden in Rede stehenden Tätigkeiten EDV-Kenntnisse und das Beherrschen der deutschen Sprache erforderlich seien.[184] Es ist einleuchtend, dass, bei sonstiger Übereinstimmung, das Fehlen bestimmter benötigter Kenntnisse zu einer geringeren Wertigkeit der einen gegenüber der anderen Arbeit führen kann. Umso mehr muss dann eine Gleichwertigkeit für den eigentlich problematischen Fall von Tätigkeiten mit völlig unterschiedlichen Anforderungsprofilen verneint werden.

Die gleiche Abschlussart, z.B. Fachhochschulabschluss, kann nach dem BAG für eine Gleichwertigkeit sprechen, soweit die Abschlüsse selbst ebenfalls vergleichbar sind.[185] Die zugrunde liegende Entscheidung betraf den Rechtsstreit einer Sozialpädagogin, die forderte, die gleiche Bezahlung wie die im Gegensatz zu den Sozialpädagogen überwiegend männlich besetzte Vergütungsgruppe der Ingenieure zu erhalten, weil die Tätigkeiten hinsichtlich der jeweils erforderlichen Maß an Vorbildung trotz unterschiedlicher Aufgabenstellungen gleichwertig seien. Das Einstiegsgehalt beider Berufsgruppen war zwar gleich, die Ingenieure hatten aber für sich durch Verhandlungen und Streiks höhere Gehaltsaufstiegsstufen erreicht. Im Ergebnis wurde eine Entgeltdiskriminierung zwar verneint, jedoch nicht mit der Begründung, dass es sich eben nicht um gleichwertige Tätigkeiten handelt. Die hier verglichenen Tätigkeiten lagen inhaltlich sogar noch weiter auseinander, als es in der durch den EuGH entschiedenen Rechtssache Enderby der Fall war. Das BAG schloß sich insofern dem europarechtlichen Status quo an, dass zwischen

180 BAG v. 23.8.1995 – 5 AZR 942/93, NZA 1996, 579, 581; BAG v. 26.1.2005 – 4 AZR 171/03, NZA 2005, 1059, 1061.

181 BAG v. 23.8.1995 – 5 AZR 942/93, NZA 1996, 579, 581.

182 Ebd.

183 Ebd., damit übernahm das BAG eine bereits in der Literatur bestehende Ansicht (vgl. die Nachweise dort). Zu dieser Frage ausführlich Gliederungspunkt B)VII.

184 BAG v. 26.1.2005 – 4 AZR 171/03, NZA 2005, 1059, 1061.

185 BAG v. 10.12.1997 – 4 AZR 264/96, NZA 1998, 599, 604.

gleichwertigen Tätigkeiten kein äußerlich erkennbarer Zusammenhang bestehen muss.[186]

In der Literatur wurden und werden noch zahlreiche weitere Kriterien zur Bestimmung der Gleichwertigkeit genannt.[187] Auch hier wird insbesondere der Tariflohn als Indiz für die Bestimmung eines objektiv gleichen Arbeitswertes angeführt; es spreche insofern eine tatsächliche Vermutung für eine grundsätzliche Gleichwertigkeit der Tätigkeiten bei gemeinsamer Eingruppierung.[188] Zu erinnern ist jedoch daran, dass nach der Rechtsprechung des EuGH die gemeinsame Eingruppierung nur als eines von vielen möglichen Indizien für das Vorliegen von Gleichwertigkeit gewertet wird.

In einem der wenigen jüngeren Urteile, welche die Frage nach der gleichwertigen Arbeit zum Gegenstand haben, entschied das ArbG Berlin, dass freie und feste programmgestaltende Redakteure sich nicht in der erforderlichen vergleichbaren Lage befänden.[189] Die Klägerin war als freie Mitarbeiterin des sog. „2. Kreises" beschäftigt. Das ArbG Berlin verneinte zunächst die Arbeitnehmereigenschaft der Klägerin, u.a. aufgrund einer nicht hinreichend feststellbaren inhaltlichen Weisungsbefugnis und Verfügungsgewalt der Beklagten über die Arbeitszeit der Klägerin.[190] Die Vergleichbarkeit mit festangestellten Mitarbeitern scheide folglich aus – hinzukomme, dass sich die Vergütung der Klägerin nach einem anderen Tarifvertrag bestimmt.[191] Gegen das zweite Argument kann angeführt werden, dass – auch, wenn dieser konkrete Fall etwa durch den EuGH noch nicht entschieden wurde – trotz unterschiedlicher Tarifverträge, einheitliche Quelle der Vergütung auch der Arbeitgeber sein kann.[192] Die Beklagte war hier im Verhältnis zur Klägerin jedoch keine Arbeitgeberin. Selbst dann, wenn Statusunterschiede grundsätzlich einer Vergleichbarkeit nicht entgegenstehen,[193] unterfallen selbstständige, freie Mitarbeiter, wie dargelegt wurde,[194] nicht dem Anwendungsbereich von Art. 157 AEUV.

---

186 Vgl. dazu oben Gliederungspunkt B)III.2.

187 Vgl. *Bauer/Krieger*, 4. Aufl. 2015, § 8 AGG Rn. 47: „Ausbildung und Erfahrung, Fähigkeiten, körperliche, nervliche und geistige Beanspruchung, Verantwortung für Personen und Sachen, Umgebungseinflüsse"; *Wiedemann/Peters*, RdA 1997, 100, 106: „Anforderungen des Arbeitsplatzes, das Angebot des Arbeitnehmers, der Beitrag des Arbeitnehmers zum Leistungserfolg, der Bedarf des Arbeitnehmers für seinen Lebensunterhalt, die Bedingungen des Arbeitsmarktes".

188 *Bauer/Krieger*, 4. Aufl. 2015, § 8 AGG Rn. 47; Hey/Forst/*Lindemann*, § 8 AGG Rn. 71; MüKo-BGB/*Thüsing*, § 8 AGG Rn. 54.

189 ArbG Berlin v. 1.2.2017 – 56 Ca 5356/15, juris, berichtigt durch Beschluss v. 31.5.2017, bestätigt durch LAG Berlin-Brandenburg v. 5.2.2019 – 16 Sa 983/18, Pressemitteilung juris.

190 ArbG Berlin v. 1.2.2017 – 56 Ca 5356/15, juris, Rn. 126 ff.

191 Ebd. Rn. 166.

192 Vgl. dazu oben Gliederungspunkt B)III.1.a)aa).

193 Ebd.

194 Vgl. dazu oben Gliederungspunkt B)I.2.a).

3. Zwischenergebnis

Am Ende stehen also die Fragen, ob es überhaupt objektive Kriterien der Arbeitsbewertung gibt – und wenn ja, welche das sind. Das BAG hat dies in seinem – immerhin schon über 20 Jahre alten – Urteil abgelehnt. Die Feststellung eines Umstandes, der sich nicht anhand von objektiven Maßstäben greifen lässt und somit praktisch nicht beweisbar ist, müsste demnach unmöglich sein. Man könnte also hier stehen bleiben und resümieren, dass es sich bei dem Entgeltgleichheitsgrundsatz in Bezug auf gleichwertige Arbeit um einen letztlich inhaltsleeren Rechtssatz handelt. Angesichts der europarechtlichen Verpflichtung zur Durchsetzung eben jenes Grundsatzes, der im Grundgesetz verankerten Gleichstellung von Männern und Frauen und nicht zuletzt der im Kontext der Lohnzahlungslücke bestehenden gesellschaftlichen Diskussion, muss dieses Ergebnis jedoch entweder ausführlicher untermauert werden oder doch eine Möglichkeit gefunden werden, wie sich die Gleichwertigkeit zweier Tätigkeiten feststellen lässt. Deshalb werden in den folgenden Abschnitten weitere Ansätze zur Bestimmung der Gleichwertigkeit untersucht. Dies betrifft neben dem Begriffsverständnis im Ausland auch die Berücksichtigung von durch den Arbeitsmarkt gebildeten Löhnen sowie die bereits angesprochenen Methoden der Arbeitsbewertung

V. Begriffsverständnis im Ausland

Die Bestimmung der Begriffe gleiche und gleichwertige Arbeit wurde wie dargelegt vor Inkrafttreten des EntgTranspG nicht durch den Gesetzgeber selbst vorgenommen und musste somit – unter den aufgezeigten Schwierigkeiten – anderen Stellen überlassen werden. Wie so oft liegt es dabei nahe, bereits vorhandene Modelle zu untersuchen und diese sowohl auf ihre Übertragbarkeit als auch auf ihre Effektivität hin zu überprüfen. Dabei bietet der Blick über die nationalen Grenzen hinaus eine weitere Möglichkeit sich den Begriffen zu nähern. Dabei ist darauf einzugehen, ob es in anderen Ländern konkrete gesetzliche Definitionen gibt, und ob sich diesen ein allgemein zugrunde liegendes Konzept entnehmen lässt.

1. USA

Unabhängig von dem europarechtlich determinierten Prinzip der gleichen Entlohnung gleicher und gleichwertiger Arbeit existieren auch in den USA vergleichbare Gewährleistungen im Hinblick auf die Entlohnung von Männern und Frauen. Während sich hier im Hinblick auf gleiche Arbeit kaum Unterschiede ergeben, ist bezüglich gleichwertiger Arbeit nicht nur die inhaltliche Bestimmung dieses Begriffs, sondern auch die Frage, ob das Entgeltgleichheitsgebot insofern überhaupt Geltung beanspruchen kann, in der Diskussion.

a) Der Equal Pay Act 1963

In den USA trat 1963 der Equal Pay Act 1963 (EPA) als Ergänzung zum Fair Labor Standards Act in Kraft. Nach dem EPA ist es – jedenfalls bestimmten Arbeitgebern – verboten Arbeitnehmern desselben Betriebs aufgrund des Geschlechts unterschiedlich hohe Löhne zu zahlen. Gleiche Arbeit ist hiernach solche, für deren Ausführung gleiche Fähigkeiten, Anstrengungen und Verantwortung erforderlich sind und die unter ähnlichen Arbeitsbedingungen ausgeführt wird.[195] Diese Merkmale werden durch die Bestimmungen der Equal Employment Opportunity Commission (EEOC), welche seit 1979 für Maßnahmen nach dem EPA zuständig ist,[196] im Code of Federal Regulations (CFR) weiter konkretisiert. Demnach ist zur Anwendung des Entgeltgleichheitsgebots nicht erforderlich, dass es sich um identische Tätigkeiten handelt, diese müssen nur im Wesentlichen gleich sein.[197] Aufgrund des insofern bestehenden hohen Umgehungspotenzials genügt eine unterschiedliche Berufsbezeichnung dabei nicht für die Annahme unterschiedlicher Arbeit.[198] Ob gleiche Fähigkeiten vorliegen, ist anhand von Erfahrung, Ausbildung, Bildung und Leistungsfähigkeit zu beurteilen, wobei die Fähigkeiten an den Leistungsanforderungen der Arbeit gemessen werden müssen.[199] Besitzt einer von zwei zu vergleichenden Arbeitnehmern andere oder besserer Fähigkeiten, welche jedoch in Bezug auf den konkreten Arbeitsplatz nicht notwendig sind, stellt dies folglich keinen Grund für eine höhere Entlohnung dar.[200] Unter Anstrengung wird die körperliche oder mentale Belastung, die mit der Arbeit einhergeht verstanden, wobei sowohl solche Arbeitsbedingungen, die geistige Ermüdung und Stress verursachen, als auch solche, die selbige mindern, miteinbezogen werden müssen.[201]

---

195 Sec. 206 (d) (1): „No employer (...) shall discriminate, (...), between employees on the basis of sex by paying wages to employees in such establishment at a rate less than the rate at which he pays wages to employees of the opposite sex in such establishment for equal work on jobs the performance of which requires equal skill, effort, and responsibility, and which are performed under similar working conditions."

196 *Schlachter*, Wege zur Gleichberechtigung, S. 277.

197 29 CFR 1620.13 (a): „The equal work standard does not require that compared jobs be identical, only that they be substantially equal."

198 *Ziegler*, Der geschlechtsspezifische Lohnunterschied in den Vereinigten Staaten und der Europäischen Union, S. 105 f.

199 29 CFR 1620.15 (a): „Skill includes consideration of such factors as experience, training, education, and ability. It must be measured in terms of the performance requirements of the job. If an employee must have essentially the same skill in order to perform either of two jobs, the jobs will qualify under the EPA as jobs the performance of which requires equal skill, even though the employee in one of the jobs may not exercise the required skill as frequently or during as much of his or her working time as the employee in the other job."

200 *Schlachter*, Wege zur Gleichberechtigung, S. 267.

201 29 CFR 1620.16 (a): „The jobs to which the equal pay standard is applicable are jobs that require equal effort to perform. Where substantial differences exist in the

Für den Fall, dass diese Anstrengungen nicht auf die gesamte Arbeitszeit entfallen, hat der Court of Appeals formuliert, dass zwei Arbeitsplätze dann keine gleiche Anstrengung fordern, wenn sie zwar überwiegend dieselben Routineaufgaben enthalten, der höher bezahlte Arbeitsplatz ihnen jedoch zusätzliche Aufgaben abverlangt, die mit höheren Anstrengungen verbunden sind, einen wesentlichen Teil der Arbeitszeit einnehmen und ihrem wirtschaftlichen Wert nach der höheren Bezahlung entsprechen.[202] Die Verantwortung der Arbeit hängt von der mit ihr verbundenen Rechenschaftspflicht ab, wobei die Wichtigkeit der beruflichen Verpflichtung eine Rolle spielt.[203] Entscheidend ist insofern also die wirtschaftliche Bedeutung der i.R.d. Tätigkeit getroffenen Entscheidungen des Arbeitnehmers.[204]

Ähnliche Arbeitsbedingungen liegen schließlich vor, wenn Umgebung und Gefahren der Arbeiten ähnlich sind, wozu beispielsweise der regelmäßige Umgang mit Chemikalien und das Verletzungsrisiko gehören.[205] Im Hinblick auf den Grad der Ähnlichkeit werden an die Arbeitsbedingungen also geringere Anforderungen gestellt als an die übrigen Merkmale.[206] Der US Supreme Court hat zudem

---

amount or degree of effort required to be expended in the performance of jobs, the equal pay standard cannot apply even though the jobs may be equal in all other respects. Effort is concerned with the measurement of the physical or mental exertion needed for the performance of a job. Job factors which cause mental fatigue and stress, as well as those which alleviate fatigue, are to be considered in determining the effort required by the job. "Effort" encompasses the total requirements of a job. Where jobs are otherwise equal under the EPA, and there is no substantial difference in the amount or degree of effort which must be expended in performing the jobs under comparison, the jobs may require equal effort in their performance even though the effort may be exerted in different ways on the two jobs. Differences only in the kind of effort required to be expended in such a situation will not justify wage differentials."

202 Hodgeson v. Brookhaven General Hospital, 436 F.2d 719, 725 (5th Cir. 1970): „jobs do not entail equal effort, even though they entail most of the same routine duties, if the more highly paid job involves additional tasks which (1) require extra effort, (2) consume a significant amount of the time of all those whose pay differentials are to be justified in terms of them, and (3) are of an economic value commensurate with the pay differential.", zitiert nach *Schlachter*, Wege zur Gleichberechtigung, S. 267.

203 29 CFR 1620.17 (a) „Responsibility is concerned with the degree of accountability required in the performance of the job, with emphasis on the importance of the job obligation."

204 *Schlachter*, Wege zur Gleichberechtigung, S. 267.

205 29 CFR 1620 (a) „The term "similar working conditions" encompasses two subfactors: "surroundings" and "hazards." "Surroundings" measure the elements, such as toxic chemicals or fumes, regularly encountered by a worker, their intensity and their frequency. "Hazards" take into account the physical hazards regularly encountered, their frequency and the severity of injury they can cause. The phrase "working conditions" does not encompass shift differentials."

206 Vgl. auch *Schlachter*, Wege zur Gleichberechtigung, S. 268.

klargestellt, dass das Merkmal der ähnlichen Arbeitsbedingungen – ebenso wie die übrigen Merkmale – i.S.d. bereits etablierten Methoden der Arbeitsbewertung auszulegen sei. Dies ergebe sich aus der Gesetzgebungsgeschichte, wonach die konkrete Formulierung der Merkmale erst auf das Verlangen von Industrievertretern hin, die ein Infragestellen ihrer auf Arbeitsbewertungsverfahren beruhenden Lohngestaltung befürchteten, aufgenommen wurde.[207]

b) Comparable Worth

Im Gegensatz zu Art. 157 AEUV enthält der EPA nur ein Verbot der unterschiedlichen Bezahlung von gleicher Arbeit, nicht aber von gleichwertiger Arbeit. Noch vor der Abstimmung über den EPA war zwar diskutiert worden, das Ungleichbehandlungsverbot auf *comparable worth*, also auf Gleichwertigkeit, zu erstrecken. Diese Überlegung wurde allerdings aufgrund entschiedener Zurückweisung im Kongress und der Kennedy-Regierung verworfen.[208] Durch die Beschränkung auf gleiche Arbeit im gleichen Betrieb wurde der Anwendungsbereich des EPA stark verengt, da es durch die Segregation des Arbeitsmarktes gerade in „typischen Frauenberufen" kaum geeignete männliche Vergleichspersonen gab.[209] Durch diese Einschränkung sollten örtliche Verschiedenheiten auf dem Arbeitsmarkt und die in amerikanischen Unternehmen verbreitete Praxis einer starken Autonomie der einzelnen Betriebe Berücksichtigung finden.[210]

Einen zusätzlichen Ansatzpunkt für die Durchsetzung von Entgeltgleichheit stellte jedoch Title VII des Civil Rights Acts von 1964 dar. Der Civil Rights Act verbietet allgemein die diskriminierende Benachteiligung in Bezug auf die Entlohnung und andere Arbeitsbedingungen aufgrund bestimmter Diskriminierungsmerkmale, unter anderem aufgrund des Geschlechts.[211] Zusätzliche Anforderungen an das Verhältnis der Arbeit der diskriminierten Person zu einer Vergleichsperson werden nicht gestellt, sodass Title VII zur Durchsetzung des Entgeltgleichheitsgebots bei gleichwertiger Arbeit in Betracht kam.[212] Ein Hindernis stellte jedoch

207 *Corning Glass Works v. Brennan*, 417 U.S. 188, 198 (1974).

208 *Latham*, 72 A.B.A. J. 36, 37 (1986); *Ziegler*, Der geschlechtsspezifische Lohnunterschied in den Vereinigten Staaten und der Europäischen Union, S. 103 m.w.N.

209 *Ziegler*, Der geschlechtsspezifische Lohnunterschied in den Vereinigten Staaten und der Europäischen Union, S. 103.

210 *Albrecht*, Der Begriff der gleichwertigen Arbeit, S. 115 f.

211 Civil Rights Act (1964), Title VII Sec. 703: „It shall be an unlawful employment practice for an employer (1) to fail or refuse to hire or to discharge any individual, or otherwise to discriminate against any individual with respect to his compensation, terms, conditions, or privileges of employment, because of such individual's race, color, religion, sex, or national origin".

212 *Schlachter*, Wege zur Gleichberechtigung, S. 280; a.A. *Latham*, 72 A.B.A. J. 36, 37 (1986): „Title VII nowhere indicates that paying different wages for different jobs is illegal".

insofern bis 1981 das sog. Bennett Amendment dar, welches Widersprüchlichkeiten zwischen dem EPA und Title VII vermeiden sollte. Es legte fest, dass bei einer unter dem EPA zulässigen Lohndifferenzierung auch keine Lohndiskriminierung nach dem Title VII vorliegen soll, was allerdings so aufgefasst wurde, dass auch Title VII nur bei gleicher Arbeit anwendbar sei.[213]

Diesem Verständnis wurde jedoch durch das Urteil des Supreme Courts in dem Verfahren County of Washington vs. Gunther[214], in welchem die ungleiche Bezahlung von männlichen und weiblichen Gefängniswärtern in Frage stand, eine Absage erteilt: Das Bennett Amendment sei nur dahingehend zu verstehen, dass die vier Ausnahmen des EPA, nämlich Seniorität, Leistungsbeurteilungssystem, Quantität und Qualität, auch für Title VII gelten sollten, nicht aber hinsichtlich einer Erforderlichkeit des Vorliegens gleicher Arbeit für die Anwendbarkeit von Title VII.[215] Allerdings beließ es das Gericht auch dabei, denn das Konzept *comparable worth* wollte es weiterhin nicht explizit anerkennen.[216] Dennoch existiert spätestens seit den 1980er Jahren eine breite Debatte gerade um dieses Thema. Eine Studie der amerikanischen Menschenrechtskommission wies das Konzept jedoch mit der Begründung entschieden zurück, dass die für die Bewertung unterschiedlicher Tätigkeiten erforderliche Auswertung von Faktoren, wie Fähigkeiten, Anstrengung und Verantwortung „inhärent subjektiv“ sei und Geschlechtsdiskriminierung bei der Bezahlung nicht beweisen könnte, weil es schlicht keinen objektiven Weg gäbe unterschiedliche Tätigkeiten vergleichbar zu bewerten.[217] Die Befürworter des *comparable worth* Konzeptes sahen darin aufgrund der bereits weit verbreiteten und anerkannten Methoden der Arbeitsbewertung eine widersprüchliche Ausrede.[218] Zudem sei die Implementierung von *comparable worth* deshalb notwendig, weil die Preisbildung durch Angebot und Nachfrage aufgrund der

---

213 *Jochmann-Döll*, Gleicher Lohn für gleichwertige Arbeit, S. 94 f.

214 County of Washington v. Gunther, 452 U.S. 161 (1981).

215 County of Washington vs. Gunther, 452 U.S. 161 (1981): „The Bennett Amendment does not restrict Title VII's prohibition of sex-based wage discrimination to claims for equal pay for „equal work.“ Rather, claims for sex-based wage discrimination can also be brought under Title VII even though no member of the opposite sex holds an equal but higher paying job, provided that the challenged wage rate is not exempted under the Equal Pay Act's affirmative defenses as to wage differentials attributable to seniority, merit, quantity or quality of production, or any other factor other than sex.

216 County of Washington vs. Gunther, 452 U.S. 161, 166 (1981): „We emphasize at the outset the narrowness of the question before us in this case. Respondents' claim is not based on the controversial concept of „comparable worth,“ under which plaintiffs might claim increased compensation on the basis of a comparison of the intrinsic worth or difficulty of their job with that of other jobs in the same organization or community.“

217 *Barnett*, 12 Human Rights, 20, 21 (1984–1985).

218 Ebd. 20, 21 f.

Unterschiede zwischen Güter- und Arbeitsmarkt gerade für Frauen nicht funktioniere.[219] Tatsächlich setzt das Konzept voraus, dass jeder Arbeit ein messbarer Wert anhaftet, der unabhängig von ihrem Marktwert ist.[220] Gerade darin besteht wiederum einer der wesentlichen Kritikpunkte am Konzept von *comparable worth*.

Seit 1995 versuchen Befürworter des *comparable worth* Konzeptes den Gewährleistungsgehalt des EPA auf gesetzlicher Ebene dahingehend zu erweitern und haben deshalb den Fair Pay Act (FPA) mehrfach in den Kongress eingebracht, wobei sie bisher jedes Mal gescheitert sind.[221] Der FPA soll den EPA so erweitern, dass die Kontrolle durch Richter und Jurys im Hinblick auf die persönlichen, individualisierten und komplexen ökonomischen Faktoren, die den Wert der jeweiligen Arbeit für den jeweiligen Arbeitnehmer oder Arbeitgeber zu einer bestimmten Zeit festlegen, eröffnet wird.[222] Die Zulässigkeit von Entgeltgleichheitsklagen im Bereich von *comparable worth* würde es den Gerichten also einerseits abverlangen die Gleichwertigkeit zweier Tätigkeiten festzustellen und zudem andererseits die Frage, ob die unterschiedliche Entlohnung auf Diskriminierung wegen des Geschlechts beruht, zu beantworten.[223] Die Kritiker des *comparable worth* Konzeptes führen insofern Punkte an, die gleichfalls sowohl dem EuGH als auch dem BAG Schwierigkeiten bereiten. Außerdem wurde es zum Teil als ein falsches Signal für die Gleichstellung von Frauen und Männern begriffen, Entgeltgleichheit am Konzept *comparable worth* anzuknüpfen. Anstatt für gleichwertige „Frauenberufe" gleichen Lohn zu verlangen, solle man Frauen den Zugang zu den besser bezahlten „Männerberufen" erleichtern, denn dieses Recht sei bereits durch das Gesetz geschützt, ebenso, dass Frauen dann für die gleiche Arbeit den gleichen Lohn erhalten.[224]

c) Zwischenergebnis

McCrudden stellt am Ende seines aus amerikanischer Perspektive geschriebenen Berichts über die europäischen Erfahrungen mit der Anwendung des Entgeltgleichheitsgebots auf gleichwertige Arbeit fest, dass durch die Bindung von amerikanischen Unternehmen mit Tochterunternehmen in Europa an dieses Gebot „nicht der Himmel eingestürzt ist", wobei er zwar durchaus anerkennt, dass mit der Feststellung von Gleichwertigkeit Schwierigkeiten verbunden sind, gleichzeitig aber in der europäischen Herangehensweise ein Vorbild sieht.[225] Die unbereinigte

219 Ebd. 20, 44.

220 *Arnault/Gorden/Joines/Phillips*, 54 Indus. & Lab. Rel. Rev. 806, 809 (2000–2001).

221 *Siniscalco/Damrell/Nabity*, 29 A.B.A. J. Lab. & Emp. L. 395, 425 (2013–2014); zuletzt am 14.4.2015 https://www.congress.gov/bill/114th-congress/house-bill/1787/actions (Abruf 2.12.2018).

222 *Siniscalco/Damrell/Nabity*, 29 A.B.A. J. Lab. & Emp. L. 395, 426 (2013–2014).

223 *Latham*, 72 A.B.A. J. 36, 37 (1986).

224 Ebd.

225 *McCrudden*, 11 Yale J. Int'l L. 396, 436 (1985–1986).

Lohnzahlungslücke in den USA lag 2016 mit circa 18 % nur knapp unter der deutschen.[226] Lässt man Unterschiede auf gesellschaftlicher, juristischer und ökonomischer Ebene zwischen den USA und der europäischen Union außen vor, so spricht die nicht signifikant unterschiedliche Lohnzahlungslücke jedenfalls nicht für die Effektivität der Anwendung des Entgeltgleichheitsgebots auf gleichwertige Arbeit.

Andererseits zeigen Fälle wie County of Washington vs. Gunther, dass eine Reduzierung des Entgeltgleichheitsgebots auf gleiche Arbeit nicht unbedingt eine Erleichterung der Abgrenzungsprobleme mit sich bringt und zugleich in Fällen offensichtlicher Geschlechtsdiskriminierung der Begriff „gleiche Arbeit“ unbefriedigend eng sein kann.[227] *Albrecht* schlägt deshalb einen anderen Ansatz vor: Anstatt das Entgeltgleichheitsgebot auf gleiche Arbeit zu beschränken, solle die Bestimmung des Begriffs gleichwertiger Arbeit von der gerichtlichen Festlegung eines Wertes für bestimmte Tätigkeiten auf die Untersuchung der Lohnfindungspraxis des Arbeitgebers im Hinblick auf diskriminierende Elemente verlagert werden.[228] Dies entspricht dem Kerngedanken neuerer Methoden, die zur Überprüfung der Lohngerechtigkeit in Unternehmen entwickelt wurden und auf die unter D) VI. näher einzugehen sein wird.

2. Europa

Der EuGH überlässt – wie dargestellt – die Feststellung, ob die Voraussetzungen von gleicher oder gleichwertiger Arbeit vorliegen, den nationalen Gerichten.[229] Dies legt nahe, dass so etwas wie ein unionseinheitliches Konzept nicht besteht.[230] Nicht nur der deutsche Gesetzgeber garantierte vor Inkrafttreten des EntgTranspG gleichen Lohn für gleiche und gleichwertige Arbeit, ohne die Kriterien für deren Vorliegen festzulegen. Er befand sich vielmehr in der Gesellschaft etwa von Österreich.[231] Auch in Art. 9 Abs. 1 des niederländischen Gesetzes zur Gleichbehandlung von Frauen und Männern wird beispielsweise lediglich festgelegt, dass die Löhne von Arbeitnehmern dann als gleichwertig anzusehen sind, wenn sie auf der

226 *U.S. Bureau of Labor Statistics*, Highlights of women's earnings in 2016, abrufbar unter: https://www.bls.gov/opub/reports/womens-earnings/2016/pdf/home.pdf (Abruf 2.12.2018).

227 *Albrecht*, Der Begriff der gleichwertigen Arbeit, S. 131.

228 Ebd.

229 Vgl. Gliederungspunkt B)III.

230 Vgl. EuArbR/*Franzen*, Art. 157 AEUV Rn. 32; Calliess/Ruffert/*Krebber*, Art. 157 AEUV Rn. 55.

231 Dort werden Bewertungssysteme entweder in Tarifverträgen oder in den obligatorischen Vereinbarungen der Betriebsparteien festgelegt, wobei nach dem Gleichbehandlungsgesetz eine Bindung an den Grundsatz der Entgeltgleichheit besteht, vgl. *Timmer/Senden*, Gleichstellungsrecht in Europa 2016, S. 20.

Grundlage gleichwertiger Maßstäbe berechnet worden sind.[232] Einige andere europäische Länder wiederum haben bei der Umsetzung des Grundsatzes des gleichen Lohns für gleiche und gleichwertige Arbeit genauere Definitionen dieser Begriffe aufgenommen.

a) Frankreich

Die Aufnahme des Grundsatzes der Entgeltgleichheit in die europäischen Gründungsverträge, kann auf das nachdrückliche Verlangen Frankreichs zurückgeführt werden.[233] Insofern kann Frankreich durchaus als Vorreiter in Sachen gesetzliche Durchsetzung der Entgeltgleichheit angesehen werden. Heute enthält der Code du travail in Art. L. 3221-4 eine Definition der gleichwertigen Arbeit. Demgemäß ist solche Arbeit als gleichwertig anzusehen, für die Arbeitnehmer nötig sind, die im Hinblick auf Fachwissen, gemessen an einem Titel, einem Abschluss oder praktischer Berufserfahrung, Kapazitäten abgeleitet aus bisheriger Erfahrung, Verantwortung und körperliche oder nervliche Belastungen, vergleichbar sind.[234] Auch hier wird also an die konkrete „Arbeit" angeknüpft, jedoch nur mittelbar über die Bestimmung dessen, was ein vergleichbarer Arbeitnehmer ist. Des Weiteren werden für die Vergleichskriterien Unterkategorien genannt, die eine Einordnung erleichtern. Der französischen Rechtsprechung lässt sich zudem entnehmen, dass etwa die Einordnung in ähnlich bezeichnete Kategorien nicht ausreicht, sondern sich die Gleichwertigkeit tatsächlich in den Tätigkeiten widerspiegeln muss.[235] Ebenfalls anerkannt ist, dass es keine Lohndiskriminierung geben kann, wenn keine vergleichbare Situation vorliegt – Arbeitnehmer, die verschiedene Funktionen in deutlich unterscheidbaren Bereichen verrichten, können keine gleichwertige Arbeit leisten.[236]

---

232 „(...) wordt het loon van de belanghebbende werknemer geacht gelijk te zijn aan het loon dat een werknemer van de andere kunne voor arbeid van gelijke waarde pleegt te ontvangen, indien het is berekend op grondslag van gelijkwaardige maatstaven."

233 *Kyriazis*, Die Sozialpolitik der Europäischen Wirtschaftsgemeinschaft, S. 27; ErfK/*Schlachter*, 17. Aufl. 2017, Art. 157 AEUV Rn. 3.

234 Art. L. 3221-4 Code du travail: „Sont considérés comme ayant une valeur égale, les travaux qui exigent des salariés un ensemble comparable de connaissances professionnelles consacrées par un titre, un diplôme ou une pratique professionnelle, de capacités découlant de l'expérience acquise, de responsabilités et de charge physique ou nerveuse."

235 Cour d'appel de Versailles, 6e chambre, 14.11.2017, 16/03547.

236 Cour de cassation, chambre sociale, 6.7.2010, 09-40021, so wurde in diesem Fall die Gleichwertigkeit von Führungspositionen in den Bereichen Personalwesen, rechtliche und allgemeine Angelegenheiten bzw. Geschäftspolitik und Finanzen des Unternehmens verneint.

b) Vereinigtes Königreich

Trotz des anstehenden Austritts des vereinigten Königreichs aus der Europäischen Union, ist ein Blick auf den dort bislang gepflegten Umgang mit den Begrifflichkeiten der gleichen und der gleichwertigen Arbeit lohnenswert. Das Vereinigte Königreich trat der Europäischen Union erst 1973 bei, erließ aber bereits 1970 – auch in Vorbereitung auf den EU-Beitritt – den Equal Pay Act 1970.[237] Dieser wurde zuletzt im Jahr 2010 grundlegender überarbeitet: Nach dem Equal Pay Act 2010 wird solche Arbeit als gleich angesehen, die entweder gleich, als gleichwertig bewertet oder gleichwertig ist.[238] Gleiche Arbeit liegt gem. Chapter 3,65 (2) vor, wenn zwei Personen entweder identische oder im Wesentlichen ähnliche Arbeit verrichten und etwaige Unterschiede in Bezug auf die Tätigkeiten nicht von praktischer Relevanz sind.[239] Dies wird in Chapter 3,65 (2) dahingehend konkretisiert, dass dabei zum einen die Häufigkeit des Auftretens der Unterschiede und zum anderen ihre Art und das Ausmaß zu beachten sind.[240] Insofern besteht eine Parallele zu dem deutschen Verständnis von gleicher Arbeit.[241]

Weiterhin ist die Arbeit des einen Arbeitnehmers als gleichwertig zu der eines anderen anzusehen, wenn an beide die gleichen Anforderungen im Hinblick auf Kriterien wie Anstrengung, Fähigkeit und Entscheidungsfindung gestellt werden.[242] Interessanterweise behandelt der Equality Act den Fall, dass zwei Tätigkeiten im Rahmen eines Arbeitsbewertungsverfahrens gleich bewertet wurden, als eigene Kategorie.[243] Diese Aufspaltung des Begriffs der Gleichwertigkeit ergibt sich aus der Historie des Gesetzes: Denn der Equal Pay Act 1970 kannte nur die beiden Kategorien *like work* und *work rated as equivalent*, wobei letzteres nur durch

---

237 *McCrudden*, 11 Yale J. Int'l L. 396, 404 (1985–1986).

238 Equality Act 2010 (c. 15) Part 5, Chapter 3, 65 (1): „For the purposes of this Chapter, A's work is equal to that of B if it is — (a)like B's work, (b)rated as equivalent to B's work, or (c)of equal value to B's work."

239 „A's work is like B's work if— (a)A's work and B's work are the same or broadly similar, and (b)such differences as there are between their work are not of practical importance in relation to the terms of their work."

240 „So on a comparison of one person's work with another's for the purposes of subsection (2), it is necessary to have regard to — (a)the frequency with which differences between their work occur in practice, and (b)the nature and extent of the differences."

241 S.o. Gliederungspunkt B)IV.2.a).

242 Equality Act 2010 (c. 15) Part 5, Chapter 3, 65 (6): „A's work is of equal value to B's work if it is (a) neither like B's work nor rated as equivalent to B's work, but (b) nevertheless equal to B's work in terms of the demands made on A by reference to factors such as effort, skill and decision-making."

243 Equality Act 2010 (c. 15) Part 5, Chapter 3, 65 (4): „A's work is rated as equivalent to B's work if a job evaluation study — (a)gives an equal value to A's job and B's job in terms of the demands made on a worker."

eine Arbeitsbewertungsstudie festgestellt werden konnte.[244] Innerhalb dessen kann außerdem auch eine Vergleichsperson, deren Tätigkeit bei Anwendung eines nicht geschlechtsdiskriminierenden Arbeitsbewertungssystems als gleichwertig eingestuft worden wäre, zum Vergleich herangezogen werden.[245] Allerdings ist nach den in Chapter 3,79 gezogenen Einschränkungen bezüglich der tauglichen Vergleichsperson eine nur hypothetische Vergleichsperson nicht ausreichend, es sei denn es handelt sich um einen der seltenen Fälle von unmittelbarer entgeltbezogener Geschlechtsdiskriminierung.[246] Insofern liegt das britische Recht auf einer Linie zu der Rechtsprechung des EuGH in der Rechtssache Macarthys.[247]

c) Dänemark

Die dänische Umsetzung der Richtlinie 75/117/EWG brachte dem Mitgliedstaat zunächst ein Vertragsverletzungsverfahren ein.[248] Anfangs garantierte der Wortlaut des Gesetzes nämlich gleichen Lohn nur für gleiche Arbeit, da dies der in dänischen Kollektivvereinbarungen überwiegend verwendeten Formulierung entsprach.[249] Die dänische Regierung argumentierte zwar, durch die Praxis der in Dänemark dominierenden Tarifverträge sei die Anerkennung gleicher Entlohnung auch gleichwertiger Arbeit sichergestellt. Der EuGH sah darin aber eine unzureichende Sicherstellung des intendierten Schutzes der Arbeitnehmer vor diskriminierender Entlohnung.[250] Inzwischen enthält das dänische Entgeltgleichheitsgesetz auch explizit die gleiche Entlohnung von gleichwertiger Arbeit. Die Beurteilung des Wertes der Arbeit erfolgt aufgrund einer Gesamtbeurteilung der einschlägigen

---

244 Equal Pay Act 1970 (c. 41), 1 (5):„ A woman is to be regarded as employed on work rated as equivalent with that of any men if, but only if, her job and their job have been given an equal value, in terms of the demand made on a worker under various headings (for instance effort, skill, decision), on a study undertaken with a view to evaluating in those terms the jobs to be done by all or any of the employees in an undertaking or group of undertakings, or would have been given an equal value but for the evaluation being made on a system setting different values for men and women on the same demand under any heading. “; vgl auch: *McCrudden*, 11 Yale J. Int'l L. 396, 405 (1985–1986).

245 Equality Act 2010 (c. 15) Part 5, Chapter 3, 65 (4) „ (b) would give an equal value to A's job and B's job in those terms were the evaluation not made on a sex-specific system."

246 *Barnard*, Europäische Zeitschrift für Geschlechtergleichstellungsrecht, Nr. 1/2011, S. 15, 25; *Gow/Middlemiss*, 11 Int'l J. Discrimination & L. 164, 173 (2011); *Timmer/Senden*, Gleichstellungsrecht in Europa 2016, S. 21.

247 Vgl. Gliederungspunkt B)III.1.b).

248 EuGH v. 30.1.1985 - 143/83, Slg. 1985, 427 (Kommission / Dänemark).

249 *Prechal/Burri*, Geschlechtergleichstellungsrecht in 33 europäischen Ländern, 2011, S. 17.

250 EuGH v. 30.1.1985 – 143/83, Slg. 1985, 427, 434, Rn. 7 f. (Kommission / Dänemark).

Qualifikationen und sonstiger relevanter Faktoren[251] Es handelt sich insofern um eine sehr knappe Definition.

d) Irland

Der irische Employment Equality Act von 1998 beinhaltet Definitionen von drei verschiedenen Stufen innerhalb von *like work*. Diese liegt zum einen vor, wenn zwei Personen die gleiche Arbeit unter gleichen oder ähnlichen Bedingungen ausführen oder sie untereinander austauschbar sind (Sec. 7 (1) a)).[252] Zum anderen liegt sie dann vor, wenn die von der einen Person verrichtete Arbeit und die von der anderen Person verrichtete Arbeit gleichartig sind und die Unterschiede im Hinblick auf die Tätigkeit oder auf die Arbeitsbedingungen in Bezug zu der Arbeit unwichtig sind oder so unregelmäßig auftreten, dass sie für die Arbeit insgesamt nicht prägend sind (Sec. 7 (1) b)).[253] Die letzte Stufe von *like work* bildet solche Arbeit, die unter Berücksichtigung von Aspekten wie Qualifikation, körperlichen und geistigen Anforderungen, Verantwortung und Arbeitsbedingungen ähnlich oder gleichwertig sind (Sec. 7 (1) c)).[254]

e) Kroatien

Das Prinzip gleicher Entlohnung von gleicher und gleichwertiger Arbeit ist in Art. 91 des kroatischen Arbeitsgesetzbuches festgeschrieben.[255] Nach dem Wortlaut des ersten Absatzes könnte insofern ein allgemeiner, nicht nur geschlechtsbezogener, Anspruch auf gleiche Entlohnung bestehen. Die Überschrift „Gleichheit des Lohns von Frauen und Männern“[256] verdeutlicht aber den Anknüpfungspunkt der Geschlechtergerechtigkeit. Im zweiten Absatz werden die Begriffe gleiche und gleichwertige Arbeit näher definiert. Demnach verrichten zwei Personen unterschiedlichen Geschlechts die gleiche oder eine gleichwertige Arbeit, wenn sie

---

251 Ligelønsloven § 1 Stk. 3: „Bedømmelsen af arbejdets værdi skal ske ud fra en helhedsvurdering af relevante kvalifikationer og andre relevante faktorer.“; s.a. Henssler/Braun/*Steinrücke/Würtz*, Arbeitsrecht in Europa, Dänemark Rn. 30.

252 „(...) both perform the same work under the same or similar conditions, or each is interchangeable with the other in relation to the work“.

253 „(...) the work performed by one is of a similar nature to that performed by the other and any differences between the work performed or the conditions under which it is performed by each either are of small importance in relation to the work as a whole or occur with such irregularity as not to be significant to the work as a whole“.

254 „(...) the work performed by one is equal in value to the work performed by the other, having regard to such matters as skill, physical or mental requirements, responsibility and working conditions“.

255 Članak 91 (1): „Poslodavac je dužan isplatiti jednaku plaću radnici i radniku za jednak rad i rad jednake vrijednosti“.

256 „Jednakost plaća žena i muškaraca“.

dieselbe Arbeit unter denselben oder ähnlichen Bedingungen verrichten oder sie einander gegenseitig in Bezug auf die Arbeit, die sie verrichten, ersetzen könnten.[257] Gleiches gilt, wenn die Arbeiten ähnlicher Art sind und die Unterschiede zwischen den Bedingungen, unter denen die Arbeit jeweils verrichtet wird, keine Bedeutung in Beziehung auf die Art der Arbeit im Ganzen haben oder so selten auftreten, dass sie keinen Einfluss auf die Art der Arbeit im Ganzen haben.[258] Schließlich muss der Arbeitgeber auch dann gleich entlohnen, wenn die von der einen Person verrichtete Arbeit hinsichtlich der Kriterien fachlicher Qualifikation, Geschicklichkeit, Verantwortung und Arbeitsbedingungen bei körperlicher Arbeit zu der der anderen Person gleichwertig ist.[259]

f) Portugal

Gemäß Art. 23 Abs. 1 c) des portugiesischen Arbeitsgesetzes ist für gleiche Arbeit kennzeichnend, dass sie im Hinblick auf die bei demselben Arbeitgeber ausgeführten Funktionen gleich oder objektiv ähnlich bezüglich der Natur, Qualität und Quantität ist.[260] Im Hinblick auf gleiche Arbeit wird somit neben der Tätigkeit selbst auf ihr Ergebnis abgestellt. Gleichwertige Arbeit liegt demgegenüber gem. Art. 23 Abs. 1 c) bei Äquivalenz vor, insbesondere hinsichtlich der Qualifikation oder erforderlicher Erfahrung, der körperlichen und geistigen Anstrengung der übertragenen Aufgaben und der Arbeitsbedingungen.[261] Dabei handelt es sich wiederum mehr um einen reinen Tätigkeitsvergleich, der zudem weitgehend mit den durch den EuGH angeführten Kriterien Art der Arbeit, Ausbildungsanforderungen und Arbeitsbedingungen übereinstimmt.

---

257 „1) obavljaju isti posao u istim ili sličnim uvjetima ili bi mogle jedna drugu zamijeniti u odnosu na posao koji obavljaju".

258 „2) je rad koji jedna od njih obavlja slične naravi radu koji obavlja druga, a razlike između obavljenog posla i uvjeta pod kojima ih obavlja svaka od njih nemaju značaja u odnosu na narav posla u cijelosti ili se pojavljuju tako rijetko da ne utječu na narav posla u cijelosti".

259 „3) je rad koji jedna od njih obavlja jednake vrijednosti kao rad koji obavlja druga, uzimajući u obzir kriterije kao što su stručna sprema, vještine, odgovornost, uvjeti u kojima se rad obavlja te je li rad fizičke naravi."

260 „Trabalho igual, aquele em que as funções desempenhadas ao serviço do mesmo empregador são iguais ou objectivamente semelhantes em natureza, qualidade e quantidade."

261 „Trabalho de valor igual, aquele em que as funções desempenhadas ao serviço do mesmo empregador são equivalentes, atendendo nomeadamente à qualificação ou experiência exigida, às responsabilidades atribuídas, ao esforço físico e psíquico e às condições em que o trabalho é efectuado."

g) *Schweden*

Das schwedische Antidiskriminierungsgesetz enthält zwar kein ausdrückliches Verbot der Entgeltdiskriminierung, dieses ist aber in dem allgemeinen Verbot der Diskriminierung im Arbeitsleben enthalten.[262] Der Begriff der Gleichwertigkeit ist in diesem Gesetz ebenfalls etwas versteckt im dritten Kapitel bei der Auflage zur Erstellung regelmäßiger Aktionspläne zur Umsetzung der Entgeltgleichheit zu finden – dafür jedoch vergleichsweise detailliert.[263] Danach ist eine Arbeit im Vergleich zu einer anderen als gleichwertig anzusehen, wenn sie, ausgehend von einer Gesamtbeurteilung der gestellten Anforderungen und der Art der Tätigkeit, von ähnlichem Wert ist. Bei der Bewertung der Anforderungen sind Kriterien wie Kenntnisse und Fähigkeiten sowie Verantwortung und Anstrengung zu berücksichtigen, wobei insbesondere in Bezug auf die Art der Arbeit die Arbeitsbedingungen zu beachten sind.[264]

h) *Tschechien*

In § 110 des tschechischen Arbeitsgesetzbuchs ist der allgemeine Anspruch auf Entgeltgleichheit kodifiziert. Die Entgeltgleichheit von Frauen und Männer wird jedoch nicht eigenständig genannt.[265] Gleiche und gleichwertige Arbeit wird gemeinsam als solche Arbeit definiert, die gleiche oder vergleichbare Schwierigkeit, Verantwortung und Schwere aufweist, die unter denselben oder vergleichbaren Arbeitsbedingungen verrichtet wird, für die gleiche oder vergleichbare Arbeitsleistung erforderlich ist und die zu gleichen oder vergleichbaren Arbeitsergebnissen führt.[266] Diese Kriterien werden in den folgenden Absätzen auch noch näher konkretisiert: Komplexität, Verantwortung und Schwierigkeit der Arbeit sind im Hinblick auf Ausbildung und praktische Kenntnisse und Fähigkeiten, die für diese Arbeit erforderlich sind, ebenso zu beurteilen wie im Hinblick auf die Komplexität der Art der Arbeit und ihrer Ausführung, den Anforderungen an

---

262 *Prechal/Burri*, Geschlechtergleichstellungsrecht in 33 europäischen Ländern, 2011, S. 166.

263 Ebd.

264 § 10 Diskrimineringslagen „Ett arbete är att betrakta som likvärdigt med ett annat arbete om det utifrån en sammantagen bedömning av de krav arbetet ställer och dess natur kan anses ha lika värde som det andra arbetet. Bedömningen av de krav arbetet ställer ska göras med beaktande av kriterier som kunskap och färdigheter samt ansvar och ansträngning. Vid bedömningen av arbetets natur ska särskilt arbetsförhållandena beaktas".

265 *Prechal/Burri*, Geschlechtergleichstellungsrecht in 33 europäischen Ländern, 2011, S. 188.

266 § 110 Abs. 2: „Stejnou prací nebo prací stejné hodnoty se rozumí práce stejné nebo srovnatelné složitosti, odpovědnosti a namáhavosti, která se koná ve stejných nebo srovnatelných pracovních podmínkách, při stejné nebo srovnatelné pracovní výkonnosti a výsledcích práce".

Organisations- und Managementfähigkeiten, den Grad der Verantwortlichkeit für Schäden, sowie die berufliche Gesundheit und Sicherheit in Bezug auf physische, sensorische und psychische Belastungen und negativen Auswirkungen der Arbeit.[267] Weiterhin sind die Arbeitsbedingungen anhand des Grades der Belastung durch die Art der Arbeit, welche durch die Verteilung der Arbeitszeit, beispielsweise in Schichten, Urlaub und freie Tage, Nachtarbeit oder Überstunden bedingt ist, und im Hinblick auf die Schädlichkeit oder die Schwierigkeit und andere negative Auswirkungen der Arbeitsumgebung sowie das Risiko des Arbeitsumfeldes zu beurteilen.[268] Die Arbeitsleistung ist entsprechend der Intensität und Qualität der Arbeit zu beurteilen, während berufliche Fähigkeiten, Qualifikationen und die Ergebnisse der Arbeit nach Anzahl/Menge und Qualität zu bewerten sind.[269] Die tschechische Definition ist insofern die im Vergleich zu den Versionen vieler anderer Mitgliedstaaten sehr umfangreich und auch inhaltlich ausführlicher.

i) Litauen

In Art. 140 Abs. 5 des litauischen Arbeitsgesetzbuches wird bestimmt, dass unter gleicher Arbeit die Durchführung von Arbeitsaktivitäten zu verstehen ist, die nach objektiven Kriterien in der Weise gleich oder ähnlich zu anderen Aktivitäten sind, dass beide Arbeitnehmer ohne bedeutende Kosten für den Arbeitgeber ausgetauscht werden können. Gleichwertige Arbeit soll dann vorliegen, wenn die Arbeit nach objektiven Kriterien nicht weniger qualifiziert und bedeutsam für den Arbeitgeber bei der Erreichung der Ziele seiner Tätigkeit als jede vergleichbare Arbeit ist.[270] Sowohl bei der gleichen als auch bei der gleichwertigen Arbeit werden

---

267 § 110 Abs. 3: „Složitost, odpovědnost a namáhavost práce se posuzuje podle vzdělání a praktických znalostí a dovedností potřebných pro výkon této práce, podle složitosti předmětu práce a pracovní činnosti, podle organizační a řídící náročnosti, podle míry odpovědnosti za škody, zdraví a bezpečnost, podle fyzické, smyslové a duševní zátěže a působení negativních vlivů práce“.

268 § 110 Abs. 4: „Pracovní podmínky se posuzují podle obtížnosti pracovních režimů vyplývajících z rozvržení pracovní doby, například do směn, dnů pracovního klidu, na práci v noci nebo práci přesčas, podle škodlivosti nebo obtížnosti dané působením jiných negativních vlivů pracovního prostředí a podle rizikovosti pracovního prostředí“.

269 § 110 Abs. 5: „Pracovní výkonnost se posuzuje podle intenzity a kvality prováděných prací, pracovních schopností a pracovní způsobilosti a výsledky práce se posuzují podle množství a kvality“.

270 „Toks pats darbas reiškia atlikimą darbo veiklos, kuri pagal objektyvius kriterijus vienoda ar panaši į kitą darbo veiklą tiek, kad abu darbuotojai gali būti sukeisti vietomis be didesnių darbdavio sąnaudų. Lygiavertis darbas reiškia, kad jis pagal objektyvius kriterijus yra ne mažesnės kvalifikacijos ir ne mažiau reikšmingas darbdaviui siekiant savo veiklos tikslų, negu kitas palyginamasis darbas“; vgl. auch *Foubert/Timmer*, The enforcement of the principle of equal pay for equal work or work of equal value, S. 44: „ Equal work' shall mean the performance of work activities

hier die dem Arbeitgeber entstehenden Kosten und Nutzen miteinbezogen. Für den Wert der Arbeit soll es auch darauf ankommen, inwiefern die Arbeit zum wirtschaftlichen Erfolg des Arbeitgebers beiträgt. Dadurch wird der Arbeitswert in den Kontext der Wertschöpfungskette gesetzt, deren Teil die Arbeit ist.

j) Ungarn

Der Aspekt der wirtschaftlich orientierten Bestimmung des Arbeitswertes tritt in der ungarischen Definition noch deutlicher hervor. Nach § 12 Abs. 3 des ungarischen Arbeitsgesetzes soll die Gleichwertigkeit unter Berücksichtigung der Art der Arbeit, ihrer Qualität und Quantität, der Arbeitsbedingungen, der erforderlichen Qualifikation, der körperlichen und geistigen Anstrengungen, der Erfahrung, der Verantwortung und der Bedingungen des Arbeitsmarktes bestimmt werden.[271] So wird etwa auch die unterschiedliche Bezahlung in unterschiedlichen Teilen des Landes ermöglicht.[272]

k) Norwegen

Norwegen ist zwar kein EU-Mitgliedstaat, durch die Unterzeichnung des Abkommens über den Europäischen Wirtschaftsraum (EWR) nimmt das Land jedoch am Binnenmarkt teil und ist insoweit auch an das Unionsrecht und die in dem Abkommen getroffenen Bestimmungen gebunden.[273] Dabei ist Art. 69 Abs. 1 des Abkommens beinahe identisch mit dem damaligen Art. 141 Abs. 1 und 2 EGV und bestimmt, dass die Vertragsparteien den Grundsatz des gleichen Entgelts für Männer und Frauen bei gleicher Arbeit anzuwenden und beizubehalten haben. Auch die anschließende Bestimmung der Begriffe „Entgelt“ und „Gleichheit des Arbeitsentgelts ohne Diskriminierung“ stimmt mit dem damaligen EG-Recht überein.[274]

Gemäß Art. 34 des norwegischen Gesetzes über Gleichberechtigung und Diskriminierungsverbot, sollen Frauen und Männer in demselben Unternehmen gleichen Lohn für gleiche oder gleichwertige Arbeit erhalten, wobei insbesondere für beide

---

which, according to objective criteria, are equal or similar to other work activities to the extent that both employees may be interchanged without significant costs for the employer.' 'Equivalent work' shall mean that, according to objective criteria, it is not lower skilled and less significant for the employer in the achievement of his operational objectives than any other comparable work.

271 „A munka egyenlő értékének megállapításánál különösen az elvégzett munka természetét, minőségét, mennyiségét, a munkakörülményeket, a szükséges szakképzettséget, fizikai vagy szellemi erőfeszítést, tapasztalatot. felelősséget, a munkaerőpiaci viszonyokat kell figyelembe venni.

272 *Foubert/Timmer*, The enforcement of the principle of equal pay for equal work or worof equal value, S. 44.

273 Grabitz/Hilf/Nettesheim/*Vöneky/Beylage-Haarmann*, Art. 217 AEUV, Rn. 73.

274 ABl. L 1 v. 3.1.1994, S. 19.

Geschlechter der Lohn auf dieselbe Art festgelegt werden soll.[275] Ob gleichwertige Arbeit vorliegt, soll durch eine umfassende Bewertung mit Schwerpunkt auf dem für die Arbeit erforderlichen Sachverstand und anderen relevanten Faktoren, wie Anstrengung, Verantwortung und Arbeitsbedingungen ermittelt werden.[276] Zudem erklärt das norwegische Gesetz den Entgeltgleichheitsgrundsatz ausdrücklich auch im Hinblick auf unterschiedliche Fachgebiete und bei der Festlegung der Löhne durch unterschiedliche Tarifverträge für anwendbar.[277] Anders als in Ungarn werden die Arbeitsmarktsituation und der daraus resultierende Marktwert einer Tätigkeit in der norwegischen Definition gleichwertiger Arbeit nicht genannt. Dennoch wird auch dort die Frage diskutiert, inwiefern dieser Faktor Einfluss auf das Prinzip der Entgeltgleichheit hat – allerdings ohne vorherrschendes Ergebnis.[278]

l) Zwischenergebnis

Es wird also deutlich, dass in den Ländern, die über Definitionen gleicher und gleichwertiger Arbeit verfügen, deren Ausgestaltung uneinheitlich ausfällt. Während im Hinblick auf die gleiche Arbeit überwiegend ähnliche Kriterien verwendet werden, wie sie auch von der deutschen Rechtsprechung entwickelt wurden, weisen die Kriterien für gleichwertige Arbeit eine größere Diversität auf. Trotz des teilweise sehr unterschiedlichen Regelungsumfangs und der unterschiedlichen Begrifflichkeiten lassen sich dennoch einige Kriterien herausgreifen, die in den untersuchten Ländern besonders häufig verwendet werden.

Am häufigsten wird auf die formale Qualifikation (teilweise auch Sachverstand, Fähigkeiten oder Fachwissen), den Begriff der „Verantwortung" – auch in Bezug auf weitere Kriterien – und die Arbeitsbedingungen abgestellt. Etwas seltener wird auf die körperliche bzw. nervliche Belastung und Anstrengung sowie Erfahrung rekurriert. Eher vereinzelt werden die Kriterien wie Entscheidungsfindung, Schwierigkeit und Komplexität genannt. Das Vereinigte Königreich ist zudem hinsichtlich der Nennung der Einstufung durch ein Arbeitsbewertungsverfahren als Grundlage zur Bestimmung von Gleichwertigkeit direkt im Gesetz einzigartig. Bemerkenswert ist außerdem, dass nur wenige Normen der Mitgliedstaaten (Portugal, Tschechien) die Leistung des Arbeitnehmers zur Begriffsbestimmung

---

275 „Kvinner og menn i samme virksomhet skal ha lik lønn for samme arbeid eller arbeid av lik verdi. Lønnen skal fastsettes på samme måte for kvinner og menn uten hensyn til kjønn".

276 „Om arbeidene er av lik verdi, avgjøres etter en helhetsvurdering der det legges vekt på den kompetanse som er nødvendig for å utføre arbeidet og andre relevante faktorer, som for eksempel anstrengelse, ansvar og arbeidsforhold".

277 „Retten etter første ledd gjelder uavhengig av om arbeidene tilhører ulike fag, eller lønnen reguleres i ulike tariffavtaler".

278 *Foubert/Timmer*, The enforcement of the principle of equal pay for equal work or work of equal value, S. 44.

heranziehen und auch explizit auf das Arbeitsergebnis abstellen. Der EuGH hat die Leistung bzw. das Arbeitsergebnis bisher nur als potenziellen Rechtfertigungsgrund für eine ungleiche Bezahlung angesprochen und dies auch insofern eingeschränkt, als dass dies erst nach Aufnahme des Arbeitsverhältnisses in Betracht komme, da dem Arbeitgeber Unterschiede in der individuellen Leistung und Qualität der Arbeit vorher noch nicht bekannt sein können.[279]

Die Ausführungen zur Rechtslage in Litauen, Ungarn und Norwegen haben gezeigt, dass vereinzelt auch wirtschaftliche Gesichtspunkte wie das Verhältnis von Kosten und Nutzen für den Arbeitgeber bzw. die Situation auf dem Arbeitsmarkt zur Bestimmung von gleichwertiger Arbeit herangezogen werden. Dieses Kriterium unterscheidet sich im Wesentlichen von anderen, die dazu dienen, einen der Arbeit innewohnenden Wert zu bestimmen, denn Arbeitsmarktgesichtspunkte weisen eine stärkere Dynamik auf und hängen im Wesentlichen von äußeren Faktoren ab. Aus diesem Grund ist im nächsten Abschnitt zu untersuchen, welcher Stellenwert Marktmechanismen bei der Durchsetzung des Prinzips der gleichen Entlohnung gleicher und gleichwertiger Arbeit beigemessen werden kann.

VI. Orientierung am Marktlohn

Grundsätzlich lässt sich auch die menschliche Arbeit als ein wirtschaftliches Gut betrachten: Für eine bestimmte Tätigkeit kann nach den Regeln von Angebot und Nachfrage ein Marktpreis bestimmt werden, in dessen Rahmen sich diejenigen Arbeitgeber und Arbeitnehmer bewegen müssen, die wettbewerbsfähig am Markt agieren wollen. Muss ein Arbeitgeber, um zwei unterschiedliche Arbeitsplätze zu besetzen jeweils die gleichen wirtschaftlichen Mittel aufwenden, so handelt es sich für ihn in wirtschaftlicher Hinsicht um gleichwertige Tätigkeiten. Sie haben schließlich den gleichen „Preis". Davon zu unterscheiden ist jedoch die bloße subjektive Wertschätzung des Arbeitgebers: Sie kann schon mangels Überprüfbarkeit kein Kriterium darstellen.[280]

Historisch wird die Bestimmung von Preisen und Löhnen durch den Markt auch im Zusammenhang mit der Frage nach Preis- bzw. Lohngerechtigkeit genannt. Auch im Titel des dem später noch zu erörternden EntgTranspG vorangegangenen Referentenentwurf[281] – „Gesetz für mehr Lohngerechtigkeit zwischen Frauen und Männern" – wurde der Gerechtigkeitsaspekt wörtlich aufgegriffen. Die Vorgehensweise gestaltet sich dabei gewissermaßen entgegengesetzt zu der Herangehensweise des EuGH: Anstatt zu fragen, was gleichwertige Arbeit ist und daran anknüpfend die rechtlichen Voraussetzungen für eine entsprechende gleiche

---

279 EuGH v. 26.6.2001 – C-381/99, NZA 2001, 883, 886, Rn. 63 (Brunnhofer).

280 NK-GA/*Heck*, Art. 157 AEUV Rn. 35.

281 Referentenentwurf des Bundesministeriums für Familie, Senioren, Frauen und Jugend, Entwurf eines Gesetzes für mehr Lohngerechtigkeit zwischen Frauen und Männern, Bearbeitungsstand: 9.12.2015; s. dazu Gliederungspunkt F)III.1.

Entlohnung zu schaffen, geht es zuerst darum, was die richtige Entlohnung der Arbeit ist. Dies kann dann dahingehend weitergeführt werden, dass zwei nach diesem Grundsatz gleich entlohnte Tätigkeiten als gleichwertig bezeichnet werden können.

Der soeben beschriebene Perspektivwechsel könnte dazu geeignet sein, marktgerechte Maßstäbe zur Bestimmung von Gleichwertigkeit zu eröffnen. Um dies zu untersuchen, soll zunächst ein Blick auf die historische Entwicklung des Begriffsverständnisses bezüglich des „gerechten Lohns" geworfen werden, bevor auf verschiedene Fallgruppen der neueren Rechtsprechung im Zusammenhang mit angemessener Entlohnung einzugehen sein wird. Im Anschluss erfolgt eine Betrachtung, inwiefern die Heranziehung des Marktlohns im Kontext mit geschlechtsspezifischen Lohnunterschieden zu bewerten ist und welche der zuvor gewonnenen Erkenntnisse möglicherweise bei deren Bekämpfung hilfreich sind.

1. *Iustum pretium* – Historisches Verständnis von Lohn- und Preisgerechtigkeit

Die Frage nach dem gerechten Preis bzw. dem *iustum pretium* beschäftigt Philosophen und Ökonomen schon seit über 2000 Jahren. Dies geschah jedoch weniger vor dem Hintergrund der Lohn- bzw. Preisgerechtigkeit zwischen den Geschlechtern, sondern vielmehr hinsichtlich einer allgemein gesellschaftlich gerechten Preisbildung. Hieraus lassen sich jedoch generelle Kriterien für die Bestimmung von Preisen und den Wert einer Arbeit herleiten. Aus diesem Grund werden im Folgenden die Ansätze einiger ausgewählter Vertreter der verschiedenen Theorien zum *iustum pretium* dargestellt.[282] Sie erheben jedoch keinesfalls Anspruch auf Vollständigkeit.

a) Römische Ursprünge

Der Codex Iustinianus enthielt als einer der vier Bestandteile des im Auftrag von Kaiser Justinian in der Mitte des 6. Jahrhunderts zusammengestellten Corpus Iuris Civilis die Rechtsfigur der übermäßigen Schädigung (*laesio enormis*): Wenn der Verkäufer eines Grundstücks nach der vertraglichen Vereinbarung für selbiges weniger als die Hälfte des angemessenen/ rechten/ gerechten Preises (*iustum pretium*) erhielt, so sollte er wahlweise Rückabwicklung des Kaufvertrages oder Nachzahlung des entsprechenden Differenzbetrages verlangen können.[283] Hier wurde

---

282 Im Zuge dessen werden aus systematischen Gründen ggf. auch die durch die jeweiligen Lehrmeinungen dargebotenen Lösungsansätze zur Erreichung gerechter Löhne dargestellt.

283 Vgl. C.4.44.2 und C.4.44.8; vgl. dazu *Becker*, Die Lehre von der laesio enormis in der Sicht der heutigen Wucherproblematik, S. 11 ff., 25; s.a. auch *Herrmann*, in: Der „Gerechte Preis", S. 9, 16 f. zu Zweifeln an der Authetizität der Stellen.

folglich von der Existenz eines gerechten Preises ausgegangen. Gemeint war damit jedoch nicht, dass eine „Leistung abstrakt und absolut, sozusagen als von ihr nicht trennbare Eigenschaft, einen bestimmten Wert habe, sondern meinte (...) einen Marktwert, den gemeinen Wert, das *pretium commune*, welches *in foro* für vergleichbare Leistungen gefordert wurde."[284]

Dieses Verständnis legt folglich keinen der Leistung unmittelbar innewohnenden Wert zugrunde, sondern nur einen allgemeinen Wert, der am Markt entsteht. Nicht der Codex selbst, jedoch die Digesten – ein weiterer Bestandteil des Corpus Iuris Civilis, der eine Sammlung der Schriften römischer Rechtsgelehrter darstellt – enthalten weitere Hinweise darauf, was mit dem *iustum pretium* gemeint war. Bei diesen Ausführungen handelt es sich jedoch eher um Hilfestellungen im Hinblick auf die Beweisführung und weniger um Definitionsansätze.[285] Es findet sich dort allerdings auch die Formulierung, dass Preise allgemeingültig sein müssen und sich nicht aus der Vorliebe oder dem Nutzen Einzelner ergeben dürfen.[286] Dies scheint zunächst im Widerspruch zu der mangelnden Feststellbarkeit eines abstrakten Wertes zu stehen. Der Marktpreis zeichnet sich jedoch gerade dadurch aus, dass er sich aus dem Zusammenspiel von Angebot und Nachfrage insgesamt ergibt und nicht für jedes Geschäft einzeln festgelegt wird.

b) Scholastik

Die moralphilosophische Auseinandersetzung der abendländischen Welt mit dem Begriff Gerechtigkeit beginnt bei *Aristoteles*, der sich mit dieser Thematik insbesondere in seinen beiden Werken „Politik" und „Nikomachische Ethik" befasst.[287] *Aristoteles* unterteilt die allgemeine Gerechtigkeit (*iustitia universalis*) als Gegenstück zur besonderen Gerechtigkeit (*iustitia particularis*) abermals in die verteilende (*iustitia distributiva*) und die ausgleichende Gerechtigkeit (*iustitia commutativa*).[288] Demnach entsteht Gerechtigkeit dadurch, dass zunächst jeder das erhält, was seiner gesellschaftlichen Stellung (seinem Stand) entspricht. Diese Verteilung müsse auch beim Austausch von Gütern erhalten bleiben, sodass das Austauschverhältnis die gesellschaftliche Ordnung wiederspiegelt.[289] So formuliert *Aristoteles*: „Darum muß auch alles, wovon es Tausch gibt, auch vergleichbar sein. Dazu ist das Geld bestimmt und ist sozusagen eine Mitte. Denn es mißt alles (...) und auch, wie viele

284 *Becker*, Die Lehre von der laesio enormis in der Sicht der heutigen Wucherproblematik, S. 27; ähnlich *Herrmann*, in: Der „Gerechte Preis", S. 9, 15, wonach im klassischen Kaufrecht die Erzielung von Tauschgerechtigkeit Aufgabe der Vertragspartner war.

285 *Becker*, Die Lehre von der laesio enormis in der Sicht der heutigen Wucherproblematik, S. 28.

286 Paulus D.35.2.63.pr; Sextus quoque Pedius/Paulus D.9.2.33.pr., vgl. auch *Becker*, Die Lehre von der laesio enormis in der Sicht der heutigen Wucherproblematik, S. 27.

287 *Hecker*, Lohn- und Preisgerechtigkeit, S. 39.

288 Vgl. ebd. S. 40.

289 Ebd. S. 41 f.

Schuhe einem Haus oder Nahrungsmittel äquivalent sind. Wie also der Baumeister zum Schuster, in demselben Maße verhalten sich die Schuhe zum Haus oder zum Nahrungsmittel; wäre das nicht möglich, so gäbe es weder Tausch noch Gemeinschaft."[290] Im Übrigen sieht er auch in den Bedürfnissen der Menschen ein Kriterium für die Wertbestimmung, da ohne Bedürfnis kein Güteraustausch stattfinden und somit auch keine Tauschwerte festgestellt werden könnten.[291]

Bedeutsam für das historische Verständnis der Preisgerechtigkeit war zudem die scholastische Philosophie des Mittelalters. Die scholastische Lehre wiederum gründet sich auf die Vorstellung, dass sich moralphilosophische Fragestellungen zum einen anhand christlicher Überlieferungen und zum anderen durch Vernunft beantworten lassen.[292] Diesem Grundverständnis entsprach im Wesentlichen das aristotelische Modell eines gesamtgesellschaftlichen Ordnungsentwurfs, sodass die Scholastiker seit Beginn des 13. Jahrhunderts auch damit begannen *Aristoteles* zu rezipieren.[293]

Der Dominikanermönch *Albertus Magnus* griff dabei das oben genannte Beispiel des *Aristoteles* von Baumeister und Schuster auf und stellte fest, dass Preisgerechtigkeit beim Tausch durch Proportionalität entstehe, also dadurch, dass in beide Tauschgüter im gleichen Maße Aufwendungen und menschliche Arbeitskraft geflossen seien, wobei diese wiederum von der gesellschaftlichen Stellung des Gewerbes abhingen.[294] Sein Schüler, *Thomas von Aquin*, teilte dieses Verständnis,[295] stellte aber zusätzliche Gedanken zum Verhältnis von gerechtem Preis und Marktpreis an: „Daher handelt der Verkäufer, der seine Ware zum augenblicklich gültigen Preis absetzt, nicht gegen die Gerechtigkeit, wenn er sich über die zukünftigen Verhältnisse nicht auslässt. Käme er jedoch darauf zu sprechen oder ginge er im Preis herunter, dann wäre dies ein Zeichen vollkommener Tugend. Doch scheint er dazu aufgrund der Gerechtigkeit nicht verpflichtet zu sein."[296] Dabei ist einzuräumen, dass *Thomas von Aquin* letztlich nur dem Händler bei Veräußerung zum Marktpreis ungerechtes Verhalten abspricht und sich nicht generell für eine Festlegung von gerechten Preisen durch Marktprozesse ausspricht.[297] Er macht deutlich, dass die Verhältnisse des Marktes im Zusammenhang mit der Preisgerechtigkeit nicht außer Acht gelassen werden dürfen. Der gerechte Preis sei auch keine bestimmte feste Größe, sondern umfasse eine gewisse Spannweite.[298] Insgesamt findet sich

---

290 *Aristoteles*, Die Nikomachische Ethik, S. 207.

291 Ebd. S. 209.

292 *Hecker*, Lohn- und Preisgerechtigkeit, S. 43.

293 Ebd.

294 Ebd. S. 44.

295 Ebd.

296 *Thomas von Aquin*, Recht und Gerechtigkeit, Frage 77, 3. Artikel, S. 208; vgl. auch *Hecker*, Lohn- und Preisgerechtigkeit, S. 51.

297 So Ebd. S. 51.

298 *Thomas von Aquin*, Recht und Gerechtigkeit, Frage 77, 1. Artikel, S. 202; vgl. auch *Becker*, Die Lehre von der laesio enormis in der Sicht der heutigen Wucherproblematik, S. 30 m.w.N.

bei den mittelalterlichen Scholastikern zumindest insofern ein einheitliches Verständnis des gerechten Preises, als dass sie sich überwiegend auf Bestandteile der Lehre *Thomas von Aquins* zurückbeziehen.[299] So heben beispielsweise *Heinrich von Langenstein* und *Antonin von Florenz*[300] das Erfordernis hervor, dass ein gerechter Lohn auch den standesgemäßen Familienunterhalt sichern müsse und schlagen in diesem Kontext auch die behördliche Festsetzung von Preisen vor.[301]

Ein beinahe gegensätzliches Verständnis findet sich bei den spanischen Spätscholastikern des 16. Jahrhunderts. Einer ihrer bedeutendsten Vertreter, der jesuitische Theologe und Philosoph, *Ludwig Molina*, stellte den „behördlich festgesetzten Preis" dem gerechten, „natürlichen Preis" gegenüber und knüpfte damit seine gesamte Preislehre an der Idee des freien Marktes an.[302] Als gerechten Preis bezeichnet er den natürlichen Preis, das *pretium naturale*, „weil er sich aus den Dingen selbst unter Ausschluss jedes menschlichen Gesetztes oder Dekretes, ergibt, jedoch in Abhängigkeit von vielen Umständen, durch die er verändert wird, in Abhängigkeit von der Stimmung und Schätzung der Menschen, je nach der Verwendungsmöglichkeit der Dinge, in Abhängigkeit oft nur von Laune und Wohlgefallen. Weil nun dieser Preis sich nicht nur aus der Natur der Dinge ergibt, (...) ergibt es sich, dass er nicht punktuell bestimmbar ist, sondern eine gewisse Spanne aufweist."[303]

Auch *Molina* führt an, dass der übliche Marktpreis einen Gebrauchswert von Waren voraussetze und beruft sich dabei auf das bereits zuvor von anderen Scholastikern bemühte Beispiel von Maus und Brot, wonach letzteres, obwohl es sich im Unterschied zu der Maus nicht um ein gemäß der „Seinsordnung" höher gestelltes Lebewesen handele, mehr kosten dürfe, weil es den Menschen nützlicher sei.[304] Gleichzeitig sei der Preis natürlich ebenso stark von der menschlichen Wertschätzung einer Ware, die nicht immer mit deren Nützlichkeit übereinstimmt, abhängig.[305] Als die Preisbildung beeinflussende Faktoren, nennt er unter anderem die Rarität der Güter, die Anzahl der Käufer, die Größe des Angebotes und die Dringlichkeit des Bedarfs.[306] Nach seiner Lehre bestimmen also im Wesentlichen Angebot und Nachfrage den natürlichen, gerechten Preis, wohingegen er jeglicher Taxierung durch den Staat misstraut.[307] Diese Prinzipien überträgt *Molina* auch auf die Bildung von gerechten Löhnen.[308]

---

299 *Hecker*, Lohn- und Preisgerechtigkeit, S. 53.
300 Bei beiden handelt es sich um Theologen aus dem 14. bzw. 15. Jahrhundert.
301 *Hecker*, Lohn- und Preisgerechtigkeit, S. 55 ff.; allerdings sollte auch die behördliche Preisfestsetzung nicht unabhängig von der jeweiligen Marktsituation erfolgen, vgl. *Goez*, in: Der „Gerechte Preis", S. 21, 27.
302 *Höffner*, Wirtschaftsethik und Monopole, S. 113.
303 *Molina*, zitiert nach: *Weber*, Wirtschaftsethik am Vorabend des Liberalismus, S. 114.
304 *Höffner*, Wirtschaftsethik und Monopole, S. 116.
305 Ebd. S. 116.
306 Ebd. S. 116, 117.
307 Ebd. S. 126 f.; *Hecker*, Lohn- und Preisgerechtigkeit, S. 58.
308 Vgl. *Weber*, Wirtschaftsethik am Vorabend des Liberalismus, S. 136 f.

c) *Katholische Soziallehre*

Infolge der wissenschaftlichen Untersuchung wirtschaftlicher Fragestellungen des katholischen Theologe und Nationalökonomen *Heinrich Pesch*, erfuhren die Lehren der Scholastik eine wesentliche Weiterentwicklung.[309] Er sah es zwar nicht als Aufgabe der Nationalökonomie an, die Lohnbemessung auf ihren moralisch-sittlichen Wert hin zu untersuchen, dennoch stellte er einen Gleichlauf zwischen dem moralisch gerechten Lohn und dem volkswirtschaftlich richtigen Lohn fest.[310] Die Arbeitskraft des Menschen sei diesem von seinem Schöpfer zum Lebensunterhalt gegeben worden und aufgrund des persönlichen Charakters auch nicht mit einer handelbaren Ware vergleichbar, sodass dann, wenn die Arbeitskraft in den Dienst eines anderen gestellt wird, diese Funktion gesichert bleiben müsse, indem der Arbeiter wenigstens den Lohn erhalte, der dafür notwendig sei.[311] Gleichzeitig müsse aber auch Äquivalenz zwischen der Arbeitsleistung – womit *Pesch* nicht die Erzeugnisse der Arbeit, sondern „das Wirken des Arbeiters in seiner besonderen Art, Größe, Verumständung“[312] meint – und dem Lohn bestehen.[313] Deshalb erscheint seine Auseinandersetzung mit der Frage des gleichen Lohnes für gleiche Leistung auch nicht als gänzlich konsequent, wenn er angesichts der Schwierigkeiten bei der praktischen Umsetzung eine Umformulierung in „Gleiche Leistung gleiche Lebenshaltung“ erwägt und dennoch die Notwendigkeit der Lohnabstufungen zur Deckung der Nachfrage nach Qualitätsarbeit sieht.[314]

Die Lehren von *Heinrich Pesch* bilden auch die Grundlage für einen weiteren, bedeutenden Vertreter der katholischen Soziallehre, seinen akademischen Schüler *Oswald von Nell-Breunig*.[315] Dieser sah in der Ordnung der Wirtschaft eine maßgebliche Voraussetzung für die Erreichung eines gerechten Lohnniveaus: Nach seiner Auffassung „richtig ist derjenige Lohn oder richtig sind solche Löhne, wie sie sich im unverfälschten Kreislauf einer wohlgeordneten Wirtschaft bilden würden, d.h. in einem Ablauf der gesellschaftlichen Wirtschaft, der weder durch fehlerhaften Aufbau der Wirtschaft im ganzen noch durch eigennützigen Einsatz wirtschaftlicher oder anderer Macht oder durch Täuschung (Betrug) verfälscht und von seinem natürlichen Wege abgelenkt ist.“[316]

Von Nell-Breunig sah den Schlüssel zur Erreichung von Lohn- und Preisgerechtigkeit in der Einrichtung eines berufsständischen Lohn- und Preisamtes, wobei gerechter Lohn derjenige sei, der es dem „Familienernährer“ ermögliche für sich

309 *Hecker*, Lohn- und Preisgerechtigkeit, S. 81 f.
310 *Pesch*, Lehrbuch der Nationalökonomie, Band 5, S. 617.
311 Ebd. S. 624 f.
312 Ebd. S. 629.
313 Ebd. S. 642 f.
314 Vgl. ebd. S. 633 f.
315 *Hecker*, Lohn- und Preisgerechtigkeit, S. 89 f.
316 *von Nell-Breunig*, Kapitalismus und gerechter Lohn, S. 104.

und seine Familie den Unterhalt zu finanzieren.[317] Im Gegensatz zu anderen wirtschaftlichen Gütern dürfe die menschliche Arbeit nicht zur reinen Ware „entwürdigt" werden und entziehe sich somit der freien Preisbildung am Markt.[318] Weder der Arbeitsmarkt, noch die Tarifvertragsparteien seien, angesichts dessen, dass Arbeitnehmer auf ihren Lohn zur Bestreitung ihres Lebensunterhaltes angewiesen sind, dazu fähig den richtigen Lohn zu bestimmen.[319] Mit der Forderung gleicher Entlohnung von gleicher und gleichwertiger Arbeit für Männer und Frauen ist die Orientierung an einem Familienlohn, der sich einzig danach bestimmt, ob damit eine Familie unterhalten werden kann – auch in Anbetracht der veränderten gesellschaftlichen Strukturen – kaum in Einklang zu bringen. Dies erkennt *von Nell-Breunig* auch grundsätzlich selbst, weshalb er, allerdings unter der Prämisse, dass der Familienunterhalt dem Mann obliegt, vorschlägt, die höher bewerteten und bezahlten Tätigkeiten nur solange den Familienvätern vorzubehalten, bis diese ausreichend mit entsprechenden Arbeitsplätzen versorgt sind.[320]

Diese Ansicht relativiert *von Nell-Breunig* jedoch hin zu einer Unterscheidung zwischen „Leistungslohn" nach Umfang und Qualität der geleisteten Arbeit und davon unabhängigen Zuschlägen, die sich am Familienstand orientieren.[321] Dem Grunde nach entspricht das so von *Nell-Breunig* konstruierte Modell mit einer subsidiären Funktion staatlicher Eingriffe in das am Markt gebildete Lohn- und Preisgefüge im Falle von Marktverzerrungen und ungleicher Machtverteilung dem allgemeinen Verständnis der christlichen Soziallehre im fortgeschrittenen 20. Jahrhundert.[322] Diesbezüglich ergeben sich auch zwischen Lehrmeinungen von katholischer und evangelischer Seite jedenfalls inhaltlich weitestgehend keine Unterschiede.[323]

d) Liberalismus

Seit der Aufklärung wurden jedoch verbreitet auch liberalere Ansätze vertreten, die im Gegensatz zur Scholastik nicht an die Betrachtung der gesellschaftlichen Ordnung, sondern des Individuums und dessen freier Entfaltung anknüpfen.[324] Der Staatstheoretiker *Thomas Hobbes* – ein Vertreter des aufgeklärten Absolutismus – sieht die Legitimation für den, aufgrund des egoistischen Naturzustandes der

---

317 *Hecker*, Lohn- und Preisgerechtigkeit, S. 103, 108.

318 *von Nell-Breunig*, Kapitalismus und gerechter Lohn, S. 77 ff.; vgl. auch *Hecker*, Lohn- und Preisgerechtigkeit, S. 102 ff.

319 *von Nell-Breunig*, Kapitalismus und gerechter Lohn, S. 132.

320 Ebd. S. 169 f.

321 Ebd. S. 176 f.; *Hecker*, Lohn- und Preisgerechtigkeit, S. 121.

322 Ebd. S. 134, 156; siehe z.B. *Lanzenstiel*, in: Der gerecht Lohn, S. 7, 16, wonach gerechter Lohn sowohl nach der Leistung, als auch nach dem Familienstand (durch Zulagen) zu bemessen ist.

323 *Hecker*, Lohn- und Preisgerechtigkeit, S. 156.

324 Ebd. S. 167.

Menschen notwendigerweise mächtigen, staatlichen Herrscher nicht mehr als von Gottes Gnaden gegeben an, sondern als einen unauflöslichen Vertrag zwischen ihm und den einzelnen Bürgern. Da der Staat aber allein das Ziel der Friedenssicherung verfolgen müsse, könnten für den gerechten Preis nicht übergeordnete Wertmaßstäbe, sondern vielmehr die rationalen Eigeninteressen der jeweiligen Bürger maßgeblich sein, sodass die Preisgestaltung einzig und allein den Vertragsparteien zu überlassen sei.[325] Wörtlich heißt es bei *Hobbes*: „Der Wert aller Gegenstände eines Vertrags bemisst sich nach dem Verlangen der Vertragspartner, und deshalb ist der gerechte Wert der, den sie zu zahlen bereit sind."[326] Die Begriffe der austeilenden und der ausgleichenden Gerechtigkeit spielen dadurch in seiner Vorstellung auch keine Rolle, denn mangels anderer Wertmaßstäbe neben dem Marktpreis läge bei einem Warenaustausch zwischen freien Vertragspartnern in jedem Fall Gleichwertigkeit und damit Gerechtigkeit vor.[327] Diesem Modell entspricht auch die der Scholastik diametral gegenüberstehende Auffassung der menschlichen Arbeit als Ware, die der jeweiligen Personen zwar im Sinne eines Gebrauchs- und Nutzungsrechts zusteht, jedoch kein Bestandteil der Person selbst ist.[328]

Adam Smith legte die Grundlagen für den Wirtschaftsliberalismus und befürwortete ebenso eine freie Preisbildung am Markt, möglichst frei von staatlicher Einmischung, reguliert nur durch die „unsichtbare Hand".[329] *Smith* unterscheidet zwischen dem natürlichen Preis, der dem Betrag entspricht, der erforderlich ist, um die aufgewendeten Kosten für die Herstellung, Verarbeitung und Anbietung der Ware am Markt zu decken, und dem Marktpreis, der von dem natürlichen Preis abweichen kann und durch Angebot und Nachfrage bestimmt wird.[330] Diese dynamische Anpassung der Preise durch die Begebenheiten des Marktes entspreche zugleich dem „Interesse aller".[331] *Smith* konnotiert insofern den Begriff der Gerechtigkeit mit dem des Interesses. Den durch den Austausch von Gütern am Markt entstehenden Preis, zieht *Smith* auch zur Bestimmung des Wertes der Arbeit heran, deren Ergebnis das einzelne Gut ist: Die für unterschiedliche Arten von Arbeit aufgewendete Zeit sei nicht ausreichend für die Bestimmung des Wertes von Arbeit. Dieser hinge auch von der aufgewendeten Mühe und geistigen Anstrengung ab, wofür sich aber nur schwer ein geeigneter Maßstab finde lasse.[332] Durch den

---

325 Ebd. S. 170 f.

326 *Hobbes*, Leviathan, XV, 14; zitiert nach *Macpherson*, in: Thomas Hobbes, S. 107, 119.

327 Vgl. ebd. S. 107, 119 f.; dazu kritisch: *Zippelius*, Rechtsphilosphie, Kapitel IV § 16 II 2, S. 90.

328 Vgl. *Macpherson*, in: Thomas Hobbes, S. 107, 118 f.

329 Vgl. dazu *Hecker*, Lohn- und Preisgerechtigkeit, S. 168 ff.; wortwörtlich benutzt *Smith* den Begriff „unsichtbare Hand" in „Wohlstand der Nationen" jedoch nur ein einziges Mal im Zusammenhang mit der regulierten Einfuhr ausländischer Waren, vgl. *Smith*, Wohlstand der Nationen, S. 371.

330 Ebd. S. 48 f.

331 Ebd. S. 50.

332 Ebd. S. 29.

Handel mit den Arbeitsergebnissen am Markt würden diese Faktoren wenigstens in gewisser Weise berücksichtigt.[333] An anderer Stelle werden weitere Faktoren zur Bestimmung der Lohnhöhe genannt: Inwiefern die Arbeit angenehm ist oder nicht, ihre Schwierigkeit, ihre Dauerhaftigkeit, der mit ihr verbundene Grad der Verantwortung und die Erfolgsaussichten.[334] Diese Faktoren ähneln wiederum den Kriterien, die auch vom EuGH in seiner Rechtsprechung zur Bestimmung gleicher und gleichwertiger Arbeit herangezogen werden.[335]

Ein Vertreter neoliberaler Ansätze im 20. Jahrhundert war *Friedrich August von Hayek*. Er ging von der Prämisse aus, dass der Staat lediglich die Bedingungen zu schaffen habe, unter denen sich eine Ordnung von selbst herausbilde, indem er u.a. Wettbewerb durch Gleichheit aller Bürger vor dem Gesetz garantiert.[336] Nur im Hinblick auf diese Voraussetzungen dürften Gerechtigkeitserwägungen angestellt werden, nicht aber im Hinblick auf die Ergebnisse (Preise, Löhne), die sich daraus ergeben, denn ansonsten entstünde anstatt der spontanen, zwanglosen Ordnung des Marktes eine totalitäre Ordnung.[337] Der Übertragung von Gerechtigkeitserwägungen auf die Gestaltung von Preisen und Löhnen steht er dabei sehr kritisch gegenüber.[338] Gerechtigkeitsüberlegungen könnten jedenfalls eine Korrektur von Marktergebnissen nicht rechtfertigen, denn Gerechtigkeit würde im Sinne einer Gleichbehandlung von jedem verlangen, das Ergebnis eines fairen Marktes zu akzeptieren.[339] *Hecker* gibt diesbezüglich jedoch zu Recht zu bedenken, dass dieser Ansatz zu kurz greift, indem einerseits – auch von der Öffentlichkeit geforderte – sozialstaatliche Maßnahmen und andererseits die Konsequenzen für den Bestand einer Gesellschaft bei wachsender sozialer Ungerechtigkeit vollkommen ausgeblendet werden.[340]

Relativiert wird der Ansatz bereits bei dem englischen Philosophen und Nationalökonomen *John Stuart Mill*, der angesichts der sozialen Probleme des 19. Jahrhunderts die Aspekte Verteilungsgerechtigkeit und gleiche Teilhabe der Menschen am gesellschaftlichen Wohlstand stärker in den Vordergrund rückte.[341] Auch er geht bei der Bestimmung des Begriffs der Gerechtigkeit im Grundsatz von der Notwendigkeit der freien Entfaltung des Individuums aus, jedoch könne diese Form der Gerechtigkeit im Dienste des gesellschaftlichen Nutzens beschränkt werden.[342]

---

333 Ebd. S. 29.
334 Ebd. S. 86 ff.
335 S. dazu Gliederungspunkt B)III.
336 *von Hayek*, in: Freiburger Studien, S. 32, 44; vgl. auch *Hecker*, Lohn- und Preisgerechtigkeit, S. 177.
337 Vgl. dazu ausführlich: Ebd. S. 179 ff.
338 *von Hayek*, in: Freiburger Studien, S. 108, 118 f.; vgl. auch *Hecker*, Lohn- und Preisgerechtigkeit, S. 181.
339 *von Hayek*, in: Freiburger Studien, S. 108, 123.
340 *Hecker*, Lohn- und Preisgerechtigkeit, S. 188, 195 f.
341 Ebd. S. 197 f.
342 *Mill*, in: Essays on Ethics, Religion and Society, S. 203, 258 f.; *Hecker*, Lohn- und Preisgerechtigkeit, S. 199 f.

Staatliche Eingriffe seien somit insbesondere zur Schaffung von Chancengleichheit notwendig, um alle Menschen mit den Voraussetzungen einer selbstbestimmten Lebensgestaltung auszustatten, wodurch wiederum auf Dauer die Notwendigkeit staatlicher Fürsorge zurückgehe.[343]

e) *Ordoliberalismus und Soziale Marktwirtschaft*

Der Ordoliberalismus vereint als Vorreitermodell zum Konzept der sozialen Marktwirtschaft liberale Ansätze mit dem aus der Scholastik bekannten Ordnungsgedanken: Er fordert die Errichtung einer Wirtschaftsordnung frei von Wettbewerbsverzerrungen, innerhalb derer die Individuen jedoch frei sind.[344] Einer seiner wichtigsten Vertreter war der Ökonom *Walter Eucken*, der innerhalb einer solchen Wirtschaftsordnung die durch Marktprozesse erzeugten Löhne als grundsätzlich gerecht ansah.[345] Neben diesen konstituierenden Prinzipien bedürfe es aber auch den regulierenden Prinzipien der staatlichen Korrektur.[346] Zwar stellt auch *Eucken* fest „Arbeit ist keine Ware" und es gebe „Unterschiede, die zu beachten sind".[347] Wolle man den Arbeitnehmer jedoch nicht „der Gefahr zentralverwaltungswirtschaftlicher Sklaverei" ausliefern, so müssten auch auf dem Arbeitsmarkt die Grundsätze der freien Marktprozesse maßgeblich sein.[348]

Eine ähnliche Zwangsläufigkeit des Rückgriffs auf die Preisbildung an einem der Wirtschaftsordnung entsprechenden Markt findet sich auch bei dem Ökonomen und Sozialphilosophen *Wilhelm Röpke*, wenn dieser trotz intensiver Forschung feststellt: „Aber ich für meine Person muss schließlich ehrlicherweise gestehen, dass ich (...) noch immer nicht weiß, wie die Gerechtigkeit der Güter- und Faktorpreise anders als durch den Markt zu bestimmen ist, wenn bestimmte Bedingungen erfüllt sind, zu denen, ich wiederhole es, Wettbewerb und Offenheit der Märkte gehören."[349] Die durch den Ökonomen *Alfred Müller-Armack* begründete Theorie der sozialen Marktwirtschaft erweitert den ordoliberalen Ansatz um die Forderung nach zielgerichteten sozialpolitischen Maßnahmen.[350] Dabei sei immer

---

343 *Mill*, Principles of Political Economy, Buch 5 S. 970 f.; *Hecker*, Lohn- und Preisgerechtigkeit, S. 203.

344 *Hecker*, Lohn- und Preisgerechtigkeit, S. 206.

345 Vgl. *Eucken*, Grundsätze der Wirtschaftspolitik, S. 181 wonach die Einkommensverteilung in der Verkehrswirtschaft erst dann zum Problem der Gerechtigkeit im wirtschaftlichen Sinne werde, „wenn sich die Höhe des Einkommens nicht nach Maßgabe der Knappheitsrelationen, sondern auf Grund von Marktmachtstellungen bestimmt".

346 Ebd. S. 180.

347 Ebd. S. 185.

348 Ebd. S. 185; vgl. auch *Hecker*, Lohn- und Preisgerechtigkeit, S. 214.

349 *Röpke*, in: Was wichtiger ist als Wirtschaft, S. 17, 28.

350 Vgl. *Müller-Armack*, in: Wirtschaftsordnung und Wirtschaftspolitik, S. 231, 232, 241; *Hecker*, Lohn- und Preisgerechtigkeit, S. 229.

die Marktkonformität dieser Maßnahmen zu beachten und nur in Ausnahmefällen direkt, in die Preis- bzw. Lohnbildung einzugreifen.[351]

Im Vergleich zu *Müller-Armack* kommt der Bedeutung eines freien Marktes ohne Wettbewerbsbeschränkungen bei *Ludwig Erhard* ein stärkeres Gewicht zu.[352] Zwar merkt er an, der Staat dürfe nicht in die Rolle eines Nachtwächters zurückversetzt werden[353] und sieht auch die Notwendigkeit gewisser staatlicher Mindestabsicherungen, jedoch dürfe die Umverteilung nicht so weit reichen, dass dadurch Leistungsanreize behindert werden.[354] Volkswirtschaftlich richtige und vertretbare Preise seien – auch im Hinblick auf den Aspekt der Leistungsgerechtigkeit – außerhalb des Marktes nicht zu erreichen.[355] Auf die Frage nach Gerechtigkeit im Hinblick auf Entgelte für Arbeitsleistung geht er in dem Kapitel „Marktwirtschaft ermöglicht gerechten Lohn" ein. Hier bleibt *Erhard* zwar eine genaue Bestimmung des Begriffes Lohngerechtigkeit schuldig, jedoch betont er die Relevanz des freien Wettbewerbs, um ein optimales Verhältnis zwischen Löhnen und Preisen zu erzielen.[356] Ein erhöhter Lebensstandard für die Gesamtbevölkerung hinge nicht von einer zu korrigierenden Verteilung ab, sondern maßgeblich von der vorhandenen Produktivität: „Der Kuchen muss größer werden".[357]

f) Neuere Ansätze

Auch in neueren Ansätzen wird die Verbindung zwischen Marktprozessen und Gerechtigkeit aufgegriffen und fortgeführt. Der Philosoph und Wirtschaftsethiker *Peter Koslowski* geht im Grunde ebenfalls von einer gerechten Preisbildung durch Marktprozesse aus und setzt den primären Anknüpfungspunkt für staatliche Korrekturen zeitlich vor der Preisbildung an.[358] Die moderne Theorie eines gerechten Preises dürfe nicht – entsprechend der Ordnung des Mittelalters – ständische Strukturen aufrechterhalten und perpetuieren, sondern müsse sich an einer

---

351 *Müller-Armack*, in: Wirtschaftsordnung und Wirtschaftspolitik, S. 19, 132 f.

352 Vgl. *Hecker*, Lohn- und Preisgerechtigkeit, S. 235 f.

353 *Erhard*, Wohlstand für alle, S. 252.

354 Ebd. S. 257.

355 Ebd. S. 180.

356 Ebd. S. 220 ff.; vgl. auch *Hecker*, Lohn- und Preisgerechtigkeit, S. 238.

357 *Erhard*, Wohlstand für alle, S. 226 f.

358 *Koslowski*, Prinzipien der ethischen Ökonomie, S. 272: „Der gerechte Preis kann nur in einem Markt entstehen, weil nur der Markt die formalen Kriterien erfüllt und die Subjektivität der Wirtschaftenden wahrt. Der gerechte Preis ist jedoch nicht mit jedem faktisch entstehenden Marktpreis identisch, weil die faktische Marktkoordination oft nicht unter vollständiger Befolgung ihrer eigenen Regeln zustande kommt und weil sich Marktkonstellationen ergeben können, in denen der faktische Markt den materialen Zweck der Wirtschaft, die Bedarfsdeckung und Selbstentfaltung der Menschen zu sichern, durch eine übermäßige Ungleichheit der Mitwirkungsmöglichkeiten im Markt nicht erfüllt."

Ausstattung mit gleichen Grundrechten und Marktzugangsrechten orientieren.[359] Staatliche Korrekturen müssten sich dementsprechend vorrangig auf die Zuteilung von gleichen Chancen im Hinblick auf den Erwerb von Humankapital richten, statt auf die Verteilung von Gütern.[360] Nach *Koslowski* entspricht es daher nicht der modernen Theorie gerechter Preise, wenn der Staat nur die Ergebnisse der Preisbildung am Markt korrigiert ohne geeignete wirtschaftspolitische Maßnahmen gegen die Ursachen der Nichterfüllung der materialen Zwecke der Wirtschaft zu ergreifen.[361] Übertragen auf die Frage, wann eine gerechte Entlohnung von Männern und Frauen vorliegt und wie diese umzusetzen ist, ließe sich daraus folgende Forderung formulieren: Staatliche Eingriffe müssen zunächst sämtliche Ursachen für eine ungleiche Bezahlung von Männern und Frauen trotz gleicher oder gleichwertiger Arbeit angehen, bevor eine Korrektur unmittelbar des Entgelts selbst vorgenommen werden kann.

Ein ähnliches Verständnis findet sich bei dem mit dem Alfred-Nobel-Gedächtnispreis für Wirtschaftswissenschaften ausgezeichneten, indisch-stämmigen Ökonomen *Amartya K. Sen.* Zentrales Beurteilungskriterium für das Wohlfahrtsniveau einer Gesellschaft ist seiner Ansicht nach das Vorhandensein und das Verhältnis von *capabilities* zu *functionings*, also inwiefern eine gleichberechtigte Chance auf die Verwirklichung von bestimmten Kriterien der Lebensqualität besteht.[362] Aus ethischer Sicht sei die Teilnahme an freien Marktprozessen geeignet um die Verwirklichungschancen zu erhöhen. Demgegenüber erkennt er aber auch eine Abhängigkeit zwischen aus Marktprozessen gewonnenen Ergebnissen und der zuvor bestehenden Verteilungssituation, wodurch schlechter ausgestattete Marktteilnehmer auch ungünstigere Ergebnisse erzielten.[363] Der Staat müsse daher einerseits auf die Gleichheit der Ausgangssituationen der Marktteilnehmer hinwirken und andererseits – jedenfalls zur Befriedigung elementarer Bedürfnisse – im Zweifel Umverteilungsmaßnahmen durchführen.[364] Historische Erfahrungen hätten aber gezeigt, dass solche Maßnahmen nur dann langfristig positive Effekte erzielen, wenn sie systematisch und marktkonform durchgeführt werden, den Marktprozess also nicht gänzlich „erdrücken".[365]

g) Zwischenergebnis

Deutlich wird: Auch eine moderne Auseinandersetzung mit den Themen Entgeltgleichheit und Lohngerechtigkeit kommt nicht umhin, den Faktor Marktpreis

359 Ebd. S. 273.
360 Ebd. S. 280.
361 Ebd. S. 280 f.; vgl. auch *Hecker*, Lohn- und Preisgerechtigkeit, S. 267.
362 Vgl. ebd. S. 269.
363 Vgl. ebd. S. 270 f.
364 Vgl. ebd. S. 270 f.
365 *Sen*, in: The ethical foundations of the market economy, S. 123, 133: "stifling".

miteinzubeziehen. Dessen Stellenwert wird innerhalb des Zusammenspiels der verschiedenen Faktoren unterschiedlich bewertet. Die Tatsache, dass es sich um einen bestimmenden Faktor handelt, ist aber schwerlich von der Hand zu weisen. Aus dem engen Zusammenhang von Preis- und Lohngerechtigkeit folgt, dass auch die gerechte Gestaltung von Löhnen nicht unabhängig von Angebot und Nachfrage auf dem Arbeitsmarkt erfolgen kann. Dabei ist zwar zu beachten, dass mangels eines real existierenden vollkommenen Marktes, insbesondere zur Grundsicherung eines Mindestlebensstandards, in gewissen Fällen staatliche Korrekturen erforderlich werden. Dies kann aber erst in einem zweiten Schritt erfolgen. Vorrangig müssen Maßnahmen bleiben, die auf auf die Verbesserung von Chancengleichheit abzielen.

2. In der Rechtsprechung

Die Frage nach dem Wert der Arbeitsleistung des Arbeitnehmers stellt sich in der deutschen Rechtsprechung auch außerhalb der gleichen Entlohnung gleicher und gleichwertiger Arbeit von Männern und Frauen. Betroffen sind dabei die Fallgruppen Lohnwucher, Versetzung, Arbeitnehmererfindungsgesetz, das fehlerhafte Arbeitsverhältnis und die Weiterbeschäftigung während des Kündigungsschutzprozesses. Es bietet sich daher an, zu untersuchen, welche Kriterien in diesen Fallgruppen zur Bestimmung des Arbeitswertes herangezogen werden. Dabei ist auch darauf einzugehen, inwiefern die dazu ergangene Rechtsprechung und Literatur für die Umsetzung des Entgeltgleichheitsgebots fruchtbar gemacht werden können.[366] Dies ist im Zusammenhang mit der Orientierung am Marktlohn deshalb interessant, weil hier – das Ergebnis vorwegnehmend – jener bei der Wertbestimmung regelmäßig zugrunde gelegt wird.

a) Lohnwucher

Eine Fallgruppe der deutschen Rechtsprechung im Zusammenhang mit der Bestimmung einer „richtigen" Lohnhöhe stellt der sog. Lohnwucher dar. Eine Vergütungsvereinbarung kann als Wuchergeschäft i.S.v. § 138 Abs. 2 BGB oder als wucherähnliches Geschäft i.S.v. § 138 Abs. 1 BGB nichtig sein. Entscheidend ist dabei, ob Leistung und Gegenleistung in einem auffälligen Missverhältnis zueinander stehen. Für die Feststellung eines Missverhältnisses bedarf es aber eines Vergleiches mit einem „Referenzpreis".[367] Als Maßstäbe für einen solchen

---

366 Hinsichtlich der Fallgruppen Lohnwucher, fehlerhaftes Arbeitsverhältnis und Weiterbeschäftigung während des Kündigungsschutzprozesses wurde eine vergleichbare Untersuchung bereits 1998 von *Feldhoff*, Der Anspruch auf gleichen Lohn für gleichwertige Arbeit, S. 139 ff. durchgeführt. Die nachfolgende Untersuchung dient der Betrachtung der Fragestellung unter Einbeziehung des aktuellen Meinungsstands.

367 Vgl. *Rieble/Picker*, ZfA 2014, 153, 154.

Referenzpreis kommen grundsätzlich etwa der Wert, den die Arbeitsleistung für den Arbeitgeber hat oder eben ein üblicherweise gezahltes Entgelt in Betracht.

In einer Entscheidung vom 22.4.2009 hat sich das BAG zum wiederholten Mal gegen die Maßgeblichkeit des Wertes der Arbeitsleistung aus Sicht des Arbeitgebers ausgesprochen.[368] Im konkreten Rechtsstreit hatte der Arbeitgeber den Tariflohn als Maßstab zur Bestimmung des objektiven Wertes der Arbeit abgelehnt, weil die durch die Leistung der Klägerin erzielte Wertschöpfung nicht der tariflichen Vergütung entspräche. Zudem könnten Familienbetriebe, wie der seinige, den Tariflohn nicht ohne Gefährdung ihrer Existenz zahlen.[369] Den sog. „Aneignungswert" der Arbeitsleistung als Vergleichsmaßstab lehnt das BAG aber in ständiger Rechtsprechung ab: Entscheidend sei vielmehr der objektive Wert der Arbeitsleistung als solcher.[370] Wie viel die Arbeit für den konkreten Arbeitgeber wert ist, spielt bei der Beurteilung des auffälligen Missverhältnisses also keine Rolle.

In einer früheren Entscheidung hatte sich das BAG im Hinblick auf die Maßgeblichkeit von Tariflöhnen noch zurückhaltend geäußert. Es sei von dem allgemeinen Lohnniveau im Wirtschaftsgebiet und nicht nur von den Tariflöhnen für andere Arbeitnehmer im Tarifgebiet auszugehen. Die Beurteilung, ob eine Lohnabrede sittenwidrig ist, bemesse sich nicht „nach der Verkehrssitte der jeweiligen Branche, sondern nach dem Rechtsgefühl aller gerecht und billig Denkenden".[371] Das Gericht hielt insofern das allgemeine Lohnniveau gegenüber Tariflöhnen für vorrangig. Die Bedeutung von Tariflöhnen rückt das BAG jedoch inzwischen stärker in den Vordergrund und formuliert in ständiger Rechtsprechung, dass für die Bestimmung des objektiven Wertes der Arbeitsleistung in der Regel die Tariflöhne des jeweiligen Wirtschaftszweigs maßgeblich seien.[372] Diese drückten den objektiven Wert der Arbeitsleistung aus, wenn sie in dem betreffenden Wirtschaftsgebiet üblicherweise gezahlt werden. Nur für den Fall, dass der Tariflohn über der verkehrsüblichen Vergütung liegt, zieht das BAG das allgemeine Lohnniveau im Wirtschaftsgebiet heran.[373]

Das BAG bezeichnet den so ermittelten Wert als den „objektiven Wert". Dies ist deshalb kritisch zu sehen, weil diese Bezeichnung den Eindruck erweckt, es gäbe einen der Arbeitsleistung inhärenten Wert. Auch *Rieble* und *Picker* weisen darauf hin, dass es so etwas wie einen „objektiven Wert" mangels absoluter Maßstäbe nicht geben könne.[374] Lässt sich der Wert also nicht gänzlich objektiv bestimmen,

---

368 BAG v. 22.4.2009 – 5 AZR 436/08, AP BGB § 138 Nr. 64, Rn. 14 m.w.N.

369 Ebd. Rn. 6.

370 BAG v. 11.1.1973 – 5 AZR 322/72, WM 1973, 565, 566; BAG v. 22.4.2009 – 5 AZR 436/08, AP BGB § 138 Nr. 64, Rn. 14 m.w.N.

371 BAG v. 11.1.1973 – 5 AZR 322/72, WM 1973, 565, 566.

372 BAG v. 24.3.2004 – 5 AZR 303/03, NZA 2004, 971, 972; BAG v. 22.4.2009 – 5 AZR 436/08, AP BGB § 138 Nr. 64, Rn. 14 m.w.N.

373 BAG v. 24.3.2004 – 5 AZR 303/03, NZA 2004, 971, 972; BAG v. 22.4.2009 – 5 AZR 436/08, AP BGB § 138 Nr. 64, Rn. 14 m.w.N.

374 *Rieble/Picker*, ZfA 2014, 153, 161.

so schließt dies nicht die Bestimmung durch andere geeignete Maßstäbe aus: Die den Tausch ermöglichende Kommensurabilität von Gütern entsteht durch die von Angebot und Nachfrage bestimmte Preisbildung am Markt.[375] Der marktübliche Lohn stellt damit jedenfalls den typischen Wert der Arbeitsleistung dar.[376] Ist das Tarifentgelt marktüblich, so ist es taugliches Referenzentgelt und zudem noch mit weniger Schwierigkeiten zu bestimmen als ein in der Regel nicht dokumentierter Marktlohn.[377] Das tarifliche Entgelt kann dabei aber nur Hilfskriterium sein – entscheidend bleibt der Marktwert einer Tätigkeit.[378] Auch *Henssler* und *Sittard* halten bei der Ermittlung des Wertes einer Arbeit die Anbindung an den Markt für unverzichtbar: Wenn ein bestimmtes Produkt am Markt nur zu einem bestimmten Preis abgesetzt werden könne, dürfe ein diesem Wert entsprechendes Arbeitsentgelt grundsätzlich nicht als sittenwidrig bezeichnet werden, auch wenn es verhältnismäßig niedrig erscheine.[379] Letztlich ergibt sich daraus in materieller Hinsicht kein Unterschied zu der Referenzpreisbestimmung des BAG. Dessen Abstellen auf die Objektivität des Wertes ist jedoch irreführen.

b) Wertbestimmung im Bereicherungsrecht

Auch i.R.d. bereicherungsrechtlichen Rückabwicklung spielt die objektive Wertbestimmung i.R.v. § 818 Abs. 2 BGB dann eine Rolle, wenn die Herausgabe wegen der Beschaffenheit des Erlangten nicht möglich ist oder der Empfänger aus einem anderen Grunde zur Herausgabe außerstande ist. Dienst- und Arbeitsleistungen stellen typische Beispiele für eine Unmöglichkeit der Herausgabe aufgrund der Beschaffenheit des Erlangten dar.[380] In diesen Fällen ist Wertersatz zu leisten. Folglich ist die Bezifferung eines bestimmten Geldbetrages, des Wertes der Arbeit, erforderlich. Hier stellen sich mithin grundsätzlich dieselben Herausforderungen wie im Hinblick auf das Entgeltgleichheitsgebot

aa) Fehlerhaftes Arbeitsverhältnis

In der Fallgruppe des sog. fehlerhaften bzw. faktischen Arbeitsverhältnisses kommt die bereicherungsrechtliche Rückabwicklung aufgrund der arbeitsrechtlichen Besonderheiten grundsätzlich nicht zur Anwendung.[381] In den überwiegenden

375 Ebd.

376 *Henssler/Sittard*, RdA 2007, 159, 161; Staudinger/*Sack/Fischinger*, § 138 BGB Rn. 546.

377 *Rieble/Picker*, ZfA 2014, 153, 165.

378 Vgl. MHA/*Krause*, § 60 Rn. 89; *Rieble/Picker*, ZfA 2014, 153, 165.

379 *Henssler/Sittard*, RdA 2007, 159, 161.

380 BAG v. 10.3.1987 – 8 AZR 146/84, NZA 1987, 373, 375; MüKo-BGB/*Schwab*, § 818 BGB Rn. 61; BeckOK-BGB/*Wendehorst*, § 818 BGB Rn. 20.

381 Zuletzt BAG v. 27.7.2010 – 3 AZR 317/08, BB 2011, 572, 573, Rn. 26; s.a. BAG v. 3.11.2004 – 5 AZR 592/03, NZA 2005, 1409, 1410; Schaub/*Linck*, § 34 Rn. 49; MüKo-BGB/*Müller-Glöge*, § 611 BGB Rn. 635; Henssler/Willemsen/Kalb/*Thüsing*, § 119 BGB Rn. 15.

Fällen stellt sich die Frage nach dem Wert der Arbeitsleistung folglich nicht. Allerdings hat das BAG schon in verschiedenen Konstellationen die Anwendung der Lehre vom fehlerhaften Arbeitsverhältnis verneint.[382] Dann ist es erforderlich, den objektiven Wert der Arbeitsleistung zu bestimmen. Dazu wird eine Orientierung an § 612 Abs. 2 BGB vorgeschlagen, sodass im Zweifel die übliche Vergütung als vereinbart anzusehen ist.[383] Eine Vergütung ist üblich, wenn sie am gleichen Ort in ähnlichen Gewerben oder Berufen für entsprechende Arbeit gezahlt wird,[384] es kommt folglich auf den jeweiligen Marktwert an. In Arbeitsverhältnissen ist das regelmäßig der Tariflohn,[385] jedoch nur dann, wenn das herkömmlich gezahlte Entgelt nicht darüber oder darunter liegt.[386] Auch hier wird folglich der Tariflohn nur als Hilfskriterium herangezogen.

bb) Weiterbeschäftigung während des Kündigungsschutzprozesses

Das parallele Problem stellt sich auch dann, wenn nach einer arbeitgeberseitigen Kündigung der Arbeitnehmer aufgrund eines erstinstanzlichen Urteils weiterbeschäftigt wird, später aber in höherer Instanz die Wirksamkeit der Kündigung festgestellt wird. In diesem Fall hat der Arbeitgeber nach der Rechtsprechung des BAG – jedenfalls, wenn die Weiterbeschäftigung alleine zur Abwendung der Zwangsvollstreckung erfolgt – weder das vorherige Arbeitsverhältnis fortgesetzt noch ein neues abgeschlossen.[387] Auch die analoge Anwendung von § 102 Abs. 5 BetrVG oder die Anwendung der Lehre vom fehlerhaften Arbeitsverhältnis hat das Gericht hinsichtlich der Begründung eines Vergütungsanspruchs abgelehnt.[388] Mangels Rechtsgrund müsse auch hier eine Rückabwicklung nach bereicherungsrechtlichen Regeln erfolgen, wozu i.R.v. § 818 Abs. 2 BGB auf den Tariflohn abzustellen sei.[389] Diese recht pauschale Feststellung hat der Fünfte Senat später dahingehend eingeschränkt, dass zwar vom Wert der Dienstleistung auszugehen

---

382 Z.B.: BAG v. 1.4.1976 – 4 AZR 96/75, NJW 1976, 1958 (schwerwiegender Sittenverstoß); BAG v. 3.11.2004 – 5 AZR 592/03, NZA 2005, 1409 (Arzt ohne Approbation).

383 *Natzel*, SAE 1999, 220, 223; MüKo/*Schwab*, § 818 BGB Rn. 88.

384 *Feldhoff*, Der Anspruch auf gleichen Lohn für gleichwertige Arbeit, S. 140; MüKo-BGB/*Müller-Glöge*, § 612 BGB Rn. 29; ErfK/*Preis*, § 612 BGB Rn. 37; Henssler/Willemsen/Kalb/*Thüsing*, § 612 BGB Rn. 38.

385 Vgl. z.B. BAG v. 25.3.2015 – 5 AZR 874/12, AP BGB § 612 Nr. 78, Rn. 28; MüKo-BGB/*Müller-Glöge*, § 612 BGB Rn. 30; ErfK/*Preis*, § 612 BGB Rn. 38.

386 BAG v. 14.6.1994 – 9 AZR 89/93, NZA 1995, 178, 180.

387 Vgl. zuletzt BAG v. 8.4.2014 – 9 AZR 856/11, ArbR 2014, 414, 1, Leitsatz; s.a. BAG v. 10.3.1987 – 8 AZR 146/84, NZA 1987, 373; BAG v. 17.1.1991 – 8 AZR 483/89, NZA 1991, 769, 770; BAG v. 12.2.1992 – 5 AZR 297/90, NZA 1993, 177, 178.

388 BAG v. 10.3.1987 – 8 AZR 146/84, NZA 1987, 373, 374; BAG v. 12.2.1992 – 5 AZR 297/90, NZA 1993, 177, 178; a.A. *Färber/Kappes*, NZA 1986, 215, 218 f.; MüKo-BGB/*Schwab*, § 818 BGB Rn. 95.

389 BAG v. 10.3.1987 – 8 AZR 146/84, NZA 1987, 373, 375.

sei, der sich regelmäßig nach der üblichen Vergütung richte, welche aber nicht immer dem Tariflohn entspreche, sondern auch darüber liegen könne.[390] Der BGH wiederum geht zusätzlich i.R.v. Dienstverträgen davon aus, dass das im ursprünglichen Arbeitsverhältnis vereinbarte Entgelt eine Obergrenze für den Wertersatz bildet.[391]

c) Versetzung

Die Gleichwertigkeit von Tätigkeiten ist auch dann zu beurteilen, wenn der Arbeitgeber den Arbeitnehmer versetzen möchte. Nach § 106 S. 1 GewO kann der Arbeitgeber u.a. den Inhalt der Arbeitsleistung „nach billigem Ermessen näher bestimmen", sofern es keine Vereinbarungen gibt aufgrund derer der Einsatzbereich des Arbeitnehmers eingeschränkt ist. Dabei kann der Arbeitgeber dem Arbeitnehmer jedoch nur eine gleichwertige andere Tätigkeit zuweisen.[392] Dazu formuliert das BAG: „Mangels anderer Anhaltspunkte bestimmt sich die Gleichwertigkeit grundsätzlich aus der auf den Betrieb abgestellten Verkehrsauffassung und dem sich daraus ergebenden Sozialbild. Bei Anwendung eines tariflichen Vergütungssystems orientiert sie sich regelmäßig an diesem System".[393] Im Vergleich zur bereicherungsrechtlichen Rückabwicklung wird hier mit der Üblichkeit im Betrieb ein kleinerer Maßstab angelegt. Gleichwohl wird wieder hilfsweise auf die tarifliche Vergütung bzw. die tarifliche Einordnung abgestellt. Außer in den Fällen, in denen ein Haustarifvertrag Anwendung findet und/oder der Tarifvertrag ausnahmsweise nicht die übliche Vergütung darstellt, handelt es sich dann ebenfalls um eine marktorientierte Bestimmung der Gleichwertigkeit.

d) Arbeitnehmererfindungsgesetz

Die Frage der richtigen Vergütung stellt sich gerade in technikorientierten Unternehmen auch, wenn ein Arbeitnehmer im Rahmen seines Arbeitsverhältnisses eine Erfindung tätigt und es sich deshalb um eine sog. Diensterfindung i.S.v. § 4 Abs. 2 ArbnErfG handelt. Dabei entsteht ein Interessenkonflikt dergestalt, dass zwar dem Arbeitnehmer das Patentrecht zusteht, der Arbeitgeber aber aus arbeitsrechtlicher Sicht auch einen Anspruch auf das in der Erfindung liegende Arbeitsergebnis hat.[394] Deshalb gibt § 9 Abs. 1 ArbnErfG in diesen Fällen dem Arbeitnehmer gegen seinen

---

390 BAG v. 12.2.1992 – 5 AZR 297/90, NZA 1993, 177, 178.

391 BGH v. 7.3.2013 – III ZR 231/12, NJW 2013, 2021, 2023, Rn. 28; a.A. BeckOK-BGB/*Wendehorst*, § 818 BGB Rn. 30.

392 BAG v. 9.5.2006 – 9 AZR 424/05, NZA 2007, 145; Schaub/*Linck*, § 45 Rn. 32; ErfK/*Preis*, § 106 GewO Rn. 20.

393 BAG v. 24.4.1996 – 4 AZR 976/94, NZA 1997, 104. 106; BAG v. 17.8.2011 – 10 AZR 322/10, NZA-RR 2012, 106, 108, Rn. 25.

394 Vgl. *Schwab*, Einleitung ArbNErfG Rn. 3; *Bartenbach/Volz*, Einleitung ArbNErfG Rn. 3.

Arbeitgeber einen Anspruch auf Vergütung in der angemessenen Höhe, welche sich nach § 9 Abs. 2 ArbnErfG insbesondere nach der wirtschaftlichen Verwertbarkeit der Diensterfindung, den Aufgaben und der Stellung des Arbeitnehmers im Betrieb sowie dem Anteil des Betriebes an dem Zustandekommen der Diensterfindung richtet. Den Orientierungspunkt bildet dabei der sog. Erfindungswert, welcher nach der gem. § 11 ArbnErfG erlassenen Richtlinie des Bundesministers für Arbeit[395] auf drei Arten, nämlich nach der Lizenzanalogie (Nr. 6), nach dem erfassbaren betrieblichen Nutzen (Nr. 12) oder nachrangig durch Schätzung (Nr. 13) ermitteln lässt. *Alfred Hueck* sah darin ein besonders deutliches Hervortreten des Gedanken eines gerechten Lohnes, weil sich die angemessene Vergütung nach dem wirtschaftlichen Wert der Erfindung richtet.[396] Auch das BVerfG bestätigt den mit der Vergütung von Arbeitnehmererfindungen verbundenen Gerechtigkeitsaspekt und sieht in der Vergütungsregelung des § 9 ArbnErfG einen Ausgleich der schutzwürdigen Interessen des Arbeitnehmers und des Arbeitgebers.[397]

Der Gedanke einer gerechten Entlohnung spielt folglich – insofern ist *Hueck* also zuzustimmen – durchaus hinsichtlich Zwecks und Umfangs der Vergütung von Arbeitnehmererfindungen eine Rolle. Die Brücke hin zu einer gerechten bzw. wertgemäßen Entlohnung der alltäglichen Arbeit lässt sich jedoch schwerlich schlagen: Die Arbeitnehmererfindung ist von ihrer Art her kaum mit der Leistung im Rahmen eines Dauerschuldverhältnisses zu vergleichen: Der Erfindervergütungsanspruch ist ein Anspruch eigener Art – und somit kein Arbeitsentgelt.[398] Der Arbeitnehmer wird folglich nicht für eine über seine arbeitsvertragliche Verpflichtung hinausgehende Sonderleistung entlohnt, sondern dafür, dass der Arbeitgeber im Hinblick auf die Erfindung gesetzliche Ausschlussrechte und unter Umständen eine wirtschaftliche Vorrangstellung erwerben kann.[399]

e) Stellungnahme

Die Regeln zur Bemessung einer angemessenen Vergütung i.R.d. ArbnErfG lassen sich aufgrund der gegenüber der Arbeitsvergütung differierenden Zielsetzung nicht übertragen. Auch die Rechtsprechung zum Lohnwucher kann schwerlich entsprechend angewendet werden: Bei struktureller Schwäche aller Arbeitnehmer eines Wirtschaftszweiges kann die Sittenwidrigkeitskontrolle nicht helfen, denn diese bezieht sich nur auf die „Korrektur von ‚Marktausreißern', nicht aber auf die Korrektur des Marktes selbst".[400] Geht man davon aus, dass sich ein nicht

395 BAnz. Nr. 169 S. 9994.

396 *Hueck*, in: Der gerechte Lohn, S. 18, 27 f.

397 BVerfG v. 24.4.1998 – 1 BvR 587/88, NJW 1998, 3704, 3705.

398 BGH v. 25.11.1980 – X ZR 12/80, GRUR 1981, 263, 265; *Schwab*, § 9 ArbNErfG Rn. 3; *Bartenbach/Volz*, § 9 ArbNErfG Rn. 3.

399 *Schwab*, § 9 ArbNErfG Rn. 2; *Bartenbach/Volz*, Vor §§ 9–12 ArbNErfG Rn. 9 m.w.N.

400 So treffend formuliert von MHA/*Krause*, § 60 Rn. 89; zustimmend *Rieble/Picker*, ZfA 2014, 153, 163.

unwesentlicher Teil der Lohnunterschiede zwischen Männern und Frauen aus der horizontalen Segregation des Arbeitsmarktes ergibt,[401] kann die Rechtsprechung zum Lohnwucher schon deshalb die geschlechtsspezifische Lohnlücke nicht beeinflussen. Nichtsdestotrotz wird durch die benannte Rechtsprechung und Literatur deutlich, dass eine objektive Bestimmung des „richtigen" oder „gerechten" Preises schwierig, wenn nicht sogar unmöglich ist. Auch die Bestimmung eines Marktpreises bereitet Schwierigkeiten – jedenfalls, wenn kein marktübliches Tarifentgelt existiert. Diesbezüglich findet nämlich keine Ermittlung von Amts wegen durch das Gericht statt, sodass der Arbeitnehmer selbst beweispflichtig ist.[402] Sobald aber ein Marktpreis bekannt oder bestimmbar ist, sprechen keine vernünftigen Erwägungen dagegen, diesen als Anknüpfungspunkt zu nutzen. Die Relation zwischen „objektivem" Arbeitswert und der (markt-)üblichen Vergütung ist auch i.R.d. bereicherungsrechtlichen Rückabwicklung anerkannt. Hinsichtlich der Bestimmung einer gleichwertigen Tätigkeit i.R.d. Versetzung gilt im Ergebnis in den überwiegenden Fällen das Gleiche. Diese Fallgruppen zeigen, dass gegen die Heranziehung des Marktpreises zur Bestimmung eines Arbeitswertes zumindest keine grundsätzlichen Bedenken bestehen. Es handelt sich vielmehr um eine gelebte Rechtspraxis.

3. Marktpreis als Rechtfertigungsgrund

Trotz des insofern erkennbaren Zusammenhangs zwischen marktüblicher Vergütung und der gleichen Entlohnung gleichwertiger Arbeit wird die Orientierung am Marktlohn von vielen Stimmen nicht bereits als Kriterium für die Gleichwertigkeit zweier Tätigkeiten, sondern erst auf der Stufe der Rechtfertigung ungleicher Entlohnung diskutiert, nachdem die Gleichwertigkeit bereits festgestellt wurde. Wie weit diese Möglichkeit jedoch reicht, wird unterschiedlich bewertet. Im Folgenden sollen neben der europäischen und deutschen Perspektive zum Vergleich auch Stimmen aus der Schweiz und den USA zum Vergleich herangezogen werden.

a) Anforderungen bei unmittelbarer und mittelbarer Diskriminierung

Der EuGH überlässt die Feststellung, ob die von den Arbeitgebern angeführten Argumente für eine unterschiedliche Bezahlung sachlich gerechtfertigte wirtschaftliche Gründe darstellen, in ständiger Rechtsprechung den nationalen Gerichten.[403] Diese Gründe müssen auf einem legitimen Ziel beruhen und die zu dessen

401 Vgl. *Schmidt*, in: FS Pfarr, S. 250, 254.

402 Staudinger/*Sack/Fischinger*, § 138 BGB Rn. 547.

403 EuGH v. 13.5.1986 – 170/84, ZIP 1986, 726, 729 (Bilka); EuGH v. 7. 2.1991 – C-184/89, NVwZ 1991, 461, 462 (Nimz); EuGH v. 27.10.1993 – C-127/92, NZA 1994, 797, 799, Rn. 25 (Enderby).

Erreichung gewählten Mittel müssen dazu geeignet und erforderlich sein.[404] Eine Rechtfertigung kommt nur durch objektive Faktoren in Betracht, die wiederum ihrerseits nichts mit einer Diskriminierung auf Grund des Geschlechts zu tun haben dürfen.[405] Zusätzlich muss der vom Arbeitgeber angeführte Grund einem wirklichen Bedürfnis des Unternehmens entsprechen.[406] Dies gilt jedoch nur für Fälle der nur mittelbar auf dem Geschlecht beruhenden Ungleichbehandlung.

Bei einer unmittelbar geschlechtsbedingten Benachteiligung ist umstritten, inwiefern eine solche in Entgeltfragen überhaupt gerechtfertigt werden kann: Laut *Krebber* stünde ein Ausschluss dieser Möglichkeit nicht nur im Widerspruch zu der Rechtfertigungsmöglichkeit einer unmittelbaren Diskriminierung in anderen Fällen als denen des Entgelts, sondern würde auch bei weiterer Auslegung des Gleichwertigkeitsbegriffs die erforderlichen Korrekturen verhindern.[407] *Langenfeld* hingegen erkennt die Möglichkeit einer Rechtfertigung nur in den engen Grenzen von Art. 14 Abs. 2, Art. 28 Abs. 1 RL 2006/54/EG und i.R.d. Öffnungsklausel des Art. 157 Abs. 4 AEUV an.[408] Mit *Franzen* ist jedoch auch insofern eine Rechtfertigungsmöglichkeit abzulehnen: Zum einen ist die Erlaubnisnorm des Art. 14 Abs. 2 RL 2006/54/EG auf den Zugang zur Beschäftigung und den beruflichen Aufstieg beschränkt, zum anderen fehlt in Art. 2 Abs. 1 lit. a RL 2006/54/EG (unmittelbare Diskriminierung) im Gegensatz zu Art. 2 Abs. 1 lit. b RL 2006/54/EG (mittelbare Diskriminierung) die Nennung von Rechtfertigungsmöglichkeiten gänzlich.[409] Durch Art. 157 Abs. 4 AEUV können wiederum nur Benachteiligungen gegenüber dem überrepräsentierten Geschlecht gerechtfertigt werden. Noch etwas weiter geht *Thüsing*, der Art. 157 AEUV im Hinblick auf unmittelbare Diskriminierung – mit Ausnahme der Möglichkeit von positiven Maßnahmen – ein absolutes Gleichbehandlungsgebot entnimmt.[410] Dies überzeugt: Für eine Übertragung der Rechtfertigungsmöglichkeiten aus der Richtlinie existieren weder dort, noch in Art. 157 AEUV Anhaltspunkte.[411]

---

404 EuGH v. 13.5.1986 – 170/84, ZIP 1986, 726, 729 (Bilka); EuGH v. 3.10.2006 – C-17/05, NZA 2006, 1205, 1206, Rn. 32 (Cadman); EuGH v. 28.2.2013 – C-427/11, NZA 2013, 315, 317, Rn. 37 (Kenny).

405 EuGH v. 26.6.2001 – C-381/99, NZA 2001, 883, 884, Rn. 30 (Brunnhofer); EuGH v. 28.2.2013 – C-427/11, NZA 2013, 315, 318, Rn. 39 (Kenny).

406 EuGH v. 13.5.1986 – 170/84, ZIP 1986, 726, 729 (Bilka); EuGH v. 26.6.2001 – C-381/99, NZA 2001, 883, 886, Rn. 67 (Brunnhofer).

407 Calliess/Ruffert/*Krebber*, Art. 157 AEUV Rn. 58.

408 Grabitz/Hilf/Nettesheim/*Langenfeld*, Art. 157 AEUV Rn. 29.

409 EuArbR/*Franzen*, Art. 157 AEUV Rn. 42.

410 *Thüsing*, Arbeitsrechtlicher Diskriminierungsschutz, Rn. 376.

411 So auch Ebd.

b) Bewertung des EuGH und in Deutschland

In der Rechtsprechung des EuGH wird die Frage nach der rechtfertigenden Wirkung der Situation auf dem Arbeitsmarkt nur vereinzelt angesprochen. In der Rechtssache Enderby hat das Gericht jedoch zumindest angedeutet, dass die Lage auf dem Arbeitsmarkt, die einen Arbeitgeber veranlassen kann, das Entgelt für eine bestimmte Tätigkeit zu erhöhen, um Bewerbern einen Anreiz zu bieten, einen solchen Grund darstellen könne.[412] Es sei aber Sache des nationalen Gerichts festzustellen, „ob und inwieweit der Mangel an Bewerbern für eine Tätigkeit und die Notwendigkeit, ihnen durch ein höheres Gehalt einen Anreiz zu bieten, einen sachlich gerechtfertigten wirtschaftlichen Grund für den Unterschied im Entgelt der fraglichen Tätigkeiten darstellen" – dabei könne auch der Grundsatz der Verhältnismäßigkeit eine Rolle spielen.[413] In der deutschen Gerichtspraxis wurde diese, einen arbeitsmarktorientierten Rechtfertigungsgrund befürwortende Rechtsprechung im Folgenden – soweit ersichtlich – lediglich durch das LAG Köln aufgenommen.[414] In der im Anschluss ergangenen Entscheidung griff das BAG diese Frage nicht mehr auf, weil das Gericht es bei der Feststellung einer fehlerhaften Vergleichsgruppenbildung beließ.[415]

Sich teilweise auf den EuGH beziehend, wird auch in der deutschsprachigen Literatur die Marktlage überwiegend – jedenfalls in einem gewissen Rahmen – als tauglicher Rechtfertigungsgrund anerkannt. *Wiedemann* sieht dies deshalb als richtige Verortung für die Berücksichtigung der Marktlage an, weil durch die Wettbewerbswirtschaft „keine objektiven Werte", sondern nur „am Markt korrekt gebildete Preise" entstünden.[416] Ebenso sieht *Feldhoff* die Bedingungen, unter denen der Markt gerechte Löhne produziert als nicht gegeben an.[417] Typische „Frauenberufe" würden aufgrund geringerer gesellschaftlicher Anerkennung eben nicht entsprechend Angebot und Nachfrage vergütet.[418] Mit *Schlachter* ist *Feldhoff* jedoch der Ansicht, dass der Marktwert jedenfalls bei bestimmten Spezialisten und Experten eine gegenüber anderen, gleichwertig eingestuften Tätigkeiten höhere Vergütung rechtfertige, wenn deren beschränktes Angebot auf dem Arbeitsmarkt für die höhere Vergütung entscheidend ist.[419] *Schlachter* geht jedoch weiter und postuliert,

---

412 EuGH v. 27.10.1993 – C-127/92, NZA 1994, 797, 799, Rn. 26 (Enderby).

413 EuGH v. 27.10.1993 – C-127/92, NZA 1994, 797, 799, Rn. 29 (Enderby); dazu im Hinblick auf die Nachprüfbarkeit kritisch Däubler/Bertzbach/*Zimmer*, § 3 EntgTranspG Rn. 12.

414 LAG Köln v. 11.1.1996 – 6 Sa 901/95, LAGE Art 119 EWG-Vertrag Nr. 15.

415 BAG v. 10.12.1997 – 4 AZR 264/96, NZA 1998, 599.

416 *Wiedemann*, Die Gleichbehandlungsgebote im Arbeitsrecht, S. 66.

417 *Feldhoff*, ZTR 1999, 207, 212; ähnlich *Kocher*, AuR 2018, 8, 11, die bei Beachtung der Arbeitsmarktsituation die Gefahr einer Reproduktion von diskriminierender Entlohnung sieht.

418 *Feldhoff*, ZTR 1999, 207, 212; *dies.*, Der Anspruch auf gleichwertigen Lohn für gleichwertige Arbeit, S. 282 ff.

419 *Feldhoff*, ZTR 1999, 207, 212; *Schlachter*, Wege zur Gleichberechtigung, S. 423.

die höhere Nachfrage rechtfertige zwar die bessere Bezahlung des Spezialisten, nicht aber die Nichtanhebung des Lohns der übrigen gleichwertigen Tätigkeiten. Diese sei erst dadurch gerechtfertigt, dass das Unternehmen bei Gleichbehandlung Wettbewerbsnachteile erleiden müsse.[420] *Winter* wiederum betont den auch durch den EuGH genannten Aspekt der Verhältnismäßigkeit und lehnt deshalb die Rechtfertigungswirkung einer „historischen Arbeitsmarktsituation“, dergestalt, dass zurückliegende Mangelsituationen und damit einhergehende Lohnerhöhungen in der gegenwärtigen Lohnfindung fortwirken, ab. Neben die Frage, ob es möglich ist der Arbeitsmarktsituation rechtfertigende Wirkung beizumessen, tritt somit die Frage, wie weitreichend diese Wirkung sein kann.

c) Schweiz

In der Schweiz ist das Entgeltgleichheitsgebot sowohl durch Art. 3 Abs. 1, 2 GlG (Gleichstellungsgesetz) als auch Art. 8 Abs. 3 Satz 3 der Bundesverfassung (BV) garantiert.[421] In der Vergangenheit hat sich das schweizerische Bundesgericht (BG) schon mehrfach mit der Frage nach der Rechtfertigungswirkung der Arbeitsmarktsituation auseinandergesetzt. Diese wird zwar grundsätzlich anerkannt, jedoch könnten so Lohnunterschiede „stets nur begrenzt und vor allem nur vorübergehend“ gerechtfertigt werden – im Verhältnis zu dem durch objektive Anforderungen und individuelle Leistungen zu bestimmenden Arbeitswert spielten sie eine nur nachrangige Rolle.[422] Sie müssten jedenfalls einem wirklichen unternehmerischen Bedürfnis entsprechen.[423] *Albrecht* führt dazu aus, eine Rechtfertigung von ungleicher Bezahlung komme nur dann in Betracht, wenn sich das Unternehmen der Marktentwicklung langfristig nicht entziehen könne.[424] Aufgrund konjunktureller Schwankungen müsse es möglich sein, Arbeitnehmer, die zu unterschiedlichen Zeiten mit unterschiedlichen Lohnniveaus eingestellt werden, auch unterschiedlich zu entlohnen – allerdings in zeitlicher Hinsicht auf das Notwendige beschränkt.[425] *Geiser* und *Mauchle* weisen jedoch zurecht darauf hin, dass eine solche Beschränkung in der Praxis zu einer Anhebung der Löhne der Arbeitnehmer führen müsse, die eine gleichwertige Arbeit verrichten aber konjunkturbedingt schlechter entlohnt wurden. Es bestünde schließlich kaum die Möglichkeit, den

420 Ebd. S. 424.
421 Vgl. BG v. 14.9.1999, BGE 125 III 368 S. 377; in der dem Urteil zugrunde liegenden Fassung der BV war das Entgelgleichheitsgebot in Art. 4 Abs. 2 S. 3 BV aF enthalten.
422 BG v. 14.9.1999, BGE 125 III 368 S. 377; bestätigt etwa in BG v. 24.8.2011, 4A_261/2011, 3.3.6.
423 BG v. 31.8.2010, 8C_78/2009, BGE 136 II 393 E. 11.3 S. 397 f.; BG v. 1.12.2015, 8C_366/2014, 6.1.2.
424 *Albrecht*, Der Begriff der gleichwertigen Arbeit, S. 157.
425 Ebd.

Lohn des zeitweilig besser entlohnten Arbeitnehmers wieder abzusenken.[426]. Im Einklang mit weiteren Vertretern der schweizerischen Fachliteratur sehen sie die Notwendigkeit, dass der Zeitpunkt für konjunkturbedingte Lohnänderungen „in einem nach marktwirtschaftlichen Grundsätzen funktionierenden System grundsätzlich durch den Markt und nicht durch den Richter bestimmt werden“ sollte.[427]

Nach der Rechtsprechung des BG darf zudem „der zu Vergleichszwecken berücksichtigte Markt nicht als solcher diskriminierend sein“.[428] Es wird sogar vom Arbeitgeber verlangt, dass dieser sich darüber vergewissert, um zu verhindern, dass Geschlechtsdiskriminierungen des Arbeitsmarktes bei der Lohnfindung reproduziert werden.[429]

d) USA

Im Unterschied zu den Mitgliedstaaten der europäischen Union und der Schweiz gewährt das amerikanische Recht nur einen Anspruch auf gleiche Entlohnung bei *gleicher* Arbeit. Seit gut 40 Jahren wird aber auch dort das Konzept *comparable worth* diskutiert.[430] Gegner dieses Konzeptes sehen sich der Kritik ausgesetzt, auf der Grundlage eines scheinbar objektiven Wertes von Arbeit, die Situation auf dem Arbeitsmarkt auszublenden. Dagegen wird angeführt, letztlich sei das Argument der gerechten Bezahlung nach dem durch Marktprozesse bestimmten Preis auch nur eine Fassade für das von den US-Gerichten[431] mehrfach zurückgewiesene Argument der zu hohen Kosten einer höheren Bezahlung.[432]

Zwar finden sich in der jüngeren Rechtsprechung der US-Gerichte auch Prämissen, die für eine Zulässigkeit des Marktarguments sprechen – so hatte der Court of Appeals in der Sache Wernsing vs. Department of Human Services betont, dass der EPA 1963 sich mit dem Verbot der Geschlechtsdiskriminierung gegen ein intendiertes Übel richte, während Märkte unpersönlich seien und keine Absicht kennen würden.[433] Die Mehrzahl der Entscheidungen weist jedoch auf ein weiterhin eher kritisches Verhältnis zum Marktargument als Differenzierungskriterium hin.[434]

---

426 *Geiser/Mauchle*, Marktlohn und konjunkturelle Lage, S. 30, verfügbar unter: https://www.ebg.admin.ch/ebg/de/home/dokumentation/publikationen/publikationen-zu-gleichstellung-im-erwerbsleben/lohngleichheit.html (Abruf 2.12.2018).

427 Ebd. S. 31 m.w.N.

428 BG v. 8.4.2005, BGE 131 II 393, S. 407; BG v. 17.5.2000, BGE 126 II 217, S. 226.

429 BG v. 8.4.2005, BGE 131 II 393, S. 407; BG v. 14.9.1999, BGE 125 III 368 S. 378 f.

430 Vgl. oben Gliederungspunkt B)V.1.b).

431 *City of Los Angeles Department of Water and Power vs. Manhart*, 435 U.S. 702 (1978); *Corning Glass Works vs. Brennan*, 417 U.S. 188, 206 (1974).

432 *Barnett*, 12 Human Rights, 20, 45 (1984–1985).

433 *Wernsing vs. Department of Human Services*, 427 F.3d 466, 469 (7th Cir. 2005): “The Equal Pay Act forbids sex discrimination, an intentional wrong, while markets are impersonal and have no intent.”.

434 Vgl. dazu m.w.N. *Brake*, 52 Idaho L. Rev. 889, 899 f. (2016).

4. Marktpreis als Kriterium zur Bestimmung der Gleichwertigkeit

Die vorangegangenen Ausführungen verdeutlichen den unbestreitbaren Zusammenhang zwischen wertorientierter Lohnbestimmung und der Preisbildung am Markt. Will man durch die Verwirklichung des Entgeltgleichheitsgebots die Lohngerechtigkeit zwischen Männern und Frauen fördern, so muss der Marktpreis auch in diesem Rahmen Beachtung finden – jedenfalls dann, wenn man keine rechtliche Situation schaffen möchte, die an der wirtschaftlichen Realität vorbeigeht. Dabei spricht vieles dafür, dieses Kriterium bereits auf der Ebene der Bestimmung von Gleichwertigkeit zu berücksichtigen. Die Rechtsprechung des EuGH lässt sich auch dahingehend verstehen, dass dieser den Einfluss marktwirtschaftlicher Prozesse auf die Bestimmung eines Arbeitswertes zumindest grundsätzlich akzeptiert.[435] Zu bedenken ist ferner, dass eine Bestimmung unter Außerachtlassung dieses Kriteriums und ausschließlich anhand gerichtlich nachprüfbarer Bewertungsmaßstäbe mit den marktwirtschaftlichen Grundwerten, die auch im AEUV zum Ausdruck kommen, in Konflikt stünde.[436]

a) Die Bedeutung marktkonformen Verhaltens

Soweit vollkommene Marktbedingungen herrschen, also einfach gesagt beide Vertragspartner in gleicher Weise ihr Verhalten ausschließlich auf die eigene Nutzenmaximierung ausrichten und die Löhne dabei diskriminierungsfrei gebildet werden, spricht nichts dagegen, die Gleichwertigkeit von Tätigkeiten anhand ihres Preises zu bestimmen. Eine am Markt unterschiedlich vergütete Arbeit ist dann nicht gleichwertig.[437] Spielt aber in der Realität etwa auch das Geschlecht eine Rolle bei der Lohnfindung, so wird der ökonomische Wert verzerrt. Die Schwierigkeit liegt gerade in der Identifizierung und Separierung des diskriminierenden Faktors.[438] Die Bestimmbarkeit eines „reinen Wertes“ ist insofern äußerst fraglich. Auf der anderen Seite lässt sich argumentieren, dass eine dem Marktpreis entsprechende Vergütung dem Grunde nach keine Geschlechtsdiskriminierung, sondern schlicht marktkonformes Verhalten darstellt.[439] Die Forderung nach gleicher Bezahlung von unterschiedlich stark nachgefragten Tätigkeiten würde in Anbetracht dessen nicht mehr auf eine Gleichbehandlung, sondern auf eine Ergebnisgleichheit abzielen.[440] Wird dem schlechter bezahlten Arbeitnehmer um der

---

435 EuArbR/*Franzen*, Art. 157 AEUV Rn. 33.

436 Ebd.; Schwarze/*Rebhahn*, Art. 157 AEUV Rn. 16.

437 *Thüsing*, SAE 1999, 28, 30 f.; *ders.*, DB 2016, 2234, 2236.

438 *Ders.*, SAE 1999, 28, 31.

439 *Ders.*, DB 2016, 2234, 2236; ebenso: *Bauer/Krieger*, 4. Aufl. 2015, § 8 AGG Rn. 44; *Kuhn/Schwindling*, DB 2017, 785, 787; *Wank*, RdA 2018, 34, 36.

440 *Thüsing*, DB 2016, 2234, 2236.

Ergebnisgleichheit willen mehr als der Marktlohn gezahlt, so handelt es sich um eine *affirmative action*, welche nicht ohne Weiteres zulässig ist.[441]

Rieble führt zudem für die Richtigkeit des Marktergebnisses an, dass die schlechte Entlohnung von „Frauenberufen“, trotz an sich bestehender Möglichkeit, offenbar nicht zu einer verstärkten Berufswahl von Frauen hin zu besser entlohnten Tätigkeiten – etwa als stark nachgefragte Fachkräfte – führe. Solange die Entlohnung Knappheitsrelation wiederspiegele, könne nicht von einer Diskriminierung die Rede sein.[442] *Winter* hält einer solchen Argumentation entgegen, dass „der Markt“, durch verschiedene Arbeitsmarkttheorien belegt, eben nicht rein rational und damit nicht diskriminierungsfrei sei.[443] Sieht man jedoch als den richtigen Lohn das „Ergebnis eines Preisbildungsprozesses am Markt im Wege von Verhandlungen“ an, so können Ungleichgewichte innerhalb dieses Prozesses – etwa aufgrund von Diskriminierungen – durch die Verlagerung der Lohnfindung auf die Kollektivebene ausgeglichen werden.[444] Hinzu kommt, dass Marktprozesse zwar von subjektiven und irrationalen Erwägungen beeinflusst sein können, die Lohfindung am Markt an sich aber nicht *per se* diskriminierend ist. Festzuhalten ist die grundsätzliche Eignung des Marktpreises zur Wertbestimmung. Die Ausführungen zu den Fallgruppen, in denen die Bestimmung des wirtschaftlichen Wertes von Arbeit eine Rolle spielt, haben zudem verdeutlicht, dass es sich um ein in der Rechtswirklichkeit bereits gelebtes Prinzip handelt. Auch wenn die dort behandelten Probleme eher Ausnahmeerscheinungen betreffen, während die Bestimmung eines gerechten Lohnes nach dem Entgeltgleichheitsgebot einer größeren Allgemeinheit und Dauerhaftigkeit bedarf, veranschaulichen diese Beispiele den anerkannten Zusammenhang zwischen Verhandlungsergebnis und Wert.

b) Die Natur der menschlichen Arbeit und Handlungsverantwortung

Wie bereits im Zusammenhang mit dem historischen Verständnis gerechter Entlohnung dargestellt,[445] wird nicht selten die Unvergleichbarkeit von menschlicher Arbeit mit anderen (Handels-)Gütern gegen eine Orientierung an der Preisbildung am Markt angeführt. Demnach dürfte der Wert der menschlichen Arbeit nicht allein durch die Gesetze des Marktes bestimmt werden. Dass sich das Arbeitsverhältnis nicht ohne Weiteres mit jedem anderen Austauschverhältnis gleichsetzen lässt, steht außer Frage: Es handelt sich um ein Dauerschuldverhältnis, welches zudem gem. § 613 S. 1 BGB regelmäßig durch eine persönliche Dienstleistungspflicht

441 Ebd.

442 *Rieble*, RdA 2011, 36, 45.

443 *Winter*, Gleiches Entgelt für gleichwertige Arbeit, S. 51 f.

444 *Franzen*, in: FS Kempen, S. 123, 124; vgl. auch EuArbR/*Franzen*, Art. 157 AEUV Rn. 32; *Rieble*, RdA 2011, 36, 45; vgl. ausführlich zum Verhältnis zwischen Lohngleichheitsgebot und Tarifautonomie u. Gliederungspunkt C)III.

445 S. Gliederungspunkt B)VI.1.

geprägt ist. Die Beschäftigten sind Menschen mit individuellen Schicksalen und Bedürfnissen. Um dennoch Gerechtigkeit herzustellen, bieten sich für den Sozialstaat vielfältige Ausgleichungsmöglichkeiten. Das Entgeltgleichheitsgebot knüpft aber an der Tätigkeit und ihren tatsächlichen Anforderungen selbst an. Solange es darum geht, diese Tätigkeit und ihren Wert zu bestimmen, spricht grundsätzlich nichts gegen eine vorrangig wettbewerbsorientierte Betrachtung.

Überlegt werden könnte weiterhin, ob nicht anstelle des Marktwertes der „gesellschaftliche" Wert einer Tätigkeit in den Vordergrund gerückt werden müsste. Man betrachte etwa die Pflegekraft, die, obwohl sie sich dem Dienst am Menschen und dessen Gesundheit widmet, also eine gesellschaftlich äußerst sinnvolle und erwünschte Tätigkeit verrichtet, verhältnismäßig wenig verdient. Oder das Elternteil, das sich dazu entscheidet seine berufliche Tätigkeit aufzugeben, um sich um den Nachwuchs zu kümmern und gar nichts verdient. Ist nicht letztlich der gesellschaftliche Wert kein anderer als der Wert, den die Gesellschaft durch Anbieten und Nachfragen erzeugt? Wie sollte man alternativ einen „moralischen" Wert ermitteln? Und: Wer soll die Verantwortung dafür tragen, Anpassungen vorzunehmen, die sich von dem durch den Markt entwickelten Wert unterscheiden? Das Entgeltgleichheitsgebot verlangt nur dort eine Gleichbehandlung, wo die Vergütung auf dieselbe Quelle, also denselben Verantwortungsträger zurückgeht. Der wirtschaftliche Wert wird aber letztlich von allen Teilnehmern des Marktes mitbestimmt. Verantwortlicher Akteur kann damit jedenfalls nicht alleine der einzelne Arbeitgeber sein. Dem Staat wiederum kommt die Aufgabe zu, bei etwaigen „Missständen" regulierend einzugreifen. Respektiert er aber – entsprechend den Grundsätzen der sozialen Marktwirtschaft – die Freiheit des Marktes, dann muss er vorrangig Chancengleichheit und gesellschaftliche Gleichheit fördern und darf nur indirekt auf das Marktergebnis einwirken. Dies ist einer direkten Korrektur des Marktergebnisses vorzuziehen.

5. Stellungnahme

Nach verbreiteter Ansicht ist der Einfluss des Arbeitsmarktes auf die Lohnhöhe nur als Kriterium der Rechtfertigung zu diskutieren. Teilweise werden ähnliche Argumente wie eine dem Marktlohn inhärente Diskriminierung, die bereits im Zusammenhang mit der Berücksichtigung bei der Bestimmung von Gleichwertigkeit angeführt werden, auch gegen die Rechtfertigungswirkung der Arbeitsmarktsituation vorgebracht. Insoweit kann weitestgehend nach oben verwiesen werden.[446]

Zur weiteren Ordnung und Wertung der Argumente, soll ein Beispielsfall dienen: Ein Unternehmen, das viele Arbeitnehmer auf im wesentlichen gleichen Arbeitsplätzen beschäftigt, besetzt eine freigewordene Stelle mit einer Frau und zahlt ihr das gleiche Entgelt, das bereits ihre Kollegen mit den gleichen Tätigkeiten

446 Vgl. Gliederungspunkt B)VI.4.

erhalten. Als wieder eine entsprechende Stelle frei wird, ist der am besten geeignete Bewerber ein Mann, der die gleichen Qualifikationen und die gleiche Erwerbsbiografie besitzt, wie die zuvor eingestellte Frau. Allerdings erhält er aufgrund individueller Verhandlung ein höheres Einstiegsgehalt als seine Kollegin. Sein Erfolg kann wiederum auf verschiedenen Gründen beruhen. Möglicherweise hat sich seit der Einstellung der Kollegin die Situation auf dem Arbeitsmarkt dergestalt verändert, dass ein solcher Arbeitnehmer nur mit entsprechend höherer Vergütung anzuwerben ist. In der Rechtssache Enderby hatte der EuGH, wie dargelegt, zumindest angedeutet, dass die Lage auf dem Arbeitsmarkt einen entsprechenden rechtfertigenden, sachlichen wirtschaftlichen Grund darstellen könne.[447]

Da der EuGH in seiner Rechtsprechung nicht deutlich zwischen gleicher und gleichwertiger Arbeit unterscheidet, wäre grundsätzlich auch von einem Gleichlauf der Rechtfertigungsmöglichkeiten auszugehen. Bei gleicher Arbeit kann die Arbeitsmarktsituation als Rechtfertigungsgrund jedoch nie greifen: Wenn die Frau die gleiche Tätigkeit wie der männliche Kollege ausübt, wächst der Marktwert ihrer Tätigkeit gleichermaßen. Es handelt sich um die gleiche Tätigkeit, weshalb eine Rechtfertigung insoweit ausscheidet – es gibt eben keine unterschiedliche Marktlage.[448] Für diese Fälle – und somit auch für das angeführte Beispiel – läuft die Rechtfertigungsmöglichkeit ins Leere.

Lediglich bei zunächst gleichwertigen Tätigkeiten ist eine auseinanderlaufende Entwicklung der Arbeitsmarktsituation und damit das Entstehen einer Rechtfertigungslage denkbar. Diese wird von den dargestellten Ansichten jedoch nur in Ausnahmesituationen oder zeitlich begrenzt als Rechtfertigungsgrund akzeptiert. Fraglich ist aber, ob eine solche Begrenzung der Rechtfertigungswirkung praktikabel ist. Im Zusammenhang mit dem arbeitsrechtlichen Gleichbehandlungsgrundsatz ist das BAG jedenfalls davon ausgegangen, dass bei allgemeiner Schwierigkeit geeignete Arbeitnehmer zu finden oder zu halten, für die Zahlung eines höheren Arbeitsentgelts ein sachlicher Grund besteht.[449] Dabei hat es zwar auch in dem späteren Wegfall dieser Situation eine Rechtfertigung dafür gesehen, dass später eingestellte Arbeitnehmer nicht mehr die höhere Vergütung verlangen

447 EuGH v. 27.10.1993 – C-127/92, NZA 1994, 797, 799, Rn. 26 (Enderby).

448 Vgl. auch BG v. 14.9.1999, BGE 125 III 368 S. 378: „Wenn diese Personen (...) gleiche Arbeit verrichten, ist ein durch die Marktlage zu rechtfertigendes unternehmerisches Bedürfnis nach einer unterschiedlichen Entlöhnung kaum und jedenfalls nicht für längere Zeit denkbar. Denn in einer solchen Situation wird aufgrund der Marktlage für das Unternehmen gerade auch die Arbeit seiner früher eingestellten Mitarbeiter besonders wertvoll."; a.A. *Geiser/Mauchle*, Marktlohn und konjunkturelle Lage, S. 35, die hier zeitlich begrenzte Abweichungsmöglichkeiten sehen, verfügbar unter: https://www.ebg.admin.ch/ebg/de/home/dokumentation/publikationen/publikationen-zu-gleichstellung-im-erwerbsleben/lohngleichheit.html (Abruf 2.12.2018).

449 BAG v. 23.8.1995 – 5 AZR 293/94, NZA 1996, 829, 831; BAG v. 21.3.2001 – 10 AZR 444/00, NZA 2001, 782, 784.

können[450] – daraus lässt sich jedoch nicht zwangsläufig schließen, dass die bessere Bezahlung nur über einen begrenzten Zeitraum zulässig ist. In einem anderen Urteil hatte das BAG etwa die Weitergewährung einer Arbeitsmarktzulage, an die während einer Mangelsituation eingestellten Arbeitnehmer, auch nach Wegfall dieser Situation nicht beanstandet.[451]

Letztlich ist eine nach dem Einzelfall differenzierende Handhabung als interessengerecht und zweckorientiert zu bevorzugen: Resultiert die Arbeitsmarktsituation selbst aus einer außergewöhnlichen und nur kurzfristigen Entwicklung, dann erscheint es angemessen, auch die Rechtfertigungswirkung zu beschränken. Handelt es sich aber um eine langfristige Entwicklung oder um allgemeine Unterschiede, dann muss dem Arbeitgeber auch in entsprechender Weise eine unterschiedliche Entlohnung möglich sein. Will man also die Arbeitsmarktlage erst auf der Rechtfertigungsebene anerkennen, so ist nicht einzusehen, wieso die Rechtfertigungswirkung *grundsätzlich* nur in Umfang und Dauer beschränkt anerkannt werden sollte.

VII. Methoden der Arbeitsbewertung

Die vorangegangenen Ausführungen haben gezeigt, dass es für Unternehmen mitunter sehr schwierig werden kann, tatsächlich gleiches Entgelt für gleiche und insbesondere für gleichwertige Arbeit zu zahlen, weil es sich dabei nicht um eindeutig umrissene Begriffe handelt. Schwierigkeiten treten insbesondere dann auf, wenn zwei Tätigkeiten keine oder nur wenige inhaltliche Gemeinsamkeiten aufweisen. Wird der Marktpreis als objektiver Maßstab abgelehnt,[452] stellt sich die Frage, wie dann eine diskriminierungsfreie Entgeltgestaltung gelingen kann. Bereits die Gesetzesbegründung zu § 612 Abs. 3 BGB aF verwies insofern auf die „objektiven Maßstäben der Arbeitsbewertung“.[453] Diese Vorgehensweise wird insbesondere von denjenigen befürwortet, die eine der Hauptursachen für den Lohnunterschied zwischen Männern und Frauen in einer systematischen Unterbewertung von typischen „Frauenarbeiten“ sehen, welche durch eine Neubewertung korrigiert werden könne.[454]

Voraussetzung für eine dem Entgeltgleichheitsgebot entsprechende Bewertung ist aber, dass diese frei von Diskriminierungen erfolgt. Zwar knüpfen die Verfahren der Arbeitsbewertung an den zu vergleichenden Arbeitsplätzen selbst und somit nicht direkt an der Person an, die die damit verbundene Arbeit verrichtet,[455]

450 BAG v. 23.8.1995 – 5 AZR 293/94, NZA 1996, 829.
451 BAG v. 21.3.2001 – 10 AZR 444/00, NZA 2001, 782.
452 S. für dessen Einbeziehung Gliederungspunkt B)VI.4.
453 S. dazu und zu der insofern kritischen Haltung des BAG bereits oben Gliederungspunkt B)IV.2.b).
454 Vgl. etwa *Oerder*, Zur Entgeltgleichheit von Frauen und Männern, S. 38.
455 Vgl. *Ranftl*, WISO 3/2015, S. 29, 36.

jedoch ergibt sich ein oftmals verkanntes Diskriminierungspotenzial von Arbeitsbewertung nach Ansicht von *Krell* und *Winter* aus der damit verbundenen vermeintlichen Geschlechtsneutralität.[456] Um feststellen zu können, wie Unternehmen und Tarifvertragsparteien mit der Hilfe von Verfahren der Arbeitsbewertung diskriminierungsfreie Entgeltsysteme implementieren können, soll zunächst untersucht werden, welche Anforderungen dazu grundsätzlich erfüllt werden müssen. Anschließend werden die verschiedenen Methoden der Arbeitsbewertung kurz dargestellt, wobei diese grob in die beiden Kategorien „summarische" und „analytische" Verfahren aufgeteilt werden können.

1. Anforderungen der Rechtsprechung

Sowohl der EuGH als auch – ihm folgend – das BAG haben in verschiedenen Entscheidungen Kriterien aufgestellt, die für diskriminierungsfreie Systeme der beruflichen Einstufung maßgeblich sind. Zunächst ist eine diskriminierungsfreie Auswahl der Kriterien, anhand derer die Bewertung erfolgt, vorzunehmen. Insgesamt müssen die Art der zu verrichtenden Arbeit objektiv berücksichtigt und dieselben Kriterien zugrunde gelegt werden, unabhängig von der Verrichtung der Arbeit durch einen Mann oder eine Frau.[457] Die tatsächlich verrichtete Arbeit muss ihrem Wesen nach entlohnt werden – die Kriterienauswahl wird also durch die Art der Tätigkeit beschränkt.[458] Zudem dürfen keine unterschiedlichen Kriterien bei der Bewertung von überwiegend mit Vertretern des einen oder anderen Geschlechts besetzten Stellen angewendet werden.[459] Diese Vorgabe findet sich gemeinsam mit dem Gebot der insgesamt diskriminierungsfreien Gestaltung von Systemen beruflicher Einstufung auch in Art. 4 S. 2 RL 2006/54/EG wieder.

In der Rechtssache Rummler hat der EuGH zwar eine stufenmäßige Entgeltdifferenzierung nach dem Grad der Muskelanstrengung der Tätigkeiten als diskriminierungsfrei gebilligt, jedoch mit der Einschränkung, dass das Entgeltsystem, „ (...) wenn die Art der in Frage stehenden Tätigkeiten es zulässt, als gleichwertig anerkannte Arbeitsplätze umfasst, bei denen andere Kriterien berücksichtigt werden, hinsichtlich derer die weiblichen Arbeitnehmer besonders geeignet sein können".[460] Das BAG entschied daraufhin bezugnehmend auf dieses Urteil bezüglich der Auslegung eines Tarifvertrages, „dass Art. 119 EWG-Vertrag erfordert, das Tatbestandsmerkmal ‚der schweren körperlichen Arbeit' europaverfassungskonform auszulegen und auf alle den Körper belastenden Umstände abzustellen, die bei Männern und Frauen in gleicher Weise zu körperlichen Reaktionen führen können. Die muskelmäßige Belastung ist hierfür allein nicht maßgebend".[461] Demnach

456 *Krell/Winter*, in: Chancengleichheit durch Personalpolitik, S. 343, 348.
457 EuGH v. 1.7.1986 – 237/85, NJW 1987, 1138, 1139, Rn. 13 (Rummler).
458 Ebd.; vgl. auch *Winter*, Gleiches Entgelt für gleichwertige Arbeit, S. 118 f.
459 Ebd. S. 121.
460 EuGH v. 1.7.1986 – 237/85, NJW 1987, 1138, 1139, Rn. 15 (Rummler).
461 BAG v. 29.7.1992 – 4 AZR 502/91, NZA 1993, 181, 183.

müssen neben einer möglicherweise aufzubringenden Maximalkraft auch Anstrengungen berücksichtigt werden, die aus der Körperhaltung, dem Arbeitsrhythmus oder der nervlichen, sensorischen und sozialen Belastung infolge von Lärm- und Umweltfaktoren herrühren.[462]

Nach der Rechtsprechung des EuGH in der Rechtssache Danfoss kommt es für das Kriterium der Flexibilität – dort im Hinblick auf die Gewährung von Zulagen – entscheidend darauf an, wie dieses auszulegen ist: Soll so die allgemeine Qualität der Arbeit bewertet werden, indem Arbeitseifer, Initiative und das erledigte Arbeitsvolumen miteinbezogen werden, so handelt es sich um keine Benachteiligung.[463] Wird unter dem Kriterium „Flexibilität" jedoch die Anpassungsfähigkeit der Arbeitnehmer an unterschiedliche Arbeitszeiten und -orte bewertet, so kann es sich aus Gründen klassischer Rollenverteilung um eine mittelbare Benachteiligung von Frauen handeln.[464]

Ähnliches gilt für das Kriterium der Anciennität, die nach der Ansicht des EuGH zwar aus den gleichen Gründen diskriminierungsanfällig sei, gleichzeitig aber im engen Zusammenhang mit der Berufserfahrung stehe, welche allgemein zu einer qualitativ höherwertigen Arbeit führe.[465] Ein derartiger Automatismus zwischen längerer Berufsausübung und Qualität der Arbeit erscheint jedoch fraglich. In der Rechtssache Nimz hat der EuGH seine Rechtsprechung zumindest dahingehend eingeschränkt, dass des Weiteren eine Beziehung zwischen der Art der ausgeübten Tätigkeit und der Erfahrung zu fordern sei.[466] Später hat der Gerichtshof in der Rechtssache Cadman zwar einerseits die Ansicht wiederholt, dass eine höhere Berufserfahrung im Allgemeinen den Arbeitnehmer dazu befähige, seine Arbeit besser zu verrichten. Andererseits sei dennoch nicht ausgeschlossen, dass in bestimmten Situationen auch der Rückgriff auf das Kriterium des Dienstalters rechtfertigungsbedürftig ist.[467] Dann sei es Sache des Arbeitgebers, zu beweisen, dass das Dienstalter tatsächlich mit der Berufserfahrung einhergeht – was nach dem EuGH der Regelfall ist und, dass ein Arbeitnehmer aufgrund dieser Erfahrung im Hinblick auf den konkreten Arbeitsplatz in der Lage ist, bessere Arbeit zu verrichten. Dabei müsse im Rahmen eines Systems beruflicher Einstufung nicht bewiesen werden, dass dieser Erfahrungsgewinn bei dem konkreten Arbeitnehmer eingetreten ist.[468]

Die unterschiedliche Bewertung in Abhängigkeit von der jeweiligen Bedeutungsauslegung führt zu einer weiteren grundsätzlichen Anforderung an Bewertungssysteme, nämlich deren Transparenz. In der Rechtssache Danfoss hat der

462 Ebd. S. 182.
463 EuGH v. 17.10.1989 – 109/88, NZA 1990, 772, 774, Rn. 18 (Danfoss).
464 Ebd. Rn. 20 f.
465 Ebd. Rn. 24.
466 EuGH v. 7.2.1991 – C-184/89, NVwZ 1991, 461, 462, Rn. 14 (Nimz).
467 EuGH v. 3.10.2006 – C-17/05, NZA 2006, 1205, 1206, Rn. 37 (Cadman).
468 Ebd. Rn. 38 f.

EuGH entschieden, dass bei mangelnder Durchschaubarkeit und Überprüfbarkeit eines Entgeltsystems „ (...) dem Arbeitgeber der Nachweis obliegt, dass seine Lohnpolitik nicht diskriminierend ist, sofern der weibliche Arbeitnehmer auf der Grundlage einer relativ großen Zahl von Arbeitnehmern belegt, dass das durchschnittliche Entgelt der weiblichen Arbeitnehmer niedriger ist als das der männlichen Arbeitnehmer“[469]. Diese Beweislastverteilung zeigt, dass auch unzureichende Transparenz nicht mit dem Entgeltgleichheitsgebot zu vereinbaren ist.[470] Schließlich hat der EuGH in der Rechtssache Barber darauf hingewiesen, dass der Grundsatz des gleichen Entgelts für jeden einzelnen Bestandteil des Entgelts und nicht nur nach einer Gesamtschau der dem Arbeitnehmer insgesamt gezahlten Vergütung gewährleistet werden muss.[471] Dementsprechend kann ein Entgeltsystem nur dann insgesamt diskriminierungsfrei sein, wenn den einzelnen Vergütungsbestandteilen jeweils für sich betrachtet eine diskriminierungsfreie Bewertung zugrunde gelegt wird.

Zusammenfassend lässt sich daher festhalten, dass entscheidende Voraussetzung für eine diskriminierungsfreie Arbeitsbewertung die Diskriminierungsfreiheit der verwendeten Kriterien selbst ist. Für die Frage, ob wiederum ein einzelnes Kriterium diskriminierungsfreie Arbeitsbewertung gewährleisten kann, kommt es auf dessen Zielrichtung und die Handhabung im konkreten Fall an. Daneben ist erforderlich, dass das System insgesamt transparent ist und den genannten Kriterien im Hinblick auf sämtliche Entgeltbestandteile entspricht.

2. Summarische Verfahren

Bei der summarischen Arbeitsbewertung werden „die Anforderungen der Arbeit, des Arbeitsplatzes oder des Arbeitsbereichs in einer umfassenden Betrachtung erfasst und anhand von tariflich geregelten Eingruppierungsmerkmalen den einzelnen Entgeltgruppen zugordnet“.[472] Kennzeichnend ist dabei die Betrachtung der zu vergleichenden Tätigkeiten als Ganzes, also nach einer Gesamtschau der erforderlichen Anforderungen.[473] Dies kann einerseits durch das sog. Rangfolgeverfahren erfolgen, indem eine Rangfolge der verschiedenen Tätigkeiten nach ihrer Wertigkeit erstellt wird. Dabei handelt es sich jedoch um eine äußerst subjektive und wenig durchschaubare Bewertungsmethode, weil sie nur an der persönlichen

469 EuGH v. 17.10.1989 – 109/88, NZA 1990, 772, 773, Rn. 11 (Danfoss); bestätigt durch EuGH v. 26.6.2001 – C-381/99, NZA 2001, 883, 886, Rn. 54 ff. (Brunnhofer).

470 *Winter*, Gleiches Entgelt für gleichwertige Arbeit, S. 116.

471 EuGH v. 17.5.1990 – C-262/88, NZA 1990, 775, 776 (Barber).

472 BAG v. 16.3.2016 – 4 ABR 32/14, NZA 2016, 1286, 1289, Rn. 22 m.w.N.

473 *Krell/Winter*, in: Chancengleichheit durch Personalpolitik, S. 343, 349; Däubler/Bertzbach/*Zimmer*, § 4 EntgTranspG Rn. 6.

Vorstellung des Bewertenden anknüpft.[474] Zudem sei laut *Feldhoff* eine Niedrigbewertung von Frauenarbeitsplätzen aufgrund deren geringer Wertschätzung wahrscheinlich.[475] Weiterhin existiere für die Feststellung der unterschiedlichen Wertigkeit nach dieser Vorgehensweise weder eine Erklärung noch ein Beweis.[476]

Andererseits besteht die Möglichkeit der sog. Entgeltgruppenverfahren. Vorteil dieser Methode ist, dass die verschiedenen Gruppen bereits vor der Festlegung des Personenkreises nach einem Kriterienkatalog festgelegt werden.[477] Eben jener beinhaltet jedoch erneutes Diskriminierungspotenzial, insbesondere dann, wenn einige der ohnehin meist wenigen[478] Kriterien wie z.B. die Schwere der Arbeit mit typischerweise männlichen Fähigkeiten wie schwerer Muskelarbeit gleichgesetzt werden und gleichzeitig andere Formen der Arbeitsschwere, wie z.B. durch Anstrengungen von geringerer Intensität aber größerer Dauer außer Betracht gelassen werden.[479] Das Entgeltgruppenverfahren ist auch dann mittelbar diskriminierend, wenn typische Merkmale von „Frauentätigkeiten" bei der Bewertung gar keine Berücksichtigung finden.[480] Beispiele dafür waren in den als Reaktion auf die Absage des BAG an die verbreiteten pauschalen Lohnabschläge für Frauen entwickelten sog. „Leichtlohngruppen" zu finden.[481]

3. Analytische Verfahren

Die analytischen Verfahren haben gemeinsam, dass jedes Bewertungskriterium einzeln bewertet wird, sodass Teilwerte entstehen aus denen sich erst durch eine Gewichtung ein Gesamtwert für die jeweilige Tätigkeit ergibt.[482] Im Gegensatz zu den summarischen Verfahren wird dieser Gesamtwert aber erst in einem zweiten Schritt ermittelt. Insofern gestalten sich analytische Bewertungsverfahren gegenüber den summarischen als differenzierter und zumindest dem Anschein nach nachvollziehbarer.[483]

---

474 Vgl. *Jochmann-Döll*, Gleicher Lohn für gleichwertige Arbeit, S. 52; *Katz/Baitsch*, Arbeit bewerten, S. 10; *Krell/Winter*, in: Chancengleichheit durch Personalpolitik, S. 343, 349; Däubler/Bertzbach/*Zimmer*, § 4 EntgTranspG Rn. 6.

475 *Feldhoff*, Der Anspruch auf gleichwertigen Lohn für gleichwertige Arbeit, S. 149.

476 *Jochmann-Döll*, Gleicher Lohn für gleichwertige Arbeit, S. 52.

477 *Krell/Winter*, in: Chancengleichheit durch Personalpolitik, S. 343, 349.

478 *Jochmann-Döll*, Gleicher Lohn für gleichwertige Arbeit, S. 53.

479 *Krell/Winter*, in: Chancengleichheit durch Personalpolitik, S. 343, 349; vgl. *Ranftl*, WISO 3/2015, S. 29, 36.

480 *Jochmann-Döll*, Gleicher Lohn für gleichwertige Arbeit, S. 53.

481 S.o. Gliederungspunkt B)IV.1.

482 *Krell/Winter*, in: Chancengleichheit durch Personalpolitik, S. 343, 351.

483 Vgl. *Lillemeier*, AuR 2018, 119, 120; *Winter*, Gleiches Entgelt für gleichwertige Arbeit, S. 73, 74; Däubler/Bertzbach/*Zimmer*, § 4 EntgTranspG Rn. 7.

a) *Ursprung, Systematik und Risiken*

Die Grundlage für Modelle der analytischen Arbeitsbewertung bildet aktuell immer noch das sog. Genfer Schema. Es handelt sich dabei um eine Zusammenstellung von Kriterien, welche 1950 i.R.d. internationalen Konferenz für Arbeitsbewertung in Genf erarbeitet wurde.[484] Nach dem Genfer Schema werden für jede Tätigkeit die vier Kriterien geistige Anforderungen, körperliche Anforderungen, Verantwortung und Umgebungseinflüsse nach ihrer jeweiligen Belastung bewertet.[485] Bei den ersten beiden Kriterien kommt zusätzlich noch eine Bewertung des „Könnens" hinzu.[486] Dabei ist jedoch zu bedenken, dass die Zusammenstellung dieser Merkmale – auch der Zeit der Entstehung des Genfer Schemas geschuldet – stärker auf vorwiegend körperliche Tätigkeiten als auf vorwiegend administrative Tätigkeiten ausgelegt ist.[487] *Krell* und *Winter* weisen in diesem Zusammenhang darauf hin, dass psycho-soziale und emotionale Anforderungen außer Acht gelassen werden, welche aber gerade im frauendominierten Dienstleistungssektor von hoher Bedeutung seien und somit die Kriterien nicht der Gesamtheit der zu verrichtenden Arbeit Rechnung trügen.[488] Auch hier liegt also der erste Risikofaktor für eine diskriminierende Bewertung in der Auswahl der Kriterien.[489]

Weiterhin birgt die erforderliche Gewichtung der einzelnen Kriterien untereinander mangels wissenschaftlicher Überprüfbarkeit und der damit einhergehenden Subjektivität Diskriminierungspotenzial.[490] Aufgrund von Überschneidungen zwischen den verschiedenen Kriterien kommt es durch die damit verbundenen Doppelbewertungen zu Verzerrungen des Gesamtwertes.[491] Zusätzlich steht der Durchschaubarkeit der Gewichtung insofern entgegen, dass hierfür ebenfalls keine festen Größen existieren, sodass regelmäßig auf die Gewichtung im bestehenden Lohn- und Gehaltsgefüge verwiesen wird und damit potenziell die diskriminierende Niedrigbewertung von typischen Frauentätigkeiten perpetuiert und legitimiert wird.[492] Insgesamt wird auch das generelle Vorhandensein von objektiven Bewertungskriterien in Frage gestellt.[493]

---

484 *Feldhoff*, Der Anspruch auf gleichen Lohn für gleichwertige Arbeit, S. 154.

485 *Katz/Baitsch*, Arbeit bewerten, S. 11 f.

486 Ebd. S. 11 f.

487 Ebd. S. 12.

488 *Krell/Winter*, in: Chancengleichheit durch Personalpolitik, S. 343, 351; vgl. auch *Katz/Baitsch*, Arbeit bewerten, S. 12; *Ludewig*, Streit 2015, 99, 101 f.

489 *Krell/Winter*, in: Chancengleichheit durch Personalpolitik, S. 343, 351.

490 *Albrecht*, Der Begriff der gleichwertigen Arbeit, S. 34; vgl. auch *Lillemeier*, AuR 2018, 119, 121.

491 *Katz/Baitsch*, Arbeit bewerten, S. 14; *Krell/Winter*, in: Chancengleichheit durch Personalpolitik, S. 343, 351.

492 Ebd. S. 343, 351 f.

493 *Jordan*, Entgeltdiskriminierung in Frauenberufen, S. 70.

Doch selbst dann, wenn ein System analytischer Arbeitsbewertung angewendet wird, das an sich nicht diskriminierend ist, handelt sich nicht um eine Methode, die sich gleichermaßen in jedem Betrieb anwenden lässt. Analytische Arbeitsbewertung wird vorwiegend in größeren Unternehmen und Verwaltungseinheiten eingesetzt, in denen es viele unterschiedliche Tätigkeitsbereiche mit jeweils vielen gleichen Arbeitsplätzen gibt und eignet sich insofern auch für diese.[494] In kleineren Unternehmen sind diese Gegebenheiten nicht vorhanden. Wird eine Tätigkeit jeweils nur von wenigen oder sogar nur von einer Person verrichtet, dann sind Tätigkeit und Person so nahe miteinander verbunden, dass eine Abstrahierung schwer vorstellbar erscheint. Ein weiteres Problem für kleinere Unternehmen ist der mit der Durchführung von Arbeitsbewertung verbundene Kostenfaktor. Soweit keine unternehmensinterne Expertise vorhanden ist, müssen externe Dienstleister beauftragt werden.

b) ABAKABA

In der Schweiz wird bereits seit über zwanzig Jahren das im Auftrag des Eidgenössischen Büros für die Gleichstellung von Frau und Mann entwickelte analytische Arbeitsbewertungsverfahren ABAKABA (Analytische Arbeitsbewertung nach Katz und Baitsch) verwendet. Immer wieder wird auch in Deutschland auf dieses Verfahren verwiesen, wenn es um die Forderung geschlechtergerechter Arbeitsbewertung geht.[495] Die erste Version von 1996 wurde sowohl in der öffentlichen Verwaltung als auch in privaten Unternehmen durchgeführt, woraufhin das Konzept mehrfach überarbeitet wurde, um die Anwendung zu vereinfachen und zu verbessern.[496] Nach *Katz* und *Baitsch* hängt die Entlohnung sowohl von tätigkeitsbezogenen als auch von personenbezogenen Kriterien ab, wobei die tätigkeitsbezogenen Kriterien nur zur Bestimmung des Grundlohns dienen und die personenbezogenen individuelle Lohnbestandteile, wie Leistungszulagen, bestimmen. Verfahren der Arbeitsbewertung dienten stets nur der Bemessung des Grundlohns.[497] Eine Bewertung der besonders diskriminierungsanfälligen Lohnzulagen würde damit i.R.v. ABAKABA zunächst entfallen. Neben diesem Konzept der Arbeitsbewertung existiert jedoch ein gleichnamiges Personalbeurteilungssystem, mit dem personenabhängige Lohnkomponenten bestimmt werden können.[498]

Wie für analytische Verfahren üblich, beruht auch das Konzept von ABAKABA auf der Bewertung und Gewichtung bestimmter Tätigkeitsmerkmale. Um

494 *Albrecht*, Der Begriff der gleichwertigen Arbeit, S. 30; *Katz/Baitsch*, Arbeit bewerten, S. 10.

495 Siehe etwa *Ludewig*, Streit 2015, 99, 102; *Pfarr*, Ein Gesetz zur Gleichstellung der Geschlechter in der Privatwirtschaft, S. 93; vgl. auch zu Bewertungsverfahren aus anderen Ländern *Lillemeier*, AuR 2018, 119, 121.

496 Vgl. *Katz/Baitsch*, Arbeit bewerten, S. 34, 37 ff.

497 Ebd. S. 9.

498 Ebd. S. 59 ff.

Überschneidungen zwischen verschiedenen Merkmalen zu verhindern, liegen ABAKABA jedoch nur Merkmale aus vier vermeintlich unabhängigen Bereichen zugrunde.[499] Die Merkmalsbereiche Intellektueller Bereich, Psychosozialer Bereich, Physischer Bereich und Führungsverantwortung werden jeweils im Hinblick auf Anforderungen, Belastungen und ihren Zeitanteil bewertet.[500] Eine bessere Vergleichbarkeit der unterschiedlichen Merkmalsbereiche soll durch jeweils gleiche Maximalpunktzahlen erreicht werden, sodass eine innere Gewichtung der Merkmalsbereiche entfällt.[501] Dennoch ermöglichen und empfehlen *Katz* und *Baitsch* eine äußere Gewichtung der Merkmale im Verhältnis zueinander, wobei unter Berufung auf Erfahrungen mit der Vorgängerversion für den intellektuellen Bereich 55–70 %, den psychosozialen Bereich 5–20 %, den physischen Bereich 5–10 % und die Führungsverantwortung 15–30 % vorgeschlagen werden.[502] *Albrecht* kritisiert diesbezüglich, es gebe keine tragfähige Begründung dafür, weshalb beispielsweise die starke Höhergewichtung der intellektuellen Fähigkeiten im Vergleich zu den anderen Merkmalen gegenüber anderen Methoden der Arbeitsbewertung „weniger fragwürdig" sei.[503] Tatsächlich verweisen *Katz* und *Baitsch* insofern auf eine „gesellschaftlich anerkannte Tradition", die deshalb nicht geschlechtsdiskriminierend sei, weil Frauen und Männer dieses Merkmal gleichermaßen erfüllen könnten. Der höhere Anteil von Männern auf Arbeitsplätzen mit hohen intellektuellen Anforderungen sei auf Diskriminierungen bei der Einstellung, nicht bei der Arbeitsbewertung zurückzuführen.[504] Dies mag zwar im Grunde richtig sein, jedoch nützt die an sich gegebene Geschlechtsneutralität des Kriteriums „Intellektueller Bereich" dann nichts, wenn bei der Anwendung des Konzepts frauendominierte Tätigkeiten in diskriminierender Weise als intellektuell geringwertig eingestuft werden.

Katz und *Baitsch* setzen sich zudem auch mit dem Verhältnis zwischen analytischer Arbeitsbewertung und Arbeitsmarktlage auseinander: Die Maßstäbe und Kriterien der Bewertung beträfen Merkmale, die den jeweiligen Tätigkeiten innewohnen, was sowohl von betroffenen Arbeitnehmern als auch aus juristischer Perspektive als „gerecht" bewertet werde.[505] Die Situation auf dem Arbeitsmarkt stelle demgegenüber einen äußeren Faktor dar. Aufgrund wirtschaftlicher Entwicklungen könne es daher im Hinblick auf Anforderungen und Belastungen zu Fehlbewertungen kommen, sodass sich eine systematische und gerechte Entlohnung an den Maßstäben der Arbeitsbewertung orientieren müsse.[506] Würden

499 Ebd. S. 14.
500 Ebd. S. 32.
501 Ebd. S. 34.
502 Ebd. S. 35.
503 *Albrecht*, Der Begriff der gleichwertigen Arbeit, S. 63.
504 *Katz/Baitsch*, Arbeit bewerten, S. 35.
505 Ebd. S. 2.
506 Ebd. S. 2.

sich daraus in der Praxis Schwierigkeiten bei der Einstellung von qualifiziertem Personal ergeben, so könnte diesen durch Arbeitsmarktzulagen begegnet werden.[507] Auch *Katz* und *Baitsch* räumen damit den vorhandenen Zusammenhang zwischen praxisgerechter Lohnfindung und der Lage des Arbeitsmarktes ein, plädieren aber für eine systematische Berücksichtigung, um eine ergebnisorientierte Berücksichtigung dieses Faktors bei der Bewertung zu vermeiden.[508] Aus einem Erfahrungsbericht bezüglich ABAKABA geht hervor, dass ein nicht der bisherigen, marktüblichen Entlohnung entsprechendes Ergebnis bei einer Höherbewertung zumindest zur Anhebung des Gehalts auf den Minimalwert der neuen Gehaltsstufe und eine niedrigere Bewertung grundsätzlich zu einer Besitzstandswahrung mit der Option zu leistungsbedingter Reduktion führt.[509] An anderer Stelle wird berichtet, dass bei höherer Entlohnung auf dem Arbeitsmarkt ausnahmsweise Zulagen gezahlt werden könnten, deren Berechtigung in gewissen Zeitabständen zu überprüfen sei.[510] Hinweise, wann eine – insbesondere dauerhafte – marktbedingte höhere Entlohnung wiederum nicht als zulässig erachtet werden kann, werden jedoch nicht gegeben. Letztlich lässt sich aber auch hier die Wertung entnehmen: Wenn und solange der Arbeitsmarkt eine unterschiedliche Entlohnung fordert, dann ist diese auch zu gewähren.

c) Leitfaden der ILO

Auch die ILO hat es sich zum Ziel gesetzt, Unternehmen dabei zu unterstützen, diskriminierungsfreie Arbeitsbewertungen vorzunehmen, die insbesondere auch den durch das selbst verabschiedete Abkommen von 1951 gestellten Anforderungen gerecht werden sollen. Ein dazu erstellter Leitfaden existiert seit 2008 und wurde 2016 nach einem einjährigen Konsultationsprozess zum Austausch mit den Sozialpartnern auch für Deutschland veröffentlicht.[511] Der Leitfaden empfiehlt zunächst die Einrichtung einer Kommission für Entgeltgleichheit, deren Mitglieder entsprechend geschult werden und die wenigstens paritätisch mit Arbeitnehmervertretern – mehrheitlich Frauen, darunter auch ethnische Minderheiten – besetzt sein soll.[512] Bei der Auswahl der zu vergleichenden Tätigkeiten sollen alle im Unternehmen vorhandenen Tätigkeiten berücksichtigt und die frauen- bzw. männerdominierten Tätigkeiten ermittelt werden.[513] Im Hinblick auf die Auswahl des durchzuführenden Arbeitsbewertungsverfahrens gibt der Leitfaden Hinweise, wie genderneutrale Verfahren zu erkennen sind und wie entsprechende Subfaktoren

507 Ebd. S. 2 f.
508 Ebd. S. 3.
509 Ebd. S. 79 ff.
510 Ebd. S. 102.
511 *Chicha*, Gendergerechtigkeit stärken – Entgeltgleichheit Sicherstellen, S. V.
512 Ebd. S. 14.
513 Ebd. S. 23.

der Bewertung ausgestaltet sein müssen.[514] Zur Informationsgewinnung wird die Befragung und Beobachtung der Beschäftigten vorgeschlagen und deren verständliche und diskriminierungsfreie Gestaltung ebenso wie die daran anschließende Neuerstellung von Tätigkeitsbeschreibungen erläutert.[515] Den letzten Schritt bildet die Bewertung über ein aus der analytischen Arbeitsbewertung bekanntes Gewichtungsraster und unter Umständen die anschließende Anpassung von Entgelten.[516]

Letztlich handelt es sich bei diesem Leitfaden sowohl der Intention als auch der Ausgestaltung nach mehr um eine Anleitung zur effizienten Vorbereitung, Auswahl und Durchführung eines Arbeitsbewertungsverfahrens, denn um ein eigenständiges Bewertungsverfahren.[517] Es kann Arbeitgebern, die Willens sind, ihre Entgeltstrukturen zu überprüfen und gegebenenfalls anzupassen, lediglich eine Entscheidungs- und Verfahrenshilfe sein.

4. Zwischenergebnis

Arbeitsbewertungsverfahren versprechen, in objektiver Weise den Vergleich auch gänzlich unterschiedlicher Tätigkeiten und somit deren Überprüfung auf Gleichwertigkeit zu ermöglichen. Ein gemeinsames Problem aller Methoden ist, dass subjektive Elemente – so sehr man auch um Objektivität bemüht ist – kaum vermeidbar sind.[518] Das betrifft sowohl die Festlegung der Beurteilungskriterien als auch die Durchführung der Bewertung. Summarische Verfahren sind aufgrund der mit Ihnen einhergehenden Gesamtschau insoweit besonders anfällig. Die Probleme der analytischen Arbeitsbewertung liegen vorrangig in der Auswahl der Kriterien und deren Gewichtung. Hierin liegt auch einer der wesentlichen Nachteile im Vergleich zur Entgeltbestimmung nach Marktlage: Während das Verhalten der Marktakteure selbst nicht rein rational und diskriminierungsfrei sein mag, so kann doch zumindest theoretisch zwischen auf Angebot und Nachfrage einerseits und auf (subjektiver) Diskriminierung andererseits beruhenden Unterscheidungen differenziert werden. Die Arbeitsbewertung kommt aber selbst ohne ein gewisses Maß subjektiver Bewertungen nicht aus. Trotz dieser zahlreichen Schwachstellen und der eigenen Diskriminierungsanfälligkeit von Systemen der Arbeitsbewertung sieht *Winter* innerhalb des Konzepts der gleichen Entlohnung gleichwertiger Arbeit keine Alternative.[519] Angesichts der bereits dargestellten Schwierigkeiten im Zusammenhang mit der Feststellung von Gleichwertigkeit und für den Fall,

514 Ebd. S. 25 ff.

515 Ebd. S. 43 ff.

516 Ebd. S. 69 ff.

517 Vgl. auch *Fasse/Klie*, Das neue Entgelttransparenzgesetz, S. 97, wonach der ILO-Leitfaden aufgrund seiner internationalen Ausrichtung nicht hinreichend auf deutsche Engeltsysteme passt; zustimmend *Bauer/Krieger/Günther*, § 18 EntgTranspG Rn. 29.

518 Vgl. dazu auch *Lillemeier*, AuR 2018, 119, 121; *Wank*, RdA 2018, 34, 36.

519 *Winter*, Gleiches Entgelt für gleichwertige Arbeit, S. 124.

dass die hier vertretene Ansicht einer Orientierung am Marktpreis abgelehnt wird, mag dies mangels Alternativen auch richtig sein. Immerhin bietet die Arbeitsbewertung eine strukturierte und verhältnismäßig leicht handhabbare Möglichkeit Entgeltstrukturen zu gestalten.

Fraglich ist aber, ob selbst dann, wenn jeder Arbeitgeber eine systematische Neubewertung seines Entlohnungssystems vornehmen würde, tatsächlich derjenige Anteil der geschlechtsspezifischen Lohnlücke, der sich aus der horizontalen Segregation des Arbeitsmarktes herleiten lässt, verringert würde. Die Entlohnungssysteme müssen nach den unter Gliederungspunkt B)VII.1. dargelegten Anforderungen nur in sich diskriminierungsfrei ausgestaltet sein. Selbst eine verpflichtende Neubewertung könnte die Arbeitgeber mithin nicht dazu zwingen, ihre Bewertungsverfahren mit denen anderer, möglicherweise sogar anderen Branchen angehörender, Arbeitgeber zu synchronisieren. Das Entgeltgleichheitsgebot ist nur bezüglich derselben Quelle anwendbar.[520] Branchenunterschiede – und damit letztlich Marktgegebenheiten – werden vielmehr akzeptiert, wenn etwa im Leitfaden der ILO empfohlen wird, ein für Unternehmen in derselben Branche entwickeltes Bewertungsverfahren anzupassen, wenn branchenspezifische Initiativen durchgeführt wurden.[521] Zudem müssen sich die jeweils angewandten Kriterien nach der Rechtsprechung des EuGH in der Rechtssache Rummler auch an der Art der verrichteten Tätigkeit orientieren, sodass ein allgemeingültiges Verfahren der Arbeitsbewertung einer eierlegenden Wollmilchsau gleichkäme. Es ist schwer vorstellbar, dass so alle relevanten Faktoren angemessen berücksichtigt werden könnten.

Weiterhin kann mit der Auslagerung der Bewertung von Arbeit auf Arbeitsbewertungssysteme auch ein generelles Risiko einhergehen: Die den Gerichten obliegende Tatsachenentscheidung, ob es sich um gleichwertige Arbeit handelt, wird auf diese Weise in die Hände von Experten gelegt, worin *Albrecht* die Gefahr der Wandlung des Rechtsstaats in eine „Expertokratie" sieht.[522] Mag dies auch eine nur unter extremen Bedingungen zu erwartende Konsequenz sein, so sind doch angesichts der nach wie vor kontroversen Diskussion um den Begriff der gleichwertigen Arbeit auch die Bedenken, einen objektiven Wert, der durch Arbeitsbewertung festgestellt werden könne, gebe es nicht, berechtigt.

VIII. Zwischenergebnis zu den Begriffen „gleiche Arbeit" und „gleichwertige Arbeit"

Die vorangegangene Bestandsaufnahme zu den Begriffen der „gleichen Arbeit" und der „gleichwertigen Arbeit" zeichnet ein ambivalentes Bild: Weder die nationale noch die supranationale Rechtsprechung liefern eindeutige und subsumierbare

---

520 S.o. Gliederungspunkt B)III.1.a)aa).

521 *Chicha*, Gendergerechtigkeit stärken – Entgeltgleichheit Sicherstellen, S. 26.

522 *Albrecht*, Der Begriff der gleichwertigen Arbeit, S. 51.

Definitionen. In der Gesetzgebung anderer europäischer Länder hat man sich der Begriffsbestimmung zum Teil bereits detailreicher genähert. Darüber hinaus gibt es verschiedene – teilweise staatlich anerkannte – Methoden der Arbeitsbewertung, die Objektivität und Diskriminierungsfreiheit für sich in Anspruch nehmen. Dennoch kommen sie kaum ohne subjektive Erwägungen aus. Eine Orientierung des Arbeitswertes an Marktgesichtspunkten entspricht einem tradierten Verständnis von „gerechter" Entlohnung – dieses Kriterium wird aber überwiegend erst auf der Rechtfertigungsebene anerkannt. Sprechen gegen alle vorgestellten Methoden der Ermittlung eines „objektiven" Arbeitswertes mehr oder minder valide Argumente, so gibt es drei Handlungsalternativen:

1. Die handfesten Schwierigkeiten bei der Begriffsbestimmung werden akzeptiert und das Konzept der gleichen Entlohnung wird jedenfalls für gleichwertige Arbeit aufgegeben. Dagegen sprechen jedoch zahlreiche Gründe. Die Reduzierung des Entgeltgleichheitsgrundsatzes auf gleiche Arbeit lässt das Problem nicht verschwinden, sondern verlagert es nur. Dies ist anhand der in den USA nach wie vor bestehenden Debatte um das Konzept *comparable worth* deutlich geworden. Angesichts der primärrechtlichen Verankerung des Grundsatzes in Art. 157 Abs. 1 AEUV stehen einer Aufgabe des Prinzips praktisch unüberwindbare rechtliche Hürden entgegen. Schließlich könnte eine solche Reduzierung auch als negatives Signal für die Geschlechtergleichstellung verstanden werden. Folglich ist diese Möglichkeit abzulehnen.
2. Angesichts der beiden sich wesentlich gegenüberstehenden Bestimmungsansätze – objektive Arbeitsbewertung einerseits und Orientierung am Marktlohn andererseits – ließe sich an eine Kompromisslösung denken. Dies ist aber nur dann eine handhabbare Alternative, wenn beide Ansätze eine gewisse Schnittmenge aufweisen und so einer zumindest stückweisen Kombination zugänglich sind. *Thüsing* hält dies für unmöglich, „(...) weil es gänzlich unterschiedliche Sichtweisen sind" und führt weiter aus, die Faktoren der analytischen Arbeitsbewertung seien „inkommensurable Größen" – eine Einfügung des Marktgesichtspunktes in dieses Raster sei angesichts fehlender Anhaltspunkte, wie dieser innerhalb der Arbeitsbewertung einzustufen ist, nicht umsetzbar.[523] Tatsächlich nimmt die Arbeitsbewertung, indem sie jede Tätigkeit zunächst isoliert betrachtet, im Gegensatz zur Orientierung am Marktlohn eine eher nach innen gerichtete Perspektive ein. Dabei wird die Wertbestimmung von dem wirtschaftlichen Gesamtgefüge abgekoppelt. Eine Vereinung beider Ansätze ist mithin kaum vorstellbar.

523 *Thüsing*, DB 2016, 2234, 2235; ähnlich auch *Geiser/Mauchle*, Marktlohn und konjunkturelle Lage, S. 4, die die Arbeitsbewertung als „grundlegend andere" Methode bezeichnen, verfügbar unter: https://www.ebg.admin.ch/ebg/de/home/dokumentation/publikationen/publikationen-zu-gleichstellung-im-erwerbsleben/lohngleichheit.html (Abruf 2.12.2018).

3. Nach Ablehnung der zuvor genannten Handlungsoptionen bleibt nur noch übrig, sich für eines der Verfahren zu entscheiden. Die Vorzüge und Nachteile der Ansätze sind dargestellt worden. Würden in allen Unternehmen in vergleichbarer Weise Arbeitsbewertungsverfahren zum Anlass genommen, Vergütungsstrukturen zu überdenken und gegebenenfalls anzupassen, würde auch eine Angleichung zwischen dieser Vergütung und der Marktvergütung stattfinden. Wenn alle nach dem gleichen Prinzip vergüten und dieses auch gleich anwenden, dann ist die Vergütung auch der Preis, der am Markt zu zahlen ist. Dies setzt aber wiederum voraus, dass die Bewertung tatsächlich derart einheitlich durchgeführt wird. Zudem kann der Gleichlauf nicht dauerhaft durchgehalten werden: Sobald durch wirtschaftliche oder technologische Entwicklungen bestimmte Berufe (dauerhaft) gefragter werden, wird es Marktreaktionen geben. Man mag dann noch sagen, dass dann zumindest – unter dem Vorbehalt, dass die Arbeitsbewertung selbst auch diskriminierungsfrei gestaltet ist – theoretisch sicher sei, dass Gehaltsabweichungen jedenfalls nicht auf einer Geschlechtsdiskriminierung beruhen. Ein weiterer Konflikt entsteht aber im Hinblick auf Tarifverhandlungen: Wenn die „richtigen" Löhne bereits durch Arbeitsbewertung festgelegt wurden, ist dann im Hinblick auf das Entgelt überhaupt noch Raum für solche Verhandlungen? Das gleiche Problem stellt sich auch im Hinblick auf Individualverhandlungen. Um sich diesen Fragen zu nähern, soll im folgenden Kapitel ausführlich auf das Verhältnis zwischen Privat- und Tarifautonomie einerseits und dem Prinzip der gleichen Entlohnung gleicher und gleichwertiger Arbeit andererseits eingegangen werden. Anschließend werden bestehende und neue Instrumente zur Durchsetzung des Entgeltgleichheitsgebots untersucht.

C) Entgeltgleichheit im Konflikt mit Privat- und Tarifautonomie

Die Durchsetzung eines rechtlichen Prinzips bedarf nicht nur der Auslotung des Inhalts desselben, sondern auch seiner Grenzen. Relevant ist in diesem Zusammenhang, dass es in Deutschland keinen allgemeingültigen Grundsatz des gleichen Entgelts für gleiche und gleichwertige Arbeit gibt – dieser Grundsatz muss vielmehr in konkrete Anspruchsgrundlagen umgesetzt werden.[524] Für die Frage der Vergütung besteht Vertragsfreiheit, die allerdings wiederum ihrerseits in einem gewissen Rahmen gesetzlichen Bindungen unterliegt.[525] Die Entlohnung der Arbeit ist ihre unmittelbare Gegenleistung und damit prägendes Element des Arbeitsvertrages. Dieser wird zunächst alleine zwischen Arbeitgeber und Arbeitnehmer im Wege privatautonomer Verhandlungen abgeschlossen. Einem etwaigen Ungleichgewicht zwischen den Vertragsparteien wirken traditionell die Gründung von Koalitionen und damit verbunden das Führen von Tarifverhandlungen entgegen. Beide Mechanismen der Entgeltgestaltung – individuell und kollektiv – sind zudem verfassungsrechtlich verankert. Regelungen, die hinsichtlich der Entgeltgestaltung Vorgaben machen, konkurrieren zwangsläufig mit diesen Mechanismen. Aus diesem Grund ist es erforderlich, das Verhältnis der Prinzipien der Entgeltgleichheit auf der einen und der Privat- und Tarifautonomie auf der anderen Seite zu untersuchen, um dabei den möglichen gesetzgeberischen Rahmen festzulegen.

I. Verfassungsrechtliche Verankerung des Entgeltgleichheitsgebots durch Art. 3 Abs. 2 GG

Zunächst ist die verfassungsrechtliche Verankerung des Entgeltgleichheitsgebots zu untersuchen. Dabei ist insbesondere darauf einzugehen, welche Vorgaben und Einschränkungen das Grundgesetz für eine etwaige gesetzliche Regelung enthält.

1. Entwicklung und Inhalt

Bei der Formulierung des Grundgesetzes war die Aufnahme der Gleichberechtigung der Geschlechter ein besonders umstrittener Punkt. Der Art. 109 Abs. 2 der Weimarer Reichsverfassung beschränkte sich auf die Feststellung der Gleichheit hinsichtlich staatsbürgerlicher Rechte und Pflichten. Darüber geht Art. 3 Abs. 2 S. 1 GG mit seiner Formulierung „Männer und Frauen sind gleichberechtigt“ hinaus.[526]

---

524 BAG v. 21.6.2000 – 5 AZR 806/98, NZA 2000, 1050; BAG v. 8.8.2002 – 8 AZR 476/01, ZTR 2003, 239, 240; *Thüsing*, Arbeitsrechtlicher Diskriminierungsschutz, Rn. 358.

525 BAG v. 21.6.2000 – 5 AZR 806/98, NZA 2000, 1050.

526 *Starck*, in: FS Dieterich, S. 643.

Schließlich wurde zwar der Text in dieser Fassung, gegen Widerstände, aufgenommen.[527] Seine praktische Wirksamkeit wurde jedoch zunächst dadurch gehemmt, dass Art. 117 Abs. 1 GG entgegenstehendes Recht bis zum 31.3.1953 in Kraft ließ. Eine ausdrückliche Aufnahme des Grundsatzes der Entgeltgleichheit erfolgte nicht, man sah ihn als bereits vom Gleichberechtigungsgrundsatz erfasst an.[528]

Das BVerfG entschied bereits früh, dass Art. 3 Abs. 2 S. 1 GG mehr als ein nicht justiziabler Programmsatz ist. Vielmehr handelt es sich um eine echte Rechtsnorm, die zudem wie Art. 3 Abs. 3 GG eine Konkretisierung des allgemeinen Gleichheitssatzes ist.[529] Deshalb wird Art. 3 Abs. 2 S. 1 GG auch als *lex specialis* zu Art. 3 Abs. 1 GG verstanden.[530] Umstritten ist jedoch das Verhältnis von Art. 3 Abs. 2 S. 1 GG zu Art. 3 Abs. 3 GG, wonach niemand aufgrund der dort genannten Merkmale benachteiligt oder bevorzugt werden darf, soweit das Geschlecht betroffen ist. Zunächst war es die, auch heute noch vertretene, und damals überwiegende Meinung in der Literatur[531] sowie des BVerfG[532], dass Abs. 2 und Abs. 3 ein nahezu identisches Differenzierungsverbot enthalten. Dabei formuliere Abs. 2 die Gleichberechtigung positiv und Abs. 3 dazu das Benachteiligungsverbot negativ. Später verschob sich jedoch die Ansicht des BVerfG dahingehend, dass Art. 3 Abs. 2 GG doch ein über das Diskriminierungsverbot des Art. 3 Abs. 3 GG hinausgehender Regelungsgehalt zukomme, nämlich in Form eines Gleichberechtigungsgebots, welches sich auch auf die gesellschaftliche Wirklichkeit erstrecke.[533]

Diese Feststellung wurde in der Folgezeit dahingehend konkretisiert, dass aus dem Gebot der positiven Gleichberechtigung eine staatliche Schutzpflicht hergeleitet werden könne, die auch zu der Beseitigung bestehender Nachteile berechtige, insbesondere zu einer zivilrechtlichen Absicherung des Gleichberechtigungsgebots, z.B. durch § 611a BGB aF.[534] Die Norm solle die „Angleichung der Lebensverhältnisse" ermöglichen.[535] Dieses Verständnis des Art. 3 Abs. 2 GG wurde 1994 durch die Einfügung eines zweiten Satzes auch gesetzlich normiert, wonach der Staat „ (...) die tatsächliche Durchsetzung der Gleichberechtigung von Frauen

---

527 Vgl. Sachs/*Nußberger*, Art. 3 GG Rn. 227 m.w.N.

528 Stenograph. Wortprot. der 42. Sitzung des Hauptausschusses v. 18.1.1949, S. 542 f., zitiert nach *Deutscher Bundestag/Bundesarchiv*, Der parlamentarische Rat 1948–1949 Band II, S. 1316 ff.; vgl. ausführlich zur Entstehungsgeschichte der Norm: *Sacksofsky*, Das Grundrecht auf Gleichberechtigung, S. 392 ff.

529 BVerfG v. 18.12.1953 – 1 BvL 106/53, NJW 1954, 65, 67.

530 Maunz/Dürig/*Langenfeld*, Art. 3 Abs. 2 GG Rn. 14.

531 Ebd. Rn. 16.

532 BVerfG v. 10.5.1957 – 1 BvR 550/52, NJW 1957, 865.

533 BVerfG v. 28.1.1992 – 1 BvR 1025/82, BB Beilage 1992, Nr 3, 1, 6.

534 BVerfG v. 16.11.1993 – 1 BvR 258/86, NJW 1994, 647.

535 BVerfG v. 28.1.1992 – 1 BvR 1025/82, BB Beilage 1992, Nr 3, 1, 6; BVerfG v. 16.11.1993 – 1 BvR 258/86, NJW 1994, 647; BVerfG v. 5.4.2005 – 1 BvR 774/02, NJW 2005, 2443.

und Männern“ fördert und „auf die Beseitigung bestehender Nachteile“ hinwirkt.[536] Letztlich hat S. 2 somit, angesichts der bereits zuvor bestehenden Rechtsprechung des BVerfG nur eine klarstellende bzw. verstärkende Funktion.[537]

2. Verhältnis zwischen Gleichbehandlungs- und Förderungsgebot

Art. 3 Abs. 2 GG vermittelt keine konkreten subjektiven Rechte i.S.v. Teilhabe- oder Leistungsansprüchen.[538] Dies wird auch in der Gesetzesbegründung deutlich, die auf den Charakter des Art. 3 Abs. 2 S. 2 GG als Staatszielbestimmung hinweist.[539] Deshalb kann der Gesetzgeber auch selbst – im Rahmen eines Gestaltungsermessens – entscheiden, durch welche konkreten Maßnahmen er dieses Staatsziel verfolgt.[540] Zum Tätigwerden an sich ist er aber verpflichtet.[541] Nicht zuletzt deshalb ist in der Literatur strittig, in welchem Verhältnis das Differenzierungsverbot und das durch Art. 3 Abs. 2 S. 2 GG normierte Förderungsgebot zueinander stehen. Vertreter einer restriktiveren Ansicht betonen den Charakter als Staatszielbestimmung: Eine solche könne unmittelbar geltendes Verfassungsrecht, wie eben das Differenzierungsverbot nicht beschränken, denn es müsse sich selbst in den durch das Verfassungsrecht gesteckten Grenzen bewegen.[542] *Di Fabio* begründet dieses Verhältnis mit den grundsätzlich „antinomischen“ Charakteren von Grundrechten und Staatszielen. Er mahnt an, durch eine Überinterpretation der Staatszielbestimmung in eine Pflicht des Staates faktische Ergebnisgleichheit herzustellen, würde letztlich das Grundrecht auf Gleichberechtigung zwischen Männern und Frauen „in seiner Substanz“ zerstören und zudem Freiheitsrechte tiefgreifend behindern.[543]

Nach *Langenfeld* führe ein solch enges Verständnis des Förderungsgebots dazu, dass dieses zu einem „Erinnerungsposten an den Gesetzgeber“ verkümmere.[544] Mit der Gegenansicht sieht sie daher die Möglichkeit, Ausnahmen vom

---

536 Gesetz zur Änderung des Grundgesetzes (Art. 3, 20a, 28, 29, 72, 74, 75, 76, 77, 80, 87, 93, 118a und 125a) v. 27.10.1994 (BGBl. I S. 3146).

537 BVerfG v. 24.1.1995 – 1 BvL 18/93, 1 BvL 5/94 u.a., NJW 1995, 1733, 1734; BVerfG v. 5.4.2005 – 1 BvR 774/02, NJW 2005, 2443; Maunz/Dürig/*Langenfeld*, Art. 3 Abs. 2 GG, Rn. 20; Sachs/*Nußberger*, Art. 3 GG, Rn. 262; *Sacksofsky*, Das Grundrecht auf Gleichberechtigung, S. 402.

538 Maunz/Dürig/*Langenfeld*, Art. 3 Abs. 2 GG, Rn. 55; Sachs/*Nußberger*, Art. 3 GG, Rn. 262.

539 BT-Drucks. 12/6000, S. 50

540 BVerfG v. 18.11.2003 – 1 BvR 302/96, NJW 2004, 146, 148.

541 *Sacksofsky*, Das Grundrecht auf Gleichberechtigung, S. 401; ähnlich: *Stern*, BandIII/1, S. 1301.

542 Maunz/*Dürig*/*Scholz*, 73. EL 2014, Art. 3 Abs. 2 GG, Rn. 61; ausführlich: *Di Fabio*, AöR 1997, 404, 441 ff.

543 *Di Fabio*, AöR 1997, 404, 442.

544 Maunz/Dürig/*Langenfeld*, Art. 3 GG, Rn. 58.

Differenzierungsverbot zu erlauben, um die tatsächliche Durchsetzung von Gleichberechtigung zu fördern.[545] Auch die Rechtsprechung des BVerfG hat sich in diese Richtung entwickelt. Demnach ist eine Differenzierung nach dem Geschlecht nur ausnahmsweise zulässig, „ (...) wenn im Hinblick auf die objektiven biologischen oder funktionalen (arbeitsteiligen) Unterschiede nach der Natur des jeweiligen Lebensverhältnisses eine besondere Regelung erlaubt oder sogar geboten ist".[546] In einer jüngeren Entscheidung hat das Gericht den in Art. 3 Abs. 2 GG enthaltenen Auftrag sogar ausdrücklich als Rechtfertigungsgrund bezeichnet.[547]

In diesem Kontext wurde in den letzten Jahren insbesondere der Problemkreis „Frauenquote" diskutiert. Deutsche Gerichte orientieren sich im Hinblick auf solche Quotenregelungen – zumindest im Bereich des öffentlichen Dienstes – an der Bewertung des EuGH,[548] wonach jedenfalls sog. starre Frauenquoten unzulässig sind, die eine Bevorzugung von Frauen bei der Einstellung, bis zum Erreichen eines bestimmten Prozentsatzes, unabhängig von ihrer Eignung für die Tätigkeit ermöglichen.[549] Entscheidend ist demnach, dass nicht Ergebnisgleichheit sondern Chancengleichheit gefördert wird und Einzelfallentscheidungen orientiert am Maßstab der Verhältnismäßigkeit getroffen werden.[550] Im Hinblick auf das seit dem 1.1.2016 geltende Gesetz[551] wird die Verfassungsmäßigkeit einer fixen Frauenquote für den Aufsichtsrat in börsennotierten Unternehmen von vielen Stimmen in der Literatur kritisch betrachtet. Überwiegend wird die grundsätzliche Möglichkeit einer verfassungsgemäßen Ausgestaltung solcher Quotenregelungen bejaht, jedoch nur bei einer gleichzeitig strengen Orientierung am Verhältnismäßigkeitsmaßstab bis hin zur Anwendung von Quoten nur als *ultima ratio*.[552] Im Einklang mit dem EuGH

---

545 So auch Mangoldt/Klein/Starck/*Baer*/*Markard*, Art. 3 GG, Rn. 312; Maunz/Dürig/*Langenfeld*, Art. 3 GG, Rn. 58 ff.; Sachs/*Nußberger*, Art. 3 GG, Rn. 264 ff.; *Winter*, Gleiches Entgelt für gleichwertige Arbeit, S. 63.

546 BVerfG v. 28.1.1987 – 1 BvR 455/82, NJW 1987, 1541, 1542; BVerfG v. 28.1.1992 – 1 BvR 1025/82, BB Beilage 1992, Nr 3, 1, 6; BVerfG v. 25.10.2005 – 2 BvR 524/01NVwZ 2006, 324, 326.

547 BVerfG v. 26.10.2011 – 1 BvR 2075/11, NJW 2012, 216, 217.

548 EuGH v. 17.10.1995 – C-450/93, NZA 1995, 1095, 1096, Rn. 22 ff. (Kalanke); EuGH v. 11.11.1997 – C-409/95, NZA 1997, 1337, 1338, Rn. 24 ff. (Marschall); EuGH v. 28.3.2000 – C-158/97, NZA 2000, 473, 475, Rn. 23 (Badeck); EuGH v.. 6.7.2000 – C-407/98, NZA 2000, 935, 938, Rn. 56 (Abrahamsson); Maunz/Dürig/*Langenfeld*, Art. 3 Abs. 2 GG, Rn. 93 f.

549 BAG v. 5.3.1996 – 1 AZR 590/92 (A), NZA 1996, 751, 754; BAG v. 2.12.1997 – 9 AZR 668/96, NZA 1998, 882, 883; ebenso Bericht der gemeinsamen Verfassungskommission, BT-Drucks. 12/6000, S. 50.

550 EuGH v. 28.3.2000 – C-158/97, NZA 2000, 473, 476, Rn. 33 ff. (Badeck).

551 Gesetz für die gleichberechtigte Teilhabe von Frauen und Männern an Führungspositionen vom 24.4.2015 (BGBl. I S. 642).

552 So etwa Maunz/Dürig/*Langenfeld*, Art. 3 Abs. 2 GG Rn. 116 ff.; *Schlachter*, Wege zur Gleichberechtigung, S. 67 f.; zustimmend auch Sachs/*Nußberger*, Art. 3 GG Rn. 289.

wird man wohl die grundsätzliche Zulässigkeit von Quotenregelungen – wenn auch in engen Grenzen – bejahen müssen.

Bei Einführung der Frauenquote war auch die Reduzierung der Entgeltlücke zwischen Männern und Frauen eines der erklärten Ziele: Der geringe Anteil von Frauen in Führungspositionen und deren geringerer Verdienst beeinflusse unmittelbar die Lohnlücke – von einer Erhöhung der Anzahl von Frauen an Führungspositionen erhoffte man sich daher positive Auswirkungen u.a. durch eine Ermutigung vonn Frauen dazu, einen beruflichen Aufstieg anzustreben.[553] Eine Verbindung zwischen einer Frauenquote und der geschlechtsspezifischen Lohnzahlungslücke ist zumindest dahingehend erkennbar, dass dort, wo geringere Einkommensunterschiede bestehen, auch mehr Frauen etwa im Vorstand zu finden sind.[554] Unklar ist jedoch, ob dieser Effekt auch umkehrbar ist. In Norwegen gibt es bereits seit Dezember 2003 eine Frauenquote, die im Januar 2006 verpflichtend geworden ist. Eine Untersuchung aus dem Jahr 2014 deutet zwar darauf hin, dass eine erhöhte Repräsentanz von Frauen in höheren Positionen auch zu einem höheren Anteil von Frauen unter den Top-Verdienern führt – im Hinblick auf weiter unten liegende Gehaltsebenen ist ein solcher Effekt jedoch ebenso wenig festgestellt worden wie die Verringerung der geschlechtsspezifischen Lohnzahlunglücke unter den Top-Verdienern.[555] Für sichere Ergebnisse muss wohl eine langfristigere Entwicklung abgewartet werden.

3. Folgerungen für das Entgeltgleichheitsgebot

Zunächst hatte das BAG den Grundsatz der Entgeltgleichheit von Mann und Frau bei gleicher Arbeit bereits aus dem Gleichberechtigungsgrundsatz und dem Benachteiligungsverbot des Art. 3 Abs. 2, 3 GG hergeleitet.[556] Nach Inkrafttreten des § 612 Abs. 3 BGB aF bestand dafür aufgrund der spezialgesetzlichen Normierung kein Bedürfnis mehr, sodass das BAG ein weiteres Stützen des Entgeltgleichheitsanspruchs auf die Verfassungsnorm ausdrücklich ablehnte.[557] Insofern mag Art. 3 GG jedenfalls nicht mehr die richtige Anspruchsgrundlage für eine Entgeltgleichheitsklage darstellen – dies ändert jedoch nichts an der verfassungsrechtlichen Verankerung des Entgeltgleichheitsgebots. Handelt der Staat selbst als Arbeitgeber, so ist er weiterhin an Art. 3 Abs. 2 GG gebunden.[558]

---

553 BT-Drucks. 18/3784, S. 42.

554 *Terjesen/Singh*, 83 Journal of Business Ethics 55, 60 (2008).

555 *Bertrand/Black/Jensen/Lleras-Muney*, Breaking the Glass Ceiling?, S. 5, verfügbar unter: https://www.nber.org/papers/w20256.pdf (Abruf 2.12.2018).

556 BAG v. 15.1.1955 – 1 AZR 305/54, NJW 1955, 684, 685; s.o. Gliederungspunkt B)IV.1.

557 BAG v. 23.8.1995 – 5 AZR 942/93, NZA 1996, 579, 580.

558 Referentenentwurf des Bundesministeriums für Familie, Senioren, Frauen und Jugend, Entwurf eines Gesetzes für mehr Lohngerechtigkeit zwischen Frauen und Männern, Bearbeitungsstand: 27.10.2016, S. 64.

Daneben kann das Förderungsgebot des Art. 3 Abs. 2 S. 2 GG für die Durchsetzung des Entgeltgleichheitsgebots fruchtbar gemacht werden. *Ludewig* versteht Art. 3 Abs. 2 S. 2 GG insofern auch im Hinblick auf die Herstellung von Entgeltgleichheit als Regelungsauftrag.[559] Zunächst besteht für den Staat aber, wie soeben erläutert wurde, ein Spielraum, wie und durch welche konkreten Maßnahmen er dem Förderungsgebot nachkommen kann. Geht man zudem davon aus, dass der Staat gleichzeitig auch nicht untätig bleiben darf, dann liegt es nahe, daraus zu schließen, dass – ähnlich wie beim Sozialstaatsgebot[560] – der Spielraum doch insoweit wieder eingeschränkt ist, als es um die Gewährleistung gewisser Mindeststandards geht. Diese müssen in jedem Fall eingehalten werden. Auf der anderen Seite darf aber auch nicht jede Maßnahme ergriffen werden. Insofern kann etwa auf die zuvor erörterte, nur begrenzte Zulässigkeit sog. „Frauenquoten" verwiesen werden. Im Unterschied zu der Einführung solcher Quoten geht mit der Gewährleistung von Entgeltgleichheit zwischen Männern und Frauen nicht zwingend eine einzelfallbezogene Bevorzugung von Frauen gegenüber Männern einher. Angesichts der Schwierigkeiten bezüglich der Bestimmung dessen, was gleichwertige Arbeit ist, ist es jedoch auch in Bezug auf die Durchsetzung des Entgeltgleichheitsgebots erforderlich, gesetzgeberische Maßnahmen auf das Ziel der Chancen- und nicht der Ergebnisgleichheit auszurichten.

Aus dieser Eingrenzung ergeben sich weitere Fragen. Zum einen: Gehört die Durchsetzung von Entgeltgleichheit selbst zu den Mindeststandards des Förderungsgebots? Zum anderen: Wann überschreiten entsprechende Maßnahmen die Grenze zur Herstellung bloßer Ergebnisgleichheit? Die Beantwortung beider Fragen bereitet insbesondere deshalb Schwierigkeiten, weil – soweit ersichtlich – keine einschlägige Rechtsprechung vorhanden ist. Auch der Umgang mit anderen Staatszielbestimmungen gibt hier wenig Hinweise. Nach dem Sozialstaatsgebot geforderte Mindeststandards wurden in der Rechtsprechung des BVerfG bisher nur in sehr geringem Umfang angenommen und beziehen sich etwa auf die Gewährleistung eines Existenzminimums.[561] Das Gericht muss dabei jedoch regelmäßig nur beantworten, ob eine Regelung entweder gegen das Sozialstaatsprinzip verstößt oder dessen Förderung eine Einschränkung an anderer Stelle rechtfertigen kann. Angesichts des weiten politischen Ermessensspielraums, hat das Gericht als Organ der Judikative grundsätzlich keine Entscheidungshoheit darüber, ob eine bestimmte (gebotene) Maßnahme zu ergreifen ist. Zwar kann das BVerfG feststellen, dass der Gesetzgeber durch ein Unterlassen gegen die Verfassung verstößt.[562]

559 *Ludewig*, ZRP 2016, 247.

560 Vgl. auch BVerfG v. 8.6.2004 – 2 BvL 5/00, NJW-RR 2004, 1657, 1662; BVerfG v. 30.6.2009 – 2 BvE 2/08, NJW 2009, 2267, 2275.

561 Vgl. auch BVerfG v. 8.6.2004 – 2 BvL 5/00, NJW-RR 2004, 1657, 1662; BVerfG v. 30.6.2009 – 2 BvE 2/08, NJW 2009, 2267, 2275.

562 S. zu den Voraussetzungen Maunz/Dürig/*Grzeszick*, Art. 20 Abs. 3 GG, Rn. 55 m.w.N; Sachs/*Höfling*, Art. 1 GG Rn. 102.

Ob es ihn darüber hinaus auch dazu verpflichten kann, eine Norm ganz bestimmten Inhalts zu erlassen ist aber hoch umstritten – das BVerfG ist diesen Schritt bisher jedenfalls noch nie gegangen.[563]

Weiterhin müsste der Gesetzgeber in jedem Fall – wenn er denn tätig wird oder werden muss – innerhalb der zu schaffenden Regelungen einen Ausgleich herstellen zwischen Förderung der Entgeltgleichheit einerseits und andererseits nicht nur der Gleichberechtigung von Männern und Frauen, sondern auch im Verhältnis zu weiteren verfassungsrechtlich geschützten Rechtsgütern.[564] Dazu gehören insbesondere die Gewährleistungen der Privat- und der Tarifautonomie.

II. Privatautonomie

Trifft der Gesetzgeber im Dienste der Verwirklichung des Entgeltgleichheitsgebotes im Hinblick auf die Entgeltgestaltung Regelungen, so werden die Vertragsparteien grundsätzlich in ihrem diesbezüglichen Entscheidungsspielraum eingeengt. Auf der anderen Seite sind wirtschaftlichen Akteuren durch die verfassungsrechtlich garantierte Privatautonomie solche Freiräume gerade eröffnet. Deren Gewährleistungsgehalt, Konfliktpunkte bei der gesetzlichen Durchsetzung des Entgeltgleichheitsgebots und möglich Handlungsspielräume gilt es im Folgenden auszuloten.

1. Begriff, Ursprung und Inhalt der Privatautonomie

Nach ständiger Rechtsprechung des BVerfG umfasst die allgemeine Handlungsfreiheit des Art. 2 Abs. 1 GG auch die wirtschaftliche Betätigungsfreiheit und in ihrem Rahmen wiederum die Vertragsfreiheit.[565] Die Begriffe Privatautonomie und Vertragsfreiheit werden häufig synonym verwendet. Die Privatautonomie ist jedoch umfassender, denn sie entspricht in zivilrechtlicher Hinsicht der allgemeinen Handlungsfreiheit.[566] Die durch Art. 2 Abs. 1 GG garantierte Privatautonomie gewährt neben der Freiheit über den Abschluss eines Vertrages auch eine Freiheit der inhaltlichen Gestaltung privatrechtlicher Verträge.[567] In diesem Zusammenhang ist der subsidiäre Charakter von Art. 2 Abs. 1 GG zu beachten. Auch das BVerfG zieht die allgemeine Handlungsfreiheit i.R.d. wirtschaftlichen Betätigungsfreiheit nur dann heran, wenn kein spezielleres Grundrecht einschlägig ist.[568]

---

563 Maunz/Dürig/*Grzeszick*, Art. 20 GG, Rn. 55 f.

564 *Stern*, Band III/1, S. 1301: „Auch in diesen Fällen ausdrücklich geforderter Aktivität muss sich der Gesetzgeber jedoch innerhalb des verfassungsrechtlich vorgegebenen Rahmens halten. Er ist gebunden, hat aber einen Ausfüllungsspielraum.".

565 BVerfG v. 12.11.1958 – 2 BvL 4/56 u.a., BVerfGE 8, 274, 328; BVerfG v. 8.4.1997 – 1 BvR 48/94, NJW 1997, 1975, 1976.

566 Maunz/Dürig/*Di Fabio*, Art. 2 GG Rn. 101.

567 BVerfG v. 8.4.1997 – 1 BvR 48/94, NJW 1997, 1975, 1976; Maunz/Dürig/*Di Fabio*, Art. 2 GG Rn. 101.

568 BVerfG v. 8.4.1997 – 1 BvR 48/94, NJW 1997, 1975, 1976.

Durch Art. 12 Abs. 1 GG wird als einheitliches Grundrecht sowohl die Berufswahl- als auch die Berufsausübungsfreiheit geschützt.[569] Ist der Gegenstand einer privatautonomen Vertragsgestaltung ein Arbeitsverhältnis, so sind sowohl die Berufsausübungsfreiheit des Arbeitgebers als auch die des Arbeitnehmers und damit Art. 12 Abs. 1 GG betroffen. Soweit eine gesetzliche Regelung die Vertragsfreiheit gerade im Bereich beruflicher Betätigung betrifft, scheidet die gegenüber anderen Freiheitsrechten subsidiäre allgemeine Handlungsfreiheit als Prüfungsmaßstab aus.[570] Von der Berufsfreiheit ist auch das Recht erfasst, „das Entgelt für berufliche Leistungen selbst festzusetzen oder mit den Interessenten auszuhandeln".[571] Somit unterfällt die Entgeltgestaltung innerhalb eines Arbeitsverhältnisses der Berufsfreiheit.

2. Eingriff durch Gesetz

Über die klassische Definition des grundrechtlichen Eingriffs hinaus wird inzwischen jede unmittelbar finale oder auch nur mittelbare Beeinträchtigung des Schutzbereiches eines Grundrechtes durch die öffentliche Gewalt, sowohl durch Rechtsakt als auch bloß faktisches Handeln, als Eingriff verstanden (moderner Eingriffsbegriff).[572] Für die Berufsfreiheit ist zwar bei nur faktischen Beeinträchtigungen eine objektiv berufsregelnde Tendenz des Eingriffsaktes erforderlich,[573] diese Problematik stellt sich aber bei einem direkt die Gestaltung von Arbeitsverträgen regelnden Gesetz nicht.

Abzugrenzen vom Eingriff ist die bloße inhaltliche Ausgestaltung eines Grundrechts durch ein Gesetz, die den verfassungsrechtlichen Gewährleistungsrahmen des Grundrechts modifiziert und somit noch dem Schutzbereich zuzuordnen ist.[574] Nach einer etwa von *Flume* vertretenen Ansicht kann gesetzgeberisches Handeln gar keinen rechtfertigungsbedürftigen Eingriff in die Privatautonomie darstellen. Der Einzelne erhalte das Recht privatautonom zu handeln „nur nach Maßgabe der Rechtsordnung" und dieses sei somit nur mit Maßgabe des Gesetzgebers gewährleistet.[575] Die Privatautonomie aber gänzlich von der Schrankensystematik der Grundrechte auszuschließen, indem jedes sie berührende oder beschränkende

569 Vgl. nur Sachs/*Mann*, Art. 12 GG Rn. 14.

570 BVerfG v. 11.7.2006 – 1 BvL 4/00, NJW 2007, 51, 54, Rn. 78; BVerfG v. 25.1.2011 – 1 BvR 1741/09, NJW 2011, 1427, 1428 Rn. 70; Maunz/Dürig/*Scholz*, Art. 12 GG Rn. 123; *Stütze*, Die Kontrolle der Entgelthöhe im Arbeitsrecht, S. 91.

571 BVerfG v. 15.12.1999 – 1 BvR 1904/95, BVerfGE 101, 331, 347; BVerfG v. 1.11.2010 – 1 BvR 261/10, NZS 2011, 580, 581.

572 BVerfG v. 26.6.2002 – 1 BvR 670/91, NJW 2002, 2626, 2629; BVerfG v. 11.7.2006 – 1 BvL 4/00, NJW 2007, 51, 54, Rn. 82; Maunz/Dürig/*Herdegen*, Art. 1 Abs. 3 GG Rn. 39.

573 BVerfG v. 12.4.2005 – 2 BvR 1027/02, NJW 2005, 1917, 1919; BVerfG v. 12.10.2011 – 2 BvR 236/08 u.a., NJW 2012, 833, 843, Rn. 270.

574 Maunz/Dürig/*Herdegen*, Art. 1 Abs. 3 GG Rn. 41.

575 *Flume*, AT Band 2, S. 17 ff.

Gesetz nur als inhaltliche Ausgestaltung der selbigen aufgefasst würde, überzeugt jedoch nicht. Auch bei anderen normgeprägten Grundrechten wird weiterhin zwischen Schutzbereich und Eingriff differenziert.[576] Anderenfalls wäre es dem Gesetzgeber auch möglich den Schutzbereich der Privatautonomie derart auszuhöhlen, dass sie nicht mehr als solche bezeichnet werden könnte. Auch dies ist bei den grundrechtlichen Institutsgarantien anerkanntermaßen nicht möglich.[577]

Beinhaltet die geschützte Freiheit das Recht, das Entgelt für berufliche Leistungen selbst festzusetzen oder mit den Interessenten auszuhandeln, so wird diese Freiheit durch jede Anbindung der Entscheidung an bestimmte Mindestvoraussetzungen und Bestimmungskriterien beeinträchtigt. Ein Gesetz, welches Regelungen bezüglich der Entgelthöhe aufstellt, stellt somit jedenfalls einen Eingriff in die im Arbeitsverhältnis durch die Berufsausübungsfreiheit gewährleistete Privatautonomie dar.

3. Beschränkbarkeit

Ein Eingriff durch Gesetz ist nach Art. 12 Abs. 1 S. 2 GG auch grundsätzlich dazu geeignet, die verbürgte Freiheit einzuschränken. Des Weiteren ist aber zu untersuchen, welche darüber hinaus gehenden Qualitäten das eingreifende Gesetz einerseits grundsätzlich andererseits konkret im Hinblick auf das Entgeltgleichheitsgebot erfüllen muss. Schließlich ist auch darauf einzugehen, inwiefern das Verhandlungsgeschick bei dem Zustandekommen eines Vertrages eine Verletzung des Entgeltgleichheitsgebots rechtfertigen kann.

a) Allgemeine Anforderungen

Dem Grundgesetz ist eine grundsätzliche Offenheit bezüglich des „richtigen“ Wirtschaftssystems zu entnehmen.[578] Auf der anderen Seite gewährt das Grundgesetz in großem Umfang Freiheitsrechte, sodass jedenfalls ein zentral durch den Staat geleitetes Wirtschaftssystem damit nicht in Einklang zu bringen wäre.[579] Das in Deutschland gelebte System der sozialen Marktwirtschaft verbindet beide Aspekte. Kennzeichnend für die soziale Marktwirtschaft ist die grundsätzliche Gewährleistung eines freien Marktes, welcher aber durch sozialpolitische Maßnahmen reguliert wird, soweit dies im Dienste des sozialen Ausgleichs notwendig ist.[580] Dem

---

576 *Stütze*, Die Kontrolle der Entgelthöhe im Arbeitsrecht, S. 93 m.w.N.

577 S. etwa zu Art. 14 Abs. 1 GG BVerfG v. 16.101984 – 1 BvR 513/78, NJW 1985, 1455; BVerfG v. 19.4.2005 – 1 BvR 1644/00, NJW 2005, 1561, 1562; zu Art. 6 Abs. 1 GG BVerfG v. 4.5.1971 – 1 BvR 636/68, NJW 1971, 1509 f.

578 BVerfG v. 20.7.1954 – 1 BvR 459/52, NJW 1954, 1235; BVerfG v. 1.3.1979 – 1 BvR 532/77 u.a., NJW 1979, 699, 702; vgl. auch *Papier*, in: Soll und Haben – 50 Jahre soziale Marktwirtschaft, S. 95 f.

579 Ebd. S. 95, 101.

580 Vgl. dazu oben Gliederungspunkt B)VI.1.e).

entspricht es, bei einem vermeintlich bestehenden sozialen Ungleichgewicht hinsichtlich der Vergütung von Männern und Frauen im Arbeitsleben regelnd einzugreifen.

Ist nun die Berufsfreiheit des Art. 12 Abs. 1 GG Anknüpfungspunkt für die inhaltliche Ausgestaltung von Arbeitsverträgen, so richtet sich auch die Rechtfertigung eines Eingriffs nach der diesbezüglichen Dogmatik. Die Berufsfreiheit kann gem. Art. 12 Abs. 1 S. 2 GG „durch Gesetz oder auf Grund eines Gesetzes geregelt werden". Im Apotheken-Urteil[581] hat das BVerfG klargestellt, dass sich diese Beschränkungsmöglichkeit auf alle in Art. 12 Abs. 1 GG enthaltenen Teilfreiheiten, und nicht nur, wie es der Wortlaut nahelegt, auf die Berufsausübungsfreiheit bezieht. Weiterhin kommt über Art. 12 Abs. 1 S. 2 GG hinaus kollidierendes Verfassungsrecht, insbesondere andere Grundrechte, in Betracht. Im Apotheken-Urteil hat das BVerfG zudem für die Berufsfreiheit eine besondere Schrankensystematik entwickelt, die als Drei-Stufen-Lehre bezeichnet wird. Danach sind an die Rechtfertigung von Regelungen der Berufsausübungsfreiheit, subjektiven Berufswahlregelungen und objektiven Berufswahlregelungen jeweils strenger werdende Anforderungen zu stellen.[582] Inzwischen hat das Gericht diese starre Schrankensystematik aufgeweicht und hin zu einer umfassenden Verhältnismäßigkeitsprüfung gewandelt.[583] Zusätzlich ist auch die Zumutbarkeit der Regelung zu berücksichtigen.[584] Grundsätzlich verlangt das BVerfG aber weiterhin in ständiger Rechtsprechung für die Rechtfertigung von Eingriffen auf der Ebene der Berufsausübung, dass die durch den Gesetzgeber verfolgten Gemeinwohlziele auf vernünftigen Erwägungen beruhen.[585] Für die Rechtfertigung subjektiver Berufswahlregelungen sind hingegen besonders wichtige Gemeinwohlbelange[586] erforderlich, während objektive Berufswahlregelungen regelmäßig nur zur Abwehr nachweisbarer oder höchst wahrscheinlicher, schwerer Gefahren für ein überragend wichtiges Gemeinschaftsgut zulässig sind.[587]

Im Hinblick auf entgeltregelnde Bestimmungen hat das BVerfG beispielsweise in den Vergütungsregelungen für Berufsbetreuer eine Berufsausübungsregelung gesehen.[588] Die Frage, ob es mit Art. 12 Abs. 1 GG zu vereinbaren sei, dass bei der

581 BVerfG v. 11.6.1958 – 1 BvR 596/56, NJW 1958, 1035, 1037.

582 BVerfG v. 11.6.1958 – 1 BvR 596/56, NJW 1958, 1035, 1038.

583 Sachs/*Mann*, Art. 12 GG Rn. 137 ff.; Maunz/Dürig/*Scholz*, Art. 12 GG Rn. 336 ff..

584 BVerfG v. 17.10.1990 – 1 BvR 283/85, NJW 1991, 555, 557; BVerfG v. 19.7.2000 – 1 BvR 539/96, NVwZ 2001, 790, 794; Maunz/Dürig/*Scholz*, Art. 12 GG Rn. 341.

585 Zuletzt BVerfG v. 12.1.2016 – 1 BvL 6/13, NJW 2016, 700, 702, Rn. 52; BVerfG v. 15.12.1999 – 1 BvR 1904/95 u.a., BVerfGE 101, 331, 348; BVerfG v. 12.12.2006 – 1 BvR 2576/04, BB 2007, 617, Rn. 60.

586 BVerfG v. 10.5.1988 – 1 BvR 482/84, NJW 1988, 2290; BVerfG v. 3.6.2004 – 2 BvR 1802/02, NJW 2004, 2890.

587 BVerfG v. 19.7.2000 – 1 BvR 539/96, NVwZ 2001, 790, 793; BVerfG v. 8.6.2010 – 1 BvR 2011/07, NVwZ 2010, 1212, 1216, Rn. 96.

588 BVerfG v. 15.12.1999 – 1 BvR 1904/95, BVerfGE 101, 331, 347.

Vergütung von Berufsbetreuern die fachliche Qualifikation des Betreuers – etwa als Rechtsanwalt – außer Betracht bleibt, wurde dabei bejaht: Die Vergütung solle in diesem Fall zwar eine angemessene Gegenleistung, gleichzeitig aber auch keine zu starke Belastung für das Vermögen des Betreuten oder die Staatskasse darstellen.[589] In anderen Konstellationen bejahte das BVerfG wiederum die Zulässigkeit eines Arbeitgeberzuschusses zum Mutterschaftsgeld als zumutbaren Eingriff in die Berufsfreiheit der Arbeitgeber zum Schutz der werdenden Mutter.[590] Einen weiterer Aspekt, der im Bereich der arbeitsrechtlichen Regelungen zu beachten ist, stellt der dem Gesetzgeber durch das BVerfG insoweit grundsätzlich zuerkannte weite Gestaltungsspielraum dar, den es damit begründet, dass zwingende Regelungen im Arbeitsverhältnis erst die Bedingungen schafften, unter denen Beschäftigte „ihre Grundrechte aus Art. 12 Abs. 1 GG unter angemessenen Bedingungen verwirklichen können“, was der Arbeitsvertrag alleine nicht zu leisten vermöge.[591]

Es lässt sich damit zunächst festhalten, dass im Bereich der arbeitsrechtlichen Berufsausübungsregelungen einerseits durch den weiten Gestaltungsspielraum eine erhebliche Freiheit für den Gesetzgeber besteht, der aber andererseits die Verhältnismäßigkeit und Zumutbarkeit als wesentliche Schranken gegenüberstehen.

b) Beschränkung durch das Entgeltgleichheitsgebot

Soll also die privatautonome Gestaltung der Entgelthöhe durch gesetzgeberische Maßnahmen in zulässiger Weise beschränkt werden, so bedarf es dazu wenigstens eines vernünftigen Gemeinwohlbelanges. Deutschland ist als Mitgliedstaat der Europäischen Union nach Art. 157 Abs. 1 AEUV und der Richtlinie 2006/54/EG zur Durchsetzung der gleichen Entlohnung von gleicher und gleichwertiger Arbeit von Männern und Frauen verpflichtet. Hinzu kommt, dass das Entgeltgleichheitsgebot ebenfalls in Art. 3 Abs. 2 GG verfassungsrechtlich verankert ist.[592] Insofern kann die Förderung des Entgeltgleichheitsgebots ohne Weiteres als ein auf vernünftigen Erwägungen beruhendes Gemeinwohlziel bezeichnet werden. Um dem Verhältnismäßigkeitsgrundsatz zu genügen, müsste der Grundrechtseingriff zur Erreichung dieses Ziel geeignet, erforderlich und angemessen im engeren Sinne sein.[593]

Die Geeignetheit setzt voraus, dass das eingesetzte Mittel – in diesem Fall also die Entgeltgestaltung regulierende Regelungen – den Zweck erreichen bzw. fördern kann oder wenigstens die Möglichkeit der Zweckerreichung besteht.[594] Im

589 BVerfG v. 15.12.1999 – 1 BvR 1904/95, BVerfGE 101, 331, 346.

590 BVerfG v. 18.11.2003 – 1 BvR 302/96, NJW 2004, 146, 149.

591 BVerfG v. 29.12.2004 – 1 BvR 2283/03, NZA 2005, 153, Rn. 23.

592 S. dazu ausführlich u. Gliederungspunkt C)I.

593 BVerfG v. 8.10.1985 – 1 BvL 17/83, NJW 1986, 1603; BVerfG v. 26.4.1995 – 1 BvL 19/94, DB 1995, 1399.

594 BVerfG v. 10.4.1997 – 2 BvL 45/92, NVwZ 1997, 1109, 1111; BVerfG v. 8.6.2010 – 1 BvR 2011/07, NVwZ 2010, 1212, 1217, Rn. 103; Maunz/Dürig/*Grzeszick*, Art. 20 GG VII. Rn. 112.

Hinblick auf das Ziel der gleichen Entlohnung gleicher und gleichwertiger Arbeit von Frauen und Männern könnte grundsätzlich auch die Gewährung entsprechender einfachgesetzlicher Ansprüche genügen. Das aus Art. 3 Abs. 2 GG hergeleitete Entgeltgleichheitsgebot zielt aber, wie dargelegt, auf eine Angleichung der faktischen Verhältnisse ab.[595] Der wenigstens fördernde Effekt muss sich also auch auf tatsächlicher Ebene wiederspiegeln. In Betracht kommen insofern beispielsweise Maßnahmen, die die Erfolgschancen der Anspruchsdurchsetzung steigern können.

Richtigerweise hat der Gesetzgeber sich aber insofern auf die erforderlichen Maßnahmen zu beschränken. Eine Maßnahme ist dann erforderlich, wenn sie im Vergleich zu anderen, in gleicher Weise geeigneten Mitteln, dasjenige darstellt, welches das betroffene Rechtsgut am wenigsten beeinträchtigt.[596] Nach *Stütze* kann ein Eingriff in die Vertragsfreiheit grundsätzlich nur dann gerechtfertigt sein, wenn die privatautonome Entscheidung keine Gewähr mehr für die Richtigkeit des Vertragsinhalts geben kann – etwa aufgrund fehlender Vertragsparität.[597] Er unterscheidet des Weiteren drei Stufen der Eingriffsintensität: Auf der ersten Stufe werden lediglich die Funktionsbedingungen für die Richtigkeitsgewähr des Vertrages wiederhergestellt, während auf der zweiten Stufe die Vertragskontrolle im Hinblick auf verbotene oder unangemessene Inhalte stehen.[598] Erst auf der letzten Stufe findet eine unmittelbare Einflussnahme des Gesetzgebers durch Festlegung von Vertragsinhalten statt.[599]

Sicherlich nicht erforderlich und ebenfalls kaum umsetzbar wäre demnach ein Gesetz, welches für jede Tätigkeit ein konkretes Entgelt vorschreibt und den Parteien des Arbeitsvertrages damit keinerlei Spielraum offen ließe. Dabei ist weiterhin zu beachten, dass es insofern im Einklang mit der auch hier vertretenen Ansicht nicht um eine Angleichung i.S.d. Ergebnisgleichheit, sondern vielmehr der Chancengleichheit gehen darf. Chancengleichheit im Hinblick auf Entgeltgleichheit setzt eine Geschlechtsneutralität des Verfahrens und der Kriterien der Entgeltfindung voraus.[600] Unterscheidungen aufgrund des Geschlechts müssen demnach ausgeschlossen werden – mehr allerdings auch nicht. Die Verhinderung von Unterscheidungen, die auf anderen Gründen als dem Geschlecht beruhen, fordert der Grundsatz der gleichen Entlohnung gleicher und gleichwertiger Arbeit von Männern und Frauen gerade nicht. Maßnahmen, die i.R.d. von *Stütze* beschriebenen ersten beiden Stufen gezielt Diskriminierungen bei der Entgeltgestaltung angehen, sind insofern als mildere Mittel vorzugswürdig.

---

595 Vgl. dazu oben Gliederungspunkt C)I.1.

596 BVerfG v. 14.7.1999 – 1 BvR 2226/94, NJW 2000, 55, 61; BVerfG v. 8.6.2010 – 1 BvR 2011/07, NVwZ 2010, 1212, 1217, Rn. 103; BVerfG v. 22.8.2012 – 1 BvR 199/11, NJW 2012, 3423, Rn. 18.

597 *Stütze*, Die Kontrolle der Entgelthöhe im Arbeitsrecht, S. 165.

598 Ebd. S. 166 f.

599 Ebd. S. 167 f.; eine ähnliche Abstufung nimmt auch *Schwarze*, SR 2018, 131 vor.

600 S.o. Gliederungspunkt B)VII.1.

Die Angemessenheit im engeren Sinne setzt zudem voraus, dass bei einer Gesamtabwägung zwischen der Schwere des Eingriffs und dem Gewicht sowie der Dringlichkeit der ihn rechtfertigenden Gründe die Grenze der Zumutbarkeit gewahrt bleibt, die Maßnahme also die Betroffenen nicht übermäßig belastet.[601] Hier zeigt sich, dass eine Aufweichung der starren Drei-Stufen-Lehre sinnvoll ist, denn mit der Entgeltgestaltung ist eine der Hauptleistungspflichten des Arbeitsvertrages und somit der Kern der Arbeitsvertragsfreiheit betroffen. Obwohl es sich „nur" um Berufsausübungsregelungen handeln würde, erscheint ein hohes Rechtfertigungsniveau daher angemessen.[602] Auf der anderen Seite steht mit dem Entgeltgleichheitsgebot eine Maßgabe, welche sowohl durch die Verfassung, als auch durch das Europarecht vorgegeben wird. Das BVerfG hat Art. 3 Abs. 2 GG bereits als Rechtfertigungsgrund anerkannt.[603] Aus der Perspektive der geschützten Personen kann der Schutz vor Diskriminierung zudem als Vorbedingung ihrer eigenen privatautonomen Entscheidung verstanden werden.[604] Für das Arbeitsverhältnis ist typisch, dass sich der Arbeitnehmer gegenüber seinem Vertragspartner, dem Arbeitgeber, in einer strukturell unterlegenen Position befindet. Insofern erscheint es durchaus angemessen, der schwächeren Vertragspartei in einem gewissen Umfang Mittel an die Hand zu geben, die ihre Unterlegenheit ausgleichen, um so die Vertragsparität wiederherzustellen. Die Vertragsparität wird aber auch dann gefördert, wenn die Verhandlungsmacht auf Arbeitnehmerseite durch zahlenmäßige Steigerung erhöht wird – klassischerweise durch den Zusammenschluss zu Gewerkschaften, die die Vergütung für ihre Mitglieder in Tarifverhandlungen mit der Arbeitgeberseite vereinbaren.

c) Verhandlungsgeschick als Rechtfertigungsgrund

Wenn zuvor festgestellt wurde, dass die privatautonome Gestaltung von Arbeitsverträgen hinsichtlich des Entgelts durchaus durch das Entgeltgleichheitsgebot beschränkt wird, dann stellt sich die Frage, welche konkreten Auswirkungen sich daraus ergeben, wenn Arbeitgeber und Arbeitnehmer miteinander in Gehaltsverhandlungen treten. Hier hat der Arbeitnehmer die Möglichkeit, selbst Einfluss auf die Höhe seines Entgelts zu nehmen. Wie erfolgreich er oder sie dabei ist, hängt insbesondere davon ab, wie geschickt die Person verhandelt, was wiederum durch die Kenntnis von Vergleichsentgelten der (zukünftigen) Kollegen und persönliche Stärke beeinflusst wird. Im Hinblick auf die geringere Vergütung von Frauen wird teilweise der Vorwurf gemacht, diese würden ihr Gehalt weniger geschickt verhandeln oder sich bereits mit weniger zufrieden geben.[605] Dem wird regelmäßig

601 BVerfG v. 8.6.2010 – 1 BvR 2011/07, NVwZ 2010, 1212, 1219, Rn. 120; BVerfG v. 17.10.1990 – 1 BvR 283/85, NJW 1991, 555, 556.

602 So auch: *Stütze*, Die Kontrolle der Entgelthöhe im Arbeitsrecht, S. 99.

603 S.o. Gliederungspunkt C)I.2.

604 *Eichenhofer*, AuR 2013, 62, 64.

605 Vgl. dazu: *Liebig/Valet/Schupp*, DIW Wochenbericht, Nr. 27–28/2010, S. 11, 14 f.

entgegengehalten, dass Frauen insbesondere in bestehenden Arbeitsverhältnissen, im Vergleich zu männlichen Arbeitnehmern, geringere Kenntnis über die Entgelte der Kollegen hätten und ihnen deshalb der Anlass fehlt, eine ebenfalls höhere Entlohnung zu verlangen. Im Zusammenhang mit der Evaluierung der Wirkungen der Novellierung des österreichischen Gleichbehandlungsgesetzes[606] wurde sowohl von Arbeitgebervertretern als auch von Arbeitnehmern und Betriebsräten als Gründe für eine schlechtere Entlohnung von Frauen „das schlechtere Verhandeln von individuellen Überzahlungen aufgrund eines weniger selbstbewussten Verkaufens der eigenen Leistung" und die tendenziell stärkere Nutzung von „interpersonellen Verhandlungssituationen" durch Männer genannt.[607]

Das Entgeltgleichheitsgebot setzt auf der tatbestandlichen Ebene gleiche bzw. gleichwertige Arbeit voraus. Das Verhandlunggeschick kann zwar mittelbar Rückschlüsse auf die Fähigkeiten des Arbeitnehmers zulassen, diese dürfen aber bei der Frage nach dem Wert der Arbeit nur dann berücksichtigt werden, wenn ein unmittelbarer Zusammenhang zu der Tätigkeit besteht. Im Übrigen kommt das Verhandlungsgeschick, wenn ungleiche Verhandlungsergebnisse zu ungleicher Bezahlung, trotz gleicher oder gleichwertiger Arbeit führen, nur als Rechtfertigungsgrund in Betracht.[608] *Göpfert* und *Giese* nennen das Verhalten des Arbeitnehmers bei der Einstellung sowie sein Verhandlungsgeschick sogar explizit als taugliche sachliche Rechtfertigungsgründe.[609] Ein solcher darf nach der Rechtsprechung des EuGH aber nicht seinerseits diskriminierend sein.[610] Ein schlechtes Verhandlungsgeschick kann ebenso bei einem Mann vorhanden sein, es handelt sich mithin nicht um ein zwangsläufig auf Frauen entfallendes Merkmal. Zu klären wäre demnach zunächst, ob Frauen tatsächlich im Verhältnis zu Männern überwiegend schlechtere Verhandlungsergebnisse erzielen. Eine Unterscheidung nach diesem Merkmal würde dann wiederum eine mittelbare Diskriminierung darstellen.[611] Diese Frage war Gegenstand einer Meta-Analyse unter der Leitung von Organisationspsychologen der Universität Münster, deren Ergebnisse zeigen, dass Frauen, wenn sie für sich selbst verhandeln, im Durchschnitt gegenüber Männern leicht schlechtere Ergebnisse erzielen. Dieser Effekt verringere sich aber, sobald Frauen mehr Verhandlungserfahrung besitzen, relevante Informationen kennen oder für eine andere Person Verhandlungen durchführen.[612] Für den Normalfall der Individualverhandlungen

606 Dazu eingehend u. Gliederungspunkt E)IV.

607 *Wentner/Aichinger/Kuncic/Zeglovits*, Einkommenstransparenz, S. 17.

608 Also solcher ist er grundsätzlich auch in der Rechtsprechung des schweizerischen Bundesgerichts anerkannt, BG v. 22.12.2003, 4C_383/2002, BGE 130 III 145 S. 165; BG v. 24.8.2011, 4A_261/2011, 3.2.

609 *Göpfert/Giese*, NZA 2018, 207, 209.

610 Vgl. dazu oben Gliederungspunkt B)VI.3.a).

611 Welcher Prozentsatz für dieses Überwiegen erforderlich ist, ist im Einzelnen umstritten, vgl. MüKo-BGB/*Thüsing*, § 3 AGG Rn. 31.

612 *Mazei/Hüffmeier/Freund/Stuhlmacher/Bilke/Hertel*, 141 Psychological bulletin, 85 ff. (2015).

über Arbeitsentgelt sprechen diese Ergebnisse grundsätzlich für eine mittelbare Diskriminierung durch Unterscheidung nach dem Verhandlungsgeschick. Dieser Linie entspricht auch die Feststellung von *Lord Denning* im Hinblick auf den Equal Pay Act 1970, dass solche Rechtfertigungen gerade Gründe dafür seien, dass überhaupt ungleiche Bezahlung besteht und das Gesetz sich somit gerade gegen solche Entschuldigungen richten müsse. Die Begründung, einem Mann mehr zu bezahlen, weil er mehr verlangt bzw. einer Frau weniger, weil sie sich mit weniger zufriedengegeben hat, könne danach keine Rechtfertigungswirkung entfalten.[613] Im Zusammenhang mit der Rechtfertigung ungleicher Bezahlung wurde diese Feststellung auch in der deutschen Literatur regelmäßig zitiert:

Während *Wiedemann* das Argument für jedenfalls bedenkenswert hält,[614] stimmt *Colneric* den Ausführungen von *Lord Denning* umfänglich zu.[615] *Thüsing* hält jedoch entgegen, man dürfe der Nachfrageseite nicht jegliche Relevanz absprechen. Wenn der Arbeitnehmer, der mit einem schlechteren Ergebnis aus den Verhandlungen geht, nach der Marktlage auch nicht mehr hätte fordern können, weil das erzielte Gehalt dem Üblichen entspricht, dann komme es letztlich gar nicht auf das Verhandlungsgeschick des Arbeitnehmers an, sondern auf die Situation am Arbeitsmarkt, die wiederum zur Rechtfertigung herangezogen werden kann.[616] Die Entschuldigungsgründe Marktlage und Verhandlungsgeschick können somit voneinander getrennt betrachtet werden – in den Situationen, in denen sie gemeinsam auftreten, müsste es entscheidend auf die Marktlage ankommen. Gibt die Marktlage eigentlich ein besseres Gehalt her und verhandelt der Arbeitnehmer nur ungeschickt, etwa mangels Kenntnis der üblichen Entlohnung, dann dürfte die geringere Bezahlung grundsätzlich nicht zulässig sein. Man wird aber wohl weiter differenzieren müssen. Für die gleiche Arbeit wurde bereits erörtert, dass dort die Marktlage nie eine rechtfertigende Rolle spielen kann, während dies bei gleichwertiger Arbeit durchaus in Betracht kommt.[617]

Im Hinblick auf die Gewährleistung der Vertragsfreiheit, der so enge Grenzen gesetzt werden, erscheint das Ergebnis zwar konsequent, aber unbefriedigend. *Bauer* und *Romero* wollen hier der Vertragsfreiheit den Vorzug geben, deshalb könne „(…) auch eine Arbeitnehmerin mit gleicher Qualifikation und bei gleicher Beschäftigung (…) nicht denselben, höheren Lohn verlangen."[618] Das zugrunde

---

613 Clay Cross (Quarry Services) Ltd v. Fletcher [1979] 1 All E.R. 474 ff. "An employer cannot avoid his obligations under the Act by saying: "I paid him more because he asked for more," or "I paid her less because she was willing to come for less." If any such excuse were permitted, the Act would be a dead letter. Those are the very reasons why there was unequal pay before the statute. They are the very circumstances in which the statute was intended to operate."

614 *Wiedemann*, in: FS Friauf, S. 135, 146.

615 *Colneric*, in: FS Dieterich, S. 45, 54.

616 *Thüsing*, NZA 2000, 570, 574.

617 Vgl. oben Gliederungspunkt.B)VI.3.

618 *Bauer/Romero*, NZA 2017, 409, 412.

liegende Argument, dass dem Arbeitgeber lediglich die Benachteiligung aufgrund des Geschlechts verboten ist,[619] greift aber dann nicht, wenn eine Differenzierung nach dem Verhandlungsgeschick Frauen tatsächlich mittelbar benachteiligt, was dann innerhalb eines Prozesses darzulegen wäre. Im Ergebnis verbleibt dem Arbeitgeber damit nur noch innerhalb der marktüblichen Entlohnung ein Spielraum – mithin wenig Platz für ein echtes Verhandeln. Fraglich ist aber, ob man dabei so weit gehen muss, dem Arbeitgeber sämtliche Verantwortung aufzuerlegen. Fragt dieser im Vorstellungsgespräch nach den Gehaltsvorstellungen und gibt der Bewerber ein niedrigeres Gehalt an, als dasjenige, das vergleichbare Arbeitnehmer des Arbeitgebers verdienen und stimmt der Arbeitgeber dem zu, dann fällt es, insbesondere, wenn es sich um verhältnismäßige geringe Unterschiede handelt, schwer zu begründen, ihm dies zu untersagen oder gar eine Aufklärungspflicht aufzuerlegen.

4. Zwischenergebnis

Trotz der im Hinblick auf die Gestaltung von Arbeitsverträgen durch Art. 12 Abs. 1 GG geschützten Privatautonomie, bestehen Möglichkeiten, diese Freiheit durch geeignete Mittel einzuschränken. Im Hinblick auf das Erfordernis der Verhältnismäßigkeit muss der Schwerpunkt auf der Verbesserung von Chancengleichheit liegen. Angezeigt sind die Verbesserung der Vorbedingungen für ein annäherndes Verhandlungsgleichgewicht der Vertragsparteien und die gezielte Bekämpfung von Diskriminierungen bei der Entgeltgestaltung. Entscheidend dabei ist aber, dass nicht – der schwer vorzunehmenden Differenzierung zwischen diskriminierenden und neutralen Motivationen des Arbeitgebers geschuldet – der Fokus auf das Ergebnis verlagert wird. Eine angemessene Wahrung der Privatautonomie kann nur dann gelingen, wenn insofern sorgfältig unterschieden wird. Während die bloße Entschuldigung, eine Frau hätte sich bei den Gehaltsverhandlungen nicht gut verkauft, für sich nicht genügen mag, so kann es sich bei Kongruenz mit der Arbeitsmarktsituation durchaus um eine taugliche Rechtfertigung handeln.

III. Tarifautonomie

Die Ausführungen zu dem Konflikt zwischen dem Entgeltgleichheitsgebot und der privatautonomen Gestaltung von Arbeitsverträgen haben gezeigt, dass diese überwiegend in einer vermeintlich fehlenden Vertragsparität begründet sind. Der Zusammenschluss von Arbeitnehmern in Gewerkschaften kann hier einen Ausgleich schaffen. Trotz rückläufiger Tarifbindung spielt die Lohnfindung durch Tarifvertragsparteien in entsprechenden Verhandlungen, sowohl i.R.d. normativen Bindung an Tarifverträge als auch bei Anwendung aufgrund einer

---

619 Ebd.

arbeitsvertraglichen Bezugnahme, eine wichtige Rolle.[620] Dies gilt auch im Hinblick auf Entgeltunterschiede, denn dort, wo die Entlohnung auf Tarifvertrag beruht, ist Studien zufolge eine geringere Entgeltlücke zwischen Männern und Frauen zu verzeichnen.[621] Insofern wird schon das Bestehen eines Handlungsbedarfs relativiert. Im Zusammenhang mit der Frage, inwiefern sich der Wert der Arbeit am Marktlohn orientieren sollte, wurde dargelegt, dass Tariflöhne hier regelmäßig als Hilfskriterium herangezogen werden können.[622] Die Reibungspunkte zwischen „objektiver Arbeitsbewertung“ und tarifautonomer Bestimmung von Entgelten sind insofern ähnlich.

Überspitzt wird eine Übertragung „männlicher Bezahlung“ auf vorwiegend von Frauen ausgeübte Tätigkeiten teilweise als Verletzung der Tarifautonomie verstanden.[623] *Löwisch* und *Rieble* sehen darin sogar im Kern eine Abschaffung der Tarifautonomie für Frauen.[624] *Jöris* wiederum betont die wichtige Rolle der Tarifautonomie bei der Setzung von hohen Standards bei Arbeitsbedingungen und mahnt daher die politischen Akteure an, sich bei der gesetzlichen Gewährleistung des Entgeltgleichheitsgebots nicht in die Ausgestaltung von tariflichen Entgeltstrukturen einzumischen.[625] Ist dies ernsthaft zu befürchten und nimmt man gleichzeitig die abnehmende Tarifbindung in den Blick, so stellen sich zwei Fragen: Erstens, ob eine Festlegung dessen, was gleichwertig ist, nicht den verfassungsrechtlichen Gewährleistungsgehalt der Tarifautonomie unzulässig antastet und zweitens, inwiefern Möglichkeiten verbleiben, die Ergebnisse von Tarifverhandlungen hinreichend zu respektieren.

1. Begriff und Inhalt der Tarifautonomie

Durch Art. 9 Abs. 3 GG wird die Koalitionsfreiheit verfassungsrechtlich geschützt. Sie umfasst einerseits die individuelle Freiheit, eine entsprechende Koalition zu gründen, in ihr zu verbleiben, ihr bei- oder auszutreten bzw. ihr gänzlich fern zu bleiben.[626] In kollektivrechtlicher Hinsicht gewährleistet die Tarifautonomie als Ausprägung der Koalitionsfreiheit die autonome Regelung insbesondere des Arbeitsentgelts und der anderen materiellen Arbeitsbedingungen zwischen den Tarifvertragsparteien.[627] Sie wird deshalb auch als kollektive Privatautonomie

---

620 Vgl. *Ellguth/Kohaut*, in: Arbeitsmarkt kompakt 2017, S. 78 f.

621 BT-Drucks. 18/11133, S. 1.

622 S.o. Gliederungspunkt B)VI.2.

623 *Rieble*, RdA 2011, 36, 44 f.; a.A. *Feldhoff*, ZTR 1999, 207, 2013.

624 *Löwisch/Rieble*, § 1 TVG Rn. 874.

625 *Jöris*, ZfA 2016, 71, 80.

626 Vgl. BVerfG v. 4.7.1995 – 1 BvF 2/86, NJW 1996, 185, 186; BVerfG v. 3.7.2000 – 1 BvR 945/00, NZA 2000, 947; BVerfG v. 11.7.2006 – 1 BvL 4/00, NJW 2007, 51, 53, Rn. 66; zusammengefasst bei Maunz/Dürig/*Scholz*, Art. 9 GG Rn. 169.

627 Zuletzt: BVerfG v. 11.7.2017 – 1 BvR 1571/15, NZA 2017, 915, 918, Rn. 146; zuvor bereits BVerfG v. 27.4.1999 – 1 BvR 2203/93, 1 BvR 897/95, NJW 1999, 3033, 3034; ErfK/*Franzen*, § 1 TVG Rn. 3.

verstanden.[628] In beiden Formen wird dabei jede koalitionsspezifische Verhaltensweise geschützt und nicht nur solche, die für die Erhaltung und die Sicherung des Bestandes der Gewerkschaft notwendig sind.[629] Um diesem Grundrecht Genüge zu tun, ist es erforderlich, dass die Tarifparteien die Möglichkeit haben, sich gemeinsam auf Regelungen zu einigen und dabei tragfähige Kompromisse herzustellen.[630] Dabei ist aus Sicht der Tarifparteien die praktische Wirksamkeit ihres Handelns eine „verbandspolitische Existenzfrage", denn tarifpolitische Erfolge und hohe Mitgliederzahlen stehen im engen Zusammenhang.[631]

Im Hinblick auf die Entgeltfindung gehört zu den wesentlichen Bestandteilen der Tarifautonomie auch die Frage, wie einzelne Tätigkeiten vergütungsrechtlich zu bewerten sind. Nach der Rechtsprechung des BAG ist dies „integraler Bestandteil der Tarifautonomie", weshalb den Möglichkeiten staatlicher Gewalt, darauf Einfluss zu nehmen, enge Grenzen gesetzt sind und nur ausnahmsweise – etwa aus sozialstaatlichen Erwägungen in Betracht kommen.[632] Hingegen sei „nach der Konzeption des Grundgesetzes die Festlegung der Höhe des Entgelts grundsätzlich den Tarifvertragsparteien übertragen, weil dies nach Überzeugung des Verfassungsgebers zu sachgerechteren Ergebnissen als eine staatlich beeinflusste Lohnfindung führt".[633] Die Regelungsmacht erfasst insbesondere die unterschiedliche Bewertung unterschiedlicher Tätigkeiten, unabhängig davon, ob die Regelungen „Betroffenen ungerecht und Außenstehenden nicht zwingend sachgerecht erscheinen" – sie sei „integraler Bestandteil der Tarifautonomie".[634] Dieses Verständnis hat das BAG auch mehrfach bestätigt.[635]

Aus Sicht des Staates erfüllt die Tarifautonomie den im öffentlichen Interesse liegenden Zweck, „in dem von der staatlichen Rechtsetzung frei gelassenen Raum das Arbeitsleben im einzelnen durch Tarifverträge sinnvoll zu ordnen, insbesondere die Höhe der Arbeitsvergütung für die verschiedenen Berufstätigkeiten festzulegen, und so letztlich die Gemeinschaft sozial zu befrieden".[636] Art. 9 Abs. 3

---

628 BAG v. 25.2.1998 – 7 AZR 641/96, BAGE 88, 118, Rn. 17; ErfK/*Linsenmaier*, Art. 9 GG Rn. 55; *Löwisch/Rieble*, Grundlagen Rn. 30; a.A. *Däubler*, TVG Einleitung Rn. 249 ff.

629 BVerfG v. 14. 11.1995 – 1 BvR 601/92, NJW 1996, 1201, 1202; BVerfG v. 26.3.2014 – 1 BvR 3185/09, NZA 2014, 493, Rn. 23.

630 ErfK/*Linsenmaier*, Art. 9 GG Rn. 51.

631 Vgl. ebd. Rn. 52.

632 BAG v. 17.12.2009 – 6 AZR 665/08, AP TVÜ § 4 Nr. 1, Rn. 19.

633 BAG v. 17.12.2009 – 6 AZR 665/08, AP TVÜ § 4 Nr. 1, Rn. 19; bezugnehmend auf BVerfG v. 26.6.1991 – 1 BvR 779/85, NJW 1991, 2549; BVerfG v. 4.7.1995 – 1 BvF 2/86 ua., NJW 1996, 185.

634 BAG v. 17.12.2009 – 6 AZR 665/08, AP TVÜ § 4 Nr. 1, Rn. 19.

635 Vgl. BAG v. 27.1.2011 – 6 AZR 578/09, AP TVG § 1 Tarifverträge: Versorgungsbetriebe Nr. 2, Rn. 45; BAG v. 8.12.2011 – 6 AZR 319/09, NZA 2012, 275, 280; BAG v. 25.1.2012 – 4 AZR 148/10, Rn. 32; BAG v. 20.9.2012 – 6 AZR 211/11, NZA-RR 2013, 105, 108, Rn. 24.

636 So BVerfG v. 6.5.1964 – 1 BvR 79/62, NJW 1964, 1267, 1268.

GG ist dabei auch die Wertung zu entnehmen, dass der Staat seine Zuständigkeit zur Rechtsetzung, soweit es sich um den Inhalt von Arbeitsverträgen handelt, weit zurückgenommen und die Bestimmung regelungsbedürftiger Einzelheiten des Arbeitsvertrages den in den Tarifparteien organisierten Arbeitnehmern und Arbeitgebern überlassen hat.[637] Der Gesetzgeber bleibt aber dennoch befugt, das Arbeitsrecht zu regeln, was auch durch die Kompetenznorm des Art. 74 Abs. 1 Nr. 12 GG deutlich wird.[638] Einerseits belässt also der Gesetzgeber den Tarifparteien einen weiten Gestaltungsspielraum, andererseits kommt ihm aber auch die Aufgabe zu, das Grundrecht durch die Rechtsordnung auszugestalten, soweit das Verhältnis widerstreitender Interessen betroffen ist.[639] Als Grund dafür führt das BVerfG an, dass die historische Erfahrung zeige, dass so im Vergleich zu einer staatlichen Bestimmung gerechtere Ergebnisse erzielt werden könnten und dem Tarifvertrag somit eine sog. Richtigkeitsvermutung zugebilligt werden könne – jedenfalls bei hinreichender Parität der Tarifvertragsparteien.[640]

Die Tarifautonomie wird also geschützt, gerade weil man den Tarifparteien die Fähigkeit zubilligt, angemessene Ergebnisse zu erzielen. Im Falle von Tarifverhandlungen stehen sich nicht mehr der „mächtige" Arbeitgeber und der ihm strukturell unterlegene Arbeitnehmer gegenüber, sondern zwei Verbände, die im Idealfall gleichermaßen stark sind. Hinzu kommt in Anbetracht ihrer Sachnähe die besondere Eignung der Tarifvertragsparteien interessengerechte Kompromisse zu erzielen.[641] Die damit einhergehende Richtigkeits- oder Angemessenheitsvermutung[642] soll den jeweiligen Ergebnissen aber nur dann innewohnen, wenn sich mit den Tarifvertragsparteien ebenbürtige Gegner gegenüberstehen. Die Tarifvertragsparteien sind aber im Übrigen keineswegs dazu verpflichtet, den möglichst

637 BVerfG v. 27.2.1973 – 2 BvL 27/69, NJW 1973, 1320, 1321; BVerfG v. 24.5.1977 – 2 BvL 11/74, BVerfGE 44, 322, Rn. 57.

638 BVerfG v. 29.12.2004 – 1 BvR 2283/03, NZA 2005, 153, Rn. 20.

639 BVerfG v. 4.7.1995 – 1 BvF 2/86, NJW 1996, 185, 186; BVerfG v. 26.3.2014 – 1 BvR 3185/09, NZA 2014, 493, 494.

640 Vgl. nur BVerfG v. 11.7.2017 – 1 BvR 1571/15, NZA 2017, 915, 918, Rn. 146 m.w.N. „ein objektiver Maßstab, nach dem sich die Richtigkeit besser beurteilen ließe, existiert nicht. Im Zentrum der Richtigkeitsvermutung steht, dass mit dem kollektiven Vertragssystem die strukturelle Unterlegenheit der einzelnen Arbeitnehmerinnen und Arbeitnehmer überwunden werden kann. Das Tarifvertragssystem ist darauf angelegt, deren strukturelle Unterlegenheit beim Abschluss von individuellen Arbeitsverträgen durch kollektives Handeln auszugleichen und damit ein annähernd gleichgewichtiges Aushandeln der Löhne und Arbeitsbedingungen zu ermöglichen."

641 BVerfG v. 27.2.1973 – 2 BvL 27/69, NJW 1973, 1320, 1321; BAG v. 18.3.2009 – 4 AZR 64/08, NZA 2009, 1028, 1036, Rn. 66 ff.

642 Zuletzt: BVerfG v. 11.7.2017 – 1 BvR 1571/15, NZA 2017, 915, 918, Rn. 146; zuvor bereits BAG v. 18.3.2009 – 4 AZR 64/08, NZA 2009, 1028, 1036, Rn. 67; BAG v. 26.10.2016 – 7 AZR 140/15, NZA 2017, 463, 465, Rn. 22.

„gerechtesten" Kompromiss zu erzielen – für differenzierende Regelungen muss lediglich ein sachlich vertretbarer Grund vorliegen.[643] *Alfred Hueck* formulierte insofern treffend, dass bei den Ergebnissen von Tarifvertragsverhandlungen lediglich „ (...) die große Wahrscheinlichkeit besteht, dass es sich um gerechte oder doch zum mindesten sozial tragbare Löhne und Arbeitsbedingungen handelt"[644].

Die Ausführungen zu der Frage nach der Bestimmbarkeit eines „objektiven" Arbeitswertes haben gezeigt, dass – zumindest unter gewissen Bedingungen – die Preisbildung am Markt das insoweit tauglichste Kriterium darstellt. Im Rahmen von etwa § 138 BGB ziehen die Gerichte Tarifentgelte dabei als Hilfskriterium heran.[645] Auch daran wird deutlich, dass den Ergebnissen von Tarifverhandlungen ein besonderes Maß an Richtigkeit zugebilligt wird, sodass sie in Fragen der angemessenen Entgelthöhe als Orientierungsmaßstab herangezogen werden können. Es wäre also einerseits verfehlt, Tarifnormen als unfehlbare Postulate der Gerechtigkeit zu verstehen. Andererseits sind sie das Ergebnis von Verhandlungen – ein Kompromiss der in der Regel nur durch gegenseitiges Nachgeben zustande kommt und mithin einen Ausgleich in sich trägt. Ähnlich wie i.R.d. individuellen Privatautonomie festgestellt, sollen staatliche Eingriffe daher nur dann erfolgen, wenn der begründete Anlass besteht, den Ergebnissen die Qualität eines ausgewogenen Kompromisses absprechen zu müssen.

2. Vereinbarkeit mit dem Entgeltgleichheitsgebot

An sich handelt es sich bei der Bewertung von Tätigkeiten und der darauf aufbauenden Lohnfindung um originär tarifpolitische Aufgaben. Jede staatliche Einflussnahme auf Bestandteile dieser Aufgaben – auch zum Schutz von Benachteiligungen – stellt einen Eingriff in die grundgesetzliche Gewährleistung dar. Der Schutz tarifautonomer Entgeltgestaltung dient aber bereits selbst der Stärkung von Verhandlungsmacht und Durchsetzungsfähigkeit auf Arbeitnehmerseite. Einflussnahme kann deshalb nur möglich sein, soweit das GG es zulässt. Einer der weitestgehenden möglichen Eingriffe wäre wohl die Einführung eines Genehmigungsverfahrens für Tarifverträge unabhängig vom Vorliegen eines Anfangsverdachts.[646] Dieser ist jedoch abzulehnen, schließlich handelt es sich im Ergebnis um eine Tarifzensur. Bei Eingriffen, die unterhalb dieser Schwelle liegen, gilt es, die Grenzen zwischen Tarifautonomie und Entgeltgleichheitsgebot auszuloten.

643 Zuletzt BAG v. 22.3.2017 – 4 ABR 54/14, NZA-RR 2017, 357, 360, Rn. 26; BAG v. 15.4.2015 – 4 AZR 796/13, NZA 2015, 1388, 1392, Rn. 32; BAG v. 14.9.2016 – 4 AZR 456/14, NZA-RR 2017, 202, 206, Rn. 49.

644 *Hueck*, in: Der gerechte Lohn, S. 18, 29.

645 S.o. Gliederungspunkt B)VI.2.a).

646 *Kocher*, in: Neue Wege – Gleiche Chancen, S. 165, 191.

a) Die Schranken der Tarifautonomie

Anders als etwa Art. 12 Abs. 1 S. 2 GG, enthält Art. 9 Abs. 3 GG keinen ausdrücklichen Hinweis auf die näheren Umstände seiner Beschränkbarkeit und wird deshalb als vorbehaltlos gewährleistetes Grundrecht verstanden.[647] Entgegen teilweiser Ansicht,[648] unterliegt die Koalitionsfreiheit nicht den Schranken des Art. 9 Abs. 2 GG, denn es handelt sich – wie das BVerfG zuletzt klarstellend konstatierte – nicht um einen Spezialfall der allgemeinen Vereinigungsfreiheit.[649] Einschränkungen können aber dennoch aufgrund sog. verfassungsimmanenter Schranken, wie den Grundrechten von Dritten, anderen Verfassungsgütern und Gemeinwohlbelangen erfolgen.[650] Eine inhaltliche Kontrolle der durch Tarifverhandlungen zustande gekommenen Ergebnisse im Hinblick auf deren Angemessenheit oder Zweckmäßigkeit findet in Ansehung der Richtigkeitsvermutung grundsätzlich nicht statt.[651] Ein Gericht hat auch nicht darüber zu entscheiden, ob die Tarifvertragsparteien das „gerechteste" Ergebnis erzielt haben.[652] Denn dazu sind die Tarifvertragsparteien gerade nicht verpflichtet.[653] Wie bereits dargelegt wurde, sind Korrekturen staatlicherseits – sei es durch den Gesetzgeber, sei es durch die Gerichte – ohnehin nur dann angezeigt und zulässig, wenn die Prämisse der Verhandlungsparität nicht gewahrt wird.

b) Grundrechtsbindung der Tarifvertragsparteien?

Im Zusammenhang mit der Einschränkbarkeit der Tarifautonomie steht jedoch auch die Frage nach der Grundrechtsbindung der Tarifvertragsparteien selbst. Bestünde eine solche, so wären die Tarifvertragsparteien bereits in gleicher Weise wie der Staat an die grundrechtlichen Gewährleistungen gebunden. Grundkonflikt ist dabei die einerseits normative Wirkung von Tarifnormen, die das Handeln der Tarifvertragsparteien dem des Gesetzgebers ähneln lässt, und andererseits die Tatsache, dass es sich bei den Tarifvertragsparteien eben nicht um staatliche Akteure handelt[654]. In seinem Urteil vom 27.5.2004 hat der 6. Senat des BAG schließlich

---

647 BVerfG v. 11.7.2017 – 1 BvR 1571/15, NZA 2017, 915, 918, Rn. 143; Sachs/*Höfling*, Art. 9 GG Rn. 135; ErfK/*Linsenmaier*, Art. 9 GG Rn. 48.

648 Vgl. nur Maunz/Dürig/*Scholz*, Art. 9 GG Rn. 337 m.w.N.

649 BVerfG v. 11.7.2017 – 1 BvR 1571/15, NZA 2017, 915, 918, Rn. 143.

650 BVerfG v. 11.7.2017 – 1 BvR 1571/15, NZA 2017, 915, 918, Rn. 143.

651 BAG v. 26.4.2017 – 10 AZR 589/15, NZA 2017, 1069, 1072, Rn. 31; siehe auch *Stütze*, Die Kontrolle der Entgelthöhe im Arbeitsrecht, S. 363 m.w.N.; dementsprechend findet bei Tarifverträgen nach § 310 Abs. 4 S. 1 BGB keine AGB-Kontrolle statt; *Löwisch/Rieble*, § 1 TVG Rn. 1355; ErfK/*Preis*, § 310 BGB Rn. 8.

652 BAG v. 26.4.2017 – 10 AZR 589/15, NZA 2017, 1069, 1072, Rn. 31.

653 S.o. Gliederungspunkt C)III.1.

654 BAG v. 27.5.2004 – 6 AZR 129/03, NZA 2004, 1399, 1401; BAG v. 26.4.2017 – 10 AZR 856/15, NZA-RR 2017, 478, 481, Rn. 28; ErfK/*Schmidt*, Art. 3 GG Rn. 25; Däubler/*Ulber*, Einleitung TVG Rn. 244.

ausdrücklich klargestellt, dass der Staat durch §§ 1, 4 Abs. 1 TVG keinen Teil seiner Hoheitsgewalt delegiert habe, sondern nur die zustande gekommene Einigung durch die Zuerkennung einer normativen Wirkung schütze.[655] Dabei wurde auch betont, dass die Tarifvertragsparteien Vereinigungen privaten Rechts seien und schon deshalb nicht unmittelbar grundrechtsgebunden sein könnten. Sie haben jedoch „auf Grund der Schutzpflichtfunktion der Grundrechte bei ihrer tariflichen Normsetzung den allgemeinen Gleichheitssatz des Art. 3 Abs. 1 GG sowie die Diskriminierungsverbote des Art. 3 Abs. 2 und Abs. 3 GG“ zu beachten.[656]

Die Grundrechtsbindung der Tarifvertragsparteien ist nach wie vor ein hoch umstrittenes und viel diskutiertes Thema.[657] Verbreitet wird dabei zwischen Gleichheitsrechten und Freiheitsrechten unterschieden.[658] Während im Hinblick auf letztere die überwiegende Meinung von einer nur mittelbaren Bindung ausgeht,[659] verneint das BAG zwar auch die unmittelbare Bindung der Tarifvertragsparteien an Art. 3 Abs. 1 GG, wendet aber ausdrücklich denselben Prüfungsmaßstab an.[660] Der Wortlaut und der Charakter einer Staatszielbestimmung sprechen jedoch eher dafür, nur den Staat als Adressaten des Art. 3 Abs. 2 GG zu verstehen, der diesem Gebot durch einfachgesetzliche Ausgestaltung nachzukommen hat und so einen Rahmen schafft, innerhalb dessen die Tarifvertragsparteien sich bewegen müssen.[661] Dies gilt jedenfalls sofern ihre Freiheiten aus Art. 9 Abs. 3 GG durch das gesetzgeberische Handeln nicht unverhältnismäßig beeinträchtigt werden.

Die Frage nach der Grundrechtsbindung der Tarifvertragsparteien verliert jedoch ohnehin an Bedeutung, sobald das gleichheitswidrige Handeln einfachgesetzlich untersagt ist, also etwa an ein Diskriminierungsmerkmal des Allgemeinen Gleichbehandlungsgesetzes anknüpft.[662] Auch der Vierte Senat des BAG hält den Streit über die Grundrechtsbindung im Hinblick auf das Diskriminierungsverbot des Art. 3 Abs. 2 GG insoweit für „relativ unbedeutend“.[663] An das einfache Gesetzesrecht sind die Tarifvertragsparteien gebunden.[664] Im Falle der unterschiedlichen

---

655 BAG v. 27.5.2004 – 6 AZR 129/03, NZA 2004, 1399, 1401.

656 Ebd. 1. Leitsatz.

657 S. ausführlich zum Streitstand NK-GA/*Frieling*, Art. 3 GG Rn. 45 ff.; Däubler/*Ulber*, Einleitung TVG Rn. 207 ff.

658 NK-GA/*Frieling*, Art. 3 GG Rn. 6 m.w.N.

659 Vgl. etwa BAG v. 25.2.1998 – 7 AZR 641/96, BAGE 88, 118, Rn. 17; BAG v. 7.6.2006 – 4 AZR 316/05, BAGE 118, 232, Rn. 31; s. zu der uneinheitlichen Rechtsprechung der verschiedenen Senate Däubler/*Ulber*, Einleitung TVG Rn. 213.

660 BAG v. 22.9.2016 – 6 AZR 432/15, NZA-RR 2017, 42, Rn. 22; BAG v. 15.4.2015 – 4 AZR 796/13, NZA 2015, 1388, 1392, Rn. 29; BAG v. 27.5.2004 – 6 AZR 129/03, NZA 2004, 1399, 1401; dazu kritisch *Burkiczak*, RdA 2007, 17 ff.

661 *Burkiczak*, RdA 2007, 17, 21 f. m.w.N.

662 NK-GA/*Frieling*, Art. 3 GG Rn. 45; Sachs/*Nußberger*, Art. 3 GG Rn. 75.

663 BAG v. 30.8.2000 – 4 AZR 563/99, BAGE 95, 277, Rn. 48.

664 Däubler/*Ulber*, Einleitung TVG Rn. 452; vgl. auch zu den Fällen, in denen eine Abweichung von einfachem Recht möglich ist ErfK/*Franzen*, § 1 TVG Rn. 13.

Entlohnung gleicher und gleichwertiger Arbeit aufgrund des Geschlechts ist eine solche Anknüpfung unproblematisch gegeben.

c) Entgeltgleichheit als Schranke der Tarifautonomie

Unabhängig von der Frage nach der Grundrechtsbindung der Tarifvertragsparteien ist der Gesetzgeber grundsätzlich dazu befugt, zum Schutze von Verfassungsgütern in die Tarifautonomie einzugreifen. Das in Art. 3 Abs. 2 GG verankerte Entgeltgleichheitsgebot stellt unproblematisch ein solches Verfassungsgut dar. Auf einfachgesetzlicher Ebene war bereits vor Inkrafttreten des EntgTranspG die unterschiedliche Behandlung von Beschäftigten aufgrund des Geschlechts im Hinblick auf das Entgelt durch das AGG verboten. Ein solches Verbot stellt zwar auch eine Beschränkung der Freiheit der Tarifvertragsparteien dar, sie ist aber zur Gewährleistung des Entgeltgleichheitsgebots unbedingt geeignet, erforderlich und auch angemessen, um dem Gewährleistungsgehalt von Art. 3 Abs. 2 GG in dieser Hinsicht gerecht zu werden. Eine Frau unmittelbar aufgrund ihres Geschlechts trotz gleicher oder gleichwertiger Arbeit geringer zu entlohnen, stellt demgegenüber schlichtweg kein schützenswertes Interesse dar. Ebenso muss man wohl auch argumentieren, wenn neben das Verbot ungleicher Entlohnung ein entsprechender Anspruch auf gleiche Entlohnung tritt.[665]

Eine andere Frage ist aber, ob der Gesetzgeber den Tarifvertragsparteien auch vorschreiben kann, wann gleiche bzw. gleichwertige Arbeit vorliegt. Im Hinblick auf gleiche Arbeit besteht ohnehin schon aufgrund von Wortlaut und -sinn nur ein geringer Spielraum.[666] Die Frage nach der Gleichwertigkeit ist hingegen, wie dargelegt, ungleich schwieriger zu beantworten. Gleichzeitig ist die vergütungsrechtliche Bewertung einzelner Tätigkeiten ein „integraler Bestandteil der Tarifautonomie".[667] Sie ist Vorbedingung für die tarifautonome Festsetzung von Löhnen. Damit ist sie Bestandteil eines besonders gewichtigen Schutzguts des Art. 9 Abs. 3 GG, weshalb besonders schwerwiegende Gründe für die Rechtfertigung eines Eingriffs vorliegen müssen.[668] Als zulässige Einschränkung hat das BVerfG beispielsweise Lohnabstandsklauseln bei Arbeitsbeschaffungsmaßnahmen unter Berufung auf das Sozialstaatsprinzip sowie die Gewährleistung von Art. 1 Abs. 1 und Art. 2 Abs. 1 GG zur Bekämpfung von Massenarbeitslosigkeit bewertet.[669] Argumentiert wurde hier damit, dass „eine Verhandlungsposition i.S.d. Möglichkeit prinzipiell gleichwertiger Interessenwahrnehmung (...) im Bereich von

665 So im Ergebnis auch Referentenentwurf des Bundesministeriums für Familie, Senioren, Frauen und Jugend, Entwurf eines Gesetzes für mehr Lohngerechtigkeit zwischen Frauen und Männern, Bearbeitungsstand: 27.10.2016, S. 64.

666 Vgl. oben Gliederungspunkt B)IV.2.a).

667 S.o. Gliederungspunkt C)III.1. m.w.N.

668 BVerfG v. 24.4.1996 – 1 BvR 712/86, NJW 1997, 513, 514; BVerfG v. 27.4.1999 – 1 BvR 2203/93, NJW 1999, 3033, 3034.

669 Ebd. S. 3033.

Arbeitsbeschaffungsmaßnahmen, die vorrangig den Interessen Arbeitsloser dienen, auf Seiten der Gewerkschaften nicht“ existiere.[670] In Fällen derartiger Schutzbedürftigkeit einer bestimmten Gruppe, ist Vertragsparität nicht gewährleistet.

aa) Gewerkschaftliche Repräsentanz und Organisationsgrad

Folglich ist zu prüfen, ob im Hinblick auf „Frauenarbeit“ eine ähnliche Problematik besteht, die einen Eingriff in die Tarifautonomie rechtfertigen könnte. Inwiefern eine Gewerkschaft die Interessen einer bestimmten Beschäftigtengruppe wahrnimmt, hängt immer auch von dem verbandsinternen Engagement der Gruppe ab: Neben dem dem Tarifergebnis innewohnenden Kompromisscharakter ist zu bedenken, dass unterschiedliche Löhne auch unterschiedlichen Graden der Organisation geschuldet sein können.[671] Mit der Anerkennung der Tarifautonomie geht ein Erfordernis der Eigeninitiative auf Arbeitnehmerseite einher, welches diesen abverlangt, sich gewerkschaftlich zu organisieren und dabei „Kampfdruck“ und „Kampfrendite“ zu erzeugen.[672] *Rieble* gibt zwar gleichzeitig auch zu bedenken, dass dann, wenn in typischen „Frauenberufen“ das Angebot an Arbeitskräften die Nachfrage übersteigt, dies den „Kampfdruck“ schwächen kann – mit Benachteiligung aufgrund des Geschlechts habe das aber nichts zu tun.[673] *Feldhoff* wiederum lehnt einen Verweis auf die Eigenverantwortung der Betroffenen entschieden ab und verweist insofern auf die „ (...) unterschiedliche gesellschaftliche Machtverteilung (...), die die Durchsetzungsfähigkeit von Fraueninteressen entscheidend schwächt“.[674] Die Bewertung von Tätigkeiten in Tarifverträgen könne nur eine widerlegliche Vermutung dafür liefern, dass diese gleich- bzw. ungleichwertig sind.[675]

Im Jahr 2015 lag der Anteil der gewerkschaftlich organisierten Arbeitnehmer in Deutschland zwischen 11,6 % (Mecklenburg-Vorpommern) und 28 % (Saarland), wobei der Frauenanteil bei einer Gesamtbetrachtung aller Gewerkschaften zwischen 26,3 % (Saarland) und 46,2 % (Mecklenburg-Vorpommern) lag.[676] Insgesamt ist neben dem insofern niedrigen Organisationsgrad auch ein durchgängig niedriger Frauenanteil der Gewerkschaften festzustellen. Innerhalb einzelner Branchen kann sich jedoch auch ein anderes Bild ergeben.[677] Geschlechtertypische

---

670 Ebd. S. 3035.

671 *Franzen*, in: FS Kempen, S. 123, 133; *Rieble*, RdA 2011, 36, 41; *Wißmann*, in: FS Schaub, S. 793, 800.

672 *Rieble*, RdA 2011, 36, 41.

673 Ebd.

674 *Feldhoff*, ZTR 1999, 207, 212.

675 Ebd. S. 213.

676 https://www.iwkoeln.de/studien/iw-kurzberichte/beitrag/dgb-organisationsgrad-nordwesten-staerker-suedosten-schwaecher-342153.html (Abruf 2.12.2018).

677 Vgl. etwa den Frauenanteil in der GEW Hamburg von 64 %, https://www.gew-hamburg.de/veroeffentlichungen/hlz-mitgliederzeitung/pdf/frauenquote-ungleiches-ungleich-behandeln (Abruf 2.12.2018).

Berufswahlentscheidungen spiegeln sich demnach auch bei der Zusammensetzung der Gewerkschaften wieder. Dort, wo Frauen in geringerem Maße vertreten sind, stellt sich die Frage, ob dies auf autonomen Entscheidungen der Frauen oder auf diskriminierenden Strukturen in der Gewerkschaft beruht. Die Gewerkschaft ver.di hat jedenfalls in § 20 Abs. 3 ihrer Satzung festgelegt,[678] dass Frauen in allen Organen, Beschlussgremien und bei Delegiertenwahlen mindestens entsprechend ihrem Anteil an der jeweils repräsentierten Mitgliedschaft vertreten sein müssen. Doch auch die Einführung solcher Quoten hängt wiederum davon ab, in welchem Maße Frauen überhaupt Mitglieder von Gewerkschaften sind und ist zudem eine Frage der Verbandsautonomie.[679] Insgesamt ist zu beobachten, dass Quoten in größeren Gewerkschaften häufiger vorhanden sind als in Kleineren.[680] In Arbeitgeberverbänden wiederum sind überwiegend Männer vertreten und auch auf Gewerkschaftsseite finden Quotenregelungen bei der Besetzung der Verhandlungsspitzen weniger Beachtung, sodass bei wichtigen Entscheidungen oftmals beide Seiten des Verhandlungstisches rein männlich besetzt sind.[681] Für diese faktische Unterrepräsentanz und eine fehlende Thematisierung von geschlechtsspezifischen Entgeltunterschieden werden innerhalb der Gewerkschaften verschiedene Gründe genannt: Unter anderem werden die mangelnde Möglichkeit oder Bereitschaft von Frauen angeführt, sich bei der Gremienarbeit einzubringen, das Erfordernis personeller Konstanz in den Gremien und, dass selbst wenn Frauen in den Gremien vertreten sind, diese Entlohnungsunterschiede nicht zwangsläufig ansprechen.[682] Hinzu kommt, dass einerseits bei Tarifverhandlungen die – in frauendominierten Tätigkeiten bislang offenbar wenig ausgeprägten – Faktoren Streikmacht und -bereitschaft einer Gruppe für die Durchsetzung entsprechender Forderungen entscheidend sind und zudem die Besserstellung der einen Gruppe an die Schlechterstellung einer anderen Gruppe gekoppelt ist, also auch Bestandsschutz eine Rolle spielt.[683]

Verantwortlich für das Fehlen von Frauen und Themen wie gleicher Entlohnung gleicher und gleichwertiger Arbeit in Tarifverhandlungen sind demnach sowohl der geringe Druck, der von den Frauen selbst ausgeht als auch bestehende und schwer zu verändernde Strukturen. Dennoch kann daraus nicht unmittelbar auf eine Schlechterstellung oder gar Diskriminierung von Frauen in Tarifverhandlungen geschlossen werden. Eine Untersuchung der Hans-Böckler-Stiftung aus dem Jahr 2015 hat gezeigt, dass Tarifbindung insbesondere für

---

678 Abrufbar unter: https://www.verdi.de/++file++5073a207deb5011af9001810/download/ver.di-Satzung.pdf (Abruf 2.12.2018).

679 *Rieble*, RdA 2011, 36, 41.

680 IAB-Discussion Paper, 14/2014, S. 17, abrufbar unter: http://doku.iab.de/discussionpapers/2014/dp1414.pdf (Abruf 2.12.2018).

681 Ebd. S. 17, 21.

682 Ebd. S. 17 f., 22.

683 Ebd. S. 21, 23, 26.

weibliche Beschäftigte deutliche Verdienstvorteile bringt. Werden Frauen und Männer mit gleichem Beruf und vergleichbarer Tätigkeit verglichen, ergibt sich für Männer gegenüber nicht tarifgebundenen Arbeitnehmern ein Vorteil von 6,6 %, während es bei Frauen schon 9,2 % sind – im Einzelhandel, einer Branche mit hohem Frauenanteil und geringer Tarifbindung, sogar 17,3 Prozent.[684] Frauen profitieren von der Tarifbindung demnach stärker als Männer. Dies schließt natürlich nicht das Fortbestehen von Entgeltunterschieden zwischen Frauen und Männern aus. Deutlich wird aber: Tarifverhandlungen können zur Verringerung von Entgeltunterschieden beitragen. Trotz der nach wie vor geringen Repräsentanz von Frauen und Gleichstellungsthemen in Arbeitnehmervertretungen ebenso wie in Tarifverhandlungen erscheint die Beschränkung der Tarifvertragsparteien hinsichtlich der Bewertung von Tätigkeiten nicht als entscheidender Anknüpfungspunkt.

bb) Anhaltspunkte und Handlungsspielräume für gesetzgeberisches Handeln

Will man hier dennoch Eingriffe vornehmen, so sind strenge Maßstäbe angezeigt. In der jüngeren Vergangenheit hat der Gesetzgeber jedoch selbst vergleichsweise weitgehende Eingriffe vorgenommen. Im Hinblick auf eine Beschränkung der Tarifautonomie bezüglich der Entgeltfindung als eines ihrer Kernelemente wurde insbesondere die Einführung des flächendeckenden, gesetzlichen Mindestlohns diskutiert. In der Literatur findet sich die Kritik, durch die Schaffung einer Lohnuntergrenze beschränke der gesetzliche Mindestlohn das Recht von Koalitionen sowie Arbeitgebern und Arbeitnehmern, solche Tarifverträge abzuschließen, die auch Löhne unterhalb dieser Grenze beinhalten.[685] Insbesondere in der Verdrängung vorhandener Tarifverträge wird ein erheblicher Eingriff in die Tarifautonomie gesehen.[686] Dabei ist ebenfalls die Bewertung von Tätigkeiten betroffen, jedenfalls soweit in Entgeltgruppen, die bisher unter dem Mindestlohn vergütet wurden, die Entlohnung nun höher ausfällt und damit auf das Niveau von Tätigkeiten angehoben wird, die nach dem Tarifvertrag höherwertig sind.[687] Um weiterhin Verdienstunterschiede zwischen den verschieden bewerteten Entgeltgruppen beibehalten zu können, wird danach auch eine Anhebung der über dem Mindestlohnniveau liegenden Vergütungsstufen erwartet.[688] Wie dargelegt wurde, gehören solche dynamischen Anpassungen auch zur Praxis in Tarifverhandlungen.

---

684 Pressemitteilung Hans-Böckler-Stiftung v. 6.3.2015, abrufbar unter: https://www.boeckler.de/52614_53274.htm (Abruf 2.12.2018).

685 *Zeising/Weigert*, NZA 2015, 15, 16 m.w.N.

686 *Henssler*, RdA 2015, 43, 45.

687 *Jöris*, ZfA 2016, 71, 72.

688 Ebd.; vgl. eingehend zu dem Einfluss der Einführung des allgemeinen Mindestlohnes auf die Gender Pay Gap, u. Gliederungspunkt D)IV.

Ähnliche Bedenken sind auch auf gesetzgeberische Maßnahmen zur Durchsetzung des Entgeltgleichheitsgebots übertragbar. Im Hinblick auf die Begrenzung der Tarifautonomie durch das Entgeltgleichheitsgebot sind jedoch abstrakte Handlungsspielräume denkbar, die unterschiedlich invasive Eingriffe ermöglichen. Das betrifft etwa die Reichweite einer etwaigen Vorgabe des Gesetzgebers hinsichtlich der Bestimmung von Gleichwertigkeit: Versteht man das Entgeltgleichheitsgebot umfassend, läge es nahe, eine branchen- und regionenübergreifende Gleichwertigkeitsfeststellung zu fordern.[689] Dies würde einerseits eine massive – und auch unter Praktikabilitätsgesichtspunkten fragwürdige – Einschränkung für die Tarifvertragsparteien, die sich insofern u.U. bundesweit abstimmen müssten, darstellen. Andererseits würde ein solches Vorgehen auch dem gebotenen europarechtskonformen Begriffsverständnis wiedersprechen: Das Gebot der gleichen Entlohnung gleicher und gleichwertiger Arbeit bezieht sich nach der ständigen Rechtsprechung des EuGH explizit nur auf eine einheitliche Quelle der Entlohnung.[690] Ein – auch betriebsübergreifender – (Branchen-)Tarifvertrag kann eine solche einheitliche Quelle darstellen. Der Geltungsbereich für den die Tarifvertragsparteien Tarifverträge abschließen können, also ihre Tarifzuständigkeit, wird aber durch die Tarifvertragsparteien selbst in ihren Satzungen im Rahmen ihrer Autonomie bestimmt.[691] Bei einer gesetzlich angeordneten Gleichwertigkeitsanpassung über verschiedene Branchen hinweg, würden diese Grenzen verschwimmen.

Auf betrieblicher Ebene oder innerhalb einer Branche hingegen wird ein unterschiedlicher Grad der Eingriffsintensität verwirklicht, je nachdem, welche Form der gesetzlichen Vorgaben gewählt wird. Gibt das Gesetz bestimmte Kriterien vor, anhand derer die Gleichwertigkeit bestimmt werden muss, so verstärkt sich die Eingriffsintensität je konkreter dies erfolgt. Aber auch in Bezug auf die Festlegung allgemeinerer Kriterien besteht das Risiko, dass diese den jeweiligen Besonderheiten der konkreten Tätigkeit nicht gerecht werden, weil einerseits der Gesetzgeber nicht die den Tarifvertragsparteien beigemessene Sachnähe besitzt und andererseits die Existenz allgemeingültiger Kriterien der Gleichwertigkeit überhaupt fraglich ist.[692] Einem deutlich milderen Ansatz entspricht es hingegen, wenn die Tarifvertragsparteien grundsätzlich frei in der Bewertung von Tätigkeiten und der daran anknüpfenden vergütungsrechtlichen Einstufung bleiben und dabei lediglich durch Diskriminierungsverbote gebunden werden. Um dies zu gewährleisten, kommen wiederum Überprüfungen von Tarifverträgen auf Diskriminierungen in Betracht. In der Form eines anlasslosen Genehmigungsverfahrens kann eine solche Überprüfung kaum gerechtfertigt sein. Bereits jetzt ist es jedoch tariflich

---

689 Vgl. etwa Däubler/Bertzbach/*Zimmer*, § 4 EntgTranspG Rn. 16.

690 Vgl. dazu oben Gliederungspunkt B)III.1.a)aa).

691 BAG v. 6.5.2003 – 1 AZR 241/02, NZA 2004, 562, 564; BAG v. 21.11.2012 – 4 AZR 85/11, NZA 2013, 512, 514, Rn. 30; ErfK/*Franzen*, § 2 TVG Rn. 33; Däubler/*Peter*, § 2 TVG Rn. 186.

692 Vgl. zu letzterem oben Gliederungspunkt B)VII.

vergüteten Arbeitnehmern, die sich durch tarifvertragliche Bestimmungen diskriminiert sehen, unbenommen, dies im Rahmen einer Klage gerichtlich überprüfen zu lassen.[693] Dabei leistet die Antidiskriminierungsstelle des Bundes Hilfestellung.[694] Daneben eine staatliche Stelle im Sinne einer allgemeinen „Tarifvertragsüberprüfungskommission" einzurichten, erscheint insofern überflüssig.

d) Tarifautonomie als Rechtfertigung ungleicher Entlohnung

Der Konflikt zwischen Tarifautonomie und Entgeltgleichheitsgebot lässt sich allerdings auch aus der umgekehrten Perspektive betrachten, nämlich dahingehend, inwiefern eine ungleiche Vergütung durch ihr tarifautonomes Zustandekommen gerechtfertigt werden kann. Als Beispielsfall lässt sich ein Sachverhalt heranziehen, der bereits unter B.IV.2.b) bei der Frage nach dem Verständnis des BAG einer gleichwertigen Tätigkeit angesprochen wurde. Eine nach BAT vergütete Sozialarbeiterin forderte die gleiche Entlohnung wie ein ebenfalls nach BAT vergüteter Ingenieur und berief sich dabei insbesondere auf die für beide Tätigkeiten erforderliche vierjährige Fachhochschulausbildung.[695] Vorausgegangen waren umfangreiche Protestdemonstrationen der gewerkschaftlich vergleichsweise gut organisierten technischen Angestellten.[696] Das BAG hat in diesem Fall letztlich keine Stellung dazu bezogen, ob die Protestaktionen – also das Ausspielen von Verhandlungsmacht – einen Rechtfertigungsgrund für die unterschiedliche Entlohnung darstellen konnten. Nach Ansicht des Gerichts lag bereits eine fehlerhafte Vergleichsgruppenbildung vor. In der Rechtsprechung des EuGH und in der Literatur ist eine entsprechende Rechtfertigungswirkung jedoch umstritten.

aa) Rechtsprechung des EuGH

Auf europäischer Ebene wird durch Art. 28 GRCh das Recht gewährleistet, Tarifverträge auf den geeigneten Ebenen auszuhandeln und zu schließen sowie bei Interessenkonflikten kollektive Maßnahmen zur Verteidigung ihrer Interessen – einschließlich Streiks – zu ergreifen. Dieses Recht findet jedoch dadurch Einschränkung, dass es „im Rahmen der Anwendung des Unionsrechts im Einklang mit diesem ausgeübt werden" muss.[697] Dementsprechend musste sich der Gerichtshof auch mit der Frage nach dem Verhältnis zwischen der Gewährleistung der Koalitionsfreiheit und den Diskriminierungsverboten auseinandersetzen. Dass

---

693 Vgl. etwa BAG v. 11.8.2009 – 3 AZR 23/08, NZA 2010, 408; BAG v. 20.6.2013 – 2 AZR 295/12, NZA 2014, 208.

694 Zu den Aufgaben der Antidiskriminierungsstelle des Bundes, s.u. Gliederungspunkt D)II.2.e).

695 BAG v. 10.12.1997 – 4 AZR 264/96, NZA 1998, 599, 600.

696 Ebd. S. 602.

697 Vgl. in diesem Sinne EuGH v. 11.12.2007 – C-438/05, NZA 2008, 124, 127, Rn. 44 (Viking); EuGH v. 18.12.2007 – C-341/05, NZA 2008, 159, 165, Rn. 91 (Laval).

das Diskriminierungsverbot des Art. 119 EWGV auch für Tarifverträge Geltung beansprucht, wurde bereits in der zweiten Defrenne-Entscheidung klargestellt.[698] In der Rechtssache Enderby äußerte sich der Gerichtshof eingehender dazu, unter welchen Umständen Tarifverträge diesem Anspruch genügen und deutete dabei auch an, welche Rolle die vorangegangenen Tarifverhandlungen bei der Bewertung spielen. Das beklagte Unternehmen trug als Entschuldigungsgrund vor, dass „ (...) die fraglichen Entgelte in je eigenen Tarifverhandlungen für die beiden betroffenen Berufsgruppen festgelegt wurden, die jeweils getrennt durchgeführt wurden und die jeweils innerhalb dieser beiden Gruppen keine diskriminierende Wirkung hatten".[699] Der EuGH stellte jedoch fest, dass dies einer Diskriminierung dann nicht entgegensteht, „wenn diese Verhandlungen im Ergebnis zu einer unterschiedlichen Behandlung von zwei Gruppen geführt haben, die denselben Arbeitgeber haben und derselben Gewerkschaft angehören". Dies begründet der Gerichtshof mit der Gefahr einer missbräuchlichen Verwendung getrennter Verhandlungen.[700]

Letztlich kann man diesen Ausführungen des EuGH keine generelle Aussage über die Rechtfertigungsqualität der Tatsache, dass Entgelte in Tarifverhandlungen festgelegt wurden, entnehmen. Die Formulierung „steht (...) dann nicht entgegen" weist darauf hin, dass der EuGH an sich diskriminierungsfreien Tarifverhandlungen nur in diesem konkreten Fall die Rechtfertigungsqualität absprechen will – für übrige Fälle lässt er dies zumindest offen. Das Gericht wiederholte zwar zutreffend die Geltung des Diskriminierungsverbots, die entsprechenden Normen schreiben jedoch gerade nicht vor, dass Tarifvertragsparteien das Entgelt unterschiedlicher Berufsgruppen gleich zu regeln haben.[701] In der Rechtssache Royal Kopenhagen hat das Gericht dann schließlich konstatiert, dass die Festlegung von Entgeltbestandteilen in Verhandlungen zwischen Kollektivorganisationen bei der Prüfung, ob die unterschiedliche Vergütung auf objektiven, nicht diskriminierenden Faktoren beruht, berücksichtigt werden kann.[702]

Die Frage, inwiefern Tarifverhandlungen Einfluss auf die Zulässigkeit von Ungleichbehandlungen haben können, hatte der EuGH auch schon im Zusammenhang mit anderen Diskriminierungsverboten zu klären. Die Rechtssachen Hennigs und Mai hatten Diskriminierungen durch die im BAT festgelegte Vergütung nach Altersstufen und der Besitzstandswahrung bei der Überleitung in den TVöD zum Gegenstand.[703] Hier wiederholte der Gerichtshof einerseits, dass das Recht der Koalitionen aus Art. 28 GRCh nur i.R.d. Unionsrechts gewährleistet sei, sodass auch sekundärrechtlich konkretisierte Diskriminierungsverbote beachtet werden müssten.[704] Die Sozialpartner hätten jedoch andererseits in gleicher Weise wie die

---

698 EuGH v. 8.4.1976 – 43/75, NJW 1976, 2068 (Defrenne II).

699 EuGH v. 27.10.1993 – C-127/92, NZA 1994, 797, 799, Rn. 22 (Enderby).

700 Ebd.

701 *Kappes/Korte*, SAE 1995, 48, 50.

702 EuGH v. 31.5.1995 – C-400/93, DB 1995, 1615, 1617 (Royal Kopenhagen).

703 EuGH v. 8.9.2011 – C-297/10 und C-298/10, NZA 2011, 1100 (Hennigs und Mai).

704 Ebd. S. 1102, Rn. 67 f.

Mitgliedstaaten, nach Art. 6 Abs. 1 UnterAbs. 1 RL 2000/78 einen weiten Ermessenspielraum bei der Bestimmung rechtfertigender Ziele im Bereich der Arbeits- und Sozialpolitik sowie bei der Festlegung von Maßnahmen zur Erreichung dieser Ziele.[705] Diese Grundsätze lassen sich jedoch kaum auf das Entgeltgleichheitsgebot übertragen – eine mit Art. 6 Abs. 1 UnterAbs. 1 RL 2000/78 vergleichbare Regelung findet sich weder in Art. 157 AEUV noch in RL 2006/54/EG.

bb) Literaturmeinungen und Stellungnahme

Winter aber hält die Tatsache, dass die unterschiedliche Vergütung durch Tarifverhandlungen festgelegt wurde, für einen impraktikablen und daher abzulehnenden Rechtfertigungsgrund. Die Diskriminierungsfreiheit von Tarifverhandlungen sei praktisch nicht nachweisbar, eine Darlegung entsprechender tarifpolitischer Erwägungen zudem im Hinblick auf die Tarifautonomie problematisch und die Anerkennung des Rechtfertigungsgrundes würde Tarifverträge im Ergebnis aus dem Anwendungsbereich des europarechtlichen Diskriminierungsverbots ausnehmen.[706] Die bloße Tatsache von Tarifverhandlungen als Rechtfertigungsgrund anzuerkennen verbiete sich bereits „denklogisch".[707] Letztlich müsse die Gestaltungsmacht der Tarifvertragsparteien in jedem Fall eingeschränkt werden, um mittelbare Entgeltdiskriminierung nachhaltig zu bekämpfen.[708] Dem kann zwar insofern beigepflichtet werden, als dass das reine Zustandekommen durch Tarifverhandlungen sicher nicht zur Beimessung von Rechtfertigungswirkung ausreichen kann und die Diskriminierungsfreiheit von Tarifverträgen tatsächlich schwer nachzuweisen ist. Es erscheint aber wenig konsequent, einerseits die Einschränkung der Tarifautonomie für notwendig zu halten und andererseits die Rechtfertigungswirkung von Regelungen, die durch Tarifverhandlungen zustande gekommenen sind, mit dem Argument abzulehnen, dass damit verbundene Darlegungspflichten gegen die Tarifautonomie verstoßen. *Colneric* nimmt eine ähnliche Haltung ein und sieht die Rechtfertigung unterschiedlicher Entlohnung durch deren tarifvertragliche Festlegung deshalb kritisch, weil die Tarifvertragsparteien bei ihrer normsetzenden Tätigkeit im gleichen Maße wie der Gesetzgeber an das Verbot der mittelbaren Diskriminierung aus Art. 3 Abs. 2, Abs. 3 GG gebunden seien und sich deshalb nicht selbst durch tarifvertragliche Regelungen Rechtfertigungsgründe schaffen könnten.[709] In seiner konkreten Form kommt dieses Verständnis zwar der abzulehnenden Delegationstheorie sehr nahe,[710] der Einwand

705 Ebd. S. 1102, Rn. 65.

706 *Winter*, ZTR 2001, 7, 13.

707 Ebd.; i.E. ähnlich BeckOK-ArbR/*Roloff*, § 3 EntgTranspG Rn. 10, der aber andererseits das Interesse an guten Arbeitsbeziehungen mit den betrieblichen oder kollektiven Interessenvertretungen bei der Rechtfertigung berücksichtigen will.

708 *Winter*, ZTR 2001, 7, 14.

709 *Colneric*, in: FS Dieterich, S. 45, 57.

710 Siehe dazu oben Gliederungspunkt C)III.2.b).

kann aber auch i.R.d. einfachgesetzlichen Verbots der mittelbaren Diskriminierung diskutiert werden. Nach der Ansicht von *Franzen* ergibt sich die Zulässigkeit der Differenzierung bei der Vergütung aufgrund von tarifvertraglichen Festsetzungen aus einem Erst-Recht-Schluss zu der Anerkennung der Differenzierung nach Marktlage.[711] Diese Feststellung ist in Anbetracht dessen, dass Tariflöhne regelmäßig auch den marktüblichen Lohn wiederspiegeln,[712] nur konsequent.

Der grundsätzliche Konflikt liegt hierbei in der Divergenz zwischen dem, was Tarifverträge leisten können und sollen und dem, was das Entgeltgleichheitsgebot von ihnen zu verlangen scheint. Das Ergebnis von Tarifverhandlungen ist, wie *Jöris* treffend feststellt, „(...) am Ende kein von einem Computer autonom erstelltes Rechenergebnis, keine vom Himmel gefallene göttliche und nach den Vorstellungen des BMFSFJ absolut gerechte Lösung, sondern ein von Menschen ausgehandelter Kompromiss".[713] Die Beurteilung der Gleichwertigkeit unterschiedlicher Tätigkeiten stellt eine originär „politische Gestaltungsaufgabe der Tarifparteien" dar.[714] Mit *Wißmann* ist allerdings zu konstatieren, dass sobald die Bewertung verschiedenartiger Tätigkeiten in einem Tarifvertrag „(...) einem Gleichwertigkeitstest nach übergeordneten Maßstäben unterzogen wird", ein Wandel der Gleichwertigkeitsfeststellung von einer kontrollfreien „Frage der Tarifpolitik" zur justiziablen „Rechtsfrage" stattfindet.[715] Das Aushandeln von Kompromissen ist gleichzeitig Grundlage für die Anerkennung des Ergebnisses von Tarifverhandlungen. Gibt der Gesetzgeber hingegen vor, was gleichwertig ist, dann verkümmern die Tarifvertragsparteien zu bloßen Exekutivkräften – ein wirklicher Gestaltungsspielraum bliebe kaum bestehen. Man muss sich also entscheiden: Entweder man akzeptiert die Ergebnisse von Tarifverhandlungen als das was sie sind, nämlich ein nicht unfehlbarer Kompromiss und billigt ihnen – unter dem Vorbehalt der Diskriminierungsfreiheit – dementsprechend den für die Gewährleistung der Tarifautonomie erforderlichen Schutz zu oder man schnürt das Korsett der Tarifvertragsparteien so eng, dass sie als Verhandlungspartner praktisch überflüssig werden.

3. Zwischenergebnis

Die Bestimmung der Gleichwertigkeit von Tätigkeiten und die darauf aufbauende Festlegung von Löhnen gehören zu den ganz wesentlichen Bestandteilen der Tarifautonomie. Die verfassungsrechtliche Anerkennung dieser Autonomie beruht darauf, dass dem Verhandlungsergebnis angesichts der gegenüber Individualverhandlungen gesteigerten Verhandlungsparität die Vermutung der Angemessenheit zugutekommt. Einschränkungen werden regelmäßig nur dort zugelassen, wo diese

---

711 *Franzen*, in: FS Kempen, S. 123, 131.

712 S. oben Gliederungspunkt B)VI.2.

713 *Jöris*, ZfA 2016, 71, 78.

714 *Wißmann*, FS Schaub, S. 793, 794.

715 Ebd. S. 805 f.

Voraussetzungen nicht mehr gewährleistet sind. Trotz der Bemühungen vieler Gewerkschaften, durch Quoten eine höhere Repräsentanz von Frauen in Entscheidungsgremien zu erzielen, sind Frauen insgesamt noch immer in geringerem Maße gewerkschaftlich organisiert. Ähnliches gilt für die Thematisierung von Gleichstellungsthemen in Tarifverhandlungen. Gleichzeitig profitieren gerade Frauen von der tariflichen Lohnfestlegung.

Diese Befunde sind Indizien dafür, dass der Aspekt der Eigenverantwortlichkeit nicht zu weit in den Hintergrund gerückt werden darf. Dass „typische Frauenberufe" bei Tarifverhandlungen grundsätzlich „weniger in der Hand haben" kann ebenfalls nicht konstatiert werden. Die Arbeitsniederlegung von Arbeitskräften in der Kinderbetreuung ist dazu geeignet, öffentlich mindestens genau so viel Druck zu erzeugen wie dies bei Mitarbeitern der Müllentsorgung der Fall ist. Gleichzeitig führt jedoch kein Weg daran vorbei, die tarifautonome Gestaltungsmacht in gewissem Maße einzuschränken, um dem Entgeltgleichheitsgebot zur Durchsetzung zu verhelfen. Dies war schon vor Inkrafttreten des EntgTranspG aufgrund der Bindung an europarechtliche wie nationale Diskriminierungsverbote der Fall. Dies darf aber nicht so weit gehen, dass im Hinblick auf die Entgeltfindung keinerlei Gestaltungsmacht mehr übrig bleibt.

IV. Zwischenergebnis

Betrachtet man das Verhältnis von Entgeltgleichheitsgebot und Privatautonomie einerseits und von Entgeltgleichheitsgebot und Tarifautonomie andererseits, so wird deutlich, dass es sich letztlich um denselben Konflikt handelt: In beiden Fällen liefe eine strenge Ausgestaltung des Entgeltgleichheitsgebots – etwa in der Form einer staatlichen Festlegung der Wertigkeit von Tätigkeiten – Gefahr, die verfassungsrechtlichen Gewährleistungen auszuhöhlen. Dies wird auch nicht dadurch ausgeschlossen, dass sowohl für die Privatautonomie als auch die Tarifautonomie typisch ist, dass sie jedenfalls in gewissem Maße nur aufgrund rechtlicher Ausgestaltung existieren. Das Entgeltgleichheitsgebot ist nach der grundgesetzlichen Konzeption in einer Staatszielbestimmung enthalten. Diese beinhaltet und fordert aber eine tatsächliche Durchsetzung. Hinzu kommen die europarechtlichen Vorgaben sowie bereits seit mehreren Jahrzehnten deren nationale Umsetzung im einfachen Recht. Die Schaffung eines ausgewogenen Regelungsregimes stellt für den Gesetzgeber mithin eine anspruchsvolle Aufgabe dar. Wie er dieser vor dem Inkrafttreten des EntgTranspG nachgekommen ist, ist Gegenstand der im folgenden Kapitel vorzunehmenden Untersuchung.

D) Bestehende Instrumente

Der Gesetzgeber ist also grundsätzlich, unter Beachtung der Bedeutung von Privat- und Tarifautonomie, dazu berechtigt und in gewissem Maße sogar dazu verpflichtet, Maßnahmen zu treffen, um dem Entgeltgleichheitsgebot zu seiner Durchsetzung zu verhelfen. In der Vergangenheit wurde eine Vielzahl von Instrumenten entwickelt, die das Thema zum Teil direkt zum Gegenstand haben, und andere, die zumindest mittelbaren oder potenziellen Einfluss auf die Realisierung von Entgeltgleichheit besitzen. Auf der individualrechtlichen Ebene sind dies vorrangig Gleichbehandlungsgebote, wie etwa der allgemeine arbeitsrechtliche Gleichbehandlungsgrundsatz, und Diskriminierungsverbote, die der Umsetzung europarechtlicher Vorgaben dienen. Weitere Ansatzpunkte ergeben sich in rechtlicher Hinsicht aus dem Mindestlohn- und dem Nachweisgesetz. Auf kollektiv-betrieblicher Ebene sind einerseits bestehende, der Überprüfung von Entgeltgleichheit im Betrieb dienende Messinstrumente und andererseits die insofern einschlägigen Mitwirkungsrechte und -pflichten des Betriebsrates zu untersuchen.

I. Arbeitsrechtlicher Gleichbehandlungsgrundsatz

Zunächst kommt als möglicher Anknüpfungspunkt für die Durchsetzung des Prinzips der gleichen Entlohnung gleicher und gleichwertiger Arbeit der arbeitsrechtliche Gleichbehandlungsgrundsatz in Betracht. Dessen Geltungsgrund ist zwar umstritten,[716] Einigkeit besteht jedoch hinsichtlich seiner Existenz und seines Inhalts.[717] Nach der Rechtsprechung des BAG gebietet es der arbeitsrechtliche Gleichbehandlungsgrundsatz dem Arbeitgeber, seine Arbeitnehmer oder Gruppen von Arbeitnehmern gleich zu behandeln, soweit sie sich in gleicher oder vergleichbarer Lage befinden. Danach sind sowohl die sachfremde Schlechterstellung einzelner Arbeitnehmer innerhalb einer Gruppe als auch die sachfremde Gruppenbildung verboten.[718]

Weitere Voraussetzung ist eine Maßnahme mit kollektivem Bezug, also eine Leistungsgewährung des Arbeitgebers nach einem „generalisierenden Prinzip" unter Festlegung bestimmter Voraussetzungen oder Zwecke für die Leistung.[719] Seiner Anwendbarkeit steht es aber entgegen, wenn Leistungen oder Vergünstigungen individuell vereinbart werden, weil dann die Vertragsfreiheit Vorrang vor

---

716 Vgl. dazu z.B. MüKo-BGB/*Thüsing*, § 1 AGG Rn. 5.

717 Vgl. *Thüsing*, Arbeitsrechtlicher Diskriminierungsschutz, Rn. 926.

718 BAG v. 19.11.2015 – 6 AZR 581/14, AP BAT § 22, 23 Lehrer Nr. 121, Rn. 47; BAG v. 27.7.2016 – 7 AZR 545/14, NZA 2016, 1531, 1535, Rn. 36.

719 BAG v. 14.12.2011 – 5 AZR 675/10, NZA 2012, 618, 619, Rn. 15; BAG v. 27.7.2016 – 7 AZR 545/14, NZA 2016, 1531, 1535, Rn. 36.

dem Gleichbehandlungsgrundsatz genießt.[720] Dieser dient nämlich nicht dazu, die Ergebnisse individueller Verhandlungen zu korrigieren und ein unzureichendes Verhandlungsgeschick auszugleichen.[721] Ist jedoch ein der Vergütung zugrunde liegendes, generalisierendes Prinzip erkennbar – etwa im Fall von betrieblichen Einheitsregelungen – so ist der allgemeine Gleichbehandlungsgrundsatz anwendbar.[722] Grund für die Einschränkung im Hinblick auf individuell ausgehandelte Vergütungen ist die der Privatautonomie zugebilligte Vermutung der Vertragsparität.[723] In Situationen, in denen – entgegen des häufig bestehenden Machtgefälles zwischen Arbeitgeber und Arbeitnehmer – ein vermeintlich strukturelles Gleichgewicht der Parteien besteht, ist der Anwendungsbereich des arbeitsrechtlichen Gleichbehandlungsgrundsatzes folglich nicht eröffnet. Deshalb werden tarifvertragliche und schuldrechtliche Vereinbarungen zwischen tariffähigen Parteien von einer Kontrolle anhand des arbeitsrechtlichen Gleichbehandlungsgrundsatzes ausgeschlossen.[724] Aufgrund der – wenn auch nicht unmittelbaren – Bindung von Tarifvertragsnormen an Art. 3 Abs. 1 GG gelten jedoch auch dort grundsätzlich die gleichen Maßstäbe.[725]

Allerdings erscheint es fraglich, ob in dem arbeitsrechtlichen Gleichbehandlungsgrundsatz ein taugliches Durchsetzungsinstrument für den Grundsatz des gleichen Entgelts bei gleicher und gleichwertiger Arbeit zu sehen ist. Zunächst einmal müssen die unterschiedlich behandelten Gruppen von Arbeitnehmern hinreichend vergleichbar sein. Das sind nach der Rechtsprechung des BAG solche Arbeitnehmer, die von ihrer Tätigkeit her vergleichbar sind. Um die gleiche Arbeit handelt es sich auch in diesem Kontext, wenn Arbeitnehmer identische oder gleichartige Tätigkeiten ausüben.[726] Um gleichartige Tätigkeiten handelt es sich dann, „wenn sie trotz Nichtidentität der Arbeitsvorgänge im Hinblick auf Qualifikation, erworbene Fertigkeiten, Verantwortung und Belastbarkeit gleiche Anforderungen stellen und die mit ihnen befassten Arbeitnehmer wechselseitig ausgetauscht werden können".[727] Ob die Arbeit in diesem Sinne „gleich" ist, muss durch einen

---

720 BAG v. 13.8.2008 – 7 AZR 513/07, NZA 2009, 27, 28, Rn. 21; BAG v. 27.7.2016 – 7 AZR 545/14, NZA 2016, 1531, 1535, Rn. 36; vgl. auch: *Zierold*, Arbeitsrechtliche Gleichbehandlung und Diskriminierungsverbote im Entgeltbereich, S. 55 ff., jedenfalls für die erstmalige Lohnfestsetzung.

721 BAG v. 25.5.2004 – 3 AZR 15/03, AP Nr. 5 zu § 1b BetrAVG.

722 BAG v. 14.12.2011 – 5 AZR 675/10, NZA 2012, 618, 619, Rn. 15.

723 BAG v. 21.5.2014 – 4 AZR 50/13, NZA 2015, 115, 118, Rn. 25.

724 Ebd. S. 119, Rn. 28 f.

725 Vgl. *Thüsing*, Arbeitsrechtlicher Diskriminierungsschutz, Rn. 939; vgl. bereits oben Gliederungspunkt C)III.2.b).

726 BAG v. 14.8.2007 – 9 AZR 943/06, NZA 2008, 99, 101, Rn. 23; BAG v. 21.10.2009 – 10 AZR 664/08, NZA-RR 2010, 289, 291, Rn. 31.

727 BAG v. 21.10.2009 – 10 AZR 664/08, NZA-RR 2010, 289, Rn. 31.

Gesamtvergleich der Tätigkeiten ermittelt werden.[728] Insofern bestehen also große Parallelen zum Entgeltgleichheitsgebot. Hinsichtlich der Frage, ob Vergleichbarkeit i.S.d. arbeitsrechtlichen Gleichbehandlungsgrundsatzes auch bei Arbeitnehmern mit nur gleichwertiger Tätigkeit vorliegt, ist die Rechtsprechung uneindeutig. Teilweise wird nur die gleiche Arbeit als vergleichbar genannt.[729] In einer jüngeren Entscheidung wurden jedoch hinsichtlich der Vergütung auch Arbeitnehmer, die nur gleichwertige Arbeit leisten, als vergleichbare Arbeitnehmer angesehen.[730]

Thüsing vertritt hingegen die Ansicht, eine bloße Gleichwertigkeit der Tätigkeiten sei nicht ausreichend.[731] Die Frage nach der Anwendbarkeit verliert jedoch – jedenfalls dann, wenn wie in den hier diskutierten Fällen mit dem Geschlecht eines der Diskriminierungsmerkmale des Allgemeinen Gleichbehandlungsgesetzes einschlägig ist, an Bedeutung. Dies gilt zumindest, wenn man im Antidiskriminierungsrecht die systematisch vorrangigen *leges speciales* sieht.[732] Auch das BAG hat diese Auffassung nach dem Inkrafttreten von § 612 Abs. 3 BGB aF zum Ausdruck gebracht.[733] Letztlich sprechen die überwiegenden Hinweise dafür, dass der allgemeine arbeitsrechtliche Gleichbehandlungsgrundsatz nicht der entscheidende Anknüpfungspunkt für die Durchsetzung des Entgeltgleichheitsgebots sein kann.

II. Diskriminierungsverbote

Näher liegt folglich eine Anwendung der spezielleren Diskriminierungsverbote. Die Grundlagen für die Durchsetzung des Entgeltgleichheitsgebots konnten in Deutschland zwar bereits aus dem Verfassungstext und der dazu ergangenen Rechtsprechung entnommen werden, im Zuge der fortschreitenden europäischen Integration sah sich Deutschland jedoch zunehmend mit der Pflicht konfrontiert, europäische Antidiskriminierungsrichtlinien umzusetzen.

1. § 612 Abs. 3 BGB aF

Eine einfachgesetzliche Fixierung des Entgeltgleichheitsgebots existierte in Deutschland lange Zeit nicht. Erst am 13.8.1980 wurde schließlich § 612 Abs. 3 BGB aF gemeinsam mit weiteren Normen durch das Gesetz über die Gleichbehandlung

728 BAG v. 14.8.2007 – 9 AZR 943/06, NZA 2008, 99, 101, Rn. 23; BAG v. 21.10.2009 – 10 AZR 664/08, NZA-RR 2010, 289, 291, Rn. 31.

729 BAG v. 11.4.2006 – 9 AZR 528/05, NZA 2006, 1217, Rn. 28; BAG v. 14.8.2007 – 9 AZR 943/06, NZA 2008, 99, 101, Rn. 23.

730 BAG, Urteil v. 21.10.2009 – 10 AZR 664/08, NZA-RR 2010, 289, 291, Rn. 31.

731 *Thüsing*, Arbeitsrechtlicher Diskriminierungsschutz, Rn. 941; zustimmend: BeckOK-ArbR/*Joussen*, § 611a BGB Rn. 323.

732 *Grimm/Freh*, KSzW 2017, 89; BeckOK-ArbR/*Roloff*, § 8 AGG Rn. 16; a.A. offenbar *Schwarze*, SR 2018, 131, 139.

733 BAG v. 23.8.1995 – 5 AZR 942/93, NZA 1996, 579, 580; s.a. u Gliederungspunkt D) II.1.a).

von Männern und Frauen am Arbeitsplatz und über die Erhaltung von Ansprüchen bei Betriebsübergang (Arbeitsrechtliches EG-Anpassungsgesetz)[734] in den Abschnitt zum Dienstvertragsrecht in das Bürgerliche Gesetzbuch aufgenommen und so die Richtlinie 75/117/EWG sowie der in Art. 119 EWGV enthaltene Auftrag in deutsches Recht umgesetzt.[735] Diese Regelungen bildeten zumindest für das Merkmal Geschlecht den maßgeblichen Anknüpfungspunkt des deutschen Antidiskriminierungsrechts, bis sie 2006 durch das Inkrafttreten des Allgemeinen Gleichbehandlungsgesetzes abgelöst wurden.

a) Regelungsgehalt

In § 612 Abs. 3 S. 1 BGB aF war das Verbot einer gegenüber dem anderen Geschlecht geringeren Vergütung bei gleicher oder gleichwertiger Arbeit enthalten, während § 612 Abs. 3 S. 2 BGB aF die Rechtfertigung aufgrund geschlechtsbedingter Schutzvorschriften ausschloss und § 612 Abs. 3 S. 3 BGB aF die Beweislastregel des § 611a Abs. 1 S. 3 BGB aF für anwendbar erklärte. Diesbezüglich wurde zwar neben der eindeutigen Normierung des Entgeltgleichheitsgrundsatzes begrüßt, dass im Gegensatz zur amerikanischen Gesetzgebung das deutsche Recht auch die gleichwertige Arbeit erfasste.[736] Letzteres wurde aber als unzureichend angesehen, weil zum einen keine Definition des Begriffs der Gleichwertigkeit aufgenommen wurde und zugleich weder den Gerichten Verfahren zur Feststellung von Gleichwertigkeit noch Betroffenen zur Durchsetzung ihrer Rechte an die Hand gegeben wurden.[737]

Laut der Begründung zum Gesetzesentwurf sollte der Grundsatz der Entgeltgleichheit von Mann und Frau, obwohl dieser auch schon in dem Benachteiligungsverbot des § 611a Abs. 1 S. 1 BGB aF enthalten war, wegen seiner besonderen Bedeutung für die Arbeitnehmer ausdrücklich gesondert normiert werden.[738] Seinem Wortlaut nach war § 612 Abs. 3 BGB aF nicht als Anspruch i.S.v. § 194 Abs. 1 BGB, sondern als Verbotsnorm formuliert. Dennoch entschied das BAG, dass die Norm gemeinschaftsrechtskonform als solche ausgelegt werden müsse.[739] Diese Auslegung sei deshalb geboten, weil § 612 Abs. 3 BGB aF erlassen wurde, um dem europarechtlichen Gleichheitsgebot für Männer und Frauen beim Entgelt zu

734 BGBl. 1980 I, S. 1308.

735 Staudinger/*Annuß*, § 611a BGB, 2005, Rn. 1.

736 *Jochmann-Döll*, Gleicher Lohn für gleichwertige Arbeit, S. 178; *Winter*, Gleiches Entgelt für gleichwertige Arbeit, S. 237; vgl. ausführlich zu den US-amerikanischen Regelungen Gliederungspunkt B)V.1.

737 *Jochmann-Döll*, Gleicher Lohn für gleichwertige Arbeit, S. 178.

738 BT-Drucks. 8/3317, S. 10.

739 BAG v. 23.9.1992 – 4 AZR 30/92, NZA 1993, 891, 893, Rn. 59 ff.; BAG v. 10.12.1997 – 4 AZR 264/96, NZA 1998, 599, 601; BAG v. 20.8.2002 – 9 AZR 710/00, NZA 2003, 510, 511.

genügen.[740] Als *lex specialis et posterior* sei § 612 Abs. 3 BGB aF fortan gegenüber etwaigen Ansprüchen aus dem arbeitsrechtlichen Gleichbehandlungsgrundsatz und Art. 3 Abs. 2 GG vorrangig.[741]

b) Beweislastverteilung

Ein Problem, welches zudem in Erwägungsgrund 18 der Richtlinie 97/80/EG[742] aufgegriffen wurde, bestand in der Gefahr, dass klagende Arbeitnehmer ihren Anspruch aus § 612 Abs. 3 BGB aF möglicherweise nicht wirksam durchsetzen konnten, weil sie regelmäßig nicht in der Lage waren, den erforderlichen Beweis zu führen, dass es sich um eine geschlechtsbedingte Benachteiligung handelt. Der Grund für die Benachteiligung liegt schließlich in der für den Arbeitnehmer uneinsehbaren Sphäre des Arbeitgebers.[743] Nach den allgemeinen Grundsätzen der Beweislastverteilung – auch des europäischen Rechts[744] – müsste der Arbeitnehmer grundsätzlich alle anspruchsbegründenden, also ihm günstigen, Tatsachen voll beweisen.[745] Der § 612 Abs. 3 S. 3 BGB aF verwies daher auf die Beweislastregel des § 611a Abs. 1 S. 3 BGB aF, wonach der Arbeitgeber, „wenn im Streitfall der Arbeitnehmer Tatsachen glaubhaft macht, die eine Benachteiligung wegen des Geschlechts vermuten lassen", die Beweislast dafür trägt, „dass nicht auf das Geschlecht bezogene, sachliche Gründe eine unterschiedliche Behandlung rechtfertigen oder das Geschlecht unverzichtbare Voraussetzung für die auszuübende Tätigkeit ist". Diese Formulierung wurde von vielen Stimmen in der Literatur als äußerst unglücklich kritisiert.[746] Sie führte dazu, dass insbesondere zwei Fragen diskutiert wurden: Zum einen, worauf genau sich die Beweiserleichterung bezieht und zum anderen, wie der Begriff der Glaubhaftmachung zu verstehen ist.

Die Frage, ob sich die Beweiserleichterung nur auf den Grund der Benachteiligung oder auch auf diese selbst bezieht, konnte alleine anhand des Wortlauts nicht eindeutig beantwortet werden[747]. Dass § 611a Abs. 1 S. 3 BGB aF jedenfalls den Beweis der Kausalität zwischen Merkmalsträgerschaft und Benachteiligung

---

740 BAG v. 23.9.1992 – 4 AZR 30/92, NZA 1993, 891, 893, Rn. 59 ff.; BAG v. 10.12.1997 – 4 AZR 264/96, NZA 1998, 599, 601.

741 BAG v. 23.8.1995 – 5 AZR 942/93, NZA 1996, 579, 580.

742 Richtlinie 97/80/EG Des Rates v. 15.12.1997 über die Beweislast bei Diskriminierung aufgrund des Geschlechts (ABl. L 14 v. 20.1.1998, S. 66).

743 BT-Drucks. 8/3317, S. 9; Staudinger/*Annuß*, 2005, § 611a BGB, Rn. 109; *Wörl*, Die Beweislast nach dem Allgemeinen Gleichbehandlungsgesetz, S. 44.

744 S.o. Gliederungspunkt B)III.4.

745 BGH v. 6.10.2016 – VII ZR 185/13, NJW 2017, 386, 387, Rn. 18; MüKo-ZPO/*Prütting*, § 286 ZPO Rn. 111; Saenger/*Saenger*, § 286 ZPO Rn. 58.

746 S. z.B. Staudinger/*Annuß*, 2005, § 611a BGB, Rn. 109: „gesetzestechnisch missglückt"; *Prütting*, Gegenwartsprobleme der Beweislast, S. 334: „eine der konstruktiv kompliziertesten Beweislastregelungen des Arbeitsrechts".

747 So auch: *Wörl*, Die Beweislast nach dem Allgemeinen Gleichbehandlungsgesetz, S. 44.

erleichtern sollte, war unstrittig.[748] Schon die Gesetzesbegründung machte dies deutlich.[749] Mancher Vertreter des Schrifttums sah in einem darauf beschränkten Verständnis der Norm jedoch eine unzureichende Umsetzung des Art. 4 Abs. 1 RL 97/80/EG, wonach Voraussetzung der Beweislastumkehr ist, dass der Arbeitnehmer Tatsachen glaubhaft macht, die das Vorliegen einer unmittelbaren oder mittelbaren Diskriminierung – also den gesamten Tatbestand einer Diskriminierung – vermuten lassen.[750] Die ganz herrschende Meinung sprach sich aber dafür aus, dass sich die Beweiserleichterung des § 611a Abs. 1 S. 3 BGB aF nur auf den Benachteiligungsgrund, also auf die Tatsache der Benachteiligung aus geschlechtsspezifischen Gründen, beziehen dürfe.[751] Eine Ausweitung der Beweiserleichterung auf das Vorliegen einer Benachteiligung sei in Anbetracht der durch die Norm bezweckten Behebung von Beweisschwierigkeiten im Hinblick darauf, dass die Benachteiligung sich im Gegensatz zu den Motiven des Arbeitgebers in der Sphäre des Arbeitnehmers abspiele, nicht gerechtfertigt.[752]

Zu dem Begriff der Glaubhaftmachung stellte das BAG in seiner Entscheidung vom 5.2.2004 außerdem klar, dass diese einerseits die Beweislastverteilung nicht beeinflusse, sondern lediglich das Beweismaß zugunsten des Arbeitnehmers absenke und das der Begriff andererseits nicht mit dem der Glaubhaftmachung i.S.d. § 294 ZPO identisch sei.[753] Stattdessen schloss es sich einer bereits bestehenden Literaturansicht an, wonach die Darlegung von Indizien genüge, die eine Benachteiligung wegen des Geschlechts als wahrscheinlich erscheinen lassen.[754] Der klagende Arbeitnehmer müsse, um die entsprechende Beweislast des Arbeitgebers auszulösen, Hilfstatsachen darlegen und ordnungsgemäß unter Beweis stellen, die eine Benachteiligung wegen des Geschlechts vermuten lassen, wozu es genüge, die überwiegende Wahrscheinlichkeit für die Kausalität zwischen Geschlechtszugehörigkeit und Nachteil darzulegen.[755] Als Beispiel nennt das BAG Äußerungen des Arbeitgebers, die die Annahme einer Benachteiligung wegen des

---

748 Vgl. BAG v. 5.2.2004 – 8 AZR 112/03, NZA 2004, 540, 543, Rn. 62.

749 BT-Drucks. 8/3317, S. 9.

750 Vgl. nur *Röthel*, NJW 1999, 611, 614.

751 BAG v. 5.2.2004 – 8 AZR 112/03, NZA 2004, 540, 543, Rn. 62; MüKo-BGB/*Müller-Glöge*, 4. Aufl. 2005, § 611a BGB, Rn. 78; *Prütting*, Gegenwartsprobleme der Beweislast, S. 336; Staudinger/*Annuß*, 2005, § 611a BGB, Rn. 111.

752 *Wörl*, Die Beweislast nach dem Allgemeinen Gleichbehandlungsgesetz, S. 44.

753 BAG v. 5.2.2004 – 8 AZR 112/03, NZA 2004, 540, 543, Rn. 62; bestätigt durch: BAG v. 24.4.2008 – 8 AZR 257/07, NZA 2008, 1351, 1352, Rn. 25 und BAG v. 27.1.2011 – 8 AZR 483/09, NZA 2011, 689, 691, Rn. 25.

754 BAG v. 5.2.2004 – 8 AZR 112/03, NZA 2004, 540, 543, Rn. 62 mit Verweis auf: *Pfarr/Bertelsmann* Diskriminierung im Erwerbsleben, S. 75; *Schlachter*, Wege zur Gleichberechtigung, S. 179 ff., 405 ff.

755 BAG, Urteil v. 5.2.2004 – 8 AZR 112/03, NZA 2004, 540, 543, Rn. 62.

Geschlechts nahe legen.[756] Nach *Schlachter* genügen Indizien, „die aus einem regelhaft einem Geschlecht gegenüber geübten Verhalten“ auf eine solchermaßen motivierte Entscheidung schließen lassen.[757] Auch *Winter* betont, dass eine solche eher weite Auslegung erforderlich sei und unter Zugrundelegung dieses Verständnisses eine europarechtskonforme Auslegung der Norm möglich sei.[758]

c) Zwischenergebnis

Durch das arbeitsrechtliche EG-Anpassungsgesetz wurde das Entgeltgleichheitsgebot erstmalig einfachgesetzlich festgeschrieben. Die Durchsetzung des Gebots wurde somit jedenfalls durch die Schaffung einer zumindest als solche auszulegenden Anspruchsgrundlage gefördert. Auch die Beweislastregelung des § 612 Abs. 3 S. 3 BGB aF i.V.m. § 611a Abs. 1 S. 3 BGB aF konnte als erste Erleichterung im Hinblick auf die klageweise Geltendmachung des Anspruchs bezeichnet werden. Darüber hinaus ließen die Normen jedoch sowohl sprachliche Deutlichkeit als auch relevante Definitionen vermissen.

2. Allgemeines Gleichbehandlungsgesetz

Im Jahr 2006 wurde der Diskriminierungsschutz durch das Inkrafttreten des AGG aus dem BGB in ein eigenständiges Gesetz ausgelagert. Im Zuge dessen entfiel unter anderem § 612 Abs. 3 BGB aF. Seitdem war das Entgeltgleichheitsgebot nur noch implizit in § 8 Abs. 2 AGG enthalten, der eine Rechtfertigung der unterschiedlichen Bezahlung aufgrund des Bestehens von im Zusammenhang mit den Diskriminierungsmerkmalen stehenden Schutzvorschriften ausschließt und das Gebot so auch auf alle anderen in § 1 AGG enthaltenen Merkmale erstreckt.[759] Einige Literaturvertreter vermissen aber insbesondere die Ausdrücklichkeit des Gebots im Gesetzestext, welche dessen Wichtigkeit nicht gerecht werde.[760] *Winter* geht sogar so weit, dies als ein bedenkliches Nichthandeln der Regierung und „unionsrechtswidrig“ zu bezeichnen.[761] Kritisiert wurde zudem, dass das AGG keine Definition enthält, was unter gleicher bzw. gleichwertiger Arbeit i.S.d. Gesetzes zu verstehen ist.[762]

---

756 BAG v. 5.2.2004 – 8 AZR 112/03, NZA 2004, 540, 543, Rn. 62; vgl. auch: BVerfG v. 16.11.1993 – 1 BvR 258/86, NJW 1994, 647; *Pfarr/Bertelsmann*, Diskriminierung im Erwerbsleben, S. 74.

757 *Schlachter*, Wege zur Gleichberechtigung, S. 406.

758 *Winter*, Gleiches Entgelt für gleichwertige Arbeit, S. 235 f.

759 Hey/Forst/*Lindemann*, § 8 AGG Rn. 65; MüKo-BGB/*Thüsing*, § 8 AGG Rn. 43; s.a. *Vianden*, in: *Thüsing*, ZfA 2016, 407, 434.

760 Vgl. *Kocher*, ZESAR 2014, 135, 142; *Schmidt*, in: FS Pfarr, S. 250, 252; *Winter*, in: FS Pfarr, S. 320, 323; vgl auch *Wank*, RdA 2018, 34, der von einer „Verschlimmbesserung“ spricht.

761 *Winter*, in: FS Pfarr, S. 320, 323.

762 *Fuchs/Konstatzky/Liebscher/Berghahn*, KJ 2009, 253, 259.

Nach seinem § 1 verfolgt das AGG das Ziel, Benachteiligungen aus Gründen der Rasse oder wegen der ethnischen Herkunft, des Geschlechts, der Religion oder Weltanschauung, einer Behinderung, des Alters oder der sexuellen Identität zu verhindern oder zu beseitigen. Diesen Zweck kann es nur dann erreichen, wenn es ein effektives Instrument für die Bekämpfung von Diskriminierungen darstellt. Die Anzahl der Klagen, in denen bislang ein Begehren auf das AGG gestützt wurde, ist jedoch überschaubar.[763] Speziell in Bezug auf die gleiche Entlohnung gleicher und gleichwertiger Arbeit liegt die Anzahl folglich sogar noch darunter. Seit dem Inkrafttreten des AGG hat sich die unbereinigte Lohnzahlungslücke nur in unwesentlichem Maße verringert.[764] Zu der Frage, ob diese Entwicklungen überhaupt im Zusammenhang stehen, existieren bislang soweit ersichtlich keine Nachweise. Insgesamt wurde das Gesetz schon vor seinem Inkrafttreten erheblich kritisiert. Mancher Gegner hörte bereits „die Totenglocke des Privatrechts läuten“[765]. In dem vergangenen Jahrzehnt trat dazu die Kritik, das AGG stelle den Arbeitnehmern nur unzureichende Instrumente zur Durchsetzung ihrer Rechte zur Verfügung.[766] Welchen Einfluss diese Aspekte auf die Durchsetzung des Entgeltgleichheitsgebots haben, soll im Folgenden untersucht werden.

a) § 8 Abs. 2 AGG als Anspruchsgrundlage

Ebenso wie bereits § 612 Abs. 3 S. 1 und 2 BGB aF ist § 8 Abs. 2 AGG seinem Wortlaut nach nicht wie eine Anspruchsgrundlage formuliert. Mehrere Stimmen in der Literatur wollen deshalb die Norm auch nicht als eigenständige Anspruchsgrundlage anerkennen.[767] Das BAG hingegen zieht die Anspruchsgrundlage für gleiches Entgelt bei gleicher und gleichwertiger Arbeit, bezugnehmend auf die Gesetzesbegründung, aus der in § 2 Abs. 1 Nr. 2 und § 8 Abs. 2 AGG enthaltenen Wertung.[768] Es stützt sich dabei zur Begründung darauf, dass auch die Vorgängernorm § 612 Abs. 3 BGB aF trotz ihrer Formulierung als Verbotsnorm den Charakter einer

---

763 Vgl. *Berghahn/Klapp/Tischbirek*, Evaluation des Allgemeinen Gleichbehandlungsgesetzes, S. 15 f.; zur geringen Relevanz des AGG in der richterlichen Praxis *Thieken*, in: *Thüsing*, ZfA 2016, 407, 436.

764 Nach Angaben des Bundesamtes für Statistik um 2 %, https://www.destatis.de/DE/PresseService/Presse/Pressemitteilungen/2017/03/PD17_094_621.html, von 23 % (2006) auf 21 % (2016) (Abruf 2.12.2018); vgl. auch *Grimm/Freh* KSzW 2017, 89, 90.

765 Vgl. nur *Repgen*, in: Vertragsfreiheit und Diskriminierung, S. 11 m.w.N.; vgl. ausführlich zum Verhältnis zwischen Diskriminierungsschutz und Privatautonomie Gliederungspunkt C)II.3.b) und c).

766 *Schmidt*, in FS Pfarr, S. 250, 252; *Oerder*, Zur Entgeltgleichheit von Frauen und Männern, S. 315.

767 *Bauer/Krieger/Günther*, § 8 AGG Rn. 43; *Fuchs/Konstatzky/Liebscher/Berghahn*, KJ 2009, 253, 259; NK-GA/*von Steinau-Steinrück/Schneider*, § 8 AGG Rn. 14.

768 BT-Dr 16/1780, S. 35; BAG v. 11.12.2007 – 3 AZR 249/06, NZA 2008, 532, 536, Rn. 45; BAG v. 14.1.2009 – 3 AZR 20/07, NZA 2009, 489, 494, Rn. 52.

Anspruchsgrundlage hatte.[769] *Ludewig* hingegen entnimmt den Anspruch auf gleiche Entlohnung bei gleicher und gleichwertiger Arbeit aus einer Zusammenschau von § 7 Abs. 1 und §§ 1, 2 Abs. 1 Nr. 2 AGG.[770]

Unabhängig davon, ob man davon ausgeht, dass das AGG den Entgeltgleichheitsanspruch nur voraussetzt oder dieser sich aus dessen Wertung ergibt, ist es wohl dennoch einhellige Meinung, dass der Anspruch jedenfalls existiert.[771] Die verschiedenen Ansichten unterscheiden sich letztlich nur bezüglich der Verortung des Anspruchs. Dass das AGG selbst aber nicht den Anspruch auf gleiche Bezahlung gleicher und gleichwertiger Arbeit enthielte, wäre mit seinem Ziel, Diskriminierungen aufgrund der in § 1 AGG genannten Merkmale effektiv zu bekämpfen, wohl kaum zu vereinbaren. Eine systematische Auslegung im Lichte des § 2 Abs. 1 Nr. 2 AGG ermöglicht zudem, den § 8 Abs. 2 BGB als Anspruchsgrundlage zu verstehen. Wäre dies nicht möglich, so müsste man insofern tatsächlich von einer mangelhaften Umsetzung der Antidiskriminierungsrichtlinien – jedenfalls durch das AGG – ausgehen. Demgegenüber ist eine europarechtskonforme Auslegung absolut vorrangig.[772]

Weiterhin ist die Auslegung einer Verbotsnorm als Anspruchsgrundlage auch bei anderen Benachteiligungsverboten anerkannt: So geht das BAG i.R.d. Entlohnung von Betriebsratsmitgliedern davon aus, dass diese aus § 78 S. 2 BetrVG einen unmittelbaren Anspruch auf eine berufliche Entwicklung haben, die derjenigen ohne das Betriebsratsamt entsprechen würde.[773] Wörtlich formuliert § 78 S. 2 BetrVG nur ein Verbot der Benachteiligung oder Begünstigung aufgrund der Betriebsratstätigkeit, dennoch ist die Norm nach ihrem Sinn und Zweck als Anspruchsgrundlage auszulegen.[774] Gleiches gilt nach dem BAG auch für die parallele Vorschrift im Personalvertretungsrecht, § 46 Abs. 3 S. 6 BPersVG.[775] Somit spricht auch die Gesetzessystematik im Bereich von Benachteiligungsverboten dafür, dass diese typischerweise auch als Anspruchsgrundlagen verstanden werden können.

Andererseits erscheint angesichts des Auslegungserfordernisses die Verständlichkeit der Norm als Anspruchsgrundlage grundsätzlich als fraglich. *Oerder* merkt an, dass aus rechtssoziologischer Perspektive die Verständlichkeit einer Norm eine

---

769 BAG v. 11.12.2007 – 3 AZR 249/06, NZA 2008, 532, 536, Rn. 45.

770 *Ludewig*, Streit 2015, 99; ähnlich auch Staudinger/*Serr*, § 8 AGG Rn. 26.

771 So vereinfachend *Schüren*, DB 2016, M5.

772 Zur Pflicht zur richtlinienkonformen Auslegung vgl. EuArbR/*Höpfner*, Art. 288 AEUV Rn. 42 ff.; Grabitz/Hilf/Nettesheim/*Nettesheim*, Art. 288 AEUV Rn. 133 ff.

773 BAG v. 15.1.1992 – 7 AZR 194/91, DB 1993, 1379, 1380; BAG v. 27.6.2001 – 7 AZR 496/99, NZA 2002, 106, 108.

774 BAG v. 15.1.1992 – 7 AZR 194/91, DB 1993, 1379, 1380; BAG v. 27.6.2001 – 7 AZR 496/99, NZA 2002, 106, 108.

775 BAG, Urteil v, 26.9.1990 – 7 AZR 208/89, NZA 1991, 694, 695; BAG, Urteil v. 15.1.1992 – 7 AZR 194/91, DB 1993, 1379, 1380; a.A. BVerwG v. 10.4.1997 – 2 C 38/95, DVBl 1998, 191, 192.

wesentliche Voraussetzung ihrer Durchsetzung bilde.[776] Gesetzentwürfe müssen zudem nach § 42 Abs. 5 S. 1 GGO sprachlich richtig und möglichst für jedermann verständlich verfasst sein. Dabei steht die Verständlichkeit jedoch in Abhängigkeit von der Komplexität der jeweiligen Materie im Konflikt mit der Präzision der Norm.[777] Zwar mag man hier insofern argumentieren können, dass es im Falle des Entgeltgleichheitsgrundsatzes möglich und verhältnismäßig einfach gewesen wäre, diesen positiv als Anspruch zu formulieren. Andererseits obliegt auch dem Gesetzgeber ein gewisser Spielraum.[778] Zudem ist zu bedenken, dass sich darüber streiten lässt, ob nun in diesem Fall das deutliche Hervortreten des bestehenden Anspruchs oder das Verbot des Zuwiderhandelns vorrangig ist. Beides zu formulieren würde wiederum eine nicht erforderliche Doppelung darstellen. Nach der ständigen Rechtsprechung des BVerfG steht jedenfalls die Auslegungsbedürftigkeit als solche dem Bestimmtheitserfordernis nicht entgegen, solange die Auslegung unter Nutzung der juristischen Methodik zu bewältigen ist.[779] Insofern ist die Verständlichkeit der Norm in gesetzestechnischer Hinsicht nicht zu beanstanden. Die mangelnde Rechtskenntnis von Betroffenen ist ein Problem, dass sich praktisch bei jeder Norm in gewissem Maße stellen kann, soweit die Adressaten nicht über die formellen Anforderungen der Wirksamkeit hinaus informiert werden oder sich selbst informieren. Darüber hinausgehende, unverhältnismäßige oder außergewöhnliche Schwierigkeiten sind im Hinblick auf den Anspruch auf gleiche Entlohnung gleicher und gleichwertiger Arbeit jedoch nicht erkennbar.

b) Rechtsfolgen eines Verstoßes

Während also der betroffene Arbeitnehmer für die Zukunft bei Vorliegen gleicher oder gleichwertiger Arbeit aus § 2 Abs. 1 Nr. 2 und § 8 Abs. 2 AGG einen Anspruch auf entsprechende Entlohnung geltend machen kann, ist fraglich, was im Hinblick auf die in der Vergangenheit zu niedrige Bezahlung gilt. In § 15 Abs. 1 AGG ist für Verstöße gegen das Benachteiligungsverbot ein Schadensersatzanspruch hinsichtlich der entstandenen Vermögensschäden normiert. Versteht man die Differenz zwischen vergangener Soll- und Ist-Vergütung als i.R.v. § 15 Abs. 1 AGG ersatzfähigen Schadensposten, so zieht dies die Konsequenz nach sich, dass dann die Ausschlussfrist des § 15 Abs. 4 AGG greift. Danach muss ein solcher Anspruch – vorbehaltlich einer abweichenden Regelung durch Tarifvertrag – innerhalb einer Frist von zwei Monaten schriftlich geltend gemacht werden. Der weit überwiegende Teil der in der Vergangenheit liegenden Vergütung könnte damit vor Gericht gar nicht mehr

776 *Oerder*, Zur Entgeltgleichheit von Frauen und Männern, S. 102 ff.

777 Vgl. ebd. S. 102.

778 Vgl. dazu ausführlich: *Bickenbach*, Die Einschätzungsprärogative des Gesetzgebers, S. 226 ff.

779 BVerfG v. 7.7.1971 – 1 BvR 775/66, NJW 1971, 2167; BVerfG v. 27.11.1990 – 1 BvR 402/87, NJW 1991, 1471, 1473; BVerfG v. 3.3.2004 – 1 BvF 3/92, NJW 2004, 2213, 2216.

erstritten werden. Zudem ist der Anspruch verschuldensabhängig.[780] Allerdings ist auch zu bedenken, dass bei einer Entgeltbenachteiligung der Anspruch nach ständiger Rechtsprechung des BAG[781] – bezugnehmend auf die des EuGH[782] – auf eine sog. „Anpassung nach oben" gerichtet ist. In der Entscheidung zu der Rechtssache Specht u.a. hat der EuGH lediglich deutlich gemacht, dass es sich dabei nicht um die zwingende Rechtsfolge handelt.[783] Jedenfalls dann, wenn das Unternehmen als Anspruchsgegner tarifvertraglich vergütet, ist die Anspruchsgrundlage das entsprechende Bezugssystem, mithin der Tarifvertrag, und nicht § 15 Abs. 1 AGG.[784] Es handelt sich demnach um einen Erfüllungs-, nicht um einen Schadensersatzanspruch. Von § 15 Abs. 4 AGG werden nach dessen eindeutigem Wortlaut aber nur Ansprüche nach § 15 Abs. 1 und 2 AGG, also Schadensersatz oder Entschädigung, erfasst.[785]

Anders sieht es nach *Thüsing* bei einzelvertraglicher Vergütung aus: Er verweist darauf, dass die Rechtsprechung bislang durchaus eine zu der so gerade vorgestellten Lösung parallele Vorgehensweise billigt, indem bei Benachteiligungsfällen aus dem TzBfG ein Erfüllungsanspruch aus § 612 Abs. 2 BGB auf die übliche Vergütung gewährt wird.[786] Diese Vorgehensweise sei aber auf den AGG-Kontext nicht übertragbar, weil dort schon das Auffinden einer üblichen Vergütung nicht möglich sei: Warum die Nichtdiskriminierung üblich sein solle, sodass nur ein Anspruch nach § 15 Abs. 1 AGG in Betracht komme, sei nicht einzusehen.[787] Anderer Auffassung ist allerdings das LAG Rheinland-Pfalz,[788] welches die Unanwendbarkeit von § 15 Abs. 4 AGG mit dem Erfüllungsanspruchscharakter des Gleichbehandlungsanspruchs begründet und sich insofern auf eine Entscheidung des BAG[789] beruft, in welcher dieses einen entsprechenden Erfüllungsanspruch für die Vergangenheit,

780 BeckOK-ArbR/*Roloff*, § 8 AGG Rn. 9; Staudinger/*Serr*, § 8 AGG Rn. 26.

781 S. nur BAG v. 7.11.1995 – 3 AZR 1064/94, NZA 1996, 653, 655; BAG v. 19.8.2008 – 3 AZR 530/06, NZA 2009, 785, 787, Rn. 22.

782 EuGH v. 28.9.1994 – C-200/91, NZA 1994, 1073, 1075, Rn. 32 (Coloroll Pension Trustees); EuGH v. 19.6.2014 – C-501/12 u.a., NZA 2014, 831, 836, Rn. 95 (Specht u.a.).

783 EuGH v. 19.6.2014 – C-501/12 u.a., NZA 2014, 831 (Specht u.a.).

784 MüKo-BGB/*Thüsing*, § 15 AGG Rn. 31.

785 BAG v. 22.10.2015 – 8 AZR 168/14, NZA 2016, 1081, 1089, Rn. 64; LAG Rheinland-Pfalz v. 13.1.2016 – 4 Sa 616/14, NZA-RR 2016, 347, 349 f., Rn. 35; Hessisches LAG v. 6.1.2010 – 2 Sa 1121/09, juris, Rn. 66; zustimmend im Schrifttum: *Bauer/Günther/Romero*, NZA 2017, 809, 812; *Göpfert/Giese*, NZA 2018, 207, 210; *von Roetteken*, NZA-RR 2013, 337, 338; ErfK/*Schlachter*, § 15 AGG, Rn. 16; Schleusener/Suckow/Plum/*Plum*, § 15 AGG Rn. 97 ff.

786 BAG v. 27.8.2014 – 4 AZR 999/12, NJW 2015, 1198, 1199, Rn. 16; BAG v. 22.10.2015 – 8 AZR 168/14, NZA 2016, 1081, 1089, Rn. 63.

787 MüKo-BGB/*Thüsing*, § 15 AGG Rn. 31.

788 LAG Rheinland-Pfalz v. 28.10.2015 – 4 Sa 12/14, juris, Rn. 53; LAG Rheinland-Pfalz v. 11.10.2018 – 5 Sa 493/17, juris, Rn. 50.

789 BAG v. 30.11.2010 – 3 AZR 754/08, NZA-RR 2011, 593, 595, Rn. 23.

ebenso wie für die Zukunft, aus § 2 Abs. 1 Nr. 2, § 8 Abs. 2 AGG herleitet. Dies entspricht auch einer verbreiteten Meinung im Schrifttum.[790]

Die Begründung, es fehle an einem tauglichen Anknüpfungspunkt für die übliche Vergütung, trägt nicht vollständig. Auch wenn ein Tarifvertrag besteht, spiegelt dieser nicht immer zwangsläufig die übliche Vergütung wieder: Wird nämlich die benachteiligte Gruppe nach Tarif bezahlt, während die Vergleichsgruppe eine übertarifliche Vergütung erhält, so kann gerade letztere die übliche Vergütung darstellen.[791] Der Tarifvertrag ist also keinesfalls alleiniger Maßstab der Üblichkeit – insofern zeigt sich eine Parallele zu der Rechtsprechung des BAG hinsichtlich der für den Wucher relevanten Referenzvergütung.[792] Dazu wurde ausgeführt, dass die übliche Vergütung regelmäßig nichts anderes als der Marktpreis für die Arbeitsleistung ist. Übertragen auf den Entgeltgleichheitsanspruch bedeutet dies, dass der benachteiligte Arbeitnehmer die Anpassung an das marktübliche Vergleichsentgelt der Arbeitnehmer des anderen Geschlechts verlangen könnte. Diese Konstruktion führt allerdings zu der weiteren Frage, was passiert, wenn die Vergleichsarbeitnehmer selbst nicht marktkonform vergütet werden. Erhalten sie weniger, müsste der zuvor benachteiligte Arbeitnehmer § 612 Abs. 2 BGB entsprechend letztlich mehr, nämlich den Marktlohn erhalten. Die anderen Arbeitnehmer hätten im Anschluss wiederum einen Anspruch auf Anpassung nach oben. Anstatt den Umweg über die Üblichkeit einzuschlagen, erscheint es stimmiger – statt § 612 Abs. 2 BGB – den aus § 2 Abs. 1 Nr. 2 und § 8 Abs. 2 AGG hergeleiteten Anspruch i.V.m. dem Arbeitsvertrag bzw. nunmehr aus dem EntgTranspG[793] heranzuziehen. Der mit der Anwendbarkeit von § 15 Abs. 4 AGG einhergehende Weg über § 15 Abs. 1 AGG muss demnach ebenfalls nicht eingeschlagen werden. Im Ergebnis spricht vieles dafür, dass der Anspruch auf Entgeltgleichheit jedenfalls aus systematischen und teleologischen Erwägungen nicht unter die Ausschlussfrist des § 15 Abs. 4 AGG fällt.[794]

c) Beweislastregel des § 22 AGG

In § 22 AGG findet sich eine spezielle Beweislastregel für das AGG. Abweichend von der im deutschen Zivilrecht herrschenden Grundregel, wonach jede Partei die Voraussetzungen der ihr günstigen Norm beweisen muss,[795] bestimmt § 22 AGG, dass, wenn der Anspruchsteller Indizien beweist, die eine Benachteiligung

---

790 S. BeckOK-ArbR/*Roloff*, § 15 AGG Rn. 12; Schleusener/Suckow/Plum/*Plum*, § 15 AGG Rn. 14, 99; a.A. ErfK/*Schlachter*, § 15 AGG Rn. 19.

791 BAG v. 26.5.1993 – 4 AZR 461/92, NZA 1993, 1049, 1050; MüKo-BGB/*Müller-Glöge*, § 4 TzBfG Rn. 46; ErfK/*Preis*, § 4 TzBfG, Rn. 72.

792 S.o. Gliederungspunkt B)VI.2.a).

793 Vgl. zum Verhältnis zwischen AGG und EntgTranspG u. Gliederungspunkt G)II.1.

794 BeckOK-ArbR/*Roloff*, § 15 AGG Rn. 12; Schleusener/Suckow/Plum/*Plum*, § 15 AGG Rn. 99.

795 S.o. Gliederungspunkt D)II.1.b).

wegen eines in § 1 AGG genannten Grundes vermuten lassen, die andere Partei die Beweislast dafür trägt, dass es sich dennoch nicht um einen Verstoß gegen die Bestimmungen zum Schutz vor Benachteiligung handelt. Zweck auch dieser mit § 611a Abs. 1 S. 3 BGB aF vergleichbaren Regelung ist es, dem Anspruchsteller eine Beweiserleichterung an die Hand zu geben, denn diesem wird die Beweisführung regelmäßig schwerfallen, weil ihm der Zugang zu den die vermeintliche Diskriminierung bedingenden inneren Tatsachen des Arbeitgebers fehlt.[796] Trotz des auch bei § 22 AGG undeutlichen Wortlauts muss der Anspruchsteller nach der herrschenden Meinung folglich zunächst vollständig beweisen, dass er gegenüber einer anderen Person ungünstiger behandelt worden ist.[797] Weiterhin muss er Indizien dafür beweisen, dass die ungünstigere Behandlung auf einem der Diskriminierungsmerkmale des § 1 AGG beruht. Auch hier ist der Wortlaut soweit von „beweisen" die Rede ist irreführend, denn es genügt der Vortrag von Indizien, die mit überwiegender Wahrscheinlichkeit darauf schließen lassen, dass eine Benachteiligung wegen eines in § 1 AGG genannten Grundes erfolgt ist.[798] Erst, wenn ihm dies gelungen ist, weist § 22 AGG die Beweislast hinsichtlich des Nichtvorliegens eines Verstoßes gegen ein Diskriminierungsverbot dem Arbeitgeber zu. Dieser kann dann entweder die Vermutung, dass die Benachteiligung auf dem Diskriminierungsmerkmal beruht widerlegen oder ebenfalls hinsichtlich des Vorliegens eines Rechtfertigungsgrundes den Vollbeweis führen.[799]

Insofern enthält das AGG bereits eine für den Anspruchsteller gegenüber der allgemeinen Beweislastverteilung günstigere Regelung. Dennoch wird diese Erleichterung – auch in Anlehnung an die schon zu § 611a Abs. 1 S. 3 BGB aF bestehende Kritik – nicht als ausreichend angesehen.[800] Zum einen hinge es oftmals vom Zufall ab, ob ein Arbeitnehmer überhaupt von der besseren Bezahlung der Kollegen Kenntnis nimmt, zum anderen bereite gerade der Nachweis, dass eine Benachteiligung gegenüber einem anderen vorliegt, in der Praxis für die Betroffenen erhebliche Schwierigkeiten.[801] In der Rechtsprechung und in der Literatur

---

796 Däubler/Bertzbach/*Bertzbach/Beck*, § 22 AGG Rn. 6; ErfK/*Schlachter*, § 22 AGG Rn. 1; MüKo-BGB/*Thüsing*, § 22 AGG Rn. 6; BeckOK-BGB/*Wendtland*, § 22 AGG Rn. 1.

797 ErfK/*Schlachter*, § 22 AGG Rn. 2; MüKo-BGB/*Thüsing*, § 22 AGG Rn. 6; BeckOK-BGB/*Wendtland*, § 22 AGG Rn. 2.

798 BAG v. 21.6.2012 – 8 AZR 364/11, NZA 2012, 1345, 1348, Rn. 33; BAG v. 11.8.2016 – 8 AZR 375/15, NZA 2017, 43, 46, Rn. 24; vgl. dazu auch ausführlich: *Schulze*, Die Beweislastregel des § 22 AGG, S. 183 ff.

799 BAG v. 11.8.2016 – 8 AZR 375/15, NZA 2017, 43, 46, Rn. 24; MüKo-BGB/*Thüsing*, § 22 AGG Rn. 24 f.; Schleusener/Suckow/Plum/*Suckow*, § 22 AGG Rn. 29 ff; a.A. *Bauer/Krieger/Günther*, § 22 AGG Rn. 12, wonach bei Bestreiten der Indizien durch den Anspruchsgegner darüber nach allgemeinen Regel Beweis zu erheben ist und ein non liquet zu Lasten des Anspruchstellers geht.

800 *Fuchs/Konstatzky/Liebscher/Berghahn*, KJ 2009, 253, 259 f.

801 Vgl. *Oerder*, Zur Entgeltgleichheit von Frauen und Männern, S. 144 ff.

werden in diesem Kontext verschiedene Ansatzpunkte diskutiert, die im Folgenden untersucht werden sollen.

aa) Nachweis durch Statistiken

Grundsätzlich kann der Anspruchsteller den erforderlichen Indizienbeweis durch einen Paarvergleich[802] antreten. Dann muss er beweisen, dass sein Arbeitgeber ihm ein niedrigeres Entgelt zahlt als seinen zum Vergleich herangezogenen Kollegen und dass er tatsächlich die gleiche oder eine gleichwertige, mit deren Arbeit vergleichbare Arbeit verrichtet.[803] Entgeltdiskriminierung tritt jedoch in den weit überwiegenden Fällen in der Form der versteckten, mittelbaren Benachteiligung auf. Eben für diese Art der Diskriminierung berücksichtigt der EuGH auf der Beweisebene auch statistische Daten, die für eine überwiegende Schlechter- bzw. Besserstellung des einen oder des anderen Geschlechts sprechen. Allerdings geht dies nicht so weit, dass eine solche Statistik für sich alleine als hinreichender, die Folgen des § 22 AGG auslösender, Beweis genügen würde.

In der Rechtssache Enderby hatte der EuGH es zwar ausreichen lassen, dass aussagekräftige Statistiken einen merklichen Unterschied im Entgelt zweier gleichwertiger Tätigkeiten erkennen lassen, von denen die eine fast ausschließlich von Frauen und die andere hauptsächlich von Männern ausgeübt wird.[804] In der Rechtssache Danfoss hingegen hatte der Gerichtshof die Tatsache, dass die betroffene Arbeitnehmerin auf der Grundlage einer relativ großen Zahl von Arbeitnehmern belegen konnte, dass das durchschnittliche Entgelt der weiblichen Arbeitnehmer niedriger ist als das der männlichen Arbeitnehmer, nur deshalb ausreichen lassen, weil es sich um ein insgesamt undurchsichtiges Vergütungssystem handelte und sonst die Gefahr bestanden hätte, dass der Klägerin keine anderen wirksamen Beweismittel zur Verfügung stünden.[805] Diese Einschränkung begründete er in der Rechtssache Royal Copenhagen damit, dass diese Daten durch unterschiedliche individuelle Arbeitsergebnisse der Arbeitnehmer in den Vergleichsgruppen beeinflusst werden können und ließ den Statistikbeweis deshalb nur i.V.m. der Tatsache, dass sich die Faktoren für die Festsetzung der Stücklohnsätze und des variablen Teils der Vergütung, nicht feststellen ließen, ausreichen.[806]

Dieses Verständnis der Beweisqualität von Statistiken teilt auch das BAG: Nach seiner Rechtsprechung ist ein statistisches Überwiegen zwar keinesfalls erforderlich, um eine mittelbare Diskriminierung nachzuweisen – insofern kann jedoch

---

802 EuArbR/*Franzen*, Art. 157 AEUV Rn. 54.

803 EuGH v. 26.6.2001 – C-381/99, NZA 2001, 883, 886, Rn. 58 (Brunnhofer); EuGH v. 28.2.2013 – C-427/11, NZA 2013, 315, 316, Rn. 19 (Kenny).

804 EuGH v. 27.10.1993 – C-127/92, NZA 1994, 797, 799, Rn. 19 (Enderby).

805 EuGH v. 17.10.1989 – 109/88, NZA 1990, 772, 773, Rn. 10 ff. (Danfoss).

806 EuGH v. 31.5.1995 – C-400/93, DB 1995, 1615, 1616 (Royal Copenhagen).

ein entsprechendes Indiz gegeben sein.[807] Statistiken lassen allerdings nur dann auf ein „regelhaft einem Merkmalsträger gegenüber“ geübtes und durch das Merkmal motiviertes Verhalten schließen, wenn sie sich konkret auf den betreffenden Arbeitgeber beziehen und im Hinblick auf dessen Verhalten aussagekräftig sind.[808] Jedenfalls für den Fall, dass lediglich „auffällige Ungleichgewichte“ beim Frauenanteil in verschiedenen Hierarchieebenen eines Unternehmens bestehen, bedarf es auch nach dem BAG über die bloße Statistik hinaus weiterer Anhaltspunkte.[809] Der Statistikbeweis kann also in vielen Fällen als Indiz i.S.v. § 22 AGG herangezogen werden. Sowohl in der Rechtsprechung des EuGH als auch des BAG wird aber deutlich, dass regelmäßig weitere Umstände hinzutreten müssen. Doch selbst dann wird eben nur die Kausalität der Merkmalsträgerschaft vermutet. Die Problematik, dass der betroffene Arbeitnehmer oft nicht weiß, ob überhaupt eine Benachteiligung gegenüber einem Kollegen vorliegt, bleibt hingegen bestehen.

bb) Hypothetische Betrachtungsweise

Dort, wo keine aussagekräftigen Statistiken bestehen, stellt sich bei der mittelbaren Benachteiligung die Frage, welche anderen Indizien der Betroffene anführen kann. Nach der Rechtsprechung des BAG kann auf den statistischen Nachweis einer häufigeren Benachteiligung von Merkmalsträgern etwa dann verzichtet werden, „wenn das Kriterium dazu typischerweise geeignet ist“, was dem Wortlaut von § 3 Abs. 2 AGG und dem unionsrechtlichen Gebot des *effet utile* entspreche.[810] Dies sei etwa der Fall, „wenn Vorschriften im Wesentlichen oder ganz überwiegend Personen, die eines der verpönten Merkmale erfüllen, betreffen, wenn sie an Voraussetzungen anknüpfen, die von Personen, die von § 1 AGG nicht erfasst sind, leichter erfüllt werden oder wenn sich die Tatbestandsvoraussetzungen einer Norm besonders zum Nachteil von Personen, für die ein Merkmal des § 1 AGG gilt, auswirken“.[811] Auch in Fällen, in denen das verwendete Unterscheidungskriterium zwar auf den ersten Blick neutral erscheint, jedoch eine große Nähe zu einem Merkmal aus § 1 AGG aufweist, spricht vieles für eine versteckte Diskriminierung.[812] Im Hinblick auf mittelbare Entgeltdiskriminierung ist insofern insbesondere an solche Kriterien zu denken, die bereits i.R.v. Arbeitsbewertungsverfahren als diskriminierungsanfällig behandelt wurden.[813] Haben Kriterien wie Anciennität

---

807 BAG v. 22.7.2010 – 8 AZR 1012/08, NZA 2011, 93, 99, Rn. 68; BAG v.18.9.2014 – 8 AZR 753/13, AP AGG § 3 Nr. 10, Rn. 37 ff.

808 BAG v. 22.7.2010 – 8 AZR 1012/08, NZA 2011, 93, 99, Rn. 68.

809 Ebd. S. 100, Rn. 76; vgl. dazu kritisch *Oerder*, Zur Entgeltgleichheit von Frauen und Männern, S. 207 f.

810 BAG v. 22.4.2010 – 6 AZR 966/08, NZA 2010, 947, 950, Rn. 20; BAG v.18.9.2014 – 8 AZR 753/13, AP AGG § 3 Nr. 10, Rn. 37.

811 BAG v. 12.12.2012 – 10 AZR 718/11, NZA 2013, 577, 579, Rn. 21; BAG v.18.9.2014 – 8 AZR 753/13, AP AGG § 3 Nr. 10, Rn. 37.

812 Vgl. ErfK/*Schlachter*, § 3 AGG Rn. 13; MüKo-BGB/*Thüsing*, § 3 AGG Rn. 32.

813 Vgl. oben Gliederungspunkt B)VII.1.

und Flexibilität Auswirkungen auf die Vergütungshöhe, so werden dadurch typischerweise Frauen benachteiligt. Dies gilt aber nur, soweit diese Merkmale nicht für die konkrete Tätigkeit erforderlich sind.

cc) Ausdehnung der Beweismaßabsenkung auf die Benachteiligung?

Teilweise wird vorgeschlagen, die Beweiserleichterung auf das Vorliegen einer Benachteiligung auszudehnen, sodass auch diesbezüglich lediglich im oben erläuterten Sinne „Indizien bewiesen" werden müssten.[814] Dies sei notwendig, um dem Sinn und Zweck des § 22 AGG, dem Betroffenen in seiner regelmäßig bestehenden Beweisnot zu helfen, Genüge zu tun.[815] Der Wortlaut des § 22 AGG ließe das jedenfalls zu, weil sich innerhalb des Satzteils „die eine Benachteiligung wegen eines in § 1 genannten Grundes vermuten lassen" die Vermutung sowohl auf die Benachteiligung als auch auf ihr Beruhen auf einem Grund nach § 1 AGG beziehen könne.[816] Auch der europäische Ursprung des AGG gebiete ein solches Verständnis: Sämtliche Diskriminierungsrichtlinien ordnen eine Gegenbeweispflicht des Beklagten an, soweit der Kläger Vermutungstatsachen für das Vorliegen einer unmittelbaren oder mittelbaren Diskriminierung vortragen kann, und auch die jeweiligen Erwägungsgründe beziehen sich auf die Diskriminierung als Gesamttatbestand.[817] Weiterhin wird angeführt, dass der EuGH ebenfalls von einer solchen vollumfänglichen Beweiserleichterung ausgehe, was anhand verschiedener Urteile, in denen für eine Benachteiligung vorgebrachte Indiztatsachen als ausreichend anerkannt wurden, deutlich werde.[818]

Betrachtet man diese Fälle, in denen der EuGH tatsächlich eine solche Absenkung des Beweismaßes zulässt, jedoch genauer, dann fällt auf, dass das Gericht diese jeweils nur in besonderen Ausnahmefällen zugelassen hat. Folglich kann daraus nicht zwingend der Schluss gezogen werden, es handele sich um eine

---

814 Däubler/Bertzbach/*Bertzbach/Beck*, § 22 AGG Rn. 17; *Oerder*, Zur Entgeltgleichheit von Frauen und Männern, S. 177 ff.; Schaub/*Linck*, § 36 Rn. 152; *Schulze*, Die Beweislastregel des § 22 AGG, S. 204; *Windel*, RdA 2011, 193, 196.

815 LAG Baden-Württemberg v. 1.2.2011 – 22 Sa 67/10, NZA-RR 2011, 237, 239; Däubler/Bertzbach/*Bertzbach/Beck*, § 22 AGG Rn. 19; *Oerder*, Zur Entgeltgleichheit von Frauen und Männern, S. 183 f.; *Schulze*, Die Beweislastregel des § 22 AGG, S. 204 f.

816 Däubler/Bertzbach/*Bertzbach/Beck*, § 22 AGG Rn. 17; *Oerder*, Zur Entgeltgleichheit von Frauen und Männern, S. 180.

817 S. Art. 8 RL 2000/43/EG (ErwG 21), Art. 10 Abs. 1 RL 2000/78/EG (ErwG 31); vgl. LAG Baden-Württemberg v. 1.2.2011 – 22 Sa 67/10, NZA-RR 2011, 237, 239; Däubler-Bertzbach//*Bertzbach/Beck*, § 22 AGG Rn. 18; Schaub/*Linck*, § 36 Rn. 152; *Schulze*, Die Beweislastregel des § 22 AGG, S. 204; *Windel*, RdA 2011, 193, 196.

818 Däubler/*Bertzbach/Beck*, § 22 AGG Rn. 20, unter Nennung der Urteile: EuGH v. 10.7.2008 – C-54/07, NZA 2008, 929 (Feryn); EuGH v. 17.10.1989 – 109/88, NZA 1990, 772 (Danfoss); EuGH v. 27.10.1993 – C-127/92, NZA 1994, 797 (Enderby); EuGH v. 10.3.2005 – C-196/02, NZA 2005, 807 (Nikoloudi).

allgemeine Wertung. In der Rechtssache Danfoss wurde die Beweiserleichterung zugunsten der Arbeitnehmerin etwa damit begründet, dass das beklagte Unternehmen ein Entlohnungssystem anwandte, dem jede Durchschaubarkeit fehlte.[819] Auch in anderen Entscheidungen spricht das Gericht davon, dass die Beweislast grundsätzlich vom Arbeitnehmer getragen wird und sich nur in Ausnahmefällen umkehren kann, wenn sich das als notwendig erweist, um den Arbeitnehmern nicht jedes wirksame Mittel zu nehmen, um die Einhaltung des Grundsatzes des gleichen Entgelts durchzusetzen.[820] Statt einer starren Beweislastverteilung, ist der Rechtsprechung des EuGH vielmehr eine jeweils dem Ziel der Rechtsdurchsetzung angepasste Flexibilisierung der selbigen zu entnehmen.[821] Deutlicher wird dies noch durch die Formulierung des EuGH in den Entscheidungen zu den Rechtssachen Brunnhofer und Kenny: Danach oblag es der jeweils klagenden Arbeitnehmerin „mit allen rechtlich vorgesehenen Mitteln zu beweisen, dass die Beklagte ihr ein niedrigeres Entgelt zahlt als ihrem zum Vergleich herangezogenen männlichen Kollegen und dass sie tatsächlich die gleiche oder eine gleichwertige, mit dessen Arbeit vergleichbare Arbeit verrichtet, so dass sie dem ersten Anschein nach Opfer einer nur mit dem unterschiedlichen Geschlecht erklärbaren Diskriminierung ist“.[822] Die unterschiedliche Bezahlung bei gleicher oder gleichwertiger Arbeit, folglich die Benachteiligung gegenüber einem Kollegen, muss der Arbeitnehmer also grundsätzlich auch nach der Rechtsprechung des EuGH beweisen.[823]

Ebenso geht die ganz herrschende Meinung davon aus, dass die Beweiserleichterung sich ausschließlich auf das Beruhen der Benachteiligung auf einem Diskriminierungsmerkmal bezieht und für das Vorliegen der Benachteiligung selbst nach wie vor der Vollbeweis erforderlich ist.[824] Insbesondere die Gesetzesbegründung zu § 22 AGG führt aus, dass der Kläger nach den allgemeinen Grundsätzen zunächst den Vollbeweis führen muss, dass er gegenüber einer anderen Person ungünstiger behandelt worden ist, und beruft sich auch insofern auf die Rechtsprechung des EuGH.[825] Dieser Ansicht ist zu folgen. Der von der Gegenansicht herangezogene Wortlaut ist insofern nicht aussagekräftig, denn er ließe sowohl die eine als auch

---

819 EuGH v. 17.10.1989 – C-109/88, NZA 1990, 772, 773, Rn. 11 (Danfoss).

820 EuGH v. 10.3.2005 – C-196/02, NZA 2005, 807, 811, Rn. 69 (Nikoloudi); EuGH v. 27.10.1993 – C-127/92, NZA 1994, 797, 798, Rn. 18 (Enderby).

821 So auch *Winter*, Gleiches Entgelt für gleichwertige Arbeit, S. 235.

822 EuGH v. 26.6.2001 – C-381/99, NZA 2001, 883, 886, Rn. 58 (Brunnhofer); EuGH v. 28.2.2013 – C-427/11, NZA 2013, 315, 316Rn. 19 (Kenny).

823 Vgl. dazu kritisch *Oerder*, Zur Entgeltgleichheit von Frauen und Männern, S. 189, die darin keine eindeutige Stellungnahme zur Reichweite des Beweismaßes sieht.

824 BAG v. 20.5.2010 – 8 AZR 287/08 (A), NZA 2010, 1006, 1007, Rn. 16; *Bauer/Krieger/Günther*, § 22 AGG Rn. 6; *Grobys*, NZA 2006, 898, 900; Hey/Forst/*Kremer*, § 22 AGG Rn. 65 ff.; ErfK/*Schlachter*, § 22 AGG Rn. 2; MüKo-BGB/*Thüsing*, § 22 AGG Rn. 6; Schleusener/Suckow/Plum/*Suckow*, § 22 AGG Rn. 16; BeckOK-BGB/*Wendtland*, § 22 AGG Rn. 2.

825 BT-Drucks. 16/1780, S. 47.

die andere Auslegung zu.[826] Insofern erweist sich es sich natürlich als besonders unglücklich, dass hier der Aufbau des schon in § 611a Abs. 1 S. 3 BGB enthaltenen Relativsatzes beibehalten wurde, obwohl dabei der gleiche Streit bestand. Auch Sinn und Zweck des § 22 AGG können im Ergebnis nicht zur Begründung einer Ausdehnung der Beweiserleichterung auf die Benachteiligung herangezogen werden. Zwar mögen betroffene Arbeitnehmer auch dabei Schwierigkeiten haben, im Einzelfall die Benachteiligung zu beweisen – eine echte Beweisnot besteht jedoch nur im Hinblick auf die für den Arbeitnehmer als innere Tatsache ganz regelmäßig nicht zugängliche Motivation des Arbeitgebers.[827] Genau aus dieser hilft § 22 AGG dem Betroffenen mit einer Beweiserleichterung hinsichtlich der Kausalität zwischen Merkmalsträgerschaft und Benachteiligung heraus – nicht mehr und nicht weniger.

dd) Auskunftsanspruch?

Ein weiteres bereits vor Inkrafttreten des EntgTranspG diskutiertes Instrument ist der auf die Frage der Benachteiligung bezogene Auskunftsanspruch. Beweisschwierigkeiten hinsichtlich des Vorliegens einer Benachteiligung könnten an Relevanz verlieren, wenn der Zugang zu diesen Informationen durch einen rechtlichen Anspruch erleichtert würde. Fraglich ist insofern, ob § 22 AGG – bzw. die zugrunde liegenden europäischen Richtlinien – bereits einen entsprechenden Auskunftsanspruch des Arbeitnehmers gegen den Arbeitgeber beinhalten. Das deutsche Zivilprozessrecht kennt jedenfalls keine allgemeine Aufklärungspflicht der nicht darlegungs- und beweisbelasteten Partei.[828] Andererseits hat das BAG bereits anerkannt, dass ein Auskunftsanspruch aus Treu und Glauben bestehen kann, wenn innerhalb von vertraglichen Beziehungen der Berechtigte über Bestehen und Umfang eines Anspruchs schuldlos – z.B. aufgrund von gestörter Vertragsparität – keine Kenntnis hat und der Anspruchsgegner diese Auskunft im Gegenzug unschwer geben kann.[829] Ist die Erteilung der Auskunft zur Geltendmachung eines Leistungsanspruchs erforderlich, bestünde diesbezüglich ein billigenswertes Interesse des Berechtigten, soweit die Verpflichtung keine übermäßige Belastung des Vertragspartners darstellt und die Darlegungs- und Beweissituation durch die Gewährung des Auskunftsanspruchs nicht unzulässig verändert wird.[830] Aufgrund

---

826 Vgl. auch Hey/Forst/*Kremer*, § 22 AGG Rn. 66.

827 Hey/Forst/*Kremer*, § 22 AGG Rn. 66; MüKo-BGB/*Thüsing*, § 22 AGG Rn. 6.

828 BAG v. 1.12.2004 – 5 AZR 664/03, NZA 2005, 289, 291; BAG v. 4.11.2015 – 7 AZR 972/13, NZA 2016, 1339, 1341, Rn. 18.

829 BAG v. 21.11.2000 – 9 AZR 665/99, NZA 2001, 1093, 1094; BAG v. 1.12.2004 – 5 AZR 664/03, NZA 2005, 289, 291.

830 BAG v. 7.9.1995 – 8 AZR 828/93, NZA 1996, 637, 638; BAG v. 1.12.2004 – 5 AZR 664/03, NZA 2005, 289, 291; BAG v. 4.11.2015 – 7 AZR 972/13, NZA 2016, 1339, 1341, Rn. 19.

dieser Rechtsprechung sehen manche Stimmen in der Literatur schon keinen weitergehenden gesetzlichen Regelungsbedarf.[831]

Ein solcher Auskunftsanspruch setzt zwar nach der Rechtsprechung des BAG im Regelfall einen dem Grunde nach feststehenden Leistungsanspruch voraus, im Hinblick auf Dauerschuldverhältnisse und insbesondere Arbeitsverhältnisse kommt aber auch eine Pflicht zur Erteilung von Informationen bereits über das Bestehen des Anspruchs dem Grunde nach aus § 241 Abs. 2 BGB in Betracht.[832] Auch dann darf allerdings die grundsätzliche Darlegungs- und Beweissituation nicht unzulässig verändert werden – der Berechtigte muss zumindest die Wahrscheinlichkeit seines Anspruchs dargelegt haben.[833] Ein Beschäftigter, der vermutet, geschlechtsbedingt bei der Vergütung diskriminiert zu werden, kann dies allerdings in der Regel nicht. Könnte er dies, würde er bereits von der Erleichterung des § 22 AGG profitieren. Aus dieser Rechtsprechung können Benachteiligte folglich keinen für sie relevanten Auskunftsanspruch herleiten.

(1) Auskunftsanspruch bei abgelehnter Stellenbewerbung?

Die Frage nach dem Bestehen eines auf das Vorliegen einer Benachteiligung gerichteten Auskunftsanspruchs wurde in der Rechtssache Meister bereits bezüglich der Ablehnung in einem Einstellungsverfahren vor den EuGH getragen.[834] Auch unter Verweis auf ein früheres, in der Rechtssache Kelly ergangenes, Urteil stellte das Gericht klar, dass ein solcher spezifischer Anspruch zwar nicht in den Richtlinien vorgesehen sei, dass allerdings die Verweigerung jeder Zugänglichmachung von Informationen gegenüber dem Arbeitnehmer ein Gesichtspunkt sein könne, der i.R.d. Nachweises der erforderlichen Vermutungstatsachen berücksichtigt werden kann.[835]

Dass in den Antidiskriminierungsrichtlinien ein solcher Auskunftsanspruch nicht vorgesehen ist, wird auch durch die Entstehungsgeschichte der selbigen bestätigt: Einen entsprechenden Auskunftsanspruch hatte die Europäische Kommission sogar vorgeschlagen, er wurde jedoch letztlich nie aufgenommen.[836] Hinzu

---

831 *Baeck/Winzer/Hies*, NZG 2017, 254.

832 BAG v. 4.11.2015 – 7 AZR 972/13, NZA 2016, 1339, 1341, Rn. 19.

833 BAG v. 21.11.2000 – 9 AZR 665/99, NZA 2001, 1093, 1094; BAG v. 4.11.2015 – 7 AZR 972/13, NZA 2016, 1339, 1341, Rn. 19; s.a. *Roloff*, RdA 2019, 28, 29.

834 EuGH v. 19.4.2 2012 – C-415/10, NZA 2012, 493, Rn. 32 (Meister).

835 EuGH v. 21.7.2011 – C-104/10, RDV 2011, 291, Rn. 34 (Kelly); EuGH v. 19.4.2012 – C-415/10, NZA 2012, 493, 494, Rn. 39 ff. (Meister).

836 Art. 4 lit. b des Vorschlags der Kommission v. 27.5.1988 für eine Richtlinie des Rates zur Beweislast im Bereich des gleichen Entgelts und der Gleichbehandlung von Frauen und Männern (KOM[88] 269 endg., ABl. C 176 v. 5.7.1988, S. 5). Der Vorschlag wurde von der Kommission 1998 zurückgenommen (ABl. C 40 v. 7.2.1998, S. 7); EuGH, Schlussanträge des Generalanwalts Megnozzi v. 12.1.2012 – C-415/10, juris, Rn. 21; *Hanau*, EuZA 2013, 105, 109; *Thüsing/Stiebert*, ZESAR 2010, 417, 420.

kommt auch, dass die Richtlinien eine ausbalancierte Beweislastverteilung vorsehen, die einerseits für den Betroffenen Erleichterung bietet und andererseits den Beklagten davor schützt, sich aufgrund bloßer Behauptungen vor Gericht verteidigen zu müssen.[837] Ein Auskunftsanspruch des Arbeitnehmers würde dieses Gleichgewicht stören und wäre daher innerhalb des europäischen Antidiskriminierungsrechts systemwidrig.[838] Auch die zweite Feststellung des EuGH, dass die verweigerte Auskunftserteilung i.R.d. Nachweises der Vermutungstatsachen relevant werden könne, wurde in Anbetracht des zu Recht abgelehnten Auskunftsanspruchs, als widersprüchlich wahrgenommen.[839]

In seiner Anschlussentscheidung führte das BAG daraufhin aus, dass die Verweigerung einer Auskunft über den eingestellten Konkurrenten oder über die Auswahlkriterien für sich betrachtet noch keine i.R.v. § 22 AGG geforderte Vermutungstatsache darstelle.[840] Der Arbeitnehmer müsse zumindest schlüssig darlegen, dass und warum es ihm durch die vom Arbeitgeber verweigerte Information unmöglich gemacht oder zumindest unzumutbar erschwert wird, Vermutungstatsachen darzulegen, oder warum die Verweigerung der Auskunft selbst eine solche darstellt. Dabei dürfe sich der abgelehnte Bewerber jedenfalls nicht auf Behauptungen „ins Blaue hinein" beschränken.[841]

Richtigerweise kann also die bloße Behauptung nicht als ausreichend betrachtet werden. Auch ist die Verweigerung an sich noch keine eigene und ausreichende Vermutungstatsache. Insofern ist dem Regelungsregime des AGG kein entsprechender Auskunftsanspruch zu entnehmen. Ebenfalls fraglich ist, ob ein solcher *de lege ferenda* geschaffen werden könnte, wie es im Evaluationsbericht zum AGG gefordert wurde[842]. Grundsätzlich ist eine überschießende Umsetzung europäischer Richtlinien zwar nicht unzulässig, dies gilt jedoch nur solange der überschießende Teil nicht den Richtlinienvorgaben zuwiderläuft.[843] Gerade dies ließe sich aber in Bezug auf die Normierung eines Auskunftsanspruchs bejahen, soweit die einen Ausgleich schaffende Verteilung der Beweislast zugunsten des Arbeitnehmers verschoben würde. Dem kann dann auch weder der *effet utile* noch entgegengehalten werden, dass Antidiskriminierungsrecht vornehmlich Arbeitnehmerschutzrecht ist, denn die Linderung der Beweisnot auf Arbeitnehmerseite überwiegt nicht sämtliche anderen Interessen.[844] Mit der Anerkennung

---

837 EuGH, Schlussanträge des Generalanwalts Megnozzi v. 12.1.2012 – C-415/10, juris, Rn. 22.

838 *Thüsing/Stiebert*, EuZW 2012, 462, 465.

839 *Forst*, EWiR 2012, 265; *Hanau*, EuZA 2013, 105, 111; *Picker*, NZA 2012, 641, 643; a.A. MüKo-BGB/*Thüsing*, § 22 AGG Rn. 8.

840 BAG v. 25.4.2013 – 8 AZR 287/08, DB 2013, 2509, 2512 Rn. 58.

841 Ebd. Rn. 59.

842 *Berghahn/Klapp/Tischbirek*, Evaluation des Allgemeinen Gleichbehandlungsgesetzes, S. 154 f.

843 Grabitz/Hilf/Nettesheim/*Nettesheim*, Art. 288 AEUV Rn. 131.

844 Vgl. *Forst*, EWiR 2012, 265, 266; *Hanau*, EuZA 2013, 105, 110.

eines allgemeinen Auskunftsanspruchs würde, wie *Hanau* zutreffend anmerkt, eine erhebliche Beschränkung der verfassungsrechtlich geschützten Privatautonomie einhergehen, denn um sich zu verteidigen, müsste der nicht diskriminierende Arbeitgeber die Gründe für seine ablehnende Entscheidung preisgeben; stehen diese aber in keiner Verbindung zu einem Diskriminierungsmerkmal, besteht insofern auch keine Rechtfertigungspflicht: Der Arbeitgeber kann eine privatautonome Entscheidung treffen.[845] Nicht zuletzt wäre auch mit einer übermäßigen Zahl von Informationsbegehren betriebsfremder Anspruchsteller zu rechnen, deren Bewältigung eine unverhältnismäßige Belastung der Unternehmen darstellen würde.[846]

(2) Übertragbarkeit auf Entgeltdiskriminierung?

Bisher wurde die Frage nach einem entsprechenden Auskunftsanspruch überwiegend als Begehren abgelehnter Stellenbewerber diskutiert. Im Kontext des Entgeltgleichheitsgebots fehlt es hingegen an obergerichtlichen Entscheidungen. Die bisherigen instanzgerichtlichen Entscheidungen vor Inkrafttreten des EntgTranspG zeichnen jedenfalls insofern kein optimistisches Bild. Das ArbG Berlin hatte über die Klage einer freien Rundfunkmitarbeiterin zu entscheiden, die u.a. Auskunft über die Vergütung ihrer festangestellten, männlichen Kollegen verlangte. Dort sah das Gericht jedenfalls in dieser Situation keine Rechtsgrundlage für einen solchen Anspruch – schon aufgrund der fehlenden Vergleichbarkeit einer freien Mitarbeiterin und ihrer festangestellten Kollegen konnte kein Leistungsanspruch bestehen, zu dessen Durchsetzung die Klägerin hätte Auskunft verlangen können.[847] Zwar war in diesem Fall der Auskunftsanspruch verhältnismäßig leicht zu verneinen, es wird dennoch deutlich, dass bereits im Hinblick auf die Geltendmachung des Auskunftsanspruchs die Wahrscheinlichkeit einer Ungleichbehandlung darzulegen ist. Das läuft im Ergebnis darauf hinaus, dass sich ein erfolgreicher Auskunftsanspruch lediglich auf das Maß der Ungleichbehandlung beziehen kann, also die Höhe der Vergütung der bevorzugten Gruppe und die insofern bestehende Differenz zu der eigenen Vergütung.

Diese Feststellungen wird auch durch eine Entscheidung des LAG Rheinland-Pfalz[848] bestätigt. Nachdem ihr Arbeitgeber bereits eingeräumt hatte, dass die Klägerin aufgrund ihres Geschlechts einen niedrigeren Stundenlohn als ihre männlichen Kollegen erhalten und darüber Auskunft erteilt hatte, verlangte die Klägerin u.a. Auskunft über die Höhe und die Berechnungsgrundlagen des den männlichen Produktionskräften gezahlten Weihnachts- und Urlaubsgeldes, der Anwesenheitsprämie sowie der Überstunden- und Schichtzuschläge. Sie wolle

845 *Hanau*, EuZA 2013, 105, 110.

846 *Picker*, NZA 2012, 641, 643; *Schmidt*, ZESAR 2012, 417, 420; *Simon/Rein*, BB 2012, 1226, 1227.

847 ArbG Berlin v. 1.2.2017 – 56 Ca 5356/15, juris, Rn. 161 ff.

848 LAG Rheinland-Pfalz v. 23.3.2017 – 5 Sa 385/16, juris.

so herausfinden, ob „zusätzliche Diskriminierungen“ vorliegen – mit solchen sei in Anbetracht der Stundenlohndiskriminierung zu rechnen. Das Gericht lehnte diese Auskunft jedoch mit der Begründung ab, dass es sich bei dieser Annahme um eine bloße Vermutung handele, die einen Auskunftsanspruch nicht rechtfertigen könne.[849] Die Tatsache, dass ein Beschäftigter eine Entgeltdiskriminierung im Hinblick auf bestimmte Vergütungsbestanteile vermutet, ist demnach nicht einmal dann ausreichend, wenn hinsichtlich der Grundvergütung eine solche bereits festgestellt wurde. Die Wahrscheinlichkeit einer Diskriminierung muss also für jeden Fall jeweils konkret dargelegt werden. Darüber hinaus hatte die Klägerin auch Auskunft über die Vergütung der anderen weiblichen Produktionskräfte verlangt. Diese wurde ihr durch das LAG ebenfalls verwehrt, mit der Begründung, dass die Informationen weder zur Darlegung, dass es eine Gruppe von begünstigten männlichen Produktionskräften gibt, noch zur Bezifferung ihrer Zahlungsanträge benötigt würden.[850] Daraus kann aber nicht geschlossen werden, dass die Vergütung der Kollegen des eigenen Geschlechts stets irrelevant und deshalb grundsätzlich nicht tauglicher Auskunftsgegenstand sein kann: In diesem Fall bestand die Besonderheit, dass eine schlechtere Vergütung der weiblichen gegenüber den männlichen Arbeitnehmern bereits feststand.

Fraglich ist, ob die BAG Rechtsprechung zum Auskunftsanspruch des abgelehnten Stellenbewerbers übertragbar ist. Laut *Oerder* verfangen die insofern geäußerten Bedenken im Hinblick auf einen Arbeitnehmer nicht, der Auskunft darüber verlangt, ob die Kollegen mehr verdienen und wenn ja, warum.[851] Dem kann jedoch nur teilweise zugestimmt werden: Tatsächlich wird in Entgeltfragen die Entscheidungsfreiheit des Arbeitgebers nicht in gleicher Weise beeinträchtigt, wie dies bei der Auswahlentscheidung für eine zu besetzende Stelle der Fall ist.[852] Auch besteht in dieser Situation nicht die Gefahr, dass durch die Informationsbegehren eine große Anzahl betriebsfremder Anspruchsteller Auskunft verlangt.[853]

Allerdings gestaltet sich das Kräfteverhältnis zwischen den Parteien bei Fragen der Entgeltgleichheit und in Fragen verweigerter Einstellung im Wesentlichen gleich: In beiden Fällen befinden sich die für die Geltendmachung des Anspruchs relevanten Informationen überwiegend in der Sphäre des Arbeitgebers. Dabei kann in Einzelfällen die Informationslage des Arbeitnehmers, der den Entgeltanspruch geltend machen will, sogar deutlich besser sein, denn er arbeitet bereits in diesem Unternehmen und besitzt dadurch tendenziell mehr Informationsquellen, z.B. durch Kollegen, als ein unternehmensfremder Bewerber. Selbst wenn man davon ausgeht, dass Frauen seltener solche zusätzlichen Informationsquellen offenstehen, so stehen sie dennoch jedenfalls hinsichtlich des Informationszugangs

---

849 LAG Rheinland-Pfalz v. 23.3.2017 – 5 Sa 385/16, juris, Rn. 50.
850 Ebd. Rn. 47.
851 *Oerder*, Zur Entgeltgleichheit von Frauen und Männern, S. 278 ff.
852 Ebd. S. 279.
853 Ebd. S. 281.

nicht schlechter da, als ein externer Bewerber. *Oerder* hingegen argumentiert hier zugunsten eines Auskunftsanspruchs mit der effektiven Verwirklichung der Ziele der Antidiskriminierungsrichtlinien.[854] Zu deren Zielen gehört jedoch auch die Schaffung eines Gleichgewichts zwischen den Parteien, die schließlich der Grund für die Beweismaßabsenkung auf Seiten des Arbeitnehmers ist. Die derzeitige Verteilung und der Umfang der Beweispflichten im AGG entsprechen nach der hier vertretenen Ansicht auch den durch die Richtlinien gesetzten Grenzen. Angesichts der soeben erörterten Informationssituation ist auch nicht einzusehen, warum dies bei Entgeltgleichheitsklagen anders beurteilt werden sollte. Sieht man darin ein Schutzdefizit, so bliebe letztlich nur die Möglichkeit, die Richtlinien selbst zu ändern. In Erwägungsgrund 15 der Empfehlung der europäischen Kommission zur Stärkung des Grundsatzes des gleichen Entgelts für Frauen und Männer durch Transparenz, ist zwar auch ein Recht der Arbeitnehmer auf Erlangung von Informationen über Lohn- und Gehaltsniveaus genannt.[855] Bei Empfehlungen handelt es sich nach § 288 Abs. 5 AEUV jedoch um lediglich unverbindliche Rechtsakte. Zwar bedeutet dies nach der Rechtsprechung des EuGH nicht, dass die innerstaatlichen Gerichte nicht verpflichtet wären, „bei der Entscheidung der bei ihnen anhängigen Rechtsstreitigkeiten die Empfehlungen zu berücksichtigen, insbesondere dann, wenn diese Aufschluß über die Auslegung zu ihrer Durchführung erlassener innerstaatlicher Rechtsvorschriften geben oder wenn sie verbindliche gemeinschaftliche Vorschriften ergänzen sollen".[856] Eine solche Auslegung ist jedoch vorliegend nicht angezeigt. Überzeugender erscheint es demgegenüber, die Empfehlungen als einen neben die Richtlinie tretenden Auftrag zu verstehen.

d) Positive Maßnahmen, § 5 AGG

Obwohl es insgesamt auf die Beseitigung von Ungleichbehandlungen ausgerichtet ist, lässt das AGG solche i.R.v. § 5 AGG als „positive Maßnahmen" bewusst zu, wenn durch geeignete und angemessene Maßnahmen bestehende, durch ein Diskriminierungsmerkmal bedingte Nachteile verhindert oder ausgeglichen werden sollen. Diese Norm geht u.a. auf Art. 3 RL 2006/54/EG zurück,[857] der Art. 141 Abs. 4 EGV (jetzt Art. 157 Abs. 4 AEUV) in Bezug nimmt, welcher wiederum bestimmt, dass im Hinblick auf die effektive Gewährleistung der vollen Gleichstellung von Männern und Frauen im Arbeitsleben der Grundsatz der Gleichbehandlung die Mitgliedstaaten nicht daran hindert, zur Erleichterung der Berufstätigkeit des unterrepräsentierten Geschlechts oder zur Verhinderung bzw. zum Ausgleich von

---

854 Ebd. S. 279 f.

855 Empfehlung der Kommission v. 7.3.2014 zur Stärkung des Grundsatzes des gleichen Entgelts für Frauen und Männer durch Transparenz, 2014/124/EU (ABl. L 69 v. 8.3.2014, S. 112).

856 EuGH v. 13.12.1989 – C-322/88, NZA 1991, 283, 285, Rn. 18 (Grimaldi).

857 BT-Drucks. 16/1780, S. 33.

Benachteiligungen in der beruflichen Laufbahn spezifische Vergünstigungen beizubehalten oder zu beschließen.

Solche Maßnahmen müssen also in jedem Fall verhältnismäßig sein.[858] Entgeltunterschiede zwischen Männern und Frauen dadurch zu verringern, dass weiblichen Beschäftigten entsprechende Zulagen gewährt werden ist aber nicht zielführend: Eine derartige Anpassung stellt im Fall von gleicher oder gleichwertiger Arbeit nur die Erfüllung des Entgeltgleichheitsanspruchs dar. In den anderen Fällen liefe das Ergebnis dem Entgeltgleichheitsgebot zuwider. *Schlachter* weist auch darauf hin, dass Kompensationsmaßnahmen im Entgeltbereich nur zum Ausgleich von Benachteiligungen bei sonstigen Arbeitsbedingungen in Betracht kommen, insofern aber regelmäßig weder geeignet noch im erforderlichen Maß auf die Ausgleichung von Unterschieden ausgerichtet sind.[859]

Somit stellt § 5 AGG kein taugliches Mittel zur Vornahme von zielführenden Ergebniskorrekturen dar. Denkbar sind zwar Fördermaßnahmen, die der höheren Qualifizierung von Frauen dienen und diesen vermehrt den Aufstieg in besser entlohnte Positionen öffnen. Im Übrigen ist die Eignung von positiven Maßnahmen im Hinblick auf die Durchsetzung des Entgeltgleichheitsgebots jedoch kaum zu bejahen: Bei Entgeltunterschieden, die einer möglichen geringeren Wertschätzung von Tätigkeiten, die überwiegend von Frauen verrichtet werden, entspringen, ist davon auszugehen, dass sich das Verhältnis zu der höheren Entlohnung typischer „Männerberufe" nicht verändern würde.

e) Antidiskriminierungsstelle des Bundes

Nach einer weiteren Vorgabe europäischer Antidiskriminierungsrichtlinien,[860] hat „jeder Mitgliedstaat (...) eine oder mehrere Stellen, deren Aufgabe darin besteht, die Verwirklichung der Gleichbehandlung aller Personen ohne Diskriminierung (...) zu fördern, zu analysieren, zu beobachten und zu unterstützen" zu bezeichnen. Diese Vorgabe wurde in Deutschland durch die Einrichtung der Antidiskriminierungsrichtlinie des Bundes (ADS) umgesetzt. Aufgaben und Rechtsstellung dieser Stelle sind in den §§ 25–30 AGG geregelt. Der Zugang ist zunächst recht offen gestaltet, denn nach § 27 Abs. 1 AGG kann sich grundsätzlich jeder, der glaubt wegen eines Grundes nach § 1 AGG benachteiligt zu werden, an die ADS wenden. Nach § 27 Abs. 2 AGG kann die ADS „über Ansprüche und die Möglichkeiten des rechtlichen Vorgehens im Rahmen gesetzlicher Regelungen zum Schutz vor Benachteiligungen informieren" (Nr. 1), „Beratung durch andere Stellen vermitteln" (Nr. 2), oder

---

858 EuGH v. 19.3.2002 – C-476/99, NZA 2002, 501, 504, Rn. 50 (Lommers); vgl. auch MüKo-BGB/*Thüsing*, § 5 AGG Rn. 8 f.

859 ErfK/*Schlachter*, § 3 EntgTranspG Rn. 12; ebenfalls die Angemessenheit solcher Maßnahmen bezweifelnd *Grimm/Freh* KSzW 2017, 89, 92.

860 Art. 13 Abs. 1 RL 2000/43/EG; Art. 12 Abs. 1 RL 2004/113/EG; Art. 20 Abs. 1 RL 2006/54/EG.

„eine gütliche Beilegung zwischen den Beteiligten anstreben“ (Nr. 3). Des Weiteren ist die ADS nach § 28 AGG dazu berechtigt, bei Einverständnis der Betroffenen eine Stellungnahme der Beteiligten einzuholen und Unterstützung durch andere Behörden und öffentliche Stellen einzuholen.

Entscheidend für die Wirksamkeit der Arbeit der ADS ist im Hinblick auf die Durchsetzung des Entgeltgleichheitsgebots, welchen Mehrwert sie für die betroffenen Arbeitnehmer hat. Durch ihre Aufgaben und Befugnisse kann sie jedenfalls deren Informationsstand dahingehend verbessern, dass diese sich ihrer Rechte bewusst werden und erfahren, wo sie weiterführende Hilfe erlangen können. An dieser Stelle erschöpfen sich allerdings die durch die ADS gebotenen Möglichkeiten: Sie kann gerade nicht als Prozessstandschafter auftreten oder gar die Rechtsverfolgungskosten der Betroffenen übernehmen.[861] Auch ein eigenes Auskunfts- oder Klagerecht gegenüber dem Arbeitgeber existiert nicht.[862] Insofern bleibt die deutsche Umsetzung der Richtlinienvorgaben hinter anderen europäischen Ländern zurück.[863] *Philipp* kritisiert insbesondere, dass sich so Aufgaben, die sowohl behördliche als auch gerichtliche sowie anwaltliche Züge haben, vermischen würden.[864] *Bauer*, *Krieger* und *Günther* wiederum verstehen die ADS aufgrund ihrer lediglich vermittelnden Tätigkeit eher als einen „neutralen Mediator“[865], während *Forst* in ihr eine „externe Whistleblowing-Stelle für Verstöße gegen das Antidiskriminierungsrecht“[866] sieht. Trotz der berechtigten Kritik kann man die ADS als sinnvolles informatorisches Bindeglied zwischen Arbeitgebern und Arbeitnehmern ansehen.[867] Im Hinblick auf ihre Einwirkungsmöglichkeiten besteht jedoch durchaus Erweiterungspotenzial.[868]

---

861 Hey/Forst/*Forst*, §§ 25–30 AGG, Rn. 37; *Köppen*, NZA-Beilage 2008, 91, 93.

862 *Jordan*, Entgeltdiskriminierung in Frauenberufen, S. 125; *Köppen*, NZA-Beilage 2008, 91, 93.

863 Siehe dazu ausführlich u. Gliederungspunkt E).

864 *Philipp*, NVwZ 2006, 1235 f.; vgl. dagegen: *Köppen*, NZA-Beilage 2008, 91, 93: „Einige Petentinnen und Petenten haben allerdings die Erwartung, dass die Antidiskriminierungsstelle des Bundes quasi als Rechtsanwältinnen oder Rechtsanwälte für sie auftrete oder den Gesetzgeber anweisen könne, die Gesetze zu ändern. Diese Erwartungen erfüllt die Antidiskriminierungsstelle des Bundes nicht. Sie bietet eine umfassende Erstberatung, indem allgemein und umfassend über etwaige Ansprüche und Möglichkeiten der Rechtsdurchsetzung nach dem AGG bzw. bei öffentlich-rechtlichen Diskriminierungsfällen über einschlägige Verwaltungsvorschriften oder verfassungsrechtliche Grundsätze informiert wird. Klagen werden nicht vorbereitet. Eine Vertretung der Petentinnen und Petenten vor Gericht erfolgt ebenfalls nicht.“

865 *Bauer/Krieger/Günther*, § 30 AGG Rn. 13.

866 Hey/Forst/*Forst*, §§ 25–30 AGG Rn. 29.

867 So auch *Oerder*, Zur Entgeltgleichheit von Frauen und Männern, S. 172.

868 Vgl. dazu unten Gliederungspunkt G)IV.6.c).

3. Zwischenergebnis

Das Allgemeine Gleichbehandlungsgesetz kann im Vergleich zu der rechtlichen Ausgestaltung des Entgeltgleichheitsgebots in § 612 Abs. 3 BGB aF als umfangreicher bezeichnet werden. Allerdings wurden zahlreiche bereits bekannte Probleme durch das Gesetz nicht aufgegriffen oder aber neue geschaffen. So hat etwa die undeutliche Formulierung des Entgeltgleichheitsanspruchs nicht zur Herstellung von Rechtsklarheit beigetragen. Auch die Rechtsfolge eines Verstoßes gegen das Entgeltgleichheitsgebot hätte innerhalb des Gesetzestextes verdeutlicht werden können. Im Hinblick auf die tatbestandlichen Voraussetzungen des Anspruchs – insbesondere die Begriffe der gleichen und der gleichwertigen Arbeit – schweigt der Wortlaut ebenfalls. Fraglich ist jedoch, ob dies als Defizit bezeichnet werden kann: Mangels tauglicher Definition hätten lediglich Orientierungskriterien aufgenommen werden können.

Die klageweise Durchsetzung des Anspruchs wurde im Verhältnis zu der Situation vor Inkrafttreten des AGG weder erschwert noch erleichtert. Auch hier ist jedoch die sprachliche Undeutlichkeit der Normen zu kritisieren. Der Gesetzgeber hat ebenfalls versäumt, den schon vorher strittigen Bezugspunkt der Beweiserleichterung klarzustellen. Ein, die dadurch entstehenden Informationsdefizite ausgleichender, Auskunftsanspruch existiert nach dem AGG nicht und ist auch europarechtlich nicht geboten. Die Schaffung eines solchen *de lege ferenda* sieht sich somit der Herausforderung ausgesetzt, dem Informationsbedürfnis der Beschäftigten auf angemessene Art nachzukommen, ohne gleichzeitig die Grundsätze der Beweislastverteilung in unzulässigem Maße auszuhebeln.

III. Gesetzliche Informationsquellen

1. Nachweisgesetz

Obwohl für unbefristete Arbeitsverträge nach deutschem Recht kein Formerfordernis besteht, muss der Arbeitgeber dennoch gem. § 2 Abs. 1 S. 1 NachwG spätestens einen Monat nach dem vereinbarten Beginn des Arbeitsverhältnisses die wesentlichen Vertragsbedingungen schriftlich niederlegen. Dazu gehört nach § 2 Abs. 1 S. 2 Nr. 5 NachwG auch „eine kurze Charakterisierung oder Beschreibung der vom Arbeitnehmer zu leistenden Tätigkeit" und nach § 2 Abs. 1 S. 2 Nr. 6 NachwG „die Zusammensetzung und die Höhe des Arbeitsentgelts einschließlich der Zuschläge, der Zulagen, Prämien und Sonderzahlungen sowie anderer Bestandteile des Arbeitsentgelts und deren Fälligkeit". Zweck des schriftlichen Nachweises ist es, die Beweissituation des Arbeitnehmers zu verbessern, sodass Unklarheiten dem Arbeitgeber zur Last fallen.[869] Kann der Arbeitnehmer diese Informationen

869 ErfK/*Preis*, § 2 NachwG, Rn. 16.

jedoch auch leicht aus einem Tarifvertrag oder einer Betriebs- oder Dienstvereinbarung entnehmen, so genügt nach § 2 Abs. 3 S. 1 NachwG auch ein Verweis auf selbige. Die Nr. 5 wurde in Reaktion auf ein EuGH-Urteil erweitert,[870] sodass sie in ihrer jetzigen Form durch die zusätzliche kurze Charakterisierung der zu leistenden Tätigkeit umfangreicher ausfällt. Von dem Nachweis über das Arbeitsentgelt nach Nr. 6 sind sämtliche, auch freiwillige Vergütungsbestandteile erfasst.[871]

Der Gewinn aus dieser Regelung ist für einen Großteil der Arbeitnehmer aufgrund einer in der Praxis ohnehin regelmäßig stattfindenden schriftlichen Niederlegung des Arbeitsvertrags eher gering zu bewerten. Zudem erhalten die Arbeitnehmer nach dem NachwG lediglich Informationen über die eigene Tätigkeitsbeschreibung bzw. die Zusammensetzung der eigenen Vergütung. *Oerder* schlägt deshalb vor, die Nachweispflicht des § 2 NachwG so zu erweitern, dass diese auch die „Tätigkeitsbeschreibungen der anderen Beschäftigten, die geschlechtliche Verteilung und das abstrakte Entgeltsystem des Betriebs“ betreffen.[872] Die Zugänglichmachung solcher Daten kann jedoch mit dem Geheimhaltungsinteresse des Arbeitgebers im Hinblick auf Betriebs- und Geschäftsgeheimnisse in Konflikt treten: Gerade dann, wenn diese Informationen nicht nur an den Betriebsrat, sondern an jeden einzelnen Mitarbeiter weitergeleitet werden müssten, verstärkt sich die mit einer entsprechenden Offenlegung verbundene Gefahr.

Hinzu kommen in datenschutzrechtlicher Hinsicht weitere Bedenken: Grundlage des Datenschutzrechtes ist, dass eine Verarbeitung personenbezogener Daten stets unter Erlaubnisvorbehalt steht.[873] Werden die von *Oerder* vorgeschlagenen Erweiterungen nur in anonymisierter Form dokumentiert, so entsteht zumindest kein direkter Personenbezug. Allerdings ist es datenschutzrechtlich nach Art. 4 Abs. 1 DS-GVO auch relevant, wenn sich dieser nur mittelbar herstellen lässt. Gerade in kleineren Unternehmen würden sich Tätigkeitsbeschreibungen leicht bestimmten Personen zuordnen lassen. Gleiches gilt unter Umständen auch für die geschlechtliche Verteilung. Zwar wird die Weitergabe an den Betriebsrat nicht als Datenübermittlung an einen Dritten behandelt,[874] dies kann aber nicht auf eine Weitergabe an andere Mitarbeiter übertragen werden. Insofern erscheint eine solche Erweiterung auch aus datenschutzrechtlicher Sicht zumindest äußerst bedenklich.

---

870 EuGH v. 4.12.1997 – C-253/96 u.a., NZA 1998, 137, 138, Rn. 36 f. (Kampelmann u.a.).

871 ErfK/*Preis*, § 2 NachwG, Rn. 17 f.

872 *Oerder*, Zur Entgeltgleichheit von Frauen und Männern, S. 245.

873 Dieses Prinzip ist in der DS-GVO zwar weniger deutlich enthalten als dies noch im BDSG-alt der Fall war, dennoch lässt es sich Art. 6 DS-GVO entnehmen, vgl. nur Paal/Pauly/*Frenzel*, Art. 6 DS-GVO Rn. 1 m.w.N.

874 Vgl. dazu Gliederungspunkt D)V.2.

2. Berichtspflicht nach § 43 Abs. 2 S. 3 BetrVG

Nach § 43 Abs. 2 S. 3 BetrVG besteht eine jährliche Berichtspflicht für Unternehmen bezüglich des Stands der Gleichstellung von Frauen und Männern im Betrieb im Rahmen einer Betriebsversammlung. Dies bedeutet konkret im Hinblick auf die Gleichstellung der Geschlechter eine nach Hierarchieebenen und Betriebsabteilungen getrennte Berichtspflicht, durch welche die prozentuale Verteilung der Geschlechter auf Voll- und Teilzeitpositionen bzw. innerhalb der verschiedenen Vergütungsgruppen dargelegt wird, sowie eine Unterrichtung über die Durchführung von Förderungsmaßnahmen.[875] Die Berichtspflicht ist mündlich zu erfüllen und bietet den Teilnehmern der jeweiligen Versammlung die Möglichkeit, die durch den Arbeitgeber berichteten Ergebnisse mit diesem zu diskutieren und selbst diesbezügliche Anregungen einzubringen.[876] Die bewusst verfälschte Darstellung oder die Verweigerung, der Berichtspflicht nachzukommen, kann als grobe Pflichtverletzung nach § 23 Abs. 3 BetrVG geahndet werden.[877]

Grundsätzlich ermöglicht § 43 Abs. 2 S. 3 BetrVG also zumindest einen Austausch und in gewissem Maße auch einen Informationsgewinn über die jeweilige Repräsentanz der Geschlechter in den betrieblichen Strukturebenen. Für einen Arbeitnehmer, der eine Entgeltgleichheitsklage anstrebt, werden so aber nicht im ausreichenden Maße relevante Kenntnisse generiert. Die prozentuale Verteilung der Geschlechter auf Voll- und Teilzeitpositionen bzw. innerhalb der verschiedenen Vergütungsgruppen liefert keine Informationen darüber, welche konkreten Tätigkeiten jeweils wie eingruppiert wurden – ob eine gleiche oder gleichwertige Tätigkeit gleich oder anders vergütet wird, wird dadurch nicht erkennbar.[878]

Hinzu kommt, dass die Berichtspflicht dem Wortlaut des § 43 Abs. 2 S. 3 BetrVG nach auch dann nicht besteht, wenn dadurch Betriebs- oder Geschäftsgeheimnisse gefährdet werden. Insofern ist eine objektive Gefährdung erforderlich.[879] Was unter Betriebs- oder Geschäftsgeheimnissen i.S.d. Norm zu verstehen ist, definiert das Gesetz nicht selbst. Die Begriffe tauchen ebenso unerklärt in § 79 Abs. 1 S. 1 BetrVG auf. In diesem Kontext werden sie aber parallel zum Verständnis der Rechtsprechung von Betriebs- oder Geschäftsgeheimnissen in § 17 UWG ausgelegt.[880] Demnach handelt es sich um ein Betriebs- oder Geschäftsgeheimnis, „wenn Tatsachen im Zusammenhang mit einem Geschäftsbetrieb, die nur einem eng begrenzten Personenkreis bekannt und nicht offenkundig sind, nach dem Willen des Arbeitgebers und im Rahmen eines berechtigten wirtschaftlichen

875 Richardi/*Annuß*, § 43 BetrVG Rn. 16.
876 Richardi/*Annuß*, § 43 BetrVG Rn. 17; *Fitting*, § 43 BetrVG Rn. 20, 26 f.
877 Richardi/*Annuß*, § 43 BetrVG Rn. 20; *Fitting*, § 43 BetrVG Rn. 27.
878 *Oerder*, Zur Entgeltgleichheit von Frauen und Männern, S. 223 f.; ebenfalls kritisch *Kocher/Laskowski/Rust/Weber*, in: FS Pfarr, S. 117, 133.
879 *Fitting*, § 43 BetrVG Rn. 20; GK-BetrVG/*Weber*, § 43 BetrVG Rn. 18.
880 GK-BetrVG/*Oetker*, § 79 BetrVG Rn. 11 f.; Richardi/*Thüsing*, § 79 BetrVG Rn. 5.

Interesses geheim gehalten werden sollen“[881]. Darunter können nach dem BAG auch die Lohn- und Gehaltsstrukturen eines Betriebes gefasst werden: Dazu „muß die Geheimhaltung der Daten gerade dieses Betriebs bzw. eines Teils eines Betriebs oder einer bestimmten Arbeitnehmergruppe für den wirtschaftlichen Erfolg des Betriebs insofern von Vorteil sein, als dass die Konkurrenz mit deren Kenntnis ihre eigene Wettbewerbsfähigkeit steigern könnte“.[882] Dabei ist allerdings umstritten, inwieweit ein berechtigtes Informationsinteresse des Arbeitnehmers ein ebenfalls berechtigtes Geheimhaltungsinteresse des Arbeitgebers überwiegen kann.[883] Insofern ist es letztlich eine Frage des jeweiligen Einzelfalls, ob Lohn- und Gehaltsstrukturen zu den Betriebs- und Geschäftsgeheimnissen gezählt werden können, sodass kaum von einem handhabbaren Instrument zur Informationsgewinnung in Entgeltgleichheitsfragen die Rede sein kann.[884]

IV. Mindestlöhne

Neben der Debatte um die Gender Pay Gap wurde die Frage nach gerechter Entlohnung in den letzten Jahren insbesondere durch die Einführung des allgemeinen Mindestlohns zum 1.1.2015 geprägt.[885] Allerdings spielten geschlechtsbedingte Lohnunterschiede auch in diesem Zusammenhang schon eine Rolle. Bezüglich der Einführung des allgemeinen Mindestlohns wurde angenommen, dass dieser für Frauen einen besonders spürbaren, positiven Effekt haben würde.[886] Aufgrund der überproportionalen Repräsentanz von Frauen in mindestlohnrelevanten Berufen liegt die Einschätzung nahe, dass die Anhebung der unteren Lohngrenze zumindest einer diskriminierenden Ausbeutung von Frauen entgegenwirkt. *Jordan* sieht in der Einführung eines allgemeinen Mindestlohns zudem im Hinblick auf die mit der Feststellung der Gleichwertigkeit von Arbeit verbundenen Schwierigkeiten eine Erleichterung dahingehend, dass so zumindest eine „objektive Mindestschwelle“ definiert werde.[887] Zwar erkennt sie auch an, dass der Mindestlohn die Gleichwertigkeitsfeststellung schon mangels Eingrenzung nach oben hin nicht

---

881 BAG v. 16.3.1982 – 3 AZR 83/79, AP BGB § 611 Betriebsgeheimnis Nr. 1; BAG v. 26.2.1987 – 6 ABR 46/84, NZA 1988, 63.

882 BAG v. 26.2.1987 – 6 ABR 46/84, NZA 1988, 63, 64.

883 Für ein Überwiegen nur in Ausnahmefällen: GK-BetrVG/*Oetker*, § 79 BetrVG Rn. 22; a.A.: Däubler/Kittner/Klebe/Wedde/*Buschmann*, § 79 BetrVG Rn. 8.

884 Vgl. *Kocher* in: Neue Wege – Gleiche Chancen, S. 183; *Oerder*, Zur Entgeltgleichheit von Frauen und Männern, S. 222; ablehnend Däubler/Bertzbach/*Zimmer*, § 8 EntgTranspG Rn. 9.

885 Gesetz zur Stärkung der Tarifautonomie (Tarifautonomiestärkungsgesetz) vom 11.8.2014, Art. 1 (BGBl. I S. 1348).

886 BT-Drucks. 18/1558, S. 33 m.w.N; außerdem: *Boll/Hüning/Leppin/Puckelwald*, Sozialer Fortschritt 2017, 123, 125 f.; *Deutscher Juristinnenbund*, Streit 2013, 14, 15; *Fischer*, Streit 2015, 103, 107.

887 *Jordan*, Entgeltdiskriminierung in Frauenberufen, S. 117.

ersetzen kann.[888] Letztlich besitzt der Mindestlohn für die eigentliche Frage nach Gleichwertigkeit jedoch keinen Wert. Er fügt sich in keines der hier diskutierten Modelle ein: Will man den Wert einer Tätigkeit mit der Hilfe eines der gängigen analytischen Verfahren bestimmen, so erfolgt dies anhand von Kriterien, die sich direkt auf die Tätigkeit selbst beziehen. Dies entspricht auch der durch den EuGH vorgezeichneten Gleichwertigkeitsprüfung anhand einer Gesamtheit von Faktoren, wie Art der Arbeit, Ausbildungsanforderungen und Arbeitsbedingungen. Bei einer staatlichen Mindestlohnfestlegung handelt es sich demgegenüber um einen von außen hinzutretenden Faktor. Zieht man – wie hier vorgeschlagen – vorrangig Marktgesichtspunkte zur Bestimmung von Gleichwertigkeit heran, so scheint auf den ersten Blick ein verbindendes Element zu bestehen, denn wenn die untere Lohngrenze angehoben wird, so steigt damit automatisch auch der für betroffene Tätigkeiten zu zahlende Marktwert. Allerdings handelt es sich nur um eine marktkorrigierende Maßnahme. Insofern bedeutet die Einführung eines Mindestlohns immer nur eine Nachjustierung an durch eine „objektive" Gleichwertigkeitsprüfung gefundenen Ergebnissen.

Dadurch ist jedoch nicht ausgeschlossen, dass die Einführung des allgemeinen Mindestlohns einen positiven Effekt auf die geschlechtsspezifische Lohnzahlungslücke hat. Ein Blick auf die relevanten Zahlen kann hier mehr Klarheit bringen: Knapp zwei Drittel von 4,1 Mio. Beschäftigungsverhältnissen, die 2014 mit einem Lohn unterhalb von 8,50 Euro bezahlt wurden, betrafen Frauen.[889] Im April 2017 erhielten bereits 1,4 Mio. Beschäftigte Mindestlohn.[890] Ob der Anteil von betroffenen Frauen bei dieser Zahl ebenso hoch ist, ist damit aber noch nicht gesagt. Nach Angaben des Instituts der deutschen Wirtschaft Köln (IW Köln) sei zwar seit Einführung des allgemeinen Mindestlohns ein gewisser abfallender Trend der Lohnlücke erkennbar, welcher grundsätzlich auch mit diesem in einem kausalen Zusammenhang stehen könne. Auf der anderen Seite sei aber ebenfalls möglich, dass sich diese Entwicklung aus einer bei Frauenberufen stärker absinkenden Beschäftigungsquote von Geringverdienern nach Einführung des Mindestlohnes speist.[891] Insgesamt könne der Mindestlohn nur die Symptome der Entgeltlücke bekämpfen.[892]

888 Ebd.

889 Erster Bericht zu den Auswirkungen des gesetzlichen Mindestlohns, S. 39 ff., abrufbar unter: https://www.mindestlohn-kommission.de/DE/Bericht/pdf/Bericht2016.pdf?__blob=publicationFile&v=6 (Abruf 2.12.2018).

890 Pressemitteilung Statistisches Bundesamt Nr. 231 v. 26.6.2018, abrufbar unter: https://www.destatis.de/DE/PresseService/Presse/Pressemitteilungen/2018/06/PD18_231_621.html (Abruf 2.12.2018).

891 *Schmidt*, IW-Nachricht, 16.3.2016: „Wenn eine Geringverdienerin ihren Job verliert, verringert dies zwar ebenfalls die Lohnlücke, weil ihr Lohn dann nicht mehr in den Durchschnittslohn der Frauen bei der Berechnung des Gender Pay Gaps einfließt. Die wirtschaftliche Lage der Frauen hat sich dadurch aber nicht verbessert.", abrufbar unter: https://www.iwkoeln.de/presse/iw-nachrichten/beitrag/lohnluecke-von-frauen-und-maennern-mindestlohn-setzt-nicht-an-den-ursachen-an-273189.html (Abruf 2.12.2018).

892 Ebd.

Boll, Hüning und *Puckelwald* haben die Frage nach den potenziellen Auswirkungen des Mindestlohnes auf den Gender Pay Gap in Deutschland 2015 im Rahmen einer Simulationsstudie untersucht.[893] Dazu wurde die Entwicklung der Lohnzahlungslücke sowohl unter Berücksichtigung von Beschäftigungseffekten[894] als auch ohne diese betrachtet. Werden Beschäftigungseffekte zunächst außer Betracht gelassen, sinke der erklärte und steige der unerklärte Teil[895] der Lohnlücke.[896] Dabei verringere sich die Lohnlücke insgesamt um etwa 2,4 %, wobei sich der Effekt vollständig auf die beiden unteren 5 %-Quantile der Lohnverteilung konzentriere.[897] Bezieht man Beschäftigungseffekte in die Betrachtung mit ein, so sei zunächst festzustellen, dass entsprechend dem höheren Anteil von durch den Mindestlohn betroffenen Frauen auch ein höherer Anteil von durch die Einführung des Mindestlohns bedingten Jobverlusten auf diese Gruppe entfalle.[898] Im Vergleich zu der Betrachtung ohne die Berücksichtigung von Beschäftigungseffekten träten hinsichtlich Höhe und Struktur der Lohnlücke nur unter restriktiven Annahmen überhaupt Veränderungen ein, welche aber immer noch eher gering zu bewerten seien.[899] Zusammenfassend lasse sich festhalten, dass der Mindestlohn tatsächlich zu einer Reduktion der geschlechtsspezifischen Lohnlücke beitragen könne, auch wenn damit gerade für die mehrheitlich betroffenen Frauen in gewissem Maße Beschäftigungsverluste einhergingen – diese Reduktion falle aber selbst bereits nur gering aus.[900]

Nach dem bisherigen Kenntnisstand konnte die Einführung des allgemeinen Mindestlohns also durchaus bestehende Entgeltunterschiede zwischen Frauen und Männern verringern. Zwar war dieser Effekt auch eines der erklärten Ziele der Einführung – an dem Umfang der messbaren Verringerung wird jedoch deutlich, dass allgemeine Mindestlöhne nicht dazu geeignet sind, Entgeltunterschiede verschwinden zu lassen. Der Zusammenhang zwischen einem (höheren) Mindestlohn und eintretenden Beschäftigungseffekten zeigt zudem, dass die absenkende Wirkung höchstwahrscheinlich auch nicht zu steigern ist. Insgesamt ist hier die langfristige Entwicklung im Zusammenhang mit gesetzlichen Mindestlöhnen zu beachten. Im Gegensatz zu einer weiteren Anhebung des allgemeinen gesetzlichen Mindestlohns könnten durch höhere Branchenmindestlöhne für frauendominierte

893 Vgl. *Boll/Hüning/Leppin/Puckelwald*, Sozialer Fortschritt 2017, 123 ff.
894 Beschäftigungseffekte meint in diesem Fall Auswirkungen auf die Beschäftigtenquote, also z.B. Arbeitsplatzverluste.
895 Vgl. zu diesen Begriffen oben Gliederungspunkt A)I.
896 *Boll/Hüning/Leppin/Puckelwald*, Sozialer Fortschritt 2017, 123, 141.
897 Ebd.
898 Ebd. S. 144.
899 Ebd. S. 144 f.
900 Ebd. S. 148 f.

Tätigkeiten möglicherweise weitere positive Effekte erzielt werden, wobei hier wiederum die Abhängigkeit von der Tarifstärke der aushandelnden Parteien zu beachten ist.[901]

V. Die Mitwirkung des Betriebsrates

Als einer der Gründe für die weiterhin bestehende, geschlechtsbedingte Lohnlücke und die geringe Zahl von Entgeltgleichheitsklagen wird neben dem Fehlen relevanter Informationen immer wieder auch die Scheu, in einem bestehenden Arbeitsverhältnis Klage zu erheben, genannt.[902] Flankierend zu der Verbesserung der Informationslage der Beschäftigten besteht daher ein weiterer Ansatzpunkt darin, die Handlungslast auf andere Akteure zu verlagern. Auf den Arbeitgeber als Anspruchsgegner kann hier nur in eingeschränktem Maße gesetzt werden. Es bietet sich aber an, insofern auf den Betriebsrat als Organ der betrieblichen Mitbestimmung und Interessenvertretung der Arbeitnehmerschaft zurückzugreifen. Im Vergleich zu der direkten Konfrontation mit dem Arbeitgeber sind bei einer anfänglichen Kontaktaufnahme mit dem Betriebsrat geringere Hemmnisse zu erwarten. Zudem verweist die Bundesregierung im Gesetzesentwurf zum EntgTranspG auf Studien, die zeigen, dass in Betrieben, in denen Betriebsräte mitwirken, geringere Entgeltunterschiede zu verzeichnen sind.[903] Doch auch hinsichtlich der klageermöglichenden Informationslage der Beschäftigten könnten Verpflichtungen des Arbeitgebers, Informationen über die betrieblichen Lohnstrukturen zumindest an den Betriebsrat mitzuteilen, Abhilfe leisten. Im Folgenden ist daher der Status quo der Einflussnahmemöglichkeiten des Betriebsrates bei der Durchsetzung des Entgeltgleichheitsgebotes vor Inkrafttreten des EntgTranspG zu untersuchen.

1. Förderung der Gleichstellung und Verhinderung bzw. Beseitigung von Diskriminierungen

In § 75 Abs. 1 BetrVG wird als einer der Grundsätze für die Behandlung der Betriebsangehörigen festgeschrieben, dass der Betriebsrat neben dem Arbeitgeber darüber zu wachen hat, dass alle im Betrieb tätigen Personen nach den Grundsätzen von Recht und Billigkeit behandelt werden, insbesondere, dass jede Benachteiligung von Personen aus Gründen u.a. ihres Geschlechts unterbleibt. Darüber hinaus gehört es nach § 80 Abs. 1 Nr. 2a BetrVG zu den allgemeinen Aufgaben des Betriebsrats, die Durchsetzung der Gleichstellung von Frauen und Männern, insbesondere bei der Einstellung, Beschäftigung, Aus-, Fort- und Weiterbildung und dem beruflichen Aufstieg, zu fördern. Es handelt sich dabei um eine an den

---

901 S. hierzu ausführlich u. Gliederungspunkt C)III.2.c)aa).
902 Vgl. nur *Oerder*, Zur Entgeltgleichheit von Frauen und Männern, S. 115 ff.
903 BT-Drucks. 18/11133, S. 1.

Betriebsrat gerichtete Zielvorgabe, seine Befugnisse i.S.d. Förderung der genannten Ziele auszuüben.[904] Dieser ist aufgefordert, die Ziele durch Vorschläge und Anträge voranzutreiben.[905] Die Förderungspflicht zielt auf die tatsächliche Gleichstellung – also nicht nur im juristischen Sinne – ab.[906] Insofern besteht mit § 80 Abs. 1 Nr. 2a BetrVG eine betriebsverfassungsrechtliche Parallelregelung zu der Staatszielbestimmung des Art. 3 Abs. 2 S. 2 GG.[907] Letztlich entstehen auch aus dieser Norm keine konkreten Rechte und Pflichten, sie betrifft vielmehr den Rahmen der Betriebsratsarbeit.

Nach § 17 Abs. 1 AGG ist auch der Betriebsrat dazu aufgefordert, im Rahmen seiner Aufgaben und Handlungsmöglichkeiten an der Verwirklichung des in § 1 AGG genannten Ziels mitzuwirken. Doch auch aus dieser Norm ergeben sich keine konkreten Rechtsansprüche oder Handlungspflichten.[908] Nach *Thüsing* lässt sich aus ihr aber die Auslegungsregel ableiten, dass im Zweifel die nichtdiskriminierende Auslegung eines Kollektivvertrags als vorzugswürdig zu behandeln ist, wodurch aber die grundsätzlichen Handlungsmöglichkeiten der Akteure nicht ausgeweitet werden.[909]

Wesentlich größer sind demgegenüber die Möglichkeiten, die dem Betriebsrat über § 17 Abs. 2 AGG eröffnet werden: Der Betriebsrat erhält so ein § 23 Abs. 3 S. 1 BetrVG entsprechendes eigenes Klagerecht gegen den Arbeitgeber, wenn dieser in grober Weise gegen die Vorschriften des 2. Abschnitts des AGG verstößt. Allerdings bedeutet dies nicht, dass der Betriebsrat so die Ansprüche der Beschäftigten durchsetzen könnte, § 17 Abs. 2 S. 2 AGG. Es handelt sich eben nicht um einen Fall von Prozessstandschaft.[910] Damit scheidet allerdings grundsätzlich eine Geltendmachung sämtlicher Ansprüche aus, die auch der benachteiligte Beschäftigte selbst im Wege der Klage verfolgen könnte.[911] Der Betriebsrat kann demnach insbesondere nicht von sich aus Schadensersatz- oder Entschädigungsansprüche der Beschäftigten geltend machen.[912]

Auf der anderen Seite bietet sich so für den Arbeitnehmer die Möglichkeit, den Ausgang des durch den Betriebsrat eingeleiteten Verfahrens abzuwarten, ohne seine eigenen Ansprüche zu verlieren und so – trotz fehlender präjudizieller

---

904 GK-BetrVG/*Weber*, § 80 BetrVG Rn. 37; Richardi/*Thüsing*, § 80 BetrVG Rn. 31.

905 ErfK/*Kania*, § 80 BetrVG Rn. 11.

906 Däubler/Kittner/Klebe/Wedde/*Buschmann*, § 80 BetrVG Rn. 39.

907 Ebd. Rn. 37; ErfK/*Kania*, § 80 BetrVG Rn. 11; Richardi/*Thüsing*, § 80 BetrVG Rn. 30.

908 Hey/Forst/*Forst*, § 17 AGG, Rn. 13; BeckOK-ArbR/*Roloff*, § 17 AGG Rn. 1; Schleusener/Suckow/Plum/*Schleusener*, § 17 AGG, Rn. 2.

909 MüKo-BGB/*Thüsing*, 7. Aufl. 2015, § 17 AGG, Rn. 2; vgl. auch: Hey/Forst/*Forst*, § 17 AGG, Rn. 14, wonach § 17 Abs. 1 AGG als Auslegungshilfe bei Generalklauseln heranzuziehen ist.

910 *Bauer/Krieger/Günther*, § 17 AGG, Rn. 21; Hey/Forst/*Forst*, § 17 AGG, Rn. 40; Schleusener/Suckow/Plum/*Schleusener*, § 17 AGG, Rn. 5.

911 *Bauer/Krieger/Günther*, § 17 AGG, Rn. 22.

912 Ebd.; *Klumpp*, NZA 2006, 904, 905.

Wirkung des Beschlusses – das Vorliegen der Voraussetzungen für einen eigenen Rechtsstreit besser einschätzen zu können.[913] Der Einwand von *Roloff*, die kurze Klagefrist des § 61b ArbGG würde dies verhindern,[914] greift hinsichtlich des Entgeltgleichheitsanspruchs nicht, wenn man mit der hier vertretenen Ansicht davon ausgeht, dass es sich insofern regelmäßig nicht um einen Anspruch aus § 15 AGG handelt.[915] Voraussetzung dafür, dass der Arbeitnehmer Erkenntnisse aus einem Verfahren des Betriebsrats gegen den Arbeitgeber für sich nutzbar machen kann, ist aber wiederum, dass der Betriebsrat von seinem Klagerecht auch tatsächlich Gebrauch macht. Handelt der Betriebsrat nicht, so hat der Arbeitnehmer auch keine Möglichkeit, dies zu erzwingen. Zwar existiert nach § 23 Abs. 1 S. 1 BetrVG für mindestens ein Viertel der wahlberechtigten Arbeitnehmer bei groben Pflichtverletzungen das Recht, einen Antrag auf Ausschluss eines Betriebsratsmitglieds bzw. die Auflösung des gesamten Betriebsrats zu beantragen. Eine solche Pflichtverletzung kann auch in der Nicht-Wahrnehmung gesetzlicher Befugnisse zum Schutz von Dritten bestehen.[916] Dass der Betriebsrat seinen gesetzlichen Befugnissen aber in der von dem benachteiligten Arbeitnehmer gewünschten Weise nachkommt, kann durch diesen Antrag nicht erreicht werden. Das Recht des Betriebsrates aus § 17 Abs. 2 S. 1 AGG enthebt den Arbeitnehmer mithin jedenfalls nicht aus der Verantwortung, seine eigenen Ansprüche selbst zu verfolgen und bietet ihm auch im Übrigen nur in eingeschränktem Maße echte Erleichterungen bei der Rechtsdurchsetzung.

2. Einsichtsrecht nach § 80 Abs. 2 S. 2 BetrVG

Nach § 80 Abs. 2 S. 2 BetrVG haben der Betriebsausschuss oder ein gesonderter, nach § 28 BetrVG gebildeter Ausschuss, zur Durchführung der Aufgaben des Betriebsrats nach diesem Gesetz, das Recht, in die Listen über die Bruttolöhne und -gehälter Einblick zu nehmen. Dies bedeutet ein umfassendes Einsichtsrecht in sämtliche Lohnbestandteile.[917] Durch die Wahrnehmung des Einsichtsrechts kann der Betriebsrat regelmäßig zumindest Anhaltspunkte dafür gewinnen, ob eine geschlechtsdiskriminierende betriebliche Entgeltgestaltung existiert. Insofern ist auch mit der Förderungspflicht des § 80 Abs. 1 Nr. 2a BetrVG eine entsprechende betriebsverfassungsrechtliche Aufgabe als Anknüpfungspunkt vorhanden. Anders als i.R.d. allgemeinen Informationsanspruchs des § 80 Abs. 2 S. 1 BetrVG, ist es jedoch grundsätzlich Voraussetzung des Einblicksrechts, dass entsprechende

913 Ebd.
914 BeckOK-ArbR/*Roloff*, § 17 AGG, Rn. 14.
915 S.o. Gliederungspunkt D)II.2.b).
916 BAG v. 5.9.1967 – 1 ABR 1/67, BAGE 20, 56, 65 f.; ErfK/*Koch*, § 23 BetrVG Rn. 3.
917 Zuletzt BAG v. 14.1.2014 – 1 ABR 54/12, NZA 2014, 738, 739, Rn. 21; s.a. BAG v. 10.2.1987 – 1 ABR 43/84, NZA 1987, 385; ErfK/*Kania*, § 80 BetrVG Rn. 26; Richardi/*Thüsing*, § 80 BetrVG Rn. 92; a.A. hinsichtlich individuell ausgehandelter Vergütungsbestandteile: GK-BetrVG/*Weber*, § 80 BetrVG Rn. 108.

Listen bereits vorhanden sind.[918] Teilweise findet sich aber auch die Ansicht, dass der Arbeitgeber wiederum nach § 80 Abs. 2 S. 1 BetrVG dazu verpflichtet sein kann, eine entsprechende Liste zu erstellen.[919]

Das Einsichtsrecht beschränkt sich allerdings auf den Einblick in die entsprechenden Unterlagen selbst und gebietet dem Betriebsrat daher, weder die Unterlagen zu kopieren noch sich über deren Inhalt dergestalt Notizen zu machen, dass dadurch wiederum die Lohngestaltung im Hinblick auf bestimmte Arbeitnehmer aufgezeichnet wird.[920] Die Zugänglichmachung für den Betriebsrat ist nach datenschutzrechtlichen Erwägungen zunächst unproblematisch: Die Zulässigkeit der Datennutzung i.R.v. § 32 Abs. 1 BDSG aF wurde bislang auch damit begründet, dass die Beteiligungsrechte der Interessenvertretungen der Beschäftigten nach § 32 Abs. 3 BDSG aF dadurch nicht berührt wurden und der Betriebsrat zudem selbst Teil der verantwortlichen Stelle i.S.v. § 3 Abs. 7 BDSG aF war, sodass es sich nicht um eine Übermittlung an einen Dritten handelte.[921] Im neuen Datenschutzrecht entspricht § 26 Abs. 6 BDSG dem § 32 Abs. 3 BDSG aF. Nach § 26 Abs. 1 BDSG sind solche Datenverarbeitung für Zwecke des Beschäftigungsverhältnisses zulässig, die für sich aus einem Gesetz ergebenden Rechte und Pflichten der Interessenvertretung der Beschäftigten erforderlich sind – insofern kann auch nach neuem Recht von der Zulässigkeit der Einsichtnahme durch den Betriebsrat ausgegangen werden.[922]

Allerdings ist auch hier die Einschränkung bei Geschäfts- oder Betriebsgeheimnissen nach § 79 BetrVG zu beachten.[923] Nach *Kania* gilt dies jedoch nicht in Bezug auf den benachteiligten Arbeitnehmer.[924] Im Hinblick auf § 43 Abs. 2 S. 3 BetrVG wurde allerdings bereits darauf hingewiesen,[925] dass insoweit strittig ist, wann und ob überhaupt das berechtigte Interesse des Arbeitnehmers an der Kenntnis dieser Informationen das berechtigte Interesse des Arbeitgebers an der Geheimhaltung derselbigen überwiegen kann. Insofern kann im Interesse eines einheitlichen Verständnisses nicht ohne Weiteres von einer abwägungslos zulässigen Weitergabe an benachteiligte Arbeitnehmer ausgegangen werden. Somit ist auch diese Informationsquelle zahlreichen Unwägbarkeiten ausgesetzt.

918 BAG v. 30.9.2008 – 1 ABR 54/07, NZA 2009, 502, 504, Rn. 30.

919 Ebd.; *Fitting*, § 80 BetrVG Rn. 70; *Kania*, NZA 2017, 819, 820 f.

920 BAG v. 3.12.1981 – 6 ABR 8/80, DB 1982, 653; ErfK/*Kania*, § 80 BetrVG Rn. 28; Richardi/*Thüsing*, § 80 BetrVG Rn. 95.

921 BAG v. 14.1.2014 – 1 ABR 54/12, NZA 2014, 738, 739, Rn. 28.

922 *Kock*, NZA-RR 2018, 84, 85.

923 BAG v. 26.2.1987 – 6 ABR 46/84, NZA 1988, 63.

924 ErfK/*Kania*, § 80 BetrVG Rn. 30.

925 Gliederungspunkt D)III.2.

3. Betriebliche Mitbestimmung

Die bislang dargestellten Aufgaben und Rechte des Betriebsrates sind überwiegend informatorischer Art. Der Arbeitgeber muss den Betriebsrat in gewissem Maße unterrichten und ihm Einblicke gewähren, damit dieser seine Aufgaben im Interesse der Arbeitnehmerschaft wahrnehmen kann. Die stärksten Einflussnahmemöglichkeiten hat der Arbeitnehmer jedoch dort, wo ein zwingendes Mitbestimmungsrecht besteht. Fällt eine beabsichtigte, den Arbeitnehmer belastende Maßnahme des Arbeitgebers etwa in den Anwendungsbereich des § 87 Abs. 1 BetrVG, so kann er diese nach der herrschenden Theorie der Wirksamkeitsvoraussetzung im Verhältnis zum Arbeitnehmer nur dann wirksam vornehmen, wenn der Betriebsrat diese Entscheidung mitträgt bzw. alternativ eine entsprechende Entscheidung der Einigungsstelle vorliegt.[926] Der Arbeitgeber ist in diesen Fällen von der Zustimmung des Betriebsrats abhängig. Auch personelle Einzelmaßnahmen nach § 99 Abs. 1 BetrVG können nur mit Zustimmung des Betriebsrats vorgenommen werden.

a) § 87 Abs. 1 BetrVG

Im Hinblick auf die Durchsetzung des Entgeltgleichheitsgebots lassen sich zu verschiedenen Tatbeständen des § 87 Abs. 1 BetrVG Bezüge herstellen. So besteht nach § 87 Abs. 1 Nr. 6 BetrVG ein Mitbestimmungsrecht bei der Einführung und Anwendung von technischen Einrichtungen, die dazu bestimmt sind, das Verhalten oder die Leistung der Arbeitnehmer zu überwachen.[927] Insbesondere kommt aber das Mitbestimmungsrecht nach § 87 Abs. 1 Nr. 10 BetrVG in Betracht, welches sich auf „Fragen der betrieblichen Lohngestaltung, insbesondere die Aufstellung von Entlohnungsgrundsätzen und die Einführung und Anwendung von neuen Entlohnungsmethoden sowie deren Änderung" bezieht. Zweck dieses Mitbestimmungsrechts ist die Erzielung einer „Angemessenheit und Durchsichtigkeit des innerbetrieblichen Lohngefüges" – letztlich also die Herstellung von Lohngerechtigkeit.[928] Ähnlich wie im Hinblick auf den Anwendungsbereich von Art. 157 AEUV erfasst auch § 87 Abs. 1 Nr. 10 BetrVG sämtliche Entgeltbestandteile, also

---

926 BAG v. 11.6.2002 – 1 AZR 390/01, NZA 2003, 570, 572; BAG v. 22.6.2010 – 1 AZR 853/08, NZA 2010, 1243, 1247, Rn. 42; BAG v. 3.9.2014 – 5 AZR 109/13, AP BGB § 242 Gleichbehandlung Nr. 219, Rn. 17; *Fitting*, § 87 Rn. 599 ff.; ErfK/*Kania*, § 87 BetrVG Rn. 136; Däubler/Kittner/Klebe/Wedde/*Klebe*, § 87 BetrVG Rn. 5; GK-BetrVG/*Wiese*, § 87 Rn. 100 ff.; kritisch: Richardi/*Richardi*, § 87 BetrVG Rn. 104 ff.

927 Vgl. ausführlich zu der Relevanz von § 87 Abs. 1 Nr. 6 BetrVG i.R.d. EntgTranspG unten Gliederungspunkt G)V.3.b).

928 BAG GS v. 3.12.1991 – GS 2/90, NZA 1992, 749, 752; BAG v. 2.3.2004 – 1 AZR 271/03, NZA 2004, 852, 855; BAG v. 23.3.2010 – 1 ABR 82/08, NZA 2011, 642, 643, Rn. 13; ErfK/*Kania*, § 87 BetrVG Rn. 96.

alle vermögenswerten Arbeitgeberleistungen mit Entgeltcharakter, unabhängig davon, ob sie im Gegenseitigkeitsverhältnis stehen oder freiwillig erbracht werden.[929]

Gegenstand des Mitbestimmungsrechts ist nach dem BAG dabei zwar nicht die konkrete Höhe des Arbeitsentgelts, jedoch „die Strukturformen des Entgelts einschließlich der näheren Vollzugsformen".[930] Das bedeutet, dass der Betriebsrat z.B. auch über die Anwendung bestimmter Arbeitsbewertungsmethoden[931] mitbestimmen und so Einfluss darauf nehmen kann, welche Kriterien zur Tätigkeits- und Leistungsbewertung einerseits und zur entsprechenden Lohngestaltung andererseits herangezogen werden.[932] Dass der Betriebsrat mitbestimmen kann, bedeutet, dass die letztliche konkrete Ausformung der betrieblichen Lohngestaltung auf einer Einigung zwischen den Betriebsparteien beruhen muss und der Arbeitgeber folglich nicht ohne die Zustimmung des Betriebsrates handeln darf.[933] Darüber hinaus steht dem Betriebsrat aber auch ein entsprechendes Initiativrecht zu, sodass er nicht nur auf Vorhaben des Arbeitgebers reagieren, sondern diese auch selbst einleiten und bei mangelndem Konsens die Einigungsstelle hinzuziehen kann.[934] Der Betriebsrat hat insofern nicht unerhebliche Möglichkeiten, darauf einzuwirken, auf welchem Weg der Arbeitgeber die Löhne der Arbeitnehmer festlegt. Die Auswahl der Entlohnungsgrundsätze und die Festlegung der Methode, wie die verschiedenen Tätigkeiten bewertet werden, haben – wie bereits gezeigt wurde – auch unmittelbare Auswirkungen auf die Frage, welche Tätigkeiten als gleichwertig eingestuft werden und somit auf die Vergütungshöhe.

Entscheidend ist aber, dass sich das Mitbestimmungsrecht auf der anderen Seite auch nur auf abstrakt-generelle Gestaltungsgrundsätze, d.h. solche mit kollektivem Bezug, erstreckt – die individuelle Lohngestaltung ist mithin nicht erfasst.[935] Eine weitere Einschränkung erfährt das Mitbestimmungsrecht dadurch, dass gem. § 87 Abs. 1 BetrVG gesetzliche und tarifliche Regelungen ausgeschlossen werden. Über den tariflich verpflichtenden Anteil des Entgeltes kann der Betriebsrat folglich nicht mitbestimmen,[936] sodass seine Einflussmöglichkeit entfällt, wenn auf dieser Ebene eine geschlechtsbedingte Diskriminierung stattfindet. Diese Einschränkungen des Mitbestimmungsrechts entsprechen dem Zweck der Betriebsratsarbeit, die Position der Arbeitnehmerseite auf betrieblicher Ebene zu stärken, damit diese

---

929 *Fitting*, § 87 BetrVG Rn. 412 ff.; Richardi/*Richardi*, § 87 BetrVG Rn. 756.

930 BAG v. 2.3.2004 – 1 AZR 271/03, NZA 2004, 852, 855; BAG GS v. 3.12.1991 – GS 2/90, NZA 1992, 749, 752.

931 Vgl. dazu ausführlich Gliederungspunkt D)V.3.a).

932 *Fitting*, § 87 BetrVG Rn. 418; Richardi/*Richardi*, § 87 BetrVG Rn. 784.

933 *Fitting*, § 87 BetrVG Rn. 578; Richardi/*Richardi*, § 87 BetrVG Rn. 75.

934 *Fitting*, § 87 BetrVG Rn. 583; Richardi/*Richardi*, § 87 BetrVG Rn. 65.

935 BAG v. 22.6.2010 – 1 AZR 853/08, NZA 2010, 1243, 1245, Rn. 23; *Fitting*, § 87 BetrVG Rn. 417; vgl. kritisch zu der Abgrenzbarkeit kollektiver und individueller Sachverhalte: Richardi/*Richardi*, § 87 BetrVG Rn. 773.

936 *Fitting*, § 87 BetrVG Rn. 443; Richardi/*Richardi*, § 87 BetrVG Rn. 151 ff.

in besonders wichtigen Angelegenheiten nicht schutzlos den arbeitgeberseitigen Anordnungen ausgesetzt ist.[937] Insofern ist es auch interessengerecht, die Rechte des Betriebsrats auf solche Arbeitgebermaßnahmen einzugrenzen, über die dieser sonst frei bestimmen könnte. In Anbetracht dessen handelt es sich im Hinblick auf die gleichberechtigte Einflussnahmemöglichkeit des Betriebsrats um ein machtvolles Instrument zur Annäherung an das Entgeltgleichheitsgebot. Auch hier ist allerdings zu beachten, dass der Betriebsrat zwar innerhalb des Betriebs auch auf ein verhältnismäßiges Lohngefüge in Bezug auf in tatsächlicher Hinsicht sehr unterschiedliche Tätigkeiten hinzuarbeiten hat, dies aber nicht zu einem Vergleich mit anderen Arbeitgebern oder sogar Branchen führen kann. In einem Unternehmen, in welchem Arbeitnehmer vieler unterschiedlicher Tätigkeitsbereiche beschäftigt werden, kann der Betriebsrat folglich die Anwendung eines neuen Bewertungssystems anregen, welches bisher niedriger vergütete, typische „Frauenarbeiten" durch Berücksichtigung anderer oder weiterer Kriterien als hochwertiger einstuft. Ein Arbeitgeber mag sich einer solchen Forderung aber insbesondere dann verschließen, wenn die gleiche Tätigkeit in anderen Unternehmen weiterhin niedriger vergütet wird.

Gewisse Überschneidungen zu § 87 Abs. 1 Nr. 10 BetrVG gibt es bei § 87 Abs. 1 Nr. 11 BetrVG, wonach der Betriebsrat auch bei der Festsetzung der Akkord- und Prämiensätze und vergleichbarer leistungsbezogener Entgelte, einschließlich der Geldfaktoren, mitbestimmt. Durch § 87 Abs. 1 Nr. 11 BetrVG wird das Mitbestimmungsrecht lediglich für den Akkord- oder Prämienlohn und andere leistungsbezogene Entgelte auf alle relevanten Faktoren erstreckt.[938]

b) § 99 Abs. 1 BetrVG

Im Hinblick auf die gleiche Entlohnung gleicher und gleichwertiger Arbeit besteht jedoch ein weiteres Hindernis: Selbst wenn der Betriebsrat darauf Einfluss nehmen kann, auf welche Art und Weise eine Tätigkeit bewertet und diese dann dementsprechend vergütet wird, so orientiert sich diese Bewertung zunächst an einer Beschreibung der Tätigkeit. Die Tätigkeitsbeschreibung selbst unterliegt jedoch im Regelfall nicht der Mitbestimmung des Betriebsrats. Nur wenn die Eingruppierung Ziel der Beschreibung ist, handelt es sich nach dem BAG um eine Maßnahme der betrieblichen Lohngestaltung.[939] Auch das Mitbestimmungsrecht bei personellen Einzelmaßnahmen nach § 99 Abs. 1 BetrVG kann hier nicht weiterhelfen, denn die abstrakte Bewertung eines Arbeitsplatzes oder einer Tätigkeit ist an sich keine

---

937 ErfK/*Kania*, § 87 BetrVG Rn. 1.

938 *Fitting*, § 87 BetrVG Rn. 497; Richardi/*Richardi*, § 87 BetrVG Rn. 913; GK-BetrVG/*Wiese*, § 87 BetrVG Rn. 997 f.

939 BAG v. 14.1.1986 – 1 ABR 82/83, NZA 1986, 531, 532; vgl. auch *Oerder*, Zur Entgeltgleichheit von Frauen und Männern, S. 240.

personelle Einzelmaßnahme: Gegenstand der Bewertung ist der Arbeitsplatz und nicht der Arbeitsplatzinhaber oder derjenige, der die Tätigkeit ausübt.[940]

Seine Zustimmung zu der anhand der Tätigkeitsbeschreibung vorgenommenen Ein- oder Umgruppierung kann der Betriebsrat wiederum verweigern, wenn einer der in § 99 Abs. 2 BetrVG abschließend aufgezählten Gründe vorliegt. Im Hinblick auf eine geschlechtsdiskriminierende Ein- oder Umgruppierung kommt nur § 99 Abs. 2 Nr. 4 BetrVG in Betracht, wonach dem Betriebsrat ein Zustimmungsverweigerungsrecht zusteht, wenn „der betroffene Arbeitnehmer durch die personelle Maßnahme benachteiligt wird, ohne dass dies aus betrieblichen oder in der Person des Arbeitnehmers liegenden Gründen gerechtfertigt ist". Allerdings findet dieser Widerspruchsgrund nach dem BAG bei einer Ein- und Umgruppierungen keine Anwendung, weil die Eingruppierung eines Arbeitnehmers in eine im Betrieb geltende Vergütungsordnung ein Akt der Rechtsanwendung ist, welche nicht zur Disposition der Betriebsparteien steht und die richtige Anwendung geltenden Rechts für sich kein Nachteil ist.[941] Mithin kann der Betriebsrat über dieses Mitbestimmungsinstrument nicht die Eingruppierung in eine nicht dem Wert der Arbeit, wohl aber der Tätigkeitsbeschreibung entsprechenden Vergütungsgruppe beanstanden. Weiterhin zu beachten ist aber, dass im Fall der Normanwendung die Zustimmung des Betriebsrats nur dann ersetzt werden kann, wenn die zugrunde liegende Regelung selbst wirksam ist, weil ein Gericht keine ungültigen Normen zur Grundlage einer Ersetzungsentscheidung machen darf.[942] So kommt zumindest eine Inzidentprüfung in Betracht

4. Geschlechterquoten im Betriebsrat

Im Zusammenhang mit der tarifautonomen Gestaltung von Löhnen wurden bereits der gewerkschaftliche Organisationsgrad von Frauen und die damit verbundene Repräsentanz in Tarifverhandlungen diskutiert. Diese Problematik besteht grundsätzlich auch auf der Betriebsebene. Gerade die Betriebsratsaufgaben, die ein Förderungsgebot oder allgemein eine Überwachungsfunktion beinhalten, können nur dann überhaupt Wirkung entfalten, wenn sie im Betriebsrat hinreichend wahrgenommen werden. Im Zuge der Reform des Betriebsverfassungsgesetzes im Jahr 2001 wurde § 15 Abs. 2 BetrVG neu gefasst. Danach muss dasjenige Geschlecht,

---

940 BAG v. 1.6.2011 – 7 ABR 138/09, AP BetrVG 1972 § 99 Nr. 139, Rn. 32; BAG v.19.4.2012 – 7 ABR 52/10, AP BetrVG 1972 § 99 Eingruppierung Nr. 60, Rn. 29; ähnlich auch: BAG v. 13.3.2013 – 7 ABR 39/11, AP Nr. 61 zu § 99 BetrVG 1972 Eingruppierung, Rn. 32, wonach das Vorhandensein einer abstrakten Tätigkeitsbeschreibung durch den Arbeitgeber erst das Erfordernis nach einer Zustimmungsverweigerung bei Unrechtmäßigkeiten auslöst.

941 BAG v. 6.8.2002 – 1 ABR 49/01, NZA 2003, 386, 389; BAG v. 28.4.2009 – 1 ABR 97/07, NZA 2009, 1102, 1105, Rn. 36.

942 BAG v. 6.8.2002 – 1 ABR 49/01, NZA 2003, 386, 389; BAG v. 20.9.2006 – 10 ABR 57/05, NJOZ 2007, 2255, 2257, Rn. 17.

das in der Belegschaft in der Minderheit ist, „mindestens entsprechend seinem zahlenmäßigen Verhältnis im Betriebsrat vertreten sein, wenn dieser aus mindestens drei Mitgliedern besteht". Das BAG hat ausdrücklich festgestellt, dass die Regelung die Minderheit im Betriebsrat schützen, nicht aber deren Überrepräsentanz ausschließen soll.[943] Nach einem auf Grundlage der WSI-Betriebsrätebefragung 2015 erstellten Report zum Verhältnis zwischen dem Frauenanteil in Betrieben und ihrer Repräsentanz im Betriebsrat sind Frauen in frauendominierten Betrieben im Betriebsrat eher unterrepräsentiert, während sie, je stärker der Betrieb männlich dominiert ist, eher überrepräsentiert sind.[944] Gleichzeitig seien aber Männer unabhängig davon, ob sie die Minderheit darstellen, häufiger überrepräsentiert, sodass sich der Minderheitenschutz in der Praxis eher zugunsten von männlichen Betriebsratsmitgliedern auswirkt.[945] Zudem übernimmt nur in etwa einem Viertel der Betriebe eine Frau den Betriebsratsvorsitz.[946]

5. Zwischenergebnis

Obwohl die Förderung der Durchsetzung der tatsächlichen Gleichstellung von Frauen und Männern zu den expliziten Aufgaben des Betriebsrates gehört, sind die Handlungsmöglichkeiten, die der Gesetzgeber diesem Akteur an die Hand gibt, begrenzt. Es handelt sich überwiegend um Informations- oder Einsichtsrechte, die teilweise noch durch den Schutz von Geschäfts- und Betriebsgeheimnissen eingeschränkt werden. Die praktische Wirksamkeit des zunächst vielversprechenden Klagerechts aus § 17 Abs. 2 AGG wird dadurch gehemmt, dass es weder direkte Unterstützung der Arbeitnehmer bei eigenen Entgeltgleichheitsklagen bietet noch dem Betriebsrat ermöglicht, seinerseits die Rechte der Arbeitnehmer durchzusetzen. Ein nicht unwesentlicher Einfluss auf die betriebliche Lohngestaltung kommt dem Betriebsrat jedoch i.R.d. Mitbestimmung in sozialen Angelegenheiten nach § 87 Abs. 1 BetrVG zu. Insbesondere in der daraus erwachsenden Möglichkeit – auch initiativ – die Einführung einer anderen Entlohnungsmethode bzw. eines Arbeitsbewertungsverfahrens anzuregen, liegt großes Potenzial. Entscheidend ist, dass der Betriebsrat von diesen Chancen auch Gebrauch macht. Der in § 15 Abs. 2 BetrVG verankerte Minderheitenschutz scheint nur eingeschränkt dazu geeignet zu sein, die häufigere Unterrepräsentanz von Frauen auszugleichen. Solange jedoch nicht generell die Gründe für selbige feststehen, erscheinen weitere gesetzgeberische Maßnahmen nicht angezeigt.

---

943 BAG v. 13.3.2013 – 7 ABR 67/11, NZA-RR 2013, 575, 576, Rn. 13

944 *Baumann/Brehmer/Hobler/Klenner/Pfahl*, WSI-Report Nr. 34, 1/2017, S. 8, abrufbar unter: https://www.boeckler.de/pdf/p_wsi_report_34_2017.pdf (Abruf 2.12.2018).

945 Ebd. S. 9.

946 Ebd. S. 6.

VI. Messinstrumente zur Überprüfung der Lohngerechtigkeit

Neben gesetzlichen Maßnahmen zur Förderung der gleichen Entlohnung gleicher und gleichwertiger Arbeit, existieren seit einigen Jahren auch verschiedene Kontrollinstrumente, die eine diskriminierende Entlohnungspraxis überhaupt erst sichtbar machen sollen. Nach dem verfolgten Zweck – der Förderung von Entgeltgleichheit – besteht insofern durchaus eine Ähnlichkeit zu den bereits vorgestellten Methoden der Arbeitsbewertung.[947] Der Ansatzpunkt ist jedoch ein anderer: Anstatt auf die Ermittlung eines „objektiven" Arbeitswertes zu setzen, soll die bereits vorhandene betriebliche Entlohnungspraxis auf Diskriminierungen wegen des Geschlechts untersucht werden. Geprüft wird also, ob Entgeltgleichheit bereits gewährleistet wird.[948] Die beiden gängigsten Modelle sind dabei in Deutschland die Prüfverfahren Logib-D und eg-check.[949]

1. Logib-D

Das Prüfverfahren Logib-D (Lohngleichheit im Betrieb – Deutschland) basiert auf dem in der Schweiz entwickelten Logib-CH. Dort wird das Verfahren seit 2004 vom eidgenössischen Büro für die Gleichstellung von Mann und Frau regelmäßig erneuert und zum kostenlosen Download im Internet bereitgestellt.[950] Hintergrund ist, dass in der Schweiz ein Unternehmen nach Art. 8 Abs. 1 lit. c des Bundesgesetzes über das öffentliche Beschaffungswesen (BöB) zunächst nachweisen muss, dass es das Entgeltgleichheitsgebot zwischen Männern und Frauen einhält, bevor es staatliche Aufträge erhalten kann – daneben wird es aber auch für freiwillige Selbsttests eingesetzt.[951] Bislang konnte die deutsche Version Logib-D auch – bereitgestellt durch das Bundesministerium für Familie, Senioren, Frauen und Jugend – heruntergeladen werden.[952] Das Online-Angebot von Logib-D wurde inzwischen abgeschaltet, das Verfahren ist aber in der Verdienststrukturanalyse des Monitors Entgelttransparenz aufgegangen.[953] Logib-D sollte ein Angebot der Bundesregierung darstellen, mit dessen Hilfe Personalverantwortliche mögliche

947 S.o. Gliederungspunkt B)VII.

948 *Tondorf/Jochmann-Döll*, WSI-Mitteilungen 3/2011, S. 115.

949 Zu weiteren Prüfverfahren s. *Lillemeier*, AuR 2018, 119, 121.

950 *Klenner/Ziegler*, WSI Report 3/2010, S. 3 f., abrufbar unter: http://www.boeckler.de/pdf/p_wsi_report_3_10.pdf (Abruf 2.12.2018).

951 *Krell*, in: Chancengleichheit durch Personalpolitik, S. 331, 337 f.

952 http://www.logib-d.de/logib-d-anwenden/online-anwendung/ (Abruf 3.3.2017), diese Seite wurde inzwischen abgeschaltet.

953 https://www.bmfsfj.de/bmfsfj/themen/gleichstellung/frauen-und-arbeitswelt/lohngerechtigkeit/entgelttransparenzgesetz/der-monitor-entgelttransparenz (Abruf 2.12.2018); s. ausführlich zum Monitor Entgelttransparenzgesetz Gliederungspunkt G)V.5.

Entgeltunterschiede zwischen Männern und Frauen in ihrem Betrieb identifizieren, die zugrunde liegenden Ursachen erkennen und betriebliche Lösungen für eine faire Bezahlung entwickeln sollten.[954] Bis Ende 2012 hat das BMFSFJ zudem im Rahmen eines Modellprojektes – basierend auf Logib-D – für 200 Unternehmen eine kostenlose Vergütungsberatung angeboten.[955]

Die zweistufige Regressionsanalyse soll aufzeigen, zu welchem Anteil eine etwaige Lohndifferenz zwischen Männern und Frauen durch objektive Gründe gerechtfertigt ist und welcher Anteil – da unerklärt – u.U. auf einer Geschlechtsdiskriminierung beruht.[956] Auf der ersten Stufe werden dazu die Humankapitalvariablen der Beschäftigten, wie Ausbildungszeiten, Dienstjahre und potenzielle Erwerbserfahrung, erfasst und anschließend der Anteil des Lohnunterschiedes ermittelt, der auf diese Merkmale zurückzuführen ist.[957] Die dem Prüfverfahren zugrunde liegende Humankapitaltheorie geht nämlich davon aus, dass Investitionen des Arbeitnehmers in die eigene berufliche Bildung und Erfahrung in einer erhöhten Produktivität resultieren, durch welche wiederum eine höhere Entlohnung gerechtfertigt sei.[958] Auf der zweiten Stufe, der sog. erweiterten Regression, können weitere Faktoren, nämlich arbeitsplatzbezogene Kriterien, wie die berufliche Stellung und die Anforderungen des Arbeitsplatzes, herangezogenen werden.[959] Zusammenfassend lässt sich also sagen, dass nach Logib-D Entgeltgleichheit im Betrieb dann als gewahrt anzusehen ist, wenn gleiches Humankapital auch gleich vergütet wird.[960] Eben darin liegt gleichzeitig einer der am häufigsten gegen dieses Verfahren angeführten Kritikpunkte.

Ein Anspruch darauf, entsprechend dem eigenen Humankapital entlohnt zu werden, existiert schlichtweg nicht.[961] Das Entgeltgleichheitsgebot garantiert nur eine gleiche Entlohnung von gleicher und gleichwertiger Arbeit. Der Anknüpfungspunkt für einen Vergleich von Tätigkeiten ist dabei die Arbeit selbst,[962] d.h. es kann nicht darauf ankommen, welche Fähigkeiten der Arbeitnehmer vorweisen kann, sondern nur darauf, ob diese Fähigkeiten auch zu den Anforderungen des Arbeitsplatzes gehören.[963] Einen „Qualifikationslohn" gibt es in Deutschland

954 Flyer Logib-D, Lohngleichheit im Betrieb – Deutschland, S. 2, zum Download verfügbar unter: https://www.bmfsfj.de/bmfsfj/service/publikationen/logib-d/82318 (Abruf 2.12.2018).

955 Ebd.

956 *Tondorf*, DB 2010, 616.

957 Ebd.

958 Ebd.

959 *Klenner/Ziegler*, WSI Report 3/2010, S. 5, abrufbar s. Fn. 950; *Tondorf*, in: FS Pfarr, S. 334, 336.

960 *Tondorf*, DB 2010, 616.

961 *Krell*, in: Chancengleichheit durch Personalpolitik, S. 331, 339; *Tondorf*, DB 2010, 616.

962 Vgl. oben Gliederungspunkt B)III.3.

963 So auch *Krell*, in: Chancengleichheit durch Personalpolitik, S. 331, 339.

nicht.[964] Weiterhin wird angeführt, dass die Grundannahme der Humankapitaltheorie zu kurz greife, indem sie andere produktivitätssteigernde Faktoren wie Kreativität, Engagement und soziale Fähigkeiten ausblende.[965] Schließlich führe eine Orientierung an der Humankapitaltheorie auch dazu, dass zwischen Entgeltdiskriminierung und Beschäftigungsdiskriminierung, also im Hinblick auf den Zugang zu höher bezahlten Tätigkeiten und Führungspositionen, nicht mehr differenziert werden könne.[966] Bei unterschiedlichen Tätigkeiten trotz gleicher Humankapitalausstattung kann eine Diskriminierung nur dann vorliegen, wenn der betroffene Arbeitnehmer sich überhaupt für die höher entlohnte Tätigkeit beworben hat – dann liegt aber das diskriminierende Verhalten nicht in der geringeren Bezahlung der letztlich angetretenen (ungleichwertigen) Tätigkeit, sondern in der Nicht-Einstellung.[967]

Der letztlich größte Kritikpunkt an dem Verfahren Logib-D ist, dass die verwendeten Humankapitalvariablen, wie Ausbildungszeiten, Dienstjahre und potenzielle Erwerbserfahrung und mehr noch die arbeitsplatzbezogenen Variablen berufliche Stellung und Anforderungsniveau, selbst erhebliches Diskriminierungspotenzial in sich bergen, zumal ein höherer Wert innerhalb einer dieser Variablen nicht in jedem Beruf zwangsläufig mit einer erhöhten Produktivität einhergeht.[968] Auch hier zeigt sich, dass eine Prüfung nach Logib-D nicht geeignet ist, um eine Entlohnungspraxis auf ihre Übereinstimmung mit dem Entgeltgleichheitsgebot des Art. 157 AEUV zu überprüfen, denn die durch den EuGH an Bewertungsverfahren gestellten Anforderungen müssen konsequenter Weise ebenso dann eingehalten werden, wenn die Untersuchung aus der Perspektive einer Prüfung, ob die vorhandene Entlohnungspraxis diskriminierend ist, erfolgt. Angesichts dieser Ungeeignetheit vermag auch die Begründung, die geringe Anzahl der Variablen sei der umfassenden Anwendbarkeit des Verfahrens geschuldet und die Variablen seien zudem nach wissenschaftlichen Erkenntnissen ausgewählt,[969] die vorgenannten Kritikpunkte nicht zu rechtfertigen.[970]

---

964 *Klenner/Ziegler*, WSI Report 3/2010, S. 4, abrufbar s. Fn. 950; *Krell*, in: Chancengleichheit durch Personalpolitik, S. 331, 339.

965 *Klenner/Ziegler*, WSI Report 3/2010, S. 4, abrufbar s. Fn. 950.

966 Ebd. S. 4 f.

967 Vgl. *Krell*, in: Chancengleichheit durch Personalpolitik, S. 331, 339.

968 *Klenner/Ziegler*, WSI Report 3/2010, S. 5 f., abrufbar s. Fn. 950; *Kocher*, in: Neue Wege – Gleiche Chancen, S. 165, 189; *Krell*, in: Chancengleichheit durch Personalpolitik, S. 331, 339; *Tondorf*, DB 2010, 616, 617; *Tondorf/Jochmann-Döll*, WSI-Mitteilungen 3/2011, S. 115, 117; *Winter*, in: FS Pfarr, S. 320, 332.

969 So aber *Schmidt*, DB 2010, 957, 958.

970 *Klenner/Ziegler*, WSI Report 3/2010, S. 4, abrufbar s. Fn. 950; *Tondorf*, DB 2010, 959.

2. eg-check

Zwei Kritikerinnen von Logib-D, *Andrea Jochmann-Döll* und *Karin Tondorf*, haben in der Absicht, eine am deutschen und europäischen Recht orientierte Alternative zu Logib-D bieten zu können, das Entgelt-Prüfverfahren eg-check entwickelt.[971] Grundlegend für das Verfahren ist die gesonderte Prüfung der einzelnen Entgeltbestandteile, also Grundentgelt, Leistungsentgelt, Überstundenzuschläge etc., die jeweils anhand der Instrumente Regelungs-Checks, Statistiken und Paarvergleiche auf (un-)mittelbare Diskriminierung überprüft werden.[972] Einen ersten Hinweis auf eine mögliche Diskriminierung liefern dabei die Statistiken durch die Darstellung von Entgeltdaten, die nach dem Geschlecht und weiteren spezifischen Merkmalen aufgeschlüsselt werden.[973] Bei den Regelungs-Checks handelt es sich um jeweils auf den Entgeltbestandteil angepasste Fragenkataloge, die im Wesentlichen Eigenschaften des Entgeltsystems abfragen, welche den durch den EuGH aufgestellten Anforderungen[974] entsprechen.[975] Die Paarvergleiche schließlich erlauben eine individuelle Prüfung, wobei zwischen dem Paarvergleich „Bewertung Ist" und dem Paarvergleich „Bewertung Soll" zu unterscheiden ist. Der Paarvergleich zur „Bewertung Ist" kann wiederum Hinweise auf mögliche Diskriminierungen geben, indem nah beieinander eingruppierte Arbeitnehmer in Bezug auf die ausgeübten Tätigkeiten, die in der geltenden Arbeitsbewertung berücksichtigten Anforderungen, die nach den geltenden Regelungen zutreffenden Entgeltgruppen und das zu zahlenden Grundentgelt gegenübergestellt werden.[976] Durch den Paarvergleich der „Bewertung Soll" wird dann überprüft, ob die zu vergleichenden Tätigkeiten hinsichtlich ihrer Anforderungen gleichwertig sind.[977] Das dabei verwendete Schema umfasst die Oberkategorien „Anforderungen an das Wissen und Können", „Psycho-soziale Anforderungen", „Anforderungen an Verantwortung" und „Physische Anforderungen", wobei durch die in diesem Bereichen jeweils maximal zu

---

971 *Jochmann-Döll*, RdA 2017, 169, 170; *Krell*, in: Chancengleichheit durch Personalpolitik, S. 331, 340; *Tondorf*, in: FS Pfarr, S. 334, 340.

972 Ebd. S. 334, 341.

973 *Krell*, in: Chancengleichheit durch Personalpolitik, S. 331, 340; *Tondorf*, in: FS Pfarr, S. 334, 343.

974 S.o. Gliederungspunkt B)VII.1.

975 So z.B. Frage 4 zum anforderungsbezogenen Grundentgelt: „Enthält das Bewertungssystem ausschließlich objektive Kriterien?", das Dokument kann unter: http://www.eg-check.de/SharedDocs/Downloads/eg-check/Pruefinstrumente_Grundentgelt/Musterboegen_anforderungsbezogene_Grundentgelt.html?nn=9043494 (Abruf 2.12.208) heruntergeladen werden; s. EuGH v. 1.7.1986 – 237/85, NJW 1987, 1138, 1139, Rn. 13 (Rummler).

976 http://www.eg-check.de/eg-check/DE/Anwendung/Pruefbereiche/Grundentgelt/Paarvergleich_Anforderungsbezogenes_Grundentgelt.html?nn=9043494 (Abruf 2.12.2018).

977 Ebd.

erreichende Punktzahl bereits eine innere Gewichtung vorgenommen wird, welche allerdings durch eine Multiplikation – bezüglich beider Vergleichspersonen – modifiziert werden kann.[978]

Eine gewisse Ähnlichkeit zu dem in der Arbeitsbewertung verwendeten Genfer Schema ist in Anbetracht der verwendeten Kriterien nicht von der Hand zu weisen. Wichtige Unterschiede zeigen sich jedoch zum einen in der Berücksichtigung psycho-sozialer Anforderungen und zum anderen in der detaillierteren Bildung von Unterkategorien, sowie der fehlenden Aufteilung in „Können" und „Belastungen". Auch wird in einem als Excel-Dokument verfügbaren Musterbogen für den Paarvergleich zur Gleichwertigkeit darauf hingewiesen, dass es sich um kein vollwertiges Verfahren zum Zweck der Neubewertung handelt.[979] Zudem lässt sich die bereits i.R.d. analytischen Arbeitsbewertung angeführte Kritik teilweise auch auf den Paarvergleich zur Bestimmung der Gleichwertigkeit übertragen. Zwar wird eine Diskriminierung durch die Auswahl der Kriterien weitgehend durch die Konformität mit europäischem Recht und die Berücksichtigung der psycho-sozialen Anforderungen eingedämmt, die Bewertung, welche Punktzahl die jeweilige Tätigkeit in welcher Kategorie erhält, bleibt jedoch subjektiv. Diese Subjektivität könnte abgeschwächt werden, indem ein Gremium mit der Bewertung betraut wird, das möglichst vielfältig zusammengesetzt wird, beispielsweise neben dem Personalverantwortlichen und dem Betriebsrat auch aus Vertretern der Tarifparteien.

Ein weiterer Vorteil gegenüber Logib-D ist die Konzentration auf das Aufdecken von Entgeltdiskriminierung: Dabei wird der Aspekt der Beschäftigungsdiskriminierung ausgeblendet, sodass die Unterscheidbarkeit der beiden Faktoren erhalten bleibt.[980] *Jochmann-Döll* hebt darüber hinaus die flexiblen Einsatzmöglichkeiten der verschiedenen Instrumente, die eg-check beinhaltet, hervor: Sie können einzeln oder gesamt durch Arbeitgeber, Tarifparteien oder Arbeitnehmer in unterschiedlichen Konstellationen angewendet werden.[981] Dies mag den Prozess der Vermeidung bzw. Entdeckung einer Entgeltdiskriminierung erleichtern. Soll aber konkret die Diskriminierungsfreiheit einer Vergütungsstruktur – etwa im Rahmen eines gerichtlichen Prozesses – bewiesen werden, kann auf eine vollumfängliche Ausschöpfung der vorhandenen Prüfmöglichkeiten kaum verzichtet werden.

VII. Zwischenergebnis

Im Hinblick auf die Durchsetzung des Gebots der gleichen Entlohnung gleicher und gleichwertiger Arbeit lassen sich zahlreiche gesetzliche Anknüpfungspunkte

---

978 Ebd.

979 Das Dokument kann unter: http://www.eg-check.de/SharedDocs/Downloads/eg-check/Pruefinstrumente_Grundentgelt/Musterboegen_anforderungsbezogene_Grundentgelt.html?nn=9043494 (Abruf 2.12.2018) heruntergeladen werden.

980 *Jochmann-Döll*, RdA 2017, 169, 171.

981 Ebd. S. 172.

finden, die zum Teil unmittelbar auf die Durchsetzung gerichtet sind. Andere haben zumindest mittelbaren Einfluss. Teilweise wird zwar die Existenz bzw. die hinreichende Verankerung eines entsprechenden Anspruchs im Gesetz angezweifelt – angesichts der schon vor der einfachgesetzlichen Normierung erfolgten Anerkennung des Anspruchs, wäre eine ausdrückliche Kodifikation jedoch lediglich deklaratorischer Natur. Weitere Probleme sind in der Anspruchsdurchsetzung begründet. Die vorangegangenen Ausführungen haben im Einklang mit vielen Stimmen in der Literatur insbesondere das Thema Beweislast als relevanten Anknüpfungspunkt identifiziert. Entsprechende Auskunftsansprüche sind nicht vorhanden und vor europarechtlichem Hintergrund auch nicht vorgesehen. Ebenso wirkt sich an dieser Stelle die Schwierigkeit aus, die Gleichheit oder Gleichwertigkeit von Tätigkeiten zu bestimmen. Entsprechende Erweiterungen in Bezug auf bereits bestehende Informationsrechte – etwa beim NachwG – werfen datenschutzrechtliche Bedenken auf. Gesetzliche Mindestlöhne schaffen zwar eine Lohnuntergrenze, wodurch insbesondere Löhne von typischen Frauentätigkeiten angehoben werden, bislang ist der daraus resultierende Effekt auf die Lohnlücke jedoch gering.

Innerhalb des Unternehmens bieten sich auch betrieblichen Interessenvertretungen teils weitreichende Möglichkeiten, die betriebliche Entgeltgestaltung zu beeinflussen und die Belegschaft jedenfalls in gewissem Maße mit den relevanten Informationen zu versorgen. Unternehmen, die selbst die eigene Einhaltung des Entgeltgleichheitsgebots überprüfen wollen, können auf verschiedene, zu diesem Zweck entwickelte Messinstrumente zurückgreifen. Diese beinhalten jedoch zum Teil eigenes Diskriminierungspotenzial oder knüpfen an Faktoren an, die für das Entgeltgleichheitsgebot im eigentlichen Sinne nicht von Relevanz sind. Zumindest eg-check ist zwar an den europarechtlichen Vorgaben orientiert und geeignet, ein differenziertes Bild zu zeichnen, jedoch ist auch dieses Messinstrument nicht frei von subjektiven Einflüssen.

Bereits vor Inkrafttreten des EntgTranspG waren mithin grundsätzlich die entsprechenden rechtlichen Strukturen zur Durchsetzung des Entgeltgleichheitsgebots vorhanden. Die Ausführungen unter Gliederungspunkt B)IV. haben jedoch bereits die hinsichtlich der Begriffsbestimmungen vorhandenen Lücken aufgezeigt. Auch dort, wo diese Strukturen nicht ineinandergreifen oder Wissens- bzw. Machtdefizite die tatsächliche Umsetzung hindern, sind Handlungsfelder für den Gesetzgeber eröffnet. Bevor darauf einzugehen ist, inwiefern er mit dem EntgTranspG diese Lücken geschlossenen hat, ist zunächst ein Blick auf bestehende rechtliche Maßnahmen im internationalen Vergleich zu werfen.

E) Maßnahmen im europäischen und internationalen Vergleich

In anderen europäischen Ländern, jedoch auch jenseits des Atlantiks, gibt es eine teilweise langjährige Tradition einfachgesetzlich normierter Regelungen zur Durchsetzung von Entgeltgleichheit. In der kanadischen Provinz Ontario gilt seit 1987 der Pay Equity Act, ein Verfahrensgesetz, welches die Arbeitgeber in die Pflicht nimmt, ihre betriebliche Entgeltpolitik auf Ungleichbehandlungen zu überprüfen und diskriminierungsfrei zu gestalten.[982] Ähnliche, sog. „pro-aktive" Handlungsansätze werden auch in Québec und in Schweden verfolgt, wo zudem ab einer bestimmten Unternehmensgröße Aktionspläne zur Entgeltgleichheit aufgestellt werden müssen.[983] Im Folgenden soll am Beispiel einiger ausgewählter Länder untersucht werden, welche gesetzlichen Regelungsinstrumente in Betracht kommen und für den deutschen Gesetzgeber als Vergleichsmaßstab dienen können.

I. Empfehlung der Kommission

In den Mitgliedstaaten der europäischen Union werden die Maßnahmen durch die Empfehlung der Kommission vom 7.3.2014 zur Stärkung des Grundsatzes des gleichen Entgelts für Frauen und Männer durch Transparenz beeinflusst.[984] Gegenstände der Empfehlung sind neben Auskunftsansprüchen auch Berichtspflichten und die Einführung sog. Entgelt-Audits (Empfehlungen Nr. 3–5). Zudem bezieht sich die Empfehlung auch auf die verstärkte Erörterung von Fragen der Entgeltgleichheit i.R.v. Tarifverhandlungen (Empfehlung Nr. 6). Dies soll „unbeschadet der Autonomie der Sozialpartner und im Einklang mit den nationalen Rechtsvorschriften und Gepflogenheiten" geschehen. Darüber hinaus sollen die Mitgliedstaaten – unter Achtung des Datenschutzes – verstärkt Daten zu Lohnunterschieden sammeln und auswerten sowie den Begriff der gleichwertigen Arbeit gesetzlich präzisieren (Empfehlungen Nr. 7–10). Weiterhin setzen die Empfehlung auf den Einsatz geschlechtsneutraler Systeme der Arbeitsbewertung und der beruflichen Einstufung (Empfehlungen Nr. 11–12). Zusätzlich sollen die Mitgliedstaaten selbst die Befugnisse von Gleichstellungsstellen stärken (Empfehlungen Nr. 13–15) und

---

982 *Winter*, Gleiches Entgelt für gleiche und gleichwertige Arbeit, S. 338; vgl. ausführlich zum Ontario Pay Equity Act: Ebd., S. 309 ff.

983 Vgl. dazu ausführlich: *Oerder*, Zur Entgeltgleichheit von Frauen und Männern, S. 287 ff.

984 Empfehlung der Kommission v. 7.3.2014 zur Stärkung des Grundsatzes des gleichen Entgelts für Frauen und Männer durch Transparenz, 2014/124/EU (ABl. L 69 v. 8.3.2014, S. 112).

sich neben der Kontrolle und Durchsetzung des Entgeltgleichheitsgrundsatzes auch dafür einsetzen, dass die relevanten Akteure, wie öffentliche und private Unternehmen und Organisationen, Sozialpartner und die Öffentlichkeit, für das Thema sensibilisiert werden (Empfehlungen 16–17).

Aus Empfehlungen der Kommission lassen sich wie dargelegt[985] keine unmittelbaren Pflichten für die Mitgliedstaaten herleiten. Für die Zukunft plant die Kommission jedoch i.R.d. Aktionsplans der EU 2017–2019 zur Bekämpfung des geschlechtsspezifischen Lohngefälles eine Prüfung, „inwiefern es notwendig und möglich ist", die Gewährung eines Auskunftsanspruchs sowie die Entgeltberichterstattung und die Begriffsbestimmung der gleichwertigen Arbeit für die Mitgliedstaaten verbindlich festzuschreiben.[986]

II. Großbritannien

Großbritannien kann auf eine relativ lange Geschichte der Gesetzgebung zum Entgeltgleichheitsgebot zurückblicken. Wesentlich dazu beigetragen haben neben dem Equal Pay Act 1970 auch der Sex Discrimination Act 1975 und der Pensions Act 1995. Besonders weitreichende Änderungen und Ergänzungen hat diese Gesetzgebung jedoch im vergangenen Jahrzehnt erfahren.

1. Equality Act 2010

Der Equal Pay Act 1970 wurde durch den Equality Act 2010 abgelöst. Der Equality Act 2010 setzt im Hinblick auf die Verringerung der Gender Pay Gap maßgeblich auf eine Verbesserung der Transparenz von Entgeltstrukturen.[987] Bestandteil dessen ist zunächst Sec. 77, wonach solche Bestimmungen (in Arbeitsverträgen) unwirksam, bzw. nicht durchsetzbar sind, durch welche der Arbeitnehmer daran gehindert werden soll, seine Arbeitsbedingungen offenzulegen bzw. selbst zu erfragen. Das Verbot solcher Verschwiegenheitsklauseln soll es den Arbeitnehmern ermöglichen, Informationen über die eigene Entlohnung und die von Kollegen zu erhalten und so eine entsprechende Klageerhebung erleichtern, wovon die Arbeitnehmer sonst mangels Kenntnis oder aus Angst vor Sanktionen aufgrund des Verstoßes gegen die Verschwiegenheitsklausel möglicherweise eher Abstand genommen hätten.[988] Problematisch daran ist allerdings, dass dies nur für solche Bestimmungen gilt, die es gerade zum Ziel haben, dem Arbeitnehmer die

985 Vgl. dazu Gliederungspunkt D)II.2.c)dd)(2).

986 Mitteilung der Kommission an das europäische Parlament, den Rat und den europäischen Wirtschafts- und Sozialausschuss, COM (2017) 678 final, S. 4; diese Vorschläge wurden durch den Bundesrat ausdrücklich begrüßt, vgl. BR-Drucks. 715/17 (Beschluss).

987 *Gow/Middlemiss*, 11 Int'l J. Discrimination & L. 164, 175 (2011).

988 *Gow/Middlemiss*, 11 Int'l J. Discrimination & L. 164, 176 (2011).

Wahrnehmung seiner Rechte in Bezug auf Entgeltdiskriminierung zu erschweren, also solche die eine *relevant pay disclosure* i.S.v. Sec. 77 (3) sind,[989] was in vielen Fällen nicht ohne Weiteres feststellbar sein wird.[990] Ergreift der Arbeitgeber unter Rückgriff auf eine durch Sec. 77 untersagte Bestimmung eine Maßnahme gegen den Arbeitnehmer, so kann dieser gegen diese Maßnahme klagen – diese wird als *victimisation* nach Sec. 27 behandelt.[991]

In Sec. 78 ist wiederum vorgesehen, dass Arbeitgeber mit mehr als 250 Arbeitnehmern, aufgrund einer entsprechenden Verordnung, Berichte über die Entlohnung ihrer Arbeitnehmer veröffentlichen müssen, um sichtbar zu machen, ob und wenn ja, welche Unterschiede bei der Bezahlung von Männern und Frauen bestehen. Dabei handelte es sich jedoch zunächst nicht um eine Berichtspflicht, denn die Regierung sah davon ab, die entsprechende Verordnung zu erlassen – stattdessen setzte man insofern auf freiwillige Transparenzmaßnahmen der Unternehmen.[992]

2. Equality Act 2010 Regulations 2017

Im Jahr 2011 wurde dann aber erstmalig eine entsprechende Verordnung erlassen, die die näheren Umstände und die Inhalte der Berichtspflicht regelte. Diese Verordnung wurde seit dem regelmäßig von optimierten Versionen abgelöst – zuletzt durch die Version vom 6.4.2017[993]. Zur Vorbereitung hatte die britische Regierung im Februar 2016 eine an Arbeitgeber gerichtete Befragung zum Thema verpflichtende Berichterstattung über die Lohnlücke (*Mandatory Gender Pay Gap Reporting*) gestartet, um die Meinung der durch die Verordnung Betroffenen im Hinblick auf die Frage, wie bei Entgeltunterschieden erhöhte Transparenz hergestellt werden kann, einzuholen.[994]

a) Relevante Begriffe und Anwendungsbereich

Die Verordnung definiert in Regulation 1 zunächst sämtliche relevanten Begriffe, die in Regulation 3–6 hinsichtlich *ordinary pay, bonus pay, pay period, relevant pay period* und *hourly rate of pay* noch näher ausgeführt werden. Für letzteres werden

---

989 Equality Act 2010, Part 5, Chapter 3, Sec. 77: "A term of a person's work that purports to prevent or restrict the person (...)".

990 *Gow/Middlemiss*, 11 Int'l J. Discrimination & L. 164, 177 (2011).

991 Equality Act 2010, Explanatory Notes, Commentary on Sections, Part 5, Chapter 3, Section 77, http://www.legislation.gov.uk/ukpga/2010/15/notes/division/3/5/3/14 (Abruf 2.12.2018).

992 *Gow/Middlemiss*, 11 Int'l J. Discrimination & L. 164, 177 (2011).

993 The Equality Act 2010 (Gender Pay Gap Information) Regulations 2017, https://www.legislation.gov.uk/ukdsi/2017/9780111152010 (Abruf 2.12.208).

994 Abrufbar unter: https://www.gov.uk/government/uploads/system/uploads/attachment_data/file/504398/GPG_consultation_v8.pdf (Abruf 2.12.2018).

sogar detaillierte Schritte aufgezählt, nach denen der Stundensatz einheitlich zu bestimmen ist. Die weite Definition des Begriffs *employee* umfasst neben denjenigen, die einen Arbeitsvertrag mit dem jeweiligen Arbeitgeber haben auch Arbeiter und Leiharbeitnehmer sowie einige Selbstständige, soweit diese die Arbeit persönlich verrichten müssen.[995] Im Hinblick auf die Erreichung des Schwellenwertes von 250 Arbeitnehmern sind Leiharbeitnehmer jedoch bei ihrem Vertragsarbeitgeber und nicht im Einsatzunternehmen mitzuzählen, wohingegen Teilzeitkräfte und Arbeitnehmer, die sich einen Arbeitsplatz teilen, jeweils nach Köpfen mitgezählt werden.[996] Auch Partner werden zwar bei der Zählung berücksichtigt, soweit sie wie Arbeitnehmer behandelt werden – sie sind aber bei der Berechnung der zu veröffentlichenden Daten nicht mit einzubeziehen.[997] Letzteres gilt nach Regulation 2 (3) auch für Selbstständige, die einer persönlichen Arbeitsverpflichtung unterliegen, wenn die entsprechenden Daten dem Unternehmen entweder nicht vorliegen oder deren Beschaffung praktisch nicht durchführbar ist.[998]

b) Inhalt und Form der Berichtspflicht

Den Inhalt der Berichtspflicht legt maßgeblich Regulation 2 fest. Demnach müssen die betroffenen Arbeitgeber jedes Jahr bezüglich folgender Kriterien Informationen veröffentlichen: Jeweils den durchschnittlichen Unterschied und den Unterschied zwischen den Medianen der Stundensätze, die auf männliche bzw. weibliche Vollzeitarbeitnehmer entfallen, die gleichen Informationen in Bezug auf Gratifikationen sowie die Anteile an männlichen und weiblichen Arbeitnehmern, die Gratifikationen erhalten haben und die Anteile der Männer und Frauen im unteren, im unteren mittleren, im oberen mittleren und im oberen Viertel des Gehaltsbandes. Auch die Bestimmung dieser Daten wird im Folgenden detailliert dargestellt. *Thüsing* hebt insofern als besonders positiv hervor, dass es sich um vergleichsweise leicht zu bestimmende Datensätze handele, da sich die Informationen auf das Unternehmen insgesamt bezögen, und gleichzeitig auch im Hinblick auf eine mögliche Diskriminierung aussagekräftig seien.[999] Die Berichtspflicht bezieht sich gem. Regulation 14 (1) daneben auch auf eine schriftliche Stellungnahme, in welcher das Zutreffen der Daten versichert wird und die nach der Maßgabe von Regulation 14 (2) zu unterzeichnen ist. Daneben wird angeraten, auf freiwilliger Basis zusätzlich das Zustandekommen der Werte zu erörtern und bisherige und künftige Maßnahmen des Unternehmens im Zusammenhang mit der Bekämpfung

---

995 Managing gender pay reporting, S. 6, http://www.acas.org.uk/media/pdf/m/4/Managing_gender_pay_reporting_04_12_17.pdf (Abruf 2.12.2018).

996 Ebd. S. 6 f.

997 Ebd. S. 7.

998 Vgl. zum Ganzen ausführlich auch *Göpfert/Pfister*, ZIP 2017, 1401, 1404.

999 *Thüsing*, BB 2017, 565, 567.

von Entgeltdiskriminierung darzustellen.[1000] Eine solche Erörterung stellt für die Unternehmen eine Chance dar, bestehende Ungleichheiten plausibel zu erklären und so Klagen von Arbeitnehmern vorzubeugen.[1001]

Die Daten des Berichts beziehen sich jeweils auf die 12 Monate, die auf das sog. *snapshot date* – nach Regulation 1 (2) der 5.4. – folgen. Die Veröffentlichung des Berichts hat nach Regulation 15 in zweifacher Weise zu erfolgen: Einerseits muss das betroffene Unternehmen den Bericht auf der eigenen Unternehmens-Internetseite so veröffentlichen, dass der Bericht für alle Arbeitnehmer und die Öffentlichkeit für mindestens drei Jahre verfügbar ist. Zusätzlich muss der Bericht auf der dazu durch den zuständigen Minister erstellten Internetseite veröffentlicht werden. Insofern wird großer Wert auf eine einfache Zugänglichkeit der Informationen gelegt.

c) Sanktionen?

Allerdings enthalten die Equality Act 2010 Regulations 2017 selbst keine Sanktionsregelungen für den Fall, dass ein Unternehmen die Berichtspflicht nicht erfüllt. Von der Einführung von Geldbußen wurde nach der Befragung bewusst abgesehen, wobei man sich diese Möglichkeit bei zukünftiger Nichtbefolgung offenhält.[1002] Nach seiner Konzeption setzt das Regelwerk vielmehr auf Selbstregulierung der Unternehmen, die bei Nichtveröffentlichung dem Druck der Öffentlichkeit ausgesetzt werden.[1003] Der damit verbundene Reputationsverlust und mögliche Spekulationen werden sogar gravierender eingeschätzt als etwaige Entgeltdiskriminierungen in einem veröffentlichten Bericht es zur Folge gehabt hätten.[1004]

Lediglich die den Regulations zugefügte *explanatory note* enthält den Hinweis, dass die Nichteinhaltung eine unerlaubte Handlung i.S.v. Sec. 34 des Equality Act 2006 darstellt, wodurch die Kommission für Gleichstellung und Menschenrechte dazu ermächtigt wird, Durchsetzungsmaßnahmen zu ergreifen. Die Kommission hat dabei vielfältige Möglichkeiten: Sie kann einerseits betroffenen Arbeitnehmern rechtliche Hilfe leisten, z.B. indem sie diese vor Gericht vertritt oder als Streithelfer (*intervenor*) dem Prozess beitritt – ob sie handelt, kann die Kommission jedoch selbst entscheiden. Weiterhin kann die Kommission bei Verstößen auch

---

1000 Managing gender pay reporting, S. 17 f., http://www.acas.org.uk/media/pdf/m/4/Managing_gender_pay_reporting_04_12_17.pdf (Abruf 2.12.2018).

1001 *Göpfert/Pfister*, ZIP 2017, 1401, 1405.

1002 Mandatory Gender Pay Gap Reporting Government response to the consultation on draft regulations, S. 36, https://www.gov.uk/government/uploads/system/uploads/attachment_data/file/575994/HMG_response_GPG_consultation-2__final_.pdf (Abruf 2.12.2018).

1003 *Göpfert/Pfister*, ZIP 2017, 1401, 1405.

1004 Managing gender pay reporting, S. 10, http://www.acas.org.uk/media/pdf/m/4/Managing_gender_pay_reporting_04_12_17.pdf (Abruf 2.12.2018).

selbstständig einen Antrag auf Erlass einer einstweiligen Verfügung stellen.[1005] Generell ist es Aufgabe der Kommission, Gleichstellung durchzusetzen und Diskriminierung zu verhindern, wobei sie nach eigenen Angaben auch im Bereich der vorgelagerten Maßnahmen, also ohne Einleitung eines formellen Verfahrens, besonders erfolgreich ist.[1006] Im Vergleich zur ADS[1007] gehen die Befugnisse der Kommission für Gleichstellung und Menschenrechte insofern deutlich weiter. Das gilt insbesondere auf prozessualer Ebene.

Die Kommission hat jedoch in ihrer Antwort auf die Befragung zur verpflichtenden Berichterstattung über die Lohnlücke kritisiert, dass sie durch den Equality Act 2006 lediglich dazu ermächtigt wird, gegen Verstöße gegen den Equality Act 2010 vorzugehen. Dieser enthält aber selbst, wie bereits dargestellt wurde, nur die Ermächtigung zum Erlass einer Verordnung – ein Verstoß gegen die Verordnung ist mithin nicht mit einem Verstoß gegen den Equality Act 2010 gleichzusetzen. Insofern sei es ratsam, die Verordnung selbst mit Sanktionen auszustatten. Weitere Kritik stellte die Kommission auch dahingehend an, dass die Berichterstattung weitere Elemente beinhalten müsse, so etwa die Lohnlücken bei Teilzeitbeschäftigten und im Hinblick auf Einstiegsgehälter. Auch sei der Schwellenwert von 250 Arbeitnehmern, insbesondere im Vergleich zu denen anderer Länder, zu hoch angesetzt[1008] Die Antwort der Kommission legt nahe, dass eine realistische Einfassung des Anwendungsbereichs und die zielgerichtete Festsetzung relevanter Informationen entscheidende Kriterien für eine sinnvolle Berichtspflicht sind.

III. Frankreich

Auch in Frankreich ist im vergangenen Jahrzehnt eine Vielzahl von Gesetzen in Kraft getreten, die auf Unternehmensebene Handlungspflichten normieren, die die Gleichstellung von Frauen und Männern in der Berufswelt fördern sollen und sich zum Teil auch überschneiden.[1009] Besondere Relevanz besitzen die Regelungen des Loi Génisson aus dem Jahr 2001, wodurch Arbeitgeber und Gewerkschaften dazu verpflichtet werden bei ihren Verhandlungen die Gleichstellung der Geschlechter miteinzubeziehen und zudem eine jährliche Darstellung der Vergütungsstrukturen insbesondere im Hinblick auf die Verteilung der Geschlechter verlangt.[1010] Nach

---

1005 Vgl. zu den Befugnissen der Kommission insgesamt: https://www.equalityhumanrights.com/en/court-action (Abruf: 3.12.2018); *Fischer*, Streit 2015, 103, 104.

1006 https://www.equalityhumanrights.com/en/our-powers/inquiries-investigations-and-wider-powers (Abruf: 3.12.2018).

1007 Vgl. dazu Gliederungspunkt D)II.2.e).

1008 Response of the Equality and Human Rights Commission to the Consultation, S. 5 f., abrufbar unter: https://www.equalityhumanrights.com/en/legal-responses/consultation-response-mandatory-gender-pay-gap-reporting (Abruf 3.12.2018).

1009 *Remy*, NZA-Beilage 2014, 64, 74 m.w.N.

1010 Vgl. dazu auch *Fischer*, Streit 2015, 103, 106; *Kocher*, in: Neue Wege – Gleiche Chancen, S. 165, 185.

Art. L.2242-17 Code du travail müssen sich die jährlichen Verhandlungen auch auf die Beseitigung des Lohngefälles beziehen.

Daneben existieren detaillierte Berichtspflichten, auch im Hinblick auf die Situation von Frauen und Männern im Unternehmen. Zu beachten ist jedoch, dass hinsichtlich der Berichtspflichten gegenüber dem *comité d'enterprise* – also der betrieblichen Interessenvertretung der Arbeitnehmer – nach der Beschäftigtenzahl unterschieden wird. Unternehmen mit weniger als 300 Beschäftigten müssen dabei nach Art. R.2323-9 Code du travail neben den Themen Einstellung, Ausbildung, berufliche Beförderung, Qualifikation, Klassifizierung, Arbeitsbedingungen und Vergütung auch über die bereits ergriffenen Maßnahmen zur Gewährleistung der beruflichen Gleichstellung sowie die geplanten Ziele, Maßnahmen und Aktionen berichten. Für Unternehmen mit mehr als 300 Beschäftigten fallen diese Berichtspflichten noch einmal deutlich umfangreicher aus. Nach Art. D.2323-12 Code du travail müssen zahlreiche Daten jeweils nach der Geschlechterverteilung aufgeschlüsselt dargestellt werden, darunter: Voll- und Teilzeitbeschäftigung, Häufigkeit von Beförderungen, durchschnittliches oder mittleres Monatseinkommen und Anzahl der Frauen in den zehn höchsten Vergütungskategorien.[1011]

Durch Art. L.1144-2 Code du travail erhalten Gewerkschaften das Recht, gegen Verstöße gegen das Prinzip der gleichen Entlohnung von Männern und Frauen klageweise vorzugehen. Dies kann zugunsten eines Bewerbers für eine Stelle, ein Praktikum oder eine Ausbildung sowie für einen Mitarbeiter geschehen. Die Gewerkschaft muss keine entsprechende Vollmacht vorweisen können, der Betroffene muss aber schriftlich über die Klage informiert werden und hat danach fünfzehn Tag Zeit, um zu widersprechen und kann zudem auch selbst in das Verfahren eingreifen. Eine weitere Klagemöglichkeit ergibt sich aus Art. L.1134-7, wonach eine repräsentative Gewerkschaft vor einem Zivilgericht handeln kann, um feststellen zu lassen, dass mehrere Bewerber für eine Stelle, ein Praktikum oder eine Ausbildung oder Mitarbeiter in einem Unternehmen Opfer einer direkten oder indirekten Diskriminierung geworden sind, die auf dem gleichen relevanten Diskriminierungsmerkmal beruht und dem gleichen Arbeitgeber zugerechnet werden kann. Dieselbe Möglichkeit besteht auch für Vereine, die mindestens seit fünf Jahren auf dem Gebiet der Diskriminierung aktiv sind. Schließlich können solche Vereine auch von einer relevanten Gewerkschaft zur Unterstützung herangezogen werden.

IV. Österreich

Auch im Nachbarland Österreich ist die Durchsetzung des Entgeltgleichheitsgrundsatzes bereits seit längerer Zeit Gegenstand der Gesetzgebung. Bereits 1979 ist das österreichische Gleichbehandlungsgesetz (GlBG) in Kraft getreten. Seit

---

1011 Vgl. dazu auch *Thüsing*, DB 2016, 2234, 2238, der die dadurch angestoßene Kultur der CSR-Berichterstattung als „vorbildlich" bezeichnet.

dem 1.3.2011 stellt dieses mit der Verpflichtung zur Gehaltsangabe in der Stellenausschreibung sowie der Erstattung von Einkommensberichten das Thema Einkommenstransparenz in den Vordergrund.[1012] Bereits zuvor bestand ein Verbandsklagerecht.

1. Gehaltsangabe in Stellenausschreibungen

In §§ 9 Abs. 2, 23 Abs. 2 GlBG ist die Verpflichtung verankert, bereits in der Stellenausschreibung konkretere Angaben zu dem für die Tätigkeit entrichteten Gehalt zu machen.[1013] Ziel der Regelung ist, der Diskriminierung bereits im Anbahnungsstadium vorzubeugen.[1014] Im Dezember 2014 wurde dann erstmalig eine Evaluierung dieses Instruments gemeinsam mit der Pflicht zur Einkommensberichtserstattung in Auftrag gegeben, um ihre Umsetzung und Wirksamkeit in Hinblick auf die Erhöhung der Einkommenstransparenz in Österreich zu untersuchen. Die Ergebnisse dieser Evaluierung zeigen, dass zumindest der Grad der Umsetzung hinsichtlich der Gehaltsangabe in Stelleninseraten positiv zu bewerten ist, da 2014 bereits 87% der Unternehmen dieser Vorgabe entsprachen.[1015] Jedoch werde die Gehaltsangabe nur von etwa einem Drittel der Stelleninserate lesenden Personen wahrgenommen.[1016] Zudem sei eine Tendenz der Unternehmen erkennbar, sich nur an die gesetzlichen Mindestvorgaben zu halten. Die Bereitschaft zur Überbezahlung werde überwiegend alleine mit einem standardisierten Beisatz angezeigt, der darauf hinweist, dass Überzahlung je nach Qualifikation und Erfahrung möglich sei, wobei die mögliche Höhe der Überzahlung jedoch nicht erwähnt werde.[1017]

Hinsichtlich der Wirksamkeit der Regelung kommt die Evaluierung ebenfalls zu einem eher ernüchternden Ergebnis: Durch die Angabe des kollektivvertraglichen Mindestentgelts würden für potenzielle Bewerber zwar Einkommensschwankungen zwischen einzelnen Arbeitgebern einer Branche erkennbar, nicht aber das innerbetriebliche Gehaltsschema, da jedenfalls die Unternehmen, die nach Kollektivvertrag bezahlen nur das dementsprechende Mindestentgelt angeben.[1018]

1012 *Hey/Feichtinger*, RIW 2011, 525; *Marhold/Friedrich*, Österreichisches Arbeitsrecht, S. 251.

1013 „Der/die Arbeitgeber/in (...) ist verpflichtet, in der Ausschreibung das für den ausgeschriebenen Arbeitsplatz geltende kollektivvertragliche oder das durch Gesetz oder andere Normen der kollektiven Rechtsgestaltung geltende Mindestentgelt anzugeben und auf die Bereitschaft zur Überzahlung hinzuweisen, wenn eine solche besteht. (...) In der Stellenausschreibung ist jenes Entgelt anzugeben, das als Mindestgrundlage für die Arbeitsvertragsverhandlungen zur Vereinbarung des Entgelts dienen soll."

1014 *Marhold/Friedrich*, Österreichisches Arbeitsrecht, S. 251.

1015 *Wentner/Aichinger/Kuncic/Zeglovits*, Einkommenstransparenz, S. 25.

1016 Ebd. S. 25.

1017 Ebd. S. 25.

1018 Ebd. S. 30, 34.

Außerdem zeigt die Studie auf, dass insbesondere Frauen durch die Gehaltsangabe dazu verleitet werden, genau den angegebenen Betrag als Gehaltsvorstellung anzugeben (43% der Frauen gegenüber 24% bei den Männern).[1019] Verbunden mit der Praxis der Unternehmen, nur die kollektivvertraglichen Mindestgehälter anzugeben, führe dies dazu, dass Frauen eben keine besseren Ergebnisse bei Gehaltsverhandlungen erzielen.[1020] Zudem ergäben sich nach der Evaluierung auch große Unterschiede innerhalb des Arbeitsmarktes, wobei mit dem Bildungsgrad der Bewerber auch die Abhängigkeit des Gehalts von der Verhandlung steige.[1021] *Hey* und *Feichtinger* merken darüber hinaus an, dass „völlig unklar" sei, ob die Regelung auch gelte, wenn sich das Entgelt gerade nicht aus einem Kollektivvertrag ergibt.[1022]

2. Einkommensbericht

Nach § 11a Abs. 1 i.V.m. § 63 Abs. 6 GlBG ist jeder Arbeitgeber, der dauerhaft mehr als 150 Arbeitnehmer beschäftigt,[1023] verpflichtet, alle zwei Jahre einen Bericht zur Entgeltanalyse zu erstellen. Inhalt des Berichts ist „die Anzahl der Frauen und die Anzahl der Männer in den jeweiligen kollektivvertraglichen oder – wenn verfügbar – betrieblichen Verwendungsgruppen" (Nr. 1), „die Anzahl der Frauen und die Anzahl der Männer in den – wenn verfügbar – einzelnen Verwendungsgruppenjahren der anzuwendenden Verwendungsgruppen" (Nr. 2), „das Durchschnitts- oder Medianarbeitsentgelt von Frauen und von Männern im Kalenderjahr in den jeweiligen kollektivvertraglichen oder – wenn verfügbar – betrieblichen Verwendungsgruppen und – wenn verfügbar – Verwendungsgruppenjahren" (Nr. 3), wobei bei mangelndem kollektivvertraglichem oder betrieblichem Verwendungsgruppenschema stattdessen Funktionsgruppen entsprechend der betrieblichen Tätigkeitsstruktur zu bilden sind. Dabei ist gem. § 11a Abs. 2 GlBG auf Anonymisierung zu achten. Nach § 11a Abs. 3 GlBG ist der Bericht der betrieblichen Interessenvertretung vorzulegen, es besteht jedoch auch für den einzelnen Arbeitnehmer die Möglichkeit über die Interessenvertretung bzw., wenn eine solche nicht vorhanden ist, durch Auslegung im Betrieb, die für ihn relevanten Informationen zu erlangen. Die in § 11a Abs. 4 GlBG enthaltene Verschwiegenheitspflicht der Arbeitnehmer wird in Abs. 5 durch Sanktionsregelungen abgesichert. Grundsätzlich mag insofern nicht die völlig abwegige Gefahr bestehen, dass Arbeitnehmer sich aufgrund der Sanktionen in Lohnverhandlungen oder bei Erhebung einer Entgeltklage scheuen, diese Informationen zu erlangen und zu nutzen.[1024] Andererseits wird durch § 11a

---

1019 Ebd. S. 34.

1020 Ebd. S. 34.

1021 Ebd. S. 34.

1022 *Hey/Feichtinger*, RIW 2011, 525, 527.

1023 Für Arbeitgeber mit mindestens 150 bzw. 250/500/1000 Arbeitnehmern wurde jeweils ein unterschiedlicher zeitlicher Beginn der Berichtspflicht festgelegt.

1024 *Wentner/Aichinger/Kuncic/Zeglovits*, Einkommenstransparenz, S. 44.

Abs. 6 GlBG ein eindeutiger Rechtsanspruch der Arbeitnehmer auf Erstellung und Übermittlung des Berichts formuliert. Zudem ist in § 11a Abs. 4 GlBG die Einholung von Rechtsauskünften oder Rechtsberatung durch Interessenvertretungen und sonstige Personen oder Einrichtungen, die ihrerseits einer Verschwiegenheitspflicht unterliegen, ebenso wie die Einleitung eines Verfahrens zur Durchsetzung von Ansprüchen nach dem Gleichbehandlungsgesetz oder eines Verfahrens vor der Gleichbehandlungskommission von der Verschwiegenheitspflicht ausgenommen. Insofern strebt das Gesetz den bestmöglichsten Ausgleich zwischen den Interessen des Arbeitgebers an Geheimhaltung und des Arbeitnehmers an Information an.

Durch die Einführung dieser Pflicht, erhoffte Österreich sich „neben Schweden" eine Vorreiterrolle auf dem Gebiet der Einkommenstransparenz innerhalb der EU zu sichern.[1025] Die Evaluierung im Hinblick auf diese Pflicht zeichnet zunächst hinsichtlich der Umsetzung durch die Unternehmen ein grundsätzlich positives Bild: Die stark überwiegende Mehrheit der Unternehmen erstellt den Einkommensbericht – wenn auch regelmäßig nur unter Beachtung der gesetzlichen Mindeststandards unter Nutzung einer speziellen Software. Allerdings geht – erwartungsgemäß – nur von wenigen Unternehmen die Initiative aus, die Bekanntheit des Einkommensberichts unter den Beschäftigten zu fördern. Dementsprechend erfolgt die Information regelmäßig nur auf vereinzelte Anfragen hin.[1026]

Hinsichtlich der durch die Pflicht zur Erstellung von Einkommensberichten erzielten Wirkung kann hingegen eine eher gemischte Bilanz gezogen werden: In den meisten Fällen wird der Einkommensbericht auf Arbeitgeberseite als bloße „Pflichtübung" wahrgenommen – Arbeitgeber, die ohnehin offen für das Thema Einkommensgerechtigkeit und -transparenz sind, nehmen den Bericht aber gerne zum Anlass, ihre betriebliche Entgeltpolitik zu überdenken. Das Potenzial für die Erreichung des Gesetzeszwecks hängt demnach entscheidend davon ab, wie die Ergebnisse verwertet werden – die Erfüllung der gesetzlichen Pflicht reicht insofern für sich nicht aus. Zwar hält die Mehrzahl der Arbeitnehmer den Einkommensbericht auch im Hinblick auf die eigenen Gehaltsverhandlungen für nützlich, dennoch kommen i.V.m. der Feststellung, dass diese Informationen nur vereinzelt nachgefragt werden, Zweifel an der diesbezüglichen tatsächlichen Wirksamkeit auf.[1027] Hier zeigt sich auch, dass eine Berichtspflicht über Einkommensunterschiede ausgesprochen unterschiedlich ausgestaltet sein kann. Vergleicht man die österreichische Regelung beispielsweise mit der englischen Variante, so verlangt erstere doch deutlich größere Initiative von den betroffenen Arbeitnehmern.

1025 *Kocher*, in: Neue Wege – Gleiche Chancen, S. 165, 185 m.w.N.

1026 Vgl. zu allen Aussagen: *Wentner/Aichinger/Kuncic/Zeglovits*, Einkommenstransparenz, S. 42.

1027 Ebd. S. 44 ff.

3. Prozessunterstützung durch den Klagsverband

Neben diesen Instrumenten, die die betriebliche Einkommenstransparenz fördern sollen, sieht das österreichische Gleichbehandlungsgesetz zudem eine Form der Prozessunterstützung vor. Nach § 62 GlBG kann der Klagsverband zur Durchsetzung der Rechte von Diskriminierungsopfern, wenn ein Betroffener dies verlangt, einem Rechtsstreit zur Durchsetzung von Ansprüchen nach dem Gleichbehandlungsgesetz als Nebenintervenient beitreten.[1028] Bei dem Klagsverband handelt es sich um eine Nichtregierungsorganisation, die im Unterschied zur ADS und zu den Mitgliedsvereinen des Klagsverbandes selbst keine bloße Beratungsstelle ist.[1029] Die Möglichkeit der Nebenintervention stellt eine konkrete Unterstützung von Einzelpersonen bei deren Prozessführung dar. Zu bedenken ist jedoch, dass es sich dabei lediglich um ein Recht des Klagsverbandes handelt, nicht um eine Pflicht. Der Klagsverband wird demnach regelmäßig nur solche Klagen unterstützen, für die ein besonderes (grundlegendes) Interesse besteht.[1030] Dazu prüft der Klagsverband zunächst, wie hoch das Prozesskostenrisiko ist, wie die Prozesskosten finanziert werden können und ob es sich um einen Präzedenzfall handelt. Schließlich entscheidet ein internes Gremium, über die Auswahl der Fälle. Bei positivem Ausgang findet dann eine Begleitung von der Klageerhebung bis zum rechtskräftigen Urteil statt, wobei Vertrauensanwälte des Klagsverbandes die Vertretung übernehmen, soweit eine anwaltliche Vertretung vorgeschrieben ist.[1031] Allerdings hat sich die Nebenintervention als nicht zielführend herausgestellt und wird im Grunde nicht mehr genutzt.[1032]

Das GlBG wird zudem durch das Gesetz über die Gleichbehandlungskommission und die Gleichbehandlungsanwaltschaft (GBK/GAW-G) flankiert. Nach § 1 Abs. 1 GBK/GAW-G ist beim Bundeskanzleramt eine Gleichbehandlungskommission einzurichten sowie nach § 3 Abs. 1 GBK/GAW-G eine Anwaltschaft für Gleichbehandlung. Erstere hat nach § 11 Abs. 1 GBK/GAW-G auf Antrag oder von Amts wegen Gutachten über Fragen der Verletzung des Gleichbehandlungsgebotes zu erstatten, deren Ergebnis gem. § 11 Abs. 3 GBK/GAW-G in anonymisierter Form auf der Internetseite des Bundeskanzleramtes zu veröffentlichen ist. Daneben besteht beispielsweise für betroffene Arbeitnehmer oder auch den Betriebsrat die Möglichkeit, nach § 12 Abs. 1 GBK/GAW-G eine Einzelfallprüfung zu beantragen. Wird

---

1028 Vgl. auch: *Fischer*, Streit 2015, 103, 104 f.

1029 Mehr Informationen über den Klagsverband unter: https://www.klagsverband.at/ueber-uns (Abruf 3.12.2018).

1030 Vgl. auch § 3 a) der Statuten des Klagsverbandes, abrufbar über https://www.klagsverband.at/ueber-uns (Abruf 3.12.2018): „Unterstützung von richtungsweisenden Verfahren".

1031 S. https://www.klagsverband.at/service/rechtsdurchsetzung (Abruf 3.12.2018).

1032 Vgl. auch Evaluierung der Instrumente des Gleichbehandlungsrechts, S. 50, abrufbar unter: https://www.sozialministerium.at/cms/site/attachments/3/8/9/CH3434/CMS1473420291506/expertinnenbericht_evaluierung_glbg.pdf (Abruf 3.12.2018).

ein entsprechender Verstoß festgestellt, erteilt der zuständige Senat dem für die Diskriminierung Verantwortlichen einen Vorschlag zur Beseitigung (§ 12 Abs. 3 GBK/GAW-G). Sofern der Verantwortliche diesem Vorschlag nicht innerhalb von zwei Monaten folgt, kann jede der im Senat vertretenen Interessenvertretungen beim zuständigen Arbeits- oder Zivilgericht auf Feststellung der Verletzung des Gleichbehandlungsgebotes klagen, wobei sogar der Ablauf der gesetzlichen Verjährungsfrist sowie kollektivvertraglicher Verfallfristen bis zum Ende des Monats nach Eintritt der Rechtskraft solcher Urteile gehemmt wird (§ 12 Abs. 4 GBK/GAW-G). Auch hier ist nach § 12 Abs. 6, 7 GBK/GAW-G eine Veröffentlichung auf der Internetseite des Bundeskanzleramtes vorgesehen. Das GBK-Verfahren bietet betroffenen Arbeitnehmern eine formlose und kostenfreie Möglichkeit, sich ihrer Anspruchsdurchsetzung zu nähern.[1033] Zu beachten ist jedoch, dass die Entscheidungen der Kommission keine Rechtskraft entfalten und auch für die Gleichbehandlungsanwaltschaft keine Möglichkeit der Vertretung Betroffener vor Gericht offensteht.[1034]

4. Beweislast

Hinsichtlich der Beweisführung sieht das Gleichbehandlungsgesetz ebenfalls Erleichterungen für die Betroffenen vor. Nach § 12 Abs. 12 GlBG hat „die betroffene Person", die sich „auf einen Diskriminierungstatbestand i.S.d. §§ 3, 4, 6 oder 7 beruft (...) diesen glaubhaft zu machen". Der Beklagte muss hingegen beweisen, „dass es bei Abwägung aller Umstände wahrscheinlicher ist, dass ein anderes vom/von der Beklagten glaubhaft gemachtes Motiv für die unterschiedliche Behandlung ausschlaggebend war oder das andere Geschlecht unverzichtbare Voraussetzung für die auszuübende Tätigkeit ist oder ein Rechtfertigungsgrund i.S.d. § 5 Abs. 2 vorliegt". Hier ist die österreichische Regelung dem Wortlaut nach ähnlich undeutlich wie der deutsche § 22 AGG. Auch nach österreichischem Recht handelt es sich jedenfalls um keine Beweislastumkehr, sondern lediglich um eine Beweislastverlagerung.[1035]

V. Island

In Island sind in der jüngeren Vergangenheit besonders weitreichende gesetzgeberische Entwicklungen in Bezug auf die Verpflichtung zur Herstellung von Entgeltgleichheit zu beobachten. Zum 1.1.2018 ist dort ein Gesetz in Kraft getreten, dass den bereits zuvor bestehenden Gender Equality Act von 2008 modifiziert hat.[1036]

1033 Ebd. S. 40.

1034 *Nikolay-Leitner/Konstatzky*, in: Chancengleichheit durch Personalpolitik, S. 535, 537.

1035 OGH v. 9.7.2008, 9 Ob A 177/07f.

1036 Act on Equal Status and Equal Rights of Women and Men No. 10/2008, as amended by Act No. 162/2010, No. 126/2011, No. 62/2014, No. 79/2015, No. 117/2016 and No. 56/2017; in englischer Übersetzuzung abrufbar unter: https://www.government.is/

Dieses Regelwerk hatte bereits in Art. 19 III das Recht der Arbeitnehmer abgesichert, jeder Zeit nach ihrer Wahl Auskunft über die eigene Vergütung zu geben, und auch das Entgeltgleichheitsgebot war schon in Art. 19 I enthalten. Neu ist hingegen die in die weiteren Absätze hinzugefügte Verpflichtung für Unternehmen mit für gewöhnlich 25 oder mehr Mitarbeitern, alle drei Jahre ein Zertifikat zu erwerben, welches die Einhaltung des Entgeltgleichheitsgebots beweist. Die Prüfung, ob im konkreten Fall ein solches Zertifikat erteilt werden kann, erfolgt durch eine Prüfungsstelle. Offenbar soll es sich dabei um eine unabhängige Stelle handeln,[1037] genauere Anforderungen stellt das Gesetz jedoch nicht auf. Prüfungsmaßstab ist dabei der isländische Equal Pay Standard ÍST 85. Laut Angaben des isländischen Wohlfahrtsministeriums handelt es sich dabei um einen Standard, der Anforderungen an die Betriebsführung stellt und so konzipiert ist, dass es als Werkzeug zur Herstellung von einer dem Entgeltgleichheitsgebot entsprechenden Bezahlung dient. Dabei sollen individuelle Faktoren, wie besondere Fähigkeiten, dennoch berücksichtigt werden können.[1038]

Der Ausgang der Prüfung soll dem Zentrum für Geschlechtergleichheit übermittelt werden, welches auch den Sozialpartnern Zugang zu diesen Informationen verschaffen kann, falls die Voraussetzungen für das Zertifikat nicht erfüllt werden konnten, um diesen die Überprüfung des gesetzeskonformen Verhaltens des Unternehmens zu ermöglichen. Unternehmen mit 25 bis 99 Beschäftigten haben bei der Prüfung zusätzliche Wahlmöglichkeiten, die auch die Beteiligung von Aktionären beinhalten. Das Zentrum für Geschlechtergerechtigkeit verleiht den erfolgreichen Zertifikatsinhabern ein Equal Pay-Abzeichen und veröffentlicht auf seiner Internetseite Listen sowohl über diese als auch diejenigen Unternehmen, die kein Zertifikat erhalten haben. Neben den auf diese Weise erzeugten faktischen öffentlichen Druck, treten empfindliche Sanktionen für Nonkonformität. Das Zentrum für Geschlechtergerechtigkeit kann die Unternehmen nicht nur dazu anweisen, in angemessener Zeit adäquate Korrekturen vorzunehmen, sondern auch mit einer Strafe nach Tagessätzen belegen. Nach Art. 18 Abs. 6 können diese abhängig von der Anzahl der Mitarbeiter und dem Geschäftsumfang bis zu 50.000 isländische Kronen, also ca. 400.000 Euro betragen. In gleicher Weise wurde bereits vorher ein Verstoß gegen die in Art. 18 verankerte Pflicht, ein Geschlechtergleichstellungsprogramm oder einen Handlungsplan zur Gleichstellung der Geschlechter zu erstellen, geahndet.

---

library/04-Legislation/Act%20on%20equal%20status%20and%20equal%20rights%20of%20women%20and%20men%20no%2010%202008%20as%20amended%20101%202018%20final.pdf (Abruf 4.12.2018).

1037 Vgl. *Bigalke*, Süddeutsche Zeitung v. 4.1.2018, http://www.sueddeutsche.de/karriere/gleichberechtigung-der-richtige-zeitpunkt-fuer-radikales-1.3812441-2 (Abruf 4.12.2018).

1038 https://www.government.is/news/article/2018/01/04/New-Icelandic-law-on-Equal-Pay-Certification-entered-into-force-on-January-1-2018/ (Abruf 4.12.2018).

Die Übergangsbestimmungen sehen jedoch eine Staffelung der Fristen für die Pflicht zur erstmaligen Erlangung des Zertifikats vor. Für Unternehmen mit mindestens 250 Beschäftigten endete die Frist bereits am 31.12.2018, während Unternehmen mit 150 bis 249 Beschäftigten bis zum 31.12.2019, Unternehmen mit 90 bis 149 Beschäftigten bis zum 31.12.2020 und Unternehmen mit 25 bis 89 Beschäftigten sogar bis zum 31.12.2021 Zeit haben. Weitere Sonderregelungen gelten für Unternehmen, die zu mehr als 50% dem Staat gehören und Ministerien. Alle Fristen können durch den zuständigen Minister um maximal ein Jahr verlängert werden. Nach ihrer Konzeption setzt die gesetzliche Neuerung also mit der Schaffung von Anreizen durch das Abzeichen einerseits und der Möglichkeit harter Sanktionen andererseits auf zwei Instrumente, die letztlich in dieselbe Richtung zielen. Aufgrund der Mindestbeschäftigtenzahl kommen die potenziellen Folgen des Gesetzes jedoch nicht allen Arbeitnehmern zu Gute. Von außen bleibt es insbesondere interessant zu beobachten, wie und durch wen die Prüfpraxis durchgeführt werden wird und ob das angestrebte Ziel der Beseitigung der geschlechtsbedingten Lohnlücke so tatsächlich erreicht werden kann.

VI. USA

Die USA können in Sachen Antidiskriminierungsrecht durchaus als „Vorreiter“[1039] bezeichnet werden. Tatsächlich kommen auf diesem Gebiet zahlreiche Impulse von der anderen Seite des Atlantiks. Wie bereits zuvor dargestellt wurde, existiert in den USA zwar nur ein Anspruch auf gleiche Entlohnung von gleicher Arbeit, während das Konzept *comparable worth* nach wie vor umstritten ist.[1040] Dennoch ergeben sich dort ähnliche Herausforderungen wie im europäischen Rechtsraum.

1. Equal Pay Act of 1963, Title VII und Lilly Ledbetter Fair Pay Restoration Act

Als ein wesentliches Problem im Hinblick auf die Durchsetzung des Entgeltgleichheitsanspruchs nach dem Equal Pay Act von 1963 (EPA) wird die zweijährige Verjährungsfrist für entsprechende Lohnansprüche betrachtet, welche mit Entstehung selbiger, unabhängig von der Kenntnis der Betroffenen, zu laufen beginnt.[1041] Auch die Durchsetzbarkeit von Ansprüchen aus Title VII, für den im Gegensatz zum EPA keine Vergleichsperson des anderen Geschlechts erforderlich ist, war ursprünglich an eine Geltendmachung spätestens 180 Tage nach dem *suffering* (Erleiden) der Diskriminierung – nicht der Kenntniserlangung über selbige – geknüpft.[1042] Diese missliche Rechtslage hat sich 2009 durch den Lilly Ledbetter Fair Pay Restoration

---

1039 *Thüsing*, Arbeitsrechtlicher Antidiskriminierungsschutz, Rn. 8.
1040 S.o. Gliederungspunkt B)V.1.b).
1041 29 U.S.C. § 255(a); *DelPo Kulow*, 50 Harv. J. on Legis. 385, 416 (2013).
1042 Ebd. 385, 417.

Act verbessert: Seitdem setzt jeder neue Gehaltscheck die 180 Tage Frist erneut in Gang, er wird insofern jedes Mal als erneute Diskriminierungshandlung betrachtet und nicht nur die ursprüngliche Entscheidung über die Benachteiligung.[1043]

2. Vergabe öffentlicher Aufträge

Eine Ergänzung erfuhr das Recht zur Durchsetzung des Entgeltgleichheitsgebots auch im Jahr 1965.[1044] Durch eine Präsidentenverfügung wurde die Vergabe öffentlicher Aufträge an die Voraussetzung geknüpft, dass in Verträge mit etwaigen Auftragnehmern eine Klausel aufgenommen werden muss, wonach sich der Auftragnehmer dazu verpflichtet, Diskriminierungen gegenüber seinen Beschäftigten u.a. aufgrund des Geschlechts und im Hinblick auf die Entlohnung zu unterlassen.[1045]

3. Paycheck Fairness Act

Seit 1997 wurde zudem immer wieder der sog. Paycheck Fairness Act in den Kongress eingebracht. Im Jahr 2009 wurde der Rechtsakt bereits durch das Repräsentantenhaus bestätigt – anschließend jedoch durch den Senat blockiert.[1046] In seiner letzten Fassung wurde der Paycheck Fairness Act am 4.4.2017 durch die Senatorin *Patty Murray* eingebracht.[1047] Gegenstand des Paycheck Fairness Act (PFA) sind Veränderungen des Fair Labor Standards Act von 1938. Die Änderungen unter Sec. 3 (b) würden es untersagen, einen Arbeitnehmer zu entlassen oder anderweitig zu diskriminieren, der sich nach dem eigenen Gehalt oder dem eines anderen Arbeitnehmers erkundigt hat, bzw. dieses diskutiert oder offengelegt hat. Als Sanktionen bei Zuwiderhandeln wären, neben dem bereits in Sec. 216 (b) des Fair Labor Standards Act vorgesehenen Strafgeld, zusätzlich Entschädigungs- und Schadensersatzzahlungen gegenüber dem benachteiligten Arbeitnehmer vorgesehen. Weiterhin wäre es nach dem PFA verboten, von einem Arbeitnehmer die Unterzeichnung einer vertraglichen Zusage zu verlangen, die den Arbeitnehmer davon abhalten würde, Informationen über sein Gehalt offen zu legen. Einen zusätzlichen Schwerpunkt legt der Rechtsakt auf Bildungsangebote durch die Equal Employment Opportunity Commission EEOC (Sec. 4) und Angebote im Bereich Verhandlungsmanagement für Mädchen und Frauen (Sec. 5). Schließlich sieht der PFA vor, dass die EEOC eine Verordnung erlassen soll, durch die die Sammlung von Entgeltdaten und anderen beschäftigungsbezogenen Daten, wie

1043 Ebd. 385, 418.
1044 Vgl. *Kocher/Laskowski/Rust/Weber*, in: FS Pfarr, S. 117, 135.
1045 Executive Order 11246, Sec. 202, https://www.eeoc.gov/eeoc/history/35th/thelaw/eo-11246.html (Abruf 4.12.2018).
1046 *Joachim*, NY Times v. 10.4.2014, S. A14. "G.O.P. Senators Block Pay Gap Legislation".
1047 https://www.congress.gov/bill/115th-congress/senate-bill/819/text (Abruf 4.12.2017).

Einstellung, Beendigung und Beförderung, unterteilt nach Geschlecht, Rasse und Herkunftsland der Arbeitnehmer ermöglicht wird, etwa durch die Verpflichtung zur Erstellung von entsprechenden Berichten für bestimmte Arbeitgeber (Sec. 8). Das Prinzip der Berichterstattung auf Grundlage einer Verordnung stellt eine Parallele zu Sec. 78 Equality Act 2010 dar.[1048]

Im öffentlichen Sektor existieren auf Ebene der Bundesstaaten bereits Gesetze, die die Offenlegung von Gehältern fördern und offenbar auch zur Schließung der Entgeltlücke beitragen. Nicht klar ist jedoch, in welchem Maße dies auch bei solchen Gesetzen der Fall ist, die nicht zusätzlich die Anpassung von Gehältern durch die Unternehmen verlangen, sobald eine unterschiedliche Vergütung bei gleicher Arbeit festgestellt wurde. Entsprechende Effekte konnten sicher nur bei dem in Minnesota geltenden Gesetz, welches eine solche Anpassungspflicht beinhaltet, festgestellt werden.[1049]

VII. Weitere Länder

Prüfverfahren und Berichtspflichten gehören auch in anderen europäischen Ländern inzwischen zu den grundlegenden Instrumenten in Sachen Durchsetzung des Entgeltgleichheitsgebots. In Spanien besteht seit 2007 die Pflicht, in Betrieben mit mehr als 250 Mitarbeitern regelmäßig einen sog. Gleichstellungsplan für die Beschäftigten zu veröffentlichen, in welchem das Unternehmen über seine Antidiskriminierungsmaßnahmen berichtet.[1050] In Belgien wurden durch das Gesetz vom 22.4.2012 unter anderem für bestimmte Unternehmen verpflichtende Analysen der Vergütungsstrukturen und der Einsatz von Mediatoren, die zwischen den Vertragsparteien vermitteln und so die Umsetzung der gesetzlichen Ziele erleichtern sollen, implementiert.[1051] In Schweden setzt man ebenfalls auf Berichtspflichten – daneben sind aber auch konkrete Gleichstellungspläne zu erstellen[1052]

VIII. Zwischenergebnis

Während die Weiterentwicklung gesetzlicher Durchsetzungsinstrumente zur Erzielung von Entgeltgleichheit in den USA in den letzten Jahren stagniert, ist in

---

1048 S. Gliederungspunkt E)II.1.

1049 *DelPo Kulow*, 50 Harv. J. on Legis. 385, 424 (2013).

1050 *Antidiskriminierungsstelle des Bundes*, Gesetzgebung zur Entgeltgleichheit im internationalen Vergleich, S. 5, abrufbar unter: http://www.antidiskriminierungsstelle.de/SharedDocs/Downloads/DE/publikationen/Entgelt_UN_Gleichheit/Entgeltgleichheit_int_Vergleich.pdf?__blob=publicationFile&v=2 (Abruf 4.12.2018).

1051 Belgisches Amtsblatt Nr. 270, 182. Jhrg. v. 28.8.2012, abrufbar unter: http://www.ejustice.just.fgov.be/mopdf/2012/08/28_1.pdf (Abruf 4.12.2018).

1052 *Kocher*, in: Neue Wege – Gleiche Chancen, S. 165, 189; *Kocher/Laskowski/Rust/Weber*, in: FS Pfarr, 117, 118.

Europa ein Trend hin zum Ausbau zu erkennen. Ziel solcher Maßnahmen ist dabei die Erleichterung der Rechtsdurchsetzung durch die Beschäftigten durch erhöhte Transparenz. Dieses wird durch die Schaffung von Auskunftsansprüchen und das Verbot von Vereinbarungen, die die Offenlegung von Gehältern verhindern, verfolgt. Als weitere Maßnahmen finden sich die Einführung von Entgeltberichten und betrieblichen Prüfverfahren. Unterschiede in der Umsetzung der einzelnen Länder ergeben sich insbesondere im Hinblick auf das Maß der Verbindlichkeit der Maßnahmen und damit verbunden im Hinblick auf Sanktionen für nonkonformes Verhalten. Diese Maßnahmen entsprechen im Wesentlichen auch der Empfehlung der Kommission vom 7.3.2014 zur Stärkung des Grundsatzes des gleichen Entgelts für Frauen und Männer durch Transparenz. Darüber hinaus existieren verbreitet auch Möglichkeiten der kollektiven Rechtsdurchsetzung, etwa durch Interessenverbände oder Gewerkschaften.

F) Vorangegangene Gesetzesvorhaben und Referentenentwürfe

In Anbetracht dieser international vorhandenen gesetzgeberischen Aktivität schien Deutschland jedenfalls bis zum Inkrafttreten des EntgTranspG in Rückstand geraten zu sein. Das EntgTranspG stellt jedoch als Vorhaben nicht das erste seiner Art dar. Bereits zuvor gab es zahlreiche Bestrebungen, die Durchsetzung des Entgeltgleichheitsgebots zu fördern. Deshalb ist vor der Betrachtung des EntgTranspG der Blick auf in der Vergangenheit gescheiterte Gesetzesvorhaben und Referentenentwürfe zu richten.

I. Vorangegangene Gesetzesvorhaben

Bereits 2001 und darauf basierend 2012 wurden Gesetzesentwürfe zur Gleichstellung bzw. Entgeltgleichheit in den Bundestag eingebracht Diesbezüglich sollen die Stärken und Schwächen dieser Entwürfe kurz dargestellt und die Gründe für ihr Scheitern erläutert werden, um den aktuellen Entwurf in den politischen Kontext einordnen zu können.

1. Entwurf eines Gesetzes zur Gleichstellung der Geschlechter in der Privatwirtschaft (2001)

Schon in der Koalitionsvereinbarung aus dem Jahr 1998 zwischen der SPD und dem Bündnis 90/Die Grünen war der Plan eines Gleichstellungsgesetzes für die Privatwirtschaft enthalten.[1053] Eine Kommission, bestehend aus juristischen Expertinnen, wurde daraufhin von der damaligen Bundesfrauenministerin *Christine Bergmann*, die zuvor die Eckpunkte für das Gesetz vorgelegt hatte, mit der Anfertigung eines entsprechenden Gesetzesentwurfs beauftragt.[1054]

a) Wesentliche Inhalte

Entsprechend seinem Titel als Gesetz zur Gleichstellung der Geschlechter in der Privatwirtschaft (GlG-E), beschränkte sich der Entwurf von 2001 nicht auf Fragen der Entgeltgleichheit. Gemäß seines § 1 Abs. 1 wurde allgemein die

---

1053 Aufbruch und Erneuerung – Deutschlands Weg ins 21. Jahrhundert. Koalitionsvereinbarung zwischen der SPD und Bündnis 90/Die Grünen v. 20.10.1998, S. 32, abrufbar unter: http://library.fes.de/pdf-files/bibliothek/downl/koalitionsvertrag1998.pdf (Abruf 4.12.2018).

1054 *Pfarr*, Ein Gesetz zur Gleichstellung der Geschlechter in der Privatwirtschaft, S. 6.

Implementierung des Gender Mainstreamings zum Ziel erklärt.[1055] Erfasst werden sollten – recht umfassend – sämtliche privatrechtlich organisierte Unternehmen mit mindestens fünf Beschäftigten,[1056] die nicht in den Anwendungsbereich des Bundesgleichstellungsgesetzes fallen (§ 2 Abs. 1 GlG-E). Neben Arbeitnehmern und Auszubildenden sollten u.a. auch arbeitnehmerähnliche Personen von dem Beschäftigungsbegriff des Gesetzes erfasst sein (§ 2 Abs. 1 GlG-E). Zahlreiche Maßnahmeverpflichtungen sollten jedoch gem. § 11 GlG-E dann nicht gelten, wenn entweder im Betrieb mindestens ebenso viele Frauen wie Männer beschäftigt sind und der Durchschnittsverdienst von Frauen und Männern, sofern solche beschäftigt werden, mindestens gleich ist (Nr. 1) oder, wenn Frauen und Männer in allen Entgeltgruppen und auf allen Stufen der betrieblichen Hierarchie zu mindestens 40 von Hundert vertreten sind (Nr. 2).

aa) Regulierung nach Zwei-Stufen-Modell

Der zweite Abschnitt enthielt Handlungs- und Gleichstellungsverpflichtungen in einem zweistufigen System: Die erste Stufe stand jedoch unter der Überschrift „Freiwillige Gleichstellungskonzeptionen" – zunächst wurde also auf die eigenverantwortliche und gerade nicht verpflichtende Einführung entsprechender Konzepte gesetzt. Tatsächliche Freiheit sollte allerdings nur hinsichtlich der konkreten Ausgestaltung der Maßnahmen bestehen, § 5 Abs. 4 S. 1 GlG-E, nicht aber in Bezug auf die grundsätzliche Implementierung von Maßnahmen. Neben der Schaffung von Grundlagen für eine Gleichstellungskonzeption in den Betrieben durch eine jährlich fortzuschreibende Bestandsaufnahme der Beschäftigtenstruktur anhand von vorgegebenen Faktoren (§ 4 Abs. 1 und 2 GlG-E) war für Betriebe mit mehr als 20 Beschäftigten eine betriebliche oder überbetriebliche Koordinationsstelle zu bilden oder zu beauftragen, die das Unternehmen, den Betriebsrat und die Beschäftigten bei Fragen der Gleichstellung der Geschlechter sowie der Vereinbarkeit von Erwerbstätigkeit und Familienarbeit beraten sollte (§ 4 Abs. 3 GlG-E). Im Rahmen der optionalen Gleichstellungskonzeption des § 5 GlG-E war eine verpflichtende Umsetzung einer bestimmten, je nach Unternehmensgröße unterschiedlich großen, Anzahl von Gleichstellungsmaßnahmen vorgesehen, wozu eine Auswahl aus dem abschließenden Katalog des § 5 Abs. 3 GlG-E offen stehen sollte – darunter auch das Handlungsfeld „Entgeltgerechtigkeit zwischen den Geschlechtern". Konsequenz einer nicht fristgerechten Umsetzung der Ziele i.S.v. § 5 Abs. 4 S. 2 und 3 GlG-E sollte eine Selbstüberprüfung und Korrektur der Konzeption sein.

Für die Umsetzung von Maßnahmen i.S.d. ersten Stufe waren nach § 5 Abs. 4 S. 3 GlG-E maximal 24 Monate vorgesehen. An den vergeblichen Ablauf dieser

---

1055 Vgl. auch die Zusammenfassung von *Kocher/Laskowski/Rust/Weber*, in: FS Pfarr, S. 117, 121 ff.

1056 Laut *Pfarr*, Ein Gesetz zur Gleichstellung der Geschlechter in der Privatwirtschaft, S. 50, anknüpfend an § 1 Abs. 1 S. 1 BetrVG.

Frist sollten innerhalb der zweiten Stufe als Konsequenzen der Nichtumsetzung die verbindliche Einführung von Gleichstellungsmaßnahmen nach § 6 Abs. 2 bis 4 GlG-E geknüpft werden. Dazu gehörte auch in § 6 Abs. 4 Nr. 5 GlG-E die Veränderung solcher betrieblicher Entgeltstrukturen, durch deren Anwendung Frauen durchschnittlich geringer entlohnt werden als Männer. Allerdings sollte diese „Sanktionsmaßnahme" nach § 6 Abs. 3 S. 1 und 2 GlG-E nur in Unternehmen mit regelmäßig mehr als 400 Beschäftigten greifen. Zudem war in § 6 Abs. 6 GlG-E nach zwei Jahren eine Befreiung vorgesehen, wenn die Defizite vollständig bereinigt wurden und nachträglich eine geeignete Gleichstellungskonzeption nach den §§ 4 und 5 GlG-E (Erste Stufe) in Kraft gesetzt wurde. Allerdings sollte gem. § 7 Abs. 1 GlG-E nach Nichterfüllung beider Stufen, neben einem weiteren Anspruch auf Entschädigung in Höhe von drei Monatsgehältern, die Beweislast für Klagen nach § 611a BGB aF und § 612 Abs. 3 BGB aF zulasten des Arbeitgebers verschoben werden. Im Gegensatz zu § 22 AGG scheint hier eine echte Beweislastumkehr bezweckt worden zu sein. Diese wurde damit gerechtfertigt, dass Unternehmen, die sich den gesetzlichen Verpflichtungen des Gesetzes entziehen, vermuten ließen, dass sie die bestehenden Diskriminierungsverbote nicht ernst nähmen.[1057]

Darüber hinaus waren eine verstärkte Einbindung des Betriebsrates (§§ 8 bzw. 9 GlG-E) und eine Bekanntmachung der ergriffenen Maßnahmen im Unternehmen (§ 10 GlG-E) vorgesehen. Die weiteren Abschnitte betrafen die Koordinationsstelle für Gleichstellung und die Gleichstellungsbeauftragte, die Einführung eines Gleichstellungsaudits sowie Bußgeldvorschriften.

bb) Vergabe öffentlicher Aufträge und Beihilfen, Verbandsklagerecht

Ein weiterer Anreiz zur Umsetzung der gewünschten Maßnahmen sollte durch die Koppelung der Vergabe öffentlicher Aufträge an die Gewährleistung der Einhaltung der Benachteiligungsverbote (§ 16 Abs. 2 GlG-E) gesetzt werden. Zu diesem Zweck war die Abgabe einer Gleichstellungserklärung nach § 17 GlG-E und die Möglichkeit zur Erbringung entsprechender Nachweise vorgesehen, § 18 GlG-E. Ein vergleichbares Prinzip sollte nach § 20 für die Vergabe staatlicher Leistungen – insbesondere Beihilfen – gelten. Dieses Instrument ließ sich wohl noch zu den zuvor genannten „Selbstregulierungsinstrumenten" zählen. Daneben sollte aber auch die Klageseite gestärkt werden, indem bestimmten Koalitionen und rechtsfähigen Vereinen nicht nur ein eigenes Erfüllungsrecht im Hinblick auf die Pflichten aus § 6 Abs. 2 und 3 GlG-E zugesprochen wurde (§ 26 GlG-E), sondern auch ein Unterlassungsanspruch gegen Unternehmen bei Zuwiderhandlungen gegen Gleichbehandlungsgebote (§ 27 GlG-E). Eine Mandatierung durch Betroffene war dabei bewusst nicht vorgesehen, denn das Verbandsklagerecht sollte gerade die kollektive Dimension der Vergütung betreffen – die individuelle Rechtdurchsetzung jedoch auch durch eine einseitige Bindungswirkung von Urteilen im

1057 Ebd. S. 68.

Verbandsklageverfahren zu Lasten der Unternehmen sowie Verjährungshemmung unterstützen.[1058]

b) Begründung

Das Gesetz sollte „nicht auf klassischen behördlichen Vollzug und obrigkeitliche Kontrolle“ zielen, die angestrebten Ziele sollten vielmehr „in Form selbstverantwortlichen Handelns der Akteure und Akteurinnen“ erreicht werden.[1059] Zudem ist der Begründung zu entnehmen, dass man sich über die nur kursorische Behandlung des Themas Entgeltgleichheit durchaus im Klaren war: Bewusst sei innerhalb des Entwurfes statt von Entgeltgleichheit von „Entgeltgerechtigkeit zwischen den Geschlechtern“ die Rede und das auch nur auf Unternehmens- bzw. Betriebsebene.[1060] Der Grund dafür liege vor allem darin, dass „die notwendige Diskussion um denkbare und effiziente Regelungsmuster für die Umsetzung des Entgeltgleichheitsgebotes in der Bundesrepublik noch nicht einmal ernsthaft begonnen“ habe – ein entsprechendes Gesetz sei aber notwendig.[1061] Schließlich formulierte die Expertinnenkommission in der Begründung auch ihre Vorstellung von einem solchen Gesetz: Ein solches müsse diskriminierungsfreie Verfahren der Arbeitsbewertung festlegen und aufzeigen, wie eine Änderung von bestehenden (un)-mittelbar geschlechtsdiskriminierenden Entgeltsystemen „ökonomisch und praktikabel“ verwirklicht werden kann.“[1062] *Kocher* bezeichnet das durch den Gesetzesentwurf zum Ausdruck kommende Konzept als „regulierte Selbstregulierung“, wie sie bereits in anderen europäischen Ländern praktiziert werde.[1063]

c) Gründe des Scheiterns

Die Kommission stellte diesen Entwurf zwar Anfang des Jahres 2001 fertig, er wurde jedoch nicht der Regierung vorgelegt.[1064] Dies lässt sich auf nachhaltige Widerstände in der Wirtschaft zurückführen, aufgrund derer am 2.7.2001 schließlich in einem Kanzlergespräch statt des Gesetzes eine Vereinbarung zwischen der Bundesregierung und den Präsidenten der Wirtschaftsverbände zur Förderung der Chancengleichheit von Frauen und Männern in der Privatwirtschaft getroffen wurde.[1065] Die Vereinbarung sah zwar eine von der Bundesregierung und den Spitzenverbänden der Wirtschaft paritätisch besetzte hochrangige Gruppe „Chancengleichheit und Familienfreundlichkeit in der Wirtschaft“ vor, die regelmäßig die

---

1058 Ebd. S. 84 ff.
1059 Ebd. S. 45.
1060 Ebd. S. 92 f.
1061 Ebd. S. 93 f.
1062 Ebd. S. 94.
1063 *Kocher*, in: Neue Wege – Gleiche Chancen, S. 165, 190.
1064 *Pfarr*, Ein Gesetz zur Gleichstellung der Geschlechter in der Privatwirtschaft, S. 6.
1065 Ebd. S. 6.

Umsetzung dieser Vereinbarung und die erzielten Fortschritte in den Unternehmen untersuchen und daraufhin konkrete Vorschläge zur Weiterentwicklung der Maßnahmen zur Förderung von Chancengleichheit und Familienfreundlichkeit machen sollte. Auch im Übrigen verblieb sie aber bei eher unkonkreten Programmpunkten: Die Ausbildungsperspektiven und die beruflichen Chancen von Frauen sowie die Vereinbarkeit von Familie und Beruf sollten verbessert, der Beschäftigungsanteil von Frauen, auch in Führungspositionen, erhöht und Einkommensunterschiede zwischen Männern und Frauen verringert werden.[1066] Zudem stellte die Vereinbarung auch klar: Solange eine erfolgreiche Umsetzung der Vereinbarung stattfinde, werde „die Bundesregierung keine Initiative ergreifen, um die Chancengleichheit von Frauen und Männern in der Privatwirtschaft auf gesetzlichem Wege zu erreichen".[1067]

Diese mangelnde rechtliche Verbindlichkeit und das Fehlen von konkreten Maßstäben sorgten für heftige Kritik, u.a. durch den Deutschen Juristinnenbund[1068] sowie von Seiten der Gewerkschaften und verschiedener Parteienvertreter.[1069] *Heide Pfarr*, die selbst an dem Referentenentwurf mitgewirkt hatte, gab zu Bedenken, dass die Erfahrungen der Vergangenheit gezeigt hätten, dass die Vertreter der Wirtschaft sich nie für die Gleichstellung von Frauen eingesetzt hätten, soweit sie dazu nicht gesetzlich oder durch die Marktlage gezwungen worden seien.[1070]

Im Dezember 2003 erfolgte eine erste gemeinsame Bilanz der Bundesregierung und der wirtschaftlichen Spitzenverbände hinsichtlich der Ergebnisse der Vereinbarung, welche erwartbar positiv ausfiel: Die Spitzenverbände und die Bundesregierung engagierten sich bereits für die Förderung der Chancengleichheit, was sich z.B. an Aktionen wie dem „Girl's Day" und der Werbung in den Unternehmen für eine bessere Vereinbarkeit von Familie und Beruf zeige.[1071] Als echtes Defizit wurden lediglich die unzureichenden Kinderbetreuungsmöglichkeiten genannt.[1072] Man sei sich „einig, dass gesetzliche Regelungen auf diesem Gebiet an der betrieblichen Realität wenig ändern und sogar kontraproduktive Wirkungen entfalten würden" – es komme vielmehr darauf an, „durch Anstrengungen in Politik und Wirtschaft die Rahmenbedingungen für Beschäftigung generell zu verbessern".[1073] Auch die in den Folgejahren erstellten Bilanzen zeichneten kein von innovativen Maßnahmen geprägtes Bild.[1074]

1066 Ebd. S. 147.

1067 Ebd. S. 148.

1068 https://www.djb.de/verein/Kom-u-AS/K1/pm01-08/ (Abruf 4.12.2018).

1069 Vgl. *Pfarr*, Ein Gesetz zur Gleichstellung der Geschlechter in der Privatwirtschaft, S. 6 m.w.N.

1070 Ebd. S. 7; ebenfalls kritisch *Kocher/Laskowski/Rust/Weber*, in: FS Pfarr, S. 117, 126.

1071 Bilanz 2003, S. 37 f., abrufbar unter: https://www.bmfsfj.de/blob/93380/9ccb33985 97b8317f6644ca2324f0cf7/bilanz-2003-vereinbarung-data.pdf (Abruf 4.12.2018).

1072 Ebd. S. 38.

1073 Ebd. S. 39.

1074 *Kocher/Laskowski/Rust/Weber*, in: FS Pfarr, S. 117, 126.

Im Auftrag der Hans-Böckler-Stiftung und des Deutschen Gewerkschaftsbundes wurde jedoch etwa zeitgleich von *Gertraude Krell* und *Renate Ortlieb* eine Unternehmensbefragung zu den Erfahrungen mit der Vereinbarung durchgeführt.[1075] Demnach sei insgesamt – orientiert an den durch die Vereinbarung vorgegebenen Maßnahmen – ein positiver, wenn auch schleppender Trend zu beobachten gewesen.[1076] Die Verringerung der Einkommensunterschiede zwischen Frauen und Männern wurde aber nur im Zusammenhang mit den Zielen der Erhöhung der Frauenanteile in Führungspositionen und „zukunftsorientierten Berufen“ genannt, wodurch nur der Zugang zu Berufen und Positionen als Quelle von Einkommensunterschieden aufgrund des Geschlechts, nicht aber die Entgeltdiskriminierung durch Arbeits- und Leistungsbewertung in den Blick genommen wurde.[1077] In diesen Bereichen war deshalb noch ein erheblicher Handlungsbedarf zu verzeichnen.[1078] Die mangelnde Wirksamkeit der Vereinbarung zwischen der Bundesregierung und den Wirtschaftsspitzenverbänden wurde im Jahr 2008 auch in einem Antrag der Fraktion Die Linke – verbunden mit einem erneuten Aufruf, verbindliche gesetzliche Regelungen zu schaffen – gerügt.[1079] An dieser Stelle ist noch einmal darauf hinzuweisen, dass das zuvor verworfene Gesetz zur Gleichstellung der Geschlechter in der Privatwirtschaft ebenfalls bewusst keine konkreteren Maßnahmen zur Förderung der Entgeltgleichheit vorgesehen hatte. Insofern lässt sich durchaus konstatieren, dass weder das Gesetz selbst, noch sein Scheitern, eine ernsthafte Bedeutung für die Entwicklung der geschlechtsbedingten Lohnlücke hatte.

2. Entwurf eines Gesetzes zur Durchsetzung des Entgeltgleichheitsgebotes für Frauen und Männer (2012)

Im Mai 2012 wurde durch die SPD-Fraktion schließlich mit dem Entwurf eines Gesetzes zur Durchsetzung des Entgeltgleichheitsgebotes für Frauen und Männer (Entgeltgleichheitsgesetz, EntgGG-E) erneut ein Gesetzesentwurf in den Bundestag eingebracht, der die Gleichbehandlung von Frauen und Männern im Hinblick auf das Arbeitsentgelt betraf: Mehr als die Hälfte des Entgeltunterschiedes zwischen Männern und Frauen sei weiterhin nicht durch unterschiedliche soziale und berufliche Merkmale zu erklären, sodass von Entgeltdiskriminierung auszugehen sei, weshalb es nötig sei, „dass der Gesetzgeber den strukturellen Defiziten des geltenden Rechts abhilft und einen verbindlichen Rahmen für die Prüfung und

1075 *Krell/Ortlieb*, Chancengleichheit von Frauen und Männern in der Privatwirtschaft, abrufbar unter: http://www.dgb.de/themen/++co++article-mediapool-ae6a1de-ac3c550610789c8685d2e6572 (Abruf 4.12.2018).

1076 Vgl. ebd. S. 27.

1077 Ebd. S. 24.

1078 Ebd. S. 25.

1079 BT-Drucks. 16/9486.

Beseitigung von Entgeltdiskriminierung seitens der entgeltpolitisch verantwortlichen Akteure schafft".[1080]

a) Inhalt und Begründung

Der Gesetzesentwurf enthielt zunächst neben dem klaren Ziel der Durchsetzung des Engeltgleichheitsgrundsatzes (§ 1 EntgGG-E) zahlreiche Begriffsbestimmungen (§ 3 EntgGG-E), darunter auch in § 3 Abs. 3 S. 3–5 EntgGG-E eine Definition der gleichwertigen Arbeit. Danach sollte gleichwertige Arbeit dann vorliegen, „wenn die zu verrichtenden Tätigkeiten hinsichtlich der tatsächlichen Anforderungen und Belastungen bei diskriminierungsfreier Bewertung ein vergleichbares Bewertungsergebnis erreichen". Dies wurde dahingehend ausgeführt, dass einheitliche Bewertungskriterien zugrunde zu legen seien, diese „der Art der zu verrichtenden Tätigkeit Rechnung tragen" müssten und eine insgesamt diskriminierungsfreie Gestaltung des Systems zu gewährleisten sei. Auch hier wollte man die Unternehmen und Tarifvertragsparteien zur „Eigenregulierung" anhalten, der Staat sollte lediglich als *ultima ratio* sanktionierend eingreifen.[1081] So sollten nicht nur die unternehmerische Entscheidungsfreiheit und die Tarifautonomie Beachtung finden, sondern auch Kosten und Aufwand für den Staat niedrig gehalten werden.[1082] Hier spiegelt sich das Prinzip der Eigenverantwortlichkeit wieder, welches bereits im Entwurf von 2001 eine charakteristische Rolle gespielt hatte.

Als zentrale Instrumente enthielt der Gesetzesentwurf von 2012 einerseits verschiedene Individualrechte der Beschäftigten: Unzulässigkeit eines Auskunftsverbots über das eigene Entgelt (§ 4 Abs. 1 EntgGG-E), ein Auskunftsrecht des Beschäftigten gegenüber dem Arbeitgeber (§ 4 Abs. 2 EntgGG-E), Sonderregeln für Klagen wegen Entgeltdiskriminierung (§ 4 Abs. 3 und 4 EntgGG-E), ein Verbindungsgebot bei Klagen, die dieselbe Regelung betreffen (§ 4 Abs. 5 EntgGG-E), sowie eine Ausnahme von vertraglichen und tariflichen Ausschlussfristen (§ 4 Abs. 6 EntgGG-E). Andererseits war eine regelmäßige und verpflichtende, betriebliche Prüfung der Entgeltgleichheit unter Beteiligung der betrieblichen Interessenvertretung und gegebenenfalls der Gleichstellungsbeauftragten, entweder durch eine sachverständige Person oder die ADS vorgesehen (§ 6 Abs. 3 S. 4 EntgGG-E). Ergab diese kursorische Vorprüfung (§ 6 Abs. 3–5 EntgGG-E) Anhaltspunkte für das Vorliegen von Entgeltdiskriminierung, so sollte eine detailliertere Prüfung folgen (§ 6 Abs. 6 EntgGG-E). Ähnlich wie im Entwurf von 2001 handelt es sich also um eine zweistufige Prüfung. Bei Erhärtung des Verdachts der diskriminierenden Entgeltgestaltung sollte anschließend ein Verfahren zur Beseitigung von Entgeltdiskriminierung nach Maßgabe der §§ 9–11 EntgGG-E erfolgen. Für Tarifverträge war nach §§ 12, 13 EntgGG-E ebenfalls – jedenfalls auf Veranlassung – eine Prüfung

1080 BT-Drucks. 17/9781, S. 1 f.
1081 Ebd. S. 11.
1082 Ebd. S. 11.

vorgesehen. Sowohl bei einer zu späten Übermittlung des Berichtes – inklusive der zweimonatigen Nachfrist gem. § 8 Abs. 1 EntgGG-E – als auch bei Feststellung einer Entgeltdiskriminierung, drohte dem betroffenen Betrieb die Veröffentlichung auf einer bei der ADS einsehbaren Liste, § 8 Abs. 2 Nr. 1 bzw. Nr. 2 EntgGG-E.

Betriebe, die weniger als 15 Mitarbeiter beschäftigen, sollten jedoch nicht unter den Anwendungsbereich des Gesetzes fallen, § 2 EntgGG-E. Dabei habe man sich an § 8 Abs. 7 TzBfG orientiert, um kleinere Betriebe, in denen die für die Berichterstattung erforderliche Anonymisierung personenbezogener Daten nicht möglich sei, aber auch die Kontrollbehörden zu entlasten.[1083] Insgesamt handelte es sich um einen pro-aktiven Handlungsansatz, vergleichbar mit den aus Kanada und Schweden bekannten Modellen.[1084]

b) Kritik und Gründe des Scheiterns

Die gesetzlichen Definitionen von Entgeltgleichheit bzw. Entgeltdiskriminierung lehnten sich offenkundig an die dazu erfolgte Rechtsprechung des EuGH an.[1085] Kritisiert wurde jedoch, dass zwar einerseits der Schwellenwert von 15 Beschäftigten im Hinblick auf die Verwendung statistischer Verfahren zu niedrig angesetzt worden sei, andererseits bei einem höheren Schwellenwert eine Vielzahl von Unternehmen nicht dem Anwendungsbereich des Gesetzes unterfallen wäre – bei einheitlichen Vergütungssystemen sei daher der Konzern geeigneterer Anknüpfungspunkt.[1086]

Ferner wurde auch der mit dem Gesetz verbundene Bürokratieaufwand beanstandet, der nach der Gesetzesbegründung gerade vermieden werden sollte: Aufgrund des offenbar kostenlosen Prüfangebots sei neben der Überlastung der ADS, die so zu einer „staatlichen Kontrollstelle für Arbeitsentgelte" zu werden drohe, auch die Entwicklung einer „Beratungsindustrie" für die alternative Prüfung durch sachverständige Personen zu befürchten.[1087] Da auf der zweiten Stufe die Prüfung zwingend durch eine sachverständige Person erfolgen sollte und die Einigungsstelle diese Prüfung gem. § 10 Abs. 1 EntgGG-E lediglich auf Verfahrensfehler überprüfen können sollte, wäre der sachverständigen Person eine enorme Entscheidungsgewalt zugesprochen worden.[1088] Erst gegen den Beschluss der Einigungsstelle hätten Betroffene nach § 10 Abs. 7 EntgGG-E vor einem Arbeitsgericht

---

1083 Ebd. S. 11.

1084 *Oerder*, Zur Entgeltgleichheit von Frauen und Männern, S. 297.

1085 BT-Drucks. 17/9781, S. 11.

1086 *Franzen*, in: FS Kempen, S. 123, 139 f; a.A. *Oerder*, Zur Entgeltgleichheit von Frauen und Männern, S. 299, wonach eine Einbeziehung sämtlicher Arbeitgeber, unabhängig von der Größe des Betriebes, vorzugswürdig sei.

1087 *Franzen*, in: FS Kempen, S. 123, 140; vgl. auch: BDA Stellungnahme v. 13.2.2013, S. 3, abrufbar unter: https://www.arbeitgeber.de/www/arbeitgeber.nsf/res/Stn-Entgeltgleichheitsgesetz.pdf/$file/Stn-Entgeltgleichheitsgesetz.pdf (Abruf 4.12.2018).

1088 *Franzen*, in: FS Kempen, S. 123, 141.

klagen können und dies auch nur im Hinblick auf Ermessens- und Verfahrensfehler der Einigungsstelle, sodass die Beantwortung der rechtlichen Frage nach geschlechtsbedingter Entgeltdiskriminierung letztlich der gerichtlichen Nachprüfung entzogen worden wäre.[1089] *Oerder* hingegen sah hinsichtlich der zweiten Stufe der Prüfung das Problem bereits darin, dass i.R.d. Ermittlung der Gleichwertigkeit der Tätigkeiten aktuelle Tätigkeitsbeschreibungen die Grundlage der Anforderungsermittlung bilden, ohne das eine Zuständigkeitszuweisung für selbige erfolgt.[1090] Diese ohne ein arbeitnehmerseitiges Beschwerderecht den Arbeitgebern zu überlassen, berge ein hohes Umgehungspotenzial.[1091]

Wäre bei der Überprüfung eines Tarifvertrages Entgeltdiskriminierung festgestellt worden, so hätte die Möglichkeit der Beantragung einer vorläufigen gerichtlichen Regelung bestanden (§ 13 Abs. 1 S. 2 EntgGG-E). Diesbezüglich bestanden aber mangels eines klaren Prüfungsmaßstabs erhebliche Bedenken hinsichtlich der Gewährleistung der Tarifautonomie.[1092] *Oerder* betont demgegenüber die Notwendigkeit, auch Tarifverträge überprüfen zu können, einerseits, weil diesbezüglich für Betroffene aufgrund der Aushandlung durch die Tarifvertragsparteien eine höhere Hemmnis diese anzugreifen bestünde und andererseits, um auch dort ein Bewusstsein für das Gleichbehandlungsgebot zu schaffen.[1093]

Der Bund deutscher Arbeitgeber (BDA) kritisierte zudem, dass die vorgesehenen Maßnahmen an den wahren Ursachen des gesamtwirtschaftlichen Entgeltunterschiedes vorbeigezielt und sich stattdessen alleine auf die innerbetriebliche Lohnpraxis bezogen hätten.[1094] Auch die Einführung eines Verbandsklagerechts wurde, mit Hinweis auf die bewusste Nichtaufnahme dieser Möglichkeit in die europäischen Antidiskriminierungsrichtlinien, kritisch beurteilt, weil eine Störung des Betriebsfriedens sowie die Gründung sog. Abmahnvereine befürchtet wurden.[1095] Als ebenso schädlich bezeichnete der BDA die Veröffentlichung von Listen über Betriebe mit Entgeltdiskriminierung nach § 8 Abs. 2 EntgGG-E, wobei es sich – auch angesichts der mit bis zu 500.000 € ebenfalls empfindlich hohen Geldbuße – um eine unverhältnismäßige Anprangerung handele.[1096]

Schließlich wurde der Gesetzesentwurf am 22.3.2013 in der zweiten Beratung durch den Bundestag mit den Stimmen der Koalitionsfraktionen abgelehnt,[1097] die

1089 Ebd.
1090 *Oerder*, Zur Entgeltgleichheit von Frauen und Männern, S. 299.
1091 Ebd.
1092 *Franzen*, FS Kempen, S. 123, 141; s.a. BDA Stellungnahme v. 13.2.2013, S. 5, abrufbar unter s. Fn. 1087.
1093 *Oerder*, Zur Entgeltgleichheit von Frauen und Männern, S. 297.
1094 BDA Stellungnahme v. 13.2.2013, S. 1, 3, abrufbar unter s. Fn. 1087.
1095 Ebd. S. 5.
1096 Ebd. S. 4; a.A. *Oerder*, Zur Entgeltgleichheit von Frauen und Männern, S. 299, die den vorteilhaften Effekt einer Aufführung auf der Liste von Betrieben ohne Entgeltdiskriminierung in den Vordergrund stellt.
1097 Plenarprotokoll 17/232, S. 29047.

sich damit der Empfehlung des Ausschusses für Familie, Senioren, Frauen und Jugend anschloss.[1098] Die Ausschussmitglieder von CDU/CSU und der FDP begründeten ihre Ablehnung dabei konsensual mit hohen bürokratischen Aufwendungen, denen nur ein geringer Nutzen gegenüberstehe.[1099] Stattdessen wurde der Antrag „Entgeltgleichheit für Frauen und Männer verwirklichen – Familienfreundliche Unternehmen als Beitrag zur Gleichstellung der Geschlechter“[1100] angenommen,[1101] der insbesondere den Einsatz weiterer Haushaltsmittel für Projekte wie den Equal Pay Day, das Angebot von Logib-D und die Werbung für Arbeitsmodelle, die die Vereinbarkeit von Familie und Beruf erleichtern, in Unternehmen zum Gegenstand hatte.

3. Zwischenergebnis

Die beiden gescheiterten Gesetzesentwürfe weisen viele Ähnlichkeiten auf. Das betrifft insbesondere das zugrunde liegende Konzept einer Zweistufigkeit von Durchsetzungsmaßnahmen und der mit Nonkonformität verbundenen Sanktionen. Ebenfalls setzen beide Entwürfe weitgehend auf Eigenverantwortlichkeit und Selbstregulierung. Der Entwurf von 2012 legt den Fokus jedoch im Gegensatz zu dem Entwurf von 2001 deutlich auf das Thema Entgeltgleichheit und sieht dementsprechend verstärkt darauf abgestimmte Instrumente vor. Während der erste Enwurf gar nicht in den Bundestag eingebracht wurde, ist der zweite erst in der zweiten Beratung gescheitert. In beiden Fällen lagen jedoch ähnliche Bedenken zugrunde. Weiterhin auffällig ist, dass jeweils Alternativmaßnahmen ergriffen wurden, die Chancengleichheit und Familienfreundlichkeit in der Wirtschaft fördern sollten, faktisch aber nicht viel mehr als Zielvorgaben darstellten. Die bisherige Effektivtät dieser Aktivitäten ist gering. Sowohl bei der unbereinigten als auch bei der bereinigten Lohnzahlungslücke war im vergangenen Jahrzehnt nur ein schleppender Abwärtstrend erkennbar.[1102] Von einem Zusammenhang der Entwicklung der Lohnzahlungslücke und etwaiger ergriffener Maßnahmen kann ohnehin nicht mit Sicherheit ausgegangen werden.

1098 BT- Drucks. 17/12782, S. 3.

1099 Ebd. S. 7 f.

1100 BT-Drucks. 17/12483.

1101 Plenarprotokoll 17/232, S. 29047.

1102 Vgl. Pressemitteilung Statistisches Bundesamt Nr. 99 v. 15.3.2018, abrufbar unter: https://www.destatis.de/DE/PresseService/Presse/Pressemitteilungen/2018/03/PD18_099_621.html;jsessionid=FCF537EC4A0D5275AD45D114AC43B8A6.InternetLive1 (Abruf 4.12.2018); für die bereinigte Lohnzahlungslücke sind nur Daten aus den Jahren 2006, 2010 und 2014 verfügbar, vgl. https://www.destatis.de/DE/ZahlenFakten/GesamtwirtschaftUmwelt/VerdiensteArbeitskosten/VerdiensteVerdienstunterschiede/Tabellen/BGPG_01_Gebietsstand.html (Abruf 4.12.2018).

II. Vorgaben des Koalitionsvertrags

Die öffentliche Diskussion um die Lohnzahlungslücke ist trotz oder gerade in Anbetracht dieser zögerlichen Entwicklung nicht zum Erliegen gekommen. Dementsprechend beschäftigte das Thema in der Folgezeit auch die Regierungsparteien der 18. Legislaturperiode. Schnell wurde erneut – insbesondere auf Seiten der SPD – die Forderung laut, ein Gesetz zu schaffen, welches die Durchsetzung des Prinzips der gleichen Entlohnung gleicher und gleichwertiger Arbeit voranbringen sollte. Der Wortlaut des Koalitionsvertrags von CDU/CSU und der SPD, „Deutschlands Zukunft gestalten", ließ zunächst nicht vermuten, dass am Ende der Legislaturperiode der Erlass eines eigenständigen und umfänglichen Gesetzes stehen würde. Angestrebt war zum einen die Aufnahme einer Stellungnahme zur Frauenförderung und Entgeltgleichheit in den Lagebericht nach §§ 264, 289 HGB und zum anderen die Schaffung eines individuellen Auskunftsanspruchs für Arbeitnehmer.[1103] Daneben sollten einerseits Unternehmen dazu aufgefordert werden, „mit Hilfe verbindlicher Verfahren und gemeinsam mit den Beschäftigten und unter Beteiligung der Interessenvertreterinnen und Interessenvertreter im Betrieb in eigener Verantwortung erwiesene Entgeltdiskriminierung zu beseitigen" und andererseits gemeinsam mit den Tarifpartnern den Mustern „von struktureller Entgeltungleichheit in Tarifverträgen" entgegengewirkt werden."[1104] Auch wenn diese Maßnahmen im Koalitionsvertrag nur „unter anderem" genannt wurden, geht das inzwischen in Kraft getretene EntgTranspG mit einem Umfang von 25 Paragraphen deutlich über die dies vermuten lassende Regelungsdichte hinaus.

III. Referentenentwürfe

Der endgültigen Fassung des nach den Vorgaben des Koalitionsvertrages zu schaffenden Gesetzes gingen neben zwei Referentenentwürfen insbesondere langwierige Verhandlungen zwischen den Koalitionsparteien voran. Insofern kann es als bemerkenswert bezeichnet werden, dass das Gesetz schließlich am 30.3.2017 noch vor Ende der 18. Legislaturperiode verabschiedet wurde.[1105] Nach der Verkündung im Bundesgesetzblatt ist das Gesetz am 6.7.2017 in Kraft getreten.[1106] Im Hinblick auf die Referentenentwürfe[1107] soll im Folgenden eine kurze Analyse einzelner

1103 Koalitionsvertrag zwischen CDU, CSU und SPD, 18. Legislaturperiode, Deutschlands Zukunft gestalten S. 72, abrufbar unter: https://www.cdu.de/sites/default/files/media/dokumente/koalitionsvertrag.pdf (Abruf 2.12.2018).

1104 Ebd.

1105 BT-Plenarprotokoll 18/228, S. 22931B-22947A.

1106 BGBl. I 2017, S. 2152 ff.

1107 Zur erleichterten Lesbarkeit werden die Regelungen der Referentenentwürfe im als „EntgGleiG-E" (9.12.2015) und als „EntgTransG-E" (27.10.2016) bezeichnet.

Elemente vorgenommen werden, die im EntgTranspG entweder gänzlich fehlen oder wesentlich verändert wurden.

1. Referentenentwurf in der Fassung vom 9.12.2015

Der erste Referentenentwurf trug den Titel „Entwurf eines Gesetzes für mehr Lohngerechtigkeit zwischen Frauen und Männern" (EntgGleiG-E) und wurde am 9.12.2015 vom Bundesministerium für Familien, Senioren, Frauen und Jugend (BMFSFJ) vorgestellt.[1108] In der Literatur wurde insbesondere die sprachliche Qualität und Präzision des Entwurfs kritisiert. So spricht *Schüren* „das hohle Wortgeklingel"[1109] des Entwurfs an, den *Schulz* als „mit heißer Nadel gestrickt"[1110] bezeichnet.

a) Gehaltsangaben in Stellenausschreibungen

Eine der Regelungen, die im Folgeentwurf gänzlich weggefallen sind, ist die Verpflichtung der Arbeitgeber gem. § 6 Abs. 3 S. 1 EntgGleiG-E, „in der Ausschreibung das für den ausgeschriebenen Arbeitsplatz geltende kollektivvertragliche oder durch Gesetz oder andere Normen der kollektiven Rechtsgestaltung geregelte Mindestentgelt anzugeben". Darüber hinaus sollte der Arbeitgeber gegebenenfalls auch seine Bereitschaft, ein darüberhinausgehendes Entgelt zu zahlen, angeben (§ 6 Abs. 3 S. 2 EntgGleiG-E). Im Hinblick auf für den Arbeitsplatz geltende kollektivvertragliche Rechtsgestaltung ist schon zu bedenken, dass die Geltung eines Tarifvertrages gem. § 3 Abs. 1 TVG nicht von dem Arbeitsplatz, sondern von der beiderseitigen Tarifbindung von Arbeitgeber und Arbeitnehmer abhängt.[1111] Ob sich die Vergütung einer bestimmten Stelle nach kollektivvertraglichen Regelungen richtet, kann der Arbeitgeber im Zweifel vor der Besetzung insofern gar nicht wissen. Nach § 6 Abs. 3 S. 3 und 4 EntgGleiG-E wäre es dabei aber nicht geblieben: Dort wo es keine kollektivvertraglichen Regelungen oder Mindestentgelte gibt, sollte jenes Entgelt anzugeben sein, „das als Mindestgrundlage für die Vertragsverhandlungen zur Vereinbarung des Entgelts dienen soll". Laut Entwurfsbegründung sollten dadurch die individuellen Gehaltsverhandlungen, bei welchen Frauen tendenziell schlechter abschnitten als Männer, transparenter gemacht werden.[1112]

1108 Referentenentwurf des Bundesministeriums für Familie, Senioren, Frauen und Jugend, Entwurf eines Gesetzes für mehr Lohngerechtigkeit zwischen Frauen und Männern, Bearbeitungsstand: 9.12.2015.

1109 *Schüren*, DB 2016, M5.

1110 *Schulz*, ArbR 2016, 467, 469; so im Hinblick auf § 16 EntgTranspG auch *Schlegel/Helbig*, ZTR 2018, 506, 515.

1111 *Thüsing*, DB 2016, 2234, 2237.

1112 Referentenentwurf des Bundesministeriums für Familie, Senioren, Frauen und Jugend, Entwurf eines Gesetzes für mehr Lohngerechtigkeit zwischen Frauen und Männern, Bearbeitungsstand: 9.12.2015, S. 26.

Im Hinblick auf die Wirksamkeit einer solchen Regelung lohnt ein Blick in die Gesetzgebung der Nachbarländer: Betrachtet man §§ 9 Abs. 2, 23 Abs. 2 des österreichischen GlBG so fällt auf, dass dieser, bis auf den Einleitungssatz, mit der deutschen Formulierung wortgleich ist.[1113] Die Erfahrungen aus dem Nachbarland zeigen: In manchen Fällen mag die Angabe des Gehalts in der Stellenausschreibung den Bewerbern in der Verhandlungssituation nützen. Dies gilt allerdings nur dann, wenn die Unternehmen auch tatsächlich realistische Angaben machen, anstatt sich nur auf die Untergrenze des Gehaltsspektrums mit dem pauschalen Zusatz einer möglichen Überbezahlung zu beschränken. In den übrigen Fällen besteht sogar die konkrete Gefahr, dass gerade weibliche Bewerberinnen sich nicht trauen über diese Gehaltsangabe hinauszugehen. Dem Mehrwert dieser Regelung steht also auf der anderen Seite die Schaffung neuer Hemmnisse in Bezug auf Gehaltsverhandlungen gegenüber. Die Herausnahme aus dem Referentenentwurf kann somit begrüßt werden.

b) Auskunftsanspruch und Schwellenwerte

Zwischen den Koalitionspartnern sorgten insbesondere die Voraussetzungen für den geplanten Auskunftsanspruch für Kontoversen: Der in §§ 10, 11 EntgGleiG-E geregelte individuelle Auskunftsanspruch bestand ursprünglich für alle Beschäftigten i.S.d. Gesetzes – ohne Einschränkungen im Hinblick auf die Anzahl der im Unternehmen beschäftigten Arbeitnehmer.[1114] *Schüren* sprach sich diesbezüglich für eine noch weiter gehende Offenlegung aus.[1115] Der stellvertretende Vorsitzende der Unionsfraktion, *Michael Fuchs*, warnte hingegen vor einer hohen bürokratischen Last gerade für mittelständische Unternehmen, für die eine diskriminierende Lohngestaltung zudem nicht erwiesen sei.[1116] Darüber hinaus wurde in der rechtswissenschaftlichen Literatur in Folge des Auskunftsanspruches eine Störung des Betriebsfriedens befürchtet.[1117]

c) Betriebliche Prüfverfahren, Mitbestimmung des Betriebsrats

Einen im weiteren Gesetzgebungsverfahren stetig zusammengeschrumpften Bereich stellt die Ausgestaltung der Betrieblichen Prüfverfahren zur Überprüfung

1113 Vgl. dazu bereits Gliederungspunkt E)IV.1.

1114 S. ausführlicher zum Auskunftsanspruch nach dem ersten Referentenentwurf *Vianden*, in: *Thüsing*, ZfA 2016, 407, 435 f.

1115 *Schüren*, DB 2016, M5.

1116 *Creutzburg*, FAZ v. 15.7.2016, S. 17, http://www.faz.net/aktuell/wirtschaft/wirtschaftspolitik/lohngleichheitsgesetz-schwesig-ringt-kanzleramt-zugestaendnisse-ab-14342564.html (Abruf 4.12.2018); ebenso *von Steinau-Steinrück/Reiter*, NJW-Spezial 2016, 242, 243; *Schulz*, ArbR 2016, 4676, 469.

1117 *von Steinau-Steinrück/Reiter*, NJW-Spezial 2016, 242, 243; *Schulz*, ArbR 2016, 4676, 469.

und Herstellung von Entgeltgleichheit dar. Nach dem imperativen Wortlaut des § 16 Abs. 1 S. 1 EntgGleiG-E war jedenfalls für Unternehmen mit in der Regel mehr als 500 Mitarbeitern eine Pflicht zur Durchführung eines entsprechenden Prüfverfahrens enthalten.[1118] Trotzdem wurden an die Nichteinhaltung dieser Pflicht keine konkreten Sanktionen geknüpft. Stattdessen war lediglich als Anreiz für die ordnungsgemäße Anpassung der Entlohnung innerhalb von sechs Monaten nach betriebsinterner Veröffentlichung des Ergebnisberichtes des Prüfverfahrens in § 18 Abs. 3 EntgGleiG-E das Erlöschen der Erfüllungsansprüche der Arbeitnehmer vorgesehen, soweit diese die Ansprüche nicht innerhalb von drei Monaten nach der Anpassung geltend machen. Diese Ausschlussregelung sollte den Arbeitgeber dazu veranlassen, die Entgelte möglichst rasch anzupassen.[1119]

Teilweise hätte zwar der Betriebsrat ein Initiativrecht im Hinblick auf die Durchführung des Prüfverfahrens geltend machen können (§ 19 Abs. 4 EntgGleiG-E) – allerdings nur in den Fällen, in denen nicht bereits die Pflicht nach § 16 Abs. 1 S. 1 EntgGleiG-E bestanden hätte. Zusätzlich war eine Erweiterung der erzwingbaren Mitbestimmung nach § 87 Abs. 1 BetrVG um die „Durchführung von Maßnahmen im Sinne der Nummern 10 und 11 zur Durchsetzung der tatsächlichen Entgeltgleichheit zwischen Frauen und Männern" vorgesehen. Im Rahmen eines Mitbestimmungsrechts besteht auch ein entsprechendes Initiativrecht.[1120] Fraglich ist aber, ob davon auch die Überprüfung von Lohnstrukturen erfasst gewesen wäre. Diese ist den in § 87 Abs. 1 Nr. 10 und 11 BetrVG genannten Maßnahmen vorgelagert, insofern ließe sich ein Erst-Recht-Schluss erwägen, wonach dem Betriebsrat durch den einzufügenden § 87 Abs. 1 Nr. 12 BetrVG auch im Hinblick auf die Durchführung von betrieblichen Prüfverfahren ein Initiativrecht zugestanden hätte[1121].

2. Referentenentwurf in der Fassung vom 27.10.2016

Trotz vorangegangener Konflikte einigte sich die Regierungskoalition am 7.10.2016 auf Änderungen am ursprünglichen Referentenentwurf.[1122] Dieses Ergebnis wurde insbesondere von Wirtschaftsvertretern und in Teilen der CDU negativ aufgenommen – man beklagte sich über „Pseudopolitik" und „überbordende Bürokratie".[1123]

1118 Vgl. auch Referentenentwurf des Bundesministeriums für Familie, Senioren, Frauen und Jugend, Entwurf eines Gesetzes für mehr Lohngerechtigkeit zwischen Frauen und Männern, Bearbeitungsstand: 9.12.2015, S. 60.

1119 Ebd. S. 64.

1120 ErfK/*Kania*,§ 87 BetrVG Rn. 9; Richardi/*Richardi*, § 87 BetrVG Rn. 789, 878.

1121 So i.E. auch *Kuhn/Schwindling*, DB 2017, 785, 789; vgl. auch *Schulz*, ArbR 2016, 4676, 469, der die Erweiterung der betrieblichen Mitbestimmung als einzige lobenswerte Neuregelung des Entwurfs bezeichnet.

1122 Pressemitteilung des Bundesministeriums für Familie, Senioren, Frauen und Jugend, hinterlegt auf den Seiten des BMFSFJ unter: https://www.bmfsfj.de/bmfsfj/aktuelles/alle-meldungen/gesetz-fuer-mehr-lohngerechtigkeit-/111732 (Abruf 4.12.2018).

1123 FAZ v. 8.10.2016, S. 19 „Wir landen beim sozialistischen Einheitslohn".

Dennoch wurden die vereinbarten Änderungen in den neuen Referentenentwurf eines Gesetzes für mehr Lohngerechtigkeit zwischen Frauen und Männern in der Fassung vom 27.10.2016 (EntgTransG-E) aufgenommen.

a) Transparenz und Gerechtigkeit?

Der sicherlich auffälligste Unterschied im Vergleich zu dem vorangegangenen Referentenentwurf ist der veränderte Name des Gesetzes. Die Überschrift „Entwurf eines Gesetzes für mehr Lohngerechtigkeit zwischen Frauen und Männern" wurde beibehalten. Der Name des Kerngesetzes wurde aber von „Gesetz zur Förderung der Entgeltgleichheit zwischen Frauen und Männern" zu „Gesetz zur Förderung der Entgelttransparenz zwischen Frauen und Männern" verändert. Beide Titel finden ihre Wurzeln im Wortlaut des Koalitionsvertrags.[1124] Dieser bezeichnende Wandel mutet wie ein erstes Eingeständnis der Koalitionspartner hinsichtlich dessen an, was gesetzlich im Hinblick auf die Durchsetzung des Entgeltgleichheitsgebots geleistet werden kann. Richtig ist zwar, wie die Ausführungen zur historischen Annäherung an die Bestimmung eines „gerechten Preises" gezeigt haben, dass Überlegungen, die der Bestimmung richtiger bzw. „gerechter" Löhne dienen, auch bei der Bestimmung der Begriffe der gleichen und der gleichwertigen Arbeit herangezogen werden können.[1125] Will und kann der Gesetzgeber aber nicht unmittelbar und ergebnisbezogen in die Lohnfindung eingreifen, so muss er sich auf Maßnahmen beschränken, die die Entwicklung am Arbeitsmarkt in diesem Sinne beeinflussen. Der Gesetzgeber schafft dann nicht selbst per Gesetz „gerechte" Löhne, sondern wirkt auf diese nur mittelbar durch eine Nachjustierung an den gesellschaftlichen Rahmenbedingungen ein. *Wank* weist zu Recht darauf hin, dass weder nach nationalem noch nach europäischem Recht eine gerechte Bezahlung gefordert ist, weshalb es nur um „Diskriminierungsverbot, Transparenz und effektive Kontrolle" gehen könne.[1126] Die Änderung des Titels kann somit als eine treffende Anpassung an die gesetzgeberischen Möglichkeiten und den Inhalt des Gesetzes bezeichnet werden.

b) Verbot von Verschwiegenheitsklauseln

Der zweite Referentenentwurf enthielt in § 8 Abs. 2 EntgTransG-E noch die Vorgabe, dass die Nutzung der in einem Auskunftsersuchen erlangten

1124 „Um das Prinzip „Gleicher Lohn für gleiche oder gleichwertige Arbeit" besser zur Geltung zu bringen, wollen wir mehr Transparenz herstellen (...)", Koalitionsvertrag zwischen CDU, CSU und SPD, 18. Legislaturperiode, Deutschlands Zukunft gestalten S. 72, abrufbar unter: https://www.cdu.de/sites/default/files/media/dokumente/koalitionsvertrag.pdf (Abruf 2.12.2018).

1125 S. Gliederungspunkt B)VI.1.

1126 *Wank*, RdA 2018, 34, 43.

Informationen für die Geltendmachung von Rechten im Sinne dieses Gesetzes nicht beschränkt werden dürfe. Der erste Entwurf war hier sogar noch deutlicher: Er sah grundsätzlich die Unwirksamkeit von Vereinbarungen vor, die dem Beschäftigten verbieten, Auskunft über das eigene Arbeitsentgelt zu geben. Die Entwurfsbegründung[1127] verwies insofern auf ein Urteil des LAG Mecklenburg-Vorpommern, wonach eine in einem Arbeitsvertrag vereinbarte Schweigepflicht über das eigene Entgelt auch gegenüber dem eigenen Kollegen eine ungerechtfertigte Benachteiligung der Beschäftigten im Hinblick auf den Gleichbehandlungsgrundsatz darstelle und insofern nach § 307 Abs. 1 BGB unwirksam sei.[1128] Damit wurde bezweckt, das Thema Gehalt zu enttabuisieren und stattdessen Entgelttransparenz in den Vordergrund zu stellen, um das Bewusstsein für diskriminierende Unterschiede zu stärken.[1129] Im Hinblick auf vertragliche Verschwiegenheitsvereinbarungen ergibt sich zudem das Problem, dass ihre Unwirksamkeit sowohl bei den Unternehmern als auch bei den Arbeitgebern selten bekannt ist.[1130] Insofern erfüllt eine gesetzliche Festschreibung an sich eine sinnvolle Klarstellungsfunktion.

Der Nutzen eines solchen Verbots hängt aber auch von seiner Reichweite ab. Während die Fassung des ersten Entwurfs mit seinem umfassenden Verbot von Verschwiegenheitsvereinbarungen der durch den Paycheck Fairness Act in den USA angestrebten Regelung entspricht, handelte es sich bei § 8 Abs. 2 EntgTransG-E eher um ein beschränktes Verbot mit Ähnlichkeiten zu Sec. 77 Equality Act 2010.[1131] Im Hinblick auf ein generelles Verbot von Verschwiegenheitsvereinbarungen ist zu bedenken, dass durchaus Fälle denkbar sind, in denen ein berechtigtes Interesse des Arbeitgebers an der Geheimhaltung besteht – etwa, wenn es sich in Einzelfällen um Geschäfts- oder Betriebsgeheimnis handelt. Andererseits müssen Verschwiegenheitsvereinbarungen jedenfalls insoweit verboten werden, als gar kein berechtigtes Interesse des Arbeitgebers besteht. Das gilt einerseits für den privaten Bereich, wenn der Arbeitnehmer beispielsweise seine Vergütung gegenüber einem potenziellen neuen Vermieter offenlegen muss, um die Chance auf den Abschluss eines entsprechenden Mietvertrages nicht zu verlieren. Andererseits ebenso, wenn die Pflicht zur Verschwiegenheit dem Arbeitnehmer innerhalb des Rechtsverhältnisses zu dem Arbeitgeber schadet – egal, ob intendiert oder nicht. Die Eingrenzung auf ein Beschränkungsverbot lediglich für die Nutzung der in

1127 Referentenentwurf des Bundesministeriums für Familie, Senioren, Frauen und Jugend, Entwurf eines Gesetzes für mehr Lohngerechtigkeit zwischen Frauen und Männern, Bearbeitungsstand: 27.10.2016, S. 49.

1128 LAG Mecklenburg-Vorpommern v. 21.10.2009, 2 Sa 237/09, RDV 2010, 235, 236.

1129 Referentenentwurf des Bundesministeriums für Familie, Senioren, Frauen und Jugend, Entwurf eines Gesetzes für mehr Lohngerechtigkeit zwischen Frauen und Männern, Bearbeitungsstand: 27.10.2016.

1130 *Kocher*, in: Neue Wege – Gleiche Chancen, S. 182 f.; *Ludewig*, Streit 2015, 99, 100.

1131 Vgl. dazu oben Gliederungspunkt E)II.1.

einem Auskunftsersuchen erlangten Informationen nach § 8 Abs. 2 EntgTransG-E bleibt jedenfalls hinter dem im Urteil des LAG Mecklenburg-Vorpommerns zum Ausdruck kommenden Verbot von Verschwiegenheitsvereinbarungen zurück, denn so wären Informationen, die der Arbeitnehmer außerhalb eines Auskunftsverlangens erhält nicht erfasst. Der Gesetzgeber ist insofern bereits im zweiten Entwurf zu weit zurückgerudert.[1132]

1132 Vgl. zu einer sinnvollen Einschränkung des Verbots von Verschwiegenheitsvereinbarungen auch Gliederungspunkt G)II.9.b).

G) Gesetz zur Förderung der Entgelttransparenz zwischen Frauen und Männern (Entgelttransparenzgesetz – EntgTranspG)

Nachdem das Bundeskabinett in einer revidierten Fassung den Gesetzesentwurf zur Förderung der Transparenz von Entgeltstrukturen beschlossen hatte, wurde dieser dem Bundesrat am 12.1.2017 zur Stellungnahme zugeleitet.[1133] Die Ausschüsse des Bundesrates gaben am 1.2.2017 ihre Empfehlungen ab,[1134] woraufhin der Bundesrat in seiner Stellungnahme vom 10.2.2017 keine Einwände gegen das Vorhaben erhob[1135]. Daraufhin wurde der Gesetzesentwurf am 13.2.2017 an den Bundestag weitergeleitet.[1136] Im Anschluss an die erste dortige Lesung am 16.2.2107[1137] und die darauffolgende Überweisung an die Ausschüsse, erfolgte eine Anhörung von Sachverständigen vor dem Ausschuss für Familie, Senioren, Frauen und Jugend des Deutschen Bundestages, an die sich eine positive Beschlussempfehlung durch den Ausschuss anschloss.[1138] Nach zweiter und dritter Lesung wurde der Gesetzesentwurf schließlich am 30.3.2017 durch den Bundestag angenommen.[1139] Das Inkrafttreten war zunächst für den 1.6.2017 geplant – die Verkündung im Bundesgesetzblatt erfolgte aber erst am 5.7.2017.[1140]

Die vorangegangenen Ausführungen haben gezeigt, wo die bisherigen Probleme *de lege lata* zu verorten sind, welche Herausforderungen sich *de lege ferenda* stell(t)en und welche Maßnahmen zur Durchsetzung des Prinzips der gleichen Entlohnung gleicher und gleichwertiger Arbeit in Betracht kommen. Fraglich ist nun, ob das Gesetz in seiner jetzigen Form den dargestellten Ansprüchen gerecht wird und tatsächlich dazu beitragen kann, in Deutschland geschlechtsbedingte Lohnunterschiede zu bekämpfen.

1133 BR-Drucks. 8/17.
1134 BR-Drucks. 8/1/17.
1135 BR-Drucks. 8/17 (Beschluss).
1136 BT-Drucks. 18/11133.
1137 BT-Plenarprotokoll 18/218, S. 21785B-21800D.
1138 BT-Drucks. 18/11727.
1139 BT-Plenarprotokoll 18/228, S. 22931B-22947A.
1140 BGBl. I 2017, S. 2152 ff.

I. Ziel des Gesetzes

Gemäß § 1 EntgTranspG ist Ziel des Gesetzes, das Gebot des gleichen Entgelts für Frauen und Männer bei gleicher oder gleichwertiger Arbeit durchzusetzen.[1141] In den vorangegangenen Entwürfen war neben der Durchsetzung des Gebots noch dessen Förderung vorgesehen, was angesichts der damit verbundenen grammatikalischen Ungenauigkeit[1142] und des sich daraus nicht ergebenden Mehrgewinns zu Recht gestrichen wurde. Ausweislich der Gesetzesbegründung soll durch die Formulierung des Ziels auch verdeutlicht werden, dass alle nachfolgenden Vorgaben immer in Bezug zu geschlechtsspezifischen Entgeltunterschieden zwischen Frauen und Männern im Arbeitsleben zu setzen sind und andere gesetzliche Vorgaben davon unberührt bleiben.[1143] Dabei ist jedoch zu bedenken, dass die gesetzlichen Instrumente nicht solche Entgeltunterscheide zum Gegenstand haben, die aus Unterschieden im beruflichen Aufstieg zwischen Frauen und Männern resultieren.[1144] Das Ziel des Gesetzes bildet gleichzeitig im Folgenden den Maßstab, an dem die einzelnen Regelungen zu messen sind.

II. Anwendungsbereich und Begriffsbestimmungen

Nach § 2 Abs. 1 EntgTranspG ist das Gesetz für die Entgelte von Beschäftigten bei Arbeitgebern im Sinne dieses Gesetzes anwendbar. Dadurch wird laut Gesetzesbegründung sichergestellt, dass das Entgeltgleichheitsgebot im Sinne gleichen Entgelts für Frauen und Männer bei gleicher oder gleichwertiger Arbeit grundsätzlich alle, auch die nur faktischen, Beschäftigungsverhältnisse im Geltungsbereich dieses Gesetzes umfasst.[1145] Nach § 7 Abs. 1 SGB IV ist Beschäftigung die nichtselbständige Arbeit, insbesondere in einem Arbeitsverhältnis, wobei eine Tätigkeit nach Weisungen und eine Eingliederung in die Arbeitsorganisation des Weisungsgebers als Anhaltspunkte dienen können. Unselbstständige Arbeit verrichtet auch der Leiharbeitnehmer. Er ist zudem nach § 1 Abs. 1 S. 2 AÜG in die Arbeitsorganisation des Entleihers eingegliedert und unterliegt dessen Weisungen. Ob der Leiharbeitnehmer sich aber nur im Verhältnis zu seinem Vertragsarbeitgeber oder auch im Verhältnis zum Entleiher auf das EntgTranspG berufen kann, wird unter anderem Gegenstand der nachfolgenden Untersuchungen sein.[1146]

1141 Zu beachten ist insofern aber auch das die Entscheidung des BVerfG v. 10.10.2017 – 1 BvR 2019/16, NJW 2017, 3643, im Hinblick auf Personen, die sich insofern nicht eindeutig einem der beiden Geschlechter zuordnen lassen; vgl. auch *Bauer/Krieger/Günther*, § 1 EntgTranspG Rn. 7 ff.

1142 Vgl. *Thüsing*, DB 2016, 2234.

1143 BT-Drucks. 18/11133, S. 47.

1144 *Roloff*, RdA 2019, 28, 36.

1145 Ebd. S. 48.

1146 S.u. Gliederungspunkt G)II.4.

1. Verhältnis zu anderen Gesetzen

Das EntgTranspG enthält hinsichtlich der Formulierung zahlreicher Regelungen Parallelen zu anderen Gesetzen – insbesondere dem AGG. Die Geltung des AGG soll nach § 2 Abs. 2 S. 1 EntgTranspG jedoch unberührt bleiben, ebenso wie nach § 2 Abs. 2 S. 2 EntgTranspG auch die sonstigen Benachteiligungsverbote und Gebote der Gleichbehandlung sowie die öffentlich-rechtlichen Schutz- und Fördervorschriften. Aus der Gesetzesbegründung wiederum ergibt sich, dass das EntgTranspG im Hinblick auf entgeltbezogene Benachteiligungen wegen des Geschlechts dem AGG in den Fällen als *lex specialis* vorgeht, in denen es eine abschließende Regelung trifft.[1147] In welchen Fällen dies der Fall ist, wird aber nicht abschließend bestimmt. Lediglich die Unberührtheit der Ansprüche aus § 15 AGG, und die Verantwortlichkeit der Betriebsräte und der Gewerkschaften aus § 17 Abs. 2 AGG werden beispielhaft aufgeführt. Eine Feststellung, welche Regelungen im Übrigen im Spezialitätsverhältnis zu den Vorschriften des AGG stehen, kann dann jeweils nur im Zusammenhang mir der konkreten Regelung erfolgen. *Thüsing* kritisiert insofern insbesondere, dass diese Konstruktion der rechtsförmlichen Bedeutung der Wendung „unberührt bleiben" – die den Vorrang des AGG gegenüber dem EntgTranspG indiziert und nicht umgekehrt – nicht gerecht werde.[1148] Auch *Roloff* kritisiert, dass der Gesetzgeber durch die Formulierung des Gesetzes nicht hinreichend klargestellt habe, dass das EntgTranspG dort vorrangig sein soll, wo es „einen eigenen gesetzlichen Tatbestand nebst Rechtsfolge regelt".[1149]

In § 3 Abs. 4 EntgTranspG wird erneut ohne erkennbaren Mehrwert klargestellt, dass die §§ 5 und 8 AGG unberührt bleiben, folglich auch im Anwendungsbereich des EntgTranspG positive Maßnahmen zulässig sind, und dass Vorschriften, die dem Schutz von Angehörigen des einen oder anderen Geschlechts dienen, nicht die Vereinbarung eines geringeren Entgelts rechtfertigen.[1150] Insgesamt sind nach verbreiteter Ansicht in weiten Teilen des ersten Abschnitts des EntgTranspG bloße Wiederholungen der Regelungen des AGG zu sehen, die sich somit als überflüssig erweisen.[1151] Diese These gilt es somit bei den weiteren Ausführungen zu überprüfen.

1147 BT-Drucks. 18/11133, S. 48.

1148 *Thüsing*, BB 2017, 565, 566; a.A. *Bauer/Krieger/Günther*, § 2 EntgTranspG Rn. 8, die dem Wortlaut eine Anwendbarkeit von AGG und EntgTranspG „nebeneinander" entnehmen.

1149 BeckOK-ArbR/*Roloff*, § 2 EntgTranspG Rn. 2.

1150 *Thüsing*, BB 2017, 565, 566; a.A. *Bauer/Krieger/Günther*, § 2 EntgTranspG Rn. 11, die darin eine besondere Anordnung der entsprechenden Anwendbarkeit lesen.

1151 *Thüsing*, BB 2017, 565, 566; zustimmend *Kocher*, AuR 2018, 8, 9; *Wank*, RdA 2018, 34, 41.

2. Entgelt

Die Definition des Entgelts in § 5 Abs. 1 EntgTranspG als „alle Grund- oder Mindestarbeitsentgelte sowie alle sonstigen Vergütungen, die unmittelbar oder mittelbar in bar oder in Sachleistungen aufgrund eines Beschäftigungsverhältnisses gewährt werden" entspricht der des Art. 157 Abs. 2 AEUV fast wortwörtlich.[1152] Dementsprechend kommt es grundsätzlich nicht darauf an, ob die Leistungen auf Grund des Arbeitsvertrages, kraft Rechtsvorschrift oder freiwillig erfolgen – lediglich gesetzliche Systeme der sozialen Sicherung werden nicht erfasst.[1153] Die Gesetzesbegründung stellt zudem klar, dass ungeachtet des verwendeten Begriffs „in bar" von der Entgeltdefinition Geldleistungen jeder Art, also sowohl die Bezahlung mit Bargeld als auch bargeldlos, beispielsweise im Wege der Überweisung, erfasst sind.[1154] Darüber hinaus wird auch darauf hingewiesen, dass unter den Entgeltbegriff auch Regelungen fallen, die lediglich mittelbar Vergütungsauswirkung haben, wie etwa Eingruppierungsregelungen in einem Tarifvertrag oder außertarifliche Vergütungssysteme.[1155]

3. Beschäftigte

Nach der Aufzählung des § 5 Abs. 2 EntgTranspG gehören zu den Beschäftigten neben Arbeitnehmerinnen und Arbeitnehmern auch die Beamtinnen und Beamten des Bundes sowie der sonstigen der Aufsicht des Bundes unterstehenden Körperschaften, Anstalten und Stiftungen des öffentlichen Rechts, die Richterinnen und Richter des Bundes, Soldatinnen und Soldaten, die zu ihrer Berufsbildung Beschäftigten, die in Heimarbeit Beschäftigten sowie die ihnen Gleichgestellten. Diese Aufzählung orientiert sich laut Entwurfsbegründung an der Definition des § 6 Abs. 1 S. 1 AGG unter Berücksichtigung von § 24 AGG und gilt sowohl für die Beschäftigten in der Privatwirtschaft als auch für die Angestellten im öffentlichen Dienst des Bundes, der Länder und Kommunen.[1156]

a) Landesrichter und Beamte in Ländern und Kommunen

Fraglich erscheint die Eröffnung des persönlichen Anwendungsbereichs jedoch im Hinblick auf die Beamtinnen und Beamten der Länder und Kommunen sowie die Richterinnen und Richter der Länder. Die Behandlung dieser Gruppe erlebte

---

1152 Näheres dazu unter: Gliederungspunkt B)I.2.c); zu der Frage, ob auch Leistungen der Muttergesellschaft „Entgelt" in diesem Sinne sind *Häferer/Köhler*, CB 2017, 284, 287; insbesondere im Hinblick auf Aktienoptionen *Bauer/Heup/Mayr*, DB 2018, 1213, 1215 f.; *Kuhn/Schwindling*, DB 2018, 509, 513; *Müller*, BB 2017, 2101, 2101 f.

1153 BT-Drucks. 18/11133, S. 54.

1154 Ebd.

1155 Ebd.

1156 BT-Drucks. 18/11133, S. 54.

in den verschiedenen Entwurfsfassungen eine wechselvolle Geschichte: In der Aufzählung des § 5 EntgTranspG findet sie sich allerdings nicht wieder. In der Begründung zum EntgGleiG-E war sie noch vom Anwendungsbereich des Gesetzes ausgeschlossen worden,[1157] während das Gesetz in § 5 Abs. 3 EntgTransG-E ausdrücklich als auf diese Personengruppen anwendbar erklärt wurde – wenn auch mit Ausnahme des individuellen Auskunftsanspruchs. Die Streichung des § 5 Abs. 3 EntgTransG-E spricht dafür, dass der persönliche Anwendungsbereich des Gesetzes insofern eingeschränkt ist. Zwar wird die betroffene Gruppe in § 24 AGG explizit genannt. Zu bedenken ist jedoch die kompetenzrechtliche Situation: Für das AGG existierten zum Zeitpunkt seines Erlasses vor der Föderalismusreform für Landes- und Kommunalbeamte noch die Kompetenznormen des Art. 74a Abs. 1, 75 Abs. 1 Nr. 1 GG aF bzw. für Landesrichter Art. 74a Abs. 4, 98 Abs. 3 S. 2 GG aF, auf deren Grundlage erlassenes Bundesrecht nach den Grundsätzen der Art. 125a Abs. 1, 125b Abs. 1 GG zunächst fortgilt.[1158] Durch die neue Kompetenznorm Art. 74 Nr. 27 GG besteht aber für die Länder inzwischen auf den Gebieten der Laufbahn, Besoldung und Versorgung eine ausschließliche Gesetzgebungskompetenz, wobei auch im Hinblick auf die europarechtlichen Vorgaben, die das AGG umsetzt, wohl kein Spielraum besteht.[1159] Die Regelungen des EntgTranspG betreffen jedenfalls den Bereich der Besoldung, sodass auch insofern die gesetzgeberische Kompetenz des Bundes zu verneinen ist.[1160]

Mit *Schlachter* ist zwar einzuräumen, dass diese Beschäftigten dennoch unter den relevanten unionsrechtlichen Arbeitnehmerbegriff gefasst werden können, sodass die enthaltenen Diskriminierungsverbote sowie der Grundsatz der gleichen Entlohnung gleicher und gleichwertiger Arbeit auch insoweit Anwendung finden.[1161] Die über die Vorgaben des AGG hinausgehenden Bestandteile des EntgTranspG, wie der individuelle Auskunftsanspruch, Berichtspflichten etc. sind aber europarechtlich nicht in gleicher Weise durch eine Richtlinie determiniert. Hier existiert lediglich die Empfehlung 2014/124/EU der Kommission. Insofern erscheint eine Herausnahme der Landesrichter und Beamten auf Landes- und Kommunalebene aus dem Anwendungsbereich des EntgTranspG jedenfalls angezeigt. Die Gesetzesbegründung stellt lediglich fest, dass mangels Gesetzgebungskompetenz die Vorgaben des zweiten Abschnittes des EntgTranspG nicht für die Beamtinnen und Beamten der Länder und Kommunen gelten.[1162] Die Vorgaben des dritten und

1157 Referentenentwurf des Bundesministeriums für Familie, Senioren, Frauen und Jugend, Entwurf eines Gesetzes für mehr Lohngerechtigkeit zwischen Frauen und Männern, Bearbeitungsstand: 9.12.2015, S. 45.

1158 Däubler/Bertzbach/*Mahlmann*, § 24 AGG Rn. 14.

1159 Ebd.

1160 Vgl. im Hinblick auf den Auskunftsanspruch Däubler/Bertzbach/*Hinrichs*, § 16 EntgTranspG Rn. 2; *von Roetteken*, GiP Sonderausgabe 1/2017, 2, 3; a.A. Däubler/Bertzbach/*Zimmer*, § 5 EntgTranspG Rn. 4.

1161 ErfK/*Schlachter*, § 5 EntgTranspG Rn. 8.

1162 BT-Drucks. 18/11133, S. 57.

vierten Abschnitts beziehen sich wiederum nur auf private Arbeitgeber, bzw. solche, bei denen mehr als 500 Beschäftigten arbeiten und die lageberichtspflichtig nach dem HGB sind. Insoweit ist davon auszugehen, dass das EntgTranspG in weiten Teilen nicht auf Landesrichter und Beamte in Ländern und Kommunen anwendbar ist.

b) Arbeitnehmerähnliche Personen

Auch arbeitnehmerähnliche Personen wurden nur in § 5 Abs. 2 Nr. 3 EntgGleiG-E genannt und finden sich weder in den nachfolgenden Entwürfen noch im Wortlaut des Gesetzes wieder. In seiner Stellungnahme zum EntgTranspG fordert der DGB, dass eben jene Personengruppe vom Anwendungsbereich des Gesetzes erfasst werden müsse.[1163] *Kocher* sieht in der Herausnahme eine mit Art. 3 Abs. 1 GG in Konflikt stehende Ungleichbehandlung, weshalb die Bestimmungen des ersten Abschnitts des EntgTranspG auch i.R.d. Anwendung von §§ 7, 8 AGG zur Auslegung herangezogen werden müssten.[1164] Schwierig zu bestimmen sind insofern aber die Grenzen zur analogen Anwendung – für diese dürften die Voraussetzungen in Anbetracht der in Bezug auf arbeitnehmerähnliche Personen erkennbaren Unterschiede wohl nicht vorliegen.

Fraglich ist aber, ob eine Aufnahme arbeitnehmerähnlicher Personen in das Gesetz nicht nach Art. 157 Abs. 1 AEUV geboten gewesen wäre.[1165] Einige Stimmen in der Literatur sehen dies als zwingend an, weil der deutsche Gesetzgeber hier ebenso wie im AGG den europäischen Arbeitnehmerbegriff zugrunde legen muss.[1166] Es wird geltend gemacht, dass es nach dem europäischen Arbeitnehmerbegriff nicht darauf ankomme, ob eine persönliche Abhängigkeit vorliegt.[1167] Trotz des teilweise vom deutschen Arbeitnehmerbegriff abweichenden Verständnisses, hat der EuGH – zumindest in der Rechtssache Allonby – ebenfalls für die Abgrenzung zwischen Selbstständigen und Arbeitnehmern auf das Bestehen von Freiheit bei der Wahl von Zeit, Ort und Inhalt der Arbeit abgestellt.[1168] Dies betrifft die Frage nach der persönlichen Abhängigkeit, wie sie in der deutschen Rechtsprechung und inzwischen auch kodifiziert in § 611a Abs. 1 BGB bei der Abgrenzung zwischen Arbeitnehmern und arbeitnehmerähnlichen Personen gestellt wird.[1169] Die Anknüpfung an diese Kriterien führt zwar dazu, dass im Einzelfall näher zu prüfen ist, ob eine scheinbar arbeitnehmerähnliche Person nicht doch hinreichend

---

1163 Wortprotokoll Ausschuss für Familie, Senioren, Frauen und Jugend 18/82, Stellungnahme des DGB, S. 71, 81; ebenfalls *Brune/Brune*, BB 2019, 436, 439.

1164 *Kocher*, AuR 2018, 8, 10.

1165 Vgl. auch Däubler/Bertzbach/*Zimmer*, § 5 EntgTranspG Rn. 7.

1166 BeckOK-ArbR/*Roloff*, § 5 EntgTranspG Rn. 8; ErfK/*Schlachter*, § 5 EntgTranspG Rn. 6.

1167 *Oerder/Wenckebach*, § 5 EntgTranspG Rn. 13; ErfK/*Schlachter*, § 5 EntgTranspG Rn. 6.

1168 S.o. Gliederungspunkt B)I.2.a); vgl. auch Wortprotokoll Ausschuss für Familie, Senioren, Frauen und Jugend 18/82, Stellungnahme des djb, S. 92, 96.

1169 Vgl. nur ErfK/*Preis*, § 611a BGB Rn. 81.

persönlich abhängig ist[1170] – allerdings kann daraus nicht geschlossen werden, dass auch Arbeitnehmerähnliche zwingend unter den durch Art. 157 Abs. 1 AEUV determinierten Beschäftigtenbegriff zu fassen sind.[1171] Mangels konkreter Eingrenzbarkeit des Begriffs der arbeitnehmerähnlichen Person sprechen auf europarechtlicher Ebene zudem gute Gründe gegen eine Erfassung durch Art. 157 Abs. 1 AEUV.[1172] Diese Einschätzung lässt sich auch auf das EntgTranspG übertragen.

4. Arbeitgeber

Der Arbeitgeberbegriff des Gesetzes bestimmt sich – wie üblich – mittelbar über den Arbeitnehmerbegriff und schließt in Anlehnung an § 6 Abs. 2 AGG alle natürlichen und juristischen Personen, sowie rechtsfähige Personengesellschaften ein – allerdings unter Herausnahme der Arbeitnehmerüberlassung.[1173] Der Entleiher gilt also nicht wie im AGG und anders als noch in § 5 Abs. 3 S. 2 EntgGleiG-E als Arbeitgeber i.S.d. Gesetzes. In der Literatur wird diese Entscheidung des Gesetzgebers durchgängig bestätigt. Zwischen Leiharbeitnehmer und Entleiher besteht kein Rechtverhältnis dergestalt, dass der Leiharbeitnehmer daraus einen Entgeltanspruch gegen den Entleiher erwirbt.[1174] *Wank* weist zudem darauf hin, dass Leiharbeitnehmern bereits § 8 AÜG zugutekommt.[1175]

Dies ist grundsätzlich folgerichtig: Theoretisch ließe sich zwar argumentieren, dass auch Leiharbeitnehmer gegenüber dem Entleiher einen Anspruch auf gleiche Entlohnung gleichwertiger Arbeit aus §§ 2 Abs. 1 Nr. 2, 8 Abs. 2 AGG i.V.m. § 6 Abs. 1 Nr. 3 AGG haben. Bei gebotener europarechtskonformer Auslegung kann jedoch auch hier nur ein Anspruch gegeben sein, wenn die unterschiedliche Behandlung bezüglich des Entgelts auf dieselbe Quelle zurückgeführt werden kann.[1176] In der Konstellation der Leiharbeit ist dies jedoch nicht der Fall, da die Festlegung des Gehalts der Leiharbeitnehmer im Gegensatz zu dem der Stammarbeitnehmer nicht durch den Entleiher, sondern durch den Verleiher erfolgt.[1177] Im Vergleich zu anderen, nicht entgeltbezogenen Ungleichbehandlungen, fehlt es über die durch § 6 Abs. 1 Nr. 3 AGG fingierte Arbeitgeberstellung hinaus also noch an einer weiteren Voraussetzung. Ein vertraglicher Anspruch des Leiharbeitnehmers

---

1170 So Wortprotokoll Ausschuss für Familie, Senioren, Frauen und Jugend 18/82, Stellungnahme des djb, S. 92, 96; vgl. auch Däubler/Bertzbach/*Zimmer*, § 5 EntgTranspG Rn. 7.

1171 A.A. scheinbar Wortprotokoll Ausschuss für Familie, Senioren, Frauen und Jugend 18/82, Stellungnahme des djb, S. 92, 96.

1172 Calliess/Ruffert/Krebber, Art. 157 AEUV Rn. 14; lediglich für eine Geltung „allenfalls unter bestimmten Umständen“ *Wank*, RdA 2018, 34, 40.

1173 BT-Drucks. 18/11133, S. 55.

1174 *Bauer/Romero*, NZA 2017, 409, 410; ErfK/*Schlachter* § 5 EntgTranspG Rn. 9.

1175 *Wank*, RdA 2018, 34, 40.

1176 Vgl. *Thüsing*, Arbeitsrechtlicher Diskriminierungsschutz, Rn. 138.

1177 *Thüsing*, DB 2016, 2234, 2237.

gegen den Entleiher entsteht vielmehr nach § 10 Abs. 1 S. 4 AÜG nur soweit der Vertrag zwischen Verleiher und Arbeitnehmer nach § 9 AÜG unwirksam ist.[1178]

Im Hinblick auf den Anspruch auf Equal Pay steht dem Leiharbeitnehmer wiederum bereits ein eigener Auskunftsanspruch aus § 13 AÜG zur Verfügung. Eine Schutzlücke entsteht lediglich für den Fall, dass ein Arbeitgeber für eine überwiegend von Frauen ausgeübte Tätigkeit nicht den Lohn einer gleichwertigen, jedoch überwiegend von Männern verrichteten Tätigkeit zahlt. Wird dann eine Leiharbeitnehmerin in diesem Unternehmen in dem frauendominierten Bereich tätig, richtet sich ihr Anspruch auf die Zahlung von Equal Pay gegen den Verleiher nur auf den diskriminierend niedrigeren Lohn der im Entleiherbetrieb für ihre Tätigkeitsart gezahlt wird. Dies ergibt sich daraus, dass die vergleichbaren Tätigkeiten im AÜG deutlich enger zu verstehen sind als dies im Hinblick auf das Entgeltgleichheitsgebot der Fall ist: Während letzteres auch gleichwertige Arbeit erfasst, bezieht sich die Vergleichbarkeit i.R.d. AÜG nur auf gleiche oder ähnliche Tätigkeiten und greift insofern das Begriffsverständnis des TzBfG auf.[1179] Aus Equal Pay erhält die Leiharbeitnehmerin also nicht die Entlohnung entsprechend der gleichwertigen Tätigkeit im Entleiherunternehmen.

Einzig denkbar wäre eine Konstruktion dergestalt, dass der Equal Pay-Grundsatz das Scharnier bildet, welches den Entleiher doch zur einheitlichen Quelle der Ungleichbehandlung macht, weil sich nach der Bezahlung in seinem Betrieb auch der Vergütungsanspruch des Leiharbeitnehmers gegen den Verleiher richtet. Fraglich ist insofern jedoch, ob dem nicht die Rechtsprechung des EuGH in den Rechtssachen Allonby und Lawrence entgegensteht. Die Ausgangslage unterscheidet sich jedoch wesentlich von derjenigen beim Betriebsübergang: Im Hinblick auf die Situation des Betriebsübergangs war entscheidendes Argument, dass nicht der Erwerber für eine diskriminierende Entlohnungspraxis des Veräußerers verantwortlich gemacht werden sollte. Würde man jedoch im Anwendungsbereich des EntgTranspG den Entleiher, wie im AGG, als Arbeitgeber ansehen, dann würde sich der Anspruch des Leiharbeitnehmers auch gegen die für die Festlegung der diskriminierenden Löhne verantwortliche Person richten. Andererseits steht einem Verständnis des Equal Pay-Grundsatzes als Scharnier der oben beschriebenen Art entgegen, dass von diesem – jedenfalls in den ersten neun Monaten – durch Tarifvertrag gem. § 8 Abs. 2, 4 S. 1 AÜG abgewichen werden kann.[1180] Schon nach der Konzeption des Gesetzes – noch mehr jedoch in der praktischen Anwendung – findet folglich kein automatischer Gleichlauf zwischen den Gehältern von Stammarbeitnehmern und Leiharbeitnehmern statt. In Kombination mit der in § 1 Abs. 1b AÜG vorgesehenen Höchstüberlassungsdauer von 18 Monaten ist in der

---

1178 BeckOK-ArbR/*Roloff*, § 5 EntgTranspG Rn. 7.

1179 BT-Drucks. 15/25, S. 38; vgl. auch: *Thüsing*, Arbeitsrechtlicher Diskriminierungsschutz, Rn. 853.

1180 Vgl. aber Däubler/Bertzbach/*Dette*, § 7 AGG Rn. 117 ff., der dies für eine Entlastung des Entleihers nicht genügen lassen will.

Praxis ohnehin regelmäßig nicht von einer langfristigen Anwendung von Equal Pay auszugehen.[1181]

Anders ist die Situation jedoch zu beurteilen, wenn es sich um eigenständige Leistungen, z.B. die Beteiligung des Arbeitehmers durch den Entleiher an betrieblichen Einrichtungen, handelt – dann ist § 2 Abs. 1 EntgTranspG ohne Weiteres direkt anwendbar.[1182] In diesen Fällen ist der Entleiher sowohl gegenüber den Stammarbeitnehmern als auch gegenüber entliehenen Arbeitnehmern einheitliche Quelle.

5. Verbot der unmittelbaren und mittelbaren Entgeltbenachteiligung wegen des Geschlechts

Nach § 3 Abs. 1 EntgTranspG ist sowohl die unmittelbare als auch die mittelbare geschlechtsbedingte Benachteiligung im Hinblick auf sämtliche Entgeltbestandteile und -Bedingungen verboten. In den Absätzen 2 und 3 folgen daraufhin Definitionen der mittelbaren und unmittelbaren Benachteiligung, die – abgesehen von der Spezifizierung auf die Situation der entgeltbezogenen, geschlechtsbedingten Benachteiligung bei gleicher und gleichwertiger Arbeit – vollständig den in § 3 Abs. 1, Abs. 2 AGG enthaltenen Definitionen entsprechen. Dies ist auch beabsichtigt, es wird sogar auf die Begründung zu dieser Regelung verwiesen.[1183] Laut § 2 Abs. 1 Nr. 2 AGG bezieht sich das Verbot der Benachteiligung nach dem AGG aber bereits u.a. auf „die Beschäftigungs- und Arbeitsbedingungen einschließlich Arbeitsentgelt und Entlassungsbedingungen". Einen Mehrwert würden die Regelungen des EntgTranspG nur dann darstellen, wenn „Entgeltbestandteile und Entgeltbedingungen" nicht dasselbe meinten wie „Arbeitsbedingungen einschließlich Arbeitsentgelt". Dies ist jedoch nicht ersichtlich. Angesichts dieses Gleichlaufs ist auch davon auszugehen, dass sich die Rechtsprechung des BAG, wonach bei der mittelbaren Entgeltbenachteiligung eine hypothetische Betrachtungsweise ausreichend ist, auf den Anwendungsbereich des EntgTranspG übertragen lässt.[1184]

In Bezug auf die Möglichkeit der Rechtfertigung einer mittelbaren Entgeltbenachteiligung nennt das Gesetz in § 3 Abs. 3 S. 2 EntgTranspG – und hier geht die Vorschrift im Wortlaut über das AGG hinaus – als Regelbeispiele für sachlich

---

1181 Vgl. zu der Problematik die sich aus der Kombination des beschränkten Equal Pay Anspruchs und der Höchstüberlassungsdauer ergibt *Thüsing*, DB 2016, 2663, 2666.

1182 *Kocher*, AuR 2018, 8, 10.

1183 BT-Drucks. 18/11133, S. 49.

1184 *Fuhlrott/Ritz*, ArbR 2017, 211, 212; *Oerder/Wenckebach*, § 3 EntgTranspG Rn. 11; Henssler/Willemsen/Kalb/*Thies*, § 3 EntgTranspG Rn. 5; allerdings passt dies nicht mit den übrigen Regelungen des Gesetzes zusammen, die regelmäßig eine konkrete Vergleichsperson fordern, BeckOK-ArbR/*Roloff*, § 3 EntgTranspG Rn. 4; zur hypothetischen Betrachtungsweise s. bereits oben Gliederungspunkt D)II.2.bb).

gerechtfertigte Gründe arbeitsmarkt-, leistungs- und arbeitsergebnisbezogene Kriterien, sofern gleichzeitig der Verhältnismäßigkeitsgrundsatz beachtet wird. Die Entwurfsbegründung verweist insofern zur Ausführung dieser Kriterien auf die Entscheidungen des EuGH in den Rechtssachen Enderby, Cadman, Danfoss, Royal Kopenhagen und Kenny.[1185] Gerade im Hinblick auf die arbeitsmarktbezogenen Kriterien sprechen die besseren Gründe für deren Berücksichtigung bereits auf der Ebene der Gleichwertigkeitsfeststellung.[1186] So würde man sich auch den Konflikt zwischen den gegenläufigen Ansätzen der Bestimmung eines der Arbeit inhärenten „objektiven" Wertes auf Tatbestandsebene und der Marktkonformität auf Rechtfertigungsebene ersparen.[1187] *Müller* schlägt angesichts der „verschwimmenden Grenzen" zwischen Tatbestands- und Rechtfertigungsebene eine „selbst wenn"-Argumentation vor, bei der die Feststellung der Gleichwertigkeit unter Hinweis darauf, dass die Ungleichbehandlung jedenfalls gerechtfertigt ist, offengelassen wird.[1188] Dabei handelt es sich sicher um eine gerade für die Arbeitsgerichte handhabbare Vorgehensweise – sie löst aber einerseits nicht das eigentliche Problem und birgt andererseits Probleme im Hinblick auf die Beweislastverteilung.

Dennoch ist es zu begrüßen, dass die Lage auf dem Arbeitsmarkt wenigstens als tauglicher Rechtfertigungsgrund genannt wird. Auch die Rechtfertigung durch Leistungs- und Arbeitsergebniskriterien ist sachgerecht, wenn diese nach der Definition von gleichwertiger Arbeit in § 4 Abs. 2 S. 3 EntgTranspG schon bei deren Bestimmung nicht herangezogen werden können. Ein Arbeitgeber muss die Möglichkeit erhalten, unterschiedliche Leistungen unterschiedlich zu entlohnen – vorbehaltlich natürlich einer diskriminierungsfreien Gestaltung der Leistungsbewertung.[1189] Es handelt sich insofern nicht um „schwammige, interpretationsoffene Begriffe", die „dem Missbrauch zu Ungunsten von Frauen massiv Vorschub" leisten.[1190] Zusätzlich wird die Rechtfertigung auch ausdrücklich durch den Verhältnismäßigkeitsgrundsatz eingeschränkt. Die vermeintliche Gefahr einer übermäßigen Rechtfertigungsmöglichkeit durch die genannten Kriterien besteht zudem deshalb nicht, weil die Verhältnismäßigkeit für den beweisbelasteten Arbeitgeber im konkreten Fall mangels allgemeiner Grundsätze schwer darzulegen sein wird.[1191] Zwar existieren mittlerweile auch verschiedene Prüfungsinstrumente – insbesondere die Dokumentation äußerer, die Gehaltshöhe im konkreten Fall mitbestimmender Faktoren, wird in einer Vielzahl von Unternehmen bislang jedoch nicht erfolgt sein.[1192]

1185 BT-Drucks. 18/11133, S. 49 f.; vgl. zur Rechtsprechung des EuGH vgl. Gliederungspunkte B)III. und B)VI.3.b).

1186 Vgl. dazu bereits oben Gliederungspunkt B)VI.4.

1187 Zu dieser Problematik s. *Thüsing*, DB 2016, 2234, 2235.

1188 *Müller*, BB 2017, 2101, 2102.

1189 Vgl. BT-Drucks. 18/11133, S. 52.

1190 So aber Wortprotokoll Ausschuss für Familie, Senioren, Frauen und Jugend 18/82: Stellungnahme des DGB, S. 71, 81.

1191 *Kuhn/Schwindling*, DB 2017, 785, 787; ähnlich: *Thüsing*, DB 2016, 2234, 2235.

1192 *Glaser/Groß*, AuA 2017, 303.

An dieser Stelle ist in Zukunft anzuraten, insbesondere dann, wenn der Einstiegslohn eines neuen Arbeitnehmers merklich von der bisherigen Praxis abweicht, die konkreten Umstände möglichst detailliert festzuhalten.[1193] Die konkrete Ausfüllung der Kriterien für eine Rechtfertigung bleibt in Zukunft den Arbeitsgerichten überlassen, wobei im Hinblick auf den Verweis in der Gesetzesbegründung davon auszugehen ist, dass insofern eine Orientierung an der Rechtsprechung des EuGH erfolgen wird.

6. Definition der gleichen und der gleichwertigen Arbeit

Der § 4 EntgTranspG widmet sich schließlich den beiden Kernbegriffen des Gesetzes, indem dort die gleiche und die gleichwertige Arbeit definiert werden. Von dem für die Feststellung der Gleichheit bzw. Gleichwertigkeit erforderlichen Vergleich werden nach § 4 Abs. 3 EntgTranspG Beschäftigte ausgenommen, die in unterschiedlichen Rechtsverhältnissen nach § 5 Abs. 2 EntgTranspG stehen, sodass beispielsweise kein Vergleich zwischen Arbeitnehmern und Auszubildenden stattfinden kann.[1194] Interessanterweise enthielt § 4 Abs. 1 EntgGleiG-E noch eine weitere Einschränkung dahingehend, dass zur Feststellung, ob es sich um gleichwertige Arbeit i.S.d. Gesetzes handelt, nur die Entgeltregelungen, die bei ein und demselben Arbeitgeber Anwendung finden, zu berücksichtigen sind, es sei denn, es gelten regional unterschiedliche Entgeltregelungen bei ein und demselben Arbeitgeber. Die zugehörige Entwurfsbegründung rekurrierte insofern auf die Rechtsprechung des EuGH, wonach die Entgeltregelungen „auf derselben Quelle" beruhen müssen.[1195] In der aktuellen Fassung finden sich derartige Einschränkungen nurnoch in § 12 Abs. 1 EntgTranspG für den individuellen Auskunftsanspruch.[1196] Der Wortlaut von § 4 Abs. 2 EntgTranspG ließe demnach grundsätzlich auch einen betriebs- bzw. unternehmensübergreifenden Vergleich zu. Das entspricht auch der Rechtsprechung des EuGH, wonach die einheitliche Quelle auch ein – möglicherweise branchenweiter – Kollektivvertrag sein kann

a) Gleiche Arbeit

Dass gleiche Arbeit nach § 4 Abs. 1 EntgTranspG bei der Ausführung einer identischen oder gleichartigen Tätigkeit an verschiedenen oder nacheinander an denselben Arbeitsplätzen vorliegen soll, überrascht nicht. Es handelt sich um die gängige, schon i.R.v. § 612 Abs. 3 BGB aF entwickelte, Formulierung des BAG zu

---

1193 Vgl. auch *Bauer/Krieger/Günther*, § 3 EntgTranspG Rn. 33; *Häferer/Köhler*, CB 2017, 284, 287 f.

1194 BT-Drucks. 18/11133, S. 52.

1195 Referentenentwurf des Bundesministeriums für Familie, Senioren, Frauen und Jugend, Entwurf eines Gesetzes für mehr Lohngerechtigkeit zwischen Frauen und Männern, Bearbeitungsstand: 9.12.2015, S. 42.

1196 Siehe dazu ausführlich u. Gliederungspunkt G)IV.2.

diesem – im Verhältnis zur Gleichwertigkeit weniger problematischen – Begriff.[1197] Im Referentenentwurf aus dem Dezember 2015 hatte man noch ganz auf eine Definition der gleichen Arbeit verzichtet: Dieser Begriff sei aus sich selbst heraus verständlich.[1198] Die anschließende Zitierung eines diesen Begriff näher erläuternden BAG-Urteils zeigte jedoch, dass der Begriff sehr wohl der Auslegung bedarf. So gibt die Definition des EntgTranspG zwar letztlich nur die bestehende Rechtslage wieder, dies ist aber unter dem Gesichtspunkt der Rechtsklarheit jedenfalls nicht zu beanstanden. Die Gesetzesbegründung stellt – unter Verweis auf das Urteil des EuGH in der Rechtssache Angestelltenbetriebsrat der Wiener Betriebskrankenkasse[1199] – ausdrücklich klar, dass gleiche Arbeit nicht vorliegt, wenn eine gleiche Tätigkeit über einen erheblichen Zeitraum von Beschäftigten mit unterschiedlicher Berufsberechtigung ausgeübt wird – gleiche Arbeit liege nur vor, wenn die Beschäftigten sich im Bedarfsfall ersetzen könnten.[1200]

Ein berechtigter Einwand ist an dieser Stelle, dass eine echte Austauschbarkeit nur dann angenommen werden kann, wenn auch persönliche Eigenschaften, wie die Berufserfahrung, übereinstimmen, denn nur dann liegt auch eine Übereinstimmung des Arbeitsergebnisses vor.[1201] Es fällt insofern schwer, die Grenze zwischen reinen Tätigkeitsanforderungen und persönlichen Merkmalen zu ziehen. Zwar ist für die gleiche Arbeit in § 4 Abs. 1 EntgTranspG – im Gegensatz zu der Regelung in § 4 Abs. 2 S. 3 EntgTranspG – nicht vorgeschrieben, dass diese unabhängig von den ausübenden Beschäftigten und deren Leistungen zu erfolgen hat, systematische und teleologische Überlegungen sprechen aber dafür. Die Gleichwertigkeit ist der im Vergleich zur Gleichheit weitere Begriff – sie erweitert den Anwendungsbereich des Entgeltgleichheitsgebots. Daraus lässt sich schließen, dass eine gleiche Arbeit auch immer eine gleichwertige ist[1202] und die Anforderungen an eine gleiche Arbeit jedenfalls nicht niedriger sein dürfen, als an eine gleichwertige. Dann wäre das Erfordernis der Personenunabhängigkeit auch auf die gleiche Arbeit zu beziehen. Versteht man zudem Austauschbarkeit als mit Ergebnisgleichheit einhergehend, so wird die Widersprüchlichkeit dieser scheinbar einfachen Definition deutlich.

In der Literatur wurde bereits die Frage aufgeworfen, ob sich die Austauschbarkeit der Beschäftigten – parallel zu der Begrifflichkeit des TzBfG – nach den

---

1197 *Bauer/Romero*, NZA 2017, 409, 410; s.a. Gliederungspunkt B)IV.2.b).

1198 Referentenentwurf des Bundesministeriums für Familie, Senioren, Frauen und Jugend, Entwurf eines Gesetzes für mehr Lohngerechtigkeit zwischen Frauen und Männern, Bearbeitungsstand: 9.12.2015, S. 42.

1199 EuGH v. 11.5.1999 – C-309/97, NZA 1999, 699, 700, Rn. 19 (Angestelltenbetriebsrat der Wiener Gebietskrankenkasse).

1200 BT-Drucks. 18/11133, S. 51.

1201 *Langemann/Wilking*, BB 2017, 501, 502.

1202 Vgl. auch Staudinger/*Serr*, § 8 AGG Rn. 33; a.A. offenbar *Oberthür*, NJW 2017, 2228, 2229.

gleichen Kriterien, wie bei der Sozialauswahl i.R.d. betriebsbedingten Kündigung bestimmt.[1203] Für das EntgTranspG sind aber gerade die konkrete Tätigkeit und ihre tatsächlichen Voraussetzungen entscheidend, sodass anderweitige Einsatzmöglichkeiten des Arbeitnehmers im Betrieb keine Rolle spielen dürfen und die Grundsätze der Sozialauswahl somit nicht uneingeschränkt übertragbar sind.[1204]

b) Gleichwertige Arbeit

Ebenfalls nicht überraschend gestaltet sich die aufgenommene Definition der gleichwertigen Arbeit in § 4 Abs. 2 EntgTranspG, wonach weibliche und männliche Beschäftigte eine gleichwertige Arbeit i.S.d. Gesetzes ausüben, „wenn sie unter Zugrundelegung einer Gesamtheit von Faktoren als in einer vergleichbaren Situation befindlich angesehen werden können." Zu diesen Faktoren gehören „unter anderem die Art der Arbeit, die Ausbildungsanforderungen und die Arbeitsbedingungen", wobei „von den tatsächlichen, für die jeweilige Tätigkeit wesentlichen Anforderungen (...), die von den ausübenden Beschäftigten und deren Leistungen unabhängig sind" auszugehen ist. Dies stellt letztlich nichts anderes als eine Aufspaltung der gängigen Formulierung des EuGH dar, auf den auch in der Gesetzesbegründung verwiesen wird.[1205]

Allerdings wird dabei verkannt, dass der EuGH nicht deutlich zwischen gleicher und gleichwertiger Arbeit differenziert und die genannten Merkmale zur Bestimmung beider Kategorien heranzieht.[1206] Noch in § 4 Abs. 1 EntgTransG-E war die Formulierung des EuGH in einer gemeinsamen Definition gleicher und gleichwertiger Arbeit verwendet worden. Dies war zwar im Hinblick auf den Umgang des EuGH mit diesen Begriffen „richtiger" als die Kriterien, wie nun geschehen, nur auf die Gleichwertigkeit zu beziehen. Jedoch ist weiterhin zu bedenken, dass die Begriffe durch die Rechtsprechung des EuGH lediglich präzisiert und nicht i.S.v. subsumierbaren Bewertungskriterien definiert werden.[1207] Insofern handelt es sich bei der Formulierung des EuGH lediglich um eine gemeinsame Umschreibung beider Begriffe. Die nach der Begründung erwartete verbesserte praktische Anwendbarkeit des Gesetzes[1208] wird durch diese ihrerseits ausfüllungsbedürftigen Kriterien nicht erreicht.[1209] Es handelt sich dann um Fragestellungen, die erst

1203 *Bauer/Krieger/Günther*, § 4 EntgTranspG Rn. 13; *Fuhlrott/Ritz*, ArbR, 2017, 211, 212.
1204 *Häferer/Köhler*, CB 2017, 284, 286 f.
1205 BT-Drucks. 18/11133, S. 51, unter Bezugnahme auf EuGH v. 26.6.2001 – C-381/99, NZA 2001, 883, 885, Rn. 43 (Brunnhofer); *Bauer/Romero*, NZA 2017, 409, 410.
1206 ErfK/*Schlachter*, § 4 EntgTranspG Rn. 3; *Thüsing* DB 2016, 2234, 2235.
1207 Vgl. Bericht über die Anwendung der Richtlinie 2006/54/EG der Kommission an das europäische Parlament und den Rat (COM/2013/0861 final), S. 8; *Thüsing* DB 2016, 2234, 2235.
1208 BT-Drucks. 18/11133, S. 51.
1209 *Benkert*, NJW-Spezial 2017, 434, 435: „(...) bleiben die tatsächlichen Voraussetzungen wenig greifbar und damit in der Praxis streitträchtig".

durch die nationalen Gerichte zu klären sind.[1210] Insbesondere zu der Frage nach der Gewichtung der genannten Faktoren lässt der Gesetzestext den Anwender im Dunkeln, wenn lediglich von einer „gerechten Berücksichtigung“ die Rede ist.[1211] Die „Definition“ des aktuellen Entwurfs befindet sich insgesamt wieder auf dem Stand des Entwurfs aus dem Dezember 2015. Auch eine Auseinandersetzung mit den in anderen europäischen Staaten teilweise umfangreicher ausfallenden Begriffsbestimmungen[1212] ist nicht erkennbar.

Kocher hingegen befürwortet die Aufnahme, der durch den EuGH entwickelten Kriterien zur Steigerung deren Bekanntheitsgrades und verweist zudem darauf, dass die praktische Anwendung der Kriterien durch arbeitswissenschaftliche Methoden ermöglicht werde.[1213] *Jochmann-Döll* verweist diesbezüglich darauf, dass eine Hinzuziehung der von ihr i.R.v. eg-check mitentwickelten Instrumente auch bei der gerichtlichen Feststellung von gleichwertiger Arbeit in Betracht gezogen werden könnte.[1214] Eine solche Anwendung wäre zumindest praktisch handhabbarer. Kritisch zu sehen ist jedoch die Eignung zur Prüfung von objektiv vorliegender Entgeltgleichheit.[1215]

Die Entwurfsbegründung geht zwar etwas näher auf die der Rechtsprechung des EuGH entnommenen Kriterien ein, widerspricht sich jedoch selbst, wenn sie einerseits konstatiert, dass Gleichwertigkeit sich nicht generell und abstrakt feststellen lasse, andererseits aber auch, dass die auf die Festlegungen des Genfer Schemas zurückgehenden Faktoren so angelegt seien, dass sie auf alle Tätigkeiten und in allen Branchen anwendbar sind.[1216] Zum einen ist die Existenz eines solchen einheitlichen Bewertungsschemas zu verneinen,[1217] zum anderen stimmt dies auch nicht mit der Vorgabe des § 4 Abs. 2 S. 3 EntgTranspG überein, wonach von den tatsächlichen, für die jeweilige Tätigkeit wesentlichen Anforderungen auszugehen ist. Um dieser Anforderung gerecht zu werden, geht an der Individualisierung des Bewertungsschemas kein Weg vorbei.[1218]

Nach § 4 Abs. 2 S. 3 EntgTranspG hat die Bewertung der Tätigkeit unabhängig von den ausübenden Beschäftigten und deren Leistungen zu erfolgen. Laut Gesetzesbegründung soll dadurch klargestellt werden, dass die Prüfung „unabhängig von der Quantität und Qualität der konkreten Arbeitsleistung zu erfolgen“ hat.[1219] Eine besondere Schwierigkeit sehen *Bauer* und *Romero* an dieser Stelle in Bezug

1210 *Fuhlrott/Ritz*, ArbR, 2017, 211, 212.
1211 *Bauer/Günther/Romero*, NZA 2017, 809, 811.
1212 Vgl. dazu o. Gliederungspunkt B)V.2.
1213 *Kocher*, AuR 2018, 8, 10.
1214 *Jochmann/Döll*, RdA 2017, 169, 177.
1215 Vgl. zu eg-check ausführlich Gliederungspunkt D)VI.2.
1216 BT-Drucks. 18/11133, S. 51.
1217 S.o. Gliederungspunkt B)VII.4.
1218 Dieses Erfordernis im konkreten Anwendungsfall sehend, aber unkritisch ErfK/*Schlachter*, § 4 EntgTranspG Rn. 4.
1219 BT-Drucks. 18/11133, S. 52.

auf Fach- und Führungskräfte, denn hier spielten insbesondere persönliche Qualitäten und Eigenschaften eine Rolle bei der Entgeltbestimmung.[1220] Weiterhin sei auch unklar, inwiefern Faktoren, wie etwa die aus anderen Beschäftigungsverhältnissen mitgebrachte Berufserfahrung oder ein Studium im Ausland berücksichtigt werden könnten.[1221] Ausgehend vom Wortlaut des Gesetzes werden diese wohl nur dann Berücksichtigung finden können, wenn sie tatsächlich für die Tätigkeit erforderlich sind.

Eine gleiche oder gleichwertige Tätigkeit soll nach § 4 Abs. 3 EntgTranspG – unabhängig davon, ob im Übrigen die Voraussetzungen von Abs. 1 oder 2 vorliegen – aber dann ausgeschlossen sein, wenn Beschäftigte sich in unterschiedlichen Rechtsverhältnissen nach § 5 Abs. 2 EntgTranspG befinden. Dies ist insofern problematisch, als Statusunterschiede dem Vorliegen gleicher oder gleichwertiger Arbeit grundsätzlich nicht entgegenstehen, jedenfalls solange damit keine andere Entlohnungsquelle einhergeht.[1222] Des Weiteren ist nach § 4 Abs. 2 S. 3 EntgTranspG auf die Tätigkeit und nicht auf die sie ausübenden Beschäftigten abzustellen.[1223] Der Status hängt aber immer von der jeweils konkreten Person ab.

c) Zwischenergebnis

Ob die „Definitionen" gleicher bzw. gleichwertiger Arbeit in der Praxis eine Erleichterung bei der Feststellung selbiger bringen wird, wird in der Literatur stark angezweifelt.[1224] Angesichts der dargestellten Schwierigkeiten ist dies zu verneinen. Zu Recht kann man die Definition als einen „Versuch" der selbigen bezeichnen.[1225] Zuzugeben ist jedoch, dass die übrigen Regelungen des Gesetzes auf diesen Begrifflichkeiten aufbauen. Insofern ist es nur konsequent, dass das Gesetz zumindest mit einer Eingrenzung der Begriffe versehen wird.

1220 *Bauer/Romero*, NZA 2017, 409, 410.

1221 Ebd.

1222 S.o. Gliederungspunkt B)III.1.a)aa); vgl. auch kritisch zur fehlenden Vergleichbarkeit von Beamten und Angestellten BeckOK/*Roloff*, § 4 EntgTranspG Rn. 10.

1223 ErfK/*Schlachter*, § 4 EntgTranspG Rn. 5.

1224 *Baeck/Winzer/Hies*, NZG 2017, 254, 256; *Bauer/Heup/Mayr*, DB 2018, 1213, 1214; *Bauer/Romero*, NZA 2017, 409, 410; *Benkert*, NJW-Spezial 2017, 434, 435; dies bestätigt auch die erste Evaluation des Gesetzes: Bericht der Bundesregierung zur Wirksamkeit des Gesetzes zur Förderung der Entgelttransparenz zwischen Frauenund Männern, abrufbar unter: https://www.bmfsfj.de/blob/137224/128559d30c706beb1462f1c65db9d3ca/bericht-der-br-foerderung-entgelttransparenz-data.pdf, (Abruf 10.8.2019), S. 132.

1225 So *Baeck/Winzer/Hies*, NZG 2017, 254, 255.

7. Benachteiligungsfreie Entgeltsysteme

Das Gesetz trifft weiterhin Vorgaben dahingehend, wie Arbeitgeber benachteiligungsfreie Entgeltsysteme zu gestalten haben. Nach § 4 Abs. 4 EntgTranspG trifft Arbeitgeber bei Verwendung eines Entgeltsystems eine Pflicht zur entsprechenden Gestaltung. Begrifflich gemeint sind damit „alle Systeme, die in irgendeiner Form das Entgelt der Beschäftigten bei einem Arbeitgeber bestimmen oder beeinflussen“, folglich „alle betrieblichen oder kollektivrechtlichen Bewertungs-, Einstufungs- oder sonstigen Entgeltsysteme einschließlich derer, die auf gesetzlicher Grundlage beruhen“.[1226] Das Gesetz nennt dazu nicht abschließend besondere Merkmale, die Entgeltsysteme insofern zu erfüllen haben. Dies betrifft die objektive Berücksichtigung der Art der zu verrichtenden Tätigkeit (Nr. 1), das Beruhen auf gemeinsamen Kriterien für weibliche und männliche Beschäftigte (Nr. 2), die diskriminierungsfreie Gewichtung der einzelnen Differenzierungskriterien (Nr. 3) sowie insgesamt die Durchschaubarkeit des Systems (Nr. 4). Es handelt sich dabei um eine Kombination von Kriterien, die der EuGH im Zusammenhang mit den Anforderungen an diskriminierungsfreie Entgeltsysteme aufgestellt hat.[1227] Auch insoweit handelt es sich also um keine über die bisherige Rechtslage hinausgehende Regelung. Eine solche Pflicht der Arbeitgeber bestand bereits vorher. Die Gesetzesbegründung erläutert zwar die einzelnen Kriterien – Formulierungen wie „unzulässig hoch“ sind einer objektiven Bewertung jedoch kaum zugänglich und erleichtern damit die praktische Umsetzung der Vorgaben nicht.[1228] In systematischer Hinsicht hätte zudem aufgrund des allgemeinen Charakters eher eine Verortung in § 6 EntgTranspG gepasst.[1229]

8. Entgeltgleichheitsgebot – Ausdrückliche Kodifizierung des Grundsatzes „Gleiches Entgelt für gleiche und gleichwertige Arbeit“?

Überraschend spät innerhalb des Gesetzes legt § 7 EntgTranspG schließlich fest, dass in Beschäftigungsverhältnissen für gleiche oder für gleichwertige Arbeit nicht wegen des Geschlechts der oder des Beschäftigten ein geringeres Entgelt vereinbart oder gezahlt werden darf als bei einer oder einem Beschäftigten des anderen Geschlechts. Hier wird das Gebot des gleichen Entgelts für Frauen und Männern bei gleicher oder gleichwertiger Arbeit erstmals seit dem Entfall von

---

1226 BT-Drucks. 18/11133, S. 52.

1227 Vgl. dazu oben Gliederungspunkt B)VII.1. sowie LAG Rheinland-Pfalz v. 23.3.2017 – 5 Sa 454/15, juris, Rn. 59.

1228 *Häferer/Köhler*, CB 2017, 284, 286; vgl. auch ErfK/*Schlachter*, § 4 EntgTranspG Rn. 8, die kritisiert, dass auf eine Festlegung/Zertifizierung vorhandener Arbeitsbewertungsverfahren verzichtet wurde.

1229 BeckOK-ArbR/*Roloff*, § 4 EntgTranspG Rn. 1.

§ 612 Abs. 3 BGB aF wieder ausdrücklich in einem deutschen Gesetz festgeschrieben. Insofern sollte den Stimmen Genüge getan werden, die eine ausdrückliche Statuierung des Gebots bislang vermisst haben.[1230] Dabei kann man sich fragen, warum, sofern man die ausdrückliche Festschreibung des Grundsatzes für notwendig erachtet,[1231] dies nicht bei seiner Ausnahme im AGG geschehen ist. Die Gesetzesbegründung führt dazu aus, dass man es trotz des sich aus § 8 Abs. 2 AGG ergebenden Anspruchs gleicher Entlohnung gleicher und gleichwertiger Arbeit für erforderlich halte, das Gebot „ausdrücklich und transparent in einem eigenen Stammgesetz" zu regeln, um seiner besonderen Bedeutung für die Beschäftigten gerecht zu werden und die Bedeutung widerzuspiegeln, die der Gesetzgeber dem Entgeltgleichheitsgebot zuerkennt.[1232] Angesichts dieses offenbar im Vordergrund stehenden Symbolgedankens, wäre es nur konsequent gewesen, neben der Kodifizierung des Entgeltgleichheitsgebots und dem widersprechenden Vereinbarungen auferlegten Unwirksamkeitsverdikt zusätzlich den Anspruch auf gleiche Entlohnung gleicher und gleichwertiger Arbeit im EntgTranspG festzuschreiben.[1233]

9. Unwirksamkeit von Vereinbarungen

Durch § 8 Abs. 1 EntgTranspG werden Bestimmungen in Vereinbarungen, die gegen § 3 oder § 7 EntgTranspG verstoßen, für nichtig erklärt. Diese Anordnung verdeutlicht den Verbotsgesetzcharakter der Normen. Die Formulierung entspricht derjenigen des § 7 Abs. 2 AGG und auch im Übrigen modifiziert die Vorschrift die Rechtslage in keiner Weise – sie ist auch ausweislich der Gesetzesbegründung lediglich deklaratorischer Natur.[1234] Jedoch ist den §§ 7 und 3 EntgTranspG jeweils kein über die andere Norm hinausgehender Regelungsgehalt zu entnehmen, sodass sich hier eine der vielen dem Gesetz inhärenten Doppelungen ergibt.[1235]

a) Abdingbarkeit

Hintzen und *Richter* entnehmen § 8 Abs. 1 EntgTranspG zudem im Umkehrschluss, dass es sich mit Ausnahme von §§ 3 und 7 EntgTranspG insgesamt um dispositives Recht handele, das durch Arbeitsvertrag oder Betriebsvereinbarung abbedungen werden könne.[1236] Dabei räumen sie zwar auch ein, dass diese Möglichkeit kaum intendiert gewesen sein könne, wäre dann doch „das EntgTranspG mehr oder weniger überflüssig", halten aber dennoch an dem Ergebnis ihrer Wortlautauslegung

---

1230 So auch BT-Drucks. 18/11133, S. 56.
1231 S. dazu Gliederungspunkt D)II.2.
1232 So auch BT-Drucks. 18/11133, S. 56.
1233 Ausführlich zum Erfüllungsanspruch Gliederungspunkt G)III.
1234 BT-Drucks. 18/11133, S. 57; vgl. auch BeckOK-ArbR/*Roloff*, § 8 EntgTranspG Rn. 1, der darin eine Entwertung der Verbotsnorm sieht.
1235 *Thüsing*, BB 2017, 565, 566; vgl. auch BeckOK-ArbR/*Roloff*, § 3 EntgTranspG Rn. 1.
1236 *Hintzen/Richter*, Antworten für die Praxis, Entgelttransparenzgesetz, S. 7.

fest.[1237] Dadurch wird der Regelungsgehalt des § 8 Abs. 1 EntgTranspG jedoch deutlich überspannt. Der Gesetzgeber wollte hier lediglich im Hinblick auf bestimmte Normen das Verbot abweichender Vereinbarungen betonen. Hinzu kommt: Geht schon die Gesetzesbegründung von einem lediglich deklaratorischen Charakter der Norm aus, so kann diese unmöglich den dispositiven Charakter anderer Normen miterklären, die zuvor nicht existiert haben. Eine deklaratorische Feststellung ist eine solche, die einen auch ohne sie bestehenden Umstand lediglich bestätigt. Im Gegensatz zu der Unzulässigkeit der Vereinbarung unterschiedlich hoher Löhne für gleiche und gleichwertige Arbeit, waren die (zwingenden) Regelungsgegenstände der Abschnitte 2 und 4 des EntgTranspG vor Inkrafttreten des EntgTranspG eben noch nicht existent. Zudem würde einer Abbedingung i.R.d. bei Arbeitsverträgen üblichen Standardvereinbarungen wohl § 307 Abs. 2 Nr. 1 BGB widersprechen.[1238]

Teilweise wird jedoch zumindest die Abdingbarkeit durch Individualvertrag für solche Rechte bejaht, die lediglich auf der Empfehlung der Kommission beruhen und nicht durch die Antidiskriminierungsrichtlinie determiniert sind, weil das EntgTranspG keine mit § 31 AGG vergleichbare Norm enthält.[1239] Dies kann aber grundsätzlich nur im Hinblick auf individuelle Rechte des Arbeitnehmers gelten. Bei der Erstellung eines Entgeltberichts handelt es sich z.B. um eine Pflicht des Arbeitgebers, die nicht direkt gegenüber dem Arbeitnehmer besteht. Der Arbeitnehmer kann folglich über diese Pflicht nicht disponieren. Aber auch im Hinblick auf den individuellen Auskunftsanspruch wird man dies im Ergebnis für Abweichungen zu Lasten des Arbeitnehmers verneinen müssen: Der Auskunftsanspruch wurde geschaffen, um den Arbeitnehmer dabei zu unterstützen, seinen Erfüllungsanspruch auf die Zahlung eines gleichen Lohns für gleiche und gleichwertige Arbeit durchzusetzen. Der Auskunftsanspruch dient dem Erfüllungsanspruch.[1240] Hintergrund ist, dass es Arbeitnehmern nach der derzeitigen Beweislastverteilung und Informationslage in vielen Fällen unmöglich ist, ihren Anspruch zu verwirklichen. Steht der Auskunftsanspruch in einem solch engen Zusammenhang zum Erfüllungsanspruch, dann muss er den zwingenden Charakter des Erfüllungsanspruchs teilen.

b) Verschwiegenheitsvereinbarungen

Der zweite Absatz der Vorschrift beinhaltet wiederum eine gesetzliche Neuerung: Danach ist die Nutzung der in einem Auskunftsverlangen erlangten Informationen auf die Geltendmachung von Rechten im Sinne dieses Gesetzes beschränkt,

1237 Ebd.

1238 So auch *Bauer/Krieger/Günther*, § 10 EntgTranspG Rn. 48.

1239 Etwa bezüglich des Auskunftsanspruchs *Bauer/Krieger/Günther*, § 10 EntgTranspG Rn. 47.

1240 *Roloff*, RdA 2019, 28, 30.

wobei die Veröffentlichung personenbezogener Gehaltsangaben und die Weitergabe an Dritte nicht von dem Nutzungsrecht umfasst sind. Hier wird die bereits diskutierte Problematik im Zusammenhang mit Verschwiegenheitsklauseln aufgegriffen.[1241] Ähnliche Vorschriften waren schon in den vorangegangenen Referentenentwürfen enthalten – jedoch in deutlich weitergehender Form. Nach § 8 Abs. 2 des EntgGleiG-E sollte noch jede Vereinbarung, die dem Beschäftigten verbietet, Auskunft über das eigene Arbeitsentgelt zu geben unwirksam sein, während § 8 Abs. 2 EntgTransG-E lediglich eine Beschränkung der Nutzung der durch ein Auskunftsersuchen erlangten Informationen für die Geltendmachung von Rechten i.S.d. Gesetzes untersagte. In der endgültigen Version wurde nun die Nutzung der in einem Auskunftsverlangen erlangten Informationen auf die Geltendmachung von Rechten i.S.d. EntgTranspG eingegrenzt, wobei beispielhaft solche aus dem AGG und dem BetrVG genannt werden.[1242]

Anstatt dem Arbeitgeber also generell zu verbieten, es dem Arbeitnehmer aufzugeben, Stillschweigen über seine Vergütung zu bewahren, wird nun dem Arbeitnehmer untersagt, die durch ein Auskunftsverlangen erhaltenen Informationen für andere als die durch das Gesetz verfolgten Zwecke zu nutzen. Insbesondere gehören „die Veröffentlichung personenbezogener Gehaltsangaben und deren Weitergabe an Dritte“ nach § 8 Abs. 2 S. 2 EntgTranspG nicht zu dem Nutzungsrecht des S. 1. Die Bezeichnung als „Nutzungsrecht“ wirft die Frage auf, ob die Regelung, obwohl sie eben kein explizites Verbot von Verschwiegenheitsklauseln vorsieht, dennoch implizit einer Beschränkung dieses Rechts entgegensteht. Bezweckt werden nach der Gesetzesbegründung die Vertraulichkeit von Gehältern und der Schutz der Persönlichkeitsrechte der Beschäftigten, sodass es etwa dem Betriebsausschuss untersagt ist, Informationen weiterzugeben, die dieser bei der Beantwortung des Auskunftsverlangens erhalten hat.[1243] Trotz der negativen Formulierung des Gesetzes, welche sich nur darauf bezieht, wie die Informationen gerade *nicht* genutzt werden dürfen, scheint der Arbeitnehmerschutzgedanke weiterhin im Vordergrund zu stehen. Es liegt daher nahe, den Gesetzeswortlaut dahingehend auszulegen, dass im Umkehrschluss die Nutzung der erlangten Informationen für Zwecke i.S.d. Gesetzes grundsätzlich unbeschränkt möglich ist. Würde man darüber hinausgehend Arbeitgebern das Recht gewähren, Arbeitnehmer durch die Verwendung von Verschwiegenheitsklauseln von der Nutzung der erlangten Informationen abzuhalten, so wäre die Gewährung des Auskunftsanspruchs an sich obsolet.

1241 Vgl. dazu bereits Gliederungspunkt F)III.2.b).

1242 BT-Drucks. 18/11133, S. 57; a.A. *Bauer/Krieger/Günther*, § 8 EntgTranspG Rn. 19 ff., die aufgrund der vom Gesetzeswortlaut abweichenden Formulierung in der Gesetzesbegründung eine Eingrenzung ausschließlich auf Rechte aus dem EntgTranspG annehmen.

1243 BT-Drucks. 18/11133, S. 57.

Insbesondere muss es einem Beschäftigten nach der Konzeption des Gesetzes auch möglich sein, Informationen aus dem geltend gemachten Anspruch an Kollegen weiterzureichen, um diesen eine Entscheidungshilfe bezüglich eines etwaig selbst erwogenen Auskunftsverlangens zu liefern.[1244] *Oberthür* geht hingegen davon aus, dass insbesondere die Weitergabe an einen Beschäftigten aus der Vergleichsgruppe durch § 8 Abs. 2 EntgTranspG untersagt wird.[1245] Die Zulässigkeit der Weitergabe an Kollegen ist in Anbetracht des dem Gesetz übergeordneten Ziels der Steigerung von Entgelttransparenz aber nur konsequent. Zudem handelt es sich bei einer solchen Weitergabe gerade um eine Nutzung zur Geltendmachung von Rechten i.S.d. Gesetzes. Eine Begrenzung auf *eigene* Rechte ist nicht erkennbar.[1246] Die Gesetzesbegründung weist zwar darauf hin, dass der Betriebsrat etwa keine Gehaltslisten an Beschäftigte weiterleiten darf, daraus lässt sich aber keinesfalls schlussfolgern, dass der Auskunftssuchende einen Kollegen nicht über die Antwort auf sein Auskunftsverlangen informieren darf. Die Antwort enthält keine gleichermaßen weitreichenden Informationen, die Angabe der Vergütung beschränkt sich auf den Median der Vergleichsgruppe.[1247] Die durch § 8 Abs. 2 S. 2 EntgTranspG untersagte Weitergabe von personenbezogenen Daten spielt in solchen Konstellationen in der Regel schon deshalb keine Rolle, weil das Gesetz eine weitestgehende Anonymisierung der Daten vorsieht.[1248]

Fraglich ist aber, wie sich die gesetzliche Regelung auf Informationen auswirkt, die der Arbeitnehmer nicht durch den gesetzlichen Auskunftsanspruch erlangt hat. Jedenfalls im Hinblick auf die Preisgabe des eigenen Gehalts, werden – wie bereits in der Instanzrechtsprechung entschieden – keine Einschränkungen möglich sein. Zwar argumentierte das LAG Mecklenburg-Vorpommern in seiner Entscheidung, in der es entsprechende Verschwiegenheitsklauseln im Hinblick auf das AGB-Recht für unwirksam erklärte, damit, dass Gespräche mit Arbeitskollegen die einzige Möglichkeit darstellten, Informationen darüber zu erhalten, ob eventuelle Ansprüche auf Gehaltsanpassung bestehen.[1249] Nach Inkrafttreten des Gesetzes gibt es aber nun mit dem individuellen Auskunftsanspruch durchaus eine andere Möglichkeit an derartige Informationen zu gelangen – dieser soll aber gerade die Informationssituation der Beschäftigten verbessern und nicht an anderer Stelle wieder schmälern. Dies gilt umso mehr in Unternehmen, in denen der Auskunftsanspruch mangels Erreichens des Schwellenwertes keine Anwendung findet.

1244 Im Ergebnis auch Däubler/Bertzbach/*Zimmer*, § 8 EntgTranspG Rn. 10; a.A. *von Roetteken*, GiP Sonderausgabe 1/2017, 2, 8.

1245 *Oberthür*, NJW 2017, 2228, 2233; zustimmend *Bauer/Krieger/Günther*, § 8 EntgTranspG Rn. 23.

1246 Vgl. auch ErfK/*Schlachter*, § 8 EntgTranspG Rn. 2.

1247 Vgl. dazu näher unten Gliederungspunkt G)IV.3.b)dd).

1248 Zu der Frage wie dies in der praktischen Umsetzung aussieht, s.u. Gliederungspunkt G)IV.5.a)aa).

1249 LAG Mecklenburg-Vorpommern v. 21.10.2009 – 2 Sa 237/09, RDV 2010, 235, 236.

10. Maßregelungsverbot

Das zuvor gewonnene Ergebnis, dass das Gesetz trotz der beschränkten Nutzung von durch Auskunftsverlangen gewonnenen Informationen implizit auch ein Verbot von Verschwiegenheitsklauseln enthält, wird auch durch § 9 EntgTranspG gestützt: Danach darf der Arbeitgeber sowohl Beschäftigte (S. 1) als auch Personen, welche die Beschäftigten hierbei, beispielsweise als Zeugen, unterstützen (S. 2), nicht wegen der Inanspruchnahme von Rechten aus dem EntgTranspG benachteiligen. Knüpft der Arbeitgeber an einen Verstoß gegen eine Verschwiegenheitsklausel eine Sanktion, so betrifft dies auch Beschäftigte, die die erhaltenen Informationen i.S.d. EntgTranspG nutzen. Im Übrigen entspricht das Maßregelungsverbot des § 9 S. 1 EntgTranspG dem des § 16 AGG.[1250] Beide Regelungen haben auch gemeinsam, dass sie lediglich das Maßregelungsverbot des § 612a BGB im Hinblick auf eine konkrete Art von Rechten wiederholen. Insofern kann § 9 S. 1 EntgTranspG als überflüssig bezeichnet werden.[1251] Einziger Mehrwert gegenüber § 612a BGB ist die Erstreckung des Schutzes auf Unterstützungspersonen in § 9 S. 2 EntgTranspG.[1252] Problematisch erscheint aber insofern, dass nicht hinreichend klargestellt wird, ob dieser Schutz auch rechtswidriges Handeln erfasst.[1253] Richtigerweise ist das Benachteiligungsverbot aber wie bei § 16 AGG auf die zulässige Inanspruchnahme zu beschränken.[1254]

11. Zwischenergebnis

Zusammenfassend lässt sich für den ersten Abschnitt des Gesetzes festhalten, dass dieser – bis auf wenige Abweichungen – lediglich die bereits bestehende Rechtslage wiedergibt. Insbesondere im Hinblick auf das AGG, auf dessen Unberührtheit mehrfach hingewiesen wird, ergeben sich zahlreiche Wiederholungen. Auch die Begriffsbestimmung der gleichen und der gleichwertigen Arbeit beschränkt sich auf eine Wiedergabe der diesbezüglichen EuGH-Rechtsprechung ohne eine „subsumtionstaugliche" Definition darzustellen, die die Feststellung in der Praxis erleichtern könnte. Ein ähnliches Vorgehen konnte in jüngerer Zeit auch bei der

---

1250 BT-Drucks. 18/11133, S. 57.

1251 *Thüsing*, BB 2017, 565, 566; *Wank*, RdA 2018, 34, 41; DAV Stellungnahme Nr. 22/2017 v. 15.3.2017, S. 9, verfügbar unter: https://anwaltverein.de/de/newsroom/sn-22-17-entgelttransparenzgesetz-entgtranspg (Abruf 4.12.2018).

1252 *Oberthür*, NJW 2017, 2228, 2230; *Bauer/Krieger/Günther*, § 9 EntgTranspG Rn. 4; *Grimm/Freh* KSzW 2017, 89, 94.

1253 DAV Stellungnahme Nr. 22/2017 v. 15.3.2017, S. 9, verfügbar unter: https://anwaltverein.de/de/newsroom/sn-22-17-entgelttransparenzgesetz-entgtranspg (Abruf 4.12.2018).

1254 *Bauer/Krieger/Günther*, § 9 EntgTranspG Rn. 7; *Grimm/Freh* KSzW 2017, 89, 94; Henssler/Willemsen/Kalb/*Thies*, § 9 EntgTranspG Rn. 3; Däubler/Bertzbach/*Zimmer*, § 9 EntgTranspG Rn. 2.

Definition des Arbeitnehmerbegriffs in § 611a Abs. 1 BGB beobachtet werden. Gesetzliche Regelungen, die lediglich klarstellende und deklaratorische Funktionen haben, sind an sich unschädlich. Allerdings setzt sich der Gesetzgeber bei ihrer Verwendung dem verstärkten Verdacht aus, lediglich Symbolpolitik zu betreiben und das Gesetz durch diese Normen hinsichtlich des Volumens aufzustocken, um den Anschein einer umfassenden und innovativen Problemlösung zu erwecken.

III. Erfüllungsanspruch?

Durch § 3 Abs. 1 und § 7 EntgTranspG wird zwar eine unterschiedliche Entlohnung von Männern und Frauen aufgrund des Geschlechts verboten – eine explizite positive Anordnung, dass bei gleicher und gleichwertiger Arbeit gleiches Entgelt zu zahlen ist, fehlt aber.[1255] Die vorangegangenen Referentenentwürfe enthielten hingegen im jeweiligen § 7 Abs. 1 einen ausdrücklichen Erfüllungsanspruch, wodurch dem oder der Beschäftigten gegen den Arbeitgeber ein Anspruch auf Zahlung desjenigen Entgeltes zugesprochen wurde, welches ohne die unmittelbare oder mittelbare geschlechtsbedingte Benachteiligung beim Entgelt zu zahlen gewesen wäre. Diese Anspruchsgrundlage ist jedoch im Laufe des Gesetzgebungsverfahrens weggefallen. Damit wurde einer wesentlichen, schon im Hinblick auf das AGG geäußerten, Kritik letztlich nicht entsprochen.[1256] Daraus kann jedoch nicht geschlossen werden, dass der Gesetzgeber das Bestehen eines entsprechenden Erfüllungsanspruchs in Frage stellt.

1. Verortung des Anspruchs

Einerseits käme in Betracht anzunehmen, dass sich aufgrund der bereits aus dem AGG herleitbaren Anspruchsgrundlage[1257] aus dem EntgTranspG kein eigenständiger Erfüllungsanspruch ergibt oder aber dass der Anspruch dem AGG entsprechend aus dem EntgTranspG durch die Rechtsprechung hergeleitet wird.[1258] In der Literatur wird verbreitet angenommen, dass es sich bei § 7 EntgTranspG, der ausweislich der Gesetzesbegründung § 612 Abs. 3 S. 1 BGB aF nachgebildet ist,[1259] um die relevante Anspruchsnorm handelt.[1260] Vereinzelt findet sich aber auch die

---

1255 A.A. *Hintzen/Richter*, Antworten für die Praxis, Entgelttransparenzgesetz, S. 9.

1256 Vgl. *Fasse/Klie*, Das neue Entgelttransparenzgesetz, S. 55, die davon ausgehen, dass das EntgTranspG keinen Anspruch auf höheres Entgelt enthält.

1257 Vgl. oben Gliederungspunkt D)II.2.a).

1258 *Langemann/Wilking*, BB 2017, 501; für letzteres *Behrendt/Witzke*, BB 2017, 3060, 3062; *Glaser/Groß*, AuA 2017, 303, 304.

1259 BT-Drucks. 18/11133, S. 56.

1260 *Brune/Brune*, BB 2019, 436, 437; *Kocher*, AuR 2018, 8, 10; BeckOK-ArbR/*Roloff*, § 7 EntgTranspG Rn. 1; wohl auch ErfK/*Schlachter*, § 7 EntgTranspG Rn. 1; *von Roetteken*, GiP Sonderausgabe 1/2017, 2, 6; Däubler/Bertzbach/*Zimmer*, § 7 EntgTranspG Rn. 1.

Auffassung, § 3 Abs. 1 EntgTranspG, müsse entsprechend § 612 Abs. 3 S. 1 BGB aF als Anspruchsgrundlage für die der Vergleichsperson entsprechende höhere Vergütung ausgelegt werden[1261] Andere sehen die Anspruchsgrundlage wiederum in § 8 Abs. 1 EntgTranspG i.V.m. § 612 Abs. 2 BGB.[1262] Ebenso uneindeutig ist das Verständnis im Hinblick auf das Verhältnis eines Anspruchs aus dem EntgTranspG zu § 8 Abs. 2 AGG i.V.m. § 2 Abs. 1 Nr. 2 AGG. Insofern wird regelmäßig auf die Spezialitätsregelung in § 2 Abs. 2 EntgTranspG hingewiesen, weshalb der Anspruch aus dem EntgTranspG gegenüber § 8 Abs. 2 AGG i.V.m. § 2 Abs. 1 Nr. 2 AGG vorrangig heranzuziehen sei.[1263] *Bauer*, *Krieger* und *Günther* halten die Ansprüche für nebeneinander anwendbar,[1264] während *Göpfert* und *Giese* mangels expliziter Formulierung im EntgTranspG die Anspruchsgrundlage weiterhin im AGG sehen.[1265]

Im Ergebnis sprechen wohl die besseren Argumente für eine vorrangige Entnahme der Anspruchsgrundlage aus dem EntgTranspG, welches für den Fall der geschlechtsbedingten Entgeltdiskriminierung spezieller ist. Welche Norm dabei zugrunde zu legen ist, mag man zu Recht als eine in dogmatischer Hinsicht relevante Frage bezeichnen können, die zudem nicht gerade für die Kohärenz des Gesetzes streitet. In praktischer Hinsicht ändert dies jedoch nichts an dem für den Arbeitnehmer bestehenden Anspruch. Denn alle Formulierungsweisen haben letztlich denselben Bedeutungsgehalt.[1266] Auch aus der Sicht eines Beschäftigten, der seinen Erfüllungsanspruch gerichtlich geltend machen will, ist dies unproblematisch: Der nach § 253 Abs. 2 Nr. 2 ZPO anzugebende Klagegrund bezieht sich auf „den konkreten Lebenssachverhalt, aus dem der Kläger sein Begehren ableitet“. Auf die rechtliche Qualifizierung kommt es dabei nicht an.[1267]

2. Inhalt des Anspruchs

Inhaltlich richtet sich der Anspruch auf die Beseitigung der Benachteiligung, also eine „Anpassung nach oben“, nicht auf eine nach § 612 Abs. 2 BGB zu ermittelnde übliche Vergütung.[1268] Bei Kollektivvereinbarungen kann eine solche Anpassung für die Zukunft schrittweise und unter Einbeziehung von Besitzstandsregelungen erfolgen.[1269] *Kuhn* und *Schwindling* stellen jedoch die Frage, auf welches höhere

1261 *Oberthür*, NJW 2017, 2228, 2230; Henssler/Willemsen/Kalb/*Thies*, § 3 EntgTranspG Rn. 1.
1262 *Bauer/Krieger/Günther*, § 8 EntgTranspG Rn. 6.
1263 *Behrendt/Witzke*, BB 2017, 3060, 3062; BeckOK-ArbR/*Roloff*, § 2 EntgTranspG Rn. 2.
1264 *Bauer/Krieger/Günther*, § 2 EntgtranspG Rn. 9.
1265 So im Ergebnis auch *Göpfert/Giese*, NZA 2018, 207, 209.
1266 Vgl. auch *Thüsing*, BB 2017, 565, 566.
1267 Saenger/*Saenger*, § 253 ZPO Rn. 25.
1268 *Grimm/Freh* KSzW 2017, 89, 92; ErfK/*Schlachter*, § 8 EntgTranspG Rn. 1.
1269 ErfK/*Schlachter*, § 8 EntgTranspG Rn. 1, unter Bezugnahme auf EuGH v. 8.9.2011 – C-297/10 und C-298/10, NZA 2011, 1100 (Hennigs und Mai).

Entgelt sich der Anspruch bezieht, denn darüber gibt das Gesetz keine Auskunft.[1270] Er könne sich jedenfalls nicht auf eine Anpassung an das höchste Entgelt innerhalb der Gruppe der Arbeitnehmer mit einer gleichen oder gleichwertigen Tätigkeit beziehen, weil der in den §§ 10 ff. EntgTranspG geregelte Auskunftsanspruch nach § 11 Abs. 3 S. 2 EntgTranspG nur auf den Median der Vergleichsgruppe gerichtet ist, sodass der Anspruch nur auf die Anpassung an den Durchschnitt zielen könne.[1271] Aufgrund der zwischen jeder Anpassung und der Veränderung des Medians bestehenden Dynamik drohe dabei eine „unendliche Lohnspirale".[1272]

Einerseits ist der Median jedoch regelmäßig nicht identisch mit dem durchschnittlichen Verdienst der Arbeitnehmer in der Vergleichsgruppe, andererseits lässt der Gegenstand des Auskunftsanspruchs auch keinen zwingenden Schluss auf den Anspruchsinhalt zu.[1273] Der Auskunftsanspruch ist lediglich darauf gerichtet, den möglichweise benachteiligten Beschäftigten Hinweise auf potenzielle Benachteiligungen in der Entgeltstruktur zu liefern, damit diese ihre Klagemöglichkeiten abwägen können.[1274] Nach dem Grundsatz des gleichen Entgelts für gleiche und gleichwertige Arbeit muss ein Beschäftigter an sich einen Anspruch auf *jede* höhere Vergütung einer gleichen oder gleichwertigen Tätigkeit haben, die ihm selbst aufgrund des eigenen Geschlechts vorenthalten wird,[1275] also auch auf die höchste. Grundsätzlich haben alle Beschäftigten einer Vergleichsgruppe einen Anspruch auf diese höchste Vergütung, gerade weil sie ja alle eine gleiche oder gleichwertige Tätigkeit verrichten. Dies gilt nur dann nicht, wenn die höhere Vergütung im Einzelfall durch sachliche Gründe wie arbeitsmarkt-, leistungs- und arbeitsergebnisbezogene Kriterien gerechtfertigt ist. Der Median oder der Durchschnitt können demgegenüber keine Obergrenze für die Anpassung darstellen, denn dies würde eine Beschränkung des Entgeltgleichheitsgebots darstellen. Wie *Zimmer* treffend formuliert, ist Ziel der Anpassung „nicht ‚ein bisschen weniger Diskriminierung' sondern ‚Nichtdiskriminierung' ".[1276]

3. Auswirkungen auf Ausschlussfristen und Verjährung

Die Anspruchsgrundlage und der Inhalt des Erfüllungsanspruchs lassen sich mithin zumindest durch Auslegung ermitteln. Fraglich ist aber schließlich, welche Rückschlüsse sich aus der wechselvollen Gesetzgebungsgeschichte des Erfüllungsanspruchs im Hinblick auf das Greifen von Ausschluss- und Verjährungsfristen

---

1270 *Kuhn/Schwindling*, DB 2017, 785.

1271 Ebd.; ähnlich auch Däubler/Bertzbach/*Hinrichs*, § 11 EntgTranspG Rn. 9: Anpassung in Höhe des Medians; ebenso: *Bürger/Müller*, DB 2019, 425, 427.

1272 *Kuhn/Schwindling*, DB, 2017, 785; a.A. Däubler/Bertzbach/*Hinrichs*, § 11 EntgTranspG Rn. 9.

1273 Vgl. auch BeckOK-ArbR/*Roloff*, § 7 EntgTranspG Rn. 7.

1274 BT-Drucks. 18/11133, S. 57.

1275 Vgl. *Bauer/Krieger/Günther*, § 10 EntgTranspG Rn. 74.

1276 Däubler/Bertzbach/*Zimmer*, § 8 EntgTranspG Rn. 5.

ziehen lassen. Deren Geltung wurde im Zuge der expliziten Kodifizierung eines Auskunftsanspruchs in den vorangegangenen Referentenentwürfen dort auch geregelt. In § 7 Abs. 2 S. 1 EntgGleiG-E wurde ebenso wie in § 7 Abs. 2 EntgTransG-E klargestellt, dass für den Anspruch die Verjährungsfristen des Bürgerlichen Gesetzbuches gelten sollten. § 7 Abs. 2 S. 2 EntgGleiG-E, der im Folgeentwurf nicht mehr enthalten war, sollte zudem die Anwendung von kollektivrechtlichen und individualvertraglichen Verjährungsfristen ausschließen, die gegenüber den allgemeinen Verjährungsfristen kürzer ausfallen, um einer Begrenzung des Anspruches für die Vergangenheit entgegenzuwirken.[1277] Dass mit der expliziten Formulierung des Erfüllungsanspruchs auch Vorgaben zu dessen Beschränkung entfallen sind, überrascht wenig.[1278] Es liegt also grundsätzlich nahe, daraus keinen bestimmten Erklärungsgehalt des Gesetzgebers zu entnehmen, sondern die Auslassung eher als ein Belassen des Erfüllungsanspruchs in seiner schon vor dem EntgTranspG bestehenden Form zu verstehen. Andererseits könnte man darin auch ein Statement dahingehend sehen, dass der Gesetzgeber die Vereinbarung von Ausschlussfristen gerade ermöglichen wollte.[1279] Dafür spricht insbesondere, dass ihre Anwendung in anderen Gesetzen, wie etwa dem MiLoG, ausdrücklich verboten wird.[1280]

Aus der Sicht des Deutschen Juristinnenbundes (djb) hätte ein ebensolches Verbot aufgenommen werden sollen: Durch die Zulassung zeitlicher Begrenzungen unterhalb der Verjährungsfrist würde der Staat seiner „Verpflichtung (...) auf effektive Durchsetzung des Entgeltgleichheitsgebots nicht gerecht".[1281] Auch *Schüren* fordert eine Eindämmung der Beschränkungsmöglichkeiten und argumentiert damit, dass Arbeitgeber in Anbetracht des Rechtsbruchs, der den Anspruch auslöse, auch nicht schutzwürdig seien.[1282] Dem kann aber zunächst entgegengehalten werden, dass nicht bei jedem Arbeitgeber zwingend ein Bewusstsein für die zu niedrige Bezahlung besteht – etwa, weil er zwei Tätigkeiten bislang für nicht gleichwertig hielt. Zudem müssten nach diesem Verständnis sämtliche Ansprüche, die auf einem schuldhaften Verhalten des Arbeitgebers beruhen, von der Geltung von Ausschlussfristen ausgenommen werden. Gerade im Hinblick auf Ansprüche aus Verstößen gegen Diskriminierungsverbote, würde ein Verbot von Ausschlussfristen einen deutlichen Widerspruch zu § 15 Abs. 4 AGG darstellen.[1283] Diese

---

1277 Vgl. Referentenentwurf des Bundesministeriums für Familie, Senioren, Frauen und Jugend, Entwurf eines Gesetzes für mehr Lohngerechtigkeit zwischen Frauen und Männern, Bearbeitungsstand: 27.10.2016, S. 49.

1278 *Bürger/Müller*, DB 2019, 425, 427.

1279 *Bauer/Günther/Romero*, NZA 2017, 809, 812; *Bauer/Krieger/Günther*, § 10 EntgTranspG Rn. 83; *Göpfert/Giese*, NZA 2018, 207, 210.

1280 BeckOK-ArbR/*Roloff*, § 7 EntgTranspG Rn. 10.

1281 Wortprotokoll Ausschuss für Familie, Senioren, Frauen und Jugend 18/82, Stellungnahme des djb, S. 92, 97.

1282 *Schüren*, DB 2016, M5.

1283 *Thüsing*, DB 2016, 2234, 2237.

Norm ist zwar wie dargelegt wurde nicht auf den Erfüllungsanspruch anwendbar, was auch i.R.d. EntgTranspG gelten muss[1284] – im Kontext von § 15 Abs. 4 AGG hat der EuGH jedoch bestätigt, dass angemessene Ausschlussfristen, die dem Prinzip der Rechtssicherheit dienen, nicht den Effektivitätsgrundsatz im Hinblick auf die Durchsetzung von Unionsrecht verletzen.[1285] Schließlich handelt es sich bei durch Individual- oder Kollektivvertrag vereinbarten Ausschlussfristen aus demselben Grund auch nicht um eine unzulässige Vereinbarung nach § 8 EntgTranspG.[1286] Im Ergebnis ist also davon auszugehen, dass Ausschlussfristen im Hinblick auf den hier diskutierten Erfüllungsanspruch weiterhin zulässig sind. In der Literatur wird deren Aufnahme in den Arbeitsvertrag insofern zu Recht empfohlen.[1287]

IV. Individueller Auskunftsanspruch

Der zweite Abschnitt des Gesetzes regelt die Voraussetzungen, den Inhalt, die Reichweite und das Verfahren des individuellen Auskunftsanspruchs. Dieser Auskunftsanspruch gehört zu den zentralen Instrumenten des Gesetzes und wurde bereits im Koalitionsvertrag erwähnt.[1288] Nach der Gesetzesbegründung soll der Auskunftsanspruch es betroffenen Arbeitnehmern ermöglichen, „Hinweise auf potenzielle Benachteiligungen in Entgeltstrukturen zu erhalten" und somit die Möglichkeit einer erfolgreichen klageweisen Durchsetzung ihres Anspruchs auf gleiche Entlohnung gleicher und gleichwertiger Arbeit verschaffen.[1289] Die Zielrichtung des Auskunftsanspruchs setzt also an dem i.R.d. Beweislastverteilung nach § 22 AGG bereits diskutierten Problem an, dass auf Seiten der Beschäftigten regelmäßig Informationsdefizite im Hinblick auf das Verhältnis der eigenen zu der Vergütung der Kollegen bestehen. Im Gegensatz zu der Frage nach dem Beruhen auf einem Diskriminierungsmerkmal besteht für die Frage danach, ob überhaupt eine Benachteiligung gegenüber einem anderen vorliegt, wie dargestellt, gerade keine Beweiserleichterung.[1290] Im Folgenden ist daher zu untersuchen, inwiefern der neue Auskunftsanspruch für die Arbeitnehmer einen Mehrwert darstellt, der eine zukünftig verstärkte Durchsetzung des Entgeltgleichheitsanspruchs erwarten lässt.

1284 *Bauer/Krieger/Günther*, § 10 EntgTranspG Rn. 83; *Oerder/Wenckebach*, § 7 EntgTranspG Rn. 5; BeckOK-ArbR/*Roloff*, § 2 EntgTranspG Rn. 4.

1285 EuGH v. 8.7.2010 – C-246/09, NZA 2010, 869, 871 (Bulicke); vgl. auch *Bauer/Krieger/Günther*, § 10 EntgTranspG Rn. 82.

1286 *Kuhn/Schwindling*, DB 2018, 509, 514.

1287 *Häferer/Köhler*, CB 2017, 284, 288.

1288 Vgl. Gliederungspunkt F)II.

1289 BT-Drucks. 18/11133, S. 57.

1290 Vgl. dazu Gliederungspunkt D.II.2.c)cc).

1. Voraussetzungen

Will ein Arbeitnehmer den Auskunftsanspruch geltend machen, so hat dies nach § 10 Abs. 2 S. 1 EntgTranspG in Textform zu erfolgen. Entsprechend diesem in § 126b BGB geregelten Formerfordernis hat der Arbeitnehmer also die Möglichkeit, das Auskunftsverlangen auf schriftlichem Weg – etwa in Briefform – oder elektronisch per E-Mail zu kommunizieren. Ausweislich der Gesetzesbegründung kommt es darauf an, dass die Person des oder der Anfragenden aus der Anfrage erkennbar ist und selbige auf einem dauerhaften Datenträger abgegeben wird.[1291]

a) Benennung der Vergleichstätigkeit

Bei seinem Auskunftsverlangen hat der Beschäftigte nach § 10 Abs. 1 S. 2, 3 EntgTranspG in zumutbarer Weise eine gleiche oder gleichwertige Tätigkeit (Vergleichstätigkeit) zu benennen, auf die sich das Auskunftsverlangen richtet und anzugeben, ob er zusätzlich zu dem durchschnittlichen monatlichen Bruttoentgelt auch die Auskunft über weitere Entgeltbestandteile verlangt, wobei letztere auf maximal zwei beschränkt sind. Nach der Konzeption des Gesetzes kann der Arbeitnehmer dabei nicht erfragen, *ob* es gleiche oder gleichwertige Tätigkeiten in dem Betrieb gibt, sondern er muss selbst eine solche Vergleichstätigkeit benennen. Das setzt nicht nur voraus, dass überhaupt eine taugliche Vergleichstätigkeit existiert, sondern auch, dass es dem Beschäftigten selbst möglich ist, eine solche zu ermitteln. Vielfach werden Arbeitnehmer zumindest ein Gefühl dafür haben, inwiefern die Anforderungen an die Tätigkeiten der Kollegen mit den eigenen vergleichbar sind – über beweistaugliche Anhaltspunkte verfügen sie aber regelmäßig nicht.[1292] Nach dem Wortlaut des Gesetzes haben sie die Vergleichstätigkeit auch nur „in zumutbarer Weise“ zu benennen. Dabei stellt sich jedoch aufgrund der Wertungsoffenheit dieses Begriffs die Frage, wann die Benennung zumutbar ist.

aa) In zumutbarer Weise

Als Vergleichstätigkeit wird in § 10 Abs. 1 S. 2 EntgTranspG die gleiche oder gleichwertige Arbeit legaldefiniert, die wiederum in § 4 Abs. 1 bzw. 2 EntgTranspG umschrieben wird. Der Arbeitnehmer steht mithin vor einer noch schwierigeren Aufgabe als ein Arbeitsrichter, der im Streitfall zu beurteilen hat, ob es sich um gleichwertige Tätigkeiten handelt, denn er muss die Vergleichstätigkeit selbst auswählen. Die Kriterien, die das Gesetz zu deren Ermittlung bietet, sind aber, wie dargelegt wurde,[1293] nicht klar umrissen und daher auch nicht leicht zu subsumieren. Je unterschiedlicher und spezieller die Tätigkeiten sind, desto schwerer wird es einem durchschnittlichen Arbeitnehmer fallen, die Anforderungen einer

---

1291 BT-Drucks. 18/11133, S. 58.

1292 Vgl. dazu auch *Haag*, GewArch 2018, 62, 64.

1293 Vgl. dazu Gliederungspunkt G)II.6.

potenziellen Vergleichstätigkeit zu ermitteln und mit den eigenen ins Verhältnis zu setzen. Auch unabhängig davon, ob man mit der hier vertretenen Ansicht die Möglichkeit der Ermittlung eines „objektiven“ Wertes nach den gesetzlichen Kriterien in Frage stellt, ist jedenfalls zu konstatieren, dass diese Voraussetzung für den Arbeitnehmer in der tatsächlichen Umsetzung eine unter Umständen unüberwindbare Hürde darstellt.

Der Gesetzgeber hat die sich für den Arbeitnehmer ergebenden Schwierigkeiten offenbar nicht übersehen. In der Gesetzesbegründung wird ausgeführt, dass die Beschäftigten, da sie im Einzelfall nicht über die erforderlichen Informationen verfügen, die gleiche oder gleichwertige Tätigkeit nur „möglichst konkret“ benennen müssen. Durch diese Wortwahl wolle man die willkürliche Auswahl einer Vergleichstätigkeit ausdrücklich ausschließen.[1294] Diese Begründung deutet darauf hin, dass der Gesetzgeber einer gewissen Gefahr der missbräuchlichen Verwendung des Auskunftsanspruchs vorbeugen wollte. Dennoch bleibt letztlich unklar, was „möglichst konkret benennen“ bedeutet. *Roloff* will in Abhängigkeit von den Umständen den Vornamen oder den Arbeitsort des Kollegen genügen lassen.[1295] Doch auch dann ist noch nicht geklärt, ob die Umschreibung „Arbeitnehmer in Produktionshalle A“ oder erst „Maschinenschlosser in Produktionshalle A“ oder gar „Maschinenschlosser in Produktionshalle A, Abschnitt 2 mit Zusatzqualifikation XY“ genügt.[1296] Je größer der Betrieb ist, desto weniger spezifisch wird ein Beschäftigter etwa aus der Vertriebsabteilung solche Unterschiede treffsicher benennen können. Wann die Grenze der Willkür überschritten ist und, ob der Arbeitgeber dann gegebenenfalls das Auskunftsverlangen ablehnen kann, ist aber unklar.[1297] Angesichts dieser unklaren Grenzen, muss der Spielraum einer zumutbaren Benennung eher weit gefasst werden. Dann wäre es als zulässig anzusehen, wenn der Arbeitnehmer irgendeine irgendwie vergleichbare Tätigkeit – abgesehen von einer *evident* willkürlichen Auswahl – benennt, nur um anschließend nach § 15 Abs. 4 S. 4 EntgTranspG eine Mitteilung über eine Tätigkeit zu erhalten, die aus der Sicht des Arbeitgebers oder des Betriebsrats tatsächlich gleichwertig ist.[1298] Auch die Tatsache, dass der Gesetzgeber die Möglichkeit einer alternativen Mitteilung vorgesehen hat, spricht dafür, dass er die Schwierigkeiten für die Arbeitnehmer gesehen hat und insofern insgesamt niedrige Anforderungen zu stellen sind.

1294 BT-Drucks. 18/11133, S. 58.

1295 BeckOK-ArbR/*Roloff*, § 10 EntgTranspG Rn. 7; a.A. *Bauer/Krieger/Günther*, § 10 EntgTranspG Rn. 21: Benennung einer Tätigkeit, nicht einer Person erforderlich.

1296 Vgl. aber die Beispiele bei *Bauer/Krieger/Günther*, § 10 EntgTranspG Rn. 20.

1297 *Koller-van Delden*, DStR 2018, 254, 257, plädiert insofern für „sehr niedrige Anforderungen“.

1298 Näheres zu § 15 Abs. 4 S. 4 EntgtranspG unter Gliederungspunkt G)IV.4.b).

bb) Rechtsmissbräuchliche Verwendung des Auskunftsbegehrens

Ob der Arbeitgeber in die Situation kommt, die durch den Arbeitnehmer benannte Vergleichstätigkeit auf deren Tauglichkeit zu untersuchen, hängt maßgeblich von der Initiative des Arbeitnehmers ab. Dies stellt in einem bestehenden Arbeitsverhältnis nicht selten ein Hürde dar, die der Gesetzgeber auch gesehen zu haben scheint und deshalb den Betriebsrat als grundsätzlichen Ansprechpartner des Arbeitnehmers benannt hat.[1299] Dennoch sehen *Fuhlrott* und *Ritz* den eigentlichen Anwendungsbereich des Auskunftsanspruchs i.R.v. Kündigungsschutzprozessen.[1300] Gerade in dieser Möglichkeit sehen *Bauer*, *Krieger* und *Günther* jedoch Potenzial für eine rechtsmissbräuchliche Geltendmachung des Auskunftsanspruchs: Der Arbeitnehmer bringe den Arbeitgeber in eine „Erpressungssituation", wenn das Auskunftsverlangens nicht allein auf die Überprüfung von Entgeltgleichheit, sondern auf die Erlangung einer besseren Verhandlungsposition im Hinblick auf eine Abfindung gerichtet sei.[1301]

Die Annahme eines rechtsmissbräuchlichen Verhaltens stößt an dieser Stelle jedoch auf verschiedene Bedenken: Zunächst kann der bloße Umstand, dass das Arbeitsverhältnis bereits (un-)wirksam gekündigt ist, kein mit § 242 BGB unvereinbares Verhalten begründen. Es ist vielmehr gerade nicht ausgeschlossen, dass der Arbeitnehmer sich erst in dieser Situation traut, den Anspruch geltend zu machen. Die Motivation gegenüber dem Arbeitgeber Vorteile ziehen zu wollen und eventuell neben der Überprüfung und Durchsetzung des Entgeltgleichheitsgebots auch dem Arbeitgeber „eins auszuwischen", kann in jedem Fall des Auskunftsbegehrens gegeben sein. Lediglich in Extremfällen ist daher an Rechtsmissbrauch zu denken. In allen anderen Situationen überwiegt die Gefahr, Arbeitnehmer von der Geltendmachung ihrer Rechte abzuschrecken.

b) Ablauf der Wartefrist

Gemäß der Übergangsbestimmung des § 25 Abs. 1 S. 1 EntgTranspG konnte der Auskunftsanspruch erstmals sechs Monate nach Inkrafttreten des Gesetzes geltend gemacht werden – Arbeitgeber erhielten also eine Schonfrist, um sich auf etwaige Auskunftsansprüche vorzubereiten.[1302] Nach § 10 Abs. 2 S. 2 EntgTranspG kann der Auskunftsanspruch dann grundsätzlich erst zwei Jahre nach dem Einreichen des letzten Auskunftsverlangens erneut geltend gemacht werden, es sei denn, dass der Arbeitnehmer darlegen kann, dass sich die Voraussetzungen inzwischen wesentlich verändert haben. Abweichend davon beträgt die Wartefrist bei einer erstmaligen Geltendmachung innerhalb der ersten auf die Schonfrist folgenden drei Jahre weitere drei Jahre, § 25 Abs. 1 S. 2, 3 EntgTranspG. Als Beispiele für eine

1299 Dazu ausführlich Gliederungspunkt G)IV.5.
1300 *Fuhlrott/Ritz*, ArbR 2017, 211, 214.
1301 *Bauer/Krieger/Günther*, § 10 EntgtranspG Rn. 30 ff.
1302 BT-Drucks. 18/11133, S. 75.

wesentliche Veränderung nennt die Gesetzesbegründung einen Stellenwechsel, den Aufstieg in einen außertariflich vergüteten Bereich und den mit dem Wechsel einer Entgeltsystematik verbundenen Austritt des Arbeitgebers aus der Tarifgemeinschaft.[1303]

Kuhn und *Schwindling* sehen hier die Notwendigkeit einer restriktiven Auslegung: Eine wesentliche Veränderung dürfe etwa nicht darin gesehen werden, dass sich der Auskunftsgegenstand Median verändert hat, weil inzwischen ein Kollege eine Gehaltsanpassung durchgesetzt hat. Anderenfalls würde die gesetzliche Regelung darauf hinauslaufen, dass eine Pflicht zur Zahlung eines „verkappten Einheitslohns" entstünde, welchen der Gesetzgeber ausdrücklich hätte normieren müssen und der zudem im Konflikt mit der sozialen Marktwirtschaft und der Freiheit der Arbeitsvertragsparteien stünde.[1304] In der Praxis ist aber nicht zwingend davon auszugehen, dass ein Arbeitnehmer überhaupt Kenntnis von dem Auskunftsverlangen und einer etwaigen anschließenden Gehaltsanpassung des Kollegen erhält. Auf der anderen Seite kann die beschriebene Lohnspirale aber ebenso bei restriktiver Auslegung des Ausnahmetatbestandes entstehen – wenn auch über einen längeren Zeitraum.[1305]

Unklar ist zudem, ob sich die Wartefrist jeweils nur auf das Auskunftsverlangen zu einer konkreten Vergleichstätigkeit bezieht.[1306] Es ist schließlich denkbar, dass innerhalb eines Betriebes mehrere gleichwertige Tätigkeiten existieren und diese in jeweils unterschiedlichem Maße höher vergütet werden als die eigene Tätigkeit. Würde jedes Auskunftsverlangen den Lauf der Wartefrist für sämtliche Auskunftsverlangen auch in Bezug auf andere Vergleichstätigkeiten auslösen, ergibt sich daraus eine besondere Schwierigkeit für den Arbeitnehmer: Vermutet er, dass er aufgrund seines Geschlechts bei der Vergütung diskriminiert wird, muss er gut überlegen, welche Vergleichstätigkeit er für den Auskunftsanspruch auswählt. Einen zweiten Anlauf hätte er erst wieder in zwei Jahren. Im Hinblick auf die regelmäßigen informationellen Defizite auf Seiten des Arbeitnehmers, bei deren Beseitigung der Auskunftsanspruch gerade helfen soll, stellt dies eine weitere Hürde dar. Zweifelt der Arbeitgeber die Tauglichkeit der Vergleichstätigkeit an, so hat er gem. § 15 Abs. 4 S. 4 EntgTranspG eine andere gleiche oder gleichwertige Tätigkeit zu benennen. Solange eine solche existiert, läuft der Arbeitnehmer jedenfalls nicht Gefahr, dass eine fälschliche Benennung dazu führt, dass er am Ende gar keine Auskunft erhält. Der Arbeitgeber könnte dann aber wiederum von den gleichwertigen Tätigkeiten die am niedrigsten vergütete auswählen. Diese teleologischen Erwägungen sprechen insofern eher gegen eine Sperrung hinsichtlich sämtlicher

---

1303 BT-Drucks. 18/11133, S. 58.

1304 *Kuhn/Schwindling*, DB 2017, 785, 788; zustimmend *Bauer/Krieger/Günther*, § 10 EntgTranspG Rn. 38.

1305 Vgl. dazu bereits oben Gliederungspunkt G)III.2.

1306 *Oerder/Wenckebach*, § 10 EntgTranspG Rn. 13; ErfK/*Schlachter*, § 10 EntgTranspG Rn. 4.

Vergleichstätigkeiten. Die Formulierung des § 10 Abs. 2 S. 2 EntgTranspG steht dem auch grundsätzlich nicht entgegen, wonach es bezüglich der Wartefrist auf den „Ablauf von zwei Jahren nach Einreichen des letzten Auskunftsverlangens" ankommt. Diesem Wortlaut lässt sich weder entnehmen, dass nur das Auskunftsverlangen hinsichtlich einer bestimmten Tätigkeit gemeint ist, noch sicher, dass jedes Auskunftsverlangen ausreicht – er gestaltet sich insofern offen.

Andererseits verfolgt der Gesetzgeber mit der Wartefrist erkennbar das Ziel, Arbeitgeber davor zu bewahren, ständig neue Auskunftsansprüche derselben Arbeitnehmer bewältigen zu müssen.[1307] Würden gleich mehrere Arbeitnehmer in kürzeren Abständen regelmäßig Auskunft verlangen, würde dies eine hohe organisatorische Belastung für den Arbeitgeber darstellen.[1308] Auch hinsichtlich anderer Vergleichtätigkeiten gilt folglich die Sperrfrist des § 10 Abs. 2 S. 2 EntgTranspG. Ebenso wenig kann er sein Auskunftsverlangen vor Ablauf der Frist auf andere Entgeltbestandteile richten: Dagegen spricht zusätzlich die Tatsache, dass diese Möglichkeit noch in § 10 Abs. 2 2. Alt. EntgGleiG-E vorgesehen war, aber letztlich nicht Gesetzeswortlaut geworden ist.[1309]

Alternativ wäre denkbar, den Auskunftsanspruch *de lege ferenda* so auszugestalten, dass ein Arbeitnehmer sein Auskunftsverlangen gleich auf mehrere Vergleichstätigkeiten beziehen könnte. So wäre er einerseits nicht dazu gezwungen, zwischen mehreren Vergleichstätigkeiten die vielversprechenste auszuwählen und der Arbeitgeber hätte gleichzeitig nur einmal den damit verbundenen Aufwand – wenn auch im Hinblick auf mehrere Tätigkeiten. Um auch in diesem Fall Missbrauch vorzubeugen, erscheint eine Begrenzung der maximalen Anzahl an gleichzeitig anzufragenden Vergleichstätigkeiten auf ein die Interessen beider Vertragsparteien wahrendes Maß sinnvoll.

2. Reichweite/Anwendungsbereich

Die Reichweite des individuellen Auskunftsanspruchs bestimmt sich nach § 12 EntgTranspG. Gemäß § 12 Abs. 1 EntgTranspG besteht der Anspruch nur in Betrieben mit in der Regel mehr als 200 Beschäftigten bei demselben Arbeitgeber. Nach § 16 EntgTranspG besteht er ebenfalls für Beschäftigte des öffentlichen Dienstes nach § 5 Abs. 2 Nr. 1–5 EntgTranspG in Dienststellen mit in der Regel mehr als 200 Beschäftigten. Vordergründiger Anknüpfungspunkt für die Berechnung des Schwellenwertes ist mithin der Betrieb. Nach der Gesetzesbegründung lehnt sich die Höhe des Schwellenwertes von über 200 Beschäftigten an die nach

---

1307 So jedenfalls Referentenentwurf des Bundesministeriums für Familie, Senioren, Frauen und Jugend, Entwurf eines Gesetzes für mehr Lohngerechtigkeit zwischen Frauen und Männern, Bearbeitungsstand: 9.12.2015, S. 52; s.a. *Kuhn/Schwindling*, DB 2017, 785, 788.

1308 So auch – allerdings im Ergebnis offen – ErfK/*Schlachter*, § 10 EntgTranspG Rn. 4.

1309 *Bauer/Krieger/Günther*, § 10 EntgTranspG Rn. 36.

§§ 9, 27 BetrVG maßgebliche Beschäftigtenzahl für die zwingende Einrichtung eines Betriebsauschusses, der nach § 80 Abs. 2 S. 2 BetrVG das Einblicksrecht des Betriebsrates wahrnimmt, an – es handele sich demnach um „eine im Betriebsverfassungsrecht anerkannte Betriebsgröße" als Eingrenzung des Anwendungsbereichs für den Auskunftsanspruch.[1310] Die Festlegung des Schwellenwertes in dieser Größenordnung erscheint jedoch nicht zwingend. Wie noch darzulegen sein wird, geht das Gesetz davon aus, dass Auskunftsansprüche im Regelfall an den Betriebsrat zu richten sind. Könnte dieser dem Auskunftsanspruch nur dann nachkommen, wenn das Einblicksrecht durch den Betriebsausschuss ausgeübt wird, so wäre eine Beschränkung auf Betriebe mit mehr als 200 Arbeitnehmern nur konsequent. Das Einblicksrecht kann jedoch nach §§ 80 Abs. 2 S. 2, 28 Abs. 1 S. 1 BetrVG auch in Betrieben mit mehr als 100 Arbeitnehmern durch einen entsprechenden Ausschuss und nach der ständigen Rechtsprechung des BAG auch in kleineren Betrieben durch den Betriebsratsvorsitzenden oder ein anderes Betriebsratsmitglied, dem die laufenden Geschäfte übertragen wurden, wahrgenommen werden.[1311] Hinzu kommt noch, dass schon das Bestehen eines Betriebsrats an sich keine Voraussetzung für das Bestehen des Auskunftsanspruchs ist.[1312] Die Anknüpfung an eine betriebsverfassungsrechtliche Größe erscheint daher nicht alternativlos. Durch die jetzt festgelegte Mindestbeschäftigtenzahl wird ein großer Teil der Unternehmen von dem Anwendungsbereich des Auskunftsanspruchs ausgeschlossen. Nach Angaben des statistischen Bundesamtes arbeiten gerade einmal 45 % der Beschäfigten in der Privatwirtschaft in einem Unternehmen mit in der Regel mehr als 200 Mitarbeitern.[1313] Umgekehrt bedeutet dies, dass über die Hälfte dieser Beschäftigten den Anspruch gar nicht wahrnehmen kann. Letztlich hat sich der Gesetzgeber bewusst aufgrund der erwarteten Bürokratiekosten dazu entschieden, kleinere Betriebe vom Geltungsbereich auszunehmen, um insoweit keine unzumutbaren Belastungen zu schaffen.[1314] Es lässt sich zwar auch anführen, dass diese Begründung bei größeren Unternehmen mit zentraler Verwaltung, die aber in viele kleinere Betriebe aufgeteilt sind, nicht greift,[1315] jedoch hat der Gesetzgeber insofern von der ihm zustehenden Einschätzungsprärogative Gebrauch gemacht. Auf der anderen Seite wäre es auch begründbar, diese Schwelle als noch zu niedrig anzusehen – im Koalitionsvertrag war etwa eine höhere Schwelle von mehr als

---

1310 BT-Drucks. 18/11133, S. 61.

1311 BAG v. 10.2.1987 – 1 ABR 43/84, NZA 1987, 385; BAG v. 30.9.2008 – 1 ABR 54/07, NZA 2009, 502, 504, Rn. 31; BAG v. 16.8.1995 – 7 ABR 63/94, NZA 1996, 330, 331, Rn. 11; ErfK/*Kania*, § 80 BetrVG Rn. 29; Richardi/*Thüsing*, § 80 BetrVG Rn. 86; ebenfalls darauf hinweisend BeckOK-ArbR/*Roloff*, § 10 EntgTranspG Rn. 10; Wissenschaftliche Dienste des Bundestages, WD 6 – 3000 – 014/17, S. 11.

1312 BeckOK-ArbR/*Roloff*, § 10 EntgTranspG Rn. 10.

1313 BT-Drucks. 18/11133, S. 30.

1314 BT-Drucks. 18/11133, S. 43.

1315 *Koller-van Delden*, DStR 2018, 254, 256.

500 Beschäftigten vorgesehen.[1316] Interessanterweise haben inzwischen jedoch auch einige Betriebe mit weniger als 200 Beschäftigten freiwillig den Auskunftsanspruch angewendet.[1317]

Darüber hinaus wirft der Wortlaut des § 12 Abs. 1 EntgTranspG eine Reihe klärungsbedürftiger Fragen auf. Dies betrifft zunächst die Berechnung der maßgeblichen Beschäftigtenzahl. Die Formulierung, dass es auf die Anzahl der „in der Regel" Beschäftigten ankommt, findet sich ebenfalls in zahlreichen Bestimmungen des BetrVG. Nach der Rechtsprechung des BAG kommt es insofern etwa im Hinblick auf § 9 BetrVG auf diejenigen Arbeitnehmer an, „die normalerweise während des größten Teils des Jahres in dem Betrieb beschäftigt werden" und nicht auf „die durchschnittliche Anzahl der Beschäftigten eines bestimmten Zeitraums, sondern die normale Beschäftigtenzahl, also diejenige Personalstärke, die für den Betrieb im Allgemeinen kennzeichnend ist".[1318] Es ist davon auszugehen, dass die Begrenzung „in der Regel" i.R.d. EntgTranspG ebenso zu verstehen ist.[1319] Es liegt daher nahe, die i.R.d. Betriebsverfassungsgesetzes entwickelten Grundsätze im Hinblick auf die Erreichung eines bestimmten Schwellenwertes auch auf das EntgTranspG zu übertragen.[1320]

a) Schwellenwert – wer zählt mit? Leiharbeitnehmer und gemeinsamer Betrieb

Im Betriebsverfassungsgesetz war lange Zeit strittig, ob Leiharbeitnehmer bei der Berechnung von Schwellenwerten mitzuzählen sind. Nach dem Inkrafttreten

---

1316 Koalitionsvertrag zwischen CDU, CSU und SPD, 18. Legislaturperiode, Deutschlands Zukunft gestalten S. 72, abrufbar unter https://www.cdu.de/sites/default/files/media/dokumente/koalitionsvertrag.pdf (Abruf 2.12.2018); vgl. kritisch zu der Frage, ob der Schwellenwert eine nicht mit Art. 3 Abs. 1 GG zu vereinbarende Ungleichbehandlung darstellt Däubler/Bertzbach/*Hinrichs*, § 12 EntgTranspG Rn. 3 ff.

1317 Bericht der Bundesregierung zur Wirksamkeit des Gesetzes zur Förderung der Entgelttransparenz zwischen Frauen und Männern, abrufbar unter: https://www.bmfsfj.de/blob/137224/128559d30c706beb1462f1c65db9d3ca/bericht-der-br-foerderung-entgelttransparenz-data.pdf, (Abruf 10.8.2019), S. 103.

1318 BAG v. 7.5.2008 – 7 ABR 17/07, NZA 2008, 1142, 1144 f., Rn. 17; zu § 38 Abs 1 BetrVG auch BAG v. 18.1.2017 – 7 ABR 60/15, NZA 2017, 865, 869, Rn. 34.

1319 So auch *Grimm/Freh*, ArbRB 2017, 182; in § 21 EntgTranspG findet sich die gleiche Formulierung zu der in der Gesetzesbegründung das hier dargestellte Verständnis bestätigt wird, BT-Drucks. 18/11133, S. 72.

1320 Siehe im Einzelnen auch die Übersicht bei *Fasse/Klie*, Das neue Entgelttransparenzgesetz, S. 18 f.; für den Bereich des öffentlichen Dienstes gilt dies nicht ohne Weiteres. Es wird vorgeschlagen, neben allen Beschäftigten i.S.d. § 5 Abs. 2 EntgTranspG in Landes- oder Kommunalverwaltungen ebenfalls die nicht auskunftsberechtigten Beamten mitzuzählen, *Salomon-Hengst*, öAT 2018, 92; *Schlegel/Helbig*, ZTR 2018, 508, 509 f.

des Gesetzes zur Änderung des Arbeitnehmerüberlassungsgesetzes und anderer Gesetze am 1.4.2017[1321] schien das Problem durch die Einfügung des § 14 Abs. 2 S. 4 BetrVG dahingehend geklärt worden zu sein, dass Leiharbeitnehmer bei allen Schwellenwerten – mit Ausnahme des § 112a BetrVG – mitzuzählen sind. Allerdings ist der Gesetzesbegründung zu entnehmen, dass durch § 14 Abs. 2 S. 4 BetrVG eine klarstellende Anpassung an den Wandel der Rechtsprechung des BAG vollzogen werden sollte, die bei der Beantwortung dieser Frage für jede Norm des Betriebsverfassungsgesetzes auf deren jeweiligen Zweck abstellt.[1322] Insofern ist auch unter Geltung des neuen § 14 Abs. 2 S. 4 BetrVG für jede Norm gesondert über die Einbeziehung von Leiharbeitnehmern zu entscheiden.[1323]

Dementsprechend lässt es sich begründen, auch bei der Berechnung der Schwellenwerte des EntgTranspG auf den Zweck der Norm abzustellen.[1324] Im Rahmen von § 9 S. 1 AÜG hat das BAG entscheidend darauf abgestellt, dass durch die dortigen Schwellenwerte sichergestellt werden soll, dass „die Zahl der Betriebsratsmitglieder in einem angemessenen Verhältnis zur Zahl der betriebsangehörigen Arbeitnehmer" und dem damit verbundenen Arbeitsaufwand für den Betriebsrat steht, welcher auch durch die Anzahl der Leiharbeitnehmer beeinflusst werde.[1325] Zunächst ließe sich argumentieren, dass der Verweis in der Gesetzesbegründung auf den für die Bildung eines Betriebsausschusses maßgeblichen Schwellenwert so zu verstehen ist, dass dessen Wertungen vollständg zu übernehmen sind. Da Leiharbeitnehmer i.R.v. §§ 9, 27 AÜG mitzuzählen sind, wäre dies auch bei § 12 Abs. 1 EntgTranspG entsprechend der Fall.

In der Literatur wird demgegenüber die Mitzählung von Leiharbeitnehmern verbreitet mit dem Argument abgelehnt, dass diese bei der betrieblichen Entgeltgleichheit keine Rolle spielten.[1326] Zudem fehle eine § 14 Abs. 2 AÜG entsprechende Regelung.[1327] Dass es aber auch im AÜG auf diese Norm letztlich nicht ankommt, da es sich lediglich um eine klarstellende Feststellung zur Rechtsprechung des BAG handelt, wurde bereits erläutert. Das Fehlen einer entsprechenden Norm ist insofern i.R.d. EntgTranspG kein zwingendes Argument für den Ausschluss von Leiharbeitnehmern bei der Zählung. Gleiches gilt im Übrigen für die Feststellung, dass Leiharbeitnehmer für die betriebliche Entgeltgleichheit keine Rolle spielen. Dies ist an sich richtig. Wie bereits zuvor untersucht wurde, können

---

1321 BGBl. I S. 258.

1322 BT-Drucks. 18/9232, S. 15; vgl. etwa BAG v. 18.1.2017 – 7 ABR 60/15, NZA 2017, 865, 868, Rn. 29; BAG v. 13.3.2013 – 7 ABR 69/11, NZA 2013, 789, 792, Rn. 29.

1323 Thüsing/*Thüsing*, § 14 AÜG Rn. 66 m.w.N.; a.A. BeckOK-ArbR/*Motz*, § 14 AÜG Rn. 17.

1324 So im Ergebnis auch *Oerder/Wenckebach*, § 12 EntgTranspG Rn. 6.

1325 BAG v. 13.3.2013 – 7 ABR 69/11, NZA 2013, 789, 792, Rn. 29.

1326 *Gaul*, ArbRB 2017, 47, 48; *Grimm/Freh*, ArbRB 2017, 182; *Kuhn/Schwindling*, DB, 2017, 785, 786; *Müller*, BB 2017, 2101; i.E. auch *Schlegel/Helbig*, ZTR 2018, 508, 509 f.; a.A. *Brune/Brune*, BB 2019, 436, 439.

1327 *Gaul*, ArbRB 2017, 47, 48; *Kuhn/Schwindling*, DB 2017, 785, 786.

Leiharbeitnehmer zwar Equal Pay im Verhältnis zu den Stammarbeitnehmern verlangen, sie können aber nicht das Entgelt verlangen, dass ein Stammarbeitnehmer hypothetisch erhalten würde, wenn er entsprechend dem Entgeltgleichheitsgebot entlohnt werden würde.[1328] Ebenso wenig ist der Entleiher als Arbeitgeber i.S.v. § 5 Abs. 3 EntgTranspG anzusehen. Die Berechnung des Schwellenwertes betrifft aber nur die Größe des Betriebes und nicht die Frage, wieviele Arbeitnehmer gegenüber demselben Arbeitgeber Auskunftsansprüche geltend machen können.[1329] Je größer der Betrieb ist, desto eher stehen die für die Erteilung des Auskunftsanspruchs erforderlichen Kapazitäten zur Verfügung.[1330] Diese bestehen, weil sie ohnehin für die Organisation eines Betriebes in dieser Größenordnung erforderlich sind und zwar auch aufgrund der Anzahl der beschäftigten Leiharbeitnehmer, denn auch diese sind nach § 1 Abs. 1 S. 2 AÜG in die Arbeitsorganisation des Entleiherbetriebs eingegliedert und unterliegen den Weisungen des Entleihers in gleicher Weise wie dessen Stammarbeitnehmer. Auf die Anzahl der Personen, die gegenüber derselben Stelle den Auskunftsanspruch geltend machen können, dürfte es demgegenüber nicht ankommen.

Fraglich ist aber, ob es dieser Einschätzung nicht entgegensteht, dass der Anspruch nach § 12 Abs. 1 EntgTranspG nur für „Beschäftigte (...) bei demselben Arbeitgeber“ besteht. Leiharbeitnehmer sind eben nicht bei demselben Arbeitgeber wie die Stammarbeitnehmer beschäftigt. In der Literatur wird die Formulierung „bei demselben Arbeitgeber“ bislang insbesondere bei der Frage, inwiefern Gemeinschaftsbetriebe dadurch ausgeschlossen werden, diskutiert. Richtigerweise kann es nicht genügen, wenn der Schwellenwert in einem gemeinsamen Betrieb i.S.v. § 1 Abs. 2 BetrVG erst durch die Gesamtheit der Arbeitnehmer der zusammenwirkenden Arbeitgeber überschritten wird, denn diesen steht es frei, unterschiedliche Entgeltregelungen zu treffen.[1331] Im Unterschied zu der Situation der Arbeitnehmerüberlassung ist es für das Bestehen eines gemeinsamen Betriebes erforderlich, dass dort ein gemeinsamer Personaleinsatz stattfindet.[1332] Deshalb muss zwischen den beteiligten Unternehmen eine gemeinsame Führungsvereinbarung bestehen, wonach „der Kern der Arbeitgeberfunktion im sozialen und personellen Bereich von derselben institutionellen Leitung ausgeübt wird“.[1333] Ihrer rechtlichen Konstruktion nach schließen sich Arbeitnehmerüberlassung und

---

1328 S. dazu oben Gliederungspunkt G)II.4.

1329 Vgl. auch *Fitting*, § 80 BetrVG Rn. 102, der so eine Mitzählung von Leiharbeitnehmern begründet.

1330 Ebenfalls darauf abstellend Däubler/Bertzbach/*Hinrichs*, § 12 EntgTranspG Rn. 7.

1331 *Grimm/Freh*, ArbRB 2017, 182; *Kania* NZA 2017, 819, 820; *Kuhn/Schwindling*, DB, 2017, 785, 786; *Müller*, BB 2017, 2101; ErfK/*Schlachter*, § 12 EntgTranspG Rn. 1; i.E. auch *Bauer/Romero*, NZA 2017, 409, 411; *Hintzen/Richter*, Antworten für die Praxis, Entgelttransparenzgesetz, S. 11; *Koller-van Delden*, DStR 2018, 254, 256; *Maiß/Vieg*, ArbR 2018, 387; *Meissner/Hackenthal*, AiB 2018, 26, 27.

1332 *Koller-van Delden/Gallini*, DStR 2017, 206, 208; *Seel*, öAT 2017, 48, 49.

1333 Vgl. nur BAG v. 10.4.2014 – 2 AZR 647/13, NZA 2015, 162, 164, Rn. 30.

gemeinsamer Betrieb somit regelmäßig gegenseitig aus.[1334] Dennoch haben beiden Konstellationen gemeinsam, dass weder Leiharbeitnehmer und Stammarbeitnehmer noch die Arbeitnehmer des einen und des anderen den Gemeinschaftsbetrieb bildenen Arbeitgebers „bei demselben Arbeitgeber" beschäftigt sind.

Der gemeinsame Betrieb bildet jedoch nach § 1 Abs. 1 S. 2 BetrVG einen gemeinsamen Betriebsrat. Die insofern bestehenden personellen und organisatorischen Mittel ergeben sich also aus einer Zusammenschau beider beteiligter Unternehmen. Der Betriebsrat, der regelmäßig für die Erteilung des Auskunftsanspruchs zuständig ist,[1335] ist im gemeinsamen Betrieb damit Repräsentant aller Beschäftigten des Betriebes, unabhängig davon, bei welchem Arbeitgeber diese beschäftigt sind.[1336] Demnach müssten – soweit man die im Betriebsverfassungsrecht üblichen Erwägungen auch hier anwendet – bei gemeinsamen Betrieben auch ein nur gemeinsames Erreichen des nach § 12 Abs. 1 EntgTranspG relevanten Schwellenwertes möglich sein. Der Wortlaut spricht aber vorliegend klar dagegen. Der Verweis auf betriebsverfassungsrechtliche Schwellenwerte in der Gesetzesbegründung stellt sich angesichts dessen nicht als konsistent, sondern sogar als widersprüchlich dar. Im Ergebnis sprechen die überwiegenden Gründe – insbesondere die im Wortlaut erkennbare Intention des Gesetzgebers – dafür, dass weder Leiharbeitnehmer noch die Arbeitnehmer verschiedener Arbeitgeber in Gemeinschaftsbetrieben bei der Berechnung des Schwellenwertes von § 12 Abs. 1 EntgTranspG mitzuzählen sind.[1337] Dafür spricht weiterhin, dass nach § 12 Abs. 2 Nr. 1 EntgTranspG die Auskunftspflicht nach §10 EntgTranspG nur Entgeltregelungen umfasst, die in demselben Betrieb und bei demselben Arbeitgeber angewendet werden. Für Leiharbeitnehmer gelten aber trotz Equal Pay-Grundsatz andere Entgeltregelungen – nämlich die des Verleiherbetriebs.

b) Entgeltregelungen bei demselben Arbeitgeber in demselben Betrieb

In der Beschränkung der Auskunftspflicht auf Entgeltregelungen, die in demselben Betrieb und bei demselben Arbeitgeber Anwendung finden nach § 12 Abs. 2 Nr. 1 EntgTranspG kann berechtigterweise eine Bevorzugung von „Unternehmen mit dezentraler Organisationsstruktur" gesehen werden.[1338] Die Beschränkung wird von der Gesetzesbegründung mit dem Erfordernis einer „einheitlichen Quelle" i.S.d. Rechtsprechung des EuGH und unter Verweis auf dessen Entscheidung in der Rechtssache Lawrence erklärt.[1339] Der Arbeitgeber sei gerade die Instanz, die

1334 *Koller-van Delden/Gallini*, DStR 2017, 206, 208; *Seel*, öAT 2017, 48, 49.
1335 Dazu sogleich, Gliederungspunkt G)IV.4.a).
1336 BeckOK-ArbR/*Besgen*, § 1 BetrVG Rn. 40; ErfK/*Koch*, § 1 BetrVG Rn. 13.
1337 So im Ergebnis auch *Kocher*, AuR 2018, 8, 14; ebenso für Zuweisung und Gestellung im öffentlichen Dienst *Salomon-Hengst*, öAT 2018, 92.
1338 *Fuhlrott/Ritz*, ArbR 2017, 211, 212; zustimmend auch Däubler/Bertzbach/*Hinrichs*, § 12 EntgTranspG Rn. 1.
1339 BT-Drucks. 18/11133, S. 61.

die Verantwortung für die Beseitigung und Vermeidung geschlechtsspezifischer Entgeltunterschiede trage.[1340] In der Rechtssache Lawrence hat der EuGH jedoch festgestellt, dass es im Wortlaut des europarechtlichen Entgeltgleichheitsgebots keinerlei Anhaltspunkte dafür gibt, dass dieses nur auf Beschäftigte bei demselben Arbeitgeber anwendbar ist.[1341] Es komme lediglich darauf an, dass die unterschiedliche Behandlung bezüglich des Entgelts auf dieselbe Quelle, also dasselbe Regelwerk, zurückgeführt werden könne.[1342] Nach dem zugrunde zu legenden europarechtlichen Verständnis ist es für das Vorliegen einer einheitlichen Quelle folglich gerade nicht erforderlich, dass dieses Regelwerk bei demselben Arbeitgeber und in demselben Betrieb Anwendung findet. Zwar ist bei der Verrichtung der Tätigkeit in demselben Betrieb oder Dienst nach der Rechtsprechung des EuGH von einer einheitlichen Quelle auszugehen – es handelt sich aber um keine notwendige Bedingung. Der Anwendungsbereich des Auskunftsanspruchs ist folglich enger als es das Verständnis des EuGH im Hinblick auf eine einheitliche Quelle vorgibt.[1343] Der Verweis auf die Rechtsprechung ist insofern irreführend. Um eine europarechtswidrige Regelung handelt es sich deshalb dennoch nicht: Die Einschränkung bezieht sich nur auf den zweiten Abschnitt des Gesetzes, welcher europarechtlich nicht durch eine Richtlinie determiniert ist, sondern sich lediglich an den Empfehlungen der Komission orientiert.[1344] Der djb vertritt die gegenteilige Auffassung und bemängelt zudem, dass der Schwellenwert es Arbeitgebern ermögliche, sich durch die Aufteilung der Betriebe dem Auskunftsanspruch zu entziehen.[1345] Es ist jedoch davon auszugehen, dass nicht jede die Betriebsaufteilung betreffende Entscheidung auch im Geltungsbereich des EntgTranspG relevant ist. Nach § 4 BetrVG sind einzelne Betriebsteile nur dann selbstständig, wenn sie hinsichtlich Aufgaben und Organisation eigenständig oder hinreichend räumlich entfernt sind – nicht selbstständige Betriebsteile zählen dann bei der Schwellenwertberechnung des Hauptbetriebs mit.[1346] Gegen eine solche Aufteilung sprechen aber in der Praxis regelmäßig entgegenstehende betriebswirtschaftliche Erwägungen.[1347] Die Aufteilung kann sich auch durch „gewillkürte betriebsverfassungsrechtliche Strukturen nach § 3 BetrVG" ergeben – deren Wirkung beschränkt sich aber auf den Anwendungsbereich des BetrVG, sodass der Arbeitgeber auf diesem

---

1340 Ebd.

1341 EuGH v. 7.9.2002 – C-320/00, NZA 2002, 1144, 1145, Rn. 17 (Lawrence); vgl. auch *Oerder/Wenckebach*, § 12 EntgTranspG Rn. 5.

1342 EuGH v. 7.9.2002 – C-320/00, NZA 2002, 1144, 1145, Rn. 18 (Lawrence).

1343 S.a. ErfK/*Schlachter*, § 12 EntgTranspG Rn. 2.

1344 Vgl. dazu auch *Maiß/Vieg*, ArbR 2018, 387, 389.

1345 Wortprotokoll Ausschuss für Familie, Senioren, Frauen und Jugend 18/82, Stellungnahme des djb, S. 92, 100.

1346 *Maiß/Vieg*, ArbR 2018, 387, 388.

1347 Wissenschaftliche Dienste des Bundestages, WD 6 – 3000 – 014/17, S. 9.

Wege keinen Einfluss darauf hat, ob ein Betrieb den Schwellenwert erreicht oder nicht.[1348]

Weiterhin werden auch Vergleiche zwischen verschiedenen Branchen zu Recht ausgeschlossen – „es fehlt hier an der gemeinsamen verantwortlichen Instanz".[1349] Entgeltunterschiede, die von einer etwaigen zu niedrigen Bewertung typischer „Frauenberufe" herrühren, sind zwar oftmals branchenabhängig, solange hier jedoch keine gemeinsame Quelle der Entlohnung besteht, ist eine Ausweitung nicht denkbar.

c) *Regionale Unterschiede*

Nach § 12 Abs. 2 Nr. 2 EntgTranspG umfasst die Auskunftspflicht keine regional unterschiedlichen Entgeltregelungen bei demselben Arbeitgeber. Wie genau dies zu verstehen ist, bleibt jedoch unklar.[1350] Die Gesetzesbegründung führt lediglich aus, dass regional unterschiedliche Entgeltzahlungen bei überregional tätigen Arbeitgebern weiterhin zulässig bleiben sollen.[1351] In der Literatur werden im Hinblick auf die Bestimmung regionaler Unterschiede jedoch bereits verschiedene Ansätze aufgeführt: Vorgeschlagen wird in Anlehnung an die unterschiedlichen Regelungen zum Mindestlohn eine Aufteilung in Ost- und Westdeutschland.[1352] Eine solche oder in Bezug auf verschiedene Bundesländer bzw. Tarifregionen erfolgende Differenzierung ist auch bei tariflichen Regelungen üblich.[1353] Insofern würde es sich zumindest um einen leicht zu handhabenden Ansatzpunkt für die Bestimmung unterschiedlicher Regionen handeln. Während aber eine Unterscheidung zwischen Ost- und Westdeutschland in Anbetracht der nach wie vor bestehenden Entgeltniveauunterschiede durchaus sachlich begründet erscheint, fällt diese Einschätzung insbesondere bei der Unterscheidung zwischen Bundesländern schwer, wenn zwischen den fraglichen Betrieben dennoch eine erkennbare räumliche Nähe besteht.[1354] Des Weiteren wird vorgeschlagen, Regionen i.S.v. Wirtschaftsregionen zu verstehen, um eine der jeweiligen Wirtschaftskraft entsprechende Entlohnung zu ermöglichen.[1355] Neben diesen an äußeren Gegebenheiten

---

1348 *Maiß/Vieg*, ArbR 2018, 387, 388.

1349 BT-Drucks. 18/11133, S. 61.

1350 So auch *Bauer/Romero*, NZA 2017, 409, 411; *Maiß/Vieg*, ArbR 2018, 387, 389; *Thüsing*, DB 2016, 2234, 2237.

1351 BT-Drucks. 18/11133, S. 62.

1352 *Grimm/Freh*, ArbRB 2017, 182, 184; *Kuhn/Schwindling*, DB 2017, 785, 787.

1353 Däubler/Bertzbach/*Hinrichs*, § 12 EntgTranspG Rn. 8; *Langemann/Wilking*, BB 2017, 501, 502; ErfK/*Schlachter*, § 12 EntgTranspG Rn. 3; *Oerder/Wenckebach*, § 12 EntgTranspG Rn. 12.

1354 *Langemann/Wilking*, BB 2017, 501, 502.

1355 *Kuhn/Schwindling*, DB 2017, 785, 787; zustimmend *Grimm/Freh*, ArbRB 2017, 182, 184; vgl. auch ErfK/*Schlachter*, § 12 EntgTranspG Rn. 3, „Kaufkraft des gezahlten Entgelts".

anknüpfenden Abgrenzungsmöglichkeiten, wird auch vorgeschlagen, vorrangig auf die organisatorische Einteilung durch den Arbeitgeber abzustellen – jedenfalls soweit diese nicht missbräuchlich zur Umgehung eingesetzt wird.[1356] Diese Vorgehensweise trifft im Hinblick auf die Missbräuchlichkeit jedoch auf Beweisschwierigkeiten. Zudem werden sich unternehmerische Entscheidungen, die die Organisation betreffen, regelmäßig ohnehin an den von den anderen Ansichten vorgestellten Abgrenzungskriterien orientieren.

Neben der durch das Gesetz nicht vorgegebenen Begrifflichkeit der „Region" ist unklar, ob es sich bei der Beschränkung auf regionale Entgeltregelungen überhaupt um eine sinnvolle Verengung handelt. *Thüsing* wirft insofern die berechtigte Frage auf, warum es auf die räumliche Distanz ankommen sollte, wenn in verschiedenen Regionen gerade keine allgemeinen oder berufsspezifischen Unterschiede des Entgeltniveaus bestehen.[1357] Eine dahingehende Feststellung mag für den Arbeitnehmer im Einzelfall schwer belegbar sein. Soweit es einem Arbeitnehmer aber gelingt, nachzuweisen, dass sein Arbeitgeber Mitarbeiter des anderen Geschlechts in einer anderen Region besser entlohnt, obwohl dort ein gleichwertiges Wirtschaftsniveau vorherrscht, gibt es keine vernünftigen Erwägungen, die gegen die Verwendung dieses Nachweises bei dem Beweis einer Entgeltdiskriminierung sprechen.

Fraglich ist schließlich auch, welchen über § 12 Abs. 2 Nr. 1 EntgTranspG hinausgehenden Regelungsgehalt § 12 Abs. 2 Nr. 2 EntgTranspG überhaupt aufweist.[1358] Sind nach § 12 Abs. 2 Nr. 1 EntgTranspG nur Entgeltregelungen, die in demselben Betrieb und bei demselben Arbeitgeber angewendet werden umfasst, dürfte es auf regionale Unterschiede schon gar nicht mehr ankommen. Die Gesetzesbegründung weist aber darauf hin, dass nach dieser Norm „ein Vergleich von mehreren Betrieben eines Arbeitgebers innerhalb einer Region oder eines Gebietes zulässig" ist.[1359] Diese Aussage passt grundsätzlich nicht mit der in § 12 Abs. 2 Nr. 1 EntgTranspG enthaltenen Einschränkung auf denselben Betrieb zusammen.[1360] Jedoch entspricht sie eher dem Verständnis des EuGH hinsichtlich einer einheitlichen Quelle. Letztlich kommen mehrere Verständnismöglichkeiten in Betracht: Man könnte § 12 Abs. 2 EntgTranspG dahingehend verstehen, dass es sich bei Nr. 1 und Nr. 2 jeweils um alternative Varianten handelt, Nr. 3 sich aber auf beide bezieht. Betrachtet man aber alle drei Einschränkungen gemeinsam, so erweist sich das Merkmal „in demselben Betrieb" als überflüssig. Der Regelungsgehalt der Norm würde sich unter Zugrundelegung des in der Gesetzesbegründung zum Ausdruck

1356 *Bauer/Krieger/Günther*, § 12 EntgTranspG Rn. 25.

1357 *Thüsing*, DB 2016, 2234, 2237.

1358 ErfK/*Schlachter*, § 12 EntgTranspG Rn. 3; *Schlegel/Helbig*, ZTR 2018, 506, 513.

1359 BT-Drucksache 18/11133, S. 62

1360 Däubler/Bertzbach/*Hinrichs*, § 12 EntgTranspG Rn. 8; DAV Stellungnahme Nr. 22/2017 v. 15.3.2017, S. 11 ff., verfügbar unter: https://anwaltverein.de/de/newsroom/sn-22-17-entgelttransparenzgesetz-entgtranspg (Abruf 4.12.2018).

kommenden Verständnisses nicht verändern, wenn der Anwendungsbereich lediglich auf Entgeltregelungen desselben Arbeitgebers in derselben Region unter Ausschluss eines Vergleiches von unterschiedlichen Beschäftigtengruppen nach § 5 Abs. 2 EntgTranspG beschränkt würde. Schließlich kommt in Betracht Nr. 2 im Einklang mit Nr. 1 eng auszulegen, sodass davon lediglich Fälle erfasst würden, in denen mehrere unselbstständige Betriebsteile oder Standorte einen einheitlichen Betrieb bilden.[1361] Insgesamt ist der Auskunftsanspruch eher betriebsbezogen ausgestaltet, weshalb im Ergebnis gute Gründe für die letztgenannte Variante sprechen.

d) Mindestens sechs Beschäftigte des anderen Geschlechts

Der Anwendungsbereich des Gesetzes wird weiterhin dadurch eingeschränkt, dass nach § 12 Abs. 3 S. 2 EntgTranspG das Vergleichsentgelt dann nicht anzugeben ist, wenn weniger als sechs Beschäftigte des jeweils anderen Geschlechts die Vergleichstätigkeit ausüben. Der Beschäftigte kann dann nur noch Auskunft über die Kriterien und Verfahren der Entgeltfindung nach § 11 Abs. 2 EntgTranspG verlangen.[1362] Neben dem Schutz personenbezogener Daten soll diese Mindestgruppengröße zudem einen aussagekräftigen Vergleich ermöglichen und gewährleisten, dass rein zufällige Erscheinungen unberücksichtigt bleiben.[1363] Gleichzeitig bedeutet diese zusätzliche Einschränkung aber auch eine nicht unwesentliche Abschwächung des Auskunftsanspruchs, denn dieser Schwellenwert wird in einer Vielzahl von Konstellationen nicht erreicht werden können. Betroffen sind etwa kleinere Unternehmen, die zwar den Schwellenwert des § 12 Abs. 1 EntgTranspG knapp übersteigen, aber im Hinblick auf die einzelnen Tätigkeiten nur relativ wenige Personen beschäftigen. Hier gibt es unter Umständen nicht einmal unabhängig vom Geschlecht genügend Beschäftigte.[1364] Es ist aber davon auszugehen, dass gerade in kleineren Unternehmen besonders viele Frauen arbeiten.[1365] Schwierigkeiten bei dem Erreichen der Schwelle von sechs Personen des anderen Geschlechts wird es auch in Beschäftigtengruppen geben, die sich einer ganz bestimmten, spezialisierten Aufgabe widmen.[1366] Die Eignung des Auskunftsanspruchs, zweckgerecht mehr Beschäftigten den Zugang zu für die Erhebung einer Entgeltgleichheitsklage relevanten Informationen zu eröffnen, wird schon deshalb geschmälert, weil viele der Betroffenen von vorneherein nicht von seinem Anwendungsbereich erfasst werden.[1367]

1361 *Bauer/Krieger/Günther*, § 12 EntgTranspG Rn. 26 f.

1362 S. Dazu Gliederungspunkt G)IV.3.a).

1363 BT-Drucks. 18/11133, S. 62; zu den möglichen datenschutzrechtlichen Konsequenzen einer dennoch erteilten Auskunft *Häferer/Köhler*, CB 2017, 284, 288.

1364 Vgl. *Baeck/Winzer/Hies*, NZG 2017, 254, 256.

1365 Vgl. Gliederungspunkt A)I.

1366 *Fuhlrott/Ritz*, ArbR 2017, 211, 212.

1367 Vgl. *Baeck/Winzer/Hies*, NZG 2017, 254, 256; *Müller-Wenner*, AuR 2017, 137.

Würde der Gesetzgeber aber bereits eine geringere Beschäftigtenanzahl ausreichen lassen, so wäre das in § 12 Abs. 3 EntgTranspG zum Ausdruck kommende Ziel des Schutzes personenbezogener Daten kaum noch zu erreichen. Entgegen der Aussage des BMFSFJ[1368] bezieht sich das Vergleichsentgelt häufig durchaus auf eine konkrete Person, nämlich jedenfalls in Gruppen mit ungerader Personenanzahl auf denjenigen, zu dem die Medianvergütung gehört. Je kleiner das Team ist, desto leichter ist es, die gewonnenen Informationen einer bestimmten Person zuzuordnen.[1369] Letztlich war der Gesetzgeber hier mit der Aufgabe konfrontiert, einen Kompromiss zu finden, der einen angemessenen Ausgleich zwischen den Belangen des Datenschutzes einerseits und der Erstreckung des Auskunftsanspruchs gerade auf diejenigen Beschäftigten, denen er nützen soll, andererseits zu finden. Unklar ist jedoch, ob es hier überhaupt eine optimale Lösung geben kann. Angesichts der fehlenden Aussagekraft der zu erteilenden Auskünfte erscheint es hinnehmbar, dem Schutz personenbezogener Daten und der Wahrung des Betriebsfriedens den Vorrang einzuräumen und den Anwendungsbereich nach § 12 Abs. 3 EntgTranspG zu beschränken.

Zudem ist auch der Bedeutungsgehalt der Vorschrift für Fälle, in denen mehr als sechs Vergleichspersonen des anderen Geschlechts vorhanden sind, undeutlich. Sie lässt sich einerseits so verstehen, dass es letztlich nur darauf ankommt, dass das Auskunftsverlangen in anonymisierter Form beantwortet werden kann.[1370] Andererseits könnte die Vorschrift auch so verstanden werden, dass bei einer ausreichenden Zahl von Vergleichspersonen eine Rechtfertigung für die Datenverarbeitung vorliegt und diese dann auch in nicht-anonymisierter Form erfolgen darf.[1371] Trotz der Unklarheit erscheint die erste Auslegungsvariante vorzugswürdig. Aus der bloßen Anzahl von Beschäftigten einen Erlaubnistatbestand zu ziehen, wäre schlicht unverhältnismäßig. Steht die Möglichkeit der anonymisierten Beantwortung im Vordergrund, so ließe sich umgekehrt argumentieren, dass auch dann keine Auskunftserteilung zu erfolgen hat, wenn trotz einer sechs Personen übersteigenden Gruppengröße dennoch eine Individualisierung droht.[1372] Diese vom Einzelfall abhängige Einschränkung würde jedoch die Rechtsanwendung in der Praxis deutlich erschweren.

1368 BMFSFJ Leitfaden S. 20, abrufbar unter: https://www.bmfsfj.de/blob/118298/f9896570e6d9a5cf1afac0f5d192a834/das-entgelttransparenzgesetz-ein-leitfaden-fuer-arbeitgeber-sowie-fuer-betriebs-und-personalraete-data.pdf (Abruf 4.12.2018).

1369 Siehe auch *Wank*, RdA 2018, 34, 45, der diese Gefahr auch in der aktuellen Ausformung des Anspruchs sieht; a.A. *Haag*, GewArch 2018, 62, 64, die dies für eine lediglich theoretische und unwahrscheinliche Möglichkeit hält; ähnlich auch *Grimm/Freh* KSzW 2017, 89, 97.

1370 *Thüsing*, BB 2017, 565, 566.

1371 Ebd.; *Kocher*, AuR 2018, 8, 15.

1372 *Fasse/Klie*, Das neue Entgelttransparenzgesetz, S. 35.

Im Hinblick auf die Auskunft über bis zu zwei einzelne Entgeltbestandteile stellt sich zudem die Frage, was passiert, wenn zwar die Vergleichsgruppe groß genug ist, es aber weniger als sechs Beschäftigte gibt, die die einzelnen Entgeltbestandteile erhalten.[1373] Ist in diesen Fällen die Auskunft sowohl über diese Entgeltbestandteile als auch die Gesamtvergütung zu versagen oder kann diese ebenfalls separat erfolgen? Wählt man die erste Lösung, so umfasst die Auskunft dann nur den Median des durchschnittlichen monatlichen Bruttoentgelts. Dass dies möglich sein muss, ergibt sich schon daraus, dass für den Auskunftssuchenden keine Pflicht besteht, zusätzlich einzelne Entgeltbestandteile zu erfragen – es handelt sich lediglich um eine Option. Die beiden Auskünfte sind also nicht zwingend miteinander verbunden.[1374] Da der Entgeltbegriff des EntgTranspG umfassend zu verstehen ist, spricht dem Wortlaut nach nichts dagegen, die Entgeltbestandteile und die Gesamtvergütung auch jeweils alleine unter das Vergleichsentgelt des § 12 Abs. 3 S. 2 EntgTranspG zu subsumieren. In teleologischer Hinsicht lässt sich schließlich argumentieren, dass der Arbeitnehmer so „wenigstens“ die Auskunft über die Gesamtvergütung erhält.

e) Zwischenergebnis

Zusammenfassend lässt sich insofern festhalten: Der Anwendungsbereich des individuellen Auskunftsanspruchs ist für Arbeitnehmer eröffnet, die selbst in einem Betrieb arbeiten, in dem in der Regel mindestens 200 Arbeitnehmer beschäftigt sind. Leiharbeitnehmer und Arbeitnehmer eines anderen Arbeitgebers aus einem Gemeinschaftsbetrieb bleiben dabei außer Betracht. Wird die Vergleichstätigkeit von weniger als sechs Personen des anderen Geschlechts ausgeübt, so hat die Angabe des Vergleichsentgelts zu unterbleiben. Nach der hier vertretenen Ansicht darf sich der Auskunftsanspruch inhaltlich auch nur auf Entgeltregelungen desselben Arbeitgebers in derselben Region unter Ausschluss eines Vergleiches von unterschiedlichen Beschäftigtengruppen nach § 5 Abs. 2 EntgTranspG beziehen.

3. Inhalt

Der Inhalt des Auskunftsanspruchs bestimmt sich nach § 11 Abs. 1 EntgTranspG. Danach hat die Auskunftsverpflichtung zwei Bestandteile – einerseits die Angabe zu den Kriterien und Verfahren der Entgeltfindung nach Abs. 2 und andererseits die Angabe zum Vergleichsentgelt nach Abs. 3.

1373 *Bauer/Romero*, NZA 2017, 409, 412; für ein Abstellen ausschließlich auf die Gruppengröße der Vergleichstätigkeit *Fasse/Klie*, Das neue Entgelttransparenzgesetz, S. 36; *Schlegel/Helbig*, ZTR 2018, 506, 514; zu den einzelnen Entgeltbestandteilen s. Gliederungspunkt G)IV.3.b)cc).

1374 So auch *Bauer/Krieger/Günther*, § 10 EntgTranspG Rn. 27.

a) Kriterien und Verfahren der Entgeltfindung

Die Auskunftsverpflichtung zu den Kriterien und Verfahren der Entgeltfindung umfasst nach § 11 Abs. 2 S. 1 EntgTranspG Informationen über die Festlegung des eigenen Entgelts sowie des Entgelts für die Vergleichstätigkeit. Nach der Gesetzesbegründung sind hiermit die Entgeltregelungen gemeint, die die Grundlage für die Festlegung des eigenen Entgelts bzw. der Vergleichstätigkeit bilden, wobei beispielhaft Tarifverträge und betriebliche Entgeltregelungen genannt werden.[1375] Eine Erleichterung ist nach § 11 Abs. 2 S. 2 EntgTranspG lediglich für Unternehmen vorgesehen, deren Entlohnungssysteme auf gesetzlichen Regelungen, tarifvertraglichen Entgeltregelungen oder einer bindenden Festsetzung nach § 19 Abs. 3 des HAG beruhen. In diesen Fällen sind als Antwort auf das Auskunftsverlangen die Nennung dieser Regelungen und die Angabe, wo die Regelungen einzusehen sind, ausreichend.[1376] Umgekehrt gilt für Entgelte, die nicht auf solchen Regelungen beruhen, dass es insoweit einer konkreten Erläuterung der Kriterien und Verfahren für die Festlegung des Entgelts bedarf.[1377] Erfolgt die Entgeltermittlung in einem Betrieb etwa durch Anwendung eines Verfahrens der analytischen Arbeitsbewertung, so kann sich die Auskunft nicht darin erschöpfen, dass der Arbeitgeber dem Arbeitnehmer eine Kopie des entsprechenden Schemas zukommen lässt. Zu einer Erläuterung gehören wohl jedenfalls eine Erklärung der Kriterien hinsichtlich Begrifflichkeit und Bedeutung, etwaige Bewertungsstufen innerhalb eines Kriteriums sowie die interne Gewichtung der Kriterien. Der auskunftsverlangende Beschäftigte wird so in die Lage versetzt, zumindest erkennen zu können, ob für die eigene und die Vergleichstätigkeit dieselben Kriterien und Maßstäbe angelegt wurden.

Unklar ist aber, ob die Kriterien und Verfahren insofern lediglich abstrakt zu erläutern sind oder ob auch auf die jeweilige konkrete Einzelbewertung der Tätigkeiten einzugehen ist. Eine solche Erklärung kann für den Arbeitgeber zwar einen hohen zeitlichen Aufwand darstellen – sie bietet aber auch Vorteile: Wird der auskunftssuchende Beschäftigte lediglich mit dem Bewertungsergebnis der eigenen und der Vergleichstätigkeit bezüglich eines bestimmten Kriteriums konfrontiert, wird er – wenn seine eigene Bewertung niedriger ausfällt – regelmäßig davon ausgehen, dass seine eigene Tätigkeit nicht angemessen bewertet wurde. Schließlich bringt er mit der Nennung der Vergleichstätigkeit im Auskunftsverlangen zum Ausdruck, von der Gleichwertigkeit der beiden Tätigkeiten auszugehen. Eine Erklärung des Arbeitgebers kann dazu geeignet sein, solchen Missverständnissen vorzubeugen, die der mangelnden Kenntnis über die Vergleichstätigkeit

---

1375 BT-Drucks. 18/11133, S. 59.

1376 Eine Diskussion der an vielen Stellen des Gesetzes auftretenden Privilegierung tarifgebundener und tarifanwendender Arbeitgeber erfolgt gemeinsam unter Gliederungspunkt G)VII.1.

1377 Vgl. BT-Drucks. 18/11133, S. 59.

geschuldet sind. Aus datenschutzrechtlicher Sicht gestaltet sich die Weitergabe solcher Informationen jedoch als problematisch, wenn die Auskunft personenbezogene Daten enthält.[1378] Das Gesetz lässt aber etwa durch den Ausschluss der Angabe des Vergleichsentgelts, wenn die Vergleichstätigkeit von weniger als sechs Beschäftigten des jeweils anderen Geschlechts ausgeübt wird in § 12 Abs. 3 S. 2 EntgTranspG erkennen, dass datenschutzrechtliche Erwägungen zumindest nicht außer Betracht gelassen wurden. Letztlich muss wohl eine weitgehend abstrakte Erläuterung genügen.

In § 15 Abs. 4 S. 1 EntgTranspG ist für nicht tarifgebundene und nicht tarifanwendende Arbeitgeber vorgesehen, dass der Auskunftserteilende zusätzlich angeben muss, inwiefern die benannte Vergleichstätigkeit überwiegend von Beschäftigten des jeweils anderen Geschlechts ausgeübt wird. Laut der Gesetzesbegründung „ist diese Information im Hinblick auf die Durchsetzung des Entgeltgleichheitsgebots bei einer mittelbaren Entgeltdiskriminierung notwendig".[1379] Tatsächlich hilft sie dem Beschäftigten aber kaum weiter. Dies hängt zum einen damit zusammen, dass dieser daneben keine Kenntnis über die Geschlechterverhältnisse innerhalb der eigenen Tätigkeit erhält und zum anderen damit, dass dem Nachweis durch Statistiken in der Rechtsprechung sowohl des BAG als auch des EuGH keine eigenständige Beweiswirkung zukommt.[1380] Die Gesetzesbegründung führt weiterhin aus, die Regelung trage der Tatsache Rechnung, dass der Auskunftserteilende über die dafür erforderlichen Informationen verfüge.[1381] Auch dies überzeugt nicht: Nur weil eine Partei über eine bestimmte Information verfügt, wird dadurch die verbindliche Weitergabe an die andere Partei nicht automatisch gerechtfertigt.

b) Vergleichsentgelt

Hinsichtlich des Entgelts für die Vergleichstätigkeit ist der auf Vollzeitäquivalente hochgerechnete statistische Median des durchschnittlichen monatlichen Bruttoentgelts und der im Auskunftsverlangen benannten Entgeltbestandteile, bezogen auf ein Kalenderjahr, anzugeben, § 11 Abs. 3 EntgTranspG. Während nach § 11 Abs. 3 S. 2 Nr. 1 EntgTranspG bei tarifgebundenen und tarifanwendenden Arbeitgebern sowie im Fall von gesetzlichen Entgeltregelung nur „das Vergleichsentgelt der Beschäftigten des jeweils anderen Geschlechts anzugeben ist, die in die gleiche Entgelt- oder Besoldungsgruppe eingruppiert sind wie der auskunftverlangende Beschäftigte", ist in den übrigen Fällen nach § 11 Abs. 3 S. 2 Nr. 2 EntgTranspG „das Vergleichsentgelt aller Beschäftigten des jeweils anderen Geschlechts anzugeben, die die (...) Vergleichstätigkeit ausüben".[1382]

1378 Vgl. *Baeck/Winzer/Hies*, NZG 2017, 254, 256.

1379 BT-Drucks. 18/11133, S. 66.

1380 S. oben Gliederungspunkt D)II.c)aa).

1381 BT-Drucks. 18/11133, S. 65 f.

1382 Nach der Gesetzesbegründung sind Personen, die sich selbst nicht eindeutig einem der beiden Geschlechter zuordnen, nicht gesondert auszuweisen, BT-Drucks.

aa) Bezugszeitraum

Nach § 11 Abs. 3 S. 2 EntgTranspG ist das durchschnittliche monatliche Bruttoentgelt „jeweils bezogen auf ein Kalenderjahr" anzugeben. Die Bezeichnung als „Kalenderjahr" spricht zunächst sehr deutlich dafür, dass es sich eben nicht um den Zeitraum von zwölf Monaten, die dem Zeitpunkt des Auskunftsverlangens vorausgehen, handeln soll.[1383] In der Literatur wird zum Teil auf das laufende Kalenderjahr abgestellt.[1384] Dagegen spricht jedoch die daraus folgende unterschiedliche Aussagekraft von Auskünften am Jahresanfang im Vergleich zu Auskünften am Jahresende.[1385] Andere wollen deshalb stattdessen auf das „jeweils letzte abgeschlossene Kalenderjahr zum Zeitpunkt des Auskunftsverlangens" abstellen.[1386] Diese Lösung wird zwar sowohl dem Wortlaut als auch der Intention, die Information auf einen aussagekräftigen, ganzjährigen Bezugszeitraum zu beziehen, gerecht, ermöglicht aber oft keine Miteinbeziehung aktueller Daten.[1387] Letztlich kann keine der vorgestellten Lösungen vollends überzeugen – eine Klarstellung durch den Gesetzgeber wäre folglich wünschenswert. Vorläufig erscheint die zweite Lösung vorzugswürdig, da sie am ehesten einen Ausgleich zwischen den widerstreitenden Interessen schafft. In der Literatur wird jedoch auch vorgeschlagen, in der Praxis zur Sicherheit die Auskunft im Hinblick auf beide Zeiträume zu erteilen.[1388]

bb) Bestimmung des Vergleichsentgelts

Die Gesetzesbegründung stellt klar, dass das durchschnittliche monatliche Bruttoentgelt umfassend i.S.d. § 5 Abs. 1 EntgTranspG zu verstehen ist.[1389] Dieses ist folglich auf der Grundlage sämtlicher Entgeltbestandteile zu bestimmen. Sachleistungen, wie die Zurverfügungstellung eines Dienstwagens oder eines Platzes in der Betriebskita sind dabei in der Höhe ihres finanziellen Wertes miteinzurechnen.[1390]

18/11133, S. 69. Unklar bleibt dabei jedoch, ob diese Personen bei dem – soweit dieses bestimmbar ist – Geburtsgeschlecht zuzuordnen sind oder gänzlich aus der Zählung herausfallen und, inwiefern solchen Personen das Auskunftsverlangen überhaupt offensteht. Im Übrigen erscheint aufgrund der Zielsetzung der Gesetzes sinnvoll, für die Zuordnung zu dem einen oder anderen Geschlecht vorrangig auf die Selbstbezeichnung der Person abzustellen, so *Kocher*, AuR 2018, 8, 14.

1383 *Koller-van Delden*, DStR 2018, 254, 258; dies ebenfalls einräumend BeckOK-ArbR/*Roloff*, § 10 EntgTranspG Rn. 17.

1384 *Kuhn/Schwindling*, DB 2018, 509, 510.

1385 *Koller-van Delden*, DStR 2018, 254, 258; BeckOK-ArbR/*Roloff*, § 10 EntgTranspG Rn. 17.

1386 *Koller-van Delden*, DStR 2018, 254, 258; *Bauer/Krieger/Günther*, § 11 EntgTranspG Rn. 65.

1387 BeckOK-ArbR/*Roloff*, § 10 EntgTranspG Rn. 17.

1388 *Brune/Brune*, BB 2019, 436, 441.

1389 BT-Drucks. 18/11133, S. 60.

1390 Ebd.

Grundsätzlich kann der Wert solcher Sachleistungen mit dem steuerlichen geldwerten Vorteil bestimmt werden.[1391] *Bauer* und *Romero* sehen hier eine besondere Schwierigkeit in der Berücksichtigung von Zulagen, welche zu komplizierten und aufwendigen Verfahren führen könne.[1392] Insoweit ergeben sich die gleichen Herausforderungen wie im Zusammenhang mit der Anrechnung von Vergütungsbestandteilen auf den Mindestlohn oder der Anpassung nach oben bei Benachteiligungen im Anwendungsbereich des TzBfG. Es handelt sich demnach um keine dem EntgTranspG eigene Schwierigkeit.

Fraglich ist aber, wie das Vergleichsentgelt einzubeziehen ist, das Personen gezahlt wurde, die nicht im gesamten Jahr gearbeitet haben. Entscheidend muss wohl sein, dass während des Bezugszeitraums die Ausübung der Tätigkeit mindestens für einen Monat stattgefunden hat, wobei das durchschnittliche monatliche Bruttoentgelt unter Zugrundelegung nur der Monate in denen eine Ausübung stattgefunden hat, zu ermitteln ist.[1393] Während ihrem Zweck nach auch alle Formen von Entgeltersatzleistungen, die vom Arbeitgeber gezahlt werden, miteinbezogen werden können,[1394] ist die Einbeziehung von Zahlungen an Beschäftigte, die diese in Zeiten erhalten, zu denen das Arbeitsverhältnis ruht, schwieriger zu beurteilen. Die Formulierung der Voraussetzungen des § 11 Abs. 3 S. 2 EntgTranspG weist darauf hin, dass die Ausübung noch im Zeitpunkt des Auskunftsverlangens bestehen muss.[1395] Es ist mithin davon auszugehen, dass bei ruhenden Arbeitsverhältnissen, aber auch im Hinblick auf Zahlungen, die nicht durch den Arbeitgeber selbst gewährt werden, keine Einbeziehung in die Bestimmung des Vergleichsentgelts stattfindet.[1396]

cc) Einzelne Entgeltbestandteile

Die gesonderte Angabe des Vergleichsentgelts im Hinblick auf zwei Bestandteile der Vergütung kann es dem Arbeitnehmer ermöglichen, vermutete Ungleichbehandlungen hinsichtlich bestimmter Vergütungsbestandteile aufzudecken.[1397] Die Beschränkung auf zwei Entgeltbestandteile erscheint jedoch problematisch, weil

---

1391 *Bauer/Krieger/Günther*, § 11 EntgTranspG Rn. 59; *Fasse/Klie*, Das neue Entgelttransparenzgesetz, S. 30; *Kleinebrink*, FA 2018, 38, 40; *Koller-van Delden*, DStR 2018, 254, 258; *Kuhn/Schwindling*, DB 2018, 509, 512; *Schlegel/Helbig*, ZTR 2018, 506, 515.

1392 *Bauer/Romero*, NZA 2017, 409, 411.

1393 *Bauer/Heup/Mayr*, DB 2018, 1213, 1216; *Fasse/Klie*, Das neue Entgelttransparenzgesetz, S. 30 f.; *Koller-van Delden*, DStR 2018, 254, 259; *Kuhn/Schwindling*, DB 2018, 509, 511.

1394 *Bauer/Heup/Mayr*, DB 2018, 1213, 1216; *Kuhn/Schwindling*, DB 2018, 509, 511.

1395 *Bauer/Heup/Mayr*, DB 2018, 1213, 1216.

1396 Ebd. S. 1216 f.; *Bauer/Krieger/Günther*, § 11 EntgTranspG Rn. 14; *Kuhn/Schwindling*, DB 2018, 509, 511; differenzierend *Fasse/Klie*, Das neue Entgelttransparenzgesetz, S. 31.

1397 *Langemann/Wilking*, BB 2017, 501, 503.

das europarechtlich geprägte Entgeltgleichheitsgebot gerade im Hinblick auf jeden einzelnen Entgeltbestandteil zu beurteilen ist.[1398] Ebenso verhält es sich auch im Hinblick darauf, dass im Übrigen lediglich das durchschnittliche monatliche Bruttoentgelt mitzuteilen ist, anstatt das Grundentgelt und weitere Zulagen separat sichtbar zu machen.[1399]

Die erhaltenen Informationen werfen zudem in verschiedenen Konstellationen weitere Fragen auf. Das gilt insbesondere, wenn der Auskunftssuchende nicht weiß, welche weiteren Vergütungsbestandteile die Kollegen aus der Vergleichsgruppe erhalten.[1400] *Fuhlrott* und *Ritz* sehen hier zudem die Problematik der Vergleichbarkeit unterschiedlicher Vergütungsbestandteile und stellen etwa die Frage nach der Vergleichbarkeit der Privatnutzung eines Dienstwagens einerseits und der Übernahme von Kita-Kosten andererseits.[1401] Darauf kommt es aber letztlich aufgrund des Gebots der gesonderten Prüfung jedes einzelnen Entgeltbestandteils nicht an: Erhalten der auskunftssuchende Arbeitnehmer und der die Vergleichstätigkeit ausübende Arbeitnehmer die gleiche Gesamtvergütung, wird aber nur jeweils einem der beiden die Privatnutzung eines Dienstwagens bzw. die Übernahme von Kita-Kosten gewährt, so darf nicht einfach auf die Gesamtvergütung abgestellt werden. Ebenso wenig zielführend wäre es dann, die beiden unterschiedlichen Vergütungsbestandteile miteinander zu vergleichen. Stattdessen ist angezeigt, jeweils zu untersuchen, ob die Nichtgewährung des jeweils anderen Vergütungsbestandteils gerechtfertigt ist.

Bauer und *Romero* stellen dabei auch die Frage nach der Aussagekraft bestimmter Lohnbestandteile im Hinblick auf geschlechtsbedingte Entgeltdiskriminierung: Zulagen für „besondere Arbeiten“ würden – etwa im Fall der Nachtarbeit – aufgrund der damit einhergehenden erschwerten Bedingungen gezahlt, sodass kein Zusammenhang mit der Frage der Lohngerechtigkeit bestünde.[1402] Tatsächlich handelt es sich etwa bei der Nichtgewährung einer Nachtarbeitszulage für Teilzeitkräfte um eine mittelbare Diskriminierung derselbigen.[1403] Sind in dem

---

1398 *Brune/Brune*, BB 2019, 436, 441; Däubler/Bertzbach/*Hinrichs*, § 10 EntgTranspG Rn. 6; Wortprotokoll Ausschuss für Familie, Senioren, Frauen und Jugend 18/82, Stellungnahme des djb, S. 92, 98; insofern ist der Vorschlag, den weiten Entgeltbegriff zur Vereinfachung einzugrenzen ebenfalls verfehlt. So aber: Bericht der Bundesregierung zur Wirksamkeit des Gesetzes zur Förderung der Entgelttransparenz zwischen Frauen und Männern, abrufbar unter: https://www.bmfsfj.de/blob/137224/128559d30c706beb1462f1c65db9d3ca/bericht-der-br-foerderung-entgelttransparenz-data.pdf, (Abruf 10.8.2019), S. 134.

1399 Wortprotokoll Ausschuss für Familie, Senioren, Frauen und Jugend 18/82, Stellungnahme des BDA, S. 116, 120; *Grimm/Freh*, KSzW 2017, 89, 95; *von Roetteken*, GiP Sonderausgabe 1/2017, 2, 4, 6; *Schwertfeger/Kordes*, AuA 2018, 480, 481.

1400 Vgl. auch Däubler/Bertzbach/*Hinrichs*, § 10 EntgTranspG Rn. 6; ErfK/*Schlachter*, § 10 EntgTranspG Rn. 2.

1401 *Fuhlrott/Ritz*, ArbR 2017, 211, 212 f.

1402 *Bauer/Romero*, NZA 2017, 409, 411.

1403 Vgl. BAG v. 15.12.1998 – 3 AZR 239/97, NZA 1999, 882.

Betrieb überwiegend Frauen als Teilzeitkräfte beschäftigt, so handelt es sich auch zugleich um eine mittelbare Diskriminierung aufgrund des Geschlechts. Dies ist aber nur dann der Fall, wenn die Teilzeitkräfte auch tatsächlich zu Nachtarbeitszeiten arbeiten. Erhalten sie hingegen deshalb keine Nachtarbeitzuschläge, weil sie eine ganz andere Tätigkeit verrichten als die die Zuschläge erhaltenden Vollzeitkräfte – und dies nicht zu Nachtarbeitszeiten – handelt es insofern schlicht nicht um „vergleichbare vollzeitbeschäftigte Arbeitnehmer" i.S.d. § 4 Abs. 1 i.V.m. § 2 Abs. 1 S. 3 TzBfG. Dies sind nämlich nur Arbeitnehmer „mit derselben Art des Arbeitsverhältnisses und der gleichen oder einer ähnlichen Tätigkeit". Dabei kommt es vorrangig auf die Vergleichbarkeit der Tätigkeit an, es sei denn, dass der Arbeitgeber bei der Leistungserbringung nicht an die Tätigkeit, sondern an einen anderen Faktor, wie etwa die Betriebszugehörigkeit, anknüpft.[1404] Dies lässt sich dem Grunde nach auch auf den Grundsatz der Entgeltgleichheit übertragen: Wird die Vergleichstätigkeit im Unterschied zu der eigenen Tätigkeit auch in Nachtarbeit verrichtet, so befinden sich die Arbeitnehmer regelmäßig schon in keiner vergleichbaren Lage – die Tätigkeiten können mithin nach der Definititon des EuGH und des EntgTranspG nicht gleich oder gleichwertig sein. Der Vergleich solcher Entgeltbestandteile hat nur dann einen Mehrwert, wenn sie für beide Tätigkeiten gleichermaßen relevant sind und dann auch nur, wenn sie tatsächlich unterschiedlich hoch ausfallen.

Schließlich ergibt sich das Problem, dass die Antwort im Hinblick auf zusätzliche Entgeltbestandteile auch irreführend sein kann: Der Beschäftigte kann jeweils nur vermuten, dass es sich um einen Entgeltbestandteil handelt bezüglich dessen eine Ungleichbehandlung vorliegt – wird diese Vermutung in der Antwort negiert, so kann und darf sie sich nur auf die konkret benannten Bestandteile beziehen, eine Benachteiligung bezüglich anderer Bestandteile ist dadurch jedoch nicht ausgeschlossen.[1405] Ein solcher Eindruck kann aber bei dem Beschäftigten entstehen. Selbst wenn er daraufhin die Benachteiligung an einer anderen Stelle vermutet, so wird die Möglichkeit eines erneuten Auskunftsverlangens durch § 10 Abs. 2 S. 2 EntgTranspG eingeschränkt.

dd) Aussagekraft des Medians

Nach § 11 Abs. 3 S. 2 EntgTranspG ist jeweils nur der Median der durchschnittlichen monatlichen Bruttovergütung anzugeben. Die Aussagekraft dieses Datums wird in der Literatur bereits vielfach stark in Zweifel gezogen,[1406] denn der Median

---

1404 BAG v. 28.5.2013 – 3 AZR 266/11, AP BetrAVG § 1 Teilzeit Nr. 17, Rn. 27.

1405 ErfK/*Schlachter*, § 10 EntgTranspG Rn. 2.

1406 *Bauer/Krieger/Günther*, § 11 EntgTranspG Rn. 86; *Bauer/Romero*, NZA 2017, 409, 411; *Franzen*, NZA 2017, 814, 816; *Grimm/Freh*, ArbRB 2017, 182, 184; *Haag*, GewArch 2018, 62, 63; MHA/*Krause*, § 60 Rn. 53; *Kuhn/Schwindling*, DB 2018, 509, 512; *Müller*, BB 2017, 2101, 2104; *Oberthür*, NJW 2017, 2228, 2233; *Schlegel/Helbig*, ZTR 2018, 506, 515; *Thüsing*, BB 2017, 565, 567; a.A. scheinbar *Müller-Wenner*, AuR 2017,

ist gerade nicht die durchschnittliche Vergütung. Er wird ermittelt, indem zunächst die Vergütungen innerhalb der Vergleichsgruppe nach der Entgelthöhe sortiert werden und schließlich die dabei an mittlerer Stelle stehende Vergütung ausgewählt wird. Lediglich bei einer geraden Anzahl von Mitgliedern der Vergleichsgruppe, wird der Median durch den Durchschnittswert der beiden an mittlerer Stelle stehenden Vergütungen gebildet. Dieses Verfahren wird weder durch den Gesetzestext noch durch die Begründung erläutert und demnach als bekannt vorausgesetzt.[1407]

Im Gegensatz zu dem Durchschnittswert der Vergütung ist der Median völlig unabhängig von der Spannweite der in der jeweiligen Gruppe auftretenden Vergütungen. Da es sich um den in der Mitte der Vergütungsfolge liegenden, festen Wert handelt, wird dieser nicht dadurch beeinflusst, dass die darunter und darüber liegenden Werte steigen oder sinken. Er bildet somit nur eine ganz bestimmte Vergütung ab – so werden zwar einerseits Ausreißer unberücksichtigt gelassen,[1408] gerade diese können jedoch in Einzelfällen im Hinblick auf das Vorliegen von Entgeltdiskriminierung relevant sein[1409]. Andererseits trifft dieser Wert aber auch nur im geringen Maße eine Aussage über die Vergütung der Vergleichstätigkeit im Allgemeinen. Selbst in den Fällen, in denen Frauen und Männer, die eine gleichwertige Tätigkeiten verrichten und im Durchschnitt dieselbe Vergütung erhalten, kann die Angabe des Medians den Eindruck einer Entgeltdiskriminierung erwecken: Dies gilt beispielsweise dann, wenn es zu jedem Beschäftigten in der männlichen Vergleichsgruppe jeweils eine Beschäftigte aus der weiblichen Gruppe gibt, die genau die gleiche Vergütung erhält, die Vergütungen aber innerhalb der Geschlechtergruppen voneinander abweichen.[1410] Denn dann wird eine Frau, die unterhalb des weiblichen Medians vergütet wird, auch immer unterhalb des identischen männlichen Medians vergütet[1411] – die isolierte Information spricht also für eine Diskriminierung, obwohl bei Betrachtung sämtlicher Vergütungen in den

---

137, nach der „der Auskunftsanspruch ein notwendiger 1. Schritt in Richtung Entgeltgleichheit" ist; ähnlich auch BeckOK-ArbR/*Roloff*, § 10 EntgTranspG Rn. 19, der darauf hinweist, dass mit der Größe der Vergleichsgruppe auch die „mathematische Richtigkeit" des Medians wachse und dieser zudem durch die weiteren Informationen nach § 11 Abs. 2 EntgTranspG aufgewertet werde.

1407 *Bauer/Romero*, NZA 2017, 409, 411.

1408 *Göpfert/Giese*, NZA 2018, 207, 208; dieses Argument wird auch durch das BMFSFJ zur Begründung der Aussagekraft des Medians herangezogen, BMFSFJ Leitfaden S. 22, abrufbar unter: https://www.bmfsfj.de/blob/118298/f9896570e6d9a5cf1afac0f5d192a834/das-entgelttransparenzgesetz-ein-leitfaden-fuer-arbeitgeber-sowie-fuer-betriebs-und-personalraete-data.pdf (Abruf 4.12.2018).

1409 *Kocher*, AuR 2018, 8, 16.

1410 *Thüsing*, BB 2017, 565, 567.

1411 Ebd.

beiden Gruppen keine geschlechtsspezifischen Unterschiede festzustellen sind, und führt insofern in die Irre.[1412]

Umgekehrt kann aber auch der Fall eintreten, dass eine auskunftssuchende Beschäftige exakt die Vergütung erhält, die dem Median der Vergleichsgruppe entspricht. Liegt dann die Vergütung der Männer unterhalb des Medians nur knapp unter der der Auskunftssuchenden, die Vergütung der Männer oberhalb des Medians aber weit darüber und gestaltet sich die Spannweite der weiblichen Vergütungen zudem nach oben hin als kurz und nach unten hin als lang, so erweckt die Übereinstimmung des männlichen Medians mit der eigenen Vergütung bei der Auskunftssuchenden fälschlicherweise den Eindruck, dass sie im Verhältnis zu den Männern nicht unterschiedlich vergütet wird.[1413] Die Aussagekraft hängt demnach stark davon ab, welche Person einer Vergleichsgruppe das Auskunftsverlangen geltend macht. Dadurch, dass der Arbeitnehmer mit dem Anspruch keine Informationen über den Median der Vergütung der Beschäftigten des eigenen Geschlechts erhält, fehlt ein weiterer Anhaltspunkt, um die erhaltenen Daten richtig zu interpretieren.[1414]

Auch bei der gerichtlichen Geltendmachung des Entgeltgleichheitsanspruchs helfen die erhaltenen Informationen nicht weiter: Es gibt eben eine gleich große Anzahl von Kollegen, die mehr bzw. weniger als die dem Median entsprechende Vergütung verdienen, insofern kann eine unterhalb des Vergleichsmedians liegende Vergütung kein Indiz i.S.v. § 22 AGG darstellen, denn insofern ist eine überwiegende Wahrscheinlichkeit erforderlich.[1415] Um in den Genuss der Vorteile dieser Regelung zu kommen, ist es erforderlich, dass der Arbeitnehmer – mit Ausnahme der Kausalität – für sämtliche anspruchsbegründenden Tatsachen den Vollbeweis erbringt, wozu auch die Tatsache gehört, dass der Kläger gegenüber einer anderen Person ungünstig behandelt worden ist.[1416] Dies legt nahe, dass der Arbeitnehmer eine bestimmte Person benennen können muss, die eine gleiche oder gleichwertige Arbeit verrichtet und eine gegenüber ihm selbst

1412 Ebd.; *Bauer/Romero*, NZA 2017, 409, 411; *Göpfert/Giese*, NZA 2018, 207, 208; *Häferer/Köhler*, CB 2017, 284, 286; *Koller-van Delden*, DStR 2018, 254, 260; vgl. aber auch ErfK/*Schlachter*, § 11 EntgTranspG Rn. 4, die das Problem aufgrund der Charakterisierung der Vergleichsgruppe durch die Erbringung gleichwertiger Arbeit als „relativiert" bezeichnet.

1413 *Bauer/Romero*, NZA 2017, 409, 411 f.

1414 *Thüsing*, BB 2017, 565, 567; *Oberthür*, NJW 2017, 2228, 2233; BeckOK-ArbR/*Roloff*, § 10 EntgTranspG Rn. 22; *Fasse/Klie*, Das neue Entgelttransparenzgesetz, S. 80.

1415 *Bauer/Krieger/Günther*, § 10 EntgTranspG Rn. 64; *Franzen*, NZA 2017, 814, 816; *Häferer/Köhler*, CB 2017, 284, 286; *Müller*, BB 2017, 2101, 2104; vgl. auch *von Steinau-Steinrück*, NJW-Spezial 2017, 306, 307; Henssler/Willemsen/Kalb/*Thies*, § 10 EntgTranspG Rn. 12; inzwischen auch LAG Niedersachsen v. 1.8.2019 – 5 Sa 196/19, NZA-RR 2019, 629, 630, Revision eingelegt unter dem Az. 8 AZR 488/19; a.A. ohne nähere Erläuterung *Müller-Wenner*, AuR 2017, 137.

1416 Vgl. dazu oben Gliederungspunkt D)II.c)cc).

höhere Vergütung erhält.[1417] Kennt er lediglich die Medianvergütung, so weiß er im Idealfall lediglich, dass es grundsätzlich eine Person gibt, der diese Vergütung zugeordnet werden kann.[1418] In den Fällen, in denen sich die Vergleichsgruppe aus einer geraden Anzahl von Personen zusammensetzt, kann jedoch das dann zu errechnende arithmetische Mittel gerade keiner Person zugeordnet werden. Selbst dann, wenn man die Benennung einer konkreten Person nicht für erforderlich hält, handelt es sich mangels Indizqualität i.S.v. § 22 AGG dennoch um keine dem Arbeitnehmer den Beweis erleichternde Information. Das belegen auch die zuvor erörterten Beispiele.

Der Gesetzgeber gibt den Beschäftigten demnach einen Auskunftsanspruch an die Hand, der ihn einerseits in dem falschen Glauben wiegen kann, hinsichtlich der Vergütung nicht gegenüber Vergleichspersonen des anderen Geschlechts benachteiligt zu werden und andererseits auch den fälschlichen Eindruck einer vorhandenen Diskriminierung erzeugen kann. Gleichzeitig verbessert sich seine Beweissituation nicht. Dies würde sich etwa dann substanziell ändern, wenn der Arbeitgeber tatsächlich eine konkrete Person und deren Vergütung benennen müsste. Eine solche Lösung würde aber wohl in datenschutzrechtlicher Hinsicht auf unüberwindbare Hürden stoßen.[1419] Die geringe Aussagekraft spricht nicht zuletzt gegen die Verhältnismäßigkeit des in dem Auskunftsanspruch liegenden Eingriffs in Art. 12 Abs. 1 GG.[1420]

4. Verfahren und Zuständigkeit

Weiterhin gibt das Gesetz in den §§ 13–15 EntgTranspG den Ablauf des Verfahrens der Auskunftserteilung nach Stellung des Auskunftsersuchens durch den Arbeitnehmer in detailierter Weise vor. Ein besonderes Augenmerk ist dabei auf die Zuständigkeit für die Erteilung zu legen.

a) Adressat des Auskunftsverlangens

Adressat des Auskunftsverlangens ist – soweit vorhanden – grundsätzlich der Betriebsrat, §§ 14 Abs. 1 S. 1, 15 Abs. 2 EntgTranspG.[1421] Entsprechend der Betriebsbezogenheit des Auskunftsanspruchs kann jeweils nur der örtlich zuständige Betriebsrat die Auskunft erteilen. Einen Ausnahmefall bilden leitende Angestellte, bei denen gem. § 13 Abs. 4 EntgTranspG nur der Arbeitgeber Adresat sein kann. In allen übrigen Fällen hat der Arbeitgeber jedoch nach § 14 Abs. 2 EntgTranspG

1417 *Franzen*, BB 2016, I; *Wank*, RdA 2018, 34, 45.

1418 Vgl. aber *Bauer/Krieger/Günther*, § 10 EntgTranspG Rn. 65, wonach der Median in keinem Fall personenbezogene Rückschlüsse zulässt.

1419 *Franzen*, BB 2016, I.

1420 Dagegen: *Roloff*, RdA 2019, 28, 39, der daraus vielmehr die Notwendigkeit zieht, doch einen Aussagegehalt des Medians anzuerkennen.

1421 S. ausführlich zur Rolle des Betriebsrats Gliederungspunkt G)IV.5.

auch die Möglichkeit, die Erfüllung des Anspruchs generell oder nur in bestimmten Fällen durch Erläuterung gegenüber dem Betriebsrat an sich zu ziehen. Ebenso kann der Betriebsrat die Übernahme der Auskunftspflicht durch den Arbeitgeber fordern, § 14 Abs. 1 S. 2 EntgTranspG. *Kuhn* und *Schwindling* sehen die Notwendigkeit, die Erläuterungspflicht auch auf den Fall der Übertragung auf den Arbeitgeber durch den Betriebsrat zu transferieren.[1422] Die grundsätzliche Zuständigkeit des Betriebsrats bezweckt eine Erleichterung für den auskunftssuchenden Arbeitnehmer, für den möglicherweise bestehende Hemmnisse, wie die Angst vor Repressalien des Arbeitgebers, ein Hindernis für die Geltendmachung des Auskunftsanspruchs darstellen.[1423] Der Weg über den Betriebsrat soll demgegenüber eine geringere Hürde darstellen. Folglich darf sich der Betriebsrat dieser Aufgabe nicht ohne Weiteres entziehen können. Nach der Gesetzesbegründung kann der Betriebsrat die Übernahme zudem nur verlangen, wenn „dies aufgrund der Umstände des Einzelfalles geboten erscheint" – eine Pflicht zur Erläuterung dieser Umstände erscheint insofern naheliegend.[1424]

Die Übernahme durch den Arbeitgeber wird in der Literatur empfohlen, um Missverständnisse und Rechtsunsicherheiten – etwa bei der Frage nach der Gleichwertigkeit von Tätigkeiten – zu vermeiden und das Auskunftsverlangen „selbst in der Hand" zu haben.[1425] Die Erläuterung der Gründe für die Übernahme gem. § 14 Abs. 2 S. 1 EntgTranspG erfordert nach der Gesetzesbegründung eine transparente Kommunikation gegenüber dem Betriebsrat.[1426] Diese Vorgaben sind wohl so zu verstehen, dass dem Betriebsrat im Hinblick auf die Begründung auch Nachfragen gestattet sind.

aa) Übernahme durch den Arbeitgeber – Qualität der Erläuterung

Allerdings stellt sich die Frage, ob die bloße Erläuterung an sich ausreichend ist oder ob auch der Gegenstand der Erläuterung, nämlich die Beweggründe des Abeitgebers, eine bestimmte Qualität haben muss. Es wäre nicht einsichtig, warum überhaupt eine Erläuterungspflicht bestehen sollte, falls die Qualität der Gründe keine Rolle spielt. In der Gesetzesbegründung wird als Beispiel für eine mögliche Übernahme in bestimmten Fällen die Übernahme für bestimmte Beschäftigtengruppen, beispielsweise „außertariflich Beschäftigte" genannt.[1427] Insofern handelt

---

1422 *Kuhn/Schwindling*, DB 2017, 785, 788; a.A. *Fasse/Klie*, Das neue Entgelttransparenzgesetz, S. 64.

1423 BT-Drucks. 18/11133, S. 58.

1424 Vgl. auch *Kuhn/Schwindling*, DB 2017, 785, 788; a.A. *Günther/Heup/Mayr*, NZA 2018, 545, 548.

1425 *Gaul*, ArbRB 2017, 47, 49; *Grimm/Freh*, ArbRB 2017, 182, 185; *Häferer/Köhler*, CB 2017, 284, 287; *Koller-van Delden*, DStR 2018, 254, 257; *Kuhn/Schwindling*, DB 2017, 785, 788; *Salomon-Hengst*, öAT 2018, 92, 94.

1426 BT-Drucks. 18/11133, S. 64.

1427 Ebd.

es sich um eine nach objektiven Kriterien abgrenzbare Gruppe – ähnliche Anforderungen wird man auch generell an die Erläuterung des Arbeitgebers stellen müssen.[1428]

bb) Übernahme durch den Arbeitgeber – Gegenstand

Bedeutet dies aber auch, dass der Arbeitgeber die Erfüllungspflicht für ganz bestimmte Einzelpersonen an sich ziehen darf? Bei größeren Gruppen können auf Arbeitgeberseite Rationalisierungserwägungen im Vordergrund stehen, wenn er beispielsweise in einem größeren Unternehmen ein standardisiertes Verfahren für den Empfang und die Beantwortung von Auskunftsansprüchen implementieren möchte. Bei Einzelpersonen, die keine leitenden Angestellten sind, gerät der Arbeitgeber hingegen schneller in den Verdacht, das Übernahmerecht zu missbrauchen, zumal die freiwillige Übernahme im Einzelfall unter Umständen mit größerem Aufwand verbunden ist als die Zurverfügungstellung der erforderlichen Informationen an den Betriebsrat.

Kania empfiehlt in den Fällen der Übernahme der Auskunftspflicht durch den Arbeitgeber den Abschluss einer Betriebsvereinbarung, denn dadurch könnten die Rechte und Pflichten verbindlich festgehalten werden und mit der Pflicht zur Veröffentlichung aus § 77 Abs. 2 S. 3 BetrVG gleichzeitig die Beschäftigten über den Adressaten des Auskunftsanspruchs informiert werden, wie es § 14 Abs. 2 S. 4 EntgTranspG verlangt.[1429] Aus der Perspektive des Arbeitgebers ergibt sich dabei jedoch der Nachteil, dass so auch für den Betriebsrat Klagemöglichkeiten generiert werden: Bei Streitigkeiten über die richtige Durchführung einer Betriebsvereinbarung ist nach § 2a Abs. 1 Nr. 1, Abs. 2 i. V. m. §§ 80 ff. ArbGG das Beschlussverfahren eröffnet.[1430]

cc) Übernahme durch den Arbeitgeber – Zeitliche Begrenzung

Die Möglichkeit des Arbeitgebers, auch bei bestehendem Betriebsrat die Auskunftspflicht selbst zu erfüllen, wird in zeitlicher Hinsicht eingeschränkt, denn sie kann gem. § 14 Abs. 2 S. 2 EntgTranspG „jeweils längstens für die Dauer der Amtszeit des jeweils amtierenden Betriebsrates erfolgen“, welche gem. § 21 S. 1 BetrVG vier Jahre beträgt. Dieser Wortlaut schließt jedoch die Möglichkeit ein, die Auskunftspflicht in der nächsten Amtszeit durch erneute Erläuterung weiterhin

1428 Nach *Fasse/Klie*, Das neue Entgelttransparenzgesetz, S. 65, sind jedenfalls keine hohen Anforderungen zu stellen, Bsp.: Höhere Kapazitäten bzw. Möglichkeit der effektiveren und effizienteren Beantwortung in der Personalabteilung.

1429 *Kania*, NZA 2017, 819, 820; zustimmend *Günther/Heup/Mayr*, NZA 2018, 545, 549; *Kleinebrink*, FA 2018, 38, 40.

1430 Richardi/*Richardi*, § 77 BetrVG Rn. 14; zu der Frage, inwiefern andere Durchsetzungsmöglichkeiten, für den Betriebsrat bestehen, vgl. unten Gliederungspunkt G)IV.5.a)bb).

zu übernehmen.[1431] Die zeitliche Begrenzung bewirkt demnach lediglich, dass der Arbeitgeber nicht von vorneherein durch einmalige Erläuterung dauerhaft die Auskunftsverpflichtung übernehmen kann, sondern jeweils spätestens nach vier Jahren erneut seine Beweggründe vortragen muss. Im Ergebnis eröffnet dies dem Arbeitgeber doch die Möglichkeit, die Auskunftspflicht dauerhaft und nur formal unterbrochen zu übernehmen. Dies gilt jedenfalls für den Fall, dass keine weiteren qualitativen Anforderungen an die Erläuterungspflicht gestellt werden.[1432]

Diese Ausgestaltung widerspricht dem mit der grundsätzlichen Zuständigkeit des Betriebsrats verbundenen Zweck: Es ist zu beobachten, dass zwischen der Entwicklung von § 11 Abs. 1 EntgGleiG-E hin zu §§ 14 Abs. 1 S. 1, 15 Abs. 2 EntgTranspG ein Wechsel der grundsätzlichen Adressatenstellung vom Arbeitgeber zum Betriebsrat stattgefunden hat, die dem Arbeitnehmer – der im Hinblick auf eine direkte Geltendmachung gegenüber dem Arbeitgeber womöglich Bedenken hegt – die Geltendmachung seiner Rechte erleichtern soll.[1433] Hat der Arbeitgeber aber dauerhaft die Möglichkeit, die Auskunftspflicht an sich zu ziehen, wirkt dies nicht nur der Inanspruchnahme des Auskunftsrechts entgegen, sondern führt auch zu einer Aushöhlung des Grundsatzes der Betriebsratszuständigkeit. Insofern spricht vieles dagegen, eine dauerhafte Übernahme im Wege des Ansichziehens zu Beginn jeder neuen Amtszeit zuzulassen – der Wortlaut ist jedoch eindeutig.

Eine weitere zeitliche Einschränkung ist dahingehend zu erwägen, dass der Arbeitgeber nur solche Auskunftsverlangen übernehmen kann, die nach der Übernahmeerklärung eingegangen sind.[1434] Dies ließe sich jedenfalls aus der Formulierung, dass der Arbeitgeber die Übernahme gegenüber dem Betriebsrat „zuvor" erläutern muss, entnehmen.[1435] Dafür lässt sich zudem argumentieren, dass eine gezielte und nicht nach abstrakten Kriterien vorbestimmte Übernahme dem Verdacht der missbräuchlichen Verwendung ausgesetzt ist.[1436] Dies kann aber dann nicht gelten, wenn im Einzelfall objektive Gründe für eine nachträgliche Übernahme durch den Arbeitgeber vorliegen – insbesondere, wenn diese für den Arbeitgeber nicht vorhersehbar waren. Ein Beispiel dafür kann etwa eine unterlassene oder fehlerhafte Auskunftserteilung durch den Betriebsrat sein.[1437] Weiterhin für die grundsätzliche Möglichkeit einer auch nachträglichen Übernahme spricht, dass anderenfalls kaum Sachverhalte denkbar wären, in denen eine Übernahme „in bestimmten Fällen" erfolgt.[1438] Die Konstellation, dass der Arbeitgeber

---

1431 Vgl. *Koller-van Delden*, DStR 2018, 254, 256; *Schlegel/Helbig*, ZTR 2018, 506, 511.
1432 Dazu Gliederungspunkt G)IV.4.a)aa).
1433 *Günther/Heup/Mayr*, NZA 2018, 545; *Holler*, NZA 2017, 822, 824.
1434 So *Kocher*, AuR 2018, 8, 15.
1435 Vgl. auch *Koller-van Delden*, DStR 2018, 254, 256; BeckOK-ArbR/*Roloff*, § 14 EntgTranspG Rn. 6; *Richter*, ArbR 2018, 570, 572.
1436 S. bereits Gliederungspunkt G)IV.4.a)bb).
1437 Dazu eingehend Gliederungspunkt G)IV.5.b).
1438 *Günther/Heup/Mayr*, NZA 2018, 545, 548.

eine Liste von Arbeitnehmern erstellt, für die er im hypothetischen Fall eines Auskunftsersuchens die Auskunftserteilung übernimmt, ist wohl eher theoretischer Natur. Zudem lässt sich argumentieren, dass die Informationspflicht des Betriebsrats gegenüber dem Arbeitgeber aus § 14 Abs. 1 S. 2 EntgTranspG diesem erst die Möglichkeit eröffnet, darüber zu entscheiden, ob er das Auskunftsverlangen selbst übernimmt oder nicht.[1439] Schließlich enthält das Gesetz gerade keine zeitliche Einschränkung für die Stellung des Übernahmeverlangens durch den Arbeitgeber.[1440]

b) Auskunftserteilung

Die Erteilung der Auskunft erfolgt grundsätzlich durch den Adressaten des Auskunftsanspruchs, also in den Fällen der §§ 14 Abs. 2, 3, 15 Abs. 1 EntgTranspG durch den Arbeitgeber bzw. in den Fällen der §§ 14 Abs. 1, 15 Abs. 2 EntgTranspG durch den Betriebsrat. Lediglich in den Fällen, in denen bei einem tarifgebundenen oder tarifanwendenden Arbeitgeber kein Betriebsrat besteht, kann der Arbeitgeber gemeinsam mit Vertretern der Tarifvertragsparteien vereinbaren, dass letztere die Beantwortung der Auskunftsverlangen übernehmen, § 14 Abs. 3 S. 3 EntgTranspG. Dann muss der Arbeitgeber einerseits nach § 14 Abs. 3 S. 4 EntgTranspG die Vertreter der Tarifvertragsparteien über eingehende Auskunftsverlangen umfassend und rechtzeitig informieren und andererseits auch die Beschäftigten darüber in Kenntnis setzen, wer die Auskunft erteilt, § 14 Abs. 3 S. 5 EntgTranspG.

In Betrieben mit nicht tarifgebundenen und nicht tarifanwendenden Arbeitgebern muss die Auskunft nach § 15 Abs. 3 S. 1 EntgTranspG innerhalb von drei Monaten nach Zugang des Auskunftsverlangens in Textform erteilt werden. Bei drohender Fristversäumnis ist der auskunftsverlangende Beschäftigte weiterhin gem. § 15 Abs. 3 S. 2 EntgTranspG über selbige zu informieren und die Antwort dann ohne weitere Verzögerung zu erteilen. Die dreimonatige Frist soll die bezüglich der Auskunftserteilung bestehende Pflicht verdeutlichen.[1441] Dies ist grundsätzlich nicht zu beanstanden, denn eine zeitliche Eingrenzung schafft für alle Beteiligten Rechtssicherheit. Umgekehrt würde eine fehlende Frist im Zweifel zu Lasten der praktischen Wirksamkeit des Auskunftsanspruchs gehen. Die zusätzliche Pflicht der Anzeige eines drohenden Fristablaufs erscheint daneben jedoch überflüssig. In der Gesetzesbegründung ist von einer „Fristversäumnis trotz ernsthaften Bemühens von Arbeitgeber und Betriebsrat" die Rede. Bedeutet dies, dass, wenn die Betriebsparteien keinerlei Bemühungen angestellt haben, auch der Fristablauf nicht anzuzeigen ist[1442] oder dass der Anzeige Ausführungen über

1439 *Grimm/Freh*, KSzW 2017, 89, 97.

1440 *Bauer/Krieger/Günther*, § 14 EntgTranspG, Rn. 48; *Hintzen/Richter*, Antworten für die Praxis, Entgelttransparenzgesetz, S. 19.

1441 BT-Drucks. 18/11133, S. 65.

1442 *Bauer/Krieger/Günther*, § 15 EntgTranspG Rn. 16.

die Gründe der zeitlichen Verzögerung beizufügen sind? Ersteres wäre praktisch kaum nachvollziehbar, letzteres ist jedenfalls im Wortlaut der Norm nicht angelegt.

Unklar ist weiterhin, ob dem Auskunftserteilenden so eine Fristverlängerung gewährt werden kann. Die Anzeige hat bei drohender Fristversäumung zu erfolgen, mithin vor Fristablauf und ist dann „ohne weiteres Verzögern zu erteilen". Ob dies eine Auskunftserteilung noch vor Fristablauf meint, ist unklar. Anderenfalls ist aber die mit der Frist bezweckte Klarheit nicht länger gewährleistet. „Ohne weiteres Verzögern" beschreibt einen unbestimmten Zeitraum, der somit grundsätzlich auch über den Fristablauf hinausgehen kann. In § 121 BGB benutzt der Gesetzgeber mit „ohne schuldhaftes Zögern" eine ähnliche Formulierung, die eine flexible, den Umständen des Einzelfalles entsprechende Frist ermöglichen soll.[1443] Allerdings wird insoweit verbreitet ein über zwei Wochen hinausgehender Zeitraum nur bei Hinzutreten besonderer Umstände als zulässig betrachtet.[1444] Insofern wäre daran zu denken, dass trotz weiterer ernsthafter Bemühungen dem Auskunftserteilenden die Erteilung der Auskunft nicht möglich ist.

Einzuräumen ist jedoch, dass der Arbeitnehmer durch die Anzeige des drohenden Fristablaufs erneut über selbigen in Kenntnis gesetzt wird. Es ist durchaus denkbar, dass er diese Information zum Anlass nimmt, weiter auf die Durchsetzung seiner Rechte zu beharren. Seine Position hat sich aber verglichen mit der Situation vor dem Auskunftsverlangen kaum verbessert. Vorteile hinsichtlich der Beweissituation sind erst im Fall des endgültigen Ausbleibens der Auskunftserteilung denkbar, für den § 15 Abs. 5 S. 1 EntgTranspG eine Beweiserleichterung anordnet.

c) *Beweislast*

In § 15 Abs. 5 S. 1 EntgTranspG ist vorgesehen, dass der nicht tarifgebundene und nicht tarifanwendende Arbeitgeber im Streitfall die Beweislast dafür trägt, dass kein Verstoß gegen das Entgeltgleichheitsgebot vorliegt, wenn er die Erfüllung seiner Auskunftspflicht unterlässt. Die Frage nach der Erfüllung der Auskunftspflicht ist dabei im Hinblick auf die Gesamtvergütung und jeden der einzeln erfragbaren Entgeltbestandteile separat zu beurteilen.[1445]

1443 BGH v. 28.6.2012 – VII ZR 130/11, NJW 2012, 3305, 3306, Rn. 20.

1444 BAG v. 21.2.1991 – 2 AZR 449/90, NZA 1991, 719, 721; MüKo-BGB/*Armbrüster*, § 121 BGB Rn. 7; BeckOK-BGB/*Wendtland*, § 121 BGB Rn. 7.1.; auch die Begründung zu dem vorangegangenen Referentenentwurf ging im Regelfall von einer zusätzlichen Frist von ein bis zwei Wochen aus, Referentenentwurf des Bundesministeriums für Familie, Senioren, Frauen und Jugend, Entwurf eines Gesetzes für mehr Lohngerechtigkeit zwischen Frauen und Männern, Bearbeitungsstand: 27.10.2016, S. 82; vgl. auch BeckOK-ArbR/*Roloff*, § 10 EntgTranspG Rn. 40, der bei drei Wochen eine grundsätzliche Grenze sieht, ebenso *Brune/Brune*, BB 2019, 436, 445; bzw. *Bauer/Krieger/Günther*, § 15 EntgTranspG Rn. 15: vier Wochen.

1445 ErfK/*Schlachter*, § 15 EntgTranspG Rn. 10.

aa) Verhältnis zu § 22 AGG

Diese Regelung soll sich ausweislich der Gesetzesbegründung an § 22 AGG orientieren.[1446] Während § 22 AGG das Beweismaß für den Arbeitnehmer an der Stelle absenkt, die seiner Kenntnis regelmäßig am schwierigsten zugänglich ist, nämlich der Kausalität zwischen Merkmalsträgerschaft und Benachteiligung, handelt es sich bei § 15 Abs. 5 S. 1 EntgTranspG jedoch um eine Sanktionsregelung, die zudem europarechtlich so nicht geboten ist.[1447] Ein weiterer Unterschied liegt darin, dass die Beweislastregel des § 15 Abs. 5 S. 1 EntgTranspG im Gegensatz zu § 22 AGG bereits durch reines Nichthandeln des Arbeitgebers ausgelöst wird.[1448] *Thüsing* kritisiert weiterhin, dass Gegenstand des EntgTranspG zunächst nur die Feststellung einer Ungleichbehandlung sei und die Vermutungswirkung des § 15 Abs. 5 S. 1 EntgTranspG den Arbeitgeber im Prozess zum Vortrag einer negativen Tatsache zwingen könne.[1449] Er schlägt alternativ vor, die Vermutungswirkung nur darauf zu beziehen, „dass der Median des Entgelts der Beschäftigten des anderen Geschlechts über dem Entgelt der Auskunft verlangenden Beschäftigten liegt".[1450] Diese Vermutung steht jedenfalls im direkten Zusammenhang mit dem sie auslösenden Fehlverhalten des Arbeitgebers.

Die vorgetragenen Bedenken greifen aber nur dann durch, wenn sich die Vermutungswirkung tatsächlich insgesamt auf das Vorliegen einer geschlechtsbedingten Benachteiligung bezieht. Nach der Gesetzesbegründung wird jedoch das Verhalten des Arbeitgebers „als Indiz für eine Benachteiligung beim Entgelt wegen des Geschlechts gewertet", sodass der Arbeitgeber dafür die Beweislast trägt, „dass kein Verstoß gegen das Benachteiligungsverbot des § 3 vorliegt".[1451] Dies spricht wiederum dafür, dass tatsächlich ein Bezug zu § 22 AGG vorliegt. Trotz ähnlich unglücklicher Formulierung wird dieser europarechtskonform dahingehend ausgelegt, dass der Arbeitnehmer hinsichtlich des Beruhens auf einem Diskriminierungsmerkmal lediglich Indizien glaubhaft machen muss, während es für die restlichen Tatbestandsvoraussetzungen einer Diskriminierung bei der vollen Beweislast bleibt.[1452] Die Gesetzesbegründung deutet insofern darauf hin, dass § 15 Abs. 5 S. 1 EntgTranspG lediglich die nicht erteilte Auskunft zu einem gesetzlichen Indiz für das Beruhen der Entgeltdiskriminierung auf dem Geschlecht erhebt, der Arbeitnehmer aber weiterhin etwa seine Merkmalsträgerschaft und die unterschiedliche Behandlung gegenüber einer Person des anderen Geschlechts beweisen muss. Damit wiederum ist ihm aber nicht geholfen. Seine Position hat sich

---

1446 BT-Drucks. 18/11133, S. 66.
1447 *Thüsing*, BB 2017, 565, 567.
1448 *Fuhlrott/Ritz*, ArbR 2017, 211, 213.
1449 Vgl. dazu ausführlich *Thüsing*, BB 2017, 565, 568; zustimmend auch *Bauer/Krieger/Günther*, § 15 EntgTranspG Rn. 52.
1450 *Thüsing*, BB 2017, 565, 568.
1451 BT-Drucks. 18/11133, S. 66.
1452 Vgl. dazu oben Gliederungspunkt D)II.2.c)cc).

verglichen mit der Situation vor dem Auskunftverlangen kaum verbessert: Nach § 15 Abs. 5 EntgTranspG tragen zwar nicht tarifgebundene und nicht tarifanwendende Arbeitgeber im Streitfall die Beweislast dafür, dass kein Verstoß gegen das Entgeltgleichheitsgebot im Sinne dieses Gesetzes vorliegt – zu diesem Streit muss es jedoch überhaupt erst kommen. Hat der Beschäftigte den Auskunftsanspruch geltend gemacht, um Informationen zu erhalten, die ihm bei der Erwägung und potenziellen Erhebung einer Entgeltgleichheitsklage helfen, verfügte er regelmäßig zuvor eben nicht über diese Informationen. Es fehlen ihm bei nicht erteilter Auskunft folglich weiterhin die erforderlichen Informationen, um einen möglichen Differenzlohn klageweise einzufordern.[1453] Zwar bestünde die Möglichkeit, i.R.d. Stufenklage auf der ersten Stufe zuerst die Erteilung der Auskunft zu erzwingen – dann trägt aber der Beschäftigte das Prozess- und Kostenrisiko hinsichtlich der Frage, ob eine Benachteiligung tatsächlich vorliegt.[1454] Da steht er nun, der arme Tor und ist so klug als wie zuvor![1455]

Deutlich wird: Die Formulierung dieser Beweislastregel ist alles andere als eindeutig. Zudem führen alle vorgestellten Auslegungsvarianten der Norm zu unbefriedigenden Ergebnissen: Entweder handelt es sich um eine unverhältnismäßige Sanktionsregelung oder der Arbeitnehmer erhält in tatsächlicher Hinsicht keine Vorteile für seine Beweissituation. Andere Gestaltungen wären *de lege ferenda* vorstellbar. Am überzeugendsten erscheint der von *Thüsing* vorgeschlagene Weg, an die nicht erteilte Antwort die Vermutung zu knüpfen, dass der Median des Entgelts der Vergleichsgruppe über dem Entgelt des die Auskunft verlangenden Beschäftigten liegt. So ließen sich sowohl innerhalb der §§ 11 ff. EntgTranspG als auch im Verhältnis zu § 22 AGG dogmatische Unstimmigkeiten vermeiden.

bb) Anforderungen an das Vorliegen der Tatbestandsvoraussetzungen

Anknüpfungspunkt des § 15 Abs. 5 S. 1 EntgTranspG ist die unterlassene Erfüllung der Auskunftspflicht. Die Regelung soll eine Beweislastverlagerung zu Lasten des Arbeitgebers bewirken.[1456] Dessen Verhalten ließe Zweifel an seiner Rechtstreue in Bezug auf die Entgeltgleichheit aufkommen, weshalb es als Indiz für eine Benachteiligung beim Entgelt wegen des Geschlechts gewertet werden könne.[1457] Hat der Arbeitgeber aber beispielsweise ausführlich erläutert, inwiefern keine taugliche Vergleichstätigkeit im Betrieb vorhanden ist, weshalb ihm weder eine Auskunft zu der erfragten, noch einer anderen Tätigkeit möglich ist, greift diese Begründung nicht. Es liegt daher nahe, die Norm für diese Fälle teleologisch zu reduzieren.

1453 Vgl. auch *Oberthür*, NJW 2017, 2228, 2233.

1454 Ebd.; *Brune/Brune*, BB 2019, 436, 446; *Bauer/Krieger/Günther*, § 10 EntgTranspG Rn. 78; dieses Vorgehen stellt also keine echte Alternative dar, so aber BeckOK-ArbR/*Roloff*, § 10 EntgTranspG Rn 41.

1455 In Anlehnung an *Johann Wolfgang Goethe*, Faust. Eine Tragödie. Nacht.

1456 BT-Drucks. 18/11133, S. 66.

1457 Ebd.

Der Nichterteilung der Auskunft ist eine nach dem Maßstab von § 15 Abs. 3 EntgTranspG verspätete Auskunftserteilung gleichsetzen.[1458] Die Beweislastverlagerung tritt nach § 15 Abs. 5 S. 2 EntgTranspG auch dann ein, wenn der Betriebsrat aus Gründen, die der Arbeitgeber zu vertreten hat, die Auskunft nicht erteilen konnte. *Langemann* und *Wilking* ziehen aus § 15 Abs. 5 S. 2 EntgTranspG zudem den Umkehrschluss, dass die Beweislastverlagerung dann nicht eintritt, wenn die Gründe gerade nicht durch den Arbeitgeber zu vertreten sind.[1459] Ein Nichthandeln oder eine unzutreffende Auskunft durch den Betriebsrat trotz ausreichender Ausstattung mit den erforderlichen Informationen dürfte die Beweislastverlagerung nicht auslösen.[1460] Dieser Schluss lässt sich jedoch noch weiter dahingehend ziehen, dass es für den Eintritt der Beweislastverlagerung generell darauf ankommt, dass das Unterlassen der Auskunft seinen Ursprung in einem durch den Arbeitgeber zu vertretenden Verhalten haben muss. Die Übernahme der Auskunftspflicht durch den Betriebsrat ist – zumindest nach der gesetzlichen Konzeption – nämlich der Regelfall. Zudem bezieht sich das Unterlassen nach § 15 Abs. 5 S. 1 EntgTranspG auf die Auskunftspflicht, also auf eine zwingende Verbindlichkeit. Eine solche Pflicht kann aber jedenfalls dann nicht bestehen, wenn es entweder gar keine taugliche Vergleichsgruppe gibt oder diese aus weniger als sechs Beschäftigten des anderen Geschlechts besteht.[1461] Jedenfalls diese durch den Arbeitgeber nicht zu vertretenden Gründe können die Anwendung der Beweislastregel nicht auslösen.

Wie bereits angesprochen wurde, wird diese Beweislastregel bereits durch reines Nichthandeln des Arbeitgebers ausgelöst. Umgekehrt stellt sich allerdings die Frage, ob bereits jedes Handeln des Arbeitgebers ausreicht, um diese Beweislastumkehr abzuwenden.[1462] Nach der Gesetzesbegründung liegt eine nicht erteilte Antwort dann vor, „wenn der Arbeitgeber sich gar nicht zu einem der erfragten Entgeltbestandteile im Auskunftsverlangen äußert".[1463] Dies könnte man im Umkehrschluss so verstehen dass jede Antwort, unabhängig von Umfang und Verität, ausreicht, um eine Beweislastumkehr abzuwenden.[1464] Die Begründung zum

---

1458 *Bauer/Krieger/Günther*, § 15 EntgTranspG Rn. 41; Däubler/Bertzbach/*Hinrichs*, § 15 EntgTranspG Rn. 7; BMFSFJ Leitfaden S. 57, abrufbar unter: https://www.bmfsfj.de/blob/118298/f9896570e6d9a5cf1afac0f5d192a834/das-entgelttransparenzgesetz-ein-leitfaden-fuer-arbeitgeber-sowie-fuer-betriebs-und-personalraete-data.pdf (Abruf 4.12.2018).

1459 *Langemann/Wilking*, BB 2017, 501, 504.

1460 *Bauer/Krieger/Günther*, § 15 EntgTranspG Rn. 39; Däubler/Bertzbach/*Hinrichs*, § 15 EntgTranspG Rn. 8; *Richter*, ArbR 2018, 570, 571; ErfK/*Schlachter*, § 15 EntgTranspG Rn. 10; zu der Frage, inwiefern der Arbeitgeber sich ein schuldhaftes Verhalten des Betriebsrats zurechnen lassen muss vgl. unten Gliederungspunkt G)IV.5.b)aa).

1461 Dazu sogleich, Gliederungspunkt G)IV.4.d)bb).

1462 So auch *Glaser/Groß*, AuA 2017, 303, 304.

1463 BT-Drucks. 18/11133, S. 66.

1464 So jedenfalls *Grimm/Freh*, ArbRB 2017, 182, 185; *Langemann/Wilking*, BB 2017, 501, 504; ErfK/*Schlachter*, § 15 EntgTranspG Rn. 10.

vorangegangenen Referentenentwurf fiel hier noch ausführlicher aus: Danach sollte eine nicht erteilte Antwort auch dann vorliegen, wenn die Antwort offensichtlich unvollständig ist, sodass der Beschäftigte durch die Auskunft keine der gesetzlich geforderten Informationen erhält und der Auskunftsanspruch durch den Arbeit-geber vereitelt wird.[1465] Das Fehlen dieses Zusatzes im finalen Gesetzesentwurf lässt den Schluss zu, dass der Kreis der eine Beweislastverlagerung auslösenden Antworten eher enger gezogen werden muss, die offensichtliche Unvollständigkeit aufgrund des Schutzzwecks der Norm aber dennoch der nicht erteilten Antwort gleichzustellen ist.[1466] Bloße Abweichungen von dem gesetzlichen Inhalt der Auskunft werden als Auslöser nicht genügen.[1467]

Franzen merkt zusätzlich an, dass auch kleinere Fehler bei der Auskunftserteilung, die etwa auf fehlerhaften Berechnungen beruhen, die Beweislastverlagerung nicht auslösen könnten.[1468] Andererseits kann eine stark fehlerhafte Auskunftserteilung bzw. eine solche, die dazu führt, dass der Arbeitnehmer entweder von der Erhebung einer Klage abgehalten oder dazu verleitet wird, eine Klage auf die falsche Vergleichsgruppe zu beziehen, keine Erfüllung der Auskunftspflicht darstellen. Dies würde dem Zweck der Pflicht zuwiderlaufen. Eine so fehlerhafte Auskunft muss daher mit einer unterlassenen Auskunft gleichgesetzt werden und die Wirkung des § 15 Abs. 5 EntgTranspG auslösen.[1469] *Behrendt* und *Witzke* sehen dabei jedoch die Gefahr einer „Überbeanspruchung" des auskunftspflichtigen Arbeitgebers, weshalb eine Indizwirkung im Falle der Erfüllung aller arbeitgeberseitigen Sorgfaltspflichten abzulehnen sei.[1470] Dies führt zu der Frage zurück, ob es erforderlich ist, dass die fehlerhafte Erteilung aus einem schuldhaften Verhalten des Arbeitgebers resultiert. Setzt man den Fall der fehlerhaften Auskunftserteilung mit dem Fall der nicht erteilten Auskunft gleich, so können grundsätzlich auch die oben für das Erfordernis eines in der Sphäre des Arbeitgebers liegenden Grundes angeführten Argumente übertragen werden.[1471]

1465 Referentenentwurf des Bundesministeriums für Familie, Senioren, Frauen und Jugend, Entwurf eines Gesetzes für mehr Lohngerechtigkeit zwischen Frauen und Männern, Bearbeitungsstand: 27.10.2016, S. 83; für ein Handhabung nach diesem Verständnis *Grimm/Freh*, KSzW 2017, 89, 98.

1466 *Behrendt/Witzke* BB 2017, 3060, 3062; BeckOK-ArbR/*Roloff*, § 10 EntgTranspG Rn. 43.

1467 A.A. *Brune/Brune*, BB 2019, 436, 447.

1468 *Franzen*, NZA 2017, 814, 818; zustimmend *Bauer/Krieger/Günther*, § 15 EntgTranspG Rn. 42 f.; *Fasse/Klie*, Das neue Entgelttransparenzgesetz, S. 69; vgl auch *Kocher*, AuR 2018, 8, 16, die nur offensichtliche Fehler und Unvollständigkeiten einer nicht erteilten Auskunft gleichstellen will.

1469 Vgl. auch *Hintzen/Richter*, Antworten für die Praxis, Entgelttransparenzgesetz, S. 22.

1470 *Behrendt/Witzke*, BB 2017, 3060, 3062; zustimmend *Göpfert/Giese*, NZA 2018, 207, 209.

1471 Zu der Frage, inwiefern sich ein durch den Betriebsrat zu vertretendes Unterlassen oder eine fehlerhafte Auskunft auswirkt vgl. u. Gliederungspunkt G)IV.4.c)bb).

d) Streit über die Vergleichstätigkeit

Das bislang dargestellte Verfahren setzt voraus, dass der auskunftssuchende Beschäftigte und der Auskunftserteilende gleichermaßen von der zutreffenden Auswahl der Vergleichstätigkeit ausgehen. Gut denkbar ist jedoch gerade in Anbetracht der schwer zu subsumierenden Begriffsbestimmungen in § 4 Abs. 1, 2 EntgTranspG, dass der Arbeitnehmer in seinem Auskunftsverlangen eine Vergleichstätigkeit benennt, die der Auskunftserteilende nach den im Betrieb angewendeten Maßstäben nicht für gleichwertig hält. Nach § 15 Abs. 4 S. 2, 3 EntgTranspG hat er diese Ansicht anhand der genannten Maßstäbe und unter Berücksichtigung von § 4 EntgTranspG nachvollziehbar zu begründen. Darüber hinaus hat er nach § 15 Abs. 4 S. 4 EntgTranspG eine seines Erachtens nach gleiche oder gleichwertige Tätigkeit zu benennen und seine Auskunft darauf zu beziehen. Die Frage, wie er dieser Pflicht nachzukommen hat und unter welchen Umständen er die Auskunft möglicherweise verweigern darf, ist angesichts der drohenden Folgen der Beweislastregel des § 15 Abs. 5 S. 1 EntgTranspG für die betriebliche Praxis der Auskunftserteilung besonders relevant.

aa) Nachvollziehbare Begründung

Wie hat eine „nachvollziehbare Begründung" i.S.v. § 15 Abs. 4 S. 2 EntgTranspG auszusehen? Der Wortlaut gibt zunächst einmal zu verstehen, dass die Begründung über die bloße Aussage hinausagehen muss, dass die durch den Arbeitnehmer benannte Vergleichsgruppe – gegebenenfalls im Gegensatz zu einer anderen – nicht gleichwertig ist. Der Arbeitgeber muss diese Aussage anhand der relevanten Kriterien erläutern, also etwa unterschiedliche Ergebnisse bei der Auswertung von Arbeitsbewertungsverfahren darlegen. *Kuhn* und *Schwindling* werfen darüber hinaus die Frage auf, ob eine nachvollziehbare Begründung auch das Erfordernis einschließt, die „richtige" Vergleichsgruppe zu benennen oder ob die alternative Antwort lediglich vertretbar sein muss. Dabei differenzieren sie zwischen den Fällen der bezüglich einer alternativen Vergleichstätigkeit erteilten Auskunft und der Auskunft, die dazu führt, dass der Arbeitnehmer die gesetzlichen Informationen nicht erhält.[1472] Nur, wenn der Arbeitgeber eine Auskunft über eine alternative Vergleichsgruppe erteilt und dies begründet, müsse es bei einer Vertretbarkeitskontrolle bleiben, um nicht die grundsätzliche Beweislastverteilung auszuhebeln.[1473]

Es erscheint aber nicht sachgerecht, die Anforderungen an die Begründungspflicht je nach Einzelfall unterschiedlich anzusetzen. Richtigerweise wird man nicht verlangen können, dass der Arbeitgeber die „richtige" Vergleichstätigkeit benennt.[1474] Dies ergibt sich neben der angesprochenen grundsätzlichen

---

1472 *Kuhn/Schwindling*, DB 2017, 785, 786.

1473 Ebd. S. 786 f.

1474 I.E. ebenfalls für einen bloßen Vertretbarkeitsmaßstab *Bauer/Krieger/Günther*, § 15 EntgTranspG Rn. 28.

Beweislastverteilung auch aus der Tatsache, dass möglicherweise mehrere gleichwertige Vergleichsgruppen in Betracht kommen. Für den Fall, dass der Arbeitnehmer eine Vergleichsgruppe benennt, die zwar tatsächlich gleichwertig ist, aber im Vergleich zu der Tätigkeit des Auskunftssuchenden gleich oder niedriger vergütet wird, ist keine Pflicht des Arbeitgebers vorgesehen, den Arbeitnehmer zu „korrigieren" und eine höher vergütete Vergleichstätigkeit zu benennen. Die Gesetzesbegründung führt zwar aus, § 15 Abs. 4 S. 4 EntgTranspG bestimme, dass sich die alternative Auskunft „auf eine gleiche oder gleichwertige Tätigkeit, die überwiegend von Beschäftigten des jeweils anderen Geschlechts ausgeübt wird" zu beziehen hat.[1475] Wie *Roloff* anmerkt, passt dies jedoch zum einen nicht mit § 15 Abs. 4 S. 1 EntgTranspG zusammen, der ja gerade Angaben zur Geschlechterverteilung verlangt. Zum anderen spricht die Tatsache, dass dieser Zusatz im Wortlaut des Gesetzes nicht enthalten ist, was die Gesetzesbegründung aber anzunehmen scheint, dafür, dass es sich um ein Relikt zu der Fassung der §§ 10, 11 EntgGleiG-E handelt.[1476] Es kann demnach auch bei Benennung einer nicht gleichwertigen Tätigkeit durch den Arbeitnehmer keine Pflicht des Arbeitgebers geben, unter mehreren Vergleichstätigkeiten eine auszuwählen, die gegenüber der Tätigkeit des Auskunftssuchenden höher vergütet wird.

Für den anderen Fall, dass der Arbeitnehmer die gesetzlichen Informationen nicht erhält, ist zudem zu klären, ob unter bestimmten Umständen ein Verweigerungsrecht auf Seiten des Arbeitgebers bzw. des Betriebsrats besteht, worauf im Folgenden einzugehen ist.

bb) Möglichkeit der vollständigen Verweigerung?

Die Benennung einer seines Erachtens nach tauglichen Vergleichstätigkeit birgt aus der Sicht des Arbeitgebers sowohl Chancen als auch Risiken: Stehen mehrere taugliche Vergleichstätigkeiten zur Auswahl, kann er gegebenenfalls seine Auskunft auf eine Tätigkeit beziehen, die im Verhältnis zu der Tätigkeit des Auskunftssuchenden gleich oder annähernd gleich vergütet wird. An dieser Stelle besteht also in gewissem Maße die Möglichkeit, den durch die Auskunft erweckten Eindruck zu manipulieren. In der Literatur wird bereits empfohlen, dass der Arbeitgeber die Auskunftserteilung an sich ziehen sollte, um insofern selbst Herr über die Bestimmung der Gleichwertigkeit zu bleiben.[1477] Auf der anderen Seite kann der Arbeitgeber so jedoch auch in die Situation kommen, dass er selbst keine Vergleichstätigkeit benennen kann, weil es nämlich tatsächlich oder nach seiner Ansicht keine gleiche oder gleichwertige Tätigkeit in dem Betrieb gibt. Nach der Gesetzesbegründung soll durch § 15 Abs. 4 S. 4 EntgTranspG klargestellt werden, dass auf das Auskunftsverlangen des Beschäftigten „in jedem Fall eine Antwort in

---

1475 BT-Drucks. 18/11133, S. 66.

1476 BeckOK-ArbR/*Roloff*, § 10 EntgTranspG Rn. 26.

1477 Vgl. Gliederungspunkt G)IV.4.a).

Form der Angabe einer gleichen oder gleichwertigen Tätigkeit" folgen muss.[1478] Dass dies praktisch nicht stimmen kann, wird anhand der historischen Entwicklung des Gesetzes deutlich.

Nach der Begründung zum vorangegangenen Referentenentwurf sollte eine nicht erteilte Antwort auch dann vorliegen, wenn „die Antwort offensichtlich unvollständig ist", sodass „Beschäftigte durch die Auskunft keine der gesetzlich geforderten Informationen erhalten und ihr Auskunftsanspruch durch den Arbeitgeber vereitelt wird".[1479] Kann der Arbeitgeber keine taugliche Vergleichstätigkeit benennen und verweigert deshalb diesbezüglich die Auskunft, so tritt eben dieser Fall ein und der Arbeitnehmer erhält – mit Ausnahme der Kriterien und Verfahren der Entgeltfindung für die eigene Tätigkeit – keine der gesetzlich geforderten Informationen. Das Fehlen dieses Zusatzes in der Begründung zum finalen Gesetzesentwurf unterstützt die These, dass der Arbeitgeber, wenn eben keine taugliche Vergleichstätigkeit vorhanden ist, die Auskunft auch verweigern können muss, bzw. eine Erklärung über das Nichtvorhandensein genügt.

Auch die Systematik des Gesetzes spricht für ein Verweigerungsrecht: Das Auskunftsrecht besteht vor Ablauf der Wartefrist nach § 10 Abs. 2 S. 2 EntgTranspG grundsätzlich nicht – der Arbeitgeber muss die Auskunft dann verweigern können. Die Auskunft ist auch dann nicht zu erteilen, wenn in dem Betrieb weniger als sechs Beschäftigte die Vergleichstätigkeit ausüben[1480] – trifft dies auf die durch den Beschäftigten benannte Vergleichstätigkeit zu, muss der Auskunftserteilende die Auskunft verweigern können.[1481] Wird dieser Schwellenwert bei keiner Vergleichstätigkeit erreicht, muss er die Auskunft insgesamt verweigern können.[1482] Erst Recht muss ihm dann ein Verweigerungsrecht zustehen, wenn schon keine taugliche Vergleichstätigkeit existiert.[1483] Gleiches gilt, wenn der Arbeitnehmer entweder gar keine Vergleichstätigkeit benennt oder ein Vergleich mit der benannten Tätigkeit nach § 4 Abs. 3 EntgTranspG ausscheidet.[1484] In diesen Fällen hat der Arbeitgeber zwar nach § 15 Abs. 4 S. 4 EntgTranspG Auskunft über eine

1478 BT-Drucks. 18/11133, S. 66.

1479 Referentenentwurf des Bundesministeriums für Familie, Senioren, Frauen und Jugend, Entwurf eines Gesetzes für mehr Lohngerechtigkeit zwischen Frauen und Männern, Bearbeitungsstand: 27.10.2016, S. 83.

1480 Siehe dazu oben Gliederungspunkt G)IV.2.d).

1481 *Bauer/Romero*, NZA 2017, 409, 411; ErfK/*Schlachter*, § 15 EntgTranspG Rn. 8.

1482 Vgl. auch *Grimm/Freh*, ArbRB 2017, 182, 185.

1483 Vgl. auch *Wank*, RdA 2018, 34, 40, der davon ausgeht, dass soweit keine vergleichbaren Arbeitnehmer vorhanden sind, der Auskunftsanspruch entfällt; i.E. auch *Bauer/Krieger/Günther*, § 15 EntgTranspG Rn. 33.

1484 *Bauer/Krieger/Günther*, § 10 EntgTranspG Rn. 24 m.w.N.; vgl. auch zu weiteren Beispielen in denen ein Verweigerungsrecht besteht *Bauer/Krieger/Günther*, § 12 EntgTranspG Rn. 41.

alternative Vergleichstätigkeit zu erteilen, ist diese jedoch nicht vorhanden, kann ihm dies nicht zugemutet werden.[1485]

Einerseits muss dem Auskunftserteilenden zwar, wie dargelegt wurde, ein Verweigerungsrecht zugestanden werden, wenn tatsächlich keine gleiche oder gleichwertige Tätigkeit im Betrieb existiert, andererseits besteht aber auch die Gefahr, dass dies schlicht und ohne eingehendere Prüfung pauschal behauptet wird. Welcher dieser Fälle vorliegt, ist für den Auskunftssuchenden aber regelmäßig nicht erkennbar. Vermutet er ein unlauteres Verhalten des Arbeitgebers, kann er versuchen, die begehrte Auskunftserteilung klageweise durchzusetzen. Hier stellt sich jedoch wieder das bereits i.R.d. Erteilungsfrist diskutierte Problem, dass dem Beschäftigten für eine erfolgreiche Klage weiterhin die erforderlichen Informationen fehlen. In jedem Fall sollte ein Arbeitgeber bzw. der Betriebsrat, der tatsächlich keine taugliche Vergleichstätigkeit vorweisen kann, diese Tatsache gegenüber dem Beschäftigten in gleicher Weise wie die Ablehnung der von diesem vorgeschlagenen Vergleichstätigkeit begründen, um Missverständnissen hinsichtlich der Berechtigung der Auskunftsverweigerung vorzubeugen.[1486] Auch insofern kann es nur auf eine Vertretbarkeit der Begründung ankommen.

5. Die Rolle des Betriebsrates

Die bisherigen Ausführungen zum individuellen Auskunftsanspruch des Beschäftigten haben gezeigt, dass der Betriebsrat im gesetzlichen Regelfall den maßgeblichen Ansprechpartner für den Arbeitnehmer darstellt und insofern einen besonderen Stellenwert bei der Durchsetzung innerbetrieblicher Lohngerechtigkeit innehat. Für eine Kontaktaufnahme mit dem Betriebsrat statt direkt mit dem Arbeitgeber wird der Beschäftigte eine niedrigere Hemmschwelle überwinden müssen. Einem „Kollegen“, der gerade für die Vertretung der Interessen der Arbeitnehmer im Betrieb zuständig ist, wird er sich eher anvertrauen wollen.[1487] Die Entgegennahme und Beantwortung von Auskunftsansprüchen unterscheidet sich aber in struktureller Hinsicht von anderen Fällen der Mitbestimmung und Mitwirkung des Betriebsrats: Diesem wird eine Aufgabe zugewiesen, die grundsätzlich der Arbeitgeber zu erledigen hätte, wenn kein Betriebsrat existieren würde. Der Betriebsrat wird als Akteur somit ein Stück weit „auf die Seite“ des Arbeitgebers gezogen. Im Folgenden ist daher zu untersuchen, inwiefern der Betriebsrat diese Aufgabe sinnvoll erfüllen kann und welche weiteren Auswirkungen die Übernahme hat.

1485 A.A. offenbar Däubler/Bertzbach/*Hinrichs*, § 15 EntgTranspG Rn. 5.

1486 *Bauer/Krieger/Günther*, § 15 EntgTranspG Rn. 33; *Grimm/Freh*, ArbRB 2017, 182, 185.

1487 A.A. *von Roetteken*, GiP Sonderausgabe 1/2017, 2, 7, der darauf abstellt, dass die vorhandenen Entgeltsysteme regelmäßig durch die betriebliche Interessenvertretung mitverantwortet wurden, weshalb diese einem Infragestellen dieser Regelungen eher ablehnend gegenüber stehen werden.

a) Aufgaben und Rechte des Betriebsrates – insbesondere Einsichtsrecht

Die Entgegennahme und Beantwortung des Auskunftsverlangens durch den Betriebsrat als gesetzlicher Regelfall wird von *von Steinau-Steinrück* als nicht zielführend bezeichnet, da der Betriebsrat die fraglichen Auskünfte nicht erteilen könne.[1488] Ihm werden jedoch durch §§ 13 Abs. 5, 15 Abs. 4 S. 5 EntgTranspG Informations- und Auskunftsrechte gegenüber dem Arbeitgeber zuerkannt. In § 13 Abs. 2 S. 1 EntgTranspG wird dem Betriebsrat zudem durch den Betriebsausschuss nach § 27 BetrVG oder durch einen nach § 28 Abs. 1 S. 3 BetrVG beauftragten Ausschuss das Recht gewährt, die Listen über die Bruttolöhne und -gehälter i.S.d. § 80 Abs. 2 S. 2 BetrVG einzusehen und auszuwerten. An dieser Stelle ist fraglich, ob diese Norm den Rechtskreis des Betriebsrats und die für ihn zugänglichen Informationen tatsächlich erweitert. Die Neuregelung geht zwar insoweit über § 80 Abs. 2 S. 2 BetrVG hinaus, als das letzterer nur dann greift, wenn die entsprechenden Listen bereits existieren – die Möglichkeit eines Anspruchs auf Erstellung der Listen ist jedoch aus § 80 Abs. 2 S. 1 BetrVG anerkannt.[1489] Unabhängig davon könnte aber § 13 Abs. 3 EntgTranspG eine Neuregelung dahingehend darstellen, dass der Arbeitgeber die Entgeltlisten nach Geschlecht aufzuschlüsseln und sie so aufzubereiten hat, dass der Betriebsausschuss im Rahmen seines Einblicksrechts die Auskunft ordnungsgemäß erfüllen kann.[1490] Sie müssen demnach die Ermittlung des anzugebenden Vergleichsentgelts ermöglichen.[1491] Die Gesetzesbegründung nennt insofern „insbesondere eine auf Vollzeitäquivalente hochgerechnete und nach Gehaltshöhe sortierte Auflistung, mit der der Median des durchschnittlichen monatlichen Bruttogehalts" berechnet werden kann.[1492] Ein solcher Anspruch auf Aufschlüsselung nach einem bestimmten Merkmal, zur Überprüfung der Konformität mit dem AGG, wird in der Literatur bereits teilweise aus den Vorschriften des BetrVG hergeleitet.[1493] Es handelt sich bei der gesetzlichen Regelung jedenfalls um eine Rechtssicherheit schaffende Klarstellung.

Auch im Übrigen entspricht die Regelung aber § 80 Abs. 2 S. 2 BetrVG, sodass auch die Art der Einsichtnahme nicht über die insofern erlaubte Anfertigung von Notizen hinausgehen darf.[1494] Dies kann im Hinblick auf den Umfang des Auskunftsverlangens problematisch sein. *Kocher* sieht deshalb das Erfordernis, § 13 Abs. 2 und 3 EntgTranspG, die auch eine Auswertung der Daten ermöglichen, als den § 80 Abs. 2 S. 2 BetrVG konkretisierende Regelungen zu verstehen.[1495]

1488 *von Steinau-Steinrück*, NJW-Spezial 2017, 306.
1489 Vgl. Gliederungspunkt D)V.2.
1490 *Lelley/Bruck/Yildiz*, BB 2018, 2164, 2169.
1491 *Kania*, NZA 2017, 819, 820.
1492 BT-Drucks. 18/11133, S. 63.
1493 Däubler/Kittner/Klebe/Wedde/*Buschmann*, § 80 BetrVG Rn. 91; ErfK/*Kania*, § 80 BetrVG Rn. 27.
1494 BT-Drucks. 18/11133, S. 63.
1495 *Kocher*, AuR 2018, 8, 15.

Schlachter zieht daraus sogar das Erfordernis eines „Anspruchs auf vollständige Aufzeichnung aller die Vergleichsgruppe betreffenden Informationen".[1496] Es ist aber gerade nicht erkennbar, dass der Gesetzgeber ein Überlassungsrecht schaffen wollte.[1497] *Kania* hingegen schlägt vor, dass Arbeitgeber dem Betriebsrat die entsprechenden Unterlagen freiwillig dauerhaft überlassen sollten.[1498] Beide Varianten sind jedoch wiederum aus datenschutzrechtlicher Perspektive nicht unproblematisch: Der Betriebsrat ist zwar wie bereits dargelegt wurde nicht Dritter i.S.d. Datenschutzrechts, selbiges erlaubt aber regelmäßig nur solche Datenverarbeitungen, die erforderlich sind, sodass der Persönlichkeitsschutz des Arbeitnehmers der unbeschränkten Zugänglichmachung von Daten an den Betriebsrat entgegen stehen kann.[1499] Es ist daher die Einschränkung zu ziehen, dass eine solche (freiwillige Zugänglichmachung) durch den Arbeitgeber nur dann zulässig ist, wenn der Betriebsrat seinen durch das EntgTranspG zugewiesenen Aufgaben anders nicht gerecht werden kann.[1500]

aa) Anonymisierung der Listen?

Dieses Problem würde aber dann an Relevanz verlieren, wenn eine Anonymisierung der Listen geboten wäre. In einer der ersten Entscheidungen, die Normen des EntgTranspG zum Gegenstand haben, hat das LAG Hamm entschieden, dass die Listen über die Bruttolöhne und -gehälter nach § 80 Abs. 2 S. 2 BetrVG nicht zu anonymisieren sind und dies damit begründet, dass die Bestimmungen des § 13 Abs. 2 und 3 i.V.m. §§ 11 und 12 Abs. 3 EntgTranspG außerhalb ihres Anwendungsbereichs keine Anonymisierung gebieten würden.[1501] Darin könnte man indirekt auch eine Aussage des LAG Hamm über Fälle sehen, die dem Anwendungsbereich des EntgTranspG unterfallen: Insofern ließe sich ein Umkehrschluss dahingehend ziehen, dass innerhalb des Anwendungsbereichs des EntgTranspG stets Anonymisierung verlangt wird. Das LAG Hamm grenzt zudem das Einsichtsrecht nach § 80 Abs. 2 S. 2 BetrVG und „die nach dem EntgTranspG herzustellenden

---

1496 ErfK/*Schlachter*, § 13 EntgTranspG Rn. 3.

1497 LAG Düsseldorf v. 23.10.2018 – 8 TaBV 42/18, ZTR 2019, 188; ebenso *Lelley/Bruck/Yildiz*, BB 2018, 2164, 2169 unter Bezugnahme auf BT-Drucks. 18/11133, S. 63; vgl. auch *Brune/Brune*, BB 2019, 436, 444, die jedoch darauf hinweisen, dass dies nicht mit der nach der Gesetzesbegründung kurzen Bearbeitungszeit übereinstimmt.

1498 *Kania*, NZA 2017, 819, 820; zustimmend *Oerder/Wenckebach*, § 13 EntgTranspG Rn. 7.

1499 Richardi/*Thüsing*, § 80 BetrVG Rn. 65; a.A. *Fitting*, § 80 BetrVG Rn. 61.

1500 *Bauer/Krieger/Günther*, § 13 EntgTranspG Rn. 17 und *Günther/Heup/Mayr*, NZA 2018, 545, 547 schlagen etwa vor, dem Betriebsrat einen PC oder Laptop bereitzustellen, der aber im Verfügungbereich des Arbeitgebers verbleiben muss.

1501 LAG Hamm v. 19.9.2017 – 7 TaBV 43/17, NZA-RR 2018, 82, Leitsatz; zustimmend LAG Niedersachsen v. 22.10.2018 – 12 TaBV 23/18, juris, Rn. 34; LAG Sachsen-Anhalt v. 18.12.2018 – 4 TaBV 19/17, juris, Rn. 53; LAG Mecklenburg-Vorpommern v. 15.5.2019 – 3 TaBV 10/18, juris, Rn. 22 f.

Bruttoentgeltlisten (ohne Namen und Vornamen der dort aufzulistenden Beschäftigten gem. § 12 Abs. 3 EntgTranspG)“[1502] voneinander ab und geht somit offensichtlich innerhalb des EntgTranspG von einem Anonymisierungserfordernis aus. Tatsächlich wird der Schutz personenbezogener Daten in § 12 Abs. 3 S. 1 EntgTranspG allgemein auf die „Beantwortung eines Auskunftsverlangens“ bezogen. Die Nichtangabe des Vergleichsentgelts, die gerade die eigentliche Erteilung der Auskunft betrifft, wird in § 12 Abs. 3 S. 2 EntgTranspG lediglich als Spezialfall herausgegriffen. Für den Zweck der Beurteilung gleicher Entlohnung gleicher und gleichwertiger Tätigkeiten sind Namensdaten auch nicht zwingend von Belang. Die Anonymisierung der nach dem EntgTranspG zu erstellenden Listen liegt mithin zumindest nicht fern. Zudem scheint der Gesetzgeber davon auszugehen, dass die Anonymisierung bereits vor Zugänglichmachung an den Betriebsrat stattfindet, denn nach § 12 Abs. 3 S. 3 EntgTranspG ist sicherzustellen, dass „nur die mit der Beantwortung betrauten Personen Kenntnis von den hierfür notwendigen Daten erlangen“. Soweit eine Namensmitteilung nicht notwendig erscheint, dürfte sie also in dem Moment der Einsichtnahme durch den Betriebsrat nicht mehr in der Liste enthalten sein.

Ein Anonymisierungserfordernis im EntgTranspG würde aber leicht zum reinen Formalismus verkommen, wenn man mit dem LAG Hamm i.R.d. § 80 Abs. 2 S. 2 BetrVG eine Anonymisierung ablehnt. Selbst dann, wenn diese Liste nicht nach dem Geschlecht aufzuschlüsseln ist, so ist der Betriebsrat dennoch nicht daran gehindert, zunächst in eine solche unanonymisierte Liste Einblick zu verlangen, Notizen anzufertigen und anschließend das Einblicksrecht nach § 13 Abs. 2 EntgTranspG wahrzunehmen. Wollte man die Unterscheidung aufrechterhalten, müsste man zudem für beide Einsichten getrennte Termine vorsehen. Gegen ein allgemeines Anonymisierungserfordernis auch gegenüber dem Betriebsrat innerhalb des EntgTranspG lässt sich auch Folgendes anführen: Ausweislich der Gesetzesbegründung dient die Anonymisierung der Wahrung des informationellen Selbstbestimmungsrechts anderer Beschäftigter. Sie bezieht sich ausschließlich auf den Informationsanspruch des Arbeitnehmers und trifft dann keine Aussage im Hinblick auf die Zugänglichmachungen gegenüber dem Betriebsrat.[1503] Letztlich spricht zwar vieles für eine bezweckte Anonymisierung der Listen auch gegenüber dem Betriebsrat, deren Wirksamkeit wird jedoch durch praktische Erwägungen in Frage gestellt. Der Arbeitgeber, der dem Betriebsrat nur anonymisierte Listen zugänglich macht, geht jedoch kein Risiko ein, wenn die Anonymisierung den Betriebsrat nicht daran hindert, seinen Aufgaben gerecht zu werden.

1502 LAG Hamm v. 19.9.2017 – 7 TaBV 43/17, NZA-RR 2018, 82, Rn. 51.

1503 *Kock*, NZA-RR 2018, 84, 85; ErfK/*Schlachter*, § 13 EntgTranspG Rn. 5; *Zemlyankina*, AuR 2018, 198, 200; zustimmend LAG Sachsen-Anhalt v. 18.12.2018 – 4 TaBV 19/17, juris, Rn. 53; LAG Mecklenburg-Vorpommern v. 15.5.2019 – 3 TaBV 10/18, juris, Rn. 22 f.

Wurde die Auskunftspflicht auf den Arbeitgeber übertragen, so bleibt das Einsichtsrecht weiter bestehen, damit der Betriebsrat seiner Überwachungsaufgabe nach § 13 Abs. 1 S. 1 EntgTranspG nachkommen kann.[1504] Neben diesen Rechten des Betriebsrats bleiben gem. § 13 Abs. 1 S. 2 EntgTranspG tarifrechtliche oder betrieblich geregelte Verfahren unberührt. Der Betriebsrat kann also anderweitig geregelte Rechte ebenfalls zur Verwirklichung seiner Aufgaben nach dem EntgTranspG nutzen.[1505]

bb) Verbleibendes Kontrollrecht des Betriebsrats?

Unklar ist jedoch, ob auch bei Übernahme durch den Arbeitgeber, neben dem weiter bestehenden Einsichtsrecht zusätzliche Abwehr- oder Kontrollrechte des Betriebsrates bestehen. Das Gesetz sieht für den Betriebsrat keine Möglichkeit vor, gegen die Übernahme – z.B. mangels seiner Meinung nach überzeugender Begründung des Arbeitgebers – zu protestieren.[1506] Seine Zustimmung ist gerade nicht erforderlich.[1507] Sofern die Übernahme durch den Arbeitgeber nicht etwa in einer Betriebsvereinbarung geregelt ist, gegen die verstoßen wurde, stehen dem Betriebsrat keine Instrumente gegen das Handeln des Arbeitgebers zur Verfügung. Der Betriebsrat hat lediglich die Möglichkeit, zu eingehenden Auskunftsverlangen und den entsprechenden Antworten Stellung zu nehmen, nachdem der Arbeitgeber seiner Pflicht aus § 14 Abs. 2 S. 3 EntgTranspG zur diesbezüglichen Information nachgekommen ist.[1508] Dieses Recht kommt allerdings erst dann zum Tragen, wenn der Arbeitgeber bereits die Auskunftspflicht übernommen und erfüllt hat. *Günther*, *Heup* und *Mayr* weisen zudem darauf hin, dass das Gesetz keine Regelung enthält, die wie noch der Referentenentwurf von 2017 in § 12 Abs. 4 EntgGleiG-E für den auskunftssuchenden Arbeitnehmer eine Möglichkeit vorsieht, sich über die Antwort des Arbeitgebers beim Betriebsrat zu beschweren. Diesem wäre dann die Aufgabe zugefallen, die Beschwerde zu prüfen und „(...) beim Arbeitgeber auf Abhilfe hinzuwirken".[1509] Entscheidet sich also der Arbeitgeber dafür,

1504 Däubler/Bertzbach/*Hinrichs*, § 13 EntgTranspG Rn. 4; BeckOK-ArbR/*Roloff*, § 13 EntgTranspG Rn. 5; vgl. auch dahingehend einschränkend, dass die Listen dann nicht zwingend so gestaltet sein müssen, dass sie eine Auskunfterteilung gegenüber den Beschäftigten ermöglichen *Kania*, NZA 2017, 819, 820; *Günther/Heup/Mayr*, NZA 2018, 545, 547; a.A. Däubler/Kittner/Klebe/Wedde/*Buschmann*, § 80 BetrVG Rn. 130a; ausführlich zu der Frage, ob das Einsichtsrechts auch völlig unabhängig von einem Auskunftsverlangen besteht *Schlegel/Helbig*, ZTR 2018, 506, 511 f.

1505 BT-Drucks. 18/11133, S. 62.

1506 So auch *Hintzen/Richter*, Antworten für die Praxis, Entgelttransparenzgesetz, S. 19; *Schlegel/Helbig*, ZTR 2018, 506, 511; *Richter*, ArbR 2018, 570, 572; i.E. auch *Brune/Brune*, BB 2019, 436, 440.

1507 *Holler*, NZA 2017, 822, 823.

1508 BT-Drucks. 18/11133, S. 64.

1509 *Günther/Heup/Mayr*, NZA 2018, 545, 549.

das Auskunftsverlangen des Arbeitnehmers selbst zu beantworten, kann sich der Arbeitnehmer zwar dennoch an den Betriebsrat wenden, wenn er mit der Beantwortung nicht zufrieden ist, dem Betriebsrat stehen jedoch keine besonderen Instrumente zur Verfügung, um das Anliegen des Arbeitnehmers durchzusetzen.

b) Ansprüche gegen den Betriebsrat?

Hat der Arbeitgeber dem Betriebsrat die erforderlichen Informationen zur Verfügung gestellt, kann dieser das Auskunftsverlangen beantworten. Was aber passiert, wenn er dies nicht tut oder eine falsche Antwort gibt? Die Beweislastverlagerung des § 15 Abs. 5 S. 1 EntgTranspG tritt ein, wenn der Arbeitgeber seine Pflicht nicht erfüllt und nach § 15 Abs. 5 S. 2 EntgTranspG ebenfalls, wenn der Betriebsrat aus Gründen, die der Arbeitgeber zu vertreten hat, die Auskunft nicht erteilen konnte. Über den Fall, dass der Betriebsrat selbst die Nichterteilung bzw. die Falscherteilung zu verantworten hat, trifft das Gesetz keine direkte Aussage. Auch ist unklar, ob das Gesetz den Betriebsrat überhaupt selbst zum Auskunftsschuldner macht, sodass ein eigenständiger Anspruch des Arbeitnehmers gegenüber dem Betriebsrat besteht.

aa) Ansprüche der Beschäftigten gegen den Betriebsrat

Die überwiegende Meinung in der Literatur spricht sich generell – entsprechend der klassischen Rolle des Betriebsrats als „Repräsentant der betrieblichen Arbeitnehmerschaft" – gegen das Bestehen von klageweise durchsetzbaren Ansprüchen des Arbeitnehmers gegen den Betriebsrat aus.[1510] Aus der Sicht von *Holler* sprechen systematisch-historische Argumente auch in diesem Fall gegen das Bestehen eines Anspruchs, denn § 13 Abs. 1 S. 1, 2 EntgTranspG sei *lex specialis* zu § 80 Abs. 1 Nr. 2a BetrVG, aus dem ebenfalls kein Anspruch hergeleitet werden könne.[1511] Andererseits findet sich in den §§ 13, 14 EntgTranspG sowie in der dazugehörigen Gesetzesbegründung regelmäßig die Formulierung „Auskunftsverpflichtung", was auf einen zwingenden Charakter hindeutet.[1512] Zudem besteht nach der Ansicht von *Holler* ein „Exklusivitätsverhältnis" zwischen der Auskunftsverpflichtung des Arbeitsgebers und der des Betriebsrats – ein Alternativverhältnis würde die Übertragungsmöglichkeit auf den Arbeitgeber aus § 14 Abs. 1 S. 4 EntgTranspG „leerlaufen" lassen, weil der Betriebsrat dieselben Rechtsfolgen statt durch ein ausdrückliches Verlangen auch durch ein Untätigbleiben herbeiführen könnte.[1513] Vorbehaltlich eines etwaigen Verweigerungsrechts muss dem Arbeitnehmer jedoch ein Anspruch gegen den einen oder den anderen Akteur zustehen. Anderenfalls

1510 *Holler*, NZA 2017, 822, 823 m.w.N.; Richardi/*Thüsing*, § 85 BetrVG Rn. 13.
1511 *Holler*, NZA 2017, 822, 824.
1512 Ebd.
1513 Ebd.; für sehr niedrige Anforderungen aber *Bauer/Krieger/Günther*, § 14 EntgTranspG, Rn. 23.

wäre sein Recht nur eine leere Hülle. Der Betriebrat dürfte sich seiner Pflicht auch nicht einfach ohne Weiteres entziehen können, weil Hintergrund der grundsätzlichen Zuständigkeit des Betriebsrates die erleichterte Geltendmachung des Anspruchs für den Arbeitnehmer ist.[1514] Konsequenz dessen wäre nach *Holler*, dass es auch keine Pflicht des Arbeitgebers geben kann, für einen untätigen Betriebsrat einzuspringen – er könnte die Auskunftspflicht nur freiwillig an sich ziehen.[1515]

Die damit verbundenen prozessualen Probleme sprechen jedoch dafür, den Arbeitgeber als alleinigen Auskunftsschuldner und die Ausführung durch den Betriebsrat lediglich als eine Verfahrenserleichterung zugunsten des Arbeitnehmers anzusehen.[1516] Der Arbeitgeber darf sich insoweit nicht zurücklehnen und auf den Betriebsrat verweisen – im Zweifel muss er die Verantwortung und damit das Auskunftsverlangen selbst übernehmen.[1517] Alleiniger Auskunftsschuldner ist danach der Arbeitgeber.[1518] Dafür lässt sich weiterhin anführen, dass dieser auch Schuldner des Anspruchs auf gleiche Entlohnung von gleicher und gleichwertiger Arbeit ist, dessen prozessuale Durchsetzung durch den Auskunftsanspruch unterstützt werden soll.[1519] In historischer Hinsicht kommt hinzu, dass die grundsätzliche Übernahme des Aukunftsverlangens durch den Betriebsrat erst im Laufe des Gesetzgebungsverfahrens hinzugetreten ist. Nach § 12 Abs. 1 EntgGleiG-E bestand für die Beschäftigten nur die Möglichkeit den Betriebs- oder Personalrat an dem Auskunftsverlangen zu beteiligen – nicht aber, sich bezüglich der Erteilung an diesen zu wenden. Dies spricht dafür, dass es sich ursprünglich um einen Anspruch gegen den Arbeitgeber handelt, dessen Ausführung lediglich für den Regelfall auf den Betriebsrat übertragen wurde.

Ist der Betriebsrat also nicht selbst Auskunftsschuldner, stellt sich die Frage, ob er nicht aufgrund der Erfüllung einer Pflicht des Arbeitgebers als dessen Erfüllungsgehilfe zu qualifizieren ist. *Roloff* zieht die Zurechenbarkeit eines Fehlverhaltens des Betriebsrats bei der Auskunftserteilung nach § 278 BGB aus den

---

1514 *Holler*, NZA 2017, 822, 824.

1515 Vgl. zur Frage der Kostentragung ausführlich ebd. S. 827 f.; wohl zustimmend Däubler/Bertzbach/*Hinrichs*, § 14 EntgTranspG Rn. 9.

1516 Vgl. auch *Bauer/Krieger/Günther*, § 14 EntgTranspG, Rn. 20; *Kocher*, AuR 2018, 8, 17; BeckOK-ArbR/*Roloff*, § 10 EntgTranspG Rn. 4; ErfK/*Schlachter*, § 14 Rn. 3; zu den vollstreckungsrechtlichen Hindernissen Däubler/Bertzbach/*Hinrichs*, § 14 EntgTranspG Rn. 10.

1517 *Bauer/Krieger/Günther*, § 14 EntgTranspG, Rn. 20; *Koller-van Delden*, DStR 2018, 254, 256; vgl. auch Henssler/Willemsen/Kalb/*Thies*, § 11 EntgTranspG Rn. 6, der in einem Nichthandeln des Arbeitgebers dann ein Indiz i.S.v. § 22 AGG sieht.

1518 So auch *Brune/Brune*, BB 2019, 436, 446; *Günther/Heup/Mayr*, NZA 2018, 545, 547 m.w.N.; Richardi/*Richardi*, § 87 BetrVG Rn. 889; BeckOK-ArbR/*Roloff*, § 10 EntgTranspG Rn. 4.

1519 Ebd.; ähnlich auch *Fitting*, § 80 BetrVG Rn. 113.

Wertungen von §§ 14 Abs. 1, 15 Abs. 2 EntgTranspG.[1520] Nach ständiger Rechtsprechung des BGH ist Erfüllungsgehilfe, „wer nach den tatsächlichen Gegebenheiten des Falls mit dem Willen des Schuldners bei der Erfüllung einer diesem obliegenden Verbindlichkeit als seine Hilfsperson tätig wird".[1521] Da die Übernahme durch den Betriebsrat gesetzlich als Regelfall angeordnet ist, könnte man daran zweifeln, den erforderlichen Willen des Schuldners zu bejahen. Andererseits besteht für den Arbeitgeber nach dem Gesetz auch die Möglichkeit, die Auskunftserteilung selbst in die Hand zu nehmen. Ergreift er diese nicht, so ließe sich dies als eine Billigung des Tätigwerdens des Betriebsrates werten. Letztlich ist der Behandlung des Betriebsrats als Erfüllungsgehilfe des Arbeitgebers jedoch entgegenzuhalten, dass – wie *Holler* treffend formuliert – „der Betriebsrat ein eigenständiges Organ und gesetzlich vorgesehener Repräsentant der betrieblichen Arbeitnehmer ist und kein Gehilfe des Arbeitgebers".[1522] Hätte der Gesetzgeber hier ausnahmsweise eine Geltung von § 278 BGB gewollt, so hätte er zudem die Anwendbarkeit des § 15 Abs. 5 S. 1 EntgTranspG bei Erteilung der Auskunft durch den Betriebsrat nicht in § 15 Abs. 5 S. 2 EntgTranspG auf das Fehlverhalten des Arbeitgebers beschränkt.

bb) Ansprüche des Arbeitgebers gegen den Betriebsrat

Noch nicht abschließend geklärt ist, welche Auswirkungen eine ausbleibende oder fehlerhafte Auskunftserteilung durch den Betriebsrat gegenüber dem Arbeitnehmer für den Arbeitgeber hat. Da er selbst einziger Auskunftsschuldner ist, bleibt er diesbezüglich auch weiterhin in der Verantwortung. Ungeklärt ist damit jedoch, ob der Arbeitgeber den Betriebsrat nicht trotzdem für dessen Fehlverhalten belangen kann. Dies ist etwa dann relevant, wenn dieses dazu geführt hat, dass sich der Arbeitgeber einem etwaigen Schadensersatzbegehren des Arbeitnehmers ausgesetzt sieht. Ein Regress ist jedoch schon deshalb nicht zielführend, weil der Betriebsrat selbst nicht vermögensfähig ist.[1523] Grundsätzlich ließe sich auch an einen Antrag nach § 23 Abs. 1 BetrVG denken – die dafür erforderliche grobe Verletzung von gesetzlichen Pflichten oder gar ein vorsätzliches Verhalten wird aber regelmäßig zu verneinen sein.[1524] Im Ergebnis kann der Arbeitgeber ebenso wenig gegen den Betriebsrat vorgehen wie sich dieser gegen die Übernahme durch den Arbeitgeber wehren kann. Angesichts des Schutzzwecks der grundsätzlichen

---

1520 BeckOK-ArbR/*Roloff*, § 10 EntgTranspG Rn. 44; i.E. auch *Bauer/Krieger/Günther*, § 14 EntgTranspG, Rn. 20; ebenfalls für eine Einordnung als Erfüllungsgehilfe: *Günther/Heup/Mayr*, NZA 2018, 545, 547; *Richter*, ArbR 2018, 570, 571.

1521 Siehe nur BGH v. 25.1.2017 – VIII ZR 249/15, NJW 2017, 2608, 2612, Rn. 43 m.w.N.

1522 *Holler*, NZA 2017, 822, 825; zustimmend *Fitting*, § 80BetrVG Rn. 113; ähnlich auch *Kuhn/Schwindling*, DB 2017, 785, 788.

1523 Ebd.; *Hintzen/Richter*, Antworten für die Praxis, Entgelttransparenzgesetz, S. 24.

1524 *Bauer/Krieger/Günther*, § 14 EntgTranspG, Rn. 15; *Hintzen/Richter*, Antworten für die Praxis, Entgelttransparenzgesetz, S. 24; *Kuhn/Schwindling*, DB 2017, 785, 788; Richardi/*Thüsing*, § 80 BetrVG Rn. 31a.

Auskunftserteilung durch den Betriebsrat kann aber dennoch nicht von einem ausgeglichenen Verhältnis die Rede sein – insbesondere, weil der Arbeitgeber es in der Hand hat, den Auskunftsanspruch selbst zu erteilen.

6. Alternative Gestaltungsmöglichkeiten

Nach all der im Zusammenhang mit der Gestaltung des individuellen Auskunftsanspruchs geäußerten Kritik ist zu überlegen, inwiefern diesbezüglich Alternativen bestehen.

a) Aussagekraft der durch das Auskunftsverlangen erhaltenen Informationen

Ein wesentlicher Kritikpunkt betrifft die geringe Aussagekraft der durch das Auskunftsverlangen erhaltenen Informationen in der Form des Vergütungsmedians. Teilweise wird in der Literatur bereits empfohlen, neben dem Median der Vergleichsgruppe freiwillig auch den Median der eigenen Gruppe sowie die Durchschnittsgehälter anzugeben.[1525] Die Mitteilung der Durchschnittsgehälter aller Beschäftigten in der Vergleichsgruppe wäre unter dem Aspekt des Datenschutzes kaum umsetzbar. Die Mittelung des Durchschnittsgehalts der Vergleichsgruppe wäre demgegenüber denkbar: Der so bezifferte Wert lässt sich keiner bestimmten oder bestimmbaren Person zuordnen. Im Gegensatz zum Median wird der Durchschnitt durch die Größe *aller* Gehälter beeinflusst, anstatt nur einen einzigen Wert darzustellen, der je nach Einzelfall auch am einen oder anderen Ende des Spektrums liegen kann. Zwar wäre auch dann zu beachten, dass statistischen Daten nach der Rechtsprechung des EuGH nicht uneingeschränkt Indizwirkung beigemessen werden kann.[1526] Durchschnittswerte verbuchen für sich jedoch den Mehrwert, dass sie den Steller des Auskunftsanspruchs darüber in Kenntnis setzen, wie die Vergütung in der Vergleichsgruppe *grundsätzlich* ausfällt. Auch *Behrendt* und *Witzke* ziehen der Auskunftserteilung über den Median, die Auskunft über „das wesentlich aussagekräftigere durchschnittliche Vergleichsentgelt“ vor.[1527] Sie

---

1525 *Bauer/Krieger/Günther*, § 11 EntgTranspG Rn. 87; *Brune/Brune*, BB 2019, 436, 443; *Göpfert/Giese*, NZA 2018, 207, 208; *Häferer/Köhler*, CB 2017, 284, 286; Däubler/Bertzbach/*Hinrichs*, § 11 EntgTranspG Rn. 7; *Hintzen/Richter*, Antworten für die Praxis, Entgelttransparenzgesetz, S. 15; ebenfalls für eine Ausweitung der zu erteilenden Informationen: insofern ist der Vorschlag, den weiten Entgeltbegriff zur Vereinfachung einzugrenzen ebenfalls verfehlt, so aber: Bericht der Bundesregierung zur Wirksamkeit des Gesetzes zur Förderung der Entgelttransparenz zwischen Frauen und Männern, abrufbar unter: https://www.bmfsfj.de/blob/137224/128559d30c706beb1462f1c65db9d3ca/bericht-der-br-foerderung-entgelttransparenz-data.pdf, (Abruf 10.8.2019), S. 135.

1526 Vgl. oben Gliederungspunkt D)II.2.c)aa).

1527 *Behrendt/Witzke*, BB 2017, 3060, 3063.

sehen sogar die Möglichkeit, dieses Ergebnis im Wege einer teleologischen Extension aus § 11 Abs. 3 S. 2 EntgTranspG selbst zu ziehen.[1528]

Neben der Eindeutigkeit des Wortlautes der Norm steht einem Hinwegsetzen über selbigen auch der erkennbare Wille des Gesetzgebers entgegen: Die Beschränkung auf den Median war schon in beiden vorangegangenen Referentenentwürfen enthalten. Fraglich ist aber, warum der Gesetzgeber gerade den Median ausgewählt hat[1529] und ob nicht *de lege ferenda* eine Aufnahme des Durchschnittswertes anzustreben ist. *Roloff* versteht die Entscheidung des Gesetzgebers so, dass dieser davon ausging, „dass die benachteiligten Beschäftigten nach unionsrechtlichen Grundsätzen nur einen Anspruch auf das einem bestimmten Beschäftigten gewährte höhere Entgelt haben" und stimmt dem insoweit zu, dass „es keinen Gruppenvergleich des Entgelts sämtlicher gleichwertig Beschäftigter und keinen Anspruch auf den Durchschnitt des Entgelts des anderen Geschlechts gibt".[1530] Diese Argumentation spricht aber auch nicht für die Heranziehung des Medians: Dass sich der Anspruch des benachteiligten Arbeitnehmers auf den Median der Vergleichsgruppe bezieht, ist gerade nicht erkennbar.[1531] Hinzu kommt, dass jedenfalls bei Vergleichsgruppen mit gerader Personenanzahl der Median ebenfalls keiner konkret existierenden Person zugeordnet werden kann.[1532] Die Wahrscheinlichkeit, dass dies im Fall der Mitteilung des Durchschnitts geschieht, ist zwar höher, sie beträgt aber auch bei einem Abstellen auf das Medianentgelt theoretisch 1:2. Jedenfalls für die alternative bzw. zusätzliche Angabe des durchschnittlichen Vergleichsentgelts –als Interpretationshilfe für den Median – lassen sich mithin gute Gründe nennen.

Als weiterer Kritikpunkt im Hinblick auf die Aussagekraft des Medians wurde in der Literatur das Fehlen von Informationen über die Entgelthöhe der Vergleichsgruppenmitglieder des eigenen Geschlechts angeführt.[1533] Auch auf diese Informationen könnte der Auskunftsanspruch erstreckt werden. Eine solche Erweiterung würde es den betroffenen Arbeitnehmern erleichtern, die eigene und die Vergleichsvergütung im Kontext der Geschlechtsdiskriminierung zu beurteilen.[1534] Datenschutzrechtlich müssten jedoch dieselben Anforderungen wie im Hinblick auf die Vergleichsgruppe gelten.

1528 Ebd.; ablehnend *Bauer/Krieger/Günther*, § 11 EntgTranspG Rn. 41.

1529 Vgl. auch *Becker/Hjort*, ArbR 2018, 298, 300: „Was den Gesetzgeber gerade zu dem Median-Verfahren bewogen hat, wird aus der Gesetzesbegründung nicht so recht deutlich."

1530 BeckOK-ArbR/*Roloff*, § 10 EntgTranspG Rn. 33; ebenso *Roloff*, RdA 2019, 28, 38.

1531 S.o. Gliederungspunkt G)III.2.

1532 S.o. Gliederungspunkt G)IV.3.b)dd).

1533 S.o. Ebd.

1534 So schlägt *Haag* etwa eine alternative Formulierung von § 11 Abs. 3 EntgTranspG vor: „Von der Auskunftsverpflichtung erfasst sind das Bruttomonatsgrundentgelt sowie die einzelnen Entgeltbestandteile der eigenen und der Vergleichstätigkeit.", *Haag*, GewArch 2018, 62, 64; a.A. *Roloff*, RdA 2019, 28, 39.

b) Gemeinsame Zuständigkeit von Betriebsrat und Arbeitgeber

Die vorangegangenen Ausführungen haben verdeutlicht, dass hinsichtlich des Adressaten des Auskunftsanspruchs im Wesentlichen zwei Probleme bestehen: Zum einen soll sich der Arbeitnehmer grundsätzlich an den Betriebsrat wenden können, der Arbeitgeber kann das Auskunftsverlangen jedoch leicht (wieder) an sich ziehen. Zum anderen befinden sich die für die Erteilung relevanten Informationen in der Sphäre des Arbeitgebers – mit der Übermittlung an den Betriebsrat und der dortigen Auswertung sind einige Risiken verbunden. Einen Ansatz zur Lösung dieser Probleme liefern *Meissner* und *Hackenthal* mit ihrem Vorschlag, die Betriebsparteien mögen sich auf ein Verfahren einigen, bei dem Ansprechpartner der Arbeitnehmer der Betriebsrat bleibt, welcher aber das Auskunftsersuchen anonymisiert an den Arbeitgeber zur Erstellung der Auskunft weiterleitet und nach Erhalt derselbigen diese dem Arbeitnehmer übermittelt und möglicherweise Beratungen durchführt.[1535] Weder innerhalb noch außerhalb des EntgTranspG sind Gründe erkennbar, die gegen eine derartige Gestaltung sprechen. Aus Arbeitgebersicht mag zwar gegen eine solche Vereinbarung sprechen, dass sie die Attraktivität des Auskunftsanspruchs stärkt – auf der anderen Seite bietet sich so die Möglichkeit, sich als die Interessen der Arbeitnehmer respektierender Arbeitgeber gerieren zu können. Gleichzeitig behält der Arbeitgeber die Kontrolle über den Inhalt der Auskunftserteilung.

Diese Möglichkeit erscheint zudem sogar i.R.d. geltenden Rechts möglich: Grundsätzlich ist von der Unabdingbarkeit der den Auskunftsanspruch betreffenden Regelungen auszugehen.[1536] Bei Individualvereinbarungen, die nicht zu Lasten des Arbeitnehmers bzw. des Schutzzwecks der Norm gehen, sind jedoch keine Gründe dafür ersichtlich. Dies ist im Hinblick auf Betriebsvereinbarungen nicht anders zu beurteilen.[1537] Dem Arbeitgeber steht es nach dem Gesetz ebenso offen, den Auskunftsanspruch ganz an sich zu ziehen. Eine zwischen Arbeitgeber und Betriebsrat arbeitsteilige Gestaltung ist demgegenüber für den Arbeitnehmer nicht nachteilig. Auch das Vorliegen einer für den Abschluss einer Betriebsvereinbarung erforderlichen betrieblichen Angelegenheit[1538] wird man bejahen können. Andererseits ist aber auch eine bloße Regelungsabrede denkbar. Verfehlt und nicht mit dem Schutzzweck der Regelung vereinbar erscheint demgegenüber der Vorschlag, die Auskunftserteilung gänzlich dem Arbeitgeber zuzuweisen.[1539]

1535 *Meissner/Hackenthal*, AiB 2018, 26, 27.

1536 S.o. Gliederungspunkt G)II.9.a).

1537 Vgl. Richardi/*Richardi*, § 77 BetrVG Rn. 100.

1538 ErfK/*Kania*, § 77 BetrVG Rn. 36; BeckOK-ArbR/*Werner*, § 77 BetrVG Rn. 35.

1539 So aber: Bericht der Bundesregierung zur Wirksamkeit des Gesetzes zur Förderung der Entgelttransparenz zwischen Frauen und Männern, abrufbar unter: https://www.bmfsfj.de/blob/137224/128559d30c706beb1462f1c65db9d3ca/bericht-der-br-foerderung-entgelttransparenz-data.pdf, (Abruf 10.8.2019), S. 134.

c) *Kollektive Verfahren*

Das durch den Auskunftsanspruch angestrebte Ziel ist die Verbesserung der Transparenz von Entgeltstrukturen. Diese wiederum soll einerseits Arbeitgeber dazu anhalten, selbst den Grundsatz der gleichen Entlohnung gleicher und gleichwertiger Arbeit zu verwirklichen und es andererseits den Beschäftigten erleichtern, ihre diesbezüglichen Ansprüche gegenüber Arbeitgebern durchzusetzen. Der Schwerpunkt des individuellen Auskunftsanspruchs liegt dabei bei letzterem. Doch gerade in der Individualität sowohl des Auskunftsanspruchs als auch der diesem möglicherweise nachgelagerten Rechtsdurchsetzung, wird von manchen Stimmen ein Problem gesehen: Es wird darauf hingewiesen, dass nur die wenigsten Beschäftigten in einem Beschäftigungsverhältnis, in dem eine weitere künftige Zusammenarbeit angestrebt ist, dazu bereit sind, ihre Rechte klageweise geltend zu machen.[1540] Stattdessen müssten kollektive Instrumente geschaffen werden, die über die Möglichkeiten i.R.v. §§ 17, 23 AGG hinausgehen.[1541] Dabei wird zum einen auf den Gesetzesentwurf der SPD aus dem Jahr 2012[1542] und darüber hinaus auf die Einführung eines Verbandsklagerechtes[1543] verwiesen. Weitere Impulse gehen von der Empfehlung 2013/396/EU der europäischen Kommission aus.[1544] Zudem bestehen in anderen europäischen Ländern teilweise bereits seit Jahren vergleichbare kollektive Verfahren.[1545]

In den Jahren vor dem Inkrafttreten des EntgTranspG wurden bereits durch die Fraktionen Die Linke[1546] und Bündnis 90/Die Grünen[1547] mehrfach Anträge dahingehend gestellt, ein Verbandsklagerecht in das AGG zu integrieren, um den Problemen der indivduellen Rechtsdurchsetzung zu begegnen. Diese Anträge waren gemeinsam mit dem Entwurf des EntgTranspG auch Gegenstand der Ausschussanhörung am 6.3.2017.[1548] Sie wurden jedoch nicht umgesetzt, obwohl sich

---

1540 *Kocher*, in: Neue Wege – Gleiche Chancen, S. 165, 185; *Kocher* AuR 2018, 8, 18; Däubler/Bertzbach/*Hinrichs*, § 10 EntgTranspG Rn. 4, bezugnehmend auf *Winter*, in: FS Pfarr, S. 320, 329; *Oerder*, Zur Entgeltgleichheit von Frauen und Männern, S. 116 f.; vgl. auch *Kocher/Laskowski/Rust/Weber*, in: FS Pfarr, S. 117, 142.

1541 *Oerder/Wenckebach*, § 6 EntgTranspG Rn. 3 f.

1542 Däubler/Bertzbach/*Hinrichs*, § 10 EntgTranspG Rn. 4; vgl. zu dem Gesetzentwurf oben Gliederungspunkt F)I.2.a).

1543 *Kocher*, in: Neue Wege – Gleiche Chancen, S. 165, 185; *Kocher* AuR 2018, 8, 18; Däubler/Bertzbach/*Hinrichs*, § 10 EntgTranspG Rn. 4.

1544 Empfehlung der Kommission v. 11.6.2013, Gemeinsame Grundsätze für kollektive Unterlassungs- und Schadensersatzverfahren in den Mitgliedstaaten bei Verletzung von durch Unionsrecht garantierten Rechten, 2013/396/EU (ABl. L 201 v. 26.7.2013, S. 60).

1545 S.o. Gliederungspunkt E).

1546 BT-Drucks. 18/4321.

1547 BT-Drucks. 18/847; BT-Drucks. 18/6550.

1548 Wortprotokoll Ausschuss für Familie, Senioren, Frauen und Jugend 18/82, S. 1.

verschiedene Sachverständige innerhalb der Ausschussanhörung für die Notwendigkeit der Einführug eines Verbandsklagerechts ausgesprochen hatten: Als Vorteil eines Verbandsklagerechts wurde etwa genannt, dass ein solches die Möglichkeit eröffnen würde auch ohne bekannte, klagebereite Betroffene gegen Entgeltdiskriminierung vorzugehen.[1549] Zudem handele es sich in vielen Fällen gerade nicht um ein Problem von dem nur einzelne Beschäftigte betroffen seien, sodass ein Allgemeininteresse an einer überindividuellen Rechtsdurchsetzung bestehe.[1550] Mehrfach wurde auch darauf hingewiesen, dass in anderen Gesetzen bei einer solchen Interessenlage Verbandsklagerechte gewährt werden.[1551] Schließlich diene die Implementierung von Kollektivverfahren in solchen Fällen auch der Prozessökonomie.[1552] Als potenzielle Akteure werden neben Gewerkschaften[1553] auch geeignete Antidiskriminierungsverbände[1554] genannt. Ziel dürfe dabei aber „keine gewillkürte Verbandsklage" sein, die ein voraussetzungsloses Einschreiten der klageberechtigten Verbände ermöglicht.[1555] Ein etwaiges Verbandsklagerecht könnte auf solche Verbände beschränkt werden, die für die Aufgabe hinreichend qualifiziert sind, um eine missbräuchliche Nutzung zu vermeiden.[1556] Insofern liegt eine ähnliche Augestaltung wie in § 15 BGG nahe, der in Abs. 3 ein Anerkennungsverfahren für entsprechende Verbände vorsieht und in Abs. 2 S. 2 die Geltendmachung von Rechten, die auch Gegenstand einer individuellen Gestaltungs- oder Leistungsklage sein könnten, auf Fälle, denen eine allgemeine Bedeutung zukommt, beschränkt. Auch die ADS kommt als Akteurin in Betracht.

Ein vergleichbarer kollektiver Rechtsschutz findet sich auch in der neuen Möglichkeit der Musterfeststellungsklage.[1557] Sie ermöglicht es Verbrauchern, von der

---

1549 Wortprotokoll Ausschuss für Familie, Senioren, Frauen und Jugend 18/82: Stellungnahme des DGB, S. 71, 75; Stellungnahme des djb, S. 92, 103; Stellungnahme des KDFB, S. 51, 52; Stellungnahme *Egenberger* (BUG), S. 63, 64.

1550 Wortprotokoll Ausschuss für Familie, Senioren, Frauen und Jugend 18/82: Stellungnahme des djb, S. 92, 103; Stellungnahme *Egenberger* (BUG), S. 63, 64.

1551 Wortprotokoll Ausschuss für Familie, Senioren, Frauen und Jugend 18/82: Stellungnahme des DGB, S. 71, 75; Stellungnahme des djb, S. 92, 103; Stellungnahme *Egenberger* (BUG), S. 63, 64, unter Berufung auf BGG, UklaG und BNatSchG; Stellungnahme des KDFB, S. 51, 52.

1552 *Kocher/Laskowski/Rust/Weber*, in: FS Pfarr, S. 117, 145.

1553 *Kocher*, in: Neue Wege – Gleiche Chancen, S. 165, 185; Wortprotokoll Ausschuss für Familie, Senioren, Frauen und Jugend 18/82: Stellungnahme des DGB, S. 71, 75; Stellungnahme des KDFB, S. 51, 52.

1554 Wortprotokoll Ausschuss für Familie, Senioren, Frauen und Jugend 18/82, Stellungnahme *Egenberger* (BUG), S. 63, 66.

1555 Ebd.

1556 Vgl. *Berghahn/Klapp/Tischbirek*, Evaluation des Allgemeinen Gleichbehandlungsgesetzes, S. 161; Erwägungsgrund 18 der Empfehlung 2013/396/EU; vgl. auch für die Schweiz Art. 7 GlG.

1557 Gesetz zur Einführung einer zivilprozessualen Musterfeststellungsklage v. 12.7.2018 (BGBl. I, S. 1151).

Bindungswirkung der Musterfeststellungsklage nach § 613 ZPO zu profitieren und darauf aufbauend eine eigene Klage zu erwägen. Auch die Musterfeststellungklage muss nach § 606 Abs. 1 S. 2, Abs. 3 Nr. 1 ZPO von einer qualifizierten Einrichtung erhoben werden. In diesem Zusammenhang wurde jedoch kritisiert, dass – anders als etwa nach dem Kapitalanleger-Musterverfahrensgesetz (KapMuG) möglich – keine eigene kollektive Klagemöglichkeit der Betroffenen vorgesehen ist, obwohl angesichts des Machtgefälles zwischen Unternehmen und Betroffenen eine Klageerhebung nur bei ohnehin guten Erfolgsaussichten zu erwarten ist.[1558] Übertragen auf die Situation i.R.v. Klagen auf Gehaltsanpassung kann dem jedenfalls entgegengehalten werden, dass ein Kollektivverfahren gerade die Probleme der fehlenden Organisation bzw. Klagebereitschaft überwinden soll, sodass eine solche Möglichkeit nicht notwendig erscheint. Zudem hängt die Rechtsdurchsetzung weiterhin stark davon ab, ob in einem zweiten Schritt durch die Betroffenen tatsächlich selbstständige Klagen erhoben werden.[1559] Hier sind die ersten Erfahrungen aus der praktischen Handhabung der Musterfeststellungsklage abzuwarten. Im Hinblick auf die klageweise Geltendmachung von Ansprüchen auf Gehaltsanpassung kommt noch hinzu, dass – trotz möglicherweise verbesserter Erfolgsaussichten – Hemmnisse verbleiben, innerhalb eines intakten Arbeitsverhältnisses zu klagen. Der Theorie nach erscheinen weitere kollektive Durchsetzungsinstrumente damit zwar sinnvoll – nicht vorhersehbar ist jedoch deren praktische Wirksamkeit. Es bestünde die Gefahr, ein weiteres Instrument zu schaffen, dessen Wert lediglich symbolischer Natur ist.

7. Zwischenergebnis

Die bisherigen Stimmen in der Literatur kommen hinsichtlich des Auskunftsanspruchs zu einem überwiegend kritischen, teilweise sogar ablehnenden Ergebnis. Der Regelung des § 15 Abs. 5 EntgTranspG wird eine „Prangerwirkung" zugemessen, generell durch den Auskunfsanspruch eine „Störung des Betriebsfriedens" befürchtet.[1560] Andere weisen darauf hin, dass Arbeitgeber sich dem Auskunftsverlangen ausgesetzt sehen, ohne dass es darauf ankommt, dass tatsächlich oder mit hoher Wahrscheinlichkeit eine Benachteiligung stattgefunden hat.[1561] Dies ließe sich noch mit dem Zweck des Auskunftsanspruchs, die diesbezüglich nachteilige Informationslage des Arbeitnehmers zu verbessern, erklären. Allerdings kann die Kritik im Hinblick auf den Auskunftsanspruch bei Weitem nicht auf seine belastende Wirkung für den Arbeitgeber beschränkt werden.

1558 *Halfmeier*, ZRP 2017, 201 f.
1559 *Stadler*, VuR 2018, 83, 86 f.
1560 *Fuhlrott/Ritz*, ArbR 2017, 211, 213.
1561 *Bauer/Krieger/Günther*, § 10 EntgTranspG Rn. 15 f.; BeckOK-ArbR/*Roloff*, § 3 EntgTranspG Rn. 2.

Die Ausführungen zum Auskunftsanspruch nach dem EntgTranspG haben gezeigt, dass dieser kaum zu leisten vermag, was der Gesetzestitel suggeriert: Transparenz. Der Gesetzgeber lässt den Rechtsanwender über zahlreiche Detailfragen im Unklaren. Hinzu kommen teleologische Ungereimtheiten, insbesondere im Hinblick auf Anwendungsbereich und Reichweite des Auskunftsanspruchs. Die Hürden, die der Arbeitnehmer nehmen muss, um überhaupt einen entsprechenden Anspruch geltend machen zu können, sind hoch, sodass nicht zu erwarten ist, dass der Anspruch überhaupt verbreitet wahrgenommen werden wird. Diese Erwartung wurde inzwischen durch die Ergebnisse der ersten Evaluation, die gem. § 23 Abs. 1 S. 1 EntgTranspG erstmals im Jahr 2019 durchzuführen war, bestätigt. Im Anwendungsbereich des Auskunftsanspruchs, also in Unternehmen mit mehr als 200 Beschäftigten, haben gerade einmal 4% der Befragten den Auskunftsanspruch tatsächlich in in Anspruch genommen.[1562] Der Gesetzgeber hat sich zwar bemüht, das Verfahren für den Arbeitnehmer möglichst „barrierefrei" zu gestalten, indem der Betriebsrat als regelmäßiger Ansprechpartner für das Auskunftsersuchen benannt wurde. Diese Gestaltung lässt sich aber leicht aushebeln – der Arbeitgeber kann das Auskunftsersuchen praktisch jederzeit an sich ziehen. Diese Vorgehensweise ist aufgrund der bestehenden rechtlichen Unsicherheiten auch empfehlenswert. Ist es einem Arbeitnehmer schließlich doch gelungen, seinen Anspruch erfolgreich geltend zu machen, so sind die Informationen, die er bezüglich der Kriterien und Verfahren der Entgeltfindung für die eigene und die Vergleichstätigkeit erhält, für die Beurteilung, ob eine geschlechtsbedingte Ungleichbehandlung vorliegt durchaus relevant. Für die Angabe des Vergleichsentgelts als Median der Durchschnittsgehälter der Vergleichsgruppe kann dies jedoch nur eingeschränkt angenommen werden. Hier besteht ein großes Risiko, dass diese Information zu Missinterpretationen führt.

Bei der Erwägung einer alternativen Ausgestaltung des Auskunftsanspruchs ist es stets erforderlich, die damit verbundenen datenschutzrechtlichen Hindernisse miteinzubeziehen. Die (zusätzliche) Nennung des Durchschnittsentgelts der Vergleichsgruppe würde den Arbeitnehmer zwar nicht in die Lage versetzen, ohne Weiteres eine konkrete Benachteiligung darlegen zu können – diese Möglichkeit sähe sich aber nicht in gleicher Weise der Gefahr von Missverständnissen ausgesetzt, wie dies bei der ausschließlichen Nennung des Medians der Fall ist.

V. Betriebliche Prüfverfahren

Der dritte Abschnitt des Gesetzes hat die betrieblichen Verfahren zur Überprüfung und Herstellung von Entgeltgleichheit zum Gegenstand. Ausweislich der

1562 Bericht der Bundesregierung zur Wirksamkeit des Gesetzes zur Förderung der Entgelttransparenz zwischen Frauen und Männern, abrufbar unter: https://www.bmfsfj.de/blob/137224/128559d30c706beb1462f1c65db9d3ca/bericht-der-br-foerderung-entgelttransparenz-data.pdf, (Abruf 10.8.2019), S. 97.

Gesetzesbegründung hat die Einführung dieses Instruments zum Ziel, „die Themen Gleichstellung und Entgeltgleichheit" als „bedeutende Fragen der Unternehmenspolitik" zu etablieren und „Transparenz herzustellen".[1563] Ein ähnliches Verfahren hatte bereits der Referentenentwurf von 2012 vorgesehen.[1564] Wie noch zu zeigen sein wird, ist die Durchführung betrieblicher Prüfverfahren alleine von einer diesbezüglichen Entscheidung des Arbeitgebers abhängig. Insofern bilden die Chancen und Risken ihrer Durchführung einen Schwerpunkt der nachfolgenden Untersuchung.

1. Anwendungsbereich

Nach § 17 Abs. 1 S. 1 EntgTranspG sind private Arbeitgeber mit in der Regel mehr als 500 Beschäftigten „aufgefordert, mithilfe betrieblicher Prüfverfahren ihre Entgeltregelungen und die verschiedenen gezahlten Entgeltbestandteile sowie deren Anwendung regelmäßig auf die Einhaltung des Entgeltgleichheitsgebots im Sinne dieses Gesetzes zu überprüfen".[1565] Auf den ersten Blick ähnelt die darin enthaltende Schwellenwertformulierung, derjenigen des § 12 Abs. 1 EntgTranspG – eine Übertragung der insofern herausgestellten Grundsätze ist dennoch nicht angezeigt: Über die Bezeichnung als betriebliche Prüfverfahren hinaus sind keinerlei Beschränkungen auf den Betrieb erkennbar. Entsprechend verbreitet ist die Ansicht, dass hier hinsichtlich des Schwellenwertes auf das Unternehmen abzustellen ist.[1566] In teleologischer Hinsicht wird darauf verwiesen, dass der Schwellenwert im Zusammenhang mit dem Vorhandensein technischer und personeller Mittel der Organisation stehe und eine entsprechende Organisationsverantwortung nur das Unternehmen treffen könne.[1567] In systematischer Hinsicht wird zur Begründung unter anderem auf die Ähnlichkeit zu § 21 EntgTranspG sowie den Unternehmensbezug des § 17 Abs. 1 S. 2 EntgTranspG abgestellt.[1568] Auch bezüglich der Schwellenwertberechnung ist daher ein Unternehmensbezug zu bejahen.

Als zusätzliches Argument wird angeführt, dass § 18 Abs. 3 S. 3 EntgTranspG betriebsbezogene Prüfungen erlaube.[1569] Diese Norm wäre wohl überflüssig, wenn

---

1563 BT-Drucks. 18/11133, S. 24.

1564 Vgl. dazu Gliederungspunkt F)I.2.a).

1565 Kritisch zu der Herausnahme öffentlicher Arbeitgeber ErfK/*Schlachter*, § 17 EntgTranspG Rn. 2; s.a. unten Gliederungspunkt G)VII.2.b).

1566 *Bauer/Krieger/Günther*, § 17 EntgTranspG Rn. 10; *Hintzen/Richter*, Antworten für die Praxis, Entgelttransparenzgesetz, S. 25; *Olbertz*, NWB 2017, 3068, 3073; jeweils ohne Erörterung des Problems von „Unternehmen" sprechend: BMFSFJ Leitfaden S. 7, abrufbar unter: https://www.bmfsfj.de/blob/118298/f9896570e6d9a5cf1afac0f5d192a834/das-entgelttransparenzgesetz-ein-leitfaden-fuer-arbeitgeber-sowie-fuer-betriebs-und-personalraete-data.pdf (Abruf 4.12.2018); BeckOK-ArbR/*Roloff*, § 17 EntgTranspG Rn. 2; ErfK/*Schlachter*, § 17 EntgTranspG Rn. 1 ff.

1567 BeckOK-ArbR/*Roloff*, § 17 EntgTranspG Rn. 2.

1568 Ebd.

1569 Ebd.

der Anwendungsbereich bereits rein betriebsbezogen wäre. Tatsächlich ordnet § 18 Abs. 3 S. 3 EntgTranspG die entsprechende Anwendung von § 12 Abs. 1 und 2 EntgTranspG an. Nach der Gesetzesbegründung führt dieser Verweis dazu, dass der Arbeitgeber Prüfungen bezüglich einzelner Betriebe und innerhalb von Beschäftigtengruppen durchführen „kann".[1570] Der Verweis ist jedoch imperativ formuliert („ist (...) anzuwenden") und auch in § 12 Abs. 1 und 2 EntgTranspG sind zwingende Vorgaben enthalten. Diese Hinweise sprechen eher dafür, dass der Verweis eine entsprechende Prüfung nicht einfach erlaubt, sondern sogar anordnet.[1571] Letztlich ist dies aber keine Frage des Schwellenwertes, sondern des Prüfungsumfangs bzw. -gegenstandes eines betrieblichen Prüfverfahrens.[1572] Die Wertung des § 18 Abs. 3 S. 3 EntgTranspG kann daher nicht als zusätzliches Argument zur Begründung eines Unternehmensbezugs herangezogen werden.

Auch der Fall, dass mehrere Unternehmen in einem Konzern verbunden sind, ist gesetzlich geregelt: Nach § 17 Abs. 1 S. 2 EntgTranspG kann innerhalb eines Konzerns das herrschende Unternehmen, soweit es Einfluss auf die Entgeltbedingungen anderer Konzernunternehmen hat, das Prüfverfahren auch für diese durchführen. Die Gesetzesbegründung geht davon aus, dass sich in diesen Fällen der Schwellenwert auf die Größe des Konzerns bezieht.[1573] Dagegen spricht jedoch, dass Arbeitgeber i.S.d. § 17 Abs. 1 S. 1 EntgTranspG nur das jeweils betroffene Konzernunternehmen ist.[1574] Zudem ist zu bedenken, dass das herrschende Unternehmen nicht zwingend auf die Entgeltbedingungen aller Konzernunternehmen Einfluss nimmt – folgt man der Ansicht der Gesetzesbegründung, würden dann aber auch solche Unternehmen bei der Berechnung des Schwellenwertes mitzählen.

2. Gegenstand und Durchführung

Bezugspunkte des Prüfverfahrens sind dabei nach § 18 Abs. 1 EntgTranspG die Tätigkeiten, auf die dasselbe Entgeltsystem Anwendung findet. Solange „valide statistische Methoden" verwendet und die betrieblichen Mitwirkungsrechte beachtet werden, ist der Arbeitgeber grundsätzlich frei, was die Auswahl des entsprechenden Verfahrens betrifft, § 18 Abs. 2 S. 2, 3 EntgTranspG. Allerdings gibt das Gesetz vor, dass das Prüfverfahren die Elemente Bestandsaufnahme, Analyse und Ergebnisbericht beinhalten muss, § 18 Abs. 2 S. 1 EntgTranspG, deren Inhalt durch § 18 Abs. 3 EntgTranspG genauer umschrieben wird. Weiterhin sind die Daten nach Geschlecht unter Wahrung des Schutzes personenbezogener Daten

1570 BT-Drucks. 18/11133, S. 24.

1571 S. aber auch ErfK/*Schlachter*, § 18 EntgTranspG Rn. 4, die den Verweis berechtigterweise in Anbetracht der Freiwilligkeit des Verfahrens kritisiert.

1572 *Bauer/Krieger/Günther*, § 17 EntgTranspG Rn. 10.

1573 BT-Drucks. 18/11133, S. 68.

1574 *Bauer/Krieger/Günther*, § 17 EntgTranspG Rn. 12.

aufzuschlüsseln, § 18 Abs. 2 S. 4, 5 EntgTranspG. Unternehmen, in denen tarifvertragliche Entgeltregelungen Anwendung finden, werden nach § 18 Abs. 3 S. 4 EntgTranspG – ebenso wie im Hinblick auf die Erteilung des Auskunftsanspruchs – auch bei der Durchführung eines betrieblichen Prüfverfahrens privilegiert, denn sie müssen dabei keine Überprüfung der Gleichwertigkeit von Tätigkeiten vornehmen. Gleiches gilt für gesetzliche Entgeltregelungen und Festsetzungen nach § 19 Abs. 3 HAG und nach § 18 Abs. 3 S. 5 EntgTranspG für kollektiv-rechtliche Entgeltregelungen der Kirchen oder der öffentlich-rechtlichen Religionsgesellschaften. Sofern das betriebliche Prüfverfahren Benachteiligungen wegen des Geschlechts in Bezug auf das Entgelt sichtbar macht, ist nach § 19 EntgTranspG vorgesehen, dass der Arbeitgeber „die geeigneten Maßnahmen zur Beseitigung der Benachteiligung" ergreift. Der Betriebsrat ist über die Planung des betrieblichen Prüfverfahrens zu unterrichten, § 20 Abs. 1 EntgTranspG – die Beschäftigten sind über die Ergebnisse zu informieren, § 20 Abs. 2 EntgTranspG.

3. Bewertung

Auffällig ist im Hinblick auf das betriebliche Prüfverfahren insbesondere die Wortwahl des Gesetzgebers. Die Arbeitgeber sind demnach „aufgefordert" ein entsprechendes Verfahren durchzuführen. Mag dieser Wortlaut auch grundsätzlich einen weiten Interpretationsspielraum eröffnen,[1575] stellt die Gesetzesbegründung jedenfalls klar, dass es sich um ein „freiwilliges" Verfahren handelt.[1576] Eine Pflicht zur Durchführung besteht demnach im EntgTranspG – im Unterschied zu § 16 Abs. 1 S. 1 EntgGleiG-E – gerade nicht.[1577] Zu erwägen wäre lediglich, ob sich eine solche Pflicht nicht indirekt aus § 6 Abs. 2 EntgTranspG herleiten lässt[1578] – auf dessen Geltung wird in der Begründung zu § 17 Abs. 1 EntgTranspG auch ausdrücklich hingewiesen.[1579] Danach sind Arbeitgeber „verpflichtet, die erforderlichen Maßnahmen zu treffen, um die Beschäftigten vor Benachteiligungen wegen des Geschlechts in Bezug auf das Entgelt zu schützen. Dieser Schutz umfasst auch vorbeugende Maßnahmen." Nach der Gesetzesbegründung, ist die Frage nach der Erforderlichkeit „nach objektiven Gesichtspunkten zu beurteilen".[1580] Sie weist zudem auf die Anlehnung an den inzwischen außer Kraft getretenen § 2 Abs. 1 BeschSchG hin und nennt beispielhaft organisatorische und aufklärerische Maßnahmen.[1581] In der Aufforderung, betriebliche Prüfverfahren durchzuführen, könnte gleichzeitig die

1575 So *Kania*, NZA 2017, 819, 821.
1576 BT-Drucks. 18/11133, S. 67.
1577 *Bauer/Günther/Romero*, NZA 2017, 809, 812; *Gaul*, ArbRB 2017, 47, 50; *Kuhn/Schwindling*, DB 2017, 785, 789; *Thüsing*, BB 2017, 565, 568; a.A. *Baeck/Winzer/Hies*, NZG 2017, 254, 255.
1578 Vgl. *Oberthür*, NJW 2017, 2228, 2234.
1579 BT-Drucks. 18/11133, S. 67.
1580 Ebd. S. 56.
1581 Ebd.

gesetzliche Wertung zu sehen sein, dass diese auch objektiv erforderlich sind.[1582] Andererseits würde dies der systematischen Stellung des § 17 Abs. 1 EntgTranspG widersprechen. Während § 6 Abs. 2 EntgTranspG sich im ersten Abschnitt der allgemeinen Bestimmungen befindet, richtet sich § 17 Abs. 1 EntgTranspG ausdrücklich nur an private Arbeitgeber mit in der Regel mehr als 500 Beschäftigten. Hinzu kommt noch, dass die Durchführung betrieblicher Prüfverfahren noch in § 6 Abs. 1 S. 2 EntgGleiG-E exemplarisch als taugliche vorbeugende Maßnahme benannt war, was sich jetzt nicht mehr im Gesetzeswortlaut wiederfindet.[1583]

Zudem wäre die Annahme einer indirekten Pflicht über § 6 Abs. 2 EntgTranspG kaum mit der sonstigen Begründung zu § 17 Abs. 1 EntgTranspG zu vereinbaren, in der die Freiwilligkeit der Durchführung zum Ausdruck kommt. Auch *Behrendt* und *Witzke* streiten mit diesem Argument grundsätzlich gegen eine mittelbare Pflicht zur Durchführung des Prüfverfahrens, jedoch wollen sie ein taugliches Indiz i.S.v. § 22 AGG darin sehen, wenn der Arbeitgeber seine Entgeltregelungen in keinster Weise einer Überprüfung unterzieht.[1584] Teleologische Erwägungen unter Heranziehung der Wertungen der §§ 3, 4 Abs. 4, 7 EntgTranspG sprechen an sich für eine Berücksichtigung i.R.v. § 22 AGG. Dem steht jedoch deutlich entgegen, dass, wenn die Durchführung des gesetzlichen Prüfverfahrens schon nicht als Pflicht ausgestaltet wird, eine faktische Pflicht zur Vermeidung einer für den Arbeitgeber nachteiligen Beweissituation kaum im Gesetz angelegt sein kann.

Nach der Gesetzesbegründung handelt es sich bei der Aufforderung um einen „Appell (...) betriebliche Prüfverfahren durchzuführen und die betrieblichen Entgeltstrukturen wirksam auf strukturelle Benachteiligungen zu überprüfen, um geschlechtsbezogene Entgeltgleichheit zu verhindern".[1585] Zum einen handelt es sich bei dem letzten Teil des Satzes offensichtlich um ein redaktionelles Versehen. Zudem wird in der Literatur in Zweifel gezogen, dass das betriebliche Prüfverfahren in seiner jetzigen Form diesem Anspruch gerecht werden kann. Denn: Wenn schon keine Pflicht zur Durchführung besteht, so müsste doch für die Unternehmen irgendeine Form des Anreizes dazu bestehen.[1586] Richtig ist, dass eine Überprüfung der Einhaltung des Entgeltgleichheitsgebots durchaus förderliche Effekte für Unternehmen mit sich bringen kann. Wird etwa nach außen kommuniziert, dass ein Unternehmen einen offensiven Umgang mit diesem Thema pflegt, kann dies die Attraktivität des Unternehmens auch und gerade für qualifizierte weibliche Arbeitnehmer steigern.[1587] Diese positiven Konsequenzen werden aber regelmäßig

---

1582 Vgl. *Kocher*, AuR 2018, 8, 13, die aus § 6 Abs. 2 EntgTranspG sogar einen Anspruch auf Durchführung eines Prüfverfahrens ableiten will.

1583 *Bauer/Krieger/Günther*, § 6 EntgTranspG Rn. 23.

1584 *Behrendt/Witzke*, BB 2017, 3060, 3064.

1585 BT-Drucks. 18/11133, S. 67.

1586 Vgl. etwa *Fuhlrott/Ritz*, ArbR 2017, 211, 213; *Thüsing*, BB 2017, 565, 568.

1587 *Becker/Hjort*, ArbR 2018, 359, 361; *Müller*, BB 2017, 2101, 2104; Wissenschaftliche Dienste des Bundestages, WD 6 – 3000 – 014/17, S. 19; *Weibler*, AuA 2017, 173, 177.

nur solche Unternehmen überzeugen können, in denen ohnehin Wert auf diese Faktoren gelegt wird. Andere Unternehmen werden sich zu Recht fragen, ob der potenzielle Nutzen eines betrieblichen Prüfverfahrens angesichts der im Folgenden dargestellten, entgegenstehenden Risiken überwiegen kann.

a) Modalitäten und Konsequenzen der Durchführung

Ein Unternehmen, welches trotz der insofern mangelnden Pflicht die Durchführung eines betrieblichen Prüfverfahrens nach §§ 17 ff. EntgTranspG erwägt, wird dabei insbesondere die daran dennoch anknüpfenden Pflichten berücksichtigen. Werden bei der Prüfung nämlich geschlechtsbedingte Entgeltbenachteiligungen festgestellt, so hat der Arbeitgeber nach § 19 EntgTranspG die geeigneten Maßnahmen zur Beseitigung der Benachteiligung zu ergreifen. Weiterhin sind nach § 20 Abs. 2 S. 1 EntgTranspG die Beschäftigten über die Ergebnisse des betrieblichen Prüfverfahrens zu informieren. Damit ist zwar nicht zwingend eine vollständige Veröffentlichung des Ergebnisberichtes verbunden.[1588] Dennoch kann berechtigterweise bei negativem Ergebnis des Prüfverfahrens eine „Klagewelle" der Beschäftigten befürchtet werden – die Information der Beschäftigten kann dann einer „Einladung zur Klage" gleichkommen.[1589] Mag auch bisher im Entgeltbereich die Klagebereitschaft eher gering ausgefallen sein, so entfallen nach einem Prüfverfahren doch einige wesentliche Unsicherheiten, die die Beschäftigten zuvor von der Klageerhebung abgehalten haben. Ein Unternehmensorgan, das sich für die Durchführung eines betrieblichen Prüfverfahrens entscheidet, trifft damit unter Umständen eine für die Gesellschaft finanziell folgenreiche Entscheidung und könnte sich diesbezüglich auch selbst erheblichen Haftungskonsequenzen ausgesetzt sehen.[1590]

Weitere Fragen ergeben sich im Hinblick auf die Modalitäten der Durchführung. Hat der Arbeitgeber einmal ein solches Prüfverfahren eingeleitet, dann gibt es keinen Weg zurück: Er kann nicht die Prüfung an einem Punkt, der für ihn ausreichend ist, um entsprechende Nachbesserungen vorzunehmen, abbrechen und so auf die Information der Beschäftigten verzichten, insofern ist der Wortlaut von

---

1588 *Fasse/Klie*, Das neue Entgelttransparenzgesetz, S. 88; *Bauer/Krieger/Günther*, § 20 EntgTranspG Rn. 22.

1589 *Thüsing*, BB 2017, 565, 568; zustimmend: *Bauer/Günther/Romero*, NZA 2017, 809, 813; *Glaser/Groß*, AuA 2017, 303, 305.

1590 *Thüsing*, BB 2017, 565, 568; aufgrund des fakultativen Charakters des Prüfverfahrens besteht hier insbesondere der i.R.v. § 93 Abs. 1 S. 2 AktG erforderliche unternehmerische Entscheidungsspielraum – die Annahme, zum Wohl der Gesellschaft zu handeln, bedürfte hingegen einigen Erklärungsaufwandes; vgl. ausführlich zur Business Judgement Rule im Zusammenhang mit dem EntgTranspG Gliederungspunkt G)VI.6.a) und *Göpfert/Pfister*, ZIP 2017, 1401, 1402; gegen das Bestehen eines Haftungsanspruchs mangels Schadens im Rechtssinne Däubler/Bertzbach/*Hinrichs*, § 17 EntgTranspG Rn. 2.

§ 20 Abs. 2 S. 1 EntgTranspG eindeutig.[1591] Im Übrigen muss aber hinsichtlich der Art und Weise der Prüfung ein größerer Spielraum bestehen. *Langemann* und *Wilking* weisen zu Recht darauf hin, dass, wenn schon die Durchführung an sich freiwillig ist, erst recht keine Pflicht zur Einhaltung des vorgeschlagenen Verfahrens bestehen könne.[1592] Dies widerspricht zwar dem Wortlaut des § 18 EntgTranspG, der hinsichtlich der Art und Weise des Prüfverfahrens die imperativen Formulierungen „sind (...) zu" und „haben (...) zu" verwendet. Ein starrer Mechanismus dergestalt, dass jede Überprüfung der betrieblichen Entlohnungspraxis trotz ihres fakultativen Charakters in der gesetzlich vorgegebenen Form zu erfolgen hat und dann in jedem Fall Unterrichtungs- und Informationspflichten ausgelöst werden, gerät allerdings mit dem Telos der Regelung, die Prüfung betrieblicher Entgeltstrukturen auf strukturelle Benachteiligungen hin anzuregen, um geschlechtsbezogene Entgeltgleichheit zu verhindern,[1593] in Konflikt: Die Konsequenzen einer Überprüfung sprechen aus der Sicht eines Arbeitgebers eher dagegen auch nur irgendeine Form der Prüfung einzuleiten.[1594] Um die potenziellen, negativen, mit der Informationspflicht verbundenen Folgen abzumildern, wird empfohlen, den Abschluss des Prüfverfahrens möglichst lange hinauszuzögern – jedenfalls bis zu einem Zeitpunkt, zu dem der Arbeitgeber in der Lage ist, Anpassungen oder zumindest diesbezügliche Pläne vorzuweisen.[1595]

Es muss den Unternehmen daher, um dem durch das Gesetz verfolgten Zweck gerecht zu werden, möglich sein, risikolos eine Prüfung unterhalb der Schwelle eines betrieblichen Prüfverfahrens ohne Auslösen einer Informationspflicht durchzuführen.[1596] Nach § 6 Abs. 2 EntgTranspG trifft den Arbeitgeber auch die Pflicht, die erforderlichen Maßnahmen zum Schutz vor Entgeltbenachteiligungen zu treffen, wozu grundsätzlich – trotz der Freiwilligkeit von Verfahren i.S.d. § 17 EntgTranspG – Maßnahmen gehören, die der Überprüfung von Entlohnungsmethoden dienen.[1597] Hinsichtlich einer solchen betriebsinternen Evaluation empfehlen *Bauer*, *Günther* und *Romero*, diese äußerlich erkennbar von dem Verfahren nach §§ 17 ff. EntgTranspG abzugrenzen, etwa durch die Wahl eines anderen Prüfungsumfangs.[1598] Das Paradoxon einer an eine freiwillige Handlung geknüpften Pflicht wird hier besonders deutlich, wenn man die erforderliche Abgrenzung *ad absurdum* führt und daher annehmen müsste, dass Unternehmen u.U. dazu gezwungen wären, möglichst weit von den gesetzlichen Vorgaben entfernt zu bleiben, um

1591 *Bauer/Günther/Romero*, NZA 2017, 809, 813.
1592 *Langemann/Wilking*, BB 2017, 501, 505; ähnlich *Thüsing*, BB 2017, 565, 568.
1593 BT-Drucks. 18/11133, S. 67.
1594 *Bauer/Günther/Romero*, NZA 2017, 809, 813.
1595 *Häferer/Köhler*, CB 2017, 284, 288.
1596 *Bauer/Günther/Romero*, NZA 2017, 809, 813.
1597 ErfK/*Schlachter* § 6 EntgTranspG Rn. 4.
1598 *Bauer/Günther/Romero*, NZA 2017, 809, 813; ebenso *Fasse/Klie*, Das neue Entgelttransparenzgesetz, S. 84.

sich ja nicht dem Verdacht auszusetzen, man habe ein Prüfverfahren nach §§ 17 ff. EntgTranspG durchgeführt. Eine Gesetzesumgehung ist in einem solchen Vorgehen jedenfalls nicht zu sehen – eine Pflicht, die umgangen werden könnte existiert schließlich nicht. Es kann auch nicht im Interesse des Gesetzgebers – und noch weniger der Beschäftigten – sein, Arbeitgeber sogar von einer solchen Evaluation abzuhalten, indem man sie dem Risiko aussetzt, dass doch die Informationspflichten des EntgTranspG ausgelöst werden. Angesichts dieses teleologisch zwingenden Schlusses, ist die detailreiche Regelung als „überflüssig" zu bezeichnen.[1599]

Hinzu kommt als weiterer Kritikpunkt, dass die in § 18 EntgTranspG genannten Kriterien nicht alle Anforderungen umfassen, die durch das europäische Recht an diskriminierungsfreie Entgeltsysteme gestellt werden.[1600] Dieses Problem ist jedoch von eher geringerer Bedeutung. Die allgemeinen Anforderungen an diskriminierungsfreie Entgeltsysteme aus § 4 Abs. 4 S. 2 EntgTranspG können hier hineingelesen werden. Jedenfalls muss der Arbeitgeber auch die Möglichkeit haben, weitere, über den vorgegebenen Rahmen des § 18 EntgTranspG hinausgehende, „aussagekräftigere" Daten in den Bericht einzuführen.[1601]

b) Mitwirkung des Betriebsrats

Als weiterer, durch den Arbeitgeber zu bedenkender Umstand kommt hinzu, dass dieser einen vorhandenen Betriebsrat nach § 17 Abs. 2 EntgTranspG zu beteiligen hat. Auch in der Wahl von Analysemethode und Arbeitsbewertungsverfahren ist er nur unter Berücksichtigung betrieblicher Mitwirkungsrechte frei, § 18 Abs. 2 S. 2 EntgTranspG. Nach § 20 Abs. 1 EntgTranspG hat der Arbeitgeber den Betriebsrat über die Planung des betrieblichen Prüfverfahrens „rechtzeitig unter Vorlage der erforderlichen Unterlagen zu unterrichten". Die Gesetzesbegründung führt hierzu aus, dass es sich um ein Informationsrecht des Betriebsrats handelt, welches der Arbeitgeber befriedigt, wenn er den Betriebsrat über die Auswahl der Prüfungsinstrumente, die Art und den zeitlichen Ablauf des Verfahrens informiert, und zwar in zeitlicher Hinsicht so, dass „der Betriebsrat seine Beteiligungsrechte tatsächlich ausüben kann".[1602] Diese Voraussetzungen werden wohl nur bei einer Information vor Beginn der Maßnahmen erfüllt, denn dann kann der Betriebsrat zumindest nach § 80 Abs. 1 Nr. 2a BetrVG auf die Ausgestaltung des Prüfverfahrens einwirken.[1603]

Fraglich ist dabei, ob darüber hinaus auch weitergehende Anhörungs-, Beratungs- oder Mitbestimmungsrechte bestehen. Solche wären insbesondere im Hinblick auf die Fragen, ob überhaupt ein betriebliches Prüfverfahren durchgeführt

---

1599 *Thüsing*, BB 2017, 565, 568.
1600 *Jochmann-Döll*, RdA 2017, 169, 177.
1601 *Kocher*, AuR 2018, 8, 13.
1602 BT-Drucks. 18/11133, S. 71.
1603 ErfK/*Schlachter*, § 20 EntgTranspG Rn. 1.

wird und wenn ja welches, relevant. Während im Entwurf von 2015 noch die Einfügung eines neuen § 87 Abs. 1 Nr. 12 BetrVG vorgesehen war, der ein explizites, zwingendes Mitbestimmungsrecht für die Durchführung von Maßnahmen i.S.d. Nummern 10 und 11 zur Durchsetzung der tatsächlichen Entgeltgleichheit zwischen Frauen und Männern enthielt,[1604] soll das EntgTranspG gerade keine neuen Beteiligungsrechte schaffen, die über die im BetrVG geregelten Rechte hinausgehen.[1605] Entscheidend ist also, ob die Durchführung betrieblicher Prüfverfahren unter ein vorhandenes Mitwirkungsrecht subsumiert werden kann. Dem steht schon entgegen, dasss das im Vorentwurf vorgesehene zusätzliche Mitbestimmungsrecht dann überflüssig gewesen wäre.[1606] Andererseits könnte so auch seine Herausnahme erklärt werden. Es bleibt mithin die Frage, welche bestehenden Beteiligungsrechte in Betracht kommen. Wie bereits festgestellt wurde, ergeben sich aus den meisten, im Zusammenhang mit der Gleichstellung der Geschlechter stehenden Vorschriften keine hinreichenden Einflussnahmemöglichkeiten des Betriebsrats hinsichtlich diskriminierungsfreier Entlohnung.[1607] Auch im Hinblick auf die Durchführung von betrieblichen Prüfverfahren wird das Bestehen eines einschlägigen Mitbestimmungsrechts in der Literatur verbreitet, wenn auch meist ohne eingehendere Begründung, verneint.[1608]

Kania hingegen setzt sich mit den einzelnen Mitbestimmungstatbeständen auseinander und kommt dabei zu dem Schluss, dass zwar das Mitbestimmungsrecht des § 87 Abs. 1 Nr. 1 BetrVG in der Regel nicht einschlägig sein werde, da es sich bei den Prüfverfahren eher um eine Bestandsaufnahme als um eine Regelung des betrieblichen Zusammenlebens handelt. Mitbestimmungsrechte aus § 87 Abs. 1 Nr. 6 und 10 BetrVG könnten aber durchaus greifen.[1609] Hinsichtlich § 87 Abs. 1 Nr. 6 BetrVG gelte dies jedenfalls in Bezug auf „individuelle und insbesondere leistungsorientierte Vergütungsbestandteile (...) bei einem IT-unterstützten Prüfverfahren".[1610] Auf das Grundentgelt kann dies jedoch nicht übertragen werden. Soll das Prüfverfahren dazu dienen, die Einhaltung des Entgeltgleichheitsgebots im betrieblichen Vergütungssystem zu überprüfen, so schließt dessen gesetzliches Verständnis bereits eine Einbeziehung der konkreten Leistungen des einzelnen Arbeitnehmers aus: Die Feststellung der Gleichwertigkeit hat gem. § 4 Abs. 2 S. 3

1604 Referentenentwurf des Bundesministeriums für Familie, Senioren, Frauen und Jugend, Entwurf eines Gesetzes für mehr Lohngerechtigkeit zwischen Frauen und Männern, Bearbeitungsstand: 9.12.2015, S. 18, vgl. auch *Kuhn/Schwindling*, DB 2017, 785, 789.

1605 BT-Drucks. 18/11133, S. 71.

1606 Vgl. auch *Kuhn/Schwindling*, DB 2017, 785, 789.

1607 S.o. Gliederungspunkt D)V.5.

1608 *Kuhn/Schwindling*, DB 2017, 785, 789; *Langemann/Wilking*, BB 2017, 501, 505; *Oberthür*, NJW 2017, 2228, 2233.

1609 *Kania*, NZA 2017, 819, 821; zustimmend *Fitting*, § 80 BetrVG Rn. 117.

1610 *Kania*, NZA 2017, 819, 821; zustimmend *Bauer/Krieger/Günther*, § 20 EntgTranspG Rn. 14; Däubler/Bertzbach/*Hinrichs*, § 18 EntgTranspG Rn. 5.

EntgTranspG anhand der „tatsächlichen, für die jeweilige Tätigkeit wesentlichen Anforderungen (...), die von den ausübenden Beschäftigten und deren Leistungen unabhängig sind“, zu erfolgen. Das Mitbestimmungsrecht kann demnach, wenn überhaupt, nur für einen Teilbereich des Prüfverfahrens bestehen. Dadurch kann aber dennoch die praktische Durchführung nicht unwesentlich erschwert werden.

Weiter führt *Kania* aus, dass hinsichtlich des Mitbestimmungsrechts des § 87 Abs. 1 Nr. 10 BetrVG je nach Ausgestaltung des Prüfverfahrens auch die Lohngestaltung betroffen sein könne – insbesondere dann, wenn die bei dem Prüfverfahren angewendeten Kriterien im Nachgang für die Neugestaltung der Entlohnung nutzbar gemacht werden sollen.[1611] Wie bereits dargestellt wurde, besteht im Bereich der betrieblichen Lohngestaltung ein umfassendes Mitbestimmungsrecht des Betriebsrats, welches diesem auch nicht unerhebliche Einwirkungsmöglichkeiten auf die Verhinderung und den Abbau von geschlechtsbedingter Entgeltdiskriminierung eröffnet.[1612] Dieses Mitbestimmungsrecht kommt im Hinblick auf die Durchführung betrieblicher Prüfverfahren jedoch erst dann zum Tragen, wenn dessen Ergebnis tatsächlich zum Anlass für Veränderungen genommen wird, also erst bei der Beseitigung von Entgeltbenachteiligungen nach § 19 EntgTranspG.[1613] Der über die Auswahl und die Durchführung des Prüfverfahrens zu unterrichtende Betriebsrat kann diesbezüglich sein Initiativrecht geltend machen. Lediglich, wenn von vorneherein feststünde, dass im Anschluss an das Prüfverfahren das Vergütungssystem an die bereits im Prüfverfahren verwendeten Kriterien angepasst werden soll, dann erschiene es formalistisch, das Mitbestimmungsrecht nicht zu diesem Zeitpunkt bereits auf die Auswahl der Analysemethoden und Arbeitsbewertungsverfahren zu erstrecken. Dies stimmt auch mit der Regelung des § 18 Abs. 2 S. 2 EntgTranspG überein.

Die Entscheidung über die konkrete Ausgestaltung des Prüfverfahrens ist aber wiederum der Entscheidung über das „ob“ der Durchführung nachgeschaltet. Insofern besteht noch kein gestalterischer Bezug zu betrieblichen Entlohnungsgrundsätzen. Es geht zunächst nur um eine Untersuchung des Ist-Zustandes. Natürlich lässt sich darüber streiten, ob es zweckmäßig ist, dass der Betriebsrat zwar jederzeit ein Initiativrecht in Bezug auf die Aufstellung und Veränderung von Entlohnungsgrundsätzen und –methoden geltend machen kann, ihm ein solches Initiativrecht hinsichtlich der Einleitung eines vorgeschalteten Prüfverfahrens jedoch nicht zusteht. Angesichts der fehlenden Einführung eines diesbezüglichen Mitbestimmungsrechts und der ein solches ebenfalls verneinenden Gesetzesbegründung scheint aber genau dieses Ergebnis gewollt zu sein.[1614] Weiterhin zu bedenken sind die zuvor dargestellten Konsequenzen, die die Durchführung eines betrieblichen

---

1611 *Kania*, NZA 2017, 819, 821.

1612 S.o. Gliederungspunkt D)V.3.a).

1613 Vgl. auch BeckOK/*Roloff*, § 18 EntgTranspG Rn. 2; ErfK/*Schlachter*, § 18 EntgTranspGRn. 3.

1614 Ebenfalls gegen das Bestehen eines Initiativrechts *Grimm/Freh*, KSzW 2017, 89, 99.

Prüfverfahrens für den Arbeitgeber haben kann. Der Betriebsrat hätte mit dem Initiativrecht im Hinblick auf die Durchführung eines betrieblichen Prüfverfahrens somit die Möglichkeit, dem Arbeitgeber diese prekäre Entscheidung abzunehmen. Dass dieses Ergebnis wiederum nicht gewollt sein kann, wird schon daran deutlich, dass es eben keine Pflicht zur Durchführung des Prüfverfahrens gibt. Ein Initiativrecht des Betriebsrates würde diese Konzeption untergraben. Somit besteht neben dem Mitbestimmungsrecht bei der Auswahl der Analysemethoden und Arbeitsbewertungsverfahren nur im Zusammenhang mit dem Unterrichtungsrecht des § 20 Abs. 1 EntgTranspG die weitere Möglichkeit des Betriebsrats, sich bezüglich des Prüfverfahrens mit seinem Überwachungsrecht aus § 80 Abs. 1 Nr. 1 BetrVG einzubringen.[1615]

c) Keine Pflicht – keine Sanktionen?

Die Durchführung eines betrieblichen Prüfverfahrens ist nicht nur nicht verpflichtend – an die fehlende Befolgung der Aufforderung werden durch das Gesetz auch keine Sanktionen geknüpft.[1616] Ob die Nichtbefolgung also überhaupt Konsequenzen nach sich zieht, ist insofern unklar.[1617] *Fuhlrott* und *Ritz* weisen darauf hin, dass solche in Zukunft auch durch die Rechtsprechung ergänzt werden könnten: Dies ist etwa der Fall bei den Entschädigungsansprüchen, die sich nach dem BAG an die Nichtdurchführung der Prüfung nach § 81 Abs. 1 SGB IX, hinsichtlich der Besetzung von freien Stellen mit Schwerbehinderten, anschließen können.[1618] Eine Übertragbarkeit auf die Nichtdurchführung von betrieblichen Prüfverfahren nach dem EntgTranspG erscheint zunächst nicht fernliegend, da es sich in beiden Fällen um Vorschriften handelt, die dem Schutz einer bestimmten Gruppe von Beschäftigten dienen.[1619] Dagegen spricht aber, dass es sich bei § 81 Abs. 1 SGB IX auch dem Wortlaut nach um eine echte Pflicht des Arbeitgebers handelt. Die Situation ist mit der Nichtbefolgung einer bloßen Aufforderung nicht vergleichbar.

Nach der Ansicht von *Franzen* könnte die Nichtdurchführung von betrieblichen Prüfverfahren nach §§ 17 ff. EntgTranspG auch in der Kombination mit deutlich verschiedenen Medianen der Vergleichsgruppen ein hinreichendes Indiz darstellen, welches die Beweiserleichterung des § 22 AGG auslöse.[1620] Dort, wo gerade keine Pflicht, sondern nur eine Aufforderung besteht, ein Diskriminierungsindiz darin zu sehen, dass der Aufforderung nicht nachgekommen wird, würde aber insbesondere

---

1615 *Gaul*, ArbRB 2017, 47, 50.

1616 *Benkert*, NJW-Spezial 2017, 343; *Fuhlrott/Ritz*, ArbR 2017, 211, 213; *Meissner/Hackenthal*, AiB 2018, 26, 29; *Thüsing*, BB 2017, 565, 568.

1617 *Baeck/Winzer/Hies*, NZG 2017, 254, 255; noch drastischer: *Kuhn/Schwindling*, DB 2017, 785, 789: „keine rechtlichen Konsequenzen“.

1618 *Fuhlrott/Ritz*, ArbR 2017, 211, 213, bezugnehmend auf BAG v. 21.2.2013 – 8 AZR 180/12, NZA 2013, 840; zustimmend *Bauer/Günther/Romero*, NZA 2017, 809, 813.

1619 *Fuhlrott/Ritz*, ArbR 2017, 211, 213.

1620 *Franzen*, NZA 2017, 814, 817.

auf Arbeitgeberseite auf berechtigtes Unverständnis treffen. Die Nichtdurchführung an sich ist insofern nicht als ein taugliches Indiz anzusehen.[1621] Ähnlich wie *Franzen* argumentiert auch *Wank,* der die Durchführung eines betrieblichen Prüfverfahrens ebenso wenig als sanktionsbewehrte Pflicht versteht, sie jedoch als Obliegenheit liest, aus deren Befolgung der Arbeitgeber – ähnlich wie bei § 12 Abs. 2 AGG – Vorteile ziehen könne.[1622] Tatsächlich ist § 6 Abs. 2 EntgTranspG der Formulierung des § 12 Abs. 1 AGG nachgebildet. Die arbeitgeberseitigen Schutzpflichten aus § 12 Abs. 1 AGG gelten nach § 12 Abs. 2 S. 2 AGG als erfüllt, wenn der Arbeitgeber seine Beschäftigten „in geeigneter Weise zum Zwecke der Verhinderung von Benachteiligung geschult" hat. In diesem Fall ordnet das Gesetz für die Erfüllung einer Soll-Vorschrift eine für den Arbeitgeber vorteilhafte Fiktion an. Eine vergleichbare Anordnung findet sich aber im EntgTranspG an keiner Stelle. Insofern bestehen für eine Übertragung keinerlei Anhaltspunkte.

d) Compliance als Anreiz?

Gesetzlich vorgesehen ist also weder eine Pflicht, noch irgendeine Form der Sanktion. Andererseits besteht aber möglicherweise ein faktischer Druck für die Unternehmen, ein Prüfverfahren durchzuführen. Ein solcher Druck kann etwa dadurch entstehen, dass das Unternehmen in der Öffentlichkeit als weniger attraktiv wahrgenommen wird – sowohl von begehrten Fachkräften als auch von potenziellen Investoren.[1623] Die erfolgte oder nicht erfolgte Durchführung von betrieblichen Prüfverfahren wird unter dem Gesichtspunkt der immer stärker in den Vordergrund tretenden Compliance nicht zuletzt durch die Presse und von Wirtschaftsprüfern thematisiert werden.[1624] *Kuhn* und *Schwindling* empfehlen aufgrund eines insofern drohenden Imageschadens die zumindest einmalige Durchführung eines betrieblichen Prüfverfahrens mit dem bestehende Benachteiligungen sichtbar gemacht und behoben werden könnten, um möglichen Auskunftsansprüchen „zuvorzukommen".[1625]

Ein ähnlicher Mechanismus, der dem Prinzip *comply or explain* folgt, findet sich im Aktienrecht bereits in § 161 Abs. 1 AktG, wonach Vorstand und Aufsichtsrat börsennotierter Gesellschaften jährlich erklären müssen, ob und wenn nein, warum nicht, den Empfehlungen des „Deutschen Corporate Governance Kodex" (DCGK) entsprochen wurde. Auch bei den Empfehlungen hinsichtlich einer guten Unternehmensführung des DCGK handelt es sich nicht um gesetzliche Pflichten.[1626] Hintergrund der Erklärungspflicht ist zunächst die Information

---

1621 So grundsätzlich *Behrendt/Witzke,* BB 2017, 3060, 3064.
1622 *Wank,* RdA 2018, 34, 45.
1623 *Bauer/Krieger/Günther,* § 17 EntgTranspG Rn. 20 f.
1624 *Fuhlrott/Ritz,* ArbR 2017, 211, 213.
1625 *Kuhn/Schwindling,* DB 2017, 785, 789.
1626 Hüffer/Koch/*Koch,* § 161 AktG Rn. 3; *Krieger,* ZGR 2012, 202, 206.

vorhandener Aktionäre und potenzieller Investoren, gleichzeitig wird aber auch die Durchsetzung von standardisierten Grundsätzen guter Unternehmensführung intendiert, welche aufgrund eines ansonsten notwendigen Eingestehens der Nichtkonformität mit anerkannten Grundsätzen auch berechtigterweise erwartet werden kann.[1627] Die Erklärung ist nach § 161 Abs. 2 AktG auf der Internetseite der Gesellschaft dauerhaft öffentlich zugänglich zu machen – sie muss also einer unüberschaubar großen Gruppe von Personen zum einfachen Abruf zur Verfügung stehen. Die Verfassungsmäßigkeit der Entsprechenserklärung wird aufgrund der insofern gesetzesähnlichen Wirkung des Kodex verbreitet in Zweifel gezogen.[1628] Für die betrieblichen Prüfverfahren ist in den §§ 17 ff. EntgTranspG zwar keine Regelung nach dem Prinzip *comply or explain* vorgesehen, in Zukunft ist aber durchaus denkbar, dass diesbezüglich ein ähnlicher öffentlicher Druck entsteht, der einer gesetzlichen Erklärungspflicht zumindest in seiner Wirkung gleichkommt. Es ist dabei ebenfalls zu vermuten, dass ein solcher Effekt durch den Gesetzgeber intendiert wurde.

Diese Vermutung wird durch weitere Regelungen des EntgTranspG verstärkt: Bei Unternehmen mit in der Regel mehr als 500 Beschäftigten, die zur Erstellung eines Lageberichts nach den §§ 264 und 289 des Handelsgesetzbuches verpflichtet sind und deshalb nach § 21 Abs. 1 EntgTranspG einen Bericht zur Gleichstellung und Entgeltgleichheit erstellen müssen, besteht eine solche Erklärungspflicht bereits nach § 21 Abs. 1 S. 2 EntgTranspG.[1629]

e) *Arbeitsaufwand, Kostenrisiko und fehlende Zertifizierung*

Weitere in der Literatur bereits geäußerte Kritikpunkte sind der mit der Durchführung eines betrieblichen Prüfverfahrens verbundene Arbeitsaufwand und die entstehenden Kosten.[1630] Hinsichtlich der Kosten wurde bereits zu der im Entwurf von 2012 vorgesehenen betrieblichen Prüfung der Entgeltgleichheit das Entstehen einer „Beratungsindustrie" befürchtet.[1631] Der Arbeitgeber ist in der Wahl von Analysemethoden und Arbeitsbewertungsverfahren nach § 18 Abs. 2 S. 2 EntgTranspG grundsätzlich frei. Er könnte demnach selbst einen externen Dienstleister, der ein entsprechendes Verfahren anbietet, mit der Durchführung des Prüfverfahrens beauftragen und müsste dann die Kosten dieser Prüfung tragen. Erweist sich dieses Geschäft für die Dienstleister aufgrund hoher Nachfrage als attraktiv, ist nach gewöhnlichen marktwirtschaftlichen Erwägungen auch mit einem Anstieg der

---

1627 BT-Drucks. 14/8769, S. 21; MüKo-AktG/*Goette*, § 161 AktG Rn. 37 f.; Hüffer/Koch/*Koch*, § 161 AktG Rn. 1.

1628 MüKo-AktG/*Goette*, § 161 AktG Rn. 26 ff. m.w.N.; Hüffer/Koch/*Koch*, § 161 AktG Rn. 4 f.

1629 Dazu eingehender u. Gliederungspunkt G)VI.5.

1630 *Bauer/Romero*, NZA 2017, 409; vgl. *Fasse/Klie*, Das neue Entgelttransparenzgesetz, S. 84; vermittelnd *Müller*, BB 2017, 2101, 2104.

1631 Vgl. dazu oben Gliederungspunkt F)I.2.b).

Kosten zu rechnen. Dies ist allerdings nur dann beachtlich, wenn trotz der wenigen Anreize dennoch Prüfverfahren durchgeführt werden. Zudem bestünde für die Unternehmen auch eine Unsicherheit dahingehend, ob die durch die Dienstleister angewendeten Methoden und Bewertungsverfahren tatsächlich den gesetzlichen Vorgaben entsprechen. *Jochmann-Döll* kritisiert insofern, dass das Gesetz – anders als noch § 13 Abs. 1 S. 1 EntgGleiG-E – keine Beschränkung auf solche Prüfverfahren vorsehe, die etwa durch die ADS zertifiziert wurden.[1632] Sie weist insofern auf das von ihr mitentwickelte Instrument eg-check als Lösungsmöglichkeit hin.[1633] Inzwischen existiert mit dem Monitor Entgelttransparenz auch ein kostenfreies und online abrufbares Prüfinstrument, das durch das BMFSFJ angeboten wird.[1634] Insofern besteht zwar kein Zertifizierungsverfahren, wohl aber ein Instrument, welches „den Segen" des BMFSFJ hat und zumindest kostenlos genutzt werden kann. Die Entscheidung, welche Prüfungsverfahren geeignet sind, um die Konformität mit den gesetzlichen Bestimmungen zu überprüfen, obliegt jedoch der Legislative.

Nicht außer Betracht gelassen werden dürfen auch die Kosten, die entstehen, wenn personelle Ressourcen darauf verwendet werden, die für die Prüfung erforderlichen Daten zusammenzustellen. Die Gesetzesbegründung führt diesbezüglich aus, dass der Schwellenwert von mindestens 500 Beschäftigten gewählt wurde, „um Bürokratiebelastungen für kleinere und mittlere Arbeitgeber zu vermeiden" – bei größeren Unternehmen seien regelmäßig die entsprechenden Mittel sowie die das Verfahren erleichternde digitalisierte Personalaktenbearbeitung vorhanden.[1635] Man kann sich an dieser Stelle durchaus fragen, warum man hier eine Entlastung kleinerer und mittlerer Unternehmen für notwendig hielt, wenn schon an sich keine Pflicht zur Durchführung des betrieblichen Prüfverfahrens besteht.[1636] Auch dieser Aspekt spricht dafür, dass der Gesetzgeber davon ausgeht, dass letztlich doch eine Pflicht bestehen soll. Im Hinblick auf den bei größeren Unternehmen geringeren Aufwand ist richtig, dass von diesen Unternehmen eher zu erwarten ist, dass die erforderlichen Daten bereits erfasst und entsprechend organisiert sind. Bei der Nutzung von kostenlosen Online-Angeboten steigt aber, je nach deren Ausgestaltung, mit der Anzahl der Beschäftigten auch der Aufwand bei der Dateneingabe.[1637] Gerade bei größeren Unternehmen spricht insofern vieles dafür, dass diese – wenn sie überhaupt ein Prüfverfahren einleiten – auf externe Dienstleister

---

1632 *Jochmann-Döll*, RdA 2017, 169, 177.

1633 Ebd.; vgl. auch *Oerder/Wenckebach*, § 18 EntgTranspG Rn. 5; zu der Bewertung von eg-check vgl. oben Gliederungspunkt D)VI.2.

1634 S. dazu ausführlich Gliederungspunkt G)V.5.

1635 BT-Drucks. 18/11133, S. 68.

1636 Vgl. auch *Becker/Hjort*, ArbR 2018, 359, die zudem darauf hinweisen, dass in kleineren Unternehmen auch nur kleinere Mengen von Daten auszuwerten sind.

1637 Vgl. Gliederungspunkt G)V.5.d).

zurückgreifen werden, die auch die im Anschluss unter Umständen erforderlichen Anpassungen begleiten können.

Konkrete Vorgaben dahingehend, in welchen zeitlichen Abständen das Prüfverfahren durchzuführen ist, trifft das Gesetz nicht.[1638] So ist in § 17 Abs. 1 S. 1 EntgTranspG lediglich davon die Rede, dass die Arbeitgeber dazu aufgefordert sind ihre Entgeltregelungen „regelmäßig (...) zu überprüfen". Laut Entwurfsbegründung besteht im Hinblick auf die zeitlichen Abstände für die Unternehmen viel Spielraum – es wird allerdings empfohlen, die Abstände unter fünf Jahren zu halten, wobei auch darauf hingewiesen wird, dass sich bei erneuter Durchführung der Aufwand reduziere, da insofern auf dem vorangegangenen Verfahren aufgebaut werden könne.[1639] Dies mag richtig sein. Der sinkende Aufwand bei wiederholter Durchführung stellt aber für sich genommen kein Argument dar, das Verfahren überhaupt erstmalig durchzuführen.

4. Alternative Gestaltungen möglich?

Im Hinblick auf die aktuelle Fassung des Gesetzes bestehen für Unternehmen mithin nur wenige Anreize zur Durchführung eines betrieblichen Prüfverfahrens, denen zudem nicht vollends überschaubaren Risiken gegenüberstehen. Will der Gesetzgeber dennoch grundsätzlich an der entsprechenden Aufforderung festhalten und verhindern, dass das betriebliche Prüfverfahren eine „Totgeburt"[1640] bleibt, so sind *de lege ferenda* weitere Anreize denkbar. In der ersten Evaluation wurde etwa die befristete Befreiung von der Beantwortung von Auskunftsverlangen vorgeschlagen, wobei jedoch berechtigterweise auf das Risiko hingewiesen wurde, dass der Auskunftsanspruch nach Plänen der EU-Kommission möglicherweise verpflichtend werden könnte.[1641]

a) Freistellung für die Vergangenheit

Thüsing schlägt insofern vor, Unternehmen, die ein Prüfverfahren durchführen und anschließend die dadurch erkannten Benachteiligungen beheben, für die Vergangenheit von etwaigen Ansprüchen freizustellen.[1642] Eine vergleichbare Regelung war bereits in § 18 Abs. 3 EntgGleiG-E enthalten gewesen.[1643] Sie sei – insbesondere wenn Entgeltdiskriminierung bisher nicht thematisiert wurde – auch im Interesse

---

1638 So auch *Bauer/Günther/Romero*, NZA 2017, 809, 812.

1639 BT-Drucks. 18/11133, S. 68.

1640 *Thüsing*, BB 2017, 565, 568.

1641 Bericht der Bundesregierung zur Wirksamkeit des Gesetzes zur Förderung der Entgelttransparenz zwischen Frauen und Männern, abrufbar unter: https://www.bmfsfj.de/blob/137224/128559d30c706beb1462f1c65db9d3ca/bericht-der-br-foerderung-entgelttransparenz-data.pdf, (Abruf 10.8.2019), S. 136.

1642 Ebd.

1643 Vgl. dazu Gliederungspunkt F)III.1.c).

der Beschäftigten.[1644] Angesichts der hinsichtlich der tatsächlichen Wahrnehmung des Auskunftsanspruches bestehenden Zweifel und der auch bisher geringen Anzahl an Entgeltgleichheitsklagen kann dem zugestimmt werden. Zu bedenken wäre jedoch, dass nach Art. 18 RL 2006/54/EG die Mitgliedstaaten die erforderlichen Maßnahmen treffen müssen, um den tatsächlichen und wirksamen Ausgleich des der diskriminierten Person entstandenen Schadens auf abschreckende und angemessene Art und Weise sicherzustellen. Wird ein Unternehmen nach der Durchführung eines betrieblichen Prüfverfahrens und der Korrektur seiner Entgeltstrukturen für die Zukunft von Ansprüchen für die Vergangenheit freigestellt, so könnte dies einem durch die Richtlinie geforderten Ausgleich widersprechen. *Thüsing* argumentiert hier damit, dass nach Art. 18 RL 2006/54/EG die „effektive Sanktionierung" im Vordergrund stünde, welche gerade durch eine Regelung, die derartige Anreize setzt, erreicht werden könne, weshalb die Freistellung in gleicher Weise wie auch allgemeine Ausschlussfristen zulässig sein müsste.[1645] In der Tat haben der EuGH[1646] und ihm folgend auch das BAG[1647] die Europarechtskonformität der Auschlussfristen des § 15 Abs. 4 AGG unter richtlinienkonformer Auslegung dahingehend bejaht, dass die Frist nicht vor Kenntniserlangung des Beschäftigten von der Diskriminierung beginnt.

Folgt man der hier vertretenen Ansicht, dass § 15 Abs. 4 AGG nicht auf den Erfüllungsanspruch wegen Entgeltdiskriminierung anwendbar ist,[1648] so ist die dazugehörige Argumentation nicht ohne Weiteres übertragbar. Nach Art. 17 Abs. 1 RL 2006/54/EG müssen die Mitgliedstaaten sicherstellen, dass Ansprüche aus der Richtlinie auf dem Gerichtsweg geltend gemacht werden können. In Art. 17 Abs. 3 RL 2006/54/EG wird wiederum bestimmt, dass einzelstaatliche Regelungen über Fristen für die Rechtsverfolgung im Hinblick auf den Grundsatz der Gleichbehandlung davon unberührt bleiben. Entscheidend ist nach der Rechtsprechung des EuGH hinsichtlich Verfahrensvorschriften allgemein, dass das nationale Recht für diese Ansprüche keine ungünstigeren Fristen als für sonstige nationale Ansprüche vorsieht und die Fristen die Durchsetzung nicht übermäßig erschweren oder sogar unmöglich machen dürfen.[1649] Haben die Beschäftigten vor Durchführung des betrieblichen Prüfverfahrens keine Kenntnis von einer Entgeltbenachteiligung und erlangen sie diese erst durch die nach § 20 Abs. 2 S. 1 EntgTranspG erforderliche Information, so stünde eine sofortige Freistellung des Arbeitgebers mit der Rechtsprechung des EuGH in Konflikt, die eine effektive Durchsetzung des Gleichbehandlungsgrundsatzes fordert, denn für die Vergangenheit könnten die

1644 *Thüsing*, BB 2017, 565, 568.

1645 Ebd.

1646 EuGH v. 8.7.2010 – C-246/09, NZA 2010, 869, 871, Rn. 41 (Bulicke).

1647 BAG v. 15.3.2012 – 8 AZR 37/11, NZA 2012, 910, 916, Rn. 55.

1648 S. oben Gliederungspunkt D)II.2.b).

1649 Zur parallelen Regelung in Art. 9 RL 2000/78/EG: EuGH v. 8.7.2010 – C-246/09, NZA 2010, 869, Rn. 24 ff. (Bulicke); EuArbR/*Mohr*, Art. 17 RL 2006/54/EG Rn. 4.

benachteiligten Beschäftigten dann keine Anpassung an das Entgelt der bevorzugten Kollegen verlangen. Das hätten sie aber – der Argumentation *Thüsings* folgend – ohne die Durchführung des betrieblichen Prüfverfahrens mangels Kenntnis auch nie getan. Letztlich spricht also vieles dafür, eine Freistellung für die Vergangenheit nach erfolgter Anpassung zu bejahen. Es ist allerdings in Anbetracht der bisherigen Rechtsprechung des EuGH zu erwarten, dass dieser insofern weitere Eingrenzungen der Freistellung fordern würde. Denkbar wäre hier eine Freistellung nur im Hinblick auf Ansprüche, die in einem bestimmten Zeitraum vor der Anpassung entstanden sind bzw. in einem bestimmten Zeitraum nach der Anpassung geltend gemacht werden. Ein solcher Zeitraum dürfte wohl die Grenze von zwei Monaten aus § 15 Abs. 4 AGG nicht unterschreiten.

b) Vermutungswirkung für die Zukunft

Umgekehrt könnte auch erwogen werden, Arbeitgeber, die ein Prüfverfahren durchgeführt und im Anschluss Anpassungen ihres Vergütungssystems vorgenommen haben, für die Zukunft in den Genuss einer beweislastrelevanten Vermutung kommen zu lassen. Würde nach der Anpassung ein Mitarbeiter eine Entgeltgleichheitsklage erheben, könnte zunächst aufgrund der Anpassung vermutet werden, dass durch diese sämtliche Ungleichbehandlungen behoben wurden und keine diskriminierenden Vergütungsregelungen mehr bestehen. Ein Arbeitnehmer, der anschließend eine Anpassung nach oben verlangt, müsste diese Vermutung widerlegen. Dies wird ihm jedoch kaum gelingen. Er könnte versuchen, das Prüfverfahren anzugreifen und dazulegen, dass dieses für die Aufdeckung und Beseitigung von Entgeltdiskriminierung ungeeignet ist. Dieser Punkt zeigt auch die größte Schwäche dieser Gestaltungsmöglichkeit auf: Eine solche Vermutungswirkung ist nur dann gerechtfertigt, wenn das verwendete Prüfverfahren hinreichend Gewähr für seine Eignung bietet. Zudem wäre eine regelmäßige Überprüfung dann unerlässlich, um zu vermeiden, dass ein Arbeitgeber sich durch die einmalige Durchführung für die Zukunft unbegrenzt „freikaufen" kann.

c) Privilegierung nach dem Vorbild tarifgebundener und tarifanwendender Arbeitgeber

Eine andere Möglichkeit, Anreize zu schaffen wäre es, Arbeitgeber, die eine Prüfung durchführen und ggf. Anpassungen vornehmen, wie tarifgebundene und tarifanwendende Arbeitgeber zu privilegieren. Dies würde allerdings einerseits nur für solche Arbeitgeber Anreize bieten, in deren Unternehmen sich die Vergütung nicht ohnehin schon nach einem Tarifvertrag richtet. Andererseits erscheint dies auch aufgrund der fraglichen Verfassungsmäßigkeit dieser Privilegierung[1650] nicht zielführend. Hinzu kommt, dass ein Grund für eine solche noch weniger

1650 Vgl. dazu unten Gliederungspunkt G)VII.1.a).

erkennbar ist, als dies bei tarifvertraglicher Entgeltgestaltung der Fall ist. Soweit man die betrieblichen Prüfverfahren vorrangig als Aufruf an die Unternehmen zur Selbstregulierung nutzen möchte, käme auch in Betracht, schlicht auf die Unterrichtungs- und Informationspflichten zu verzichten, da gerade diese aus Unternehmenssicht ein maßgebliches Argument gegen die Durchführung darstellen. Unternehmen für die nicht bereits über die Erklärungspflicht des § 21 Abs. 1 Nr. 2 EntgTranspG ein mittelbarer gesetzlicher Druck zur Überprüfung und Anpassung ihrer Entgeltstrukturen besteht, würden dann zumindest von der Durchführung nicht abgeschreckt. Wenigstens die Unternehmen, die hinsichtlich der Förderung von Entgeltgleichheit „guten Willens" sind, könnten so erreicht werden. Jedoch würde eine solche Gestaltung im Widerspruch zur bezweckten Transparenz stehen.

d) Pflicht zur Durchführung

Das schärfste und womöglich auch effektivste, dem Gesetzgeber zur Verfügung stehende Mittel wäre die Schaffung einer Pflicht zur Durchführung betrieblicher Prüfverfahren für alle Unternehmen gewesen. Auf der anderen Seite hätte eine „harte" Pflicht aber gerade für kleinere Unternehmen auch eine hohe Belastung bedeutet, die ausweislich der Gesetzesbegründung gerade vermieden werden soll. Solche Unternehmen herauszunehmen, bedeutet wiederum einen großen Teil von Arbeitsplätzen auszuklammern, die typischerweise von Frauen besetzt werden.[1651] Ist die Durchführung betrieblicher Prüfverfahren intendiert, steht der Gesetzgeber insofern vor einem Dilemma. Soweit aber betriebliche Prüfverfahren und entsprechende Anpassungen tatsächlich zur Förderung des Entgeltgleichheitsgebots beitragen können, sprechen aber gute Gründe dafür, mögliche Belastungen in Kauf zu nehmen.

In der Literatur finden sich weitere Vorschläge dahingehend, wie eine solche Pflicht ausgestaltet werden könnte: *Haag* nennt einerseits die noch in § 13 Abs. 1 EntgGleiG-E vorgesehene Zertifizierung und andererseits die Implementierung eines „Indikationsmechanismus (...), der eine Prüfpflicht von einem hinreichenden Diskriminierungsverdacht abhängig macht".[1652] Obwohl letzteres im Hinblick auf die Vermeidung von unnötigen Bürokratiebelastungen förderlich erscheint, ist aber unklar, wie und durch wen diese Indikation festgestellt werden sollte. Für eine verpflichtende Durchführung von zertifizierten, betrieblichen Prüfverfahren haben sich auch verschiedene Sachverständige im Hinblick auf die Ausschussanhörung vom 6.3.2017 ausgesprochen.[1653] Dem kann im Hinblick auf das

---

1651 Vgl. dazu oben Gliederungspunkt A)I.

1652 *Haag*, GewArch 2018, 62, 65.

1653 Wortprotokoll Ausschuss für Familie, Senioren, Frauen und Jugend 18/82: Stellungnahme des DGB, S. 71, 79; Stellungnahme djb, S. 92, 101 f.; Stellungnahme *von Platen* (Forum Equal Pay Day), S. 112, 114; dagegen jedoch Stellungnahme BDA, S. 116, 125.

Zertifizierungserfordernis grundsätzlich zugestimmt werden. Die Erfüllung einer Prüfpflicht wäre den Unternehmen kaum zuzumuten, solange eine Unsicherheit darüber besteht, dass das gewählte Prüfverfahren tatsächlich den gesetzlichen Anforderungen entspricht. Eine Zertifizierung ist zumindest dazu geeignet Rechtssicherheit zu schaffen.[1654]

e) Rechtstreue und die Vergabe öffentlicher Aufträge

Ein weiteres in Betracht kommendes Instrument, um den Arbeitgeber zu einer Prüfung seiner Entlohnungsgrundsätze und zu einem rechtstreuen Verhalten anzuhalten, stellt die Vergabe öffentlicher Aufträge unter dem Kriterium des Nachweises einer solchen Unternehmenspraxis dar.[1655] Dieser Mechanismus ist in anderen Ländern wie etwa der Schweiz oder den USA bereits bekannt.[1656] Auch in Deutschland existierte mit den §§ 16 ff. GlG-E ein Vorschlag zur Implementierung eines solchen Vorgehens.[1657] Bis zum 18.4.2016 schien das Vergaberecht mit § 97 Abs. 4 S. 1 GWB aF eine vergleichbare Vorgabe zu enthalten, denn danach sollten Aufträge „an fachkundige, leistungsfähige sowie gesetzestreue und zuverlässige Unternehmen vergeben“ werden.[1658] Im Zuge der Modernisierung des Vergaberechts wurden jedoch die Regelungen bezüglich „Eignung, Zuschlag und Ausführungsbedingungen öffentlicher Aufträge“ in die §§ 122 ff. GWB verlagert.[1659] Nach § 122 Abs. 1 GWB erfolgt die Vergabe öffentlicher Aufträge „an fachkundige und leistungsfähige (geeignete) Unternehmen(...), die nicht nach den §§ 123 oder 124 ausgeschlossen worden sind“. Die zwingenden Ausschlussgründe des § 123 GWB betreffen im Wesentlichen den Verstoß gegen Strafvorschriften und führen zu einem Ausschluss vom Vergabeverfahren, während Unternehmen aufgrund der in § 124 GWB aufgeführten fakultativen Ausschlussgründe lediglich ausgeschlossen werden „können“. Zwar erscheint § 124 Abs. 1 Nr. 1 GWB als geeignetes Einfallstor für die Berücksichtigung der Einhaltung des Entgeltgleichheitsgebots. Es kommt jedoch darauf an, ob das Unternehmen „nachweislich gegen geltende umwelt-, sozial- oder arbeitsrechtliche Verpflichtungen verstoßen hat“ – nicht darauf, dass das Unternehmen selbst nachweist, entsprechende Pflichten positiv einzuhalten. Nach § 128 Abs. 2 S. 3 GWB können Auftrageber jedoch auch Ausführungsbedingungen festlegen, die u.a. soziale oder beschäftigungspolitische Belange zum Gegenstand haben können – allerdings nur sofern diese mit dem Auftragsgegenstand in Verbindung stehen, §§ 127 Abs. 3, 128 Abs. 2 S. 1 GWB. Hier kommen

---

1654 Wortprotokoll Ausschuss für Familie, Senioren, Frauen und Jugend 18/82, *Ludewig*, S. 19.

1655 Vgl. auch *Becker/Hjort*, ArbR 2018, 359, 361.

1656 Vgl. dazu die Gliederungspunkte D)VI.1 und E)VI.2.

1657 Vgl. dazu die Gliederungspunkt F)I.1.a)bb).

1658 *Kocher/Laskowski/Rust/Weber*, in: FS Pfarr, S. 117, 136 f.

1659 Burgi/Dreher/*Opitz*, § 122 GWB Rn. 2; Gesetz zur Modernisierung des Vergaberechts v. 17.2.2016, BGBl. I, S. 203 ff.

insbesondere solche Bedingungen in Betracht, die sich auf die Arbeitnehmer des Auftragnehmers beziehen.[1660] Insofern spricht vieles dafür, dass dort auch die Einhaltung des Entgeltgleichheitsgebots berücksichtigt werden kann. Es handelt sich jedoch nicht um eine zwingende Vorgabe. Folglich kann jedenfalls nicht davon ausgegangen werden, dass bereits nach geltendem Recht eine anderen Rechtsordnungen entsprechende Bindung der Vergabe öffentlicher Aufträge an rechtstreues Verhalten besteht.

Innerhalb des EntgTranspG könnte die Vergabe öffentlicher Aufträge gleichsam an einen Nachweis des rechtstreuen Verhaltens durch Vorlage des Ergebnisses eines entsprechenden Prüfverfahrens geknüpft werden. Zumindest für Unternehmen, die an solchen Aufträgen interessiert sind, würde sich auch so ein faktischer Zwang zur Durchführung ergeben. An der Zertifizierung würde in diesem Fall wohl kein Weg mehr vorbeiführen. Angesichts des faktischen Drucks lässt sich aber auch die diesbezüglich unter Gliederungspunkt G)V.3.d) erörterte Kritik übertragen. Zumindest ließe sich der Widerspruch zwischen scheinbarer Freiwilligkeit und tatsächlichem Zwang vermeiden, wenn das freiwillige Prüfverfahren ganz gestrichen und stattdessen nur die Nachweispflicht bei der Vergabe öffentlicher Aufträge normiert würde. Systematisch läge insofern aber eine Verortung im GWB näher.

5. Monitor Entgelttransparenz

Sollte ein Unternehmen sich trotz der genannten Risiken dazu entscheiden, ein betriebliches Prüfverfahren durchzuführen, stellt sich insbesondere die Frage nach der praktischen Umsetzung. Wie bereits angesprochen wurde, sieht das Gesetz gerade keine Festlegung auf bestimmte, zertifizierte Prüfverfahren vor. Seit dem 14.8.2017 stellt das BMFSFJ jedoch ein kostenloses Online-Angebot zur Verfügung. Mit dem „Monitor Entgelttransparenz"[1661] soll Arbeitgebern und Unternehmen die Durchführung betrieblicher Prüfverfahren nach dem EntgTranspG ermöglicht werden.[1662] Die Gewährleistung des Entgeltgleichheitsgebots soll so „einfach und anwenderfreundlich" überprüft werden können.[1663] Laut der zum Zeitpunkt der Einführung des Monitors amtierenden Bundesministerin *Dr. Katarina Barley* handele es sich um ein „innovatives Instrument".[1664] Das BMFSFJ weist ebenfalls darauf hin, dass es sich bei dem Instrument um eine Weiterentwicklung von Logib-D handelt. Wer das Online-Instrument nutzen möchte, muss sich zunächst bei dem

---

1660 Burgi/Dreher/*Opitz*, § 127 GWB Rn. 101 m.w.N.

1661 https://www.monitor-entgelttransparenz.de/(Abruf 4.12.2018). Aufgrund von zwischenzeitlichen Überarbeitungen des Monitors Entgelttransparenz können aktuell abrufbare Inhalte abweichen.

1662 https://www.bmfsfj.de/bmfsfj/aktuelles/alle-meldungen/neues-online-instrument-unterstuetzt-firmen-beim-entgelttransparenzgesetz/118002 (Abruf 4.12.2018).

1663 Ebd.

1664 Ebd.

entsprechenden Portal registrieren und dazu Daten der die Prüfung durchführenden Person eingeben. Dazu gehören Name, Position und E-Mail-Adresse. Weiterhin ist die Angabe der unternehmensbezogenen Daten Firma, Straße, Hausnummer und Postleitzahl erforderlich. Laut BMFSFJ handele es sich um eine „sichere Website nach dem Standard für Online-Banking“, sodass die Daten der Unternehmen „besonders geschützt“ sind und nicht „von außen eingesehen oder verwendet werden“ können.[1665] Die Daten scheinen insofern zumindest vor dem Zugriff durch Dritte gesichert zu sein. Warum diese Daten aber überhaupt angegeben werden müssen, bleibt im Dunkeln. Zwar wurde zunächst auf der Internetseite des Monitors unter dem Unterpunkt „Datenschutz“ erklärt, dass beabsichtigt sei, die Nutzer wissen zu lassen, wann welche Daten erhoben und wie sie verwendet werden.[1666] Es handelte sich dabei aber um eine sehr allgemein gehaltene Datenschutzerklärung. Hinweise darauf, warum die genannten Daten abgefragt werden und wie sie letztlich verwendet werden, enthielt die Erklärung gerade nicht.[1667] Inzwischen wurde die Datenschutzerklärung jedoch überarbeitet und Hinweise auf die Möglichkeit der Vereinbarung einer Auftragsdatenverarbeitung aufgenommen.[1668] Als Verantwortliche ist neben dem BMFSFJ die Compensation-Partner GmbH – eine Vergütungsberatungsfirma mit Sitz in Hamburg – genannt, die die Konzeption der Internetseite, das Design, die technische Umsetzung und das Content Management übernommen hat.

Der Monitor besteht im Wesentlichen aus drei Modulen: Der Bestandsaufnahme, dem Tätigkeitenvergleich und der Verdienststrukturanalyse. Vorab kann bereits darauf hingewiesen werden, dass die ersten beiden Module große Ähnlichkeiten mit den von dem Instrument eg-check bekannten Werkzeugen Regelungschecks und Paarvergleiche aufweisen.

a) Bestandsaufnahme

Für die Bestandsaufnahme ist zunächst ein langer, in vier Bereiche gegliederter Fragenkatalog auszufüllen. Dabei werden, jeweils nach Geschlecht aufgeschlüsselt, die Anzahl der Voll- bzw. Teilzeitbeschäftigten, das nach Vollzeitäquivalent umgerechnete durchschnittliche Jahresgehalt sowie die am häufigsten gezahlten Entgeltbestandteile abgefragt. Darüber hinaus sind Angaben über die Tarifbindung bzw. –anwendung und Branche zu machen sowie über die Art und die Anwendung eines etwaig bereits genutzten Arbeitsbewertungsverfahrens. Im nächsten Schritt wird näher auf die gezahlten Entgeltbestandteile eingegangen, wobei jeweils Verfahren, Kriterien und Regelungen bezüglich des Grundentgelts,

---

1665 Ebd.

1666 https://www.monitor-entgelttransparenz.de/datenschutz (Abruf 4.12.2018).

1667 Ebenfalls kritisch zum Aspekt des Datenschutzes *Bauer/Krieger/Günther*, § 18 EntgTranspG Rn. 27; *Fasse/Klie*, Das neue Entgelttransparenzgesetz, S. 95.

1668 https://www.monitor-entgelttransparenz.de/datenschutz (Abruf 4.8.2019).

des leistungsabhängigen Entgelt und der Vergütung für besondere Gefahren anzugeben sind.[1669]

Der dritte Schritt erfordert eine Auflistung sämtlicher im Unternehmen auftretenden Tätigkeiten mit Anzahl der diese verrichtenden Frauen und Männer, der jeweiligen Mediane des Jahresgrundgehalts und der einschlägigen Entgeltgruppen. An dieser Stelle weist das Modul darauf hin, dass dies nur für Tätigkeitsbereiche gelte, die zu mehr als 60 % von einem Geschlecht ausgeübt würden und der statistische Median aus Gründen des Beschäftigtendatenschutzes nicht anzugeben sei, wenn eine Tätigkeit von weniger als sechs Personen des einen oder des anderen Geschlechts ausgeübt werde.[1670]

Schließlich sind vorhandene Maßnahmen zur Förderung der Gleichstellung von Frauen und Männern mit Namen und Ziel anzugeben. Es wird ebenfalls abgefragt, ob das Unternehmen bereits Prüfverfahren durchgeführt hat und, wie viele Auskunftsansprüche schon in Anspruch genommen wurden.[1671] In inhaltlicher Hinsicht fällt hierbei auf, dass jedenfalls zum Start des Projekts nicht nur die Frage nach den vorhandenen Maßnahmen doppelt auftaucht, sondern auch unter dem Punkt Anzahl der in Anspruch genommenen Auskunftsansprüche erneut nach bereits durchgeführten Prüfverfahren gefragt wird. Neben diesen möglicherweise auf Softwarefehlern beruhenden Problemen erscheint es insbesondere fragwürdig, nach der Anzahl der bereits in Anspruch genommenen Auskunftsansprüche zu fragen. Handelt es sich bei einer geringen bzw. nicht vorhandenen Anzahl von getätigten Auskunftsansprüchen um ein Indiz, dass das Thema Entgeltgleichheit in dem Unternehmen nicht ausreichend ernst genommen wird? Gerade erst kurz nach dem Inkrafttreten des EntgTranspG wird man dies wohl kaum behaupten können. Hinzu kommt: Ein Arbeitgeber kann zwar über das Vorhandensein des Anspruches informieren – er hat aber letztlich keinen Einfluss darauf, ob dieser von den Arbeitnehmern auch tatsächlich in Anspruch genommen wird. In einem Unternehmen, in dem von vorneherein kein Anlass zur Durchführung von Förderungsmaßnahmen besteht, weil das Geschlecht bei der Vergütung bereits keine Rolle spielt, kann die Beantwortung dieses Fragenkomplexes auch das sich diesbezüglich ergebende Bild verzerren.

b) Tätigkeitenvergleich

Das zweite Modul ist der Tätigkeitenvergleich, der eine komparative Betrachtung von Arbeitsplätzen hinsichtlich ihrer Anforderungen und Belastungen ermöglichen soll. Nach den Angaben auf der Internetseite des Monitors soll anhand des Tätigkeitenvergleichs festgestellt werden können, „ob bestimmte Tätigkeiten, die

1669 Vgl. zum Inhalt der Bestandsaufnahme auch *Bauer/Krieger/Günther*, § 18 EntgTranspG Rn. 26; *Fasse/Klie*, Das neue Entgelttransparenzgesetz, S. 95.
1670 Vgl. Anhang Abbildung 1.
1671 Vgl. Anhang Abbildung 2.

überwiegend von Frauen oder Männern ausgeübt werden, von gleichem Wert sind“ – gleichzeitig wird aber auch klargestellt, dass das Prüfverfahren nicht als „vollwertiges Arbeitsbewertungsverfahren“ geeignet sei.[1672] Die damit verbundenen Widersprüche sind offensichtlich. Der Tätigkeitenvergleich setzt zudem voraus, dass die zu vergleichenden Tätigkeiten zuvor bei der Bestandaufnahme aufgelistet wurden. Aus dieser Liste können dann jeweils zwei Tätigkeiten für den Vergleich ausgewählt werden. Zu jeder Tätigkeit ist im Anschluss ein weiterer Fragebogen auszufüllen. Die erste Seite des Fragebogens ist dabei soweit ersichtlich bei allen Tätigkeiten identisch. Abgefragt werden der typische Ausbildungsweg, die erforderliche Berufserfahrung, die Art der Personalverantwortung sowie die Umsatz- und Budgetverantwortung.[1673] Bei der Umsatzverantwortung ist ein freier Zahlenwert anzugeben – wonach sich dieser zu bestimmen hat, also ob es beispielsweise um den Faktor geht, der den Anteil der Tätigkeit an der Umsatzverantwortung beschreibt, wird dabei jedoch nicht erläutert. Weiterhin ist aus einer vorgegebenen Liste, zusätzlich zu der bei der Bestandsaufnahme eingetragenen Tätigkeitsbezeichnung, ein Beruf auszuwählen, der der Tätigkeit am ehesten entspricht Die Fragen der zweiten Seite hängen dann davon ab, welcher Beruf aus der Liste gewählt wurde. Wurde beispielsweise der Beruf „Sekretariat“ ausgewählt, wird auf der zweiten Seite u.a. danach gefragt, ob die Tätigkeit nationale bzw. internationale Kommunikation erfordert.[1674] Für den Beruf „sonstige Handwerksberufe“ wird stattdessen nach der Häufigkeit der Kommunikation gefragt und weiterhin nach den physischen und psychischen Belastungen.[1675] Letzteres wird bei „Sekretariat“ nicht abgefragt. Fordert man dann das Ergebnis des Tätigkeitenvergleichs an, fällt auf, dass nicht nur für „Sekretariat“ die Häufigkeit der Kommunikation automatisch ergänzt wurde, sondern auch bei beiden Berufsgruppen etwa die Kommunikationspartner ergänzt wurden – nach beidem wurde zuvor jeweils nicht gefragt.[1676]

Insgesamt bietet der Tätigkeitenvergleich keine ausreichenden Antwortmöglichkeiten im Hinblick auf sämtliche, in Betracht kommende Merkmale einer Tätigkeit.[1677] Innerhalb des Moduls wird auch darauf hingewiesen, dass die Komplexität der Fragenbeantwortung bewusst reduziert wurde, um Ergebnisse zu erzielen, die möglichst von der Unternehmensgröße und der Erfahrung des Anwenders im Bereich Arbeitsbewertung unabhängig sind. Aus diesem Grund werden nur bestimmte Antwortkombinationen zugelassen bzw. Antworten in Abhängigkeit von dem gewählten Beruf unterstellt. Interessant ist aber, dass beispielsweise bei

---

1672 https://www.monitor-entgelttransparenz.de/taetigkeitenvergleich (Abruf 4.12.2018); vgl. Anhang Abbildung 3.

1673 Vgl. Anhang Abbildung 4.

1674 Vgl. Anhang Abbildung 5.

1675 Vgl. Anhang Abbildung 6.

1676 Vgl. Anhang Abbildung 7.

1677 *Kuhn/Schwindling*, DB 2018, 509, 510.

der Sekretärin das Kriterium psychische Belastung scheinbar nicht berücksichtigt wird – nach der Auswertung werden dort zumindest keine Angaben automatisch ergänzt. Ob dies auf einem vermuteten Fehlen dieses Kriteriums oder lediglich auf einem technischen Fehler beruht, bleibt unklar. Weiterhin liefert das Ergebnis des Tätigkeitsvergleichs auch Empfehlungen, bei welcher Tätigkeit die Vergütung möglicherweise angepasst werden sollte und für jede Tätigkeit eine Arbeitswertsumme. Wie diese berechnet wurde, insbesondere welche Gewichtung den einzelnen abgefragten bzw. unterstellten Kriterien dabei zugekommen ist, wird allerdings ebenfalls nicht offengelegt.[1678]

c) *Verdienststrukturanalyse*

Das dritte Modul, die Verdienststrukturanalyse, ist kein nach § 17 Abs. 2 S. 1 EntgTranspG gesetzlich vorgesehener Bestandteil des betrieblichen Prüfverfahrens. Auf der Homepage des Monitors wird sie als „zusätzliche Funktion" bezeichnet.[1679] Sie besteht wiederum aus zwei Teilen. Um sie durchführen zu können, müssen erneut Daten der Beschäftigten, nämlich Alter, Geschlecht, Eintrittsdatum, Anforderungswert, berufliche Stellung, Ausbildung, der zu analysierende Gehaltsbestandteil auf Vollzeit hochgerechnet sowie der Teilzeitfaktor importiert werden. Für die Merkmale Anforderungswert, berufliche Stellung und Ausbildung kann dabei ein Wert zwischen 1 und 6 ausgewählt werden. In der Anleitung zum Datenimport ist jedoch nur für das Merkmal Ausbildung erläutert, welcher Wert welchem Ausbildungsabschluss zuzuordnen ist.[1680]

Auf der Homepage des Monitors kann zudem ein Beispielbericht zur Verdienststrukturanalyse heruntergeladen werden.[1681] Der erste Teil soll darüber Aufschluss geben, wie hoch die Entgeltlücke zwischen Männern und Frauen in dem die Prüfung durchführenden Unternehmen insgesamt ist, welchen Anteil daran einzelne Merkmalsunterschiede der Geschlechter, bspw. Berufserfahrung, Qualifikation und Teilzeit haben, und wie groß die verbleibende Restlücke ist. In diesem ersten Schritt wird zunächst angenommen, dass die beobachteten Merkmale für Männer und Frauen jeweils prozentual den gleichen Einfluss auf die Lohnentwicklung haben. Die Verdienststrukturanalyse gibt daraufhin auf Grundlage der importierten Daten sowohl die unerklärte Lohnzahlungslücke und den jeweiligen Anteil der Merkmale an der Gehaltsdifferenz zwischen Männern und Frauen als

1678 *Bauer/Krieger/Günther*, § 18 EntgTranspG Rn. 27; *Fasse/Klie*, Das neue Entgelttransparenzgesetz, S. 96.

1679 https://www.monitor-entgelttransparenz.de/ (Abruf 4.12.2018); vgl. Anhang Abbildung 8.

1680 https://www.monitor-entgelttransparenz.de/verdienststrukturanalyse/Anleitung_Mitarbeiterdaten_importieren.pdf (Abruf 4.12.2018); vgl. Anhang Abbildung 9.

1681 https://www.monitor-entgelttransparenz.de/pdf/Verdienststrukturanalyse-1.pdf (Abruf 4.12.2018); vgl. Anhang Abbildung 10.

auch die erklärte Lohnzahlungslücke an.[1682] Im Anschluss wird zusätzlich jedes Merkmal einzeln untersucht. Erst in diesem Beispielbericht wird klar, dass die berufliche Stellung nach der Führungsebene und der Anzahl der zu leitenden Mitarbeiter zu bestimmen ist. Das Anforderungsniveau wiederum soll zwar anhand des Schwierigkeitsgrades der Tätigkeiten beurteilt werden – dahinter findet sich aber in Klammern jeweils als Zusatz eine Abschlussart wie etwa Ausbildung oder Studium.[1683] Hier sollen also die gleichen Kriterien berücksichtigt werden wie bei dem Merkmal Ausbildung, sodass diese gleich doppelt in die Wertung einfließen.

Wie auf der Homepage des Monitors bereits angekündigt wurde, entspricht dieser Teil des Monitors im Wesentlichen dem Prüfinstrument Logib-D, welches bis vor kurzem auch auf der Internetseite des BMFSFJ abgerufen werden konnte. Es liegt daher nahe, dass die Verdienststrukturanalyse derselben, auch schon im Hinblick auf Logib-D ausgeführten Kritik auszusetzen ist. Die Verdienststrukturanalyse soll eine Untersuchung der geschlechtsspezifischen Entgeltdifferenz im Unternehmen ermöglichen und eventuelle Handlungsfelder aufdecken, „um sie proaktiv zu managen".[1684] Letztlich erhält der Arbeitgeber aber nur eine Übersicht darüber, welchen Einfluss, welche Humankapitalfaktoren in seinem Unternehmen auf die Höhe der Entlohnung haben. Die im Zuge dessen dargestellte unerklärte bzw. erklärte Entgeltlücke trifft keine Aussage darüber, welcher Anteil der Lücke auf Diskriminierung beruht, weil nicht sicher davon ausgegangen werden kann, dass alle relevanten Variablen berücksichtigt wurden.[1685] Im Beispielbericht der Verdienststrukturanalyse wird auch darauf hingewiesen: „Echte Diskriminierung kann durch die Statistik zur Lohnlücke nur bedingt quantifiziert werden. Es werden mögliche Handlungsfelder sichtbar gemacht, aber Sie als betriebliche Akteure sind gefordert, die ursächlichen Sachverhalte für Ihr Unternehmen zu klären!".[1686] Der Arbeitgeber, der die Verdienststrukturanalyse durchführt, wird also mit Informationen konfrontiert, die ihm keinen Aufschluss darüber geben, ob sein Entgeltsystem diskriminierende Strukturen enthält.[1687]

Für den Fall, dass die Analyse einen besonders großen Einfluss eines Merkmals auf die Entgeltdifferenz anzeigt, erfolgen bei den jeweiligen Einzelanalysen der Merkmale mehr oder weniger konkrete Handlungsempfehlungen. Im Hinblick auf das Merkmal Ausbildung werden insofern beispielsweise Weiterbildungsangebote und Kontakthalteprogramme während familienbedingter Auszeiten,[1688] für das

1682 Beispielbericht Verdienststrukturanalyse 1, S. 6; vgl. Anhang Abbildung 11.
1683 Vgl. Anhang Abbildung 12.
1684 https://www.monitor-entgelttransparenz.de/verdienststrukturanalyse (Abruf 4.12.2017); vgl. Anhang Abbildung 10.
1685 *Jochmann-Döll*, RdA 2017, 169, 171.
1686 Beispielbericht Verdienststrukturanalyse 1, S. 2; vgl. Anhang Abbildung 13.
1687 Vgl. kritisch zu der intransparenten Bewertung *Fasse/Klie*, Das neue Entgelttransparenzgesetz, S. 96.
1688 Beispielbericht Verdienststrukturanalyse 1, S. 13; vgl. Anhang Abbildung 14.

Merkmal Betriebszugehörigkeitsdauer Maßnahmen zur Vereinbarkeit von Familie und Beruf, wie eine flexiblere Gestaltung der Arbeitszeit und anderer Arbeitsbedingungen,[1689] genannt. Diese Beispiele stellen sicherlich Maßnahmen dar, die einen verantwortungsvollen und attraktiven Arbeitgeber ausmachen – ob sie angeboten werden oder nicht, spielt aber im Hinblick darauf, ob gleiche und gleichwertige Arbeit gleich entlohnt werden keine Rolle. Entsprechend der Humankapitaltheorie, knüpft die Analyse nämlich nicht an den tatsächlichen Anforderungen der Tätigkeiten an, sondern an den Merkmalen, die von den Beschäftigten bereits mitgebracht werden.

Besonders kritisch ist dabei das Kriterium „potenzielle Erwerbserfahrung" zu betrachten. Die potenzielle Erwerbserfahrung beschreibt gerade nicht, über wie viele Jahre hinweg der Beschäftigte tatsächlich gearbeitet hat, sondern wie viele Jahre der Beschäftigte in Anbetracht seines Alters abzüglich der Zeit bis zur Einschulung und der Zeit der Ausbildung, bereits hätte arbeiten können.[1690] Es handelt sich dabei insofern um ein Kriterium, das ebenso wie das Alter selbst, Diskriminierungspotenzial aufweist.[1691] Entscheidend für die Durchsetzung des Entgeltgleichheitsgebots ist, dass Arbeitgeber für die Verrichtung einer gleichen oder gleichwertigen Tätigkeit nicht deshalb weniger zahlen dürfen sollen, weil die Tätigkeit von einer Person eines bestimmten Geschlechts verrichtet wird. Um dem Folge zu leisten, wird man dem Arbeitgeber verbieten können, die geringere Vergütung einer weiblichen Beschäftigten gegenüber einem männlichen Beschäftigten damit zu rechtfertigen, dass der Mann mehr tatsächliche Berufserfahrung mitbringt, wenn dies für die konkrete Tätigkeit nicht von Relevanz ist. Wird die tatsächliche Erwerbserfahrung von Frauen im Durchschnitt häufiger als die von Männern durch Unterbrechungszeiten verkürzt, handelt es sich um eine mittelbare Diskriminierung, soweit die Ungleichbehandlung nicht anderweitig gerechtfertigt werden kann. Man wird dem Arbeitgeber aber umgekehrt nicht aufgeben können, einer Frau, die im Vergleich zu einem Mann die gleiche potenzielle aber eine geringere tatsächliche Erwerbserfahrung vorweisen kann, aus diesem Grund die gleiche Vergütung zu zahlen – insbesondere, wenn das tatsächliche Maß an Erwerbserfahrung für die konkrete Tätigkeit relevant ist.

Die Verdienststrukturanalyse 2 kann man demgegenüber tatsächlich als eine Weiterentwicklung von Logib-D bezeichnen, denn hier wird erklärt, dass bei dem ersten Teil der Analyse davon ausgegangen wurde, dass die untersuchten Merkmale für Männer und Frauen jeweils in gleichem Maße Einfluss auf die Lohnhöhe haben.[1692] Im zweiten Teil werden die Entgeltunterschiede auf sog. Bewertungseffekte, also darauf, ob der Einfluss eines bestimmten Merkmals bei Frauen oder

1689 Beispielbericht Verdienststrukturanalyse 1, S. 19; vgl. Anhang Abbildung 15.

1690 *Tondorf/Jochmann-Döll*, WSI-Mitteilungen 3/2011, 115, 117.

1691 Ebd.

1692 https://www.monitor-entgelttransparenz.de/pdf/Verdienststrukturanalyse-Bewertungseffekte-2.pdf (Abruf 4.12.2018); vgl. Anhang Abbildung 16.

bei Männern einen stärkeren Einfluss auf die Lohnhöhe hat, untersucht. Insofern erlaubt die Verdienststrukturanalyse 2 eine differenziertere Betrachtung der einzelnen Humankapitalvariablen. Dies ändert jedoch nichts an der grundsätzlichen Ungeeignetheit des Verfahrens im Hinblick auf die Frage, ob gleiche und gleichwertige Arbeit auch gleich vergütet wird.

d) Ergebnis

Die ersten beiden Module des Monitors Entgelttransparenz, die Bestandsaufnahme und der Tätigkeitenvergleich inklusive des dazugehörigen Ergebnisberichts, welche den gesetzlich vorgegebenen Bestandteilen des betrieblichen Prüfverfahrens nach § 18 Abs. 2 S. 1 EntgTranspG entsprechen, beruhen auf den gleichen Prüfprinzipien wie das zu Anfang vorgestellte Prüfverfahren eg-check. Wesentlich zu kritisieren ist hier, dass das Online-Angebot zwar eine verhältnismäßig leichte Handhabung ermöglicht – diese geht jedoch zu Lasten der Präzision und der Transparenz des Verfahrens. Außerdem ist zwar ein Dateiimport möglich, durch den sich die zeitaufwändige Eingabe aller Einzeldaten vermeiden lässt, dies funktioniert allerdings nicht mit jedem Dateiformat.[1693] Das dritte Modul, die Verdienststrukturanalyse, wird im Gesetz nicht als Bestandteil des betrieblichen Prüfverfahrens genannt. Dies ist zunächst zu begrüßen, denn in der Form, in der die Verdienststrukturanalyse durch den Monitor Entgelttransparenz angeboten wird, ist sie nicht geeignet, dem Ziel des betrieblichen Prüfverfahrens, die Überprüfung der Einhaltung des Entgeltgleichheitsgebots i.S.d. EntgTranspG, gerecht zu werden. Zugute gehalten werden kann der Verdienststrukturanalyse zumindest, dass sie Vorschläge enthält, wie die Chancengleichheit von Männern und Frauen im Unternehmen gefördert werden kann.

Die Einschätzung des BMFSFJ, es handele sich um ein „innovatives Instrument", erscheint jedenfalls zu hoch gegriffen. Der Monitor Entgelttransparenz ist im Wesentlichen eine Kombination der beiden bereits bekannten Instrument eg-check und Logib-D. Gegenüber diesen wurde der Monitor Entgelttransparenz jedoch vereinfacht, sodass sich zu den übertragbaren Kritikpunkten weitere hinzugesellen. Ob die einzugebenden Daten durch das BMFSFJ oder seinen Kooperationspartner noch anderweitig verwendet werden, ist ebenfalls unklar.

6. Zwischenergebnis

Mit der Aufforderung zur Durchführung betrieblicher Prüfverfahren hat der Gesetzgeber eine gesetzliche Regelung geschaffen, die voller Widersprüche ist: Einerseits handelt es sich nicht um eine gesetzliche Pflicht, nimmt der Arbeitgeber die Aufforderung jedoch an, treffen ihn andererseits umso mehr Pflichten. Einerseits sollen Arbeitgeber zur Überprüfung ihrer Entgeltstrukturen angehalten

1693 *Fasse/Klie*, Das neue Entgelttransparenzgesetz, S. 96.

werden, andererseits setzt der Gesetzgeber dafür keine echten Anreize. Angesichts der dargestellten Risiken ist eine Beliebtheit der betrieblichen Prüfverfahren zudem unwahrscheinlich.[1694] Dies gilt insbesondere im Hinblick auf die geringen Einwirkungsmöglichkeiten des Betriebsrats. Nicht zu Unrecht wird die Regelung der betrieblichen Prüfverfahren als „reine Symbolgesetzgebung ohne praktischen Nutzen" bezeichnet.[1695] Zwar haben nach der Evaluation der Bundesregierung 45% der Unternehmen mit mehr als 500 Beschäftigten eine Überprüfung ihrer Entgeltstrukturen durchgeführt – die Befragten gaben jedoch mehrheitlich an, dass das Entgelttransparenzgesetz nicht Grund für die Durchführung war.[1696] *De lege ferenda* sind zudem alternative Gestaltungsmöglichkeiten denkbar.

In der Literatur wird im Hinblick auf die aktuelle Gesetzeslage die Empfehlung geäußert, stattdessen interne Prüfungen, die unterhalb der Schwelle der betrieblichen Prüfverfahren stattfinden, durchzuführen. Dem kann grundsätzlich zugestimmt werden. Eine interne Evaluation kann dazu geeignet sein, ungerechtfertigte Benachteiligungen sichtbar zu machen und hinsichtlich etwaiger in Zukunft geltend zu machender Auskunfts- und Erfüllungsansprüche Prophylaxe zu betreiben. Solche Prüfungen, die nicht die Pflichten der §§ 19, 20 EntgTranspG auslösen, entsprechen klar dem Gesetzeszweck. Allerdings besteht Unsicherheit dahingehend, ob diese Einschätzung von der Rechtsprechung geteilt werden wird.

VI. Berichtspflichten für Arbeitgeber

Im vierten Abschnitt des Gesetzes ist die Berichtspflicht zur Gleichstellung und Entgeltgleichheit für Arbeitgeber mit in der Regel mehr als 500 Beschäftigten, die nach §§ 264, 289 HGB lageberichtspflichtig sind, geregelt. Ausweislich der Gesetzesbegründung soll die Pflicht, neben der Umsetzung dieser Vorgabe, die „Bedeutung der Gleichstellung und Entgeltgleichheit für die Unternehmenspolitik" betonen, durch die transparente und öffentliche Darstellung den diesbezüglichen Diskurs in Gesellschaft, Privatwirtschaft und Verwaltung sowie die „Enttabuisierung des Themas Entlohnung" fördern, den Wettbewerb für Fachkräfte vorantreiben und ein Monitoring des Gesetzes ermöglichen.[1697]

1694 *Fuhlrott/Ritz*, ArbR 2017, 211, 213; *Glaser/Groß*, AuA 2017, 303, 305; *Koller-van Delden*, DStR 2018, 254, 260; *Thüsing*, BB 2017, 565, 568.

1695 *Grimm/Freh*, KSzW 2017, 89, 99.

1696 Bericht der Bundesregierung zur Wirksamkeit des Gesetzes zur Förderung der Entgelttransparenz zwischen Frauen und Männern, abrufbar unter: https://www.bmfsfj.de/blob/137224/128559d30c706beb1462f1c65db9d3ca/bericht-der-br-foerderung-entgelttransparenz-data.pdf, (Abruf 10.8.2019), S. 103.

1697 BT-Drucks. 18/11133, S. 72.

1. Anwendungsbereich

Ebenso wie bei dem für die Anwendung des individuellen Auskunftsanspruchs erforderlichen Schwellenwert kommt es auf die Anzahl der „in der Regel" Beschäftigten an. Auch hier ist das normale Maß, nicht die Durchschnittszahl der Jahresbelegschaft, entscheidend.[1698] Anders als i.R.d. individuellen Auskunftsanspruchs ist aber Anknüpfungspunkt für die Beurteilung, ob dieser Schwellenwert erreicht wird, nicht der Betrieb, sondern der Arbeitgeber. Zudem ist die Berichtspflicht nicht auf die betriebliche Ebene beschränkt, es wird erkennbar auf die Unternehmensebene abgestellt.[1699] Ebenso wie im Hinblick auf betriebliche Prüfverfahren, geht die Gesetzesbegründung davon aus, dass Arbeitgeber, die diese Voraussetzungen erfüllen, die erforderlichen Daten schnell und verhältnismäßig unkompliziert abrufen können.[1700] Grundsätzlich kann auch im Hinblick auf die Schwellenwertberechnung auf die Ausführungen zu den betrieblichen Prüfverfahren verwiesen werden, wobei jedoch zu beachten ist, dass die §§ 21 ff. EntgTranspG die Lageberichtspflichtigkeit des Unternehmens voraussetzen, welche sich nach den §§ 264 ff. und 289 HGB bestimmt.[1701] Es wird auch deutlich, dass der Gesetzgeber Unternehmen dieser Größenordnung eine besondere, über die Schaffung von Arbeitsplätzen hinausgehende Verantwortung zuweist, in der Berichtspflicht aber auch gleichzeitig eine Möglichkeit der Steigerung des unternehmerischen Erfolgs durch mit erhöhter Transparenz einhergehende Vertrauenswürdigkeit sieht.[1702] Welche Belastungen die §§ 21, 22 EntgTranspG aber tatsächlich für die berichtspflichtigen Unternehmen vorsehen und welche Vorteile sich auf der anderen Seite im Hinblick auf die Durchsetzung des Entgeltgleichheitsgebots ergeben, wird im Folgenden zu untersuchen sein.

2. Gegenstand

Gegenstand des zu erstellenden Berichts zur Gleichstellung und Entgeltgleichheit sind nach § 21 Abs. 1 Nr. 1 EntgTranspG zunächst die Maßnahmen des Arbeitgebers zur Förderung der Gleichstellung von Frauen und Männern und deren Wirkungen sowie nach § 21 Abs. 1 Nr. 2 EntgTranspG die Maßnahmen zur Herstellung von Entgeltgleichheit für Frauen und Männer. Maßnahmen nach § 21 Abs. 1 Nr. 1 EntgTranspG sind insbesondere solche, die die Gleichstellung der Beschäftigten im Arbeitsalltag im Unternehmen fördern,[1703] die Norm bezieht sich also im

1698 Ebd.

1699 Vgl. ebd., S. 72 f.

1700 Ebd. S. 72.

1701 Ebd. S. 72; ausführlich zu den erfassten Unternehmensformen *Bauer/Krieger/Günther*, § 21 EntgTranspG Rn. 8 ff.; zu den Pflichten innerhalb von Konzernstrukturen *Bily/Ludwig*, AuA 2018, 82, 83.

1702 BT-Drucks. 18/11133, S. 72; zum Zusammenhang zwischen Transparenz und Vertrauenswürdigkeit *Weibler*, AuA 2017, 173, 177.

1703 BT-Drucks. 18/11133, S. 73.

Allgemeinen auf die Gleichstellung von Frauen und Männern am Arbeitsplatz. In Betracht kommen insofern etwa spezielle Fortbildungsangebote, die Schaffung betrieblicher Kinderbetreuungseinrichtungen oder flexible Arbeitszeitmodelle.[1704] Diese Maßnahmen mögen allgemeine Rückschlüsse darauf erlauben, ob es sich aus Beschäftigtensicht um einen attraktiven Arbeitgeber handelt – ein unmittelbarer Bezug zur Durchsetzung des Entgeltgleichheitsgebots besteht jedoch nicht. Zu Recht wird insofern kritisiert, dass diese Regelung über den in § 1 EntgTranspG normierten Gesetzeszweck hinausgeht.[1705]

Demgegenüber zielt die Berichtspflicht nach § 21 Abs. 1 Nr. 2 EntgTranspG im Speziellen auf Maßnahmen ab, die die Gleichberechtigung beim Entgelt zum Gegenstand haben.[1706] Insofern nennt die Gesetzesbegründung etwa die Benennung der grundlegenden Entgeltregelungen und Arbeitsbewertungsverfahren sowie die Information über die Durchführung betrieblicher Prüfverfahren i.S.v. §§ 17 ff. EntgTranspG oder über die Anzahl und die Ergebnisse der in Anspruch genommenen Auskunftsverlangen nach §§ 10 ff. EntgTranspG.[1707] *Benkert* kritisiert hierbei zu Recht, dass sich dieses *naming and shaming* lediglich auf Anstrengungen, nicht aber auf Erfolge des Unternehmens im Bereich der tatsächlichen Gleichstellung bezieht.[1708] So kann nach außen hin leicht der Eindruck eines engagierten Unternehmens entstehen, auch wenn die ergriffenen Maßnahmen nicht zum Ziel führen.

a) Angaben nach § 21 Abs. 2 EntgTranspG

Weiterhin hat der Bericht nach § 21 Abs. 2 Nr. 1, 2 EntgTranspG nach Geschlecht aufgeschlüsselte Angaben zu der durchschnittlichen Gesamtzahl der Beschäftigten und zu der durchschnittlichen Zahl der Vollzeit- und Teilzeitbeschäftigten zu enthalten. Für diese Daten sollen ab dem zweiten Bericht zusätzlich die Veränderungen im Vergleich zum letzten Bericht dargestellt werden, § 22 Abs. 3 S. 2 EntgTranspG. So sollen sowohl positive Entwicklungen als auch Handlungsfelder für den Arbeitgeber aufgezeigt werden.[1709] Unklar ist jedoch die Aussagekraft dieser Daten. Sie geben lediglich Auskunft darüber, ob in dem Unternehmen im Durchschnitt mehr Männer oder Frauen bzw. mehr Vollzeit- oder Teilzeitkräfte

---

1704 Vgl. zu weiteren Beispielen auch BMFSFJ Leitfaden S. 67, abrufbar unter https://www.bmfsfj.de/blob/118298/f9896570e6d9a5cf1afac0f5d192a834/das-entgelttransparenzgesetz-ein-leitfaden-fuer-arbeitgeber-sowie-fuer-betriebs-und-personalraete-data.pdf (Abruf 4.12.2018).

1705 *Bauer/Krieger/Günther*, § 21 EntgTranspG Rn. 6.

1706 BT-Drucks. 18/11133, S. 73.

1707 Ebd.; vgl. zu der Frage, ob die Anzahl der in Anspruch genommenen Auskunftsansprüche im Hinblick auf das Vorliegen von Gleichstellung bzw. Entgeltdiskriminierung aussagekräftig ist, o. Gliederungspunkt G)V.5.a).

1708 *Benkert*, NJW-Spezial 2017, 434, 435.

1709 BT-Drucks. 18/11133, S. 74.

beschäftigt werden. Zusätzlich wird auch erkennbar, ob es mehr weibliche oder männliche Teil- bzw. Vollzeitbeschäftigte gibt. Im Hinblick auf die Frage, ob in dem Unternehmen Diskriminierungen aufgrund des Geschlechts stattfinden, geben diese Daten jedoch gerade keine verlässlichen Informationen, denn daraus lässt sich keine diesbezügliche Wahrscheinlichkeit ableiten.[1710]

Die allgemeine Gleichstellung der Geschlechter in der Arbeitswelt kann zwar auch die Angleichung der Anteile von männlichen und weiblichen Teil- bzw. Vollzeitbeschäftigten beinhalten – das darf aber nur insoweit gelten, als bestehende Unterschiede tatsächlich auf einer unterschiedlichen Behandlung beruhen. Um dies festzustellen, bedarf es weitergehender Untersuchungen. Eine gegenüber der Anzahl der Männer in Teilzeit überwiegende Anzahl der Frauen in Teilzeit ist daher für sich genommen nicht dazu geeignet, Handlungsfelder für den Arbeitgeber aufzuzeigen. Außerdem birgt die Veröffentlichung dieser Informationen in unkommentierter Form das Risiko, dass diese fälschlicherweise als Indikatoren für eine Ungleichbehandlung von Frauen und Männern in dem Unternehmen wahrgenommen werden.

b) Verhältnis zu anderen europäischen Regelungen

Auch in anderen Ländern existieren vergleichbare Offenlegungspflichten für Unternehmen. Diese beziehen sich jedoch zum Teil auf ganz andere Daten. In Großbritannien haben die betroffenen Unternehmen etwa nach Geschlechtern aufgeschlüsselt über durchschnittliche Stundensätze und Gratifikationen sowie deren Mediane, die Anteile an männlichen und weiblichen Arbeitnehmern, die Gratifikationen erhalten haben, und die Anteile der Männer und Frauen im unteren, im unteren mittleren, im oberen mittleren und im oberen Viertel des Gehaltsbandes zu berichten.[1711] Bei diesen Daten besteht freilich ebenso das Risiko von Fehlinterpretationen – im Hinblick auf die Ermittlung von Entgeltdiskriminierung besitzen sie jedoch im Vergleich zu den nach dem EntgTranspG geforderten Daten die höhere Aussagekraft.[1712]

Auch im EntgGleiG-E fanden sich noch weitergehende Berichtspflichten. So war nach § 20 Abs. 1 Nr. 2 EntgGleiG-E eine Darstellung der Entgeltregelungen und Bewertungsverfahren vorgesehen. Zudem enthielt § 20 Abs. 2 EntgGleiG-E die Vorgabe, dass neben Angaben zur Gesamtzahl der Beschäftigten sowie zur Zahl der Vollzeit- und Teilzeitbeschäftigten im Unternehmen weitere Angaben „zu dem nach Vollzeitäquivalenten umgerechneten durchschnittlichen Bruttomonatslohn der Beschäftigten“ (Nr. 1) und „zu den Tätigkeiten, die zu mindestens 60 Prozent von Beschäftigten eines Geschlechts ausgeübt werden“ (Nr. 3) zu machen sind. Im Hinblick auf die Angaben zur Durchschnittsvergütung handelt

1710 *Thüsing*, DB 2016, 2234, 2239.
1711 Vgl. dazu ausführlich oben Gliederungspunkt E)II.2.b).
1712 *Thüsing*, BB 2017, 565, 567.

es sich um Informationen, die auch nach der Empfehlung der Kommission in die Entgeltberichterstattung aufzunehmen sind.[1713] Diese im EntgTranspG erfolgte Abschwächung der Berichtspflicht wird gemischt bewertet: Während der BDA diese angesichts der Tatsache, dass diese Angaben nicht im Koalitionsvertrag vorgesehen waren, befürwortet,[1714] sehen *Bauer*, *Krieger* und *Günther* darin eine starke Abweichung von den Empfehlungen der Kommission.[1715] Solange die Berichtspflicht lediglich in den Empfehlungen enthalten ist, besteht kein Grund, deswegen an der Wirksamkeit der Norm zu zweifeln. Dies gilt jedoch nicht für die Aussagekraft der Berichtsdaten.

c) Einbeziehung von Leiharbeitnehmern

Ausweislich der Gesetzesbegründung ist die durchschnittliche Gesamtzahl der Beschäftigten und die durchschnittliche Zahl der Vollzeit- und Teilzeitbeschäftigten in Bezug auf den Berichtszeitraum zu ermitteln, wobei auch Leiharbeitnehmer miteinzubeziehen sind.[1716] Letzteres überrascht. Im Rahmen des individuellen Auskunftsanspruchs wurde festgestellt, dass dort Leiharbeitnehmer weder taugliche Vergleichspersonen darstellen, noch bei der Berechnung des erforderlichen Schwellenwertes mitzuzählen sind. Für die Berichtspflicht stellt die Gesetzesbegründung ihre Einbeziehung nur im Hinblick auf die Berechnung der zu veröffentlichenden Daten klar. Die Aussagekraft der so gewonnenen Daten wird bei der Einbeziehung von Leiharbeitnehmern, ohne dass diese (zusätzlich) als eine eigenständige Gruppe dargestellt werden, ohnehin geschmälert. Die deutliche Nennung bei der Datenberechnung spricht zudem tendenziell dafür, dass Leiharbeitnehmer bei der Schwellenwertberechnung wiederum nicht einzubeziehen sind, denn dort fehlt ein entsprechender Hinweis. Auch der BDA weist darauf hin, dass Leiharbeitnehmer im Unternehmen des Verleihers mitzuzählen seien.[1717]

Aus teleologischen Erwägungen erscheint eine Einbeziehung jedoch sinnvoll: Die Anknüpfung an die Anzahl der „in der Regel" Beschäftigten lehnt sich erkennbar an Parallelregelungen des Betriebsverfassungsgesetzes an.[1718] Wie bereits i.R.d. Ausführungen zum individuellen Auskunftsanspruch ausgeführt, kommt es insofern maßgeblich darauf an, welchen Zweck die jeweilige Norm verfolgt. Stellt der Gesetzgeber hier auf die bei größeren Arbeitgebern vorhandenen

1713 Empfehlung der Kommission v. 7.3.2014 zur Stärkung des Grundsatzes des gleichen Entgelts für Frauen und Männer durch Transparenz, 2014/124/EU (ABl. L 69 v. 8.3.2014, S. 115).

1714 Wortprotokoll Ausschuss für Familie, Senioren, Frauen und Jugend 18/82, Stellungnahme des BDA, S. 116, 127.

1715 *Bauer/Krieger/Günther*, § 21 EntgTranspG Rn. 2 f.

1716 BT-Drucks. 18/11133, S. 73.

1717 Wortprotokoll Ausschuss für Familie, Senioren, Frauen und Jugend 18/82, Stellungnahme des BDA, S. 116, 127.

1718 BT-Drucks. 18/11133, S. 72 f.

organisatorischen Strukturen ab, so wäre es konsequent auch bei der Schwellenwertberechnung Leiharbeitnehmer miteinzubeziehen. Insofern kann auf die oben bereits geführte Argumentation verwiesen werden.[1719] Eine im Vergleich zu § 12 Abs. 1 EntgTranspG unterschiedliche Bestimmung der Schwellenwerte erleichtert mit Sicherheit nicht die Anwendung des Gesetzes – sie ist aber auch in Anbetracht der unterschiedlichen Wortlaute gerechtfertigt. Eine Beschränkung auf Beschäftigte „bei demselben Arbeitgeber" findet sich in § 21 Abs. 1 S. 1 EntgTranspG gerade nicht. Im Ergebnis sprechen somit die überzeugenderen Argumente für eine Einbeziehung von Leiharbeitnehmern bereits bei der Schwellenwertbestimmung.

3. Berichtszeitraum und Veröffentlichung

Hinsichtlich des Berichtszeitraums und des Abstands zwischen den einzelnen Veröffentlichungen ist zwischen tarifgebundenen oder tarifanwendenden Arbeitgebern einerseits und allen übrigen Arbeitgebern andererseits zu unterscheiden. Während erstere den Bericht alle fünf Jahre in Bezug auf die vergangenen fünf Jahre zu erstellen haben, § 22 Abs. 1 EntgTranspG, müssen letztere alle drei Jahre in Bezug auf die vergangenen drei Jahre einen entsprechenden Bericht erstellen, § 22 Abs. 2 EntgTranspG. Eine weitere Differenzierung ist im Hinblick auf die Art der zu veröffentlichenden Daten zu treffen. Abweichend von der zuvor vorgestellten Regelung, sind die Angaben des § 21 Abs. 2 EntgTranspG, also die nach Geschlecht aufgeschlüsselten Angaben zu der durchschnittlichen Gesamtzahl der Beschäftigten und zu der durchschnittlichen Zahl der Vollzeit- und Teilzeitbeschäftigten, gem. § 22 Abs. 3 S. 1 EntgTranspG nur auf das jeweils letzte Kalenderjahr des Berichtszeitraums zu beziehen. Das Geschäftsjahr, für welches ein Lagebericht zu erstellen ist, ist jedoch nicht zwangsläufig mit dem Kalenderjahr identisch.[1720] *Bauer*, *Krieger* und *Günther* sehen in dieser Anordnung ein Redaktionsversehen – der Gesetzgeber habe nicht intendiert, die Erstellung eines Entgeltberichts für einen vom Lagebericht abweichenden Zeitraum zu verlangen.[1721] Andererseits ist nicht erkennbar, dass ein Gleichlauf der beiden Zeiträume überhaupt bezweckt wird: Zum einen bedient sich das EntgTranspG gerade nicht des Begriffes „Geschäftsjahr", zum anderen fallen die Zeiträume jedenfalls im Hinblick auf den ersten Entgeltbericht zwangsläufig auseinander:

Nach der Übergangsbestimmung des § 25 Abs. 2 EntgTranspG ist der Bericht erstmals in dem Jahr, das dem Kalenderjahr des Inkrafttretens des Gesetzes folgt, zu erstellen. Das Gesetz ist im Jahr 2017 in Kraft getreten, somit ist der Bericht erstmalig im Jahr 2018 zu erstellen. Für diesen ersten Bericht umfasst der Berichtszeitraum nach § 25 Abs. 3 EntgTranspG abweichend von § 22 Abs. 1 S. 2 und

1719 Vgl. oben Gliederungspunkt G)IV.2.a).

1720 *Bauer/Krieger/Günther*, § 22 EntgTranspG Rn. 11; *Rimmelspacher/Kliem*, DB 2018, 265, 268 m.w.N.

1721 *Bauer/Krieger/Günther*, § 22 EntgTranspG Rn. 11.

Abs. 2 S. 2 EntgTranspG nur das letzte abgeschlossene Kalenderjahr, das dem Jahr des Inkrafttretens des Gesetzes vorausgeht. Mithin bezieht sich der erste, im Jahr 2018 zu erstellende Bericht auf das Jahr 2016.[1722] Die Gesetzesbegründung zu § 25 Abs. 3 EntgTranspG führt zwar aus, für den Beginn des Berichtszeitraums sei das Kalenderjahr maßgeblich, in dem das Gesetz in Kraft tritt,[1723] dies ist aber insofern irreführend, als zwar das Jahr des Inkrafttretens für die Bestimmung des Jahres in dem der Berichtszeitraum beginnt relevant ist, das maßgebliche Jahr des Beginns aber dasjenige ist, welches dem Jahr des Inkrafttretens vorausgeht. Der vorangegangene Referentenentwurf hatte in § 25 Abs. 3 EntgTransG-E noch vorgesehen, dass der erste Berichtszeitraum in dem Kalenderjahr beginnt, in dem der Tag des Inkrafttretens des Gesetzes liegt – das wäre dann tatsächlich das Jahr 2017 gewesen. Dass der erste relevante Berichtszeitraum somit weiter nach vorne verlegt wurde, überrascht insofern, als dass die Generierung der erforderlichen Daten für die Unternehmen schwieriger werden dürfte, je länger die Sachverhalte, auf denen sie beruhen, zurückliegen.[1724] Andererseits geht die Gesetzesbegründung gerade davon aus, dass die betroffenen Unternehmen aufgrund der vorhandenen technischen und personellen Organisation in der Lage sind, die erforderlichen Daten und Angaben mit vertretbarem Aufwand zu erfassen und sogar über digitalisierte Personalakten verfügen. Zudem steht der Wortlaut des § 25 Abs. 3 EntgTranspG einer anderen Interpretation klar entgegen.

Weiterhin gegen eine zeitliche Verknüpfung der maßgeblichen Zeiträume für den Lagebericht und für den Entgeltbericht spricht die Konzeption des § 22 Abs. 4 EntgTranspG. Danach ist der Entgeltbericht zu veröffentlichen, indem er dem nächsten, auf den Berichtszeitraum folgenden Lagebericht nach § 289 HGB als Anlage beigefügt und im Bundesanzeiger veröffentlicht wird. Die Offenlegung des Lageberichts ist damit zwar Vorbedingung für die Veröffentlichung des Entgeltberichts, sie dient dabei aber lediglich als „Vehikel".[1725] Unabhängig davon, ob das für den Lagebericht relevante Geschäftsjahr nun mit dem Kalenderjahr identisch

---

1722 So auch *Bauer/Krieger/Günther*, § 25 EntgTranspG Rn. 2, die auch darauf hinweisen, dass der anschließende Turnus von drei bzw. fünf Jahren dazu führt, dass das Jahr 2017 in keinem Bericht berücksichtigt wird; *Fuhlrott/Ritz*, ArbR 2017, 211, 214; *Kocher* AuR 2018, 9, 13; *Olbertz*, NWB 2017, 3068, 3077; ErfK/*Schlachter*, § 22 Rn. 2; BMFSFJ Leitfaden S. 69, abrufbar unter: https://www.bmfsfj.de/blob/118298/f9896570e6d9a5cf1afac0f5d192a834/das-entgelttransparenzgesetz-ein-leitfaden-fuer-arbeitgeber-sowie-fuer-betriebs-und-personalraete-data.pdf (Abruf 4.12.2018); a.A. (2017) DAV Stellungnahme Nr. 22/2017 v. 15.3.2017, S. 16, verfügbar unter: https://anwaltverein.de/de/newsroom/sn-22-17-entgelttransparenzgesetz-entgtranspg (Abruf 4.12.2018).

1723 BT-Drucks. 18/11133, S. 75.

1724 *Kolb/Heinek*, WPg 2017, 1243, 1247; deshalb angesichts der „Sanktionslosigkeit" von Verstößen gegen die Berichtspflicht einen Verzicht auf die Erstellung empfehlend *Grimm/Freh*, ArbRB 2017, 311, 314.

1725 *Rimmelspacher/Kliem*, DB 2018, 265, 266 ff.

ist oder nicht, ist der Entgeltbericht demjenigen Lagebericht beizufügen, „der dem Berichtszeitraum des Entgeltberichts zumindest teilweise folgt“.[1726]

4. Insbesondere: Form der Veröffentlichung

Der Bericht ist selbst nicht Teil der Jahresabschlussunterlagen und des Lageberichts – die entsprechenden Vorschriften und Rechtsfolgen des HGB sind folglich nicht anwendbar.[1727] Die zeitgleiche Veröffentlichung des Berichts soll die Möglichkeit eröffnen, die Entwicklung des Unternehmens in den Bereichen der Gleichstellung und der Entgeltgleichheit sowohl aus der Innen- als auch der Außenperspektive nachzuverfolgen.[1728] Nach Weiterleitung an den Betreiber des Bundesanzeigers wird der Lagebericht – und mit ihm der Gleichstellungsbericht – im elektronischen Bundesanzeiger bekannt gemacht und von dort gem. § 8b Abs. 3 Nr. 1 HGB auch an das Unternehmensregister übermittelt. Auf dessen Internetseite sind sie zugänglich zu machen, § 8b Abs. 2 Nr. 4 HGB. Der Zugriff auf Daten direkt aus dem Unternehmensregister ist kostenlos.[1729] Zugänglichkeit i.S.d. Norm ist zwar nicht mit unmittelbarer Verfügbarkeit gleichzusetzen, teilweise wird der Zugang zu den Daten an anderer Stelle lediglich vermittelt. Dies gilt jedenfalls für § 8b Abs. 2 Nr. 1–3, 11 HGB.[1730] Grundsätzlich besteht aber für jedermann die Möglichkeit über die Internetseite des Unternehmensregisters Kenntnis von den Informationen zu nehmen, auf die sich die Berichtspflicht bezieht.

Diese Art der Veröffentlichung lässt auch Rückschlüsse auf einen weiteren Zweck der Berichtspflicht zu: Der Lagebericht ist ein Informationsinstrument mit vorrangig retrospektiver, aber auch prospektiver Funktion, wodurch insbesondere Geschäftspartnern und Kapitalanlegern, aber auch (potenziellen) Kunden des Unternehmens entscheidungsrelevante Daten vermittelt werden.[1731] Würde die entgeltbezogene Berichtspflicht lediglich die betriebliche Transparenz von Gleichstellungsmaßnahmen bezwecken, hätte eine Veröffentlichung im Intranet genügt. Die Zugänglichmachung an eine deutlich breitere Öffentlichkeit, parallel zum Lagebericht, zielt erkennbar auch darauf ab, die Förderung der Geschlechtergleichstellung als Merkmal für die Attraktivität eines am Markt agierenden Unternehmens zu etablieren. Unabhängig von einem etwaigen Einfluss der Maßnahmen auf den wirtschaftlichen Erfolg des Unternehmens an sich kann die Außenwirkung des Berichts Einfluss auf Entscheidungen von Geschäftspartnern, Kapitalanlegern und Kunden haben, von denen der wirtschaftliche Erfolg des Unternehmens wiederum abhängig ist.[1732] Jedoch ist der deutsche Gesetzgeber bei der Form der

1726 Ebd. S. 270; i.E. wohl auch ErfK/*Schlachter* § 22 EntgTranspG Rn. 2.
1727 BT-Drucks. 18/11133, S. 74.
1728 Ebd. S. 74.
1729 Baumbach/Hopt/*Hopt*, § 8b HGB Rn. 2.
1730 BT-Drucks 16/960, S. 40.
1731 MüKo-Bilanzrecht/*Kleindiek*, § 289 HGB Rn. 11 ff.
1732 Vgl. *Thüsing*, DB 2016, 2234, 2238.

Veröffentlichung nicht so weit gegangen wie manche europäischen Nachbarstaaten: Eine Veröffentlichung auf der Unternehmenswebsite ist nicht gesetzlich vorgesehen.[1733] Eine Vielzahl von Unternehmen stellt ihre Lageberichte jedoch bereits – trotz der insofern ebenfalls nicht bestehenden Pflicht – auf diese Weise zur Verfügung. Bei denjenigen, die dies bereits praktizieren ist grundsätzlich zu erwarten, dass auch der Gleichstellungsbericht auf diese Weise zur Verfügung gestellt werden wird.

5. Erklärungspflicht, wenn keine Maßnahmen ergriffen wurden

Hat der berichtspflichtige Arbeitgeber keine der in § 21 Abs. 1 S. 1 EntgTranspG genannten Maßnahmen durchgeführt, kommt es nicht zu einem Entfall der Berichtspflicht: Die Nichtdurchführung ist ihrerseits nach § 21 Abs. 1 S. 2 EntgTranspG in dem Bericht zu begründen. Es soll allerdings nicht ausreichen, eine lediglich formelhafte Begründung anzuführen – der Arbeitgeber muss vielmehr nachvollziehbar darlegen, warum es ihm nicht möglich war, im Berichtszeitraum die entsprechenden Maßnahmen zu ergreifen.[1734] Das Gesetz geht insofern scheinbar davon aus, dass das Nichtergreifen der genannten Maßnahmen regelmäßig auf einem Unvermögen des Arbeitgebers beruht. Ebenso denkbar ist aber – gerade in den ersten Berichtszeiträumen –, dass der Arbeitgeber sich weder bewusst für noch bewusst gegen die Durchführung von Gleichstellungsmaßnahmen entschieden hat. Wie soll eine nicht formelhafte Begründung aussehen, wenn das Thema in dem Unternehmen bisher unbewusst keine Rolle gespielt hat?

Grundsätzlich wird eine nachvollziehbare Begründung wohl erfordern, dass der Arbeitnehmer in die Lage versetzt wird, sich eine hinreichend konkrete Vorstellung von den Hintergründen machen zu können. Als Synonyme zu „nachvollziehbar" nennt der Duden „transparent" und „verständlich" – allerdings auch „einleuchtend" und „plausibel".[1735] Insofern könnten bestimmte Anforderungen an die Qualität der Begründung dahingehend zu stellen sein, dass es sich um berechtigte Beweggründe handeln muss. Dagegen spricht aber, dass die Berichtspflicht gerade dort sinnvoll Handlungsfelder aufzeigen kann, wo, obwohl keine berechtigten Erwägungen entgegenstehen, bisher keine Maßnahmen ergriffen wurden. Folglich kann es hier alleine auf eine inhaltliche Verständlichkeit ankommen. Weitergehende Anfordcrungen an die Erklärungspflicht wären zudem auch nur schwer

1733 Vgl. auch *Langemann/Wilking*, BB 2017, 501, 505; sie ist für sich alleine daher auch nicht ausreichend, vgl. *Kolb/Heinek*, WPg 2017, 1243, 1245; *Rimmelspacher/Kliem*, DB 2018, 265, 269.

1734 BT-Drucks. 18/11133, S. 73.

1735 https://www.duden.de/rechtschreibung/nachvollziehbar (Abruf 4.12.2018).

durchzusetzen, denn schon an die vorgelagerte Nichtdurchführung der Maßnahmen werden keine weiteren Rechtsfolgen oder gar Sanktionen geknüpft.[1736]

Stattdessen bedient sich der Gesetzgeber hier deutlich des Prinzips *comply or explain*, wie es auch aus dem Kapitalgesellschaftsrecht bekannt ist.[1737] Im Unterschied zu der schon zuvor angesprochenen Entsprechenserklärung zum DCGK nach § 161 AktG ist dieser Bericht zwar nicht zwingend auf der Internetseite des Unternehmens zu publizieren, sondern lediglich nach § 22 Abs. 4 EntgTranspG dem nächsten Lagebericht nach § 289 HGB als Anlage beizufügen und im elektronischen Bundesanzeiger zu veröffentlichen. Die Zielrichtung, nämlich die Offenlegung, ob entsprechende Maßnahmen durchgeführt wurden oder nicht, bleibt jedoch dieselbe. Der berichtspflichtige Arbeitgeber wird nicht direkt dazu verpflichtet, die durch das Gesetz angestrebten Maßnahmen durchzuführen, sondern lediglich in die Pflicht genommen, darüber und über seine Beweggründe Auskunft zu geben.[1738] Trotz kleinerer Unterschiede – etwa was den Adressatenkreis betrifft – ist § 21 Abs. 1 S. 2 EntgTranspG vermutlich § 161 AktG nachgebildet. Die diesbezüglich angeführte Kritik im Zusammenhang mit Regelwerken ohne Normqualität aber mit Normwirkung ist insofern durchaus übertragbar.

6. Weitergehende Rechtsfolgen?

Eine weitere Ähnlichkeit zu § 161 AktG besteht darin, dass auch dort mit Ausnahme der Erklärungspflicht keine weiteren Rechtsfolgen vorgesehen sind. In beiden Fällen sind für weitergehende Rechtfolgen grundsätzlich zwei Anknüpfungspunkte denkbar: Einerseits die fehlende Compliance zu den Vorschriften des DCGK bzw. die fehlende Durchführung von Maßnahmen zur Herstellung von Gleichstellung und Entgeltgleichheit und andererseits das Unterlassen der Entsprechenserklärung bzw. der Berichts- und Begründungspflicht. Im Folgenden soll jeweils kurz der Meinungsstand zu den Rechtsfolgen im Bereich des DCGK dargestellt werden, um anschließend zu untersuchen, inwiefern dieser für das Verständnis des EntgTranspG nutzbar gemacht werdenkann.

a) Berichts- und Begründungspflicht

Für das Unterlassen des Vorstandes oder des Aufsichtsrates, die nach § 161 AktG erforderliche ordnungsgemäße Entsprechenserklärung abzugeben, sind die

---

1736 *Bauer/Günther/Romero*, NZA 2017, 809, 813; dazu sogleich ausführlich Gliederungspunkt G)VI.6.b).

1737 So auch *Bauer/Günther/Romero*, NZA 2017, 809, 813; *Kolb/Heinek*, WPg 2017, 1243, 1246; *Langemann/Wilking*, BB 2017, 501, 505; vgl. zur Bedeutung dieses Prinzips o. Gliederungspunkt G)V.3.d).

1738 *Thüsing*, DB 2016, 2234, 2238.

entsprechenden Rechtsfolgen in der Literatur heftig umstritten.[1739] Die Unrichtigkeit der Entsprechenserklärung kann nach der Rechtsprechung des BGH jedenfalls zu der Anfechtbarkeit eines gleichwohl gefassten Entlastungsbeschlusses führen.[1740] Die Anfechtung einer Aufsichtsratswahl wird hingegen regelmäßig aufgrund der fehlenden Relevanz des so entstehenden Informationsmangels abgelehnt.[1741] Darüber hinaus werden auch Haftungsfragen diskutiert. Das betrifft zunächst die Innenhaftung der Organe gegenüber der Gesellschaft: Eine solche kann sich aus § 93 Abs. 2 AktG für den Vorstand bzw. § 116 S. 1 AktG für den Aufsichtsrat ergeben, soweit der – oftmals schwierige – Nachweis eines kausal auf der Pflichtverletzung beruhenden Schadens gelingt.[1742] Für eine Außenhaftung der Gesellschaft gegenüber den Aktionären könnte ein etwaiges Fehlverhalten eines Organs zwar über § 31 BGB zugerechnet werden, zu der Schwierigkeit des Kausalitätsnachweises tritt aber i.R.d. insofern in Betracht kommenden Haftungsnorm des § 826 BGB das Verschuldenserfordernis hinzu – eine Außenhaftung der Organmitglieder gegenüber Aktionären begegnet denselben Problemen.[1743]

Durchsetzbare Ansprüche gegen das Unternehmen lassen sich folglich aus einem Verstoß gegen die Vorgaben zu der Entsprechenserklärung nach § 161 AktG schon nur unter bestimmten Voraussetzungen ziehen. Die kausale Schadensherbeiführung wird auch im Rahmen einer unzureichenden bzw. fehlenden Erfüllung der Berichtspflicht nicht weniger schwierig nachzuweisen sein. Davor ist jedoch die Frage zu stellen, inwiefern die Erfüllung der Berichtspflicht nach dem EntgTranspG i.R.v. § 93 Abs. 1, 2 AktG relevant ist. Nach § 93 Abs. 1 S. 1 AktG haben Vorstandsmitglieder bei ihrer Geschäftsführung die Sorgfalt eines ordentlichen und gewissenhaften Geschäftsleiters anzuwenden. Eine dem widersprechende Pflichtverletzung liegt nach der in S. 2 verankerten Business Judgement Rule dann nicht vor, wenn das Vorstandsmitglied bei einer unternehmerischen Entscheidung vernünftigerweise annehmen durfte, auf der Grundlage angemessener Information zum Wohle der Gesellschaft zu handeln. Die Exkulpation nach S. 2 setzt aber das Vorliegen einer unternehmerischen Entscheidung, d.h. einer nicht gebundenen Entscheidung,[1744] voraus. Auf den Fall, dass kein Bericht erstattet wird, ist sie folglich nicht anwendbar, da diesbezüglich nach § 21 Abs. 1 S. 1 EntgTranspG eine Pflicht besteht. Im Rahmen von gesetzlichen Pflichten soll gerade kein unternehmerischer Entscheidungsspielraum offengehalten werden, sodass bei einer

---

1739 Vgl. dazu MüKo-AktG/*Goette*, § 161 AktG Rn. 87 m.w.N.; Hüffer/Koch/*Koch*, § 161 AktG Rn. 25a.

1740 BGH v. 16.2.2009 – II ZR 185/07, NJW 2009, 2207, 2209, Rn. 19.

1741 Dazu MüKo-AktG/*Goette*, § 161 AktG Rn. 94 f. m.w.N.; Hüffer/Koch/*Koch*, § 161 AktG Rn. 32.

1742 MüKo-AktG/*Goette*, § 161 AktG Rn. 98.

1743 Ebd. Rn. 101 f.; Hüffer/Koch/*Koch*, § 161 AktG Rn. 29 f.

1744 BT-Drucks. 15/5092, S. 11.

Nichtbefolgung der Berichtspflicht grundsätzlich von einer für § 93 Abs. 1, 2 AktG relevanten Pflichtverletzung auszugehen ist.

Umgekehrt kann sich jedoch dann ein Konflikt ergeben, wenn der Berichtspflicht ordnungsgemäß nachgekommen wird. Ähnlich wie bereits i.R.d. Veröffentlichung betrieblicher Prüfverfahren nach §§ 17 ff. EntgTranspG diskutiert wurde, kann die Veröffentlichung eines jedenfalls augenscheinlich negativen Ergebnisses von Arbeitnehmern zum Anlass genommen werden, klageweise gegen das Unternehmen vorzugehen – gleichzeitig dürfen die Mitglieder des Vorstands aber nicht entgegen dem Wohle der Gesellschaft handeln.[1745] *Göpfert* und *Pfister* schlagen deshalb vor, in Anlehnung an das in Großbritannien als Ergänzung der i.R.d. Equality Act 2010 (Gender Pay Gap Information) Regulations 2017 bestehenden Berichtspflicht empfohlene *narrative*, eine Erläuterung des Berichts beizufügen. Danach müssten Vorstandsmitglieder, um den Anforderungen der Business Judgement Rule gerecht zu werden, in dem Bericht die Gründe für bestehende Entgeltunterschiede sowie die bereits ergriffenen und künftigen Maßnahmen darlegen.[1746] Während das deutsche Gesetz nur ein reines Reporting über Entgeltdifferenzen vorsehe, sei die britische Lösung darauf ausgelegt, Klagen durch umfassendere Transparenz vorzubeugen.[1747] Nach der ersten Evaluation des Gesetzes besteht gerade über die Anforderungen an die Tiefe der darzustellenden Informationen große Unsicherheit.[1748] Die Herleitung aus der Business Judgement Rule begegnet dogmatisch jedoch der Schwierigkeit, dass für ein Business Judgement im Rahmen gesetzlicher Pflichten ja gerade kein Raum ist. Die Erfüllung der Berichtspflicht in ihrer gesetzlichen Form kann dann nicht zugleich eine haftungsauslösende Pflichtverletzung darstellen. Dies ist auch einer der wesentlichen Unterschiede zu den betrieblichen Prüfverfahren nach §§ 17 ff. EntgTranspG: Dort besteht hinsichtlich der Durchführung ein Wahlrecht, mithin Raum für ein Business Judgement, weshalb auch eine Haftung der Unternehmensorgane zumindest grundsätzlich in Betracht kommt. Im Ergebnis kommen im Hinblick auf die Berichts- und Begründungspflicht – vorbehaltlich des Gelingens des Nachweises eines kausal herbeigeführten Schadens – nur dann weitergehende Rechtsfolgen in Frage, wenn insofern das gesetzlich vorgegebene Maß unterschritten wird.

Unabhängig davon stellt sich jedoch die Frage, ob eine überobligatorische Erläuterung aller berichtspflichtsrelevanten Informationen tatsächlich zur Vermeidung von Missinterpretationen sinnvoll und empfehlenswert erscheint. *Grimm* und *Freh* verweisen auf die für eine Nichterfüllung der Pflicht gesetzlich nicht vorgesehene

---

1745 *Göpfert/Pfister*, ZIP 2017, 1401, 1402 f.

1746 Ebd. S. 1405.

1747 Ebd.

1748 Bericht der Bundesregierung zur Wirksamkeit des Gesetzes zur Förderung der Entgelttransparenz zwischen Frauen und Männern, abrufbar unter: https://www.bmfsfj.de/blob/137224/128559d30c706beb1462f1c65db9d3ca/bericht-der-br-foerderung-entgelttransparenz-data.pdf, (Abruf 10.8.2019), S. 112.

Sanktion. Sie gehen dabei sogar so weit, dass sie empfehlen, schon die gesetzlich angeordnete Erläuterung für das Fehlen von Maßnahmen zur Förderung der Entgeltgleichheit zu unterlassen, weil das Unternehmen sich dadurch nur „zusätzlich angreifbar" machen würde.[1749] Dagegen spricht jedoch deren gesetzliche Ausgestaltung als Pflicht. Eine Sanktion könnte mittelbar auch über § 22 AGG hergeleitet werden. Kommt der Arbeitgeber seiner Pflicht aus § 21 Abs. 1 S. 1 oder S. 2 EntgTranspG nicht nach, könnte darin ein Indiz für eine geschlechtsbedingte Diskriminierung gesehen werden.[1750] Dem steht zwar entgegen, dass der Gesetzgeber an ein solches Verhalten gerade keine expliziten Sanktionen geknüpft hat,[1751] dies schließt jedoch nicht aus, dass ein Unterlassen der Berichts- oder Erläuterungspflicht zumindest in der Zusammenschau mit anderen Indizien i.R.v. § 22 AGG berücksichtigt werden könnte. Anders als bei der Nichtdurchführung des freiwilligen Prüfverfahrens, kann hier dem Unterlassen des Berichts eine Indizwirkung zukommen, da es sich um eine gesetzliche Pflicht handelt. Zudem haben die vorangegangenen Ausführungen gezeigt, dass trotz fehlender Sanktionen Haftungsrisiken nicht gänzlich auszuschließen sind.

Auch über das gesetzliche Maß hinausgehende Erläuterungen sind grundsätzlich dazu geeignet etwaige negative Effekte der Veröffentlichungspflicht abzufedern – sie stellen aber keine haftungsbewährte Notwendigkeit dar. Insofern kann *Grimm* und *Freh* zumindest bezüglich dieser Erläuterungen dahingehend zugestimmt werden, dass Unternehmen diese nur dann veröffentlichen sollten, wenn annähernd sicher ist, dass dadurch Unklarheiten beseitigt und nicht neue Verdachtsmomente geschaffen werden.

b) Durchführung von Maßnahmen

Im Unterschied zur Erbringung der Entsprechenserklärung nach § 161 Abs. 1 S. 1 AktG, besteht im Hinblick auf die Einhaltung der Vorgaben des DCGK an sich keine Pflicht.[1752] Bezüglich des DCGK wird zudem die mittelbare Herleitung einer entsprechenden Pflicht über § 93 Abs. 1, 2 AktG – auch in Anbetracht der bereits angesprochenen verfassungsrechtlichen Bedenken – abgelehnt.[1753] Diese Ansicht lässt sich auch auf das Ergreifen von Maßnahmen zur Herstellung von Gleichstellung und Entgeltgleichheit übertragen. Im Gegensatz zum DCGK existiert insofern sogar schon kein zentrales Regelwerk, auf welches Unternehmen zurückgreifen könnten. Nach § 6 Abs. 2 EntgTranspG sind Arbeitgeber zwar verpflichtet, die erforderlichen – auch vorbeugenden – Maßnahmen zu treffen, um die Beschäftigten vor Benachteiligungen wegen des Geschlechts in Bezug auf das Entgelt zu

1749 *Grimm/Freh*, ArbRB 2017, 311, 313.
1750 *Behrendt/Witzke*, BB 2017, 3060, 3064; *Grimm/Freh*, ArbRB 2017, 311, 314.
1751 *Bauer/Krieger/Romero*, § 21 EntgTranspG Rn. 22.
1752 MüKo-AktG/*Goette*, § 161 AktG Rn. 22 ff.; Hüffer/Koch/*Koch*, § 161 AktG Rn. 3.
1753 S. nur Ebd. Rn. 27.

schützen – welche Maßnahmen das aber *in concreto* sind, ist einzelfallabhängig. Die erforderlichen Maßnahmen können je nach Größe und organisatorischen Möglichkeiten des Unternehmens unterschiedlich ausfallen.[1754] Ein dem DCGK ähnelnder „Gleichstellungskodex" hätte somit das Ziel verfehlt. Lediglich eine beispielhafte Aufzählung möglicher Maßnahmen hätte die Rechtsanwendung hier erleichtern können.[1755] Jedenfalls lassen sich aus den dargestellten Gründen aus der Nichtdurchführung der von der Berichtspflicht betroffenen Maßnahmen keine weitergehenden Rechtsfolgen herleiten.[1756]

7. Ergebnis

Ähnlich wie der individuelle Auskunftsanspruch ist die Berichtspflicht in ihrer konkreten Ausgestaltung inhaltlich wenig aussagekräftig und teilweise sogar irreführend. Bei der Erstellung des Berichts selbst und den entsprechenden Erläuterungen handelt es sich zudem um Pflichten, deren Nichterfüllung an keine eindeutigen Rechtsfolgen gebunden ist. Der Gesetzgeber hat sich hier stattdessen für eine Ausgestaltung entschieden, die geeignet ist, faktischen bis pflichtgleichen Druck zu erzeugen. Mittel der Rechtsdurchsetzung sind hier nicht staatliche Bußgelder oder andere Sanktionen, sondern die Außenwirkung des unternehmerischen Verhaltens. Insofern kommt der Berichtspflicht ein „Erziehungscharakter" zu.[1757] Wie auch im Hinblick auf andere Elemente des *soft law* bestehen Bedenken hinsichtlich der Verfassungsmäßigkeit der Regelung.

VII. Privilegierung bestimmter Entgeltregelungen

Wie bereits i.R.d. Auskunftsanspruchs, der betrieblichen Prüfverfahren aber auch den Berichtspflichten angesprochen, schafft das EntgTranspG an vielen Stellen Sonderregelungen und Ausnahmen für bestimmte Arten von Arbeitgebern bzw. Entgeltregelungen. Dies betrifft einerseits tarifliche Entgeltregelungen bzw. die Arbeitgeber, die selbst tarifgebunden oder tarifanwendend sind und andererseits kollektivrechtliche Entgeltregelungen der Kirchen und der öffentlich-rechtlichen Religionsgesellschaften. Dabei handelt es sich aus Arbeitgebersicht durchweg um Erleichterungen. Aus diesem Grund ist es für die tatsächliche Durchsetzung des

---

1754 *Göpfert/Pfister*, ZIP 2017, 1401, 1403.

1755 In diesem Kontext wäre ein Rückgriff auf den Entwurf eines Gesetzes zur Gleichstellung der Geschlechter in der Privatwirtschaft (2001) möglich gewesen, vgl. dazu Gliederungspunkt F)I.1.a)aa).

1756 Vgl. aber Däubler/Bertzbach/*Zimmer*, § 21 EntgTranspG Rn. 5, für eine Berücksichtigung als Indiz i.R.v. § 22 AGG.

1757 *Bauer/Günther/Romero*, NZA 2017, 809, 813; *Grimm/Freh*, ArbRB 2017, 311, 314; Henssler/Willemsen/Kalb/*Thies*, § 22 EntgTranspG Rn. 3.

Entgeltgleichheitsgebots wesentlich, welche praktischen Auswirkungen sich daraus ergeben und ob etwaige Erleichterungen hinreichend gerechtfertigt sind.

1. Sonderregelungen für tarifgebundene und tarifanwendende Arbeitgeber

Nach Angaben des statistischen Bundesamtes waren im Jahr 2014 etwa 45 % der Beschäftigten in einem tarifgebundenen Betrieb beschäftigt.[1758] Insgesamt kann also davon ausgegangen werden, dass trotz rückläufiger Tarifbindung ein großer Anteil der Arbeitsverhältnisse durch die Privilegierungen berührt wird. Begründet wird diese Sonderbehandlung mit der statistisch geringeren Lohnlücke in Betrieben, in denen ein Entgelttarifvertrag verbindlich angewendet wird.[1759] Dies ist schon deshalb kritisch zu bewerten, weil die Höhe der Lohnzahlungslücke eben nicht mit dem (Nicht-)Vorhandensein von Entgeltdiskriminierung gleichgesetzt werden kann.[1760] Andere mögliche Begründungsansätze sind, dass der Gesetzgeber den Tarifvertragsparteien schlicht größere Spielräume zuerkennen möchte bzw. – mit Blick auf die Tarifautonomie – hier einen geringeren Handlungsbedarf sieht. Inwiefern sich diese Gedanken in den Sonderregelungen wiederspiegeln und ob so die dem Gesetz innewohnende Ungleichbehandlung gerechtfertigt werden kann, soll nachfolgend untersucht werden. Auffällig dabei ist, dass die privilegierenden Normen teilweise daran anknüpfen, dass der Arbeitgeber tarifgebunden oder tarifanwendend ist, teilweise aber auch daran, dass die Entgeltregelungen durch Tarifvertrag bestimmt werden. Auch die Frage, ob es sich deshalb einerseits um statusbezogene und andererseits um beschäftigtenbezogene Privilegierungen handelt,[1761] die unterschiedlich zu handhaben sind, gilt es daher zu klären.

a) Rechtfertigung der Privilegierung?

Die Gesetzesbegründung stützt sich im Hinblick auf die Privilegierung, wie bereits dargelegt wurde, auf die statistisch geringere Lohnlücke in Betrieben, in denen ein Entgelttarifvertrag verbindlich zur Anwendung gelangt. Im Rahmen der Angemessenheitsvermutung für tarifvertragliche Entgeltregelungen verweist sie sogar direkt auf Art. 9 Abs. 3 GG. Auf der Seite der entgegenstehenden Interessen finden sich der Gleichbehandlungsgrundsatz und die negative Koalitionsfreiheit der nicht tarifgebundenen und nicht tarifanwendenden Arbeitgeber. Ein Eingriff in die negative Koalitionsfreiheit kann bei dem Eingreifen einer verfassungsimmanenten

---

1758 Pressemitteilung Statistisches Bundesamt Nr. 383 v. 25.10.2016, abrufbar unter: https://www.destatis.de/DE/PresseService/Presse/Pressemitteilungen/2016/10/PD16_383_622.html (Abruf 4.12.2018).

1759 BT-Drucks. 18/11133, S. 47.

1760 Vgl. dazu bereits oben Gliederungspunkt A)I.

1761 So *Weigert*, NZA 2018, 210 ff.

Schranke und Verhältnismäßigkeit gerechtfertigt sein.[1762] Im Hinblick auf den Gleichheitsgrundsatz legt das BVerfG je nach Einzelfall unterschiedliche Maßstäbe an – handelt es sich aber wie vorliegend um eine Ungleichbehandlung von Personengruppen und wirkt sich die ungleiche Behandlung ebenfalls auf ein Freiheitsrecht aus, so ist jedenfalls eine strenge Verhältnismäßigkeitsprüfung erforderlich.[1763]

Eine verfassungsimmanente Schranke könnte hier in der Gewährleistung der Tarifautonomie gesehen werden, die der Gesetzgeber stärken und schützen will, indem er tarifgebundene und tarifanwendende Arbeitgeber von bestimmten einschränkenden Regelungen ausnimmt oder Erleichterungen schafft. Für eine grundsätzliche Eignung könnte angeführt werden, dass die Privilegierungen die Attraktivität von Tarifbindung und Tarifanwendung steigern kann. *Thüsing* hält jedoch gesetzliche Privilegierungen in Form von Bürokratieerleichterungen als Anreiz zur Organisation für zweckwidrig – schließlich würden tarifgebundenen und tarifanwendenden Arbeitgebern auch keine Steuererleichterungen gewährt.[1764] Zudem werden neben tarifgebundenen auch tarifanwendende Arbeitgeber privilegiert. Es besteht folglich keine Notwendigkeit, selbst als Mitglied in einem Arbeitgeberverband aktiv zu werden, um in den Genuss der Privilegierung zu kommen.[1765] Selbst wenn man von einer Geeignetheit der Privilegierungen ausgehen würde, so kann es doch bei der Frage nach der Erforderlichkeit nur darauf ankommen, welche Gewährleistungen durch Art. 9 Abs. 3 GG tatsächlich gefordert werden. Dass die Ergebnisse von Tarifverhandlungen – jedenfalls soweit sie rechtskonform zustande gekommen sind – als Verhandlungsprodukte inhaltlich zu respektieren sind, gehört zu diesen Gewährleistungen.[1766] Die im EntgTranspG zum Ausdruck kommende Angemessenheitsvermutung für tarifvertragliche Entgeltregelungen im Hinblick auf die Gleichwertigkeit von Tätigkeiten entspricht dieser Gewährleistung jedoch nicht. Zudem steht sie im Widerspruch zur Rechtsprechung des EuGH:

Nach § 4 Abs. 5 S. 1 EntgTranspG gilt für tarifvertragliche Entgeltregelungen sowie für Entgeltregelungen, die auf einer bindenden Festsetzung nach § 19 Abs. 3 HAG beruhen, eine Angemessenheitsvermutung. Wurden Tätigkeiten durch eine entsprechende Regelung unterschiedlichen Entgeltgruppen zugeordnet, sollen sie, unter dem Vorbehalt der Rechtskonformität der Regelung, nach § 4 Abs. 5 S. 2 EntgTranspG nicht als gleichwertig angesehen werden können. Die Gesetzesbegründung beruft sich hier auf die durch Art. 9 Abs. 3 GG gewährleistete

---

1762 Vgl. zur Rechtfertigung von Eingriffen in Art. 9 Abs. 3 GG oben Gliederungspunkt C)III.2.a).

1763 Vgl. nur BVerfG v. 30.7.2008 – 1 BvR 3262/07, NJW 2008, 2409, 2417, Rn. 150 m.w.N.

1764 *Thüsing*, Personalmagazin 10/2017, 68, 69.

1765 Pressemitteilung djb v. 31.10.2016, abrufbar unter: https://www.djb.de/verein/Kom-u-AS/K1/pm16-29/ (Abruf 4.12.2018).

1766 Vgl. zu den Gewährleistungen der Tarifautonomie oben Gliederungspunkt C)III.1.

Tarifautonomie und die Rechtsprechung des BAG, die in der Gewährleistung eine Möglichkeit sieht, „ein annähernd gleichgewichtiges Aushandeln der Vergütungen und Arbeitsbedingungen“ zu erreichen.[1767] *Thüsing* kritisiert diesbezüglich, dass mit der Angemessenheitsvermutung keine Vermutung dafür einhergehe, dass die Festlegung der Vergütung selbst diskriminierungsfrei erfolgt ist, denn die Angemessenheit werde von der Rechtsprechung nicht im Verhältnis zu anderen Vergütungen beurteilt.[1768] Dennoch könne das Zustandekommen durch Tarifverhandlungen als Indiz für das Vorliegen von Gleichwertigkeit Verwendung finden, wofür er als Formulierung vorschlägt: „Von Tätigkeiten, die in Tarifverträgen unterschiedlichen Entgeltstufen zugewiesen werden, wird vermutet, dass sie nicht gleichwertig sind”.[1769] Umgekehrt müsste dann auch die gemeinsame Einordnung in dieselbe Entgeltgruppe Gleichwertigkeit vermuten lassen.[1770]

Andere wiederum sehen einen Konflikt zwischen der Vermutungsregel und der Rechtsprechung des EuGH, wonach die Einstufung in dieselbe Tätigkeitsgruppe eines Kollektivvertrags nur zusammen mit anderen Indizien für das Vorliegen von gleichwertiger Arbeit sprechen könne.[1771] *Schlachter* fügt dem hinzu, dass so das eigentliche Problem, nämlich die auf die Tarifgestaltung folgende Eingruppierung, durch den Auskunftsanspruch gar nicht erst erfasst werde. Selbst, wenn man aufgrund der Tarifverhandlungen vermuten wollte, dass deren Ergebnis diskriminierungsfrei ist, könne dies nicht auf die Anwendung der Entgeltregelungen übertragen werden.[1772] *Weigert* will deshalb i.R.v. § 4 Abs. 5 S. 1 EntgTranspG, also bei der Frage, ob ein Arbeitgeber tarifanwendend ist, entscheidend auf die Tarifanwendungspraxis abstellen und die Vermutungswirkung nur auf Arbeitgeber erstrecken, deren „Entgeltsystem ein tarifvertragliches Entgeltsystem widerspiegelt“.[1773] Auch dieser Ansatz kann aber nicht darüber hinweghelfen, dass das Zustandekommen durch Tarifverhandlungen eine Vermutung der Benachteiligungsfreiheit nicht trägt. Bürokratieerleichterungen mögen in einem gewissen Maße dazu beitragen können, die Anwendung von Tarifverträgen attraktiv zu machen. Die im Verhältnis zu nicht tarifgebundenen und nicht tarifanwendenden

---

1767 BT-Drucks. 18/11133, S. 53 unter Bezugnahme auf BAG v. 21.5.2014 – 4 AZR 50/13, NZA 2015, 115.

1768 *Thüsing*, BB 2017, 565, 566; zustimmend *Kocher*, AuR 2018, 8, 11; vgl. auch ErfK/*Schlachter*, § 4 EntgTranspG Rn. 9; Däubler/Bertzbach/*Zimmer*, § 4 EntgTranspG Rn. 17.

1769 *Thüsing*, BB 2017, 565, 566.

1770 So auch *Wank*, RdA 2018, 34, 42; vgl. auch BT-Drucks. 18/11133, S. 54; *Brune/Brune*, BB 2019, 436, 443; a.A: *Schlegel/Helbig*, ZTR 2018, 506, 513.

1771 *Grimm/Freh*, KSzW 2017, 89, 93; *Kocher*, AuR 2018, 8, 11 f.; *Oberthür*, NJW 2017, 2228, 2231.; *von Roetteken*, GiP Sonderausgabe 1/2017, 2, 5.

1772 ErfK/*Schlachter*, § 11 EntgTranspG Rn. 6; ebenso *Kocher*, AuR 2018, 8, 12; *Oerder/Wenckebach*, § 11 EntgTranspG Rn. 14.

1773 *Weigert*, NZA 2018, 210, 214.

Arbeitsgebern bestehende Ungleichbehandlung wird jedoch durch keinen sachlichen Grund gerechtfertigt.

Denkbar wäre noch, den Vermutungscharakter des § 4 Abs. 5 EntgTranspG auf eine Indizwirkung innerhalb der Anwendung des Auskunftsanspruchs nach §§ 10 ff. EntgTranspG zu reduzieren.[1774] Der Wortlaut und die Systematik des Gesetzes sprechen jedoch gegen eine solche Beschränkung. Die Vermutung, dass auf tariflichen Festsetzungen beruhende Entgelte nicht diskriminierend sind und deshalb Erleichterungen für Arbeitgeber – auch hinsichtlich des Verfahrens – gerechtfertigt sind, zieht sich auch durch die weiteren Bestimmungen des Gesetzes und wirft an vielen Stellen zusätzliche Fragen auf, die im Folgenden erörtert werden sollen.

b) Anwendungsbereich

Die privilegierenden Normen knüpfen zum Teil daran an, dass eine auf Tarifvertrag beruhende Vergütung stattfindet. An anderer Stelle wird an den Status als „tarifgebundener Arbeitgeber" oder „tarifanwendender Arbeitgeber" angeknüpft. Beide werden in § 5 Abs. 4 bzw. 5 EntgTranspG legaldefiniert.

aa) Tarifgebundene Arbeitgeber

Tarifgebundene Arbeitgeber i.S.d. Gesetzes sind nach § 5 Abs. 4 EntgTranspG solche, die entweder schon nach § 3 Abs. 1 TVG (S. 1) bzw. durch Allgemeinverbindlicherklärung nach § 5 TVG tarifgebunden sind oder die Entgeltregelungen aufgrund einer bindenden Festsetzung nach § 19 Abs. 3 HAG anwenden (S. 2). *Schlachter* weist jedoch darauf hin, dass eine Verpflichtung zur Zahlung von Tarifentgelt nur bei beiderseitiger Tarifbindung, also in den Fällen von § 4 Abs. 1 TVG bestehe, weshalb von § 5 Abs. 4 S. 1 EntgTranspG nur solche Arbeitgeber erfasst sein könnten, die sämtlichen Arbeitnehmern (möglicherweise auch auf unterschiedlichen Tarifverträgen beruhend)[1775] tariflich bestimmtes Entgelt zahlen.[1776] Dies schränkt sie wiederum dahingehend ein, dass es letztlich entscheidend auf die ausschließliche Vergütung nach Tarifvertrag in dem jeweils betreffenden Betrieb ankomme.[1777] *Roloff* zieht dafür die Wertung des § 12 Abs. 2 EntgTranspG heran.[1778]

Bauer, Krieger und *Günther* hingegen halten am Wortlaut des § 5 Abs. 4 EntgTranspG fest, der nur auf die Tarifanwendung durch den Arbeitgeber in einem der genannten Fälle abstellt, weshalb es ausreichen müsse, wenn der Arbeitgeber

---

1774 *Bauer/Krieger/Günther*, § 4 EntgTranspG Rn. 47; ErfK/*Schlachter*, § 4 EntgTranspG Rn. 9.

1775 Insofern zustimmend: *Weigert*, NZA 2018, 210 f.; *Bauer/Krieger/Günther*, § 5 EntgTranspG Rn. 22.

1776 ErfK/*Schlachter*, § 5 EntgTranspG Rn. 10.

1777 Ebd.

1778 BeckOK-ArbR/*Roloff*, § 5 EntgTranspG Rn. 10.

den für ihn normativ geltenden Tarifvertrag lediglich auf die entsprechend tarifgebundenen Arbeitnehmer anwendet.[1779] *Weigert* argumentiert mit dem Grund der Privilegierung und hält deshalb eine umfassende beidseitige Tarifbindung ebenfalls nicht für erforderlich. Bereits durch die Bindung an überhaupt einen Tarifvertrag komme „eine gewisse vergütungspolitische Grundhaltung zum Ausdruck, die es rechtfertige, ihn als zumindest etwas unverdächtiger zu betrachten".[1780] Diese Argumentation, die eine aus der Tarifbindung ableitbare „Gesinnung" des Arbeitgebers voraussetzt, entspricht dem Grund der Privilegierung aber in keinster Weise: Das tarifautonome Zustandekommen von Entgelten mag zwar deren Angemessenheit vermuten lassen und so auch die Angemessenheit der Entlohnung im Betrieb, wenn diese tarifvertraglich determiniert ist, nicht aber, dass der Arbeitgeber selbst bezüglich Entgeltdiskriminierung generell unverdächtig ist.

Dass der Arbeitgeber wirklich gegenüber all seinen Arbeitnehmern, unabhängig von Region und Betriebszugehörigkeit, normativ zur Zahlung von Tariflöhnen verpflichtet sein muss, um als tarifgebunden in den Genuss der Privilegierung zu kommen, erscheint jedoch ebenfalls fraglich. § 5 Abs. 4 S. 1 EntgTranspG verweist gerade nur auf § 3 Abs. 1 TVG und nicht auf § 4 Abs. 1 TVG. Redaktionelle Fehler sind zwar insofern nicht ausgeschlossen – die Anknüpfung am Status als „tarifgebundener Arbeitgeber" weist aber zumindest darauf hin, dass der Fokus auf der Tarifbindung des Arbeitgebers selbst liegt. Die Lösung, auf die Situation im jeweiligen Betrieb abzustellen, erscheint praktikabel. Allerdings sind die Rechte und Pflichten nach dem EntgTranspG nicht durchgängig betriebsbezogen. Zudem müsste dann eine grundsätzliche Teilbarkeit des Begriffs „tarifgebundener Arbeitgeber" – zumindest im Hinblick auf verschiedene Betriebe – bestehen, welche im Wortlaut des Gesetzes zwar nicht angelegt ist, jedoch durch Auslegung ermittelt werden könnte.

Doch selbst dann, wenn der Arbeitgeber (innerhalb eines Betriebes) durchgehend nach Tarif vergütet, ist unklar, ob er dennoch in den Genuss der Privilegierungen kommen kann, wenn er über dieses tarifvertragliche Entgelt hinaus den Arbeitnehmern weitere Entgeltbestandteile gewährt. Grundsätzlich richtet sich die Vergütungspraxis dabei weiter nach Tarifvertrag. Man mag daher argumentieren, dass übertarifliche Vergütungsbestandteile nichts an der Eigenschaft als tarifgebundener bzw. tarifanwendender Arbeitgeber ändern.[1781] Die durch übertarifliche Zulagen entstehenden Differenzierungsmöglichkeiten eröffnen jedoch Spielräume für Diskriminierungen – auch wenn ein zusätzliches „Mehr" die Anwendung der tarifvertraglichen Regelung an sich nicht berührt. Übertarifliche Entgeltbestandteile können somit das grundsätzlich durch das Aushandeln zwischen den Tarifparteien entstehende Gleichgewicht aushebeln. Gerade bei Zulagen besteht ein im Verhältnis zu der Grundvergütung erhöhtes Diskriminierungsrisiko. Im Hinblick

---

1779 *Bauer/Krieger/Günther*, § 5 EntgTranspG Rn. 25 f.

1780 *Weigert*, NZA 2018, 210, 211; dazu kritisch *Roloff*, RdA 2019, 28, 32.

1781 *Bauer/Krieger/Günther*, § 11 EntgTranspG Rn. 48, 50; *Franzen*, NZA 2017, 814, 817.

auf diese Zulagen können Arbeitgeber sich zwar nicht auf den Verweis nach § 11 Abs. 2 S. 2 EntgTranspG beschränken,[1782] sondern müssen die Kriterien und Verfahren für die Zulagen erläutern. Eine Privilegierung erscheint dennoch noch stärker als ohnehin schon ungerechtfertigt, wenn es dem Arbeitgeber möglich ist, die Ergebnisse von Tarifverhandlungen durch Zulagen in den Hintergrund rücken zu lassen. Der Anwendungsbereich von Normen, die an den Status des Arbeitgebers anknüpfen, müsste somit teleologisch auf die Fälle reduziert werden, in denen der Arbeitgeber *ausschließlich* nach Tarif vergütet.[1783] Ebenso würde sich dann das Vorhandensein von außertariflich Beschäftigten auswirken.[1784] Diese werden schon nicht vom Anwendungsbereich eines Tarifvertrages erfasst, der Arbeitgeber hat also gar keine Möglichkeit, sie entsprechend tarifvertraglich zu vergüten. Ähnlich wie bei übertariflichen Zulagen besteht aber hier besonderes Diskriminierungspotenzial.

Durch diese Einschränkungen würde der Anwendungsbereich der Privilegierungen jedoch so stark verengt, dass die durch den Gesetzgeber offensichtlich intendierte Wirkung kaum eintreten könnte. *Franzen* ist insofern zuzustimmen, dass eine so ausgestaltete Privilegierung aufgrund der weiten Verbreitung von übertariflichen Zulagen praktisch wertlos wäre und insofern den gesetzgeberischen Willen nicht wiederspiegeln würde.[1785] Die Alternative enthält jedoch wie dargelegt, zahlreiche Inkonsistenzen und setzt zudem Gewährleistungen der tarifautonomen Gestaltung von Entgelten voraus, denen diese nicht gerecht werden kann. Darauf wird bei der Frage, wer tarifanwendender Arbeitnehmer ist, noch genauer einzugehen sein.

bb) Tarifanwendende Arbeitgeber

Tarifanwendende Arbeitgeber sind nach § 5 Abs. 5 EntgTranspG solche, „die im Geltungsbereich eines Entgelttarifvertrages oder Entgeltrahmentarifvertrages die tariflichen Regelungen zum Entgelt durch schriftliche Vereinbarung zwischen Arbeitgeber und Beschäftigten verbindlich und inhaltsgleich für alle Tätigkeiten und Beschäftigten übernommen haben, für die diese tariflichen Regelungen zum Entgelt angewendet werden“. Gemeint sind dabei Arbeitgeber, die zwar nicht normativ an einen Tarifvertrag gebunden sind, bei denen sich die Arbeitsvergütung jedoch durch arbeitsvertragliche Bezugnahme nach den in einem Tarifvertrag vorgesehenen Bestimmungen richtet.

Eine bloß faktische Bezugnahme durch betriebliche Übung genügt nicht, um dem Kreis der tarifanwendenden Arbeitgeber zu unterfallen.[1786] Dem ist zuzustimmen,

1782 S.a. ebd. S. 818; *Fasse/Klie*, Das neue Entgelttransparenzgesetz, S. 44; Däubler/Bertzbach/*Hinrichs*, § 11 EntgTranspG Rn. 2.

1783 Dafür: Däubler/Bertzbach/*Hinrichs*, § 14 EntgTranspG Rn. 1.

1784 Däubler/Bertzbach/*Hinrichs*, § 11 EntgTranspG Rn. 2.

1785 *Franzen*, NZA 2017, 814, 817.

1786 Ebd. S. 815; *Bauer/Krieger/Günther*, § 5 EntgTranspG Rn. 29; *Oberthür*, in: FS Willemsen, S. 351, 355; *Oerder/Wenckebach*, § 5 EntgTranspG Rn. 24; vgl. aber kritisch

denn die Entwurfsbegründung stellt auch klar, dass nicht jede Bezugnahme auf einen beliebigen Tarifvertrag ausreicht, sondern diesbezüglich besonders hohe Anforderungen zu stellen sind: Der Arbeitgeber müsste dem Geltungsbereich des in Bezug genommen Tarifvertrages auch dann unterfallen, wenn er nach § 3 Abs. 1 TVG tarifgebunden wäre, um eine Übereinstimmung mit dem, was regional üblich ist, sicherzustellen.[1787] Arbeitgeber sollen gerade nicht die Möglichkeit erhalten, in den Genuss der Privilegierung zu kommen, indem sie irgendeinen Tarifvertrag in Bezug nehmen, der etwa für sie besonders günstige Konditionen vorsieht.[1788] Die Gewährung der Privilegierung käme ansonsten einem Ablasshandel gleich. Eine verbindliche und inhaltsgleiche Übernahme setzt schließlich voraus, dass der Entgelttarif- oder Entgeltrahmentarifvertrag in Bezug auf das Entgelt vollständig übernommen wird.[1789] Dies entspricht der vorherrschenden Ansicht im Recht der allgemeinen Geschäftsbedingungen, wonach eine Bezugnahmeklausel nur dann nach § 307 Abs. 3 BGB i.V.m. § 310 Abs. 4 S. 3 BGB von der Inhaltskontrolle ausgeschlossen ist, wenn es sich um eine zumindest annähernde Globalverweisung handelt.[1790] Die dem Tarifvertrag zugesprochene Angemessenheitsvermutung kann nur anerkannt werden, wenn nicht bloß einzelne Bestandteile herausgegriffen werden, da es sich nur in der Gesamtheit um einen angemessenen Interessenausgleich handelt.[1791] Ein tarifanwendender Arbeitgeber ist demnach nur ein solcher, der das Entlohnungssystem eines Tarifvertrages insgesamt übernimmt.[1792]

In der Literatur wird zudem bereits vielfach diskutiert, ob die Formulierung „für alle Tätigkeiten und Beschäftigten übernommen haben, für die diese tariflichen Regelungen zum Entgelt angewendet werden" das Erfordernis aufstellt, dass sämtliche Arbeitsverträge mit allen Arbeitnehmern identische Bezugnahmeklauseln enthalten müssen. Ein solches Erfordernis könnten wohl nur die wenigsten Arbeitgeber erfüllen. Je nach Einstellungszeitpunkt kann ein unterschiedlich formulierter Formularvertrag verwendet worden sein – auch wenn in der Vergangenheit Betriebsübergänge stattgefunden haben, können insofern Unterschiede bestehen.[1793] Der Wortlaut der Norm lässt grundsätzlich auch ein anderes

---

zum Schriftformerfordernis DAV Stellungnahme Nr. 22/2017 v. 15.3.2017, S. 5, verfügbar unter: https://anwaltverein.de/de/newsroom/sn-22-17-entgelttransparenzgesetz-entgtranspg (Abruf 4.12.2018); *Grimm/Freh*, KSzW 2017, 89, 90 f.

1787 BT-Drucks. 18/11133, S. 55; dazu kritisch *Bauer/Krieger/Günther*, § 5 EntgTranspG Rn. 30.

1788 *Langemann/Wilking*, BB 2017, 501, 505.

1789 BT-Drucks. 18/11133, S. 55.

1790 BAG v. 18.9.2012 – 9 AZR 1/11, NZA 2013, 216, 218, Rn. 24; BAG v. 28.6.2007 – 6 AZR 750/06, NZA 2007, 1049, 1051, Rn. 22; *Thüsing*, AGB-Kontrolle im Arbeitsrecht Rn. 189, m.w.N.

1791 Ebd.

1792 So auch *Bauer/Krieger/Günther*, § 5 EntgTranspG Rn. 31.

1793 *Grimm/Freh*, KSzW 2017, 89, 90; *Langemann/Wilking*, BB 2017, 501, 505; *Oberthür*, NJW 2017, 2228, 2229; *Weigert*, NZA 2018, 210, 212.

Verständnis zu, denn dieser verlangt eine Übernahme „für alle Tätigkeiten und Beschäftigten (...) für die diese tariflichen Regelungen zum Entgelt angewendet werden". Dies kann dahingehend gedeutet werden, dass nicht notwendigerweise alle Arbeitsverhältnisse durch die Bezugnahme auf den Tarifvertrag gestaltet sein müssen, sondern jeweils das konkrete Arbeitsverhältnis maßgeblich ist.[1794] *Müller* hält dies für zwingend, da sonst Arbeitgeber insgesamt in den Genuss der Privilegierung kommen würden und zwar auch im Hinblick auf diejenigen Arbeitnehmer, die ihrerseits keinerlei Beziehung zu dem Tarifvertrag haben.[1795] *Oberthür* gibt jedoch zu bedenken, dass sich der Auskunftsanspruch auf Arbeitnehmer des Betriebs mit einer gleichen oder gleichwertigen Tätigkeit beziehe – unabhängig von der Grundlage der Vergütung, weshalb in Betracht zu ziehen sei, dass Tarifanwendung nur bei einheitlicher Anwendung auf alle Beschäftigten des Betriebs angenommen werden könne.[1796] *Weigert* wiederum will – parallel zu seiner Argumentation i.R.v. § 5 Abs. 4 EntgTranspG – ausreichen lassen, dass der Arbeitgeber hinsichtlich eines Tarifvertrages Bezugnahmeklauseln in dem Maße vereinbart hat, wie es der Reichweite des Tarifvertrages entsprechen würde. Dabei sei es unschädlich, wenn diese Voraussetzungen bei einem weiteren Tarifvertrag, auf den in anderen Arbeitsverträgen desselben Arbeitgebers Bezug genommen wird, nicht zuträfen.[1797] Ein solch weitgehendes Verständnis sprengt jedoch letztlich den Rahmen des § 5 Abs. 5 EntgTranspG.

cc) Einheitliche Beurteilung der Eigenschaft als tarifgebundener bzw. tarifanwendender Arbeitgeber?

Die Frage, welchen Anforderungen Arbeitgeber bzw. deren Entgeltregelungen entsprechen müssen, um in den Genuss der Privilegierung zu kommen, wird durch das Gesetz mithin alles andere als eindeutig beantwortet. Besondere Probleme ergeben sich dabei, wie bereits angesprochen wurde, im Hinblick auf das Vorhandensein von außertariflich Beschäftigten und die Gewährung übertariflicher Zulagen. *Franzen* spricht sich dafür aus, dass trotz der Tatsache, dass der Arbeitgeber nicht ausschließlich nach Tarif vergütet, Normen, die an den Status des Arbeitgebers anknüpfen, einheitlich auf alle Beschäftigten anzuwenden sind.[1798] Allerdings sei für die Anwendung anderer Normen wiederum das jeweils konkrete Arbeitsverhältnis relevant, wenn sie etwa darauf abstellten, dass eine einschlägige, tarifvertragliche Regelung existiert, auf die verwiesen bzw. der die Vergleichsgruppe

---

1794 So auch *Bauer/Günther/Romero*, NZA 2017, 809, 810; *Müller*, BB 2017, 2101, 2103; *Oberthür*, NJW 2017, 2228, 2229; *Oberthür*, in: FS Willemsen, S. 351, 356.

1795 *Müller*, BB 2017, 2101, 2103.

1796 *Oberthür*, NJW 2017, 2228, 2229; zustimmend *Brune/Brune*, BB 2019, 436, 443.

1797 *Weigert*, NZA 2018, 210, 212; ähnlich auch *Bauer/Krieger/Günther*, § 5 EntgTranspG Rn. 34.

1798 *Franzen*, NZA 2017, 814, 818; ebenso *Weigert*, NZA 2018, 210 ff.

entnommen werden kann (z.B. § 11 Abs. 2 sowie § 11 Abs. 3 Nr. 2 EntgTranspG).[1799] Diese Lösung kann zumindest insofern überzeugen, als dass sie die unterschiedlichen Anknüpfungspunkte der verschiedenen Regelungen wiederspiegelt.

Eine einheitliche Beurteilung der Eigenschaft als tarifanwendender Arbeitgeber, bei Normen, die nur an den Status des Arbeitgebers anknüpfen, bleibt aber der auch von *Müller* angeführten Kritik der Benachteiligung von Arbeitnehmern, deren Vergütung nicht auf Tarifvertrag beruht, ausgesetzt.[1800] Dies wird gerade bei einer Norm wie § 22 Abs. 1 EntgTranspG deutlich, die – anders als Verfahren und Inhalt des Auskunftsanspruchs – nur einheitlich angewendet werden kann.[1801] Denkbar wäre zu fordern, dass sich die Vergütung der überwiegenden Anzahl von Arbeitnehmern nach Tarifvertrag richtet. Denn führt man die einheitliche Beurteilung dahingehend *ad absurdum*, dass bereits die vollständige Anwendung des Tarifvertrages auf einen einzigen Arbeitnehmer – und damit auf *alle* Arbeitnehmer für die diese tariflichen Regelungen zum Entgelt angewendet werden – dazu führt, dass der Arbeitgeber statt alle drei Jahre nur alle fünf Jahre den Bericht zur Gleichstellung und Entgeltgleichheit erstellen muss, wird deutlich, dass der Gesetzgeber dieses Ergebnis nicht gewollt haben kann. Ein quantitatives Überwiegen findet jedoch keinerlei Wortlautanknüpfung und kann theoretisch vom einem auf den anderen Tag zu einer unterschiedlichen Beurteilung führen. Unklar ist zudem, ob eine überwiegende Zahlung von tariflichen Entgelten dazu geeignet ist, Benachteiligungen der nicht nach Tarif vergüteten Arbeitnehmer zu rechtfertigen – bloße Praktikabilitätserwägungen vermögen hier nicht zu überzeugen. Das hindert jedoch nicht daran, quantitative Gesichtspunkte zumindest insofern heranzuziehen, als dass vereinzelte und möglicherweise durch Irrtum unterbliebene Bezugnahmen unterhalb einer gewissen Relevanzschwelle nicht ins Gewicht fallen.[1802]

Letztlich muss sowohl für Tarifgebundenheit als auch für Tarifanwendung gelten, dass diese Eigenschaften bei Normen, die an den Arbeitgeberstatus anknüpfen, nur einheitlich beurteilt werden können.[1803] Angesichts einer dadurch drohenden Ungleichbehandlung von nicht nach Tarif vergüteten Arbeitnehmern, sind die Anforderungen der § 5 Abs. 4, 5 EntgTranspG nach der hier vertretenen Auffassung restriktiv zu handhaben. In Anbetracht der Gleichstellung, kommt dabei auch eine Kombination aus § 5 Abs. 4 und 5 EntgTranspG in Betracht, wenn der Arbeitgeber etwa einen Teil seiner Arbeitnehmer deshalb nach Tarif vergütet, weil er selbst entsprechend tarifgebunden ist und für den anderen Teil per Bezugnahmeklausel ein (anderer) Tarifvertrag Anwendung findet. Diese strenge Handhabung

---

1799 *Franzen*, NZA 2017, 814, 818; ebenso *Bauer/Heup/Mayr*, DB 2018, 1213; *Bauer/Krieger/Günther*, § 5 EntgTranspG Rn. 27; *Weigert*, NZA 2018, 210 ff.

1800 Vgl. oben Gliederungspunkt G)VII.1.b)bb).

1801 Vgl. *Bauer/Günther/Romero*, NZA 2017, 809, 810; offengelassen *Grimm/Freh*, ArbRB 2017, 311, 314.

1802 ErfK/*Schlachter*, § 5 EntgTranspG Rn. 11; *Weigert*, NZA 2018, 210, 212.

1803 Soweit auch *Franzen*, NZA 2017, 814, 818; *Weigert*, NZA 2018, 210 ff.

hat auch den Vorteil, dass so Unsicherheiten des Arbeitgebers bezüglich seiner Auskunftspflicht vermieden werden, ohne gleichzeitig Arbeitnehmer zu benachteiligen, die keine tarifliche Vergütung erhalten.[1804] Mag diese Lösung auch nicht der Intention des Gesetzgebers entsprechen, weil sie den Anwendungsbereich der Privilegierung deutlich verkleinert, so vermeidet sie doch zahlreiche Ungereimtheiten, die mit einem weiteren Verständnis einhergehen würden.

c) Verfahren und Inhalt der Auskunftserteilung

Das Verfahren der Auskunftserteilung scheint auf den ersten Blick aufgrund der getrennten Regelung in §§ 14 und 15 EntgTranspG für tarifgebundene und tarifanwendende Arbeitgeber einerseits und nicht tarifgebundene und nicht tarifanwendende Arbeitgeber andererseits völlig unterschiedlich zu sein. Wie dargelegt,[1805] wird das Auskunftsverlangen jedoch in beiden Fällen grundsätzlich durch den Betriebsrat übernommen. Für tarifgebundene und tarifanwendende Arbeitgeber ergibt sich darüber hinaus nach § 14 Abs. 3, 4 EntgTranspG, für den Fall, dass kein Betriebsrat besteht, die Möglichkeit, die Beantwortung der Auskunftsverlangen auf die Vertreter der zuständigen Tarifvertragsparteien zu übertragen. Diese haben wiederum nach § 6 Abs. 1 S. 2 EntgTranspG zu diesem Zweck Vertreterinnen und Vertreter zur Einhaltung des Entgeltgleichheitsgebots zu benennen. Bereits in dieser Anordnung könnte ein nur schwer zu rechtfertigender Eingriff in die Koalitionsfreiheit gesehen werden, denn die Selbstbestimmung über die innere Ordnung gehört insofern zu den wesentlichen Bestandteilen.[1806]

Hinsichtlich der Angabe der Kriterien und Verfahren der Entgeltfindung enthält § 11 Abs. 2 S. 2 EntgTranspG u.a. für solche, die auf tarifvertraglichen Entgeltregelungen beruhen, eine erhebliche Erleichterung: Hier genügt es nämlich, diese Entgeltregelungen zu benennen und anzugeben, wo sie eingesehen werden können. Die Gesetzesbegründung zieht den Anwendungsbereich dieser Privilegierung eng und erstreckt ihn nur auf die Entgeltbestandteile, „die tatsächlich und unmittelbar auf Basis (...) tarifvertraglicher Regelungen (...) geleistet werden".[1807]

1804 Dies wäre aber der Fall, würde man die Anwendung bzw. Bindung bezüglich nur *eines* Tarifvertrages ausreichen lassen, so aber *Weigert*, NZA 2018, 210, 213.

1805 Vgl. dazu oben Gliederungspunkt G)IV.4.a).

1806 BVerfG, Urteil v. 11.7.2017 – 1 BvR 1571/15 u.a., NZA 2017, 915, 917, Rn. 133; *Kocher*, AuR 2018, 8, 14; vgl. aber auch ErfK/*Schlachter* § 6 EntgTranspG Rn. 3, die § 6 Abs. 1 S. 2 EntgTranspG als bloße Obliegenheit versteht; für einen dann bestehenden gerichtlich durchsetzbaren Anspruch gegen die Tarifvertragsparteien Däubler/Bertzbach/*Hinrichs*, § 14 EntgTranspG Rn. 11.

1807 BT-Drucks. 18/11133, S. 59; zustimmend ErfK/*Schlachter*, § 11 EntgTranspG Rn. 2; insofern kann der Ansicht nicht zugestimmt werden, wonach – sofern dort eine Erläuterung vorhanden ist – auch ein Verweis auf den Arbeitsvertrag oder die relevante Betriebsvereinbarung genügt, vgl. *Fasse/Klie*, Das neue Entgelttranspare nzgesetz, S. 43.

Dies dient jedenfalls der Abgrenzung zu anderweitig geregelten Entgeltbestandteilen, könnte aber gleichzeitig auch so verstanden werden, dass es einer unmittelbaren Geltung des Tarifvertrages i.S.v. § 4 Abs. 1 S. 1 TVG für den jeweiligen Arbeitsvertrag bedarf. Diese These wird auch durch die anschließende Nennung von Beispielen gestützt, die jeweils eine normative Tarifbindung betreffen. Die Privilegierung würde dann nur für den Fall greifen, dass sowohl der Arbeitgeber als auch der die jeweils fragliche Tätigkeit verrichtende Arbeitnehmer tarifgebunden sind. Eine arbeitsvertragliche Bezugnahme auf einen einschlägigen Tarifvertrag würde demgegenüber nicht genügen. Dies widerspricht aber der Systematik des Gesetzes, welches an vielen Stellen sowohl tarifgebundene als auch tarifanwendende Arbeitgeber privilegiert.[1808] Auch aus teleologischer Perspektive ist davon auszugehen, dass es auf die beiderseitige Tarifbindung nicht entscheidend ankommen kann. Entscheidend für die Privilegierung ist vielmehr, dass der Entlohnung Tarifverhandlungen zugrunde liegen. Der Gesetzgeber scheint davon auszugehen, dass bei tarifvertraglichen Entgeltregelungen der Hinweis auf deren Auffindbarkeit genügt, um dem Beschäftigten die relevanten Informationen zur Verfügung zu stellen. Die Interessenlage ist dabei von der Tarifbindung der Arbeitsvertragsparteien unabhängig. Mithin kommt es lediglich darauf an, dass die Entgeltregelungen durch Tarifvertrag zustande gekommen sind und nicht darauf, auf welcher Grundlage sie Anwendung auf das Arbeitsverhältnis finden.

aa) Dennoch Erläuterungspflicht?

Schlachter merkt an, dass der Arbeitgeber dennoch die Zuordnung von Beschäftigten zu bestimmten Tätigkeitsgruppen erläutern müsse, da es sich dabei ebenfalls um einen Bestandteil der Entgeltfindung handele, der aber durch den Hinweis auf die tarifvertragliche Regelung nicht ersetzt werden könne.[1809] Dieses Argument lässt sich noch weiter ausbauen: Geht man mit der hier vertretenen Ansicht davon aus, dass zu einer Erläuterung auch die Erklärung der hinter den Kriterien stehenden Bedeutung, etwaige Bewertungsstufen innerhalb eines Kriteriums sowie die interne Gewichtung der Kriterien gehören,[1810] dann kann dem durch den bloßen Verweis auf die tarifvertragliche Regelung nicht genügt werden. Die Tatsache, dass die Kriterien und Verfahren der Entgeltfindung auf tarifvertraglichen Entgeltregelungen beruhen, ist für sich alleine nicht geeignet, dem Arbeitnehmer die erforderlichen Informationen zu vermitteln. Es kommt insofern auf den Inhalt der jeweiligen tariflichen Regelung an. Der Arbeitgeber profitiert dann von seiner Tarifbindung oder von der Bezugnahme – das macht Tarifbindung bzw. -anwendung attraktiv, geht aber auf der anderen Seite nicht sicher mit einer gleichwertigen Wahrung der Arbeitnehmerinteressen einher.[1811]

1808 Vgl. §§ 11 Abs. 3 S. 2 Nr. 1, 14, 22 Abs. 1 EntgTranspG.
1809 ErfK/*Schlachter*, § 11 EntgTranspG Rn. 2.
1810 Vgl. oben Gliederungspunkt G)IV.3.a).
1811 Vgl. dazu auch *Thüsing*, Personalmagazin 10/2017, 68, 69.

In einer solchen Erläuterungspflicht ist auch kein unzulässiger Eingriff in die Tarifautonomie zu sehen. Die Inhalte von Tarifverträgen sind bereits nach den §§ 6–8 TVG offenzulegen. Eine weitergehende Erläuterung in der Form, wie sie mit der hier vertretenen Auffassung für notwendig gehalten wird, greift dabei nicht in die Entscheidungsfreiheit der Tarifvertragsparteien ein. Auch i.R.d. eingeschränkten Betriebsratsbeteiligung in Tendenzunternehmen ist beispielsweise anerkannt, dass Anhörungs-, Beratungs- und Informationsrechte des Betriebsrates keine Gefährdung der überwiegend durch die Verfassung determinierten, tendenzgeschützten Zwecke darstellen.[1812] Auch wenn der Tendenzschutz nach § 118 Abs. 1 S. 1 BetrVG nur solche Beteiligungsrechte ausschließt, die der Tendenzverwirklichung *entgegenstehen*,[1813] so lässt sich diesem Verständnis doch die Wertung entnehmen, dass derartige Rechte keine unverhältnismäßige Beeinflussung darstellen.

Allerdings wird die Privilegierung in § 11 Abs. 2 S. 2 EntgTranspG auch damit gerechtfertigt, dass die Festlegung der Kriterien und Verfahren zur Entgeltfindung durch die Koalitionspartner erfolgt, sodass „der Arbeitgeber, der sie im Betrieb lediglich anwendet, darüber gar keine weitere Auskunft erteilen und damit nicht zu besserer Transparenz beitragen“ kann.[1814] Auch dieses Argument vermag jedoch nicht restlos zu überzeugen. Zum einen wird man es dem Arbeitgeber im Gegensatz zu den Arbeitnehmern viel eher zumuten können, sich über die entsprechenden Daten zu informieren. Zum anderen kann nach § 14 Abs. 3 S. 3 EntgTranspG die Beantwortung von Auskunftsverlangen durch Vereinbarung vom Arbeitgeber auf die Vertreterinnen und Vertreter der zuständigen Tarifvertragsparteien übertragen werden. Sieht sich der Arbeitgeber selbst nicht in der Lage, weitere Auskunft zu erteilen, kann er so versuchen, die Übernahme durch eine kompetentere Stelle zu erwirken.

bb) Bildung der Vergleichsgruppe

Durch § 11 Abs. 3 S. 2 Nr. 1 EntgTranspG wird des Weiteren bestimmt, dass bei tarifgebundenen und tarifanwendenden Arbeitgebern das Vergleichsentgelt der Beschäftigten des jeweils anderen Geschlechts anzugeben ist, die in die gleiche Entgelt- oder Besoldungsgruppe eingruppiert sind wie der oder die auskunftsverlangende Beschäftigte. Im Unterschied zu nicht tarifgebundenen und nicht tarifanwendenden Arbeitgebern müssen tarifgebundene und tarifanwendende Arbeitgeber also nicht sämtliche Beschäftigte des anderen Geschlechts, die die Vergleichstätigkeit ausüben, in die Berechnung des Medians miteinbeziehen, sondern

---

1812 BAG v. 22.4.1975 – 1 AZR 604/73, NJW 1975, 1907, 1908; BAG v. 19.5.1981 – 1 ABR 109/78, NJW 1982, 124, 125.

1813 ErfK/*Kania*, § 118 BetrVG Rn. 20.

1814 Wissenschaftliche Dienste des Bundestages, WD 6 – 3000 – 014/17, S. 15; vgl. auch MHA/*Krause*, § 60 Rn. 50.

lediglich diejenigen, die bereits derselben Entgeltgruppe angehören, während andere Vergleichspersonen mit einer gleichwertigen Tätigkeit nicht zu berücksichtigen sind.[1815] Auch hier spiegelt sich die Vermutung der Diskriminierungsfreiheit von Tarifverträgen wieder. Dies erscheint insbesondere problematisch, wenn man sich vor Augen führt, dass der tarifgebundene oder tarifanwendende Arbeitgeber dann durch Eingruppierung versuchen könnte zu verhindern, dass bestimmte Tätigkeiten – trotz objektiver Gleichwertigkeit – zur Vergleichsgruppenbildung herangezogen werden können. Die Eingruppierungsentscheidung des Arbeitgebers kann falsch sein, sie ist nicht verfassungsrechtlich durch die Tarifautonomie geschützt und kann auch nicht an der dem Tarifvertrag zukommenden Angemessenheitsvermutung partizipieren.[1816] Dies wird durch § 11 Abs. 3 S. 2 Nr. 1 EntgTranspG aber letztlich fingiert. Über diese Inkongruenz kann auch nicht hinweghelfen, dass Fehler bei der Eingruppierung durch präzise Vorgaben der Tarifvertragsparteien vermieden werden können.[1817]

Ein weiteres Problem ergibt sich daraus, dass die Vergleichsgruppenbildung durch Heranziehung der Entgeltgruppe dazu führen kann, dass sich diese aus sehr unterschiedlichen Tätigkeiten zusammensetzt, bei denen sich unterschiedliche Entgeltbestandteile schon aus der Natur der Tätigkeit ergeben.[1818] In diesen Fällen hat die Privilegierung für den Arbeitgeber auch janusköpfigen Charakter, denn eine so gebildete Vergleichsgruppe birgt viel Potenzial für eine Fehlinterpretation des Auskunftsinhalts. Hier liegt es aus der Sicht des Arbeitgebers nahe, kleinere Vergleichgruppen zu bilden, um so den Vergleich mit zu unterschiedlichen Tätigkeiten zu vermeiden.[1819] Zwar ist er durch die imperative Formulierung der Privilegierung dahingehend eingeschränkt, dass er das Vergleichsentgelt entsprechend § 11 Abs. 3 S. 2 Nr. 1 EntgTranspG anhand der Entgeltgruppe benennen muss.[1820] Auch um dem Charakter als Privilegierung gerecht zu werden, muss es ihm innerhalb dessen aber freistehen, kleinere Vergleichsgruppen zu bilden.[1821] Es verbleibt jedoch ein Risiko, dass diese Eingrenzung aufgrund des starren Wortlauts des § 11 Abs. 3 S. 2 Nr. 1 EntgTranspG im Rahmen einer gerichtlichen Auseinandersetzung Angriffsfläche bietet.[1822] Welches Risiko größer ist, hängt letztlich vom Einzelfall ab, sodass Arbeitgeber bzw. der Betriebsrat im Ergebnis trotz Privilegierung kaum

---

1815 ErfK/*Schlachter*, § 11 EntgTranspG Rn. 6.

1816 Vgl. auch kritisch *Bauer/Heup/Mayr*, DB 2018, 1213; Däubler/Bertzbach/*Hinrichs*, § 11 EntgTranspG Rn. 3; ErfK/*Schlachter*, § 11 EntgTranspG Rn. 6.

1817 So aber Wissenschaftliche Dienste des Bundestages, WD 6 – 3000 – 014/17, S. 16.

1818 *Schwertfeger/Kordes*, AuA 2018, 480, 482, nennen als Beispiel die Gewährung eines Dienstwagens für Vertriebsmitarbeiter.

1819 *Schwertfeger/Kordes*, AuA 2018, 480, 482.

1820 *Bauer/Krieger/Günther*, § 11 EntgTranspG Rn. 45.

1821 *Fasse/Klie*, Das neue Entgelttransparenzgesetz, S. 47; *Bauer/Krieger/Günther*, § 11 EntgTranspG Rn. 45; *Schwertfeger/Kordes*, AuA 2018, 480, 482.

1822 *Fasse/Klie*, Das neue Entgelttransparenzgesetz, S. 47; *Schwertfeger/Kordes*, AuA 2018, 480, 482.

um eine intensive Auseinandersetzung mit der Vergleichsgruppenbildung herumkommen.

cc) Auswirkungen bei außertariflich Beschäftigten und übertariflichen Zulagen

In § 11 Abs. 3 S. 2 Nr. 1 und 2 EntgTranspG wird danach unterschieden, ob ein Fall von § 14 oder § 15 EntgTranspG vorliegt. Anknüpfungspunkt ist damit der Status des Arbeitgebers. Bestimmt man den mit der hier vertretenen Ansicht restriktiv, so können außertariflich Beschäftigte grundsätzlich nur unter § 15 EntgTranspG und damit unter § 11 Abs. 3 S. 2 Nr. 1 EntgTranspG fallen. Hält man das Vorhandensein von nicht nach Tarif oder über Tarif vergüteten Arbeitnehmern aufgrund des dadurch verkleinerten Anwendungsbereichs der Privilegierung, für unschädlich, dann ergibt sich das Problem, dass für einen außertariflich beschäftigten Arbeitnehmer, der einen tarifgebundenen oder tarifanwendenden Arbeitgeber hat, eigentlich § 11 Abs. 3 S. 2 Nr. 1 EntgTranspG Anwendung finden müsste, es aber an einer von dieser Norm vorausgesetzten gesetzlichen oder tarifvertraglichen Entgeltgruppe fehlt. *Kocher* sieht deshalb bei außertariflich Beschäftigten nur den Anwendungsbereich von § 15 EntgTranspG eröffnet.[1823] Andere hingegen betonen den Charakter der Norm als an den Arbeitgeberstatus anknüpfende Privilegierung und halten deshalb § 14 EntgTranspG für anwendbar, wollen § 11 Abs. 3 S. 2 Nr. 1 EntgTranspG jedoch für diese Fälle dahingehend korrigieren, dass der Inhalt des Auskunftsanspruchs dem des § 11 Abs. 3 S. 2 Nr. 2 EntgTranspG entspricht.[1824] Im Ergebnis richtet sich die Auskunft damit stets nach § 11 Abs. 3 S. 2 Nr. 2 EntgTranspG. Das ist auch stimmig. Um dieses Resultat zu erreichen, bedarf es aber in jedem Fall eines Umweges, der im Gesetz nicht angelegt ist. Daran wird deutlich, dass der Gesetzgeber außertariflich Beschäftigte nicht hinreichend im Blick gehabt hat. Bei Arbeitnehmern, die übertarifliche Zulagen erhalten, sind solche Korrekturen wiederum nicht angezeigt. Sie lassen sich unproblematisch unter § 11 Abs. 3 S. 2 Nr. 1 EntgTranspG subsumieren.[1825]

dd) Beweislast

Bei der Darstellung des Auskunftsanspruches wurde bereits dargelegt, dass § 15 Abs. 5 EntgTranspG eine besondere Beweislastregel enthält, die den Arbeitgeber für ein Unterlassen seiner Auskunftspflicht sanktioniert.[1826] Ihrer systematischen Stellung nach findet sie nur bei nicht tarifgebundenen und nicht tarifanwendenden

---

1823 *Kocher*, AuR 2018, 8, 14.

1824 *Franzen*, NZA 2017, 814, 818; *Kocher*, AuR 2018, 8, 14; *Schlegel/Helbig*, ZTR 2018, 506, 513; *Weigert*, NZA 2018, 210, 213, f.

1825 *Franzen*, NZA 2017, 814, 818; *Weigert*, NZA 2018, 210, 214; i.E. auch *Bauer/Krieger/Günther*, § 14 EntgTranspG Rn. 62.

1826 Vgl. dazu oben Gliederungspunkt G)IV.4.c).

Arbeitgebern Anwendung. *Kocher* sieht in der Norm jedoch eine Konkretisierung von § 22 AGG, weshalb sie auch im Anwendungsbereich von § 14 EntgTranspG Geltung beanspruche.[1827] Dem steht jedoch entgegen, dass – obwohl die Gesetzesbegründung davon ausgeht, dass sich § 15 Abs. 5 EntgTranspG an § 22 AGG orientiert und sich die Formulierungen tatsächlich stark ähneln – der Regelungsgehalt der Privilegierung deutlich über den einer einfachen Beweislastregel hinausgeht und insofern wesentliche Diskrepanzen zwischen den Normen bestehen.[1828] Die Verortung dieser Regelung in § 15 EntgTranspG sowie die bewusste Schaffung der Privilegierung sprechen jedoch erkennbar gegen eine analoge Anwendung auf tarifgebundene und tarifanwendende Arbeitgeber.[1829] Ebenfalls gegen eine Anwendung von § 15 Abs. 5 EntgTranspG bei tarifgebundenen und tarifanwendenden Arbeitgebern wird angeführt, dass der Verdacht des rechtsuntreuen Verhaltens aufgrund der für Tarifverträge geltenden Angemessenheitsvermutung, hier nicht greifen könne.[1830] Eine Wertung, dass nach Tarif vergütende Arbeitgeber generell weniger verdächtig für geschlechtsbedingte Diskriminierungen sind, lässt sich der Angemessenheitsvermutung jedoch, wie unter Gliederungspunkt G)VII.1.a) dargelegt, nicht entnehmen.

Das Ergebnis einer für tarifgebundene und tarifanwendende Arbeitgeber folgenlosen Nichtbeantwortung ist jedoch offensichtlich unbefriedigend – insbesondere im Hinblick auf die Interessen der Arbeitnehmer. Bietet das EntgTranspG selbst für diese Arbeitgebergrupppen keine Sanktionen, so können sie sich doch aus anderen Gesetzen ergeben. So schlägt *Schlachter* die ergänzende Heranziehung von § 7 AGG vor und will die Nichtmitteilung i.R.v. Ansprüchen nach dem AGG als relevantes Indiz verwenden.[1831] Dafür spricht, dass das EntgTranspG dem Arbeitnehmer im Gegensatz zum abgelehnten Stellenbewerber tatsächlich einen Auskunftsanspruch zubilligt, sodass eine echte Pflicht besteht, an deren Verletzung angeknüpft werden kann – die generellen Bedenken im Hinblick auf die Rechtsprechung des EuGH in der Rechtssache Meister[1832] greifen insofern nicht. Auf der anderen Seite steht der deutlich erkennbare Wille des deutschen Gesetzgebers. Das EntgTranspG ist zwar nicht gleichermaßen wie das AGG europarechtlich determiniert, es liegen aber ebenfalls europäische Impulse zugrunde. Es würde zudem nicht überraschen, wenn der EuGH im Hinblick auf Ansprüche, die auf der Umsetzung

---

1827 *Kocher*, NZA 2018, 8, 16; zustimmend BeckOK-ArbR/*Roloff*, § 10 EntgTranspG Rn 41.

1828 Vgl. dazu oben Gliederungspunkt G)IV.4.c).

1829 *Franzen*, NZA 2017, 814, 819; *Koller-van Delden*, DStR 2018, 254, 259; MHA/*Krause*, § 60 Rn. 53; *Langemann/Wilking*, BB 2017, 501, 504; a.A. *Hintzen/Richter*, Antworten für die Praxis, Entgelttransparenzgesetz, S. 22; *Oerder/Wenckebach*, § 14 EntgTranspG Rn. 16; a.A. *Behrendt/Witzke*, BB 2017, 3060, 3062.

1830 *Bauer/Krieger/Günther*, § 14 EntgTranspG Rn. 61.

1831 ErfK/*Schlachter*, § 14 EntgTranspG Rn. 9 unter Berufung auf die Rechtsprechung des EuGH in der Rechtssache Meister EuGH v. 19. 4. 2012 – C-415/10, NZA 2012, 493; zustimmend Schlegel/Helbig, ZTR 2018, 506, 515.

1832 S. dazu bereits Gliederungspunkt D)II.2.c)dd)(1).

europäischer Antidiskriminierungsrichtlinien beruhen, auch Indizien anerkennt, die sich daraus ergeben, dass der Arbeitgeber Ansprüche des Arbeitnehmers nicht befriedigt, die der Geltendmachung erstgenannter Ansprüche dienen.

ee) Formelle Anforderungen

Weiterhin fällt auf, dass gleichfalls sowohl das Textformerfordernis der Antwort als auch die Frist für die Auskunftserteilung lediglich in § 15 Abs. 3 EntgTranspG, also innerhalb der für nicht tarifgebundene und nicht tarifanwendende Arbeitgeber geltenden Regelungen enthalten sind. Zudem findet sich in § 14 EntgTranspG kein entsprechender Verweis. Die systematische Stellung spricht auch hier zunächst deutlich dafür, dass diese Anforderungen eben nur für nicht tarifgebundene und nicht tarifanwendende Arbeitgeber gelten.[1833] Auch das BMFSFJ erläutert diese Formerfordernisse innerhalb seines Leitfadens nur bei den „Abweichungen gegenüber § 14“, wobei darauf hingewiesen wird, dass § 15 EntgTranspG für Arbeitgeber und Betriebsräte in nicht tarifgebundenen und nicht tarifanwendenden Betrieben „weitergehende Pflichten“ vorgibt.[1834]

Einige Stimmen in der Literatur gehen dennoch von einer allgemeinen Geltung der Frist des § 15 Abs. 3 EntgTranspG auch für tarifgebundene und tarifanwendende Arbeitgeber aus.[1835] Dieses Ergebnis wird zum Teil aus einer übergreifenden Begründung des Gesetzgebers hergeleitet, die auch eine übergreifende Anwendung erfordere.[1836] Tatsächlich wird die Fristsetzung in der Gesetzesbegründung damit erläutert, dass sie Klarheit über die Pflichten des Arbeitgebers in zeitlicher Hinsicht schaffen soll und auch mittleren Betrieben und der Bundesverwaltung ausreichend Zeit biete.[1837] An gleicher Stelle wird die Textform damit begründet, dass die Antwort so parallel zu dem Auskunftsersuchen des Arbeitnehmers ausgestaltet

---

1833 *Becker/Hjort*, ArbR 2018, 298, 301; *Grimm/Freh*, ArbRB 2017, 182, 185; *Hintzen/Richter*, Antworten für die Praxis, Entgelttransparenzgesetz, S. 21; *Müller*, BB 2017, 2101, 2103; ebenfalls aufgrund des insofern erkennbaren, entgegenstehenden gesetzgeberischen Willens, gegen die Möglichkeit einer analogen Anwendung *Fasse/Klie*, Das neue Entgelttransparenzgesetz, S. 54; Däubler/Bertzbach/*Hinrichs*, § 14 EntgTranspG Rn. 7; *Olbertz*, NWB 2017, 3068, 3071; *Richter*, ArbR 2018, 570, 571.

1834 BMFSFJ Leitfaden S. 52, abrufbar unter: https://www.bmfsfj.de/blob/118298/f9896570e6d9a5cf1afac0f5d192a834/das-entgelttransparenzgesetz-ein-leitfaden-fuer-arbeitgeber-sowie-fuer-betriebs-und-personalraete-data.pdf (Abruf 4.12.2018).

1835 *Bauer/Krieger/Günther*, § 14 EntgTranspG Rn. 53; *Fitting*, § 80 BetrVG Rn. 110; *Gaul*, ArbRB 2017, 47, 49; *Holler*, NZA 2017, 822, 823; *Kocher*, AuR 2018, 8, 15; *Oerder/Wenckebach*, § 14 EntgTranspG Rn. 16; ohne Begründung BeckOK-ArbR/*Roloff*, § 10 EntgTranspG Rn. 38; jedenfalls für eine Orientierung an dieser Norm ErfK/*Schlachter*, § 14 EntgTranspG Rn. 1.

1836 *Gaul*, ArbRB 2017, 47, 49; BeckOK-ArbR/*Roloff*, § 10 EntgTranspG Rn. 38; DAV Stellungnahme Nr. 22/2017 v. 15.3.2017, S. 11, verfügbar unter: https://anwaltverein.de/de/newsroom/sn-22-17-entgelttransparenzgesetz-entgtranspg (Abruf 4.12.2018).

1837 BT-Drucks. 18/11133, S. 65.

sei. Diese Begründung unterscheidet nicht zwischen tarifgebundenen bzw. tarifanwendenden Arbeitgebern und solchen, deren Entlohnung in keiner Beziehung zu tarifvertraglichen Festsetzungen steht[1838]. Im Hinblick auf das Textformerfordernis lässt sich zudem anführen, dass für die allgemeine Anwendung einerseits die Komplexität der Antwort und andererseits Beweiszwecke sprechen.[1839] Es sprechen mithin gute Gründe für eine freiwillige Einhaltung der Textform – eine entsprechende Pflicht für nicht tarifgebundene und nicht tarifanwendende Arbeitgeber lässt sich dem Gesetz jedoch nicht entnehmen.

Im Hinblick auf die Frist wird überwiegend ein Mittelweg gewählt, der einerseits von der grundsätzlichen Unanwendbarkeit des § 15 Abs. 3 EntgTranspG auf tarifgebundene und tarifanwendende Arbeitgeber ausgeht, aber andererseits auch diesen Arbeitgebern empfiehlt, die Frist gleichwohl einzuhalten bzw. die Wertungen des § 15 Abs. 3 EntgTranspG zu beachten.[1840] Während *Grimm* und *Freh* wenig überzeugend darauf abstellen, dass die Einhaltung der Frist für tarifgebundene und tarifanwendende Arbeitgeber aufgrund der Privilegierungen ohnehin einfacher sei,[1841] argumentieren *Langemann* und *Wilking* hier mit der Vermeidung von Klagen bei zeitnaher Auskunftserteilung.[1842] *Müller* sieht die Gefahr, dass es sich bei der fehlenden Verweisung um einen „redaktionellen Fehler" handelt, denn eine unbegrenzte bzw. nicht vorhandene Fristbegrenzung könne vom Gesetzgeber nicht intendiert worden sein.[1843] *Franzen* schließlich greift die Wertung des § 15 Abs. 3 EntgTranspG dahingehend auf, dass der Arbeitnehmer deshalb frühestens nach drei Monaten Auskunftsklage erheben können soll.[1844]

Im Ergebnis konterkariert eine fehlende zeitliche Begrenzung den Charakter der Auskunftserteilung als Pflicht gegenüber dem Arbeitnehmer. Trotz des deutlichen systematischen Arguments, ist davon auszugehen, dass die Auskunftserteilung auch bei tarifgebundenen und tarifanwendenden Arbeitgebern nicht völlig von jedem Zeitmoment losgelöst sein kann, wenn die Privilegierung nicht zum faktischen Ausschluss des Auskunftsanspruchs führen soll. Naheliegend wäre es etwa, in Anlehnung an die Regelung des § 15 Abs. 5 S. 1 EntgTranspG in der deutlichen Fristüberschreitung ein Indiz für eine Diskriminierung zu sehen. Gegen

---

1838 Vgl. auch *Bauer/Krieger/Günther*, § 14 EntgTranspG Rn. 55.

1839 *Bauer/Krieger/Günther*, § 14 EntgTranspG Rn. 55; *Hintzen/Richter*, Antworten für die Praxis, Entgelttransparenzgesetz, S. 21; *Langemann/Wilking*, BB 2017, 501, 504; BeckOK-ArbR/*Roloff*, § 10 EntgTranspG Rn. 30.

1840 So auch *Brune/Brune*, BB 2019, 436, 446; *Grimm/Freh*, KSzW 2017, 89, 98; *Koller-van Delden*, DStR 2018, 254, 259; vgl. *Fasse/Klie*, Das neue Entgelttransparenzgesetz, S. 54; *Schlegel/Helbig*, ZTR 2018, 506, 511; Henssler/Willemsen/Kalb/*Thies*, § 14 EntgTranspG Rn. 13.

1841 *Grimm/Freh*, ArbRB 2017, 182, 185.

1842 *Langemann/Wilking*, BB 2017, 501, 504; zustimmend ErfK/*Schlachter*, § 14 EntgTranspG Rn. 2.

1843 *Müller*, BB 2017, 2101, 2103.

1844 *Franzen*, NZA 2017, 814, 819.

diese Lösung spricht erneut die Gesetzessystematik. Sie wäre zudem den gleichen Bedenken, die sich grundsätzlich im Hinblick auf § 15 Abs. 5 S. 1 EntgTranspG ergeben, ausgesetzt. Zudem droht so eine Aufhebung der Privilegierung. Dennoch ist denkbar, dass in der Zukunft die Rechtsprechung an dieser Stelle bei einem die Frist des § 15 Abs. 3 EntgTranspG mehrfach überschreitenden Zeitraum die Frage nach einem rechtsmissbräuchlichen Verhalten stellen wird.[1845]

ff) § 15 Abs. 4 EntgTranspG

Wurde die Anwendung von § 15 Abs. 3 und 5 EntgTranspG auf tarifgebundene und tarifanwendende Arbeitgeber insbesondere aus systematischen Gründen und der intendierten Privilegierung dieser Arbeitgebergruppen grundsätzlich abgelehnt, so liegt es nahe diese Argumentation ebenso auf § 15 Abs. 4 EntgTranspG zu übertragen. Diese Arbeitgeber müssten folglich nicht die Geschlechterverteilung der Vergleichstätigkeit angeben und nicht prüfen, ob die benannte Tätigkeit gleich oder gleichwertig ist. In der Literatur finden sich jedoch auch Stimmen, die § 15 Abs. 3–5 EntgTranspG „systematisch als eigenständige Regelung“ verstehen, die auf sämtliche Arbeitgeber anzuwenden ist.[1846] Die Nichtanwendung sei deshalb nicht sinnvoll, weil die betroffenen Auskunftsinhalte unabhängig vom Status des Arbeitgebers für die auskunftssuchenden Arbeitnehmer von Belang seien.[1847] Im Hinblick auf die Geschlechterverteilung (§ 15 Abs. 4 S. 1 EntgTranspG) etwa ist nicht ersichtlich, inwiefern diese Information bei dem einen oder anderen Arbeitgeber mehr oder weniger relevant sein sollte. Dass die Überprüfung der Gleichheit bzw. Gleichwertigkeit i.S.v. § 15 Abs. 4 S. 2 EntgTranspG und bei negativem Ergebnis die Erläuterung für tarifgebundene und tarifanwendende Arbeitgeber entfallen, ist zumindest innerhalb des Gesetzes konsequent, welches in § 4 Abs. 5 S. 2 EntgTranspG von der Annahme ausgeht, dass tarifvertraglich unterschiedlich eingruppierte Tätigkeiten nicht gleichwertig sind.[1848]

Fraglich ist aber, wie damit umzugehen ist, dass bei einer Nichtanwendbarkeit von § 15 Abs. 4 EntgTranspG auch die Anordnung des S. 4 zur Erteilung der Auskunft im Hinblick auf eine Alternativtätigkeit entfällt. Dies kann jedenfalls nicht dazu führen, dass ein tarifgebundener oder tarifanwendender Arbeitgeber für den Fall, dass der auskunftssuchende Arbeitnehmer eine nicht korrekte Vergleichstätigkeit benennt, jegliche Auskunft unterlassen darf. Die Erleichterung für einen solchen Arbeitgeber liegt gerade darin, dass er nach § 11 Abs. 3 S. 2 Nr. 1 EntgTranspG nur das Vergleichsentgelt von gemeinsam mit dem auskunftsverlangenden Beschäftigten eingruppierten Beschäftigten anzugeben hat.[1849] Schon diese

---

1845 Für eine insofern indizielle Wirkung i.R.v. § 22 AGG Däubler/Bertzbach/*Hinrichs*, § 14 EntgTranspG Rn. 7.

1846 BeckOK-ArbR/*Roloff*, § 10 EntgTranspG Rn. 21; i.E. auch *Holler*, NZA 2017, 822, 823.

1847 BeckOK-ArbR/*Roloff*, § 10 EntgTranspG Rn. 21.

1848 *Bauer/Krieger/Günther*, § 14 EntgTranspG Rn. 57.

1849 *Bauer/Krieger/Günther*, § 14 EntgTranspG Rn. 57.

Norm determiniert den Inhalt der zu erteilenden Auskunft – und zwar unabhängig von § 15 Abs. 4 EntgTranspG, was auch an dem entsprechenden Verweis in § 11 Abs. 3 S. 2 Nr. 2 EntgTranspG deutlich wird. Eine Nichtgeltung von § 15 Abs. 4 EntgTranspG führt mithin nicht zum Entfall der Auskunftserteilung bezüglich einer Alternativtätigkeit. Bei außertariflich vergüteten Beschäftigten ist entweder schon der Anwendungsbereich von § 15 EngTranspG eröffnet oder der Inhalt der Auskunftserteilung im Ergebnis an § 11 Abs. 3 S. 2 Nr. 2 EntgTranspG auszurichten.[1850]

d) Durchführung betrieblicher Prüfverfahren und Fristen für Berichtspflichten

Im Hinblick auf die Durchführung betrieblicher Prüfverfahren ist in § 18 Abs. 3 S. 4 EntgTranspG vorgesehen, dass bei tarifvertraglichen Entgeltregelungen keine Verpflichtung zur Überprüfung der Gleichwertigkeit von Tätigkeiten besteht. Innerhalb der Berichtspflichten für Arbeitgeber mit in der Regel mehr als 500 Beschäftigten, die zur Erstellung eines Lageberichts nach §§ 264, 289 HGB verpflichtet sind, ist in § 22 Abs. 1 EntgTranspG für tarifgebundene und tarifanwendende Arbeitgeber nach § 5 Abs. 4, 5 EntgTranspG des Weiteren eine längere Frist zur Erstellung des Berichts vorgesehen. Der Berichtszeitraum und damit auch der Abstand zwischen den jeweils neu zu erstellenden Berichten beträgt für sie statt drei Jahren fünf Jahre.

aa) Hintergrund der Privilegierung

Die Privilegierung wird erneut damit begründet, dass bei tarifvertraglichen Entgeltregelungen ein stärkerer Schutz vor Entgeltdiskriminierung bestehe.[1851] Der Gesetzgeber scheint davon auszugehen, dass in diesen Fällen die Erstellung eines Berichts seltener erforderlich ist und kein Anlass dafür besteht, an dem Zutreffen der Bewertung von Tätigkeiten zu zweifeln. Diese Auffassung geht grundsätzlich nicht mit der Rechtsprechung des EuGH konform, der eine gemeinsame Einstufung durch eine kollektivvertragliche Entgeltregelung für sich alleine nicht als Begründung der Gleichwertigkeit ausreichen lassen will.[1852] Dies ist im Hinblick auf die Durchführung betrieblicher Prüfverfahren zunächst unschädlich, schließlich besteht diesbezüglich keine gesetzliche Pflicht – mag auch die konkrete Art der Durchführung vorgegeben sein. Laut der Gesetzesbegründung soll betont werden, „dass die korrekte und damit benachteiligungsfreie Anwendung von Entgeltregelungen in der betrieblichen Praxis vorrangig fokussiert werden kann".[1853] An

1850 Dazu ausführlich Gliederungspunkt G)VII.1.c)cc); das gleiche Ergebnis erzielen *Schlegel/Helbig*, ZTR 2018, 506, 510 durch eine analoge Anwendung von § 15 Abs. 4 EntgTranspG.
1851 BT-Drucks. 18/11133, S. 73.
1852 Vgl. dazu bereits Gliederungspunkt D)II.2.c)aa).
1853 BT-Drucks. 18/11133, S. 70.

dieser Stelle wird folglich die diskriminierungsfreie Eingruppierung in den Vordergrund gerückt. Die Tatsache, dass im Hinblick auf die Berichtspflicht einfach nur ein längerer Abstand zwischen den Berichten gewählt wurde, findet aber in der Angemessenheitsvermutung tariflich bestimmter Entlohnung keine Grundlage.

Als weitere Begründung für die Erleichterung im Hinblick auf betriebliche Prüfverfahren wird angeführt, dass etwa im Fall der Anwendung eines Verbandstarifvertrages „der einzelne Arbeitgeber (...) der falsche Adressat für eine Überprüfung wäre".[1854] Dies ist insofern richtig als der einzelne Arbeitgeber in diesem Fall nicht selbstständig Einfluss auf die Verhandlungsergebnisse nehmen kann. Die Frage nach der Festlegung der Entlohnungsgruppen können nur die jeweiligen Tarifvertragsparteien beantworten. Diese zur Gleichwertigkeitsüberprüfung zu verpflichten, stünde im Konflikt mit den Gewährleistungen der Tarifautonomie. Ein solcher könnte auch im Hinblick auf die nach dem EntgTranspG vorgesehene bloße Aufforderung zur Durchführung von betrieblichen Prüfverfahren bejaht werden, denn trotz der Sanktionslosigkeit der Nichtdurchführung ist, wie dargelegt, dennoch ein hoher faktischer Druck zu befürchten.[1855]

bb) Beschäftigtenbezogene Privilegierung

Während § 22 Abs. 1 S. 1 EntgTranspG an den Status des Arbeitgebers anknüpft und damit eine einheitliche Anwendung fordert,[1856] stellt § 18 Abs. 3 S. 4 EntgTranspG darauf ab, ob die Bezahlung anhand von tariflichen Entgeltregelungen erfolgt. Der Unterscheidung zwischen statusbezogenen und beschäftigtenbezogenen Privilegierungen entsprechend, könnte die Gleichwertigkeitsprüfung dann nur im Verhältnis zu denjenigen Arbeitnehmern, deren Vergütung auf tarifvertraglichen Bestimmungen beruht, Wirkung entfalten.[1857] Fraglich ist aber auch hier, ob es genügt, dass sich die Vergütung des Beschäftigten überhaupt aus tariflichen Bestimmungen ergibt. Im Gegensatz zu § 11 Abs. 2 S. 2 EntgTranspG, enthält § 18 Abs. 3 S. 4 EntgTranspG keine Beschränkung „soweit" die Vergütung auf Tarifvertrag beruht. Dies würde auch nicht passen, denn die Gleichwertigkeit im Rahmen eines betrieblichen Prüfverfahrens nur im Hinblick auf bestimmte Vergütungsbestandteile zu betrachten, ist nicht zweckmäßig. *Weigert* liest die Norm stattdessen so, dass es darauf ankomme, dass die Vergütung insgesamt auf tarifvertraglichen Regelungen beruht und begründet dies damit, dass bei systematischer Gewährung übertariflicher Zulagen im Gegensatz zur reinen Vergütung nach Tarif durchaus Überprüfungsbedarf bestehe.[1858] Dieses Verständnis lässt sich durch weitere Überlegungen stützen: Die gemeinsame Einstufung zweier Tätigkeiten

---

1854 Vgl. *Fasse/Klie*, Das neue Entgelttransparenzgesetz, S. 89.
1855 Vgl. oben Gliederungspunkt G)V.3.d).
1856 Vgl. dazu oben Gliederungspunkt G)VII.1.b)cc).
1857 Ebenso *Weigert*, NZA 2018, 210, 214; a.A. offenbar *Benkert*, NJW-Spezial 2017, 434.
1858 *Weigert*, NZA 2018, 210, 214.

durch Tarifvertrag ist zumindest ein Indiz für deren Gleichwertigkeit. Hebelt der Arbeitgeber die damit einhergehende gleiche Vergütung aus, indem er Zulagen in unterschiedlicher Höhe gewährt, setzt er sich zu der tarifvertraglichen Wertung in Widerspruch. Es erscheint deshalb umso mehr erforderlich, diese Entscheidung darauf zu überprüfen, ob ihr ein sachlicher Grund zugrunde liegt.

Zudem trifft auch die jeweils individuelle Anknüpfung danach, ob das konkrete Arbeitsverhältnis tarifvertraglich vergütet wird, auf Bedenken, weil die Überprüfung der Gleichwertigkeit von Tätigkeiten niemals isoliert erfolgen kann, sondern gerade mehrerer Tätigkeiten bedarf, die jeweils zum Vergleich herangezogen werden. Würden also rein nach Tarifvertrag vergütete Arbeitnehmer von der Überprüfung ausgeschlossen, bliebe etwa unentdeckt, dass sie möglicherweise zu Unrecht nicht die übertariflichen Zulagen erhalten, die andere Arbeitnehmer mit einer gleichwertigen Tätigkeit erhalten. Diese Überlegungen legen ein restriktives Verständnis nahe, wonach die Privilegierung nur dann greifen kann, wenn der Arbeitgeber ausschließlich nach Tarif vergütet.

e) *Zwischenergebnis*

Den Konflikt, der zwischen den Regelungen des EntgTranspG und der tarifautonomen Gestaltung von Entgelten besteht, hat der Gesetzgeber offenbar nicht übersehen. Die Mittel, die er gewählt hat, um diesen Konflikt auszugleichen, erscheinen jedoch fragwürdig. Die vorangegangene Untersuchung hat gezeigt, dass die Privilegierungen je nach Auslegung entweder ihrer Grundlage nicht gerecht werden oder aber so stark teleologisch zu reduzieren sind, dass für sie kaum Anwendungsfälle in der Praxis verbleiben. Anstatt Zugeständnisse zu schaffen, in denen die Respektierung der Tarifautonomie mehr oder weniger zum Ausdruck kommt, führen die Privilegierungstatbestände an vielen Stellen zu Unklarheiten und Ungereimtheiten. Das zeigt sich insbesondere darin, dass übertarifliche Zulagen nur unzureichend und außertariflich Beschäftigte gar nicht bedacht wurden. Nachvollziehbar erscheint noch, dass der Gesetzgeber beispielsweise in § 4 Abs. 5 EntgTranspG versucht hat, die für Tarifverträge geltende Angemessenheitsvermutung in das Gesetz zu implementieren. Die prozessualen und formellen Erleichterungen, die sich aus der Unanwendbarkeit von § 15 Abs. 3–5 EntgTranspG ergeben, stehen jedoch in keinem Zusammenhang zu den Gewährleistungen der Tarifautonomie.

2. Öffentlicher Dienst

Dem Grunde nach ist das EntgTranspG auch im Bereich des öffentlichen Dienstes anwendbar. Dies wird schon durch die Nennung entsprechender Beschäftigtengruppen in § 5 Abs. 2 EntgTranspG deutlich.

a) *Auskunftsanspruch*

In § 16 S. 1 EntgTranspG wird jedoch explizit angeordnet, dass der Auskunftsanspruch nach § 10 EntgTranspG „auch für Beschäftigte des öffentlichen Dienstes nach § 5 Absatz 2 Nummer 1 bis 5 in Dienststellen mit in der Regel mehr als 200 Beschäftigten“ besteht.[1859] In S. 2 wird zudem auf die §§ 11–14 verwiesen. Daraus lässt sich ableiten, dass im öffentlichen Dienst nach der gesetzlichen Konzeption stets von Tarifbindung auszugehen ist[1860] bzw. der Gesetzgeber den öffentlichen Arbeitgeber ebenso privilegieren möchte wie den tarifgebundenen und den tarifanwendenden[1861]. Diese Gleichstellung legt nahe, das zuvor bezüglich des Auskunftsanspruchs hinsichtlich tariflicher Entlohnung Festgestellte, auf den öffentlichen Dienst zu übertragen.[1862]

Es wird zusätzlich darauf verwiesen, dass der sog. „Ehrenmanntheorie“ folgend von öffentlichen Arbeitgebern ein rechtstreues Verhalten erwartet werden dürfe, was etwa die Anwendung der Beweisregel des § 15 Abs. 5 EntgTranspG ausschließe.[1863] Diese Theorie betrifft aber die verwaltungsrechtliche Frage nach der Subsidiarität der Feststellungsklage und geht von der Annahme aus, dass es bei öffentlichen Stellen keines Vollstreckungsdrucks bedarf, um diese zur Befolgung von gerichtlichen Entscheidungen anzuhalten.[1864] Zudem ist diese Argumentation zum einen nicht unumstritten und zum anderen auch nicht ohne Weiteres auf die hiesige, zivilrechtliche Fallgestaltung übertragbar.[1865] Hinzu kommt, dass man dann ebenso gut in Frage stellen könnte, warum Beschäftigten im öffentlichen Dienst überhaupt ein Auskunftsanspruch zustehen sollte, wenn doch davon auszugehen ist, dass ihr Arbeitgeber bzw. Dienstherr sich ohnehin rechtstreu verhält. Im Ergebnis stößt die Privilegierung im öffentlichen Dienst auf ähnliche Ungereimtheiten wie dies bei tarifgebundenen und tarifanwendenden Arbeitgebern der Fall ist.

b) *Betriebliche Prüfverfahren und Berichtspflichten*

Die Tatsache, dass der Gesetzgeber die Anwendbarkeit des Auskunftsanspruchs im öffentlichen Dienst noch einmal ausdrücklich festgelegt hat, weist zudem darauf hin, dass die beiden anderen speziellen Instrumente des Gesetzes – das betriebliche Prüfverfahren und die Berichtspflicht – nicht anwendbar sind.[1866] Dies ergibt sich

---

1859 Zum Dienststellenbegriff *Schlegel/Helbig*, ZTR 2018, 508, 509.

1860 *Schlegel/Helbig*, ZTR 2018, 508; BeckOK-ArbR/*Roloff*, § 16 EntgTranspG Rn. 1.

1861 BT-Drucks. 18/11133, S. 67.

1862 Vgl. dazu kritisch im Hinblick auf die Nichtanwendbarkeit von § 15 Abs. 5 EntgTranspG *Salomon-Hengst*, öAT 2018, 92, 95.

1863 *Bauer/Krieger/Günther*, § 16 EntgTranspG Rn. 27, mit Hinweis auf BVerwG v. 27.10.1970 – VI C 8/69, NJW 1971, 1284.

1864 BeckOK-VwGO/*Möstl*, § 43 VwGO Rn 15.

1865 Vgl. dazu BeckOK-VwGO/*Möstl*, § 43 VwGO Rn 15 m.w.N.

1866 I.E. auch *Salomon-Hengst*, öAT 2018, 92.

im Hinblick auf die Prüfverfahren zudem aus der Beschränkung des § 17 Abs. 1 S. 1 EntgTranspG auf private Arbeitgeber. Die Abgrenzung zwischen privaten und öffentlichen Arbeitgebern ist formell anhand der privat- bzw- öffentlich-rechtlichen Organisationsform zu bestimmen.[1867] In Anbetracht der Freiwilligkeit der Prüfverfahren dürfte es öffentlichen Arbeitgebern dennoch offenstehen, ein solches durchzuführen.

Die Berichtspflicht nach §§ 21 ff. EntgTranspG wiederum ist nach dem Gesetzeswortlaut nicht auf private Arbeitgeber beschränkt. Allerdings ist die Lageberichtspflichtigkeit des Arbeitgeberunternehmens nach §§ 264 ff., 289 HGB erforderlich. Es lässt sich darüber streiten, ob von diesem Verweis auch Unternehmensformen erfasst sind, für die, wie bei bestimmten Bundesbetrieben nach § 87 Abs. 1 BHO, ihrerseits auf diese Normen verwiesen wird.[1868] Allerdings spricht auch die Gesetzesbegründung an mehreren Stellen im Hinblick auf die Berichtspflicht von privaten Arbeitgebern,[1869] was darauf hindeutet, dass eine Berichtspflicht für öffentlich-rechtlich organisierte Arbeitgeber jedenfalls nicht intendiert ist. Eine Begründung für eine solche Erleichterung ist jedoch nicht ersichtlich. Durch die Privilegierung des § 16 S. 2 EntgTranspG sollen öffentliche Arbeitgeber hinsichtlich des individuellen Auskunftsanspruchs mit tarifgebundenen und tarifanwendenden Arbeitgebern gleichgestellt werden – diese wiederum sind aber gerade nicht von der Berichtspflicht ausgeschlossen, sondern haben lediglich in größeren zeitlichen Abständen zu berichten. Eine darüber hinausgehende Privilegierung bei der Berichtspflicht, erscheint somit auch systematisch nicht konsequent.

3. Kollektiv-rechtliche Entgeltregelungen der Kirchen und der öffentlich-rechtlichen Religionsgesellschaften

Schließlich findet sich mit § 11 Abs. 4 und § 18 Abs. 3 S. 5 EntgTranspG an zwei Stellen des Gesetzes der Hinweis, dass bestimmte Erleichterungen auch auf kollektiv-rechtliche Entgeltregelungen der Kirchen oder der öffentlich-rechtlichen Religionsgesellschaften entsprechend anwendbar sind. Dies betrifft einerseits den Inhalt der Auskunftserteilung und andererseits das Absehen von der Überprüfung der Gleichwertigkeit von Tätigkeiten i.R.v. betrieblichen Prüfverfahren.

a) EntgTranspG und Mitarbeitervertretungsrecht

Den Kirchen und Religionsgemeinschaften kommt nach Art. 140 GG i.V.m. Art. 137 Abs. 3 WRV das Recht zu, innerhalb der Schranken der für alle geltenden Gesetze

---

1867 *Bauer/Krieger/Günther*, § 17 EntgTranspG Rn. 13; *Salomon-Hengst*, öAT 2018, 92; ErfK/*Schlachter*, § 17 EntgTranspG Rn. 2.

1868 Dagegen *Bauer/Krieger/Günther*, § 21 EntgTranspG Rn. 11; zweifelnd *Kolb/Heinek*, WPg 2017, 1243, 1247.

1869 BT-Drucks. 18/11133, S. 25, 73.

ihre Angelegenheiten selbständig zu ordnen und zu verwalten. Die Anwendbarkeit der Regelungen des EntgTranspG auf kirchliche Arbeitgeber ist dennoch grundsätzlich nicht in Frage zu stellen. Auch das AGG gilt dem Grunde nach für kirchliche Arbeitgeber – unter Beachtung der Sonderregelung des § 9 AGG – gleichermaßen. Wäre dies i.R.d. EntgTranspG anders, so wären auch die Privilegierungen letztlich überflüssig. Die für katholische Einrichtungen geltende Mitarbeitervertretungsordnung (MAVO) normiert zudem seit ihrer letzten Ergänzung in § 26 Abs. 3 Nr. 10 die Zuständigkeit der Mitarbeitervertretung für die Durchsetzung der Entgeltgleichheit von Frauen und Männern und die Wahrnehmung der im EntgTranspG vorgesehenen Aufgaben der betrieblichen Interessenvertretung.[1870] Darin kann eine Anerkennung des durch § 6 Abs. 1 S. 1 EntgTranspG gesetzten Auftrages an die betrieblichen Interessenvertretungen gesehen werden.[1871]

b) *Umfang der Privilegierung*

Erfasst werden von der Privilegierung auch karitative und erzieherische Einrichtungen der Kirchen, wobei die Gesetzesbegründung klarstellt, dass es darauf ankommt, dass es sich um arbeitsrechtliche Entgeltregelungen handelt, die die Kirchen oder die öffentlich-rechtlichen Religionsgesellschaften auf dem sog. „Dritten Weg" vereinbart oder übernommen haben. Insofern bestünde nämlich ein gegenüber durch den Arbeitgeber vorgegebenen oder individuell ausgehandelten Entgeltregelungen geringeres Benachteiligungspotenzial.[1872] Beruhen die Entgeltregelungen jedoch auf Tarifverhandlungen, sind also auf dem sog. „Zweiten Weg" entstanden, so gelten auch für kirchliche Arbeitgeber die im vorherigen Abschnitt getätigten Ausführungen.[1873]

Der Dritte Weg ist „ein am Leitbild der Dienstgemeinschaft ausgerichtetes Arbeitsrechtsregelungsverfahren, bei dem die Dienstnehmerseite und die Dienstgeberseite in einer paritätisch besetzten Kommission die Arbeitsbedingungen der Beschäftigten gemeinsam aushandeln und einen Konflikt durch den neutralen Vorsitzenden einer Schlichtungskommission lösen."[1874] Es handelt sich also nicht um Tarifverträge – eine normative Wirkung ist ebenfalls zu verneinen, dennoch können Arbeitsvertragsordnungen und Arbeitsvertragsrichtlinien im Hinblick auf ihre Funktionen – etwa der Herstellung von Verhandlungsgleichgewicht – als gleichwertig betrachtet werden.[1875] Es liegt insofern einerseits nahe, sie auch im

---

1870 S. z.B. ABl. Erzbistum Köln, Stück 3 v. 1.2.2018, S. 45.

1871 Vgl. auch Freiburger Kommentar/*Thüsing/Mathy*, § 26 MAVO Rn. 83; *Oxenknecht-Witzsch*, ZMV 2017, 201.

1872 BT-Drucks. 18/11133, S. 61, 70.

1873 Vgl. BT-Drucks. 18/11133, S. 61, 70.

1874 BAG v. 20.11.2012 – 1 AZR 179/11, NZA 2013, 448, 449, Leitsatz.

1875 *Richardi*, Arbeitsrecht in der Kirche, § 15 Rn. 4 ff.

Anwendungsbereich des EntgTranspG wie tarifvertragliche Regelungen zu behandeln und andererseits die diesbezügliche Kritik ebenfalls zu übertragen.

Dass der Gesetzgeber die Anwendbarkeit jedoch an zwei Stellen explizit geregelt hat, spricht grundsätzlich dagegen, die Gleichbehandlung darüber hinaus auszuweiten. Nicht eindeutig geregelt ist aber, ob sich das Verfahren der Auskunftserteilung nach § 14 oder § 15 EntgTranspG richtet. Gegen eine Anwendung von § 14 EntgTranspG spricht, dass eine Subsumtion unter § 5 Abs. 4 oder 5 EntgTranspG ausscheidet. Außerdem erklärt § 11 Abs. 4 EntgTranspG neben § 11 Abs. 2 S. 2 EntgTranspG auch § 11 Abs. 3 Nr. 1 EntgTranspG für entsprechend anwendbar, der den Fall des § 14 EntgTranspG explizit nennt – der Verweis wäre zumindest überflüssig, wenn kollektiv-rechtliche Entgeltregelungen der Kirchen oder der öffentlich-rechtlichen Religionsgesellschaften bereits von § 14 EntgTranspG erfasst wären. In systematischer Hinsicht erscheint es auch als nicht ganz sauber, den in § 11 Abs. 4 EntgTranspG enthaltenen Verweis auf § 11 Abs. 3 Nr. 1 EntgTranspG gleichzeitig als einen Verweis auf die entsprechende Anwendung des § 14 EntgTranspG zu verstehen. Vorzugswürdig wäre hier eine Entsprechensregelung direkt in § 14 EntgTranspG gewesen. Dennoch ist wohl davon auszugehen, dass eine Anwendung des § 14 EntgTranspG in seiner Gesamtheit bezweckt ist.[1876]

Eine weitere Ungenauigkeit ergibt sich im Hinblick auf die Zuständigkeit zur Entgegennahme und Beantwortung von Auskunftsersuchen. Die §§ 14, 15 EntgTranspG normieren insoweit eine grundsätzliche Zuständigkeit des Betriebsrates. Der Telos dieser Regelung – nämlich die Hemmschwelle für Beschäftigte zu senken, indem sie sich an ihre betriebliche Interessenvertretung wenden können, und ihnen somit die Wahrnehmung ihrer Rechte zu erleichtern, ist auf kirchliche Arbeitsverhältnisse übertragbar. Der Wortlaut der Normen beschränkt diese – und so auch bei § 13 EntgTranspG – aber auf Betriebsräte. Hier wäre es zweckmäßig gewesen, stattdessen wie bei § 6 Abs. 1 S. 1 EntgTranspG den neutraleren Begriff „betriebliche Interessenvertretung" zu wählen.

4. Übertragbarkeit auf andere Formen kollektiver Entgeltfestsetzung

Es wird also deutlich, dass der Gesetzgeber dort, wo Entgeltregelungen auf kollektiven Festsetzungen beruhen, ein geringeres Diskriminierungspotenzial sieht. Dies legt nahe, die vorhandenen Privilegierungen auch auf andere Fälle kollektiver Entgeltfestsetzung zu übertragen. Als Ausnahmevorschriften sind die Privilegierungstatbestände allerdings restriktiv auszulegen. Dies gilt hier umso mehr im Hinblick auf die gegen selbige vorgetragenen Bedenken. Soweit andere, als die genannten Fälle nicht unter das Gesetz subsumiert werden können, kommt nur eine analoge Anwendung in Betracht. Eine solche erfordert jedoch sowohl eine vergleichbare Interessenlage als auch das Vorhandensein einer unbewussten Regelungslücke.

1876 So auch Freiburger Kommentar/*Thüsing/Mathy*, § 26 MAVO Rn. 87.

a) Betriebsvereinbarungen

Gemeinsam ist tariflichen Regelungen und Betriebsvereinbarungen zumindest der kollektive Bezug. In § 11 Abs. 3 Nr. 1 EntgTranspG kommt es auf die Beschäftigten des anderen Geschlechts an, „die in die gleiche Entgelt- oder Besoldungsgruppe eingruppiert sind" – solche Gruppen existieren auch in Betriebsvereinbarungen.[1877] Gleichzeitig macht § 11 Abs. 3 Nr. 1 EntgTranspG aber auch deutlich, dass dies nur „in den Fällen des § 14 sowie in den Fällen einer gesetzlichen Entgeltregelung" gilt. Für die Anwendbarkeit des § 14 EntgTranspG sind wiederum die Definitionen des § 5 Abs. 4, 5 EntgTranspG maßgeblich, unter die Betriebsvereinbarungen, bzw. die an diese gebundenen Arbeitgeber, wiederum nicht subsumiert werden können.[1878]

Häferer und *Köhler* halten dennoch auch bei Betriebsvereinbarungen einen Verweis auf selbige i.S.v. § 11 Abs. 2 S. 2 EntgTranspG aufgrund der mit den Fällen von Tarifbindung bzw. -anwendung vergleichbaren Situation für ausreichend.[1879] Gleich im Anschluss räumen sie jedoch ein, dass die Gesetzesbegründung gerade alle nicht gesetzlichen oder tarifvertraglichen Entgeltregelungen von dieser Erleichterung ausschließt. Schließlich käme nur eine analoge Anwendung in Betracht. *Franzen* führt aus, dass die Erwägungen, mit denen in der Gesetzesbegründung die Privilegierung kirchlicher Entgeltregelungen erklärt werden, auf Betriebsvereinbarungen übertragen werden könnten.[1880] Tatsächlich wird in der Gesetzesbegründung deutlich, dass der Gesetzgeber betrieblichen Akteuren bei der Entgeltfindung eine mit der Funktion der tariflichen Lohngestaltung vergleichbare Wirkung beimisst, indem er auf Studien verweist, die „zeigen, dass die berechnete Entgeltlücke dort deutlich kleiner ist, wo Tarifverträge gelten und Betriebsräte mitwirken."[1881]

Roloff argumentiert damit, dass viele Entgeltbestandteile durch Betriebsvereinbarung geregelt würden, auf die sich auch der Auskunftsanspruch nach § 10 Abs. 1 S. 3 EntgTranspG bezieht, weshalb es widersprüchlich sei, Tarifverträge und Betriebsvereinbarungen nicht gleich zu behandeln und fügt noch hinzu, dass Betriebsvereinbarungen „eine umfassendere normative Anwendung" als Tarifverträgen zukomme.[1882] Des Weiteren erkenne auch der EuGH betrieblichen Vereinbarungen der Sozialpartner die Angemessenheitsvermutung zu.[1883] Eine vergleichbare

---

1877 *Franzen*, NZA 2017, 814, 818.

1878 Vgl. auch Däubler/Bertzbach/*Hinrichs*, § 11 EntgTranspG Rn. 2; *Kocher*, AuR 2018, 8, 14.

1879 *Häferer/Köhler*, CB 2017, 284, 285; ähnlich *Schwertfeger/Kordes*, AuA 2018, 480, 481; differenzierend danach, ob der Arbeitgeber dort bisher bereits alle Entgeltbestandteile erläutert hat: *Fasse/Klie*, Das neue Entgelttransparenzgesetz, S. 42 f.

1880 *Franzen*, NZA 2017, 814, 818.

1881 BT-Drucks. 18/11133, S. 1; BeckOK/*Roloff*, § 5 EntgTranspG Rn. 13; *Bauer/Krieger/Günther*, § 4 EntgTranspG Rn. 49 ff.; deshalb für eine Privilegierung auch von Entgeltregelungen in Betriebsvereinbarungen *Schwertfeger/Kordes*, AuA 2018, 480, 481.

1882 BeckOK-ArbR/*Roloff*, § 5 EntgTranspG Rn. 13.

1883 Ebd. Rn. 15, mit Verweis auf EuGH v. 6.12.2012 – C-152/11, NZA 2012, 1435 (Odar).

Interessenlage ist somit nicht von vorneherein auszuschließen. Schließlich lässt sich noch anführen, dass auch i.R.v. § 2 Abs. 3 S. 1 NachwG Betriebsvereinbarungen und Tarifverträge insoweit gleich behandelt werden, als dass in bestimmten Fällen ein Hinweis auf selbige genügt.[1884]

b) *Rechtsverordnungen nach §§ 7, 7a AEntG*

In Betracht kommen zudem Rechtsverordnungen nach §§ 7, 7a AEntG. Sie werden weder in S. 1 noch in S. 2 von § 5 Abs. 4 EntgTranspG genannt, sodass auch hier nur eine analoge Anwendung in Betracht kommt. Die in § 5 Abs. 4 S. 2 EntgTranspG genannten Fälle verbindet jedoch, dass es sich um Situationen handelt, in denen ein Tarifvertrag durch hoheitlichen Akt über seinen eigentlichen Geltungsbereich hinaus normative Wirkung erhält. Dies ist in den Fällen von §§ 7, 7a AEntG nicht anders. Eine entsprechende Interessenlage lässt sich zudem daraus ableiten, dass Arbeitgeber in diesen Fällen gesetzlich zur Anwendung der Tarifverträge verpflichtet sind – also sogar in stärkerem Maße, als dies bei Tarifanwendung nach § 5 Abs. 5 EntgTranspG der Fall ist und zudem ohne die Möglichkeit, sich durch Verbandsaustritt von der Bindung zu lösen, wie dies bei § 5 Abs. 4 S. 1 EntgTranspG der Fall wäre.[1885]

c) *Unbewusste Regelungslücke?*

Es müsste jedoch auch eine unbewusste Lücke bestehen. *Franzen* führt für das Bestehen einer solchen Lücke die fehlende Wahrnehmung im Hinblick auf den „Sonderfall der Regelung von Entgeltsystemen für außertarifliche Angestellte durch Betriebsvereinbarung“ durch den Gesetzgeber an.[1886] *Roloff* beruft sich zur Begründung einer unbewussten Lücke wiederum auf § 11 Abs. 4 EntgTranspG und verweist zudem darauf, dass der Gesetzgeber – verdeutlicht durch § 13 EntgTranspG – „die zentrale Rolle der Betriebsparteien und der Betriebsvereinbarung im Entgeltbereich“ erkannt habe.[1887]

Dass der Gesetzgeber außertarifliche Beschäftigte bei der Gesetzgebung nicht hinreichend im Blick gehabt hat, trifft zwar durchaus zu,[1888] dies kann aber nicht darüber hinweghelfen, dass der Gesetzgeber es gerade unterlassen hat, außerhalb der im EntgTranspG genannten Entgeltregelungen Privilegierungen zu normieren. Wie bereits angeführt wurde, hat der Gesetzgeber sich in Bezug auf tarifvertragliche, kollektiv-rechtlichen Entgeltregelungen der Kirchen und der öffentlich-rechtlichen Religionsgesellschaften und Entgeltregelungen im öffentlichen Dienst

---

1884 Vgl. dazu auch Gliederungspunkt D)III.1.

1885 *Weigert*, NZA 2018, 210, 212; ebenfalls für eine entsprechende Anwendung *Bauer/Krieger/Günther*, § 5 EntgTranspG Rn. 23; ErfK/*Schlachter*, § 5 EntgTranspG Rn. 10.

1886 *Franzen*, NZA 2017, 814, 818.

1887 BeckOK-ArbR/*Roloff*, § 5 EntgTranspG Rn. 13.

1888 Vgl. dazu oben Gliederungspunkt G)VII.1.c)cc).

gerade mit konkreten Sonderfällen der Entgeltfindung auseinandergesetzt.[1889] Im Unterschied dazu wurde eine entsprechende Anwendung für Betriebsvereinbarungen und Rechtsverordnungen nach §§ 7, 7a AEntG gerade nicht explizit angeordnet. Insofern spricht die Regelung des § 11 Abs. 4 EntgTranspG sogar gerade gegen eine unbewusste Lücke. Gleiches gilt im Hinblick auf Betriebsvereinbarungen für die Heranziehung von § 13 EntgTranspG: Der Gesetzgeber hat die Bedeutung der Betriebsparteien bei der Entgeltfindung erkannt und Betriebsvereinbarung trotzdem nicht mit Tarifverträgen gleichgesetzt. Auch eine analoge Anwendung der Privilegierungen scheidet somit aus.

VIII. Abschließende Bewertung

Durch das EntgTranspG hat der Gesetzgeber das Thema Entgeltdiskriminierung in einem neuen Stammgesetz eigenständig geregelt. Dabei wurden im Wesentlichen drei neue Instrumente zur Durchsetzung des Entgeltgleichheitsgebots geschaffen. Angesichts dieser Regelungsdichte überrascht es, wie viele Fragen dennoch offengelassen wurden. Die vorangegangenen Ausführungen haben gleichzeitig verdeutlicht, dass der Gesetzgeber mit dem EntgTranspG in weiten Teilen keine gänzlich neuen Regelungen entwickelt hat. Er bedient sich an vielen Stellen Formulierungen der Rechtsprechung und vorhandener Gesetze. Im Anschluss an diesen Befund lässt sich letztlich die Frage nach der rechtlichen Durchsetzung des Prinzips des gleichen Entgelts für gleiche und gleichwertige Arbeit auf Grundlage des EntgTranspG auf zwei Kernfragen aufspalten: einerseits die Frage nach der Geeignetheit der Regelungen im Hinblick auf die Zielerreichung und andererseits die grundsätzliche Frage nach der Notwendigkeit einer diesbezüglichen gesetzlichen Regelung.

1. Regelungsgehalt und Zielsetzung

Ausweislich seines § 1 ist es Ziel des EntgTranspG „das Gebot des gleichen Entgelts für Frauen und Männer bei gleicher oder gleichwertiger Arbeit durchzusetzen". Die Literatur gibt im Hinblick auf die Erreichung dieses Ziels ein überwiegend negatives Echo. Die Kritik richtet sich dabei insbesondere gegen eine fehlende Verhältnismäßigkeit zwischen dem durch die Vorgaben des EntgTranspG entstehenden bürokratischen Aufwand und deren Nutzen.[1890] Dabei wird die Wirksamkeit der gesetzlichen Instrumente insgesamt in Zweifel gezogen.[1891] Als wesentliche

---

1889 So auch *Franzen*, NZA 2017, 814, 818.

1890 *Grimm/Freh*, KSzW 2017, 89; *Häferer/Köhler*, CB 2017, 284, 288; *Schiefer/Köster/Borchard/Korte*, DB 2017, 546, 551; *Kolb/Heinek*, WPg 2017, 1243, 1248, weisen zudem auf „geringe Reaktionszeit" für Unternehmen hin.

1891 *Glaser/Groß*, AuA 2017, 303, 305; *Haag*, GewArch 2018, 62, 64; *Köhn*, ZRP 2016, 247; *Kuhn/Schwindling*, DB 2017, 785, 789; *Ludewig*, ZRP 2016, 247; *von Roetteken*, GiP Sonderausgabe 1/2017, 2, 9; *Wank*, RdA 2018, 34.

Probleme werden dabei die fehlende Aussagekraft der zu erteilenden Informationen und die daraus folgende Nichterreichung von Transparenz benannt.[1892] Zudem wird der Umstand angeführt, dass es sich bei geschlechtsbedingter Entgeltdiskriminierung um ein betriebsübergreifendes Problem handele.[1893] Das Gesetz wird daher nicht als taugliche Hilfe zur Durchsetzung des Anspruchs auf gleiche Entlohnung gleicher und gleichwertiger Arbeit verstanden. Vielmehr komme dem Gesetz „Erziehungscharakter" zu.[1894] Es handele sich damit um ein symbolisches Substitut einer wirksamen Gesetzgebung, welches dem angestrebten und wünschenswerten gesellschaftlichen Ziel gleichzeitig schade.[1895]

Andererseits finden sich vereinzelt auch wohlwollendere Bewertungen. Diese führen häufig an, dass die Kodifikation Aufmerksamkeit auf die Themen Entgeltgleichheit und Gleichberechtigung lenke und so die gesellschaftliche und betriebliche Auseinandersetzung fördere.[1896] Es wird als wichtiges Signal des Gesetzgebers verstanden, dass dieser die Gleichstellung der Geschlechter als „Gebot der wirtschaftlichen Vernunft" erkannt habe, welchem entscheidender Einfluss auf die Konkurrenzfähigkeit eines Unternehmens zukomme.[1897] Zudem erhofft sich etwa *von Roetteken* durch das Gesetz eine verstärkte Wahrnehmung der Rechte durch Betroffene – er sieht darin jedoch selbst nur einen zu vernachlässigenden Vorteil.[1898]

Gegen eine Eignung des EntgTranspG, der Durchsetzung von Entgeltgleichheit einen höheren Stellenwert in der betrieblichen Praxis einzuräumen, sprechen verschiedene Aspekte: Die gesetzlichen Instrumente stehen entweder in Abhängigkeit dazu, dass jemand die entsprechende Initiative ergreift oder richten sich nicht an alle relevanten Akteure. Die Pflicht zur Erstellung eines Berichts zur Gleichstellung und Entgeltgleichheit trifft nach § 21 Abs. 1 S. 1 EntgTranspG nur lageberichtspflichtige Arbeitgeber mit in der Regel mehr als 500 Beschäftigten – also nur einen Ausschnitt der Unternehmen in denen potenziell Entgeltdiskriminierung stattfindet. Die betrieblichen Prüfverfahren sind nur auf freiwilliger Basis durchzuführen und nach ihrer derzeitigen Konzeption bestehen dazu nur wenige Anreize.[1899] Im Hinblick auf den individuellen Auskunftsanspruch hat der Gesetzgeber zwar versucht, den Weg der Geltendmachung für Arbeitnehmer zu erleichtern,

1892 *Franzen*, NZA 2017, 814, 819; *Kocher*, AuR 2018, 8, 17.

1893 *Schlachter*, Wege zur Gleichberechtigung, S. 419.

1894 *Bauer/Günther/Romero*, NZA 2017, 809, 813.

1895 *Schiefer/Köster/Borchard/Korte*, DB 2017, 546, 551; *Schüren*, DB 2016, M5 („Ersatzhandlung"); Pressemitteilung djb v. 31.10.2016, abrufbar unter: https://www.djb.de/verein/Kom-u-AS/K1/pm16-29/ (Abruf 4.12.2018).

1896 *Meissner/Hackenthal*, AiB 2018, 26, 27; *Müller*, BB 2017, 2101, 2104; *Schmidt*, AuR 2018, 320, 321 f.

1897 BeckOK-ArbR/*Roloff*, § 1 EntgTranspG Rn. 7, mit Verweis auf BT-Drucks. 18/11133, S. 2.

1898 *von Roetteken*, GiP Sonderausgabe 1/2017, 2, 9.

1899 Ebenfalls kritisch *Ludewig*, ZRP 2016, 247.

letztlich steht und fällt die Durchsetzung des Anspruchs jedoch mit der Courage des einzelnen Arbeitnehmers. Dieser muss sich zudem fragen, welchen Nutzen die zu erhaltenen Informationen ihm bieten. Ergreift er schließlich doch die Initiative und macht seinen Auskunftsanspruch geltend, so ergibt sich im Anschluss mit der gerichtlichen Geltendmachung die nächste Hürde. Auch sind die Effekte einer entsprechenden Klage gegen einen einzelnen Arbeitgeber auf Entgeltstrukturen insgesamt fraglich.[1900] Eine Verbesserung dieser Situation erscheint zumindest teilweise durch eine Ergänzung mit kollektiven Verfahren möglich, jedoch besteht auch hier die Gefahr lediglich symbolische Scheininstrumente zu schaffen.[1901]

2. Notwendigkeit einer gesetzlichen Regelung

Man gewinnt den Eindruck, der Gesetzgeber sei willens gewesen, dem äußeren Druck, gesetzlich auf die Verwirklichung des Entgeltgleichheitsgebots hinzuwirken, nachzugeben und habe dabei über etwaige Defizite der Regelungen hinweggesehen. Eine solche Vorgehensweise kann auch schädlich im Hinblick auf die Realisierung der angestrebten Ziele wirken. Dies gilt insbesondere dann, wenn sich das gesetzgeberische Handeln als bloßer Aktionismus darstellt und sich aufgrund vorhandener Regelungen als überflüssig erweist. Manche Stimmen haben insbesondere im Vorfeld der Verabschiedung des Gesetzes darauf hingewiesen, dass sich der Anspruch auf gleiche Entlohnung von gleicher und gleichwertiger Arbeit bereits hinreichend verankert auf europäischer ebenso wie auf nationaler Ebene sowohl im Verfassungsrecht als auch im einfachen Recht wiederfindet.[1902] Die Untersuchung der vorhandenen entgeltbezogenen Instrumente hat gezeigt, dass neben der bloßen Formulierung dieses Anspruchs zahlreiche weitere, gesetzliche Mechanismen bestehen, die die Durchsetzung des Entgeltgleichheitsgebots unterstützen sollen. Trotz vorhandener Defizite, insbesondere im Hinblick auf die Begriffsbestimmungen und Schwierigkeiten im Bereich der Beweislast kann insofern von einer nicht unbeachtlichen Regelungsdichte gesprochen werden. Andere Stimmen haben jedoch zu Recht daran erinnert, dass die Verfassung auch einen entsprechenden Auftrag zur tatsächlichen Durchsetzung enthält und es somit, solange Entgeltunterschiede bestehen, darauf ankommt, dass dem Entgeltgleichheitsgebot zur Wirksamkeit verholfen wird.[1903] *Pfarr* sah den diesbezüglich geeigneten Ansatzpunkt bereits vor Inkrafttreten des AGG in der Einführung verpflichtender Verfahren.[1904] Eben solche haben aber keinen Einzug in das jetzige Gesetz gefunden.

1900 *Schlachter*, Wege zur Gleichberechtigung, S. 425.

1901 Vgl. dazu bereits Gliederungspunkt G)V.6.

1902 *Grimm/Freh*, KSzW 2017, 89; *Köhn*, ZRP 2016, 247.

1903 *Benkert*, NJW-Spezial 2017, 434, 435; *Ludewig*, ZRP 2016, 247; *Steinheimer/Cloppenburg*, NWB 2017, 950, 952.

1904 *Pfarr*, Ein Gesetz zur Gleichstellung der Geschlechter in der Privatwirtschaft, S. 93.

Auf der anderen Seite ist jedoch auch *Wank* dahingehend zuzustimmen, dass die Schaffung neuer gesetzlicher Regelungen nur dann erfolgen sollte, „wenn sich ein Missstand feststellen lässt und wenn das Gesetz geeignet ist, diesem Missstand abzuhelfen".[1905] Ersteres lässt sich zumindest teilweise bejahen. Bezüglich der Geeignetheit zur Abhilfe ist aber fraglich, ob eine Durchsetzung des Entgeltgleichheitsgebots, ebenso wie die Reduzierung von Entgeltunterschieden zwischen Frauen und Männern,[1906] überhaupt durch gesetzliche Regelungen erreicht werden kann. Dass sich das Bestehen einer Lohnzahlungslücke nicht mit der Existenz von Entgeltdiskriminierung gleichsetzen lässt, wurde festgestellt.[1907] Bessere Hinweise für ein (gesetzgeberisches) Handeln lassen sich aber aus der Differenz zwischen der unbereinigten und der bereinigten Lohnzahlungslücke ziehen.[1908] Diese macht den Anteil der Lohnzahlungslücke sichtbar, der durch Ausstattungsmerkmale, wie z.B. die Ausbildung oder die Berufserfahrung erklärt werden kann. Hier spielen Berufswahlentscheidungen eine Rolle,[1909] ebenso wie arbeitsmarktpolitische Rahmenbedingungen im Zusammenhang mit der Vereinbarkeit von Familie und Beruf.[1910] Diese Hintergründe sprechen dafür, dass sich die relevanten Handlungsfelder eher im gesellschaftlichen als im rechtlichen Kontext befinden.[1911] Diesbezüglich hat der Gesetzgeber jedoch mit dem EntgTranspG keine relevanten Maßnahmen ergriffen. Angesichts dieser mangelnden Präzision und Eignung sprechen die besseren Argumente gegen die Notwendigkeit der gesetzlichen Regelung.

1905 *Wank*, RdA 2018, 34.
1906 *Baeck/Winzer/Hies*, NZG 2017, 254, 255.
1907 Vgl. dazu Gliederungspunkt A)I.
1908 *Wank*, RdA 2018, 34, 35.
1909 *Thüsing*, DB 2016, 2234, 2235.
1910 *Köhn*, ZRP 2016, 247; vgl. auch schon Gliederungspunkt A)I.
1911 *Baeck/Winzer/Hies*, NZG 2017, 254, 256; *Köhn*, ZRP 2016, 247; *Thüsing*, BB 2017, 565, 568.

H) Zusammenfassung der Ergebnisse in Thesen

I. Die Begrifflichkeiten gleiche und gleichwertige Arbeit

Die Bestimmung der Begriffe „gleiche Arbeit" und „gleichwertige Arbeit" stellt die vorderste Schwierigkeit bei der Durchsetzung des Entgeltgleichheitsgrundsatzes dar. Die gleiche Arbeit ist dabei im Sinne einer ihrem Gesamtbild nach gleichartigen Tätigkeit, die einen wechselseitigen Austausch der Arbeitnehmer ermöglicht, verhältnismäßig leicht eingrenzbar. Im Hinblick auf die gleichwertige Arbeit besteht jedoch eine Vielzahl teils divergierender Ansätze.

- Den Begriffen liegen die europarechtliche Regelung des Art. 157 AEUV bzw. dessen Vorgängernormen zugrunde. Der Rechtsprechung des EuGH lassen sich jedoch mit den Faktoren Art der Arbeit, Ausbildungsanforderungen und Arbeitsbedingungen lediglich Anhaltspunkte für die Begriffsbestimmung, aber keine handhabbare Definition entnehmen. Hinzu kommt, dass der Gerichtshof dabei einerseits keine Differenzierung zwischen der Gleichheit und der Gleichwertigkeit trifft und andererseits auch einen Vergleich inhaltlich völlig unterschiedlicher Tätigkeiten zulässt.
- In der deutschen Rechtsprechung wurde bisher ebenfalls ein Gesamtvergleich anhand von qualitativen Merkmalen wie Bildungsabschlüssen durchgeführt. Die Objektivität von Methoden der Arbeitsbewertung wurde demgegenüber teilweise verneint.
- Insgesamt existiert in Europa bis auf die überwiegende Zugrundelegung der Kriterien des EuGH kein einheitliches Konzept.
- Die Entwicklung auf dem Arbeitsmarkt wird auf normativer Ebene weitestgehend nicht zur Bestimmung der Gleichwertigkeit von Tätigkeiten herangezogen. Für eine marktorientierte Wertbestimmung sprechen aber der historische Zusammenhang zwischen „gerechter" Entlohnung und Entlohnung nach Marktpreis sowie die Heranziehung marktüblicher Löhne bei der Wertbestimmung i.R.d. Rechtsprechung zu verschiedenen Fallgruppen. Es liegt deshalb auch nahe, Marktgesichtspunkte nicht erst auf der Ebene der Rechtfertigung zu berücksichtigen. Eine Aussparung dieses Faktors würde die Vergütung von der wirtschaftlichen Realität loslösen. Jedenfalls dürfte die rechtfertigende Wirkung nicht grundsätzlich in Dauer und Umfang beschränkt werden – entscheidend muss sein, ob die Marktentwicklung selbst nur kurzfristig oder dauerhaft ist.
- Einen anderen Ansatzpunkt bildet die Wertbestimmung mit Hilfe von Methoden der Arbeitsbewertung. Diese kann nur dann diskriminierungsfrei gelingen, wenn die Diskriminierungsfreiheit der verwendeten Kriterien selbst und ihrer Gewichtung gewährleistet sind. Es ist jedoch unklar, inwiefern Arbeitsbewertung gänzlich frei von subjektiven Einschlägen gelingen kann. Die

Bestimmbarkeit eines „objektiven Arbeitswertes“ würde dies jedoch voraussetzen.

Eine Kombination der Ansätze Methoden der Arbeitsbewertung und Marktlohnorientierung ist nicht möglich, weil diese die Wertbestimmung aus jeweils entgegengesetzter Perspektive vornehmen.

II. Entgeltgleichheit im Konflikt mit Privat- und Tarifautonomie

Das Entgeltgleichheitsgebot selbst wird auch durch Art. 3 Abs. 2 GG gewährleistet. Trotz der Ausgestaltung als Staatszielbestimmung ist eine Umsetzung in tatsächlicher Hinsicht erforderlich. Gesetzliche Regelungen, die der Durchsetzung des Entgeltgleichheitsgebots dienen sollen, müssen auf verfassungsrechtlicher Ebene jedoch im Hinblick auf Interessenskonflikte zu den Gewährleistungen der Privat- und Tarifautonomie aus Art. 12 Abs. 1 und 9 Abs. 3 GG einen angemessenen Ausgleich schaffen.

- Die Festlegung der Entlohnung obliegt nach individualvertraglichen Maßstäben den Vertragsparteien als privatautonomen Akteuren. Abseits von der Bestimmung synallagmatischer Leistungspflichten besteht für den Gesetzgeber im Bereich arbeitsvertraglicher Regelungen jedoch ein Gestaltungsspielraum. Zudem ist das für das Arbeitsrecht typische Verhandlungsungleichgewicht zwischen Arbeitgeber und Arbeitnehmer zu beachten. Im Hinblick auf das Erfordernis der Verhältnismäßigkeit ist insofern der Fokus jedoch auf die Bekämpfung von Diskriminierungen einerseits und die Verbesserung der Vorbedingungen von Verhandlungsgleichgewicht andererseits zu legen.
- Die unterschiedliche Bezahlung eines Mannes und einer Frau kann grundsätzlich nicht mit der bloßen Begründung gerechtfertigt werden, die Frau habe hinsichtlich des Gehalts nicht geschickt genug verhandelt. In Einzelfällen kann die unterschiedliche Bezahlung stattdessen aber durch die Arbeitsmarktsituation gerechtfertigt sein.
- Dem Ziel der Herstellung von Verhandlungsgleichgewicht dient auch die Gewährleistung der Tarifautonomie. Die Aufgaben der Wertbestimmung von Tätigkeiten und der darauf aufbauenden Festlegung von Löhnen sind deshalb den Tarifvertragsparteien zugewiesen und werden durch die Angemessenheitsvermutung geschützt. Es ist zwar zu beobachten, dass Frauen zum einen insgesamt weniger stark gewerkschaftlich organisiert und zum anderen seltener in Führungsgremien repräsentiert sind. Gleichzeitig ist aber festzustellen, dass gerade Frauen von der tariflichen Lohnfestlegung profitieren, weshalb es nicht angezeigt erscheint, den Tarifvertragsparteien diese Aufgabe zu entziehen. Gesetzgeberische Maßnahmen, die zugunsten der Durchsetzung des Entgeltgleichheitsgebots den Wirkungskreis der Tarifautonomie berühren, müssen in

jedem Fall einen hinreichenden Gestaltungsspielraum für die Tarifvertragsparteien belassen.

III. Bestehende entgeltbezogene Instrumente

Vor Inkrafttreten des EntgTranspG existierten bereits verschiedene sowohl gesetzliche als auch nicht gesetzliche Regelungen und Prüfangebote mit direktem bzw. indirektem Bezug zur Durchsetzung des Entgeltgleichheitsgebots. Diese haben dem Gesetzgeber im Bereich der Anspruchsdurchsetzung jedoch zahlreiche potenzielle Handlungsfelder belassen:

- Der allgemeine arbeitsrechtliche Gleichbehandlungsgrundsatz stellt keinen tauglichen Anknüpfungspunkt dar, weil dessen Anwendungsbereich bei der bloßen Gleichwertigkeit von Tätigkeiten wohl nicht eröffnet ist und zudem die spezielleren, einfachgesetzlichen Normen vorrangig sind.
- Die erste, auf europarechtlichen Vorgaben beruhende, einfachgesetzliche Normierung von Diskriminierungsverboten in den §§ 611a ff. BGB aF zeichnete sich durch sprachliche Undeutlichkeit aus, insbesondere mangels ausdrücklicher Formulierung eines Anspruchs auf gleiche Entlohnung gleicher und gleichwertiger Arbeit. Andererseits enthielten die Regelungen bereits erste Erleichterungen für Arbeitnehmer auf der Beweisebene.
- Zahlreiche bereits bekannte Probleme wurden durch die umfassende Novellierung des Antidiskriminierungsrechts mit Inkrafttreten des AGG nicht behoben: Auch dieses Gesetz enthält zumindest keinen ausdrücklichen Erfüllungsanspruch. Im Hinblick auf die Begriffe der gleichen und der gleichwertigen Arbeit schweigt der Wortlaut ebenfalls. Weiterhin sind gerade im Hinblick auf die Regelung zur Beweislast die sprachliche Undeutlichkeit sowie die Tatsache zu kritisieren, dass der Gesetzgeber den strittigen Bezugspunkt der Beweiserleichterung nicht klargestellt hat. Ebenfalls wurde kein Informationsdefizite ausgleichender Auskunftsanspruch geschaffen.
- Informationen zumindest über die eigene Vergütung kann der Arbeitnehmer auch über das NachwG erhalten. Davon erfasst werden aber gerade nicht die relevanten Informationen über vergleichbare Arbeitnehmer. Eine entsprechende Erstreckung erscheint aus Datenschutzgründen nicht denkbar.
- Von der Einführung des allgemeinen Mindestlohns sind insbesondere Frauen betroffen. Durch die damit verbundene Anhebung der Einkommensuntergrenze ergeben sich jedoch lediglich geringfügige Auswirkungen auf die Lohnzahlungslücke.
- Das BetrVG räumt dem Betriebsrat teilweise weitgehende Einsichts- und Informationsrechte sowie Einflussnahmemöglichkeiten ein. Die Förderung der Gleichstellung sowie die Verhinderung bzw. Beseitigung von Diskriminierungen gehört zu den allgemeinen Aufgaben der Betriebsratsarbeit. Im Anwendungsbereich von § 87 Abs. 1 BetrVG kann der Arbeitgeber zudem nicht ohne den Betriebsrat handeln. Die in Sachen Entgeltgestaltung vorrangig relevanten

§ 87 Abs. 1 Nr. 10 und 11 BetrVG betreffen jedoch nur abstrakt-generelle Entlohnungsgrundsätze bzw. -methoden. Besonders diskriminierungsanfällig sind neben der Aufstellung der Entlohnungsgrundsätze auch die Tätigkeitsbeschreibung und die Eingruppierungsentscheidung. Bezüglich ersterer besteht kein Mitbestimmungsrecht, bezüglich letzterer fehlt dem Betriebsrat ein Zustimmungsverweigerungsrecht für den Fall, dass die Eingruppierung zwar nicht dem Wert der Arbeit, wohl aber der Tätigkeitsbeschreibung entspricht. Im Übrigen hängt die Einflussnahme auf die Durchsetzung des Entgeltgleichheitsgebots in nicht unerheblichem Maße von dem Einsatz der jeweiligen Interessenvertretung ab.

– Neben gesetzlichen Regelungsmechanismen existiert auch ein Angebot verschiedener Messinstrumente, die der Überprüfung betrieblicher Lohngerechtigkeit dienen sollen. Hinsichtlich der zur Prüfung herangezogenen Auswahl der Kriterien ähneln diese Instrumente stark den Verfahren der Arbeitsbewertung – daraus ergeben sich auch vergleichbare Schwachstellen im Hinblick auf die Diskriminierungsfreiheit solcher Instrumente. Ihre Eignung zur Aufdeckung entgeltbezogener Diskriminierung hängt daneben maßgeblich davon ab, ob die Prüfung tätigkeitsbezogen erfolgt.

IV. Maßnahmen im europäischen und internationalen Vergleich

Auf europäischer Ebene gehen gesetzliche Maßnahmen zur Durchsetzung des Entgeltgleichheitsgebots in den vergangenen Jahren auf die Empfehlung der Kommission vom 7.3.2014 zur Stärkung des Grundsatzes des gleichen Entgelts für Frauen und Männer durch Transparenz zurück. Dementsprechend sind insbesondere Auskunfts-, Informations- und Berichtspflichten Gegenstände dieser Regelungen, die dem deutschen Gesetzgeber überwiegend als Vorbild dienen können:

– In Großbritannien ist die Pflicht zur Berichterstattung über die Entlohnung der Arbeitnehmer eines Arbeitgebers in einer eigenen Verordnung geregelt. Vorgesehen ist dabei eine umfassende Veröffentlichung u.a. im Internet. Solche Pflichten sollen gezielt durch die Erzeugung von Öffentlichkeitsdruck auf die Durchsetzung einer dem Entgeltgleichheitsgebot entsprechenden Entlohnungspraxis hinwirken. Darüber hinaus enthält die Verordnung kein eigenes Sanktionsregime. Betroffene Arbeitnehmer können jedoch prozessuale Unterstützung durch die Kommission für Gleichstellung und Menschenrechte erhalten.
– Auch das französische Recht kennt umfassende Berichtspflichten. Weiterhin werden Arbeitgeber und Gewerkschaften dazu verpflichtet, bei ihren Verhandlungen die Gleichstellung der Geschlechter miteinzubeziehen. Daneben besteht zudem ein Verbandsklagerecht für Gewerkschaften und Vereine.

- In Österreich sind die obligatorischen Einkommensberichte sowohl für die Arbeitnehmer als auch für die Interessenvertretungen zugänglich. Die Geheimhaltung der dabei gewonnenen Informationen ist zwar sanktionsbewehrt, allerdings werden bestimmte, dem Gesetzeszweck entsprechende Handlungen explizit ausgenommen. Prozessunterstützung erhalten betroffene Arbeitnehmer durch den Klagsverband. Darüber hinaus können sie spezielle Hilfe durch die Gleichbehandlungsanwaltschaft und die Gleichbehandlungskommission erlangen. Weiterhin gehört die Pflicht zur Gehaltsangabe in Stellenausschreibungen zu den wesentlichen Regelungen zur Herstellung von Lohntransparenz. Diese tragen jedoch nach einer Evaluation dazu bei, schlechtere Verhandlungsergebnisse von Frauen zu verfestigen.
- Zu den jüngsten Neuerungen der isländischen Gesetzgebung im Bereich der Durchsetzung des Entgeltgleichheitsgebots gehört die Verpflichtung bestimmter Unternehmen, alle drei Jahre ein Zertifikat zu erwerben, welches die Einhaltung des Entgeltgleichheitsgebots im Hinblick auf den isländischen Equal Pay Standard ÍST 85 beweist. Die Nichteinhaltung dieses Standards wird mit Geldbußen bestraft, deren Höhe von der Anzahl der Mitarbeiter und dem Geschäftsumfang des Unternehmens abhängig ist.
- In den USA ist das Unterlassen von Diskriminierungen gegenüber den Beschäftigten u.a. im Hinblick auf die Entlohnung Voraussetzungen für die Vergabe öffentlicher Aufträge. Zudem existiert ein Gesetzesentwurf, der die Verwendung der verbreiteten Verschwiegenheitsvereinbarungen eindämmen soll, bislang aber stets gescheitert ist.

V. Vorangegangene Gesetzesvorhaben und Referentenentwürfe

Dem EntgTranspG sind bereits mehrere ähnliche Gesetzesvorhaben vorangegangen. Der erste hatte das Entgeltgleichheitsgebot nur als eines von vielen Gleichstellungsthemen zum Gegenstand, während der zweite bereits umfängliche, verpflichtende Prüfverfahren sowie weitere auch im EntgTranspG enthaltene Elemente enthielt. Beide scheiterten letztlich an Widerständen aus der Wirtschaft bzw. an Zweifeln hinsichtlich des Verhältnisses zwischen Aufwand und Nutzen.

VI. Gesetz zur Förderung der Entgelttransparenz zwischen Frauen und Männern

Im Koalitionsvertrag der 18. Legislaturperiode war das Vorhaben eines Gesetzes zur Durchsetzung des Prinzips „Gleicher Lohn für gleiche oder gleichwertige Arbeit“ erneut enthalten. Mit dem trotz zahlreicher Kontroversen am 6.7.2017 in Kraft getretenen EntgTranspG hat der Gesetzgeber verschiedene Instrumente geschaffen, die im Hinblick auf Durchsetzungshemmnisse wie geringe Klagebereitschaft und Informationsdefizite Abhilfe leisten sollen. Diesem Ziel wird das Gesetz jedoch nur unzureichend gerecht:

- Die allgemeinen Bestimmungen des EntgTranspG geben überwiegend lediglich die bereits bestehende Rechtslage wieder. Sowohl das Verhältnis zu anderen Gesetzen als auch die Disponibilität der Normen und die Zulässigkeit von Verschwiegenheitsvereinbarungen werden durch den Gesetzgeber nur undeutlich vorgegeben. Im Gegensatz zum AGG findet das EntgTranspG keine Anwendung auf arbeitnehmerähnliche Personen. Die Begriffe der gleichen bzw. der gleichwertigen Arbeit werden zwar definiert, es handelt sich allerdings um eine bloße Wiedergabe der diesbezüglichen EuGH-Rechtsprechung ohne zusätzliche Hilfestellungen für die Praxis. Auch auf einen expliziten Erfüllungsanspruch hat der Gesetzgeber erneut verzichtet. Dennoch ist er nun vorrangig in der Form der Anpassung nach oben dem EntgTranspG zu entnehmen. Es gilt die Regelverjährung. Die Vereinbarung von Ausschlussfristen ist weiterhin möglich.
- Der individuelle Auskunftsanspruch soll Arbeitnehmer in die Lage versetzen, relevante Informationen für eine mögliche Klage auf Gehaltsanpassung zu erlangen. Dem stehen jedoch verschiedene Schwachstellen des Gesetzes entgegen:
  - Der Arbeitnehmer hat selbst in zumutbarer Weise eine Vergleichstätigkeit zu benennen. Dabei ist insbesondere unklar, wann insofern die Grenze zur Willkür überschritten ist und ob der Arbeitgeber dann gegebenenfalls das Auskunftsverlangen ablehnen kann. Angesichts dieser Unsicherheiten, muss der Spielraum einer zumutbaren Benennung eher weit gefasst werden. Nur im Ausnahmefall kommt die Annahme von Rechtsmissbrauch in Betracht.
  - Nach der derzeitigen Konstruktion des Auskunftsanspruchs, kann die Auskunft neben der Gesamtvergütung nur bezüglich zweier Bestandteile und nur alle zwei Jahre verlangt werden. Das Entgeltgleichheitsgebot ist aber bezüglich jedes einzelnen Entgeltbestandteils einzuhalten.
  - Soweit die Kriterien und Verfahren der Entgeltfindung konkret zu erläutern sind, erscheint eine umfassende Erklärung notwendig. Aus Datenschutzgründen sind jedoch wiederum stellenweise Abstrahierungen erforderlich.
  - Die Angabe der Medianvergütung enthält im Hinblick auf die Aufdeckung diskriminierender Entlohnung nur wenig bzw. in bestimmten Fällen sogar eine irreführende Aussagekraft. Die Beweissituation des Arbeitnehmers verbessert sich damit im Hinblick auf die Anforderungen des § 22 AGG nicht.
  - Von dem Anwendungsbereich des Auskunftsanspruchs sind viele kleinere Unternehmen, also typische Arbeitgeber von Frauen, nicht erfasst. Leiharbeitnehmer und Arbeitnehmer aus gemeinsamen Betrieben werden i.R.d. Schwellenwerts nicht mitgezählt. Auch der Inhalt des Auskunftsanspruchs ist auf die Begebenheiten des jeweiligen Betriebs beschränkt.
  - Die Auskunft wird im Regelfall durch den Betriebsrat erteilt. Hintergrund ist der davon erhoffte Abbau von Hemmnissen bei der Anspruchsdurchsetzung.

Für den Arbeitgeber besteht aber die Möglichkeit einer dauerhaften Übernahme. Eine solche erscheint ohne höhere qualitative Anforderungen an die entsprechende Erläuterung bedenklich.

- Die Auskunftserteilung hat innerhalb von drei Monaten nach Zugang der Anfrage in Textform zu erfolgen. Bei Nichterteilung der Auskunft bzw. Fristablauf wird der Arbeitgeber dadurch bestraft, dass er im Streitfall die Beweislast dafür tragen muss, dass kein Verstoß gegen das Entgeltgleichheitsgebot vorliegt. Im Einklang mit § 22 AGG ist dies jedoch dahingehend zu verstehen, dass jedenfalls das vollständige Nichthandeln des Arbeitgebers lediglich ein gesetzliches Indiz für das Beruhen der Entgeltdiskriminierung auf dem Geschlecht darstellt. Dies muss aber einerseits auf die Fälle des unberechtigten Nichthandelns beschränkt und andererseits auf grob fehlerhafte oder bewusst unrichtig erteilte Auskünfte ausgedehnt werden.
- Benennt der Arbeitnehmer keine taugliche Vergleichstätigkeit, hat der Arbeitgeber seine Antwort auf eine entsprechende alternative Tätigkeit zu beziehen. Bei deren Benennung muss er nur eine vertretbare auswählen. Ist keine taugliche Vergleichstätigkeit vorhanden, so handelt es sich bei einer Nichtbeantwortung um ein berechtigtes Nichthandeln, weshalb dem Arbeitgeber ein Verweigerungsrecht einzuräumen ist. Eine freiwillige Erläuterung kann an dieser Stelle jedoch Missverständnissen vorbeugen.
- Der Betriebsrat hat im Hinblick auf die Auskunftserteilung ein umfassendes Einsichtsrecht in entsprechend aufbereitete, anonymisierte Gehaltslisten. Bei Übernahme der Auskunftserteilung durch den Arbeitgeber verbleibt dem Betriebsrat nur noch ein Stellungnahmerecht und kein weitergehendes Kontrollrecht bezüglich der Richtigkeit der Auskunftserteilung. Obwohl die Erteilung regelmäßig durch den Betriebsrat erfolgt, bleibt der Arbeitgeber alleiniger Auskunftsschuldner. Er ist kein Erfüllungsgehilfe des Arbeitgebers, weshalb keine entsprechende Zurechnung stattfindet. Der Arbeitgeber bleibt in der Verantwortung und kann seinerseits keine Ansprüche gegen den Betriebsrat geltend machen.
- Es kommen (*de lege ferenda*) verschiedene alternative Gestaltungsmöglichkeiten in Betracht:
  - Neben dem Median wird (zusätzlich) das Durchschnittsentgelt angegeben. Trotz diesbezüglicher Bedenken bei der Beweisqualität, ist die Zusammenschau der Daten dazu geeignet, ein klareres Bild zu zeichnen. Für einen aussagekräftigen Vergleich benötigt der Arbeitnehmer zudem Informationen über die Vergleichsgruppe, der er selbst angehört.
  - Betriebsrat und Arbeitgeber werden gemeinsam für die Auskunftserteilung tätig. Ein entsprechendes Verfahren könnte auch durch Betriebsvereinbarung oder Regelungsabrede realisiert werden. Der Betriebsrat bleibt Ansprechpartner der Arbeitnehmer, leitet aber das Auskunftsersuchen anonymisiert an den Arbeitgeber zur Erstellung der Auskunft weiter und übermittelt diese im Anschluss an den Arbeitnehmer.

    - Der Auskunftsanspruch wird durch kollektive Verfahren ergänzt. In Betracht kommen Musterfeststellungsklagen oder Verbandsklagerechte nach vorhandenen Vorbildern durch zertifizierte Verbände. Solche Verfahren besitzen allerdings in der Regel die Schwäche, dass die Notwendigkeit der individuellen Rechtsdurchsetzung weiterhin bestehen bleibt.
- Private Arbeitgeber mit in der Regel mehr als 500 Beschäftigten sind nach § 17 Abs. 1 S. 1 EntgTranspG dazu aufgefordert, regelmäßig betriebliche Prüfverfahren durchzuführen, um die eigene Konformität mit dem Entgeltgleichheitsgebot zu überprüfen. Die Durchführung eines solchen freiwilligen Verfahrens ist allerdings im Hinblick auf Aufwand und (Rechts-)Folgen nicht attraktiv. Der Freiwilligkeit steht ein möglicher Entsprechungsdruck aus der Öffentlichkeit entgegen.
  - Trotz der Bezeichnung als betriebliches Prüfverfahren ist die Anwendbarkeit im Hinblick auf das Unternehmen zu bestimmen.
  - Obwohl es sich nur um eine „Aufforderung" handelt, ist das Verfahren bei Durchführung relativ starr vorgegeben. Dabei sind keine Sanktionen für die Nichtdurchführung vorgesehen, eine entsprechende indirekte Pflicht lässt sich ebenso wenig aus dem Gesetz herleiten. Aus Arbeitgebersicht erscheint insbesondere die Pflicht zur Information der Beschäftigten nach § 20 Abs. 2 EntgTranspG problematisch. Es muss jedoch möglich sein, ein eigenes Verfahren unterhalb der Schwelle des § 18 EntgTranspG durchzuführen, welches keine entsprechenden Pflichten auslöst.
  - Zudem ist der Betriebsrat zu beteiligen. Dieser kann aber in der Regel nicht initiativ auf die Durchführung eines betrieblichen Prüfverfahrens hinwirken. Ein entsprechendes Mitbestimmungsrecht kann nur i.R.v. § 87 Abs. 1 Nr. 6 BetrVG bei leistungsorientierten Vergütungsbestandteilen bestehen.
  - Eine faktische Pflicht ließe sich wiederum aufgrund des öffentlichen Entsprechungsdrucks begründen. Die bestehende Kritik hinsichtlich anderer Instrumente des sog. *soft laws* lässt sich insofern übertragen.
  - Mit dem Monitor Entgelttransparenz existiert zwar ein kostenloses Prüfinstrument. Gerade in größeren Unternehmen ist die erforderliche Eingabe dennoch mit großem Aufwand verbunden. Im Zweifel müsste dann auf kostenintensive, externe Dienstleister zurückgegriffen werden. Zudem geht die standardisierte Gestaltung des Monitors zu Lasten seiner inhaltlichen Präzision.
  - Auch im Hinblick auf die Durchführung betrieblicher Prüfverfahren sind (*de lege ferenda*) alternative Gestaltungsmöglichkeiten denkbar.
    - Arbeitgeber, die ein Prüfverfahren durchführen, werden für die Vergangenheit von Anpassungsansprüchen freigestellt. Dies wäre in Anbetracht von Art. 18 RL 2006/54/EG jedoch nur im zeitlich begrenzten Rahmen möglich.
    - Gleiches müsste für eine Vermutung der Diskriminierungsfreiheit für die Zukunft gelten. Allerdings wären in diesem Fall auch besonders hohe Anforderungen an das Prüfverfahren selbst zu stellen.

  - Abzulehnen ist eine Privilegierung von Arbeitgebern, die betriebliche Prüfverfahren durchführen, nach dem Vorbild tarifgebundener und tarifanwendender Arbeitgeber. Hier wie dort ist keine hinreichende Begründung für eine solche Privilegierung ersichtlich.
  - Die Einführung einer entsprechenden Pflicht zur Durchführung würde einen starken Eingriff darstellen und müsste in jedem Fall mit der Einführung eines Zertifizierungserfordernisses verbunden werden.
  - Schließlich könnte die Vergabe öffentlicher Aufträge an den Nachweis der Rechtstreue anhand eines betrieblichen Prüfverfahrens geknüpft werden. Auch dann wäre die Zertifizierung unerlässlich.
- Arbeitgeber mit in der Regel mehr als 500 Beschäftigten, die nach §§ 264, 289 HGB lageberichtspflichtig sind, haben einen Bericht zur Gleichstellung und Entgeltgleichheit zu erstellen. Die Arbeitgeber haben dabei über die Durchführung entsprechender Maßnahmen zu berichten, bzw. soweit solche nicht ergriffen wurden über die Gründe dafür. Aus der Verwendung des Prinzips *comply or explain* ergeben sich Parallelen zu § 161 AktG – einschließlich der diesbezüglichen Kritik.
  - Ebenso wie bei der Durchführung betrieblicher Prüfverfahren ist hinsichtlich des Schwellenwerts auf die Unternehmensebene abzustellen. Leiharbeitnehmer zählen jedoch sowohl bei der Datenermittlung als auch bei der Schwellenwertberechnung mit.
  - Der Gegenstand der Berichtspflicht geht teilweise über den Gesetzeszweck hinaus, denn er bezieht sich ebenso auf allgemeine Maßnahmen der Gleichstellung der Geschlechter. Auch die geforderten statistischen Angaben haben teilweise keine Verbindung zu der Frage, ob eine Diskriminierung vorliegt. Insoweit bleibt die Berichtspflicht hinter vergleichbaren europäischen Regelungen zurück.
  - Die Berichtspflicht knüpft zwar an die Lageberichtspflichtigkeit an, Bezugspunkt ist aber das Kalenderjahr, welches nicht zwingend mit dem Geschäftsjahr identisch ist.
  - Der Lagebericht dient als „Veröffentlichungsvehikel". Zwar sind für die Unterlassung der Berichtserstellung oder der Durchführung entsprechender Maßnahmen keine Sanktionen vorgesehen. Die Veröffentlichung über das Unternehmensregister bietet jedoch einer breiten Öffentlichkeit Zugang zu dem Bericht. Es können sich daher Konsequenzen für die Attraktivität des Unternehmens ergeben.
  - Darüber hinaus lassen sich jedoch keine weitergehenden Rechtsfolgen herleiten: Bei gesetzlichen Pflichten besteht kein Raum für die Anwendung der Business Judgement Rule, sodass bei einer Nichtbefolgung der Berichtspflicht grundsätzlich von einer für § 93 Abs. 1, 2 AktG relevanten Pflichtverletzung auszugehen ist. Daraus folgt auch, dass die ordnungsgemäße Berichterstattung keine Schadensersatzansprüche gegen ein selbige einleitendes Vorstandsmitglied auslösen kann. Eine solche Haftung kommt nur bei Unterschreitung der gesetzlichen Vorgaben in Betracht. Auch eine

Heranziehung i.R.v. § 22 AGG ist nicht ausgeschlossen. Aus der Nichtdurchführung von Maßnahmen selbst lassen sich aber keine negativen Rechtsfolgen herleiten. Dies gilt insbesondere deshalb, weil es keinen vorgegebenen Maßnahmenkatalog gibt.

- Tarifgebundene und tarifanwendende Arbeitgeber bzw. die Vergütung nach Tarifvertrag werden an vielen Stellen des Gesetzes privilegiert. Diese Sonderbehandlung ist jedoch nicht gerechtfertigt. Die Angemessenheitsvermutung für tarifvertragliche Bestimmungen aus Art. 9 Abs. 3 GG leistet keine Gewähr für das diskriminierungsfreie Zustandekommen der Entgeltregelungen. Ferner ist nicht ersichtlich, wieso es gerade angemessen sein sollte, im Hinblick auf die tarifvertragliche Vergütung Bürokratieerleichterungen zu gewähren. Die Konsequenzen des Vorhandenseins von außertariflichen Mitarbeitern und Zulagen hat der Gesetzgeber zudem nahezu offengelassen.
  - Eine Tarifbindung gegenüber sämtlichen Arbeitnehmern ist keine Voraussetzung für die Einordnung als tarifgebundener Arbeitgeber nach dem EntgTranspG. Soweit der Arbeitgeber aber auch übertarifliche Zulagen gewährt oder außertarifliche Mitarbeiter beschäftigt, haben tarifliche Bestimmungen keinen Einfluss, sodass erhöhtes Diskriminierungspotenzial besteht. Es läge daher nahe, Arbeitgeber in diesen Fällen von der Privilegierungswirkung auszuschließen. Allerdings ist nicht erkennbar, dass das Gesetz eine solche Beschränkung intendiert.
  - Tarifanwendend sind Arbeitgeber, die durch schriftliche Bezugnahme Tarifverträge anwenden. Entscheidend sind die verbindliche, inhaltsgleiche und umfassende Übernahme sowie die Eröffnung des persönlichen und sachlichen Anwendungsbereichs des Tarifvertrags.
  - Manche Privilegierungsregelungen knüpfen an die Vergütung nach Tarifvertrag, andere an die Eigenschaft als tarifgebundener bzw. tarifanwendender Arbeitgeber an. Soweit letztere nur einheitlich angewendet werden können, z.B. weil nur ein Entgeltbericht erstellt werden muss, so hat die Beurteilung des Arbeitgeberstatus ebenfalls einheitlich zu erfolgen. Umso näher liegt dann eine restriktive Beurteilung.
  - Hinsichtlich der Angabe der Kriterien und Verfahren der Entgeltfindung genügt nach § 11 Abs. 2 S. 2 EntgTranspG ein Verweis auf den einschlägigen Tarifvertrag. Das kann aber nicht die Erläuterung der Kriterien ersetzen. Durch § 11 Abs. 3 S. 2 Nr. 1 EntgTranspG wird des Weiteren konkret bestimmt, dass das Vergleichsentgelt der gemeinsam mit dem Auskunftssteller eingruppierten Beschäftigten des jeweils anderen Geschlechts anzugeben ist. Durch die – der tarifvertraglichen Bestimmung nachgelagerten – Eingruppierungsentscheidung wird aber eine Manipulation dieser Gruppe ermöglicht. Es ist weiterhin möglich, innerhalb dessen kleinere Vergleichsgruppen zu bilden.
  - Die Beweislastregel des § 15 Abs. 5 EntgTranspG ist nicht analog anwendbar. Selbiges gilt grundsätzlich auch für die formellen Anforderungen in § 15 Abs. 3 und 4 EntgTranspG. Aufgrund der parallelen Interessenlage unabhängig von der Grundlage der Entlohnung und dem Arbeitgeberstatus, sollten

die Formalia dennoch auch zu Beweiszwecken freiwillig eingehalten werden. Denkbar ist, dass die Rechtsprechung in Zukunft in der mehrfachen Überschreitung ein rechtsmissbräuchliches Verhalten erblickt. Zudem entbindet die Nichtanwendbarkeit von § 15 Abs. 4 EntgTranspG nicht von der Auskunft bezüglich einer alternativen Gruppe, falls der Arbeitnehmer eine unzutreffende Vergleichsgruppe benennt. Der Inhalt des Anspruchs ist bereits durch § 11 Abs. 3 S. 2 Nr. 1 EntgTranspG festgelegt.
- Die Privilegierung bezüglich der Durchführung betrieblicher Prüfverfahren ist unproblematisch, soweit die Freiwilligkeit der Durchführung bejaht werden kann. Im Hinblick auf die Berichtspflicht handelt es sich bei den längeren Fristen um bloße Bürokratieerleichterungen. Umso mehr ist eine restriktive Handhabung der Privilegierung angezeigt.
- Für den öffentlichen Dienst wird in § 16 S. 1 EntgTranspG von Tarifbindung ausgegangen. Über die bereits angeführte Kritik hinaus, lässt sich die Privilegierung hier insbesondere nicht mit der „Ehrenmanntheorie“ begründen. Betriebliche Prüfverfahren betreffen nur private Arbeitgeber. Diese sind zwar freiwillig, dennoch ist nicht ersichtlich, warum öffentliche Arbeitgeber insoweit noch weiter herausgenommen werden als sonstige tarifgebundene und tarifanwendende Arbeitgeber.
- Unklar ist, ob einzelne lageberichtspflichtige öffentliche Arbeitgeber auch die Pflicht zur Entgeltberichterstattung trifft. Soll eine Gleichstellung mit tarifgebundenen und tarifanwendenden Arbeitgebern erzielt werden, ist dies zu bejahen, denn auch diesen wird die Pflicht nicht erlassen. Ihnen werden lediglich günstigere Fristen gewährt.
- Kollektiv-rechtliche Entgeltregelungen der Kirchen und der öffentlich-rechtlichen Religionsgesellschaften, die auf dem sog. „Dritten Weg“ zustande gekommen sind, werden durch § 11 Abs. 4 und § 18 Abs. 3 S. 5 EntgTranspG ebenfalls privilegiert. Außerhalb der genannten Fälle scheidet eine Übertragung der übrigen Privilegierungstatbestände jedoch aus.
- Eine Übertragung auf andere kollektivrechtliche Entgeltregelungen wäre nur im Wege der Analogie möglich. Sowohl bei Betriebsvereinbarungen als auch bei Rechtsverordnungen kann grundsätzlich eine vergleichbare Interessenlage bejaht werden. Allerdings hat der Gesetzgeber für verschiedene Sonderfälle der Entgeltgestaltung bereits Spezialregelungen geschaffen. Dies steht einer unbewussten Regelungslücke klar entgegen.

- Insgesamt wird der Regelungsgehalt des EntgTranspG der Zielsetzung, das Gebot des gleichen Entgelts für Frauen und Männer bei gleicher oder gleichwertiger Arbeit durchzusetzen, nicht gerecht. Angesichts der geringen Eignung hätte es der gesetzlichen Regelung nicht bedurft.

Anhang: Monitor Entgelttransparenz Screenshots[1912]

Abbildung 1: *Bestandsaufnahme Schritt 3. https://www.monitor-entgelttransparenz.de/bestandsaufnahme/taetigkeiten (Abruf 4.12.2018)*

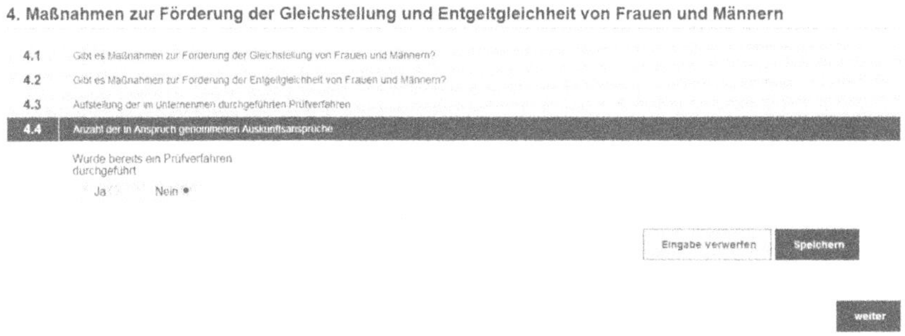

Abbildung 2: *Bestandsaufnahme Schritt 4. https://www.monitor-entgelttransparenz.de/bestandsaufnahme/gleichstellung (Abruf 4.12.2018)*

1912 Die Internetquellen sind erst nach Anmeldung mit einem Benutzerkonto abrufbar. Aufgrund von zwischenzeitlichen Überarbeitungen des Monitors Entgelttransparenz können aktuell abrufbare Inhalte abweichen.

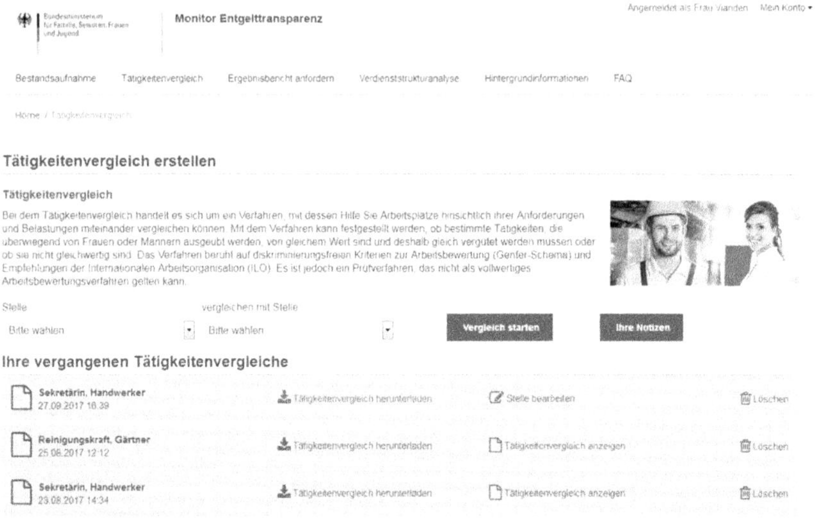

Abbildung 3: *Tätigkeitenvergleich erstellen. https://www.monitor-entgelttransparenz.de/taetigkeitenvergleich (Abruf 4.12.2018)*

Abbildung 4: *Tätigkeitenvergleich S. 1 (Sekretärin). https://www.monitor-entgelttransparenz.de/taetigkeitenvergleich/586/stelle/1/seite1 (Abruf 4.12.2018)*

Abbildung 5: *Tätigkeitenvergleich S. 2 (Sekretärin). https://www.monitor-entgelttransparenz.de/taetigkeitenvergleich/586/stelle/1/seite2 (Abruf 4.12.2018)*

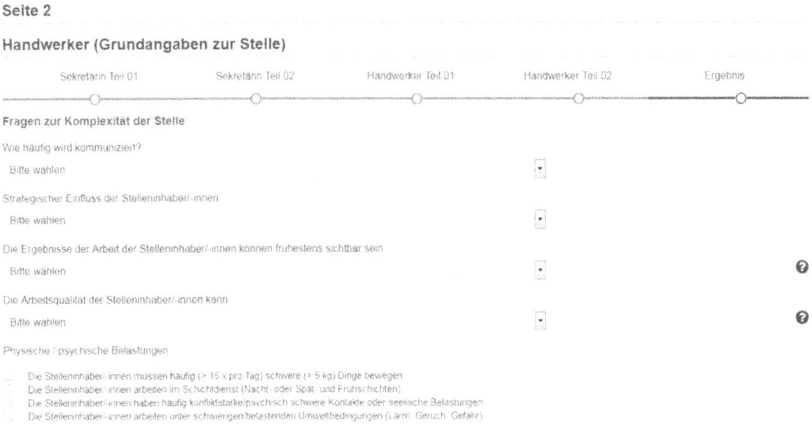

Abbildung 6: *Tätigkeitenvergleich S. 2 (Handwerker). https://www.monitor-entgelttransparenz.de/taetigkeitenvergleich/586/stelle/2/seite1 (Abruf 4.12.2018)*

	Sekretärin	Handwerker
Stellenwert	**4,1**	**4,6**
Typischer Ausbildungsweg	Berufsausbildung - abgeschlossene Lehre oder Abitur	weiterführende Berufsausbildung (Meister, Fach-, Betriebswirt)
Erforderliche Berufserfahrung	1 - 2 Jahre	1 - 2 Jahre
Personalverantwortung	Keine Personalverantwortung	Fachliche Mitarbeiterführung
Anzahl disziplinarisch geführter Mitarbeiter/-innen	keine	keine
Anzahl fachlich geführter Mitarbeiter/-innen	keine	1 - 3
Anteil Akademiker/-innen an geführten Mitarbeiter/-innen	0% - 5%	0% - 5%
Umsatzverantwortung	-	-
Budgetverantwortung	-	-
Einfluss auf Budgetfestlegung	-	-
Wie häufig wird kommuniziert?	Viel (typischerweise mehr als 40% der Arbeitszeit)	Sehr wenig (typischerweise weniger als 15% der Arbeitszeit)
Mit wem wird kommuniziert?	mit Einzelpersonen (90 % der Kommunikation)	mit Einzelpersonen (90 % der Kommunikation)
Wie wird kommuniziert?	überwiegend motivierend / überzeugend	überwiegend auf der Sachebene
Kulturelle Art der Kommunikation	national	national
Strategischer Einfluss	führt nur operative Tätigkeiten aus bzw. löst nur Routineaufgaben	führt meist operative Tätigkeiten aus bzw. löst fast nur Routineaufgaben
Zeitliche Sichtbarkeit der Arbeitsergebnisse	nach Tagen	nach Tagen
Die Arbeitsqualität der Stelleninhaber/-innen kann	sehr leicht kontrolliert werden	mit wenig Aufwand kontrolliert werden
Physische / psychische Belastungen	-	Die Stelleninhaber/-innen müssen häufig (> 15 x pro Tag) schwere (> 5 kg) Dinge bewegen

Dieser Vergleich wird automatisch für Sie gespeichert.

Abbildung 7: *Tätigkeitenvergleich Ergebnis (Sekretärin und Handwerker). https://www.monitor-entgelttransparenz.de/taetigkeitenvergleich/586/ergebnis (Abruf 4.12.2018)*

Zusätzliche Funktionen

Analyse der Verdienststrukturen

Mit diesem zusätzlichen Modul erhalten Sie weiterführende Informationen. Mit einigen weiteren aggregierten Unternehmensdaten, die von Ihnen hochgeladen werden, wird eine detaillierte Entgeltanalyse durchgeführt, die auf der Methode der statistischen Regressionsanalyse basiert. Das Modul berechnet den Entgeltunterschied von Frauen und Männern und weist unterschiedliche Ursachen und ihre Einflussstärke auf die Verdienstunterschiede aus. Damit gibt das Modul wertvolle Hinweise auf Ursachen möglicher Entgeltdifferenzen und verdeutlicht durch weitere statistische Aufbereitungen, wie ein nachhaltiges Personalmanagement im Unternehmen weiterentwickelt werden kann. Auch nach diesem Modul ist der Download eines Ergebnisberichts möglich.

Verdienststrukturanalyse starten >>

Abbildung 8: *Verdienststrukturanalyse. https://www.monitor-entgelttransparenz.de/ (Abruf 4.12.2018)*

Bei der Erstellung achten Sie bitte darauf, dass Sie folgende Spaltennamen mit der entsprechenden Formatierung verwenden:

Spalte	Format	Anmerkung
Stellennummer / ID	Zahl	Eindeutige Kennzahl des Datensatzes
Alter	Zahl	Alter zum Zeitpunkt der Datenerhebung
Geschlecht	m oder w	
Eintrittsdatum	01.11.2007	Datum des Firmeneintrittes
Anforderungsniveau	Zahl	Zahlen von 1 (sehr einfache Tätigkeit) bis 6 (höchst anspruchsvoll)
Berufliche Stellung	Zahl	Zahlen von 1 (niedrigste Stufe) bis 6 (höchste Stufe)
Ausbildung	Zahl	Angabe des jeweils höchsten Ausbildungsabschlusses 1 = keine Ausbildung 2 = Ausbildung unbekannt 3 = Berufsausbildung – abgeschlossene Lehre oder Abitur 4 = weiterführende Berufsausbildung (Meister, Fach-, Betriebswirt) 5 = Bachelor / Diplom FH 6 = Master / Diplom Uni / Promotion
Gehalt	Zahl	Der zu analysierende Gehaltsbestandteil auf Vollzeit hochgerechnet (Z.B Total Cash, Grundgehalt, Prämien ...)
Teilzeit	Zahl	Teilzeitfaktor (0,65 für eine 65 %-Stelle / Basis Vollzeitstelle)

Abbildung 9: *Verdienststrukturanalyse Anleitung zum Datenimport. https://www.monitor-entgelttransparenz.de/verdienststrukturanalyse/Anleitung_Mitarbeiterdaten_importieren.pdf (Abruf 4.12.2018)*

Die „Verdienststrukturanalyse“ anwenden:

Die Verdienststrukturanalyse ist ein erprobtes Angebot der Bundesregierung, mit dem Personalverantwortliche mögliche Entgeltunterschiede zwischen Männern und Frauen in ihrem Betrieb identifizieren können. Die Analyse bietet die Möglichkeit, schnell und mit geringem Aufwand die Entgeltstruktur eines Unternehmens bezüglich seiner geschlechtsspezifischen Entgeltdifferenz zu analysieren und eventuelle Handlungsfelder aufzudecken, um sie proaktiv zu managen.

Um die Verdienststrukturanalyse nutzen zu können, sind personen- und arbeitsplatzbezogene Informationen notwendig. Zur Erleichterung der Datenzusammenstellung können Unternehmen überwiegend auf die Daten zurückgreifen, die im Unternehmen bereits vorliegen, weil sie dem Statistischen Bundesamt für Meldungen zur Verdienststrukturerhebung bereitgestellt werden oder im Rahmen der Sozialversicherungsmeldungen erforderlich sind. Nach Abschluss der Auswertung werden zwei pdf-Dokumente erstellt, die die Ergebnisse mit erläuternden Texten und Grafiken zusammenstellen.

Inhaltliche Voraussetzungen/ Hinweise:

- Zugang zu den Entgelt-, Qualifikations- und Arbeitsplatzdaten der Mitarbeiterinnen und Mitarbeiter
- Gemischte Belegschaft mit Männern und Frauen
- Bei mehreren tausend Datensätzen (10 000 und mehr) kann die Verarbeitung längere Rechenzeiten erfordern

In der **Verdienststrukturanalyse 1** erfahren Sie, wie hoch die Entgeltlücke zwischen Männern und Frauen insgesamt ist, welchen Anteil daran einzeine Merkmalsunterschiede der Geschlechter bspw. Berufserfahrung, Qualifikation und Teilzeit haben, und wie groß die verbleibende Restlücke ist.

Die **Verdienststrukturanalyse 2** beleuchtet die o.g. Restlücke noch genauer. Hier erfahren Sie, ob es in Ihrem Unternehmen Entlohnungsunterschiede zwischen Männern und Frauen für dieselben Merkmale gibt.

Im folgenden finden Sie Beispielberichte für die Verdienststrukturanalyse auf Basis von fiktiven Daten, die die Auswertungsmöglichkeiten des Web-Tools aufzeigen.

Beispielbericht Verdienststrukturanalyse 1
Beispielbericht Verdienststrukturanalyse 2

Analyse starten

Abbildung 10: *Verdienststrukturanalyse Beispielberichte. https://www.monitor-entgelttransparenz.de/verdienststrukturanalyse# (Abruf 4.12.2018)*

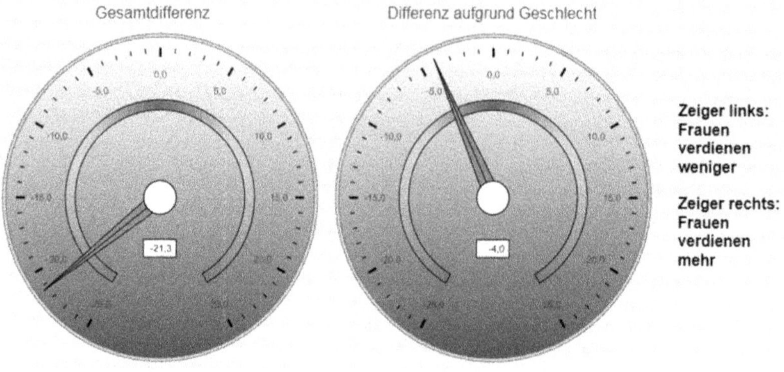

Die Gesamtdaten weisen eine unerklärte bzw. allgemeine Entgeltdifferenz von -21,3 % auf. Im Detail zeigt das Ergebnis der statistischen Analyse, dass ein Anteil von -17,3 % der Entgeltdifferenz durch personen- und arbeitsplatzbezogenen Merkmale erklärt werden kann und ein Erklärungsbeitrag des Geschlechts von -4,0 % verbleibt. Dieser Wert für die erklärte Entgeltlücke ist als klein einzustufen.

In jedem Fall bieten sich jedoch weitergehende Analysen an, um letztlich die spezifischen Ursachen des Entgeltunterschieds zu klären. Insofern sollten stets alle entgeltrelevanten Kriterien eines Unternehmens gemeinsam beurteilt werden. Die Auswertungen in den folgenden Abschnitten zu den einzelnen Merkmalen können diese Analyse unterstützen und wertvolle Tipps und Anregungen geben, wie ein ggf. bestehender Entgeltunterschied verringert werden kann.

Abbildung 11: *Verdienststrukturanalyse 1, Differenz Frauen- zu Männergehalt. https://www.monitor-entgelttransparenz.de/pdf/Verdienststrukturanalyse-1.pdf, S. 6 (Abruf 4.12.2018)*

3.6 Anforderungsniveau

Das Anforderungsniveau einer konkreten Stelle umfasst grundsätzlich eine Vielzahl verschiedener Anforderungen. Selbst bei gleicher Position können sich Unterschiede ergeben, z.B. hinsichtlich einzelner Tätigkeiten.

Die Bewertung dieser Anforderungsniveaus können summarisch oder analytisch vorgenommen werden. Dabei ist darauf zu achten, dass Anforderungsmerkmale überschneidungsfrei erfasst werden und letztlich die Tätigkeiten aller Beschäftigten vollständig widerspiegeln. Insbesondere sollten Anforderungsmerkmale so ausgelegt sein, dass die Begünstigung oder Benachteiligung eines Geschlechts ausgeschlossen wird.

Da die Anforderungen an einen Arbeitsplatz letztlich auch eine wichtige Determinante der Entlohnung darstellen, sind sie bei Analyse der geschlechtsspezifischen Entgeltgleichheit zu berücksichtigen. Da nicht zuletzt auch aus amtlichen Daten hervorgeht, dass Frauen und Männer schwerpunktmäßig eine unterschiedliche Berufswahl treffen, ist zu erwarten, dass sich auch ihre Tätigkeiten und Anforderungen im Durchschnitt unterscheiden. Auch aus diesem Grund bietet sich eine Betrachtung der unterschiedlichen Anforderungen im Rahmen einer detaillierten geschlechtsspezifischen Analyse an.

Im Detail sind einzelne Stellen oft mit unterschiedlichen Anforderungen verbunden. Da aber eine Berücksichtigung sämtlicher Kriterien z.B. auf Basis einer analytischen Stellenbewertung aber aufgrund des erhebungstechnischen Aufwands nicht möglich ist, war eine Bündelung der Anforderungen in jeweils einem Wert von (1) bis (6) erforderlich. In dieser Analyse wurden folgende Ausprägungen verwendet, zum besseren Verständnis sind analoge Ausbildungsniveaus in Klammern angegeben:

1. Einfache und/oder repetitive Tätigkeiten (Un-/Angelernte)
2. Wiederkehrende fachliche Aufgabenstellung (Berufsausbildung)
3. Nur z.T. wiederkehrende fachliche Aufgabenstellung (Meister oder Ausbildung mit Erfahrung)
4. Überwiegend selbständiges und qualifiziertes Arbeiten (Studium oder Meister, Berufsakademie mit Erfahrung)
5. Sehr selbständiges und hoch qualifiziertes Arbeiten (Studium mit mehr als zwei Jahren Erfahrung)
6. Höchst anspruchsvolle und komplexe Arbeiten (Studium mit mehr als acht Jahren Erfahrung)

Abbildung 12: *Verdienststrukturanalyse 1, Anforderungsniveau. https://www.monitor-entgelttransparenz.de/pdf/Verdienststrukturanalyse-1.pdf, S. 25 (Abruf 4.12.2018)*

Vorwort

Die Verdienststrukturanalyse ist ein Programm, mit dessen Hilfe Unternehmen Verdienstunterschiede zwischen Frauen und Männern in ihrem Betrieb untersuchen können und Hinweise für eine faire Bezahlung erhalten. Der vorliegende Bericht stellt die Ergebnisse auf Basis Ihrer im Rahmen des Monitors Entgelttransparenz hochgeladenen Daten dar. So wird für das Unternehmen eine detaillierte Entgeltanalyse durchgeführt, die auf der Methode der statistischen Regressionsanalyse basiert. In der Vergütungsanalyse wird der Entgeltunterschied von Frauen und Männern berechnet. Der Unterschied wird zum einen unbereinigt und um personen- und arbeitsplatzbezogene Merkmale der Beschäftigten bereinigt aufgeführt. Dies bedeutet, dass der prozentuale Entgeltunterschied zwischen Frauen und Männern ermittelt wird, der sich bei gleicher Anzahl an Ausbildungs-, Dienstjahren und gleicher (potenzieller) Berufserfahrung sowie gleichem Anforderungsniveau und gleicher beruflicher Stellung ergeben würde. Zusätzliche detaillierte Auswertungen geben wertvolle Hinweise auf Ursachen möglicher Entgeltdifferenzen. Damit werden die Entgeltstrukturen in Ihrem Unternehmen bzw. einem Betriebsteil unter Geschlechtergesichtspunkten aufbereitet, Ursachen analysiert und Ansatzpunkte zur Verbesserung der Entgeltgleichheit aufgezeigt.

Die Ursachen der Lohnunterschiede zwischen Männern und Frauen bestehen aus den Lohnwirkungen unterschiedlicher Merkmale der Geschlechter und aus dem Geschlechtereffekt. Aber Vorsicht bei der Interpretation der ermittelten Größen: Die „erklärte", also bereinigte, Lohnlücke ist nicht zwingend frei von Diskriminierung. Genauso wenig sind die unerklärte Lücke oder ihre Bestandteile zwingend mit Diskriminierung gleichzusetzen.
Messbar ist nur, worüber Informationen vorliegen. Ein Teil der Lohnunterschiede kann auch durch Unterschiede der Geschlechter in ungemessenen und damit unbeobachteten Merkmalen herrühren. Informationen über Unterbrechungen in der Erwerbshistorie sind für das Gehalt relevant, liegen in einem Betrieb aber nicht vor, wenn diese Unterbrechungen in anderen Betrieben stattgefunden haben. Aber auch im eigenen Betrieb werden diese Daten in der Regel nicht berücksichtigt, weil die Daten nicht in der gewünschten Form vorliegen. Weiterhin messen wir nicht, ob Frauen und Männer im Betrieb nicht die gleichen Zugangschancen zu gut bezahlten Jobs haben oder nicht (Stichwort „gläserne Decke", aber auch die Praxis, hoch bezahlte Tätigkeiten nicht in Teilzeit auszuüben, kann ein implizit erschwerter Zugang für Frauen zu diesen Stellen sein, da Frauen häufiger Teilzeitstellen nachfragen).
Zusammengefasst heißt dies: Echte Diskriminierung kann durch diese Statistik zur Lohnlücke nur bedingt quantifiziert werden. Es werden mögliche Handlungsfelder sichtbar gemacht, aber Sie als betriebliche Akteure sind gefordert, die ursächlichen Sachverhalte für Ihr Unternehmen zu klären. Dafür sind die beiden anderen Module im Monitor Entgelttransparenz geeignet: Bestandsaufnahme und Tätigkeitenvergleich.

Verantwortlich für die Entwicklung des Monitors für Entgelttransparenz und die Überarbeitung dieses Berichtes ist die COP CompensationPartner GmbH. Die Vorlage dieses Berichtes entstand in einem vom Bundesministerium für Familie, Senioren, Frauen und Jugend geförderten Projekt.

Abbildung 13: *Verdienststrukturanalyse 1 Vorwort. https://www.monitor-entgelttransparenz.de/pdf/Verdienststrukturanalyse-1.pdf, S. 2 (Abruf 4.12.2018)*

Zudem veranschaulichen die Abbildungen mit Einzelwerten und Trend den Zusammenhang von Entgelthöhe und Ausbildungsabschluss. Da es sich bei dem Merkmal Bildungsabschluss um eine kategoriale Variable handelt, sind die Häufigkeitsverteilungen in den einzelnen Kategorien durch Punkte gekennzeichnet. Die Trendlinien deuten in etwa den Entgeltzuwachs mit steigendem Qualifikationsniveau an. Mögliche Ansatzpunkte zur Reduzierung von Entgeltunterschieden können Weiterbildungsangebote oder Kontakthalteprogramme während familienbedingter Auszeiten sein.

Abbildung 14: *Verdienststrukturanalyse 1 Ausbildung. https://www.monitor-entgelttransparenz.de/pdf/Verdienststrukturanalyse-1.pdf, S. 13 (Abruf 4.12.2018)*

Die Abbildungen mit Einzelwerten und Trend veranschaulichen den Zusammenhang von Entgelthöhe und Dienstjahren. Auch hier verläuft der Trend für Frauen häufig unterhalb des Trends von Männern, da nicht selten die Inanspruchnahme von Erwerbsunterbrechungen die Entlohnung beeinflusst hat. In Abhängigkeit des Ergebnisses bilden daher Maßnahmen zur Vereinbarkeit von Familie und Beruf, beispielsweise flexible Arbeitszeitmodelle und flexible Arbeitsbedingungen (z.B. Telearbeit), mögliche Ansatzpunkte zur Reduzierung von Entgeltunterschieden.

Abbildung 15: *Verdienststrukturananlyse 1 Betriebszugehörigkeitsdauer. https://www.monitor-entgelttransparenz.de/pdf/Verdienststrukturanalyse-1.pdf, S. 19 (Abruf 4.12.2018)*

Annahmen in der Verdienststrukturanalyse 1

Genau genommen sind die bisherigen Analysen aber nur korrekt, wenn eine implizit getroffene Annahme erfüllt ist. Wir nahmen bisher an, dass die beobachten Merkmale für Männer und Frauen jeweils denselben Lohneinfluss haben. Mit anderen Worten: Es wurde unterstellt, dass beispielsweise ein zusätzliches Jahr Betriebszugehörigkeitsdauer den Lohn von Männern und Frauen um genau denselben Prozentsatz steigert und dass ein zusätzliches Ausbildungsjahr ebenfalls exakt denselben Lohneinfluss für beide Geschlechter hat. Diese Annahme muss allerdings nicht zwingend für alle Unternehmen bzw. bei allen Merkmalen zutreffen. So ist es theoretisch denkbar und auch in vielen praktischen Fällen belegt, dass mal Frauen, mal Männer eine höhere „Lohnbewertung" für ein Merkmal erhalten. Man spricht dann von „Bewertungseffekten". Sie geben an, um wieviel Prozent Frauen weniger (bzw. mehr) als Männer verdienen, weil sie für dieselben Merkmale schlechter (bzw. besser) entlohnt werden als Männer. Auch hier lässt sich dann auf der Ebene einzelner Merkmale ermitteln, ob die Frauen oder die Männer beim betreffenden Merkmal im (Lohn-)vorteil sind. So kann es beispielsweise sein, dass der Lohnnachteil von Teilzeit gegenüber einer Vollzeitbeschäftigung bei den Frauen größer ist als bei den Männern, dass umgekehrt aber Frauen von einer höheren beruflichen Stellung stärker im Lohn profitieren als Männer. In der Verdienststrukturanalyse 1 wurde also vereinfacht angenommen, dass in Ihrem Betrieb keine Bewertungseffekte existieren.

Abbildung 16: *Verdienststrukturanalyse 2. https://www.monitor-entgelttransparenz.de/pdf/Verdienststrukturanalyse-Bewertungseffekte-2.pdf, S. 2 (Abruf 4.12.2018)*

Literaturverzeichnis

Albrecht, Andreas C.: Der Begriff der gleichwertigen Arbeit im Sinne des Lohngleichheitssatzes „Mann und Frau haben Anspruch auf gleichen Lohn für gleichwertige Arbeit" (Art. 4 Abs. 2 BV), Basel u.a. 1998.

Annuß, Georg / Thüsing, Gregor: Kommentar zum Teilzeit- und Befristungsgesetz, 3. Aufl., Frankfurt a.M. 2012 (zit.: Annuß/Thüsing/*Bearbeiter*).

Anzinger, Rudolf / Wank, Rolf: Entwicklungen im Arbeitsrecht und Arbeitsschutzrecht, Festschrift für Otfried Wlotzke zum 70. Geburtstag, München 1996 (zit.: *Bearbeiter*, in: FS Wlotzke).

Aristoteles: Die Nikomachische Ethik, Griechisch – deutsch, Übersetzt von Olof Gigon, neu herausgegeben von Rainer Nickel 2. Aufl., Düsseldorf2007.

Arnault, E. Jane / Gordon, Louis / Joines, Douglas H. / Phillips, G. Micheal: An experimental study of job evaluation and comparable worth, 54 Industrial and Labor Relations Review, 806–815 (2000–2001).

Baeck, Ulrich / Winzer, Thomas / Hies, Dominic: Neuere Entwicklungen im Arbeitsrecht, NZG 2017, 254–256.

Bamberger, Heinz Georg / Roth, Herbert / Hau, Wolfgang / Poseck, Roman: Beck'scher Online-Kommentar, BGB, 50. Ed., München 2019 (zit.: BeckOK-BGB/*Bearbeiter*).

Barnard, Catherine: Der Equality Act 2010, Europäische Zeitschrift für Geschlecht ergleichstellungsrecht. 1/2011, 15–27.

Barnett, Edith: „Comparable worth is a flawed idea", 12 Human Rights 20 (1984–1985).

Bartenbach, Kurt / Volz, Franz-Eugen: Arbeitnehmererfindungsgesetz, Kommentar zum Gesetz über Arbeitnehmererfindungen, 5. Aufl., Köln 2013 (zit.: *Bartenbach/Volz*).

Bauer, Jobst-Hubertus / Günther, Jens / Romero, Sibylle: Offene Fragen des Entgelttransparenzgesetzes – was Arbeitgeber beachten sollten, NZA 2017, 810–814.

Bauer, Jobst-Hubertus / Heup, Eva / Mayr, Daniela: Die Ermittlung des Vergleichsentgelts beim Auskunftsanspruch nach § 10 Abs. 1 EntgTranspG, DB 2018, 1213–1217.

Bauer, Jobst-Hubertus / Krieger, Steffen: Allgemeines Gleichbehandlungsgesetz, Kommentar, 4. Aufl., München 2015 (zit.: Bauer/Krieger/*Bearbeiter*, 4. Aufl. 2015).

Bauer, Jobst-Hubertus / Krieger, Steffen / Günther, Jens: Allgemeines Gleichbehandlungsgesetz und Entgelttransparenzgesetz, Kommentar, 5. Aufl., München 2018 (zit.: Bauer/Krieger/Günther/*Bearbeiter*).

Bauer, Jobst-Hubertus / Romero, Sibylle: Der individuelle Auskunftsanspruch nach dem Entgelttransparenzgesetz, NZA 2017, 409–413.

Baumbach, Adolf / Hopt, Klaus J.: Handelsgesetzbuch, Mit GmbH & Co., Handelsklauseln, Bank- und Börsenrecht, Transportrecht (ohne Seerecht), 38. Aufl., 2018, München 2018 (zit.: Baumbach/Hopt/*Bearbeiter*).

Becker, Christoph: Die Lehre von der laesio enormis in der Sicht der heutigen Wucherproblematik, Ausgewogenheit als Vertragsinhalt und § 138 BGB, Köln 1993.

Becker, Daniela / Hjort, Jens Peter: Entgelttransparenzgesetz – 1. Teil: Individueller Auskunftsanspruch, ArbR 2018, 298–301.

dies.: Entgelttransparenzgesetz – 2. Teil: Betriebliche Prüfverfahren und Berichtspflichten, ArbR 2018, 359–361.

Becker, Ulrich / Hatje, Armin / Schoo, Jürgen / Schwarze, Jürgen (alle Hrsg.): EU-Kommentar, 4. Aufl., Baden-Baden 2019 (zit.: Schwarze/*Bearbeiter*).

Behrendt, Markulf / Witzke, Verena: Das Entgelttransparenzgesetz – „Null Auswirkungen"?, BB 2017, 3060–3064.

Benkert, Daniel: Entgelttransparenzgesetz: gezähmtes „Bürokratiemonster"?, NJW-Spezial 2017, 434–435.

Bepler, Klaus / Hohenstatt, Klaus-Stefan / Preis, Ulrich / Schunder, Achim: Arbeitsrecht bei Änderung der Unternehmensstruktur, Festschrift für Heinz Josef Willemsen zum 65. Geburtstag, München 2018 (zit.: *Bearbeiter*, in: FS Willemsen).

Berghahn, Sabine / Klapp, Micha / Klose, Alexander / Tischbirek, Alexander: Evaluation des Allgemeinen Gleichbehandlungsgesetzes, erstellt im Auftrag der Antidiskriminierungsstelle des Bundes, 1. Aufl., Berlin 2016.

Beyer, Norber / Frank, Willi / Frey, Hans-Günther / Hammerl, Wolfgang / Müller, Matthias J. / Schulze Froning, Wilma / Simon, Martin / Sroka, Reiner / Thüsing, Gregor / Tiggelbeck, Claudia / Joussen, Jacob: Freiburger Kommentar MAVO einschließlich KAGO, 5. Aufl. Ergänzungslieferung 2/2018, Freiburg (zit.: Freiburger Kommentar/*Bearbeiter*).

Bickenbach, Christian: Die Einschätzungsprärogative des Gesetzgebers, Analyse einer Argumentationsfigur in der (Grundrechts-)Rechtsprechung des Bundesverfassungsgerichts, Tübingen 2014.

Bily, Natali / Ludwig, Sören: Wen trifft die Pflicht zum Entgeltbericht?, AuA 2018, 82–83.

Boecken, Winfried / Düwell, Franz Josef / Diller, Martin / Hanau, Hans / Holthaus, Michael / Ulrici, Bernhard: Gesamtes Arbeitsrecht, Band 1, 1. Aufl., Baden-Baden 2016 (zit.: NK-GA/*Bearbeiter*).

dies.: Gesamtes Arbeitsrecht, Band 2, 1. Aufl., Baden-Baden 2016 (zit.: NK-GA/*Bearbeiter*).

Boll, Christina / Hüning, Hendrik / Leppin, Julian / Puckelwald, Johannes: Potenzielle Auswirkungen des Mindestlohnes auf den Gender Pay Gap in Deutschland, Sozialer Fortschritt 2/2017, 123–153.

Brake, Deborah L.: Reviving Paycheck Fairness: Why and how the Factor-other-than-Sex Defense matters, 52 Idaho Law Review, 889–912 (2016).

Burgi, Martin /Dreher, Meinrad: Beck'scher Vergaberechtskommentar, Band 1: Gesetz gegen Wettbewerbsbeschränkungen – GWB – 4. Teil, 3. Aufl., München 2017 (zit.: Burgi/Dreher/*Bearbeiter*).

Bürger, Kathrin / Müller, Sonja: Anwendbarkeit von Ausschlussfristen bei Ansprüchen aus dem Entgelttransparenzgesetz, DB 2019, 425–428.

Brune, Ulrike / Brune, Martin: Das Entgelttransparenzgesetz – auch ein Auftrag für die Gerichte, BB 2019, 436–447.

Burkiczak, Christian M.: Grundrechtsbindung der Tarifvertragsparteien oder Relevanz grundrechtlicher Schutzpflichten – Erfurter Einerlei?, RdA 2007, 17–22.

Calliess, Christian / Ruffert, Matthias: EUV, AEUV, Das Verfassungsrecht der Europäischen Union mit Europäischer Grundrechtecharta: Kommentar, 5. Auflage 2016 (zit.: Calliess/Ruffert/*Bearbeiter*).

Chicha, Marie-Thérèse: Gendergerechtigkeit Stärken – Entgeltgleichheit Sicherstellen, Ein ILO-Leitfaden für Genderneutrale Tätigkeitsbewertung, Genf 2016.

Däubler, Wolfgang: Tarifvertragsgesetz, Mit Arbeitnehmer-Entsendegesetz, 4. Aufl., Baden-Baden 2016 (zit.: Däubler/*Bearbeiter*).

Däubler, Wolfgang / Bertzbach, Martin: Allgemeines Gleichbehandlungsgesetz, Handkommentar, 4. Aufl., Baden-Baden 2018 (zit.: Däubler/Bertzbach/*Bearbeiter*).

Däubler, Wolfgang / Kittner, Michael / Klebe, Thomas / Wedde, Peter: BetrVG Betriebsverfassungsgesetz, Kommentar für die Praxis mit Wahlordnung und EBR-Gesetz, 16. Aufl., Frankfurt a.M. 2018 (zit.: Däubler/Kittner/Klebe/Wedde/*Bearbeiter*).

DelPo Kulow, Marianne: Beyond the Paycheck Fairness Act: Mandatory Wage Disclosure Laws – a necessary tool for closing the residual Gender Wage Gap, 50 Harv. J. on Legis. 385–435 (2013).

Deutscher Bundestag / Bundesarchiv (Hrsg.): Der Parlamentarische Rat 1948–1949, Akten und Protokolle, Band 14, Hauptausschuss, Teilband II, Berlin/Boston 2009.

Deutscher Juristinnenbund: Stellungnahme (Deutscher Juristinnenbund e.V.) zum Antrag „Frauen verdienen mehr – Entgeltdiskriminierung von Frauen verhindern“, BT-Drs. 17/8897, und zum Entwurf eines Gesetzes zur Durchsetzung des Entgeltgleichheitsgebot für Frauen und Männer (Entgeltgleichheitsgesetz), BT-Drs. 17/9781, Streit 2013, 14–15.

Di Fabio, Udo: Richtlinienkonformität als ranghöchstes Normauslegungsprinzip? – Überlegungen zum Einfluß des indirekten Gemeinschaftsrechts auf die nationale Rechtsordnung, NJW 1990, 947–954.

ders.: Die Gleichberechtigung von Mann und Frau, AöR 1997, 404–443.

Dieterich, Thomas / Le Friant, Martine / Nogler, Luca / Kezuka, Katzutoshi / Pfarr, Heide M.: Individuelle und kollektive Freiheit im Arbeitsrecht, Gedächtnisschrift für Ulrich Zachert, Baden-Baden 2010 (zit.: *Bearbeiter*, in: GS Zachert).

Eichenhofer, Eberhard: Diskriminierungsverbote und Vertragsfreiheit, AuR 2013, 62–65.

Erhard, Ludwig: Wohlstand für alle, bearbeitet von Wolfram Langer, Düsseldorf 1957.

Eucken, Walter: Grundsätze der Wirtschaftspolitik, Hamburg 1960.

Färber, Peter / Kappes, Karl-Heinz: Die Entscheidung des Großen Senats zum Weiterbeschäftigungsanspruch während des Kündigungsprozesses Inhalt und praktische Konsequenzen, NZA 1986, 215–222.

Fasse, Nora / Klie, Anja: Das neue Entgelttransparenzgesetz, Handlungsempfehlungen für die Praxis, Berlin 2018.

Feldhoff, Kerstin: Der Anspruch auf gleichen Lohn für gleichwertige Arbeit, Zur mittelbaren Diskriminierung von Frauen in Entgelttarifverträgen, Baden-Baden 1998.

dies.: Mittelbare Diskriminierung von frauentypischen Tätigkeiten in der Vergütungsordnung zum BAT, ZTR 1999, 207–213.

Fischer, Marie Kristin: Erfahrungen europäischer Nachbarländer mit der Umsetzung des Entgeltgleichheitsprinzips, Streit 2015, 103–108.

Fitting, Karl (Begr.) / *Engels, Gerd / Schmidt, Ingrid / Trebinger, Yvonne /Linsenmaier, Wolfgang*: Betriebsverfassungsgesetz, Handkommentar, 29. Aufl., München 2018 (zit.: *Fitting*).

Flume, Werner: Allgemeiner Teil des Bürgerlichen Rechts, Band 2, Das Rechtsgeschäft, 4. Aufl., Berlin, Heidelberg 1992.

Forst, Gerrit: Anmerkung zum Urteil des EuGH vom 19.4.2012, Az. C-415/10, EWiR 2012, 265–266.

Foubert, Petra / Timmer, Alexandra: The enforcement of the principle of equal pay for equal work or work of equal value, A legal analysis of the situation in the EU Member States, Iceland, Liechtenstein and Norway, Luxemburg 2017.

Franzen, Martin: Entgeltgleichheit durch ein Lohngerechtigkeitsgesetz?, BB 12/13 2016, I.

ders.: Anwendungsfragen des Auskunftsanspruchs nach dem Entgeltransparenzgesetz (EntgTranspG), NZA 2017, 814–819.

ders. / Gallner, Inken /Oetker, Hartmut: Kommentar zum europäischen Arbeitsrecht, 2. Aufl., München 2018 (zit.: EuArbR/*Bearbeiter*).

Fuchs, Gesine / Konstatzky, Sandra / Liebscher, Doris / Berghahn, Sabine: Rechtsmobilisierung für Lohngleichheit, KJ 2009, 253–270.

Fuhlrott, Michael / Ritz, Sebastian: Mehr Transparenz beim Entgelt – ein Überblick über das neue Gesetz, ArbR 2017, 211–213.

Gaul, Björn: Das geplante Gesetz zur Förderung der Transparenz von Entgeltstrukturen, ArbRB 2017, 47–50.

Gaul, Dieter: Die Bedeutung der Frauenlohnurteile des Bundesarbeitsgerichts für die Tarfipraxis und das ILO-Übereinkommen 100, RdA 1955, 361–368.

Glaser, Regina / Groß, Torsten: Das Entgelttransparenzgesetz, AuA 2017, 303–305.

Goette, Wulf /Habersack, Mathias: Münchener Kommentar zum Aktiengesetz, Band 3, 4. Aufl., München 2018 (zit.: MüKo-AktG/*Bearbeiter*).

Göpfert, Burkard / Giese, Katja: Entgelttransparenzgesetz – Folgt jetzt die Klagewelle?, NZA 2018, 207–210.

Göpfert, Burkard / Pfister, Sina: Entgelttransparenz und Business Judgement – erste Hinweise zum Umgang mit einem „Gender Gap", ZIP 2017, 1401–1405.

Gow, Laura / Middlemiss, Sam: Equal pay legislation and its impact on the gender pay gap, 11 International Journal of Discrimination and the Law, 164–186 (2011).

Grabitz, Eberhard / Hilf, Meinhard /Nettesheim, Martin: Das Recht der Europäischen Union, 66. Aufl., München 2019 (zit.: Grabitz/Hilf/Nettesheim/*Bearbeiter*).

Grimm, Detlef / Freh, Stefan: § 15 FAO Selbststudium Die Berichtspflicht des Arbeitgebers nach dem Entgelttransparenzgesetz, ArbRB 2017, 311–315.

dies.: Das Gesetz zur Förderung der Transparenz von Entgeltstrukturen, KSzW 2017, 89–100.

dies.: Der Auskunftsanspruch nach dem Entgelttransparenzgesetz, ArbRB 2017, 182–186.

Grobys, Marcel: Die Beweislast im Anti-Diskriminierungsprozess, NZA 2006, 898–904.

Günther, Jens / Heup, Eva / Mayr, Daniela: „Lieber Betriebsrat, was verdienen meine Kollegen?", NZA 2018, 545–550.

Haag, Elli-Luise: Please mind the gap, GewArch 2018, 62–66.

Häferer, Katja / Köhler, Matthias: Das Entgelttransparenzgesetz im Überblick, CB 2017, 284–288.

Halfmeier, Axel: Musterfeststellungsklage: Nicht gut, aber besser als nichts, ZRP 2017, 201–204.

Hanau, Peter: Anspruch eines abgelehnten Bewerbers auf Auskunft über die Besetzung der Stelle?, EuZA 2013, 105–115.

Hanau, Peter / Heither, Friedrich / Kühling, Jürgen: Richterliches Arbeitsrecht, Festschrift für Thomas Dieterich zum 65. Geburtstag, München 1999 (zit.: *Bearbeiter*, in: FS Dieterich).

von Hayek, Friedrich A.: Freiburger Studien, Gesammelte Aufsätze, Tübingen 1969 (zit.: *Bearbeiter*, in: Freiburger Studien).

Heckel, Theodor: Der gerechte Lohn, Vorträge gehalten auf der Tagung evangelischer Juristen 1963 (zit.: *Bearbeiter*, in: Der gerechte Lohn).

Hecker, Christian: Lohn- und Preisgerechtigkeit, Historische Rückblicke und aktuelle Perspektiven unter besonderer Berücksichtigung der christlichen Soziallehren, Marburg 2008.

Hennrichs, Joachim / Kleindiek, Detlef / Watrin, Christoph: Münchener Kommentar zum Bilanzrecht, Band 2: Bilanzrecht §§ 238–342 e HGB, München 2013 (zit.: MüKo-Bilanzrecht/*Bearbeiter*).

Henssler, Martin / Sittard, Ulrich: Flexibler Mindestlohn durch Konkretisierung des Sittenwidrigkeitstatbestands – Zugleich Besprechung zum Urteil BAG v. 26. 4. 2006 – 5 AZR 549/05, RdA 2007, 159–165.

Henssler, Martin: Lohngleichheit für Männer und Frauen – „gleiche" und „gleichwertige" Arbeit (Anmerkung), SAE 1997, 186–189.

ders.: Mindestlohn und Tarifrecht, RdA 2015, 43–56.

ders. / Braun, Axel: Arbeitsrecht in Europa, 3. Aufl., Köln 2011 (zit.: Henssler/Braun/*Bearbeiter*, Arbeitsrecht in Europa).

Henssler, Martin / Willemsen, Heinz Josef / Kalb, Heinz-Jürgen: Arbeitsrecht Kommentar, 8. Aufl., Köln 2018 (zit.: Henssler/Willemsen/Kalb/*Bearbeiter*).

Herrmann, Johannes / Goez, Werner / Winterstein, Helmut / Blomeyer, Wolfgang: Der „Gerechte Preis", Beiträge zur Diskussion um das „pretium iustum", Erlangen 1982 (zit.: *Bearbeiter*, in: Der gerechte Preis).

Herschel, Wilhelm: Gleichberechtigung der Frau und Lohngleichheit, BB 1955, 290–291.

Hey, Thomas / Feichtinger, Julian: Änderung der österreichischen Gleichbehandlungsgesetze, RIW 2011, 525–527.

Hey, Thomas / Forst, Gerrit: AGG, Allgemeines Gleichbehandlungsgesetz, 2. Aufl., Frankfurt a.M. 2015 (zit.: Hey/Forst/*Bearbeiter*).

Hintzen, Martina / Richter, Tim: Entgelttransparenzgesetz, Entgeltgleichheit, Auskunftsanspruch, Prüf- und Berichtspflichten, 1. Aufl., München 2018.

Höffner, Joseph: Wirtschaftsethik und Monopole im fünfzehnten und sechzehnten Jahrhundert, Jena 1941.

Hohmann-Dennhardt, Christine / Körner, Marita / Zimmer, Reingard: Geschlechtergerechtigkeit, Festschrift für Heide Pfarr, Baden-Baden 2010 (zit.: *Bearbeiter*, in FS Pfarr).

Holler, Daniel E.: § 14 Absatz 1 EntgTranspG – Ein durchsetzbarer Arbeitnehmeranspruch gegen den Betriebsrat?, NZA 2017, 822–828.

Hüffer, Uwe (Begr.) / *Koch, Jens*: Aktiengesetz, 13. Aufl., München 2018 (zit.: Hüffer/Koch/*Bearbeiter*).

Isensee, Josef: Vertragsfreiheit und Diskriminierung, Berlin 2007 (zit.: *Bearbeiter*, in: Vertragsfreiheit und Diskriminierung).

Joachim, David S.: G.O.P. Senators Block Pay Gap Legislation, NY Times, 10.4.2014, A14.

Jochmann-Döll, Andrea: Gleicher Lohn für gleichwertige Arbeit, Ausländische und deutsche Konzepte und Erfahrungen, München, Mering 1990.

dies.: Entgelttransparenz herstellen und Entgeltgleichheit prüfen – mit eg-check.de, RdA 2017, 169–177.

Jordan, Anna Maria: Entgeltdiskriminierung in Frauenberufen?, Frankfurt a.M. 2012.

Jöris, Heribert: Tarifautonomie in Bedrängnis, ZfA 2016, 71–80.

Kania, Thomas: Betriebsratsbeteiligung bei der Durchsetzung von Entgelttransparenz, NZA 2017, 819–822.

Kappes, Karl-Heinz / Korte, Walter: Anmerkung zu EuGH v. 27.10.1993 – C-127/92 (Enderby), SAE 1995, 48–51.

Katz, Christian P. / Baitsch, Christof: Arbeit bewerten – Personal beurteilen, Lohnsysteme mit ABAKABA, Grundlagen, Anwendung, Praxisberichte, Zürich 2006.

Kersting, Wolfgang: Thomas Hobbes, Leviathan; oder Stoff, Form und Gewalt eines kirchlichen und bürgerlichen Staates, München 2008 (zit.: *Bearbeiter*, in: Thomas Hobbes).

Kiel, Heinrich / Lunk, Stefan / Oetker, Hartmut: Münchener Handbuch zum Arbeitsrecht Individualarbeitsrecht I, Band 1, 4. Aufl., München 2018 (zit.: MHA/*Bearbeiter*).

Klammer, Ute / Motz, Markus: Neue Wege – Gleiche Chancen, Expertisen zum Ersten Gleichstellungsbericht der Bundesregierung, Wiesbaden 2011 (zit.: *Bearbeiter*, in: Neue Wege – Gleiche Chancen).

Kleinebrink, Wolfgang: Das Einblicksrecht des Betriebsausschusses in die Bruttolohn- und -gehaltslisten nach dem Entgelttransparenz-Gesetz, FA 2018, 38–41.

Klumpp, Steffen: § 23 BetrVG als Diskriminierungssanktion?, NZA 2006, 904–906.

Kocher, Eva: Geschlechtsbedingte Diskriminierung/Eingruppierung, ZESAR 2014, 135–145.

dies.: Das Entgelttransparenzgesetz: ein Gesetz (nur) für Betriebsräte?, AuR 2018, 8–18.

Kock, Martin: Einsicht in Bruttolohnlisten ohne Anonymisierung, NZA-RR 2018, 84–85.

Köhn, Anna: Lohngerechtigkeit gesetzlich regeln?, ZRP 2016, 247.

Kolb, Susanne / Heinek, Dirk: Entgelttransparenzgesetz: Auskunftspflichten und neue Anlage zum Lagebericht, WPg 2017, 1243–1249.

Koller-van Delden, Martin: Entgelttransparenzgesetz: Informationsanspruch der Arbeitnehmer ab 1.2.2018, DStR 2018, 254–261.

ders. / *Gallini, Dominik*: Gemeinschaftsbetrieb statt Arbeitnehmerüberlassung, DStR 2017, 206–211.

Köppen, Martina: Die Antidiskriminierungsstelle des Bundes – Rückblick und Perspektiven, NZA Beilage 2 2008, 91–93.

Koslowski, Peter: Prinzipien der ethischen Ökonomie, Grundlegung der Wirtschaftsethik und der auf die Ökonomie bezogenen Ethik, Tübingen 1988.

Krell, Gertraude / *Ortlieb, Renate* / *Sieben, Barbara*: Chancengleichheit durch Personalpolitik, Gleichstellung von Frauen und Männern in Unternehmen und Verwaltungen. Rechtliche Regelungen – Problemanalysen – Lösungen, 6. Aufl., Wiesbaden 2011 (zit.: *Bearbeiter*, in: Chancengleichheit durch Personalpolitik).

Krieger, Gerd: Corporate Governance und Corporate Governance Kodex in Deutschland, ZGR 2012, 202–227.

Krüger, Wolfgang /*Rauscher, Thomas*: Münchener Kommentar zur Zivilprozessordnung, Mit Gerichtsverfassungsgesetz und Nebengesetzen, Band 1: §§ 1–354, 5. Aufl., München 2016 (zit.: MüKo-ZPO/*Bearbeiter*).

Kuhn, Anke / *Schwindling, Jan*: Eine Chance auf Lohngerechtigkeit?!, DB 2017, 785–789.

dies.: Entgelttransparenzgesetz: Der Auskunftsanspruch beim nicht tarifgebundenen oder tarifanwendenden Arbeitgeber, DB 2018, 509–515.

Kyriazis, Georgios: Die Sozialpolitik der Europäischen Wirtschaftsgemeinschaft in Bezug auf die Gleichberechtigung männlicher und weiblicher Erwerbstätiger, Berlin 1990.

Langemann, Moritz / *Wilking, Felix*: Mehr Entgeltgerechtigkeit zwischen Frauen und Männern?, BB 2017, 501–506.

Latham, Al: Comparable Worth, 72 ABA Journal. 36 (1986).

Lelley, Jan Tibor / *Bruck, Julia M.* / *Yildiz, Semican*: Reden ist Silber – Schweigen ist Gold? Aufgaben und Informationsrecht des Betriebsrats nach § 80 BetrVG, BB 2018, 2164–2173.

Liebig, Stefan / *Valet, Peter* / *Schupp, Jürgen*: Wahrgenommene Einkommensgerechtigkeit konjunkturabhängig, DIW Wochenbericht. 27–28/2010, 11–16.

Lillemeier, Sarah: Entgeltgleichheit – Anforderungen einer geschlechtsneutralen Arbeitsbewertung und Entlohnung, AuR 2018, 119–122.

Löwisch, Manfred /*Rieble, Volker*: Tarifvertragsgesetz, Kommentar, 4. Aufl., München 2017 (zit.: *Löwisch/Rieble*).

Ludewig, Gisela: Entgeltgleichheit in Deutschland, Streit 2015, 99–102.

dies.: Lohngerechtigkeit gesetzlich regeln?, ZRP 2016, 247.

Maiß, Sebastian / Vieg, Julia: Der Auskunftsanspruch nach dem Entgelttransparenzgesetz in Filialstrukturen, ArbR 2018, 387–389.

von Mangoldt, Hermann (Begr.) / *Klein, Friedrich /Starck, Christian*: Grundgesetz, Kommentar, Band 1: Präambel, Art. 1–19, 7. Aufl., München 2018 (zit.: Mangoldt/Klein/Starck/*Bearbeiter*).

Marhold, Franz / Friedrich, Michael: Österreichisches Arbeitsrecht, 2. Aufl., Wien u.a. 2012.

Maunz, Theodor / Dürig, Günter (beide Begr.): Grundgesetz, 73. EL, München 2014 (zit.: Maunz/Dürig/*Bearbeiter*, 73. EL 2014).

Maunz, Theodor / Dürig, Günter (beide Begr.): Grundgesetz, 86. EL, München 2019 (zit.: Maunz/Dürig/*Bearbeiter*).

Mazei, Jens / Hüffmeier, Joachim / Freund, Philipp Alexander / Stuhlmacher, Alice F. / Bilke, Lena / Hertel, Guido: A meta-analysis on gender differences in negotiation outcomes and their moderators, 141 Psychological Bulletin, 85–104 (2015).

McCrudden, Christopher: Comparable Worth: A Common Dilemma, 11 Yale Journal of International Law, 396–436 (1985–1986).

Meissner, Doris / Hackenthal, Marion: Entgelttransparenz und Betriebsrat, AiB 6/2018, 26–29.

Mill, John Stuart: Principles of Political Economy, with Some of Theit Applications to Social Philosphy, Books III-V and Appendices, Toronto 1965.

ders.: Essays on Ethics, Religion and Society, Toronto 1969 (zit.: Bearbeiter, in: Essays on Ethics, Religion and Society).

Möller, Joachim / Walwei, Ulrich: Arbeitsmarkt kompakt, Analysen, Daten, Fakten, Bielefeld 2017 (zit.: *Bearbeiter*, in: Arbeitsmarkt kompakt).

Müller, Lisa: Entgelttransparenzgesetz – und nun?, BB 2017, 2101–2105.

Müller-Armack, Alfred: Wirtschaftsordnung und Wirtschaftspolitik, Studien und Konzepte zur Sozialen Marktwirtschaft und zur Europäischen Integration, Freiburg 1966 (zit.: *Bearbeiter*, in: Wirtschaftsordnung und Wirtschaftspolitik).

Müller-Glöge, Rudi / Preis, Ulrich /Schmidt, Ingrid: Erfurter Kommentar zum Arbeitsrecht, 17. Aufl., München 2017 (zit.: ErfK/*Bearbeiter*, 17. Aufl. 2017).

dies.: Erfurter Kommentar zum Arbeitsrecht, 19. Aufl. 2019 (zit.: ErfK/*Bearbeiter*).

Müller-Wenner, Dorothee: Gesetzesentwurf zur Entgeltgleichheit wird mit „Kampfgebrüll" begleitet, AuR 2017, 137.

Natzel, Ivo: Anmerkung zu BAG 3.12.1998–2 AZR 754/97, SAE 1999, 220–225.

von Nell-Breunig, Oswald: Kapitalismus und gerechter Lohn, Freiburg 1960.

Nicolai, Andrea: Grundsatz des gleichen Entgelts für Männer und Frauen und Arbeitnehmerbegriff, SAE 2004, 325–328.

Nipperdey, Hans Carl: Gleicher Lohn der Frau für gleiche Leistung, Rechtsgutachten, erstattet dem Bundesvorstand der Deutschen Gewerkschaftsbundes, Köln 1951.

Nörr, Knut Wolfgang / Starbatty, Joachim: Soll und Haben – 50 Jahre soziale Marktwirtschaft, Stuttgart 1999 (zit.: *Bearbeiter*, in: Soll und Haben – 50 Jahre soziale Marktwirtschaft).

Oberthür, Natalie: Das Gesetz zur Förderung der Transparenz von Entgeltstrukturen, NJW 2017, 2228–2234.

Oerder, Lena: Zur Entgeltgleichheit von Frauen und Männern, Baden-Baden 2015.

dies. / Wenckebach, Johanna: Entgelttransparenzgesetz, Basiskommentar zum EntgTranspG, Frankfurt a.M. 2018 (zit.: *Oerder/Wenckebach*).

Olbertz, Klaus: Auswirkungen des neuen Entgelttransparenzgesetzes, NWB 2017, 3068–3075.

Oxenknecht-Witzsch, Renate: Gleiches Entgelt für gleiche Arbeit – Das neue Entgelttransparenzgesetz, ZMV 2017, 201.

Paal, Boris P. / Pauly, Daniel A.: Datenschutz-Grundverordnung, Bundesdatenschutzgesetz, 2. Aufl., München 2018 (zit.: Paal/Pauly/*Bearbeiter*).

Pesch, Heinrich S.J.: Lehrbuch der Nationalökonomie, Fünfter (Schluss-) Band, Allgemeine Volkswirtschaftslehre III, Der Volkswirtschaftsliche Prozess, 1. und 2. Aufl., Freiburg 1923.

Pfarr, Heide: Ein Gesetz zur Gleichstellung der Geschlechter in der Privatwirtschaft, Düsseldorf 2001.

dies. / Bertelsmann, Klaus: Diskriminierung im Erwerbsleben, Ungleichbehandlungen von Frauen und Männern in der Bundesrepublik Deutschland, Baden-Baden 1989.

dies.: Lohngleichheit, Stuttgart 1981.

Philipp, Wolfgang: Ein verfassungswidriges Monstrum – Die „Antidiskriminierungsstelle des Bundes", NVwZ 2006, 1235–1239.

Picker, Christian: Der EuGH und der Auskunftsanspruch des abgelehnten Bewerbers – Meisterhaft!, NZA 2012, 641–646.

Posser, Herbert / Wolff, Heinrich Amadeus: Beck'scher Online-Kommentar VwGO, 49. Ed., München 2019 (zit.: BeckOK-VwGO/*Bearbeiter*).

Prechal, Sacha / Burri, Susanne: Geschlechtergleichstellungsrecht in 33 europäischen Ländern, Wie wurden die EU-Vorschriften 2011 in nationales Recht umgesetzt?, Luxemburg 2012.

Prütting, Hans: Gegenwartsprobleme der Beweislast, München 1983.

Ranftl, Edeltraud: Arbeitsbewertung als Schlüssel zur Lohngleichheit, WISO 3/2015, 29–44.

Rebmann, Kurt / Säcker, Franz Jürgen /Rixecker, Roland (alle Hrsg.): Münchener Kommentar zum Bürgerlichen Gesetzbuch, Band 4 Schuldrecht, Besonderer Teil II, §§ 611 – 704, EFZG, TzBfG, KSchG, 4. Aufl., München 2005 (zit.: MüKo-BGB/*Bearbeiter*, 4. Aufl. 2005).

Remy, Patrick: Die Vereinbarkeit von Familie und Beruf als Herausforderung für das französische Arbeitsrecht, NZA Beilage 2014, 64–75.

Richardi, Reinhard: Arbeitsrecht in der Kirche, Staatliches Arbeitsrecht und kirchliches Dienstrecht, 7. Aufl., München 2015.

ders.: Betriebsverfassungsgesetz, Mit Wahlordnung, Kommentar, 16. Aufl. 2018 (zit.: Richardi/*Bearbeiter*).

Richter, Tim: Die Rolle des Betriebsrats im Entgeltransparenzrecht, ArbR 2018, 570–572.

Rieble, Volker: Entgeltgleichstellung der Frau, RdA 2011, 36–46.

ders. / Picker, Christian: Lohnwucher, ZfA 2014, 153–214.

Rimmelspacher, Dirk / Kliem, Bernd: Der Entgeltbericht – die neue Anlage zum Lagebericht, DB 2018, 265–271.

von Roetteken, Torsten: Unionsrechtliche Aspekte des Schadensersatzes und der Entschädigung bei Diskriminierungen, NZA-RR 2013, 337–346.

ders.: Entwurf der Bundesregierung für ein Gesetz zur Förderung der Entgelttransparenz zwischen Frauen und Männern, GiP Sonderausgabe 1/2017, 2–9.

Rolfs, Christian / Kreikebohm, Ralf / Giesen, Richard /Udsching, Peter: Beck'scher Online-Kommentar, Arbeitsrecht, 50. Ed., München 2018 (zit.: BeckOK-ArbR/ *Bearbeiter*).

Roloff, Sebastian: Erst die Auskunft, dann da gleiche Entgelt? Der Auskunftsanspruch zur Überprüfung der Einhaltung des Entgeltgleichheitsgebots nach § 10 Entgelttransparenzgesetz, RdA 2019, 28–41.

Röthel, Anne: Beweislast und Geschlechterdiskriminierung, NJW 1999, 611–614.

Rüstow, Alexander / Röpke, Wilhelm / Briefs, Götz / Walz, Hans Hermann / von Pufendorf, Ulrich / Frickhöfer, Wolfgang: Was wichtiger ist als Wirtschaft, Vorträge auf der fünfzehnten Tagung der Aktionsgemeinschaft Soziale Marktwirtschaft am 29. Juni 1960 in Bad Godesberg, Ludwigsburg 1960 (zit.: *Bearbeiter*, in: Was wichtiger ist als Wirtschaft).

Sachs, Michael: Grundgesetz, Kommentar, 8. Aufl., München 2018 (zit.: Sachs/*Bearbeiter*).

Säcker, Franz Jürgen / Rixecker, Roland / Oetker, Hartmut /Limperg, Bettina (alle Hrsg.): Münchener Kommentar zum Bürgerlichen Gesetzbuch, Band 4, Schuldrecht, Besonderer Teil II, §§ 535–630: HeizkostenV, BetriebskostenV, EFZG, TzBfG, KSchG, 7. Auflage, München 2016 (zit.: MüKo-BGB/*Bearbeiter*).

dies.: Münchener Kommentar zum Bürgerlichen Gesetzbuch, Band 6, Schuldrecht, Besonderer Teil IV, §§ 705–853, Partnerschaftsgesellschaftsgesetz, Produkthaftungsgesetz, 7. Aufl., München 2017 (zit.: MüKo-BGB/*Bearbeiter*).

dies.: Münchener Kommentar zum Bürgerlichen Gesetzbuch, Band 1, Allgemeiner Teil, §§ 1–240, AllgPersönlR, ProstG, AGG, 8. Aufl., München 2018 (zit.: MüKo-BGB/*Bearbeiter*).

dies.: Münchener Kommentar zum Bürgerlichen Gesetzbuch, Band 1, Allgemeiner Teil, §§ 1–240, ProstG, AGG, 7. Aufl., München 2015 (zit.: MüKo-BGB/*Bearbeiter*, 7. Aufl. 2015).

Sacksofsky, Ute: Das Grundrecht auf Gleichberechtigung, Eine rechtsdogmatische Untersuchung zu Artikel 3 Absatz 2 des Grundgesetzes, 2. Aufl., Baden-Baden 1996.

Saenger, Ingo: Zivilprozessordnung, Familienverfahren, Gerichtsverfassung, Europäisches Verfahrensrecht: Handkommentar, 8. Aufl., Baden-Baden 2019 (zit.: Saenger/*Bearbeiter*).

Salomon-Hengst, Annette: Erste Hinweise zur Umsetzung des Entgelttransparenzgesetzes im öffentlichen Dienst, öAT 2018, 92–95.

Schaub, Günter (Begr.): Arbeitsrechts-Handbuch, Systematische Darstellung und Nachschlagewerk für die Praxis, 17. Aufl., München 2017 (zit.: Schaub/*Bearbeiter*).

Schiefer, Bernd / Köster, Hans-Wilhelm / Borchard, Axel / Korte, Walter: Arbeits- und sozialrechtliche Gesetzgebung der Großen Koalition – Bestandsaufnahme 2017, DB 2017, 546–554.

Schlachter, Monika: Wege zur Gleichberechtigung, Vergleich des Arbeitsrechts der Bundesrepublik Deutschland und der Vereinigten Staaten, München 1993.

dies. / Ascheid, Reiner / Friedrich, Hans-Wolf: Tarifautonomie für ein neues Jahrhundert, Festschrift für Günter Schaub zum 65. Geburtstag, München 1998 (zit.: *Bearbeiter*, in: FS Schaub).

Schlegel, Nadine / Helbig, Georg: Die Anwendung des Gesetzes zur Förderung der Transparenz von Entgeltstrukturen im öffentlichen Dienst der Länder, ZTR 2018, 506–515.

Schleusener, Aino / Suckow, Jens /Plum, Martin: AGG, Kommentar zum Allgemeinen Gleichbehandlungsgesetz, 5. Aufl., Köln 2019 (zit.: Schleusener/Suckow/Plum/*Bearbeiter*).

Schmidt, Ingrid: Frauen und die Welt der Arbeit, AuR 2018, 320–323.

Schmidt, Jörg: Betriebliche Analyse von Lohngleichheit – mit Logib-D!, DB 2010, 957–958.

Schmidt, Thomas: Auskunftsanspruch des abgelehnten Bewerbers durch die Hintertür?, ZESAR 2012, 417–421.

Schubert, Jens M.: Anforderungen an ein modernes kollektives Arbeitsrecht, Festschrift für Otto Ernst Kempen, 1, Baden-Baden 2013 (zit.: *Bearbeiter*, in: FS Kempen).

Schulz, Georg R.: Kommt das Entgeltgleichheitsgesetz?, ArbR. 467–469 2016.

Schulze, Sven: Die Beweislastregel des § 22 AGG, Frankfurt a.M 2014.

Schüren, Peter: Entgeltgleichheitsgesetz: Papiertiger statt Lohngerechtigkeit, DB 2016, M5.

Schwab, Brent: Arbeitnehmererfindungsrecht, Arbeitnehmererfindungsgesetz, Arbeitnehmer-Urheberrecht, betriebliches Vorschlagswesen, Handkommentar, 4. Aufl., Baden-Baden 2018 (zit.: *Schwab*).

Schwarze, Roland: Staatliche Entgeltregulierung und privatautonome Entgeltgestaltung, SR 2018, 131–143.

Schwertfeger, Barbara / Kordes, Katrin: Entgelttransparenzgesetz im Praxistest, AuA 2018, 480–482.

Seel, Henning-Alexander: Neue Risiken bei der Arbeitnehmerüberlassung – „Gemeinschaftsbetrieb" als Alternative?, öAT 2017, 48–51.

Siebert, Horst: The ethical foundations of the market economy, International workshop, Tübingen 1994 (zit.: *Bearbeiter*, in: The ethical foundations of the market economy).

Simon, Oliver / Rein, Michael: „Kein Anspruch eines abgelehnten Bewerbers auf Auskunft über anderweitige Besetzung der Stelle", BB 2012, 1224–1227.

Siniscalco, Gary / Damrell, Lauri / Nabity, Clara Morain: The Pay Gap, the Glass Ceiling, and Pay Bias: Moving Forward Fifty Years after the Equal Pay Act, 54 ABA Journal of Labor and Employment Law, 395–428 (2013–2014).

Smith, Adam: Der Wohlstand der Nationen, Eine Untersuchung seiner Natur und seiner Ursachen, Aus dem Englischen übertragen und mit einer Würdigung von Horst Claus Recktenwald, München 1974.

Stadler, Astrid: Musterfeststellungsklagen im deutschen Verbraucherrecht?, VuR 2018, 83–89.

von Staudinger, Julius (Begr.): Kommentar zum Bürgerlichen Gesetzbuch und Nebengesetzen, Buch 2 Recht der Schuldverhältnisse §§ 611–615 (Dienstvertragsrecht 1), Berlin 2005 (zit.: Staudinger/*Bearbeiter*, 2005).

ders.: Kommentar zum Bürgerlichen Gesetzbuch, Mit Einführungsgesetz und Nebengesetzen, Buch 1 Allgemeiner Teil §§ 134–138; ProstG (Gesetzliches Verbot, Verfügungsverbot, Sittenwidrigkeit), Berlin 2017 (zit.: Staudinger/*Bearbeiter*).

ders.: Kommentar zum Bürgerlichen Gesetzbuch. Mit Einführungsgesetz und Nebengesetzen, AGG (Allgemeines Gleichbehandlungsgesetz), Berlin 2018 (zit.: Staudinger/*Bearbeiter*).

von Steinau-Steinrück, Robert: Mehr Transparenz bei den Gehältern ab Juli 2017?, NJW-Spezial 2017, 306–307.

ders. / Reiter, Elin: Entgeltgleichheitsgesetz ante Portas, NJW-Spezial 2016, 242–243.

Steinheimer, Jörg / Cloppenburg, Sonia: Entgelttransparenzgesetz, NWB 2017, 950–953.

Stern, Klaus: Das Staatsrecht der Bundesrepublik Deutschland, Band III, Allgemeine Lehren der Grundrechte 1 / Grundlagen und Geschichte, nationaler und internationaler Grundrechtskonstitutionalismus, juristische Bedeutung der Grundrechte, Grundrechtsberechtigte, Grundrechtsverpflichtete, München 1988.

Stütze, Sebastian: Die Kontrolle der Entgelthöhe im Arbeitsrecht, Zugleich ein Beitrag zu den Grundlagen und Grenzen der Vertragsfreiheit und Tarifautonomie, Baden-Baden 2010.

Terjesen, Siri / Singh, Val: Female Presence on Corporate Boards: A Multi-Country Study of Environmental Context, 83 Journal of Business Ethics, 55–63 (2008).

Thomas von Aquin: Recht und Gerechtigkeit, Theologische Summe II–II, Fragen 57–79, Nachfolgefassung von Band 18 der Deutschen Thomasausgabe, Neue Übersetzung von Josef F. Groner, Anmerkungen sowie vollständig überarbeiteter und ergänzter Kommentar von Arthur F. Utz, Bonn 1987.

Thüsing, Gregor: Anmerkung zu BAG v. 10.12.1997 – 4 AZR 264/96, SAE 1999, 28–32.

ders.: Gleicher Lohn für gleichwertige Arbeit, NZA 2000, 570–576.

ders.: AGB-Kontrolle im Arbeitsrecht, München 2007.

ders.: Arbeitsrechtlicher Diskriminierungsschutz, Das Allgemeine Gleichbehandlungsgesetz und andere arbeitsrechtliche Benachteiligungsverbote, 2. Aufl., München 2013.

ders.: Lohngleichheit statt Bürokratie, DB 2016, 2234–2240.

ders.: Zum Geburtstag: 10 Jahre AGG – 10 Gedanken – 10 Autoren, ZfA 2016, 407–436.

ders.: Zur Vorbereitung der AÜG-Reform, DB 2016, 2663–2667.

ders.: Fünf Schritte zu einem besseren Entgelttransparenzgesetz, BB 2017, 565–568.

ders.: Schieflage bleibt – trotz Gesetz, Personalmagazin, 10 2017, 68–69.

ders.: Arbeitnehmerüberlassungsgesetz, Kommentar, 4. Auflage, München 2018 (zit.: Thüsing/*Bearbeiter*).

ders. / Stiebert, Tom: Vergütung nach dem Lebensalter im BAT – Altersdiskriminierung – Beweislast, ZESAR 2010, 417–421.

dies.: Anmerkung zum EuGH-Urteil vom 19.04.2012 (C-415/10, EuZW 2012, 462), EuZw 2012, 464–465.

Timmer, Alexandra / Senden, Linda: Gleichstellungsrecht in Europa, Wie sind die Unionsvorschriften 2016 im nationalen Recht umgesetzt?, Luxemburg 2016.

Tondorf, Karin: Betriebliche Prüfung von Lohngleichheit – mit Logib-D?, DB 2010, 616–617.

dies. / *Jochmann-Döll, Andrea*: Von der Entgeltdifferenz zur Entgeltgleichheit der Geschlechter?, WSI-Mitteilungen. 3/2011, 115–122.

Wank, Rolf: Das Entgeltransparenzgesetz – Prämissen und Umsetzung, RdA 2018, 34–46.

Weber, Wilhelm: Wirtschaftsethik am Vorabend des Liberalismus, Höhepunkt und Abschluss der scholastischen Wirtschaftsbetrachtung durch Ludwig Molina S.J. (1535–1600), Münster 1959.

Weibler, Jürgen: Geschlechtergerechtigkeit durch Lohntransparenz?, AuA 2017, 173–177.

Weigert, Daniel-René: Die Reichweite tarifbezogener Privilegierungen im Rahmen des Entgelttransparenzgesetzes, NZA 2018, 210–215.

Wendt, Rudolf / *Höfling, Wolfram* / *Karpen, Ulrich* / *Oldiges, Martin* (alle Hrsg.): Staat, Wirtschaft, Steuern, Festschrift für Karl Heinrich Friauf zum 65. Geburtstag, Heidelberg 1996 (zit.: *Bearbeiter*, in: FS Friauf).

Wentner, Gundi / *Aichinger, Elisa* / *Kuncic, Susanna* / *Zeglovits, Eva*: Einkommenstransparenz, Gleiches Entgelt für gleiche und gleichwertige Arbeit, Gehaltsangaben in Stelleninseraten und Erstellung von Einkommensberichten: Evaluierung der Umsetzung und Wirkung der Bestimmungen, Wien 2015.

Wiedemann, Herbert: Die Gleichbehandlungsgebote im Arbeitsrecht, Tübingen 2001.

ders. / *Peters, Harald*: Neuere Rechtsprechung zur Bedeutung des Gleichheitssatzes für Tarifverträge, RdA 1997, 100–108.

Wiese, Günther / *Kreutz, Peter* / *Oetker, Hartmut* / *Raab, Thomas* / *Weber, Christoph* / *Franzen, Martin* / *Gutzeit, Martin* / *Jacobs, Matthias*: Betriebsverfassungsgesetz, Gemeinschaftskommentar, Band II, §§ 75–132, 11. Aufl., Köln 2018 (zit.: GK-BetrVG/*Bearbeiter*).

Wiese, Günther / *Kreutz, Peter* / *Raab, Thomas* / *Weber, Christoph* / *Franzen, Martin* / *Gutzeit, Martin* / *Jacobs, Matthias*: Betriebsverfassungsgesetz, Gemeinschaftskommentar, Band I, §§ 1–73b, 11. Aufl., Köln 2018 (zit.: GK-BetrVG/*Bearbeiter*).

Windel, Peter A.: Aktuelle Beweisfragen im Antidiskriminierungsprozess, RdA. 2011, 193–199.

Winter, Regine: Gleiches Entgelt für gleichwertige Arbeit, Ein Prinzip ohne Praxis, Baden-Baden 1998.

dies.: Mittelbare Diskriminierung bei gleichwertiger Arbeit, ZTR 2001, 7–15.

Wörl, Christian: Die Beweislast nach dem Allgemeinen Gleichbehandlungsgesetz, Eine Untersuchung des § 22 AGG, Baden-Baden 2009.

Zeising, Patrick / Weigert, Daniel-René: Verfassungsmäßigkeit des Mindestlohngesetzes, NZA 2015, 15–22.

Zemlyankina, Yuliya: Einsicht in Bruttolohn- und Gehaltslisten – keine Anonymisierung, AuR 2018, 198–201.

Ziegler, Petra: Der geschlechtsspezifische Lohnunterschied in den Vereinigten Staaten und der Europäischen Union, Ein historischer Vergleich, Berlin 2010.

Zierold, Oliver: Arbeitsrechtliche Gleichbehandlung und Diskriminierungsverbote im Entgeltbereich, Frankfurt a.M. 2004.

Zippelius, Reinhold: Rechtsphilosophie, Ein Studienbuch, 6. Aufl., München 2011.

www.ingramcontent.com/pod-product-compliance
Ingram Content Group UK Ltd.
Pitfield, Milton Keynes, MK11 3LW, UK
UKHW021829290926
8980IPUK00004B/346